U0949577

2019
中国信息产业年鉴
YEARBOOK OF CHINA INFORMATION INDUSTRY

《中国信息产业年鉴》编委会　编

電子工業出版社
Publishing House of Electronics Industry
北京 · BEIJING

内 容 简 介

本年鉴主要反映2018年中国电子信息产业的发展情况和所取得的成就，较全面地展示中国电子信息产业发展的技术现状和经济运行的有关数据等。

本年鉴原名《中国电子工业年鉴》，首次出版于1986年，2019年版为第34卷。从2009年起更名为《中国信息产业年鉴》，主要提供给关注中国信息产业发展的各级领导，以及从事信息产业科研、生产、进出口贸易与市场营销的有关人员参考。

图书在版编目（CIP）数据

2019中国信息产业年鉴 /《中国信息产业年鉴》编委会编 . -- 北京 : 电子工业出版社 , 2020.11
ISBN 978-7-121-40045-2

Ⅰ . ① 2… Ⅱ . ①中… Ⅲ . ①信息产业－中国－2019－年鉴 Ⅳ . ① F49-54

中国版本图书馆 CIP 数据核字（2020）第233149号

责任编辑：徐　磊
印　　刷：北京金特印刷有限责任公司
装　　订：北京金特印刷有限责任公司
出版发行：电子工业出版社
　　　　　北京市海淀区万寿路173信箱　邮编：100036
开　　本：889×1 194　1/16　印张：33　字数：1 056千字
版　　次：2020年11月第1版
印　　次：2020年11月第1次印刷
定　　价：518.00元

凡所购买电子工业出版社图书有缺损问题，请向购买书店调换。若书店售缺，请与本社发行部联系，联系及邮购电话：（010）88254888，88258888。

质量投诉请发邮件至 zlts @ phei.com.cn，盗版侵权举报请发邮件至 dbqq @ phei.com.cn。

本书咨询联系方式：（010）88686098，88686260，nianjian @ cics-cert.org.cn。

2019
中国信息产业年鉴

主管　工业和信息化部

主办　国家工业信息安全发展研究中心

《中国信息产业年鉴》
编 委 会

孙瑞生　河北省工业和信息化厅信息产业处处长
杜文龙　宁夏回族自治区工业和信息化厅信息化推进处处长
李维宾　大连市工业和信息化局一级调研员
杨　忠　青海省工业和信息化厅巡视员、副厅长
杨鹏飞　广东省工业和信息化厅副厅长
吴金城　上海市经济和信息化委员会主任
张　琦　贵州省工业和信息化厅副厅长
张占祥　山西省工业和信息化厅副厅长
张远刚　新疆生产建设兵团工业和信息化局副局长
陈建业　福建省工业和信息化厅副厅长
周胜昔　天津市工业和信息化局总经济师
赵　刚　重庆市经济和信息化委员会总工程师
赵云峰　内蒙古自治区工业和信息化厅副厅长
胡建华　贵州省大数据发展管理局副局长
柯继安　厦门市工业和信息化局局长
聂里宁　云南省工业和信息化厅副厅长
徐志斌　深圳市工业和信息化局副局长
徐莉青　广西壮族自治区工业和信息化厅副厅长
高　山　吉林省工业和信息化厅副厅长
高　方　山东省工业和信息化厅副厅长
郭　涛　湖北省经济和信息化厅副厅长
郭　翔　西藏自治区经济和信息化厅副厅长
黄新波　陕西省工业和信息化厅副厅长
崔淑田　海南省工业和信息化厅副厅长
熊　琛　湖南省工业和信息化厅总经济师

其他单位

王子宗　中国石油化工集团有限公司副总工程师
吕新杰　中国广播电视设备工业协会秘书长
宋丹阳　农业农村部市场与信息化司副司长

《中国信息产业年鉴》编辑部

主　　编　尹丽波

副 主 编　姜子琨　杨建军　王建伟　何小龙

执行主编　陈正坤　郝建青

编　　辑　林　娜　徐红梅

编　　务　李晓燕

《中国信息产业年鉴》特约编辑

（按姓氏笔画排序）

马冬妍　王　洋　王　健　王　琳　王威伟　丹增多吉　方　荣
尹　泉　古　群　龙美美　卢钦华　史惠康　冯　伟　曲　勃
曲晓杰　朱　振　任　嵬　刘　冰　刘　睿　刘　璇　刘东巍
刘华益　闫勇勇　关　兵　安　平　孙　沛　孙华庆　严江斌
李　白　李　琰　李　勤　李元广　李云峰　李玲玲　李剑澄
李慧颖　杨　健　杨　锁　杨旭东　肖良颜　吴　琼　吴国纲
邱惠君　何年初　何致君　邹钟文　张　瑶　张天翊　陆红兵
陈　钢　陈振超　欧玉平　罗家泰　金　磊　金存忠　周海燕
郑闽红　孟　燕　孟洪涛　赵　明　赵　艳　胡阳辉　段先锋
娄　龙　袁　桐　钱丽佳　徐东华　栾鹤峰　高　琨　梅　扬
龚明明　商　超　商立安　梁立志　彭　涛　董晨阳　程慧云
傅　晓　鲁德保　谢学科　甄　帅　雷晓斌　雎　璋　魏　秦

编写说明

《中国信息产业年鉴》是一部全面反映中国电子信息产业发展状况的综合性、资料性工具书，原名《中国电子工业年鉴》，创办于1986年，逐年连续出版，曾更名为《中国信息产业年鉴（电子卷）》，从2009年起更名为《中国信息产业年鉴》，2019年版为第34卷。

《中国信息产业年鉴》由工业和信息化部主管，国家工业信息安全发展研究中心（工业和信息化部电子第一研究所）主办，《中国信息产业年鉴》编委会编。

2019年版《中国信息产业年鉴》全面、系统反映2018年中国电子信息产业发展状况和所取得的成就，展示中国电子信息产业经济运行相关数据，内容包括特载、大事记、产业数据、电子信息制造业、软件和信息技术服务业、信息技术应用、政策法规、科技管理、国际合作、进出口贸易、地区概况、附录等多个方面。

2019年版《中国信息产业年鉴》采用文章、条目、图表等多种表现形式，体例采用分类编辑法，全书由类目、分目、条目三个层次组成。全书设类目12个，类目下设分目100个、条目699个、图72个、表333个、文章24篇。2019年版《中国信息产业年鉴》卷首提供详细的目录，卷末建有按汉语拼音顺序排列的主题分析索引，方便读者检索信息。

2019年版《中国信息产业年鉴》稿件及数据来源于工业和信息化部的有关单位、中国广播电视设备工业协会、中国电子元件行业协会、中国电子仪器行业协会、中国电子专用设备工业协会、中国真空电子行业协会、中国电子材料行业协会、中国光学光电子行业协会，各省、自治区、直辖市，以及信息技术应用部门，其中产业数据部分由工业和信息化部运行监测协调局提供。其他系统的有关数据均由各系统主管部门审核提供。

2019年版《中国信息产业年鉴》在编辑加工和印装等方面尚有许多不足，敬请广大读者批评指正。

《中国信息产业年鉴》编辑部

2020年9月

目　　录

特　载

大　事　记

产业数据

软件和信息技术服务业统计数据

电子信息制造业

软件和信息技术服务业

信息技术应用

政策法规

科技管理

国际合作

进出口贸易

地区概况

附　录

索　引

特　载

保持战略定力　坚定信心决心
奋力开创制造强国和网络强国建设新局面

——工业和信息化部部长苗圩在全国工业和信息化工作会议上的报告（节选）

（2018 年 12 月 27 日）

一、2018 年工作

（一）工业运行保持在合理区间

认真落实中央“六稳”部署，消费提质扩容积极推进，新型信息消费创新活跃，绿色建材、高效节能技术装备推广应用加快，新能源汽车销量快速增长，制造业投资回升到较高水平。新修订的中小企业促进法贯彻实施扎实推进。稳妥应对中美经贸摩擦。

（二）创新驱动发展步入快车道

制造业创新体系日趋完善。制造业创新中心建设新批复 4 家国家级中心。重点领域创新发展再创佳绩。国家科技重大专项扎实推进，AG600 水陆两栖飞机成功实现水上首飞。工业强基工程稳步实施。首台套、首批次政策效应持续显现。评选出 10 个中国优秀工业设计奖。嫦娥四号探测器成功发射。

（三）供给侧结构性改革纵深推进

结构性去产能持续加力，工业产能利用率稳中有升。降本减负取得新成效。重点领域标准体系建设扎实推进，中高端产品供给水平稳步提升。绿色制造工程加快实施。新能源汽车动力蓄电池回收利用试点积极推进。落实区域重大战略，区域发展协调性增强。国家新型工业化产业示范基地建设质量提升。脱贫攻坚战深入推进。

（四）新动能加速成长壮大

新兴产业和先进制造业加速壮大，互联网、大数据、人工智能与实体经济融合持续深化。印发三年行动计划，启动实施一批试点示范项目，工业互联网提速发展。智能制造工程全面实施。两化融合管理体系贯标全面推广，重点行业骨干企业“双创”平台普及率超过 75%，制造业数字化转型步伐加快。涌现一批服务型制造示范典型。

（五）网络强国建设扎实推进

提前超额完成政府工作报告提出的网络提速降费目标任务。5G 研发和产业化进程加快。电信普遍服务成效明显，行政村通光纤比例提升至 98%，贫困村通宽带比例达 95%，提前实现“十三五”规划目标。IPv6 规模部署快速推进。行业管理和安全保障工作持续加强。

（六）改革开放步伐加快

“放管服”改革持续深入。重点领域改革加快推进，移动通信转售业务转为正式商用，中国联通混改方案落地实施，生产经营类军工科研院所转制进入实施阶段。主动对外开放力度加大，一般性制造业全面放开，制定汽车开放时间表和路线图，全面放开船舶、飞机外商准入和专用车、新能源汽车股比限制。产业国际合作成效明显。

二、面临的形势和要求

中央经济工作会议对当前国内外形势进行深刻分析，对 2019 年经济工作作出全面部署，全国工业和信息化系统必须认真学习领会，把思想和行动统一到中央对形势的分析判断上来，统一到中央的决策部署上来，抓住战略机遇，坚持底线思维，加强前瞻预判，确保完成既定的目标任务。

经过 40 年改革开放，中国经济正处在转变发展方式、优化经济结构、转换增长动力的攻关期。要保持战略定力，坚定信心决心，把握和运用好加快经济结构优化升级、提升科技创新能力、深化改革开放、加快绿色发展、参与全球经济治理体系变革等带来的新机遇，扎实推进制造强国建设，不断实现新的重大突破。

要按照中央部署，把推动制造业高质量发展放到更加突出的位置，坚持并与时俱进地深化供给侧结构性改革，在“巩固、增强、提升、畅通”上狠下功夫，以促进技术变革、提升产业链条为重点，持续巩固“三去一降一补”成果，着力增强微观主体活力、畅通国民经济循环，采取有力措施，尽快改变比重下滑趋势，努力建设制造强国。

三、2019 年重点工作任务

2019 年重点工作总的要求是：坚持以习近平新时代中国特色社会主义思想为指导，全面贯彻落实党的十九大和十九届二中、三中全会精神，坚持统筹推进“五位一体”总体布局和协调推进“四个全面”战略布局，坚持稳中求进工作总基调，坚持新发展理念，坚持推进高质量发展，坚持以供给侧结构性改革为主线，按照中央经济工作会议部署和“六稳”要求，立足制造强国、网络强国建设全局，在“巩固、增强、提升、畅通”上下功夫，坚定深化市场化改革、扩大高水平开放，着力激发微观主体活力，强化创新驱动、改革推动、融合带动，统筹推进稳增长、强基础、补短板、调结构，保持工业通信业平稳健康发展，不断增强创新力和竞争力，为全面建成小康社会提供有力支撑，以优异成绩庆祝中华人民共和国成立 70 周年。

重点抓好八个方面工作：

（一）强化创新引领，加快发展先进制造业

聚焦重点、创新机制、优化政策，统筹推进制造强国战略实施。把创新摆在产业发展的核心位置，加强关键核心技术攻关。对制造业创新中心工程强化考核评估，实施动态管理。工业强基工程要强化协同攻关，扩大应用规模。继续推进科技重大专项组织实施和接续布局。推动重点领域创新发展。建设用好新材料生产应用示范等平台，深化高端材料上下游企业对接。开展设计能力提升专项行动，推进工业设计中心建设，引导创建国家工业设计研究院。优化首台套、首批次政策。加强知识产权保护和标准化工作。深入推进先进国防科技工业体系建设。

（二）聚力提质增效，推动传统产业优化升级

支持重点省份钢铁去产能，开展钢铁产能置换方案专项抽查。持续推进落后产能依法依规退出。实施新一轮重大技术改造升级工程。加快城镇人口密集区危化品生产企业搬迁改造。深入开展消费品工业“三品”专项行动、装备制造和原材料工业质量提升行动。全面落实污染防治攻坚战行动部署，实施绿色制造工程。加快建设新能源汽车动力蓄电池回收利用体系。培育发展节能环保产业。深化部省合作，促进区域协调发展。加快国家新型工业化产业示范基地卓越提升。落实打赢脱贫攻坚战三年行动部署，确保完成定点帮扶、网络扶贫“硬”任务。深化电信普遍服务试点，力争 2019 年年底前实现全国 98% 贫困村通宽带。

（三）瞄准智能制造，打造两化融合升级版

大力推动工业互联网创新发展，继续开展试点示范和创新发展工程，加快标识解析国家顶级节点、二级节点建设，引导企业打造标杆网络。深入实施智能制造工程，研制推广国家智能制造标准。完善推广两化融合管理标准体系，支持引导利用新技术新产业新业态改造提升传统产业，推动制造业加快数字化转型。深化制造业与互联网融合发展试点示范，重点培育基于工业互联网平台的制造业“双创”新模式。推行人工智能产业创新重点任务“揭榜挂帅”机制。抓好大数据产业发展试点，促进工业大数据发展和应用。完善工业信息安全法规和制度体系。

（四）培育国内市场，保持工业经济平稳增长

持续升级和扩大信息消费，支持可穿戴设备、消费级无人机、智能服务机器人、虚拟现实等产品创新，推动消费类电子产品智能化升级，引导各地建设一批新型信息消费示范城市。实施超高清视频、车联网（智能网联汽车）等产业发展行动计划。完善新能源汽车积分管理制度，制定乘用车“第五阶段”油耗标准。支持邮轮游艇、旅居车、通用航空、文化装备、冰雪装备等大众化发展。发挥投资关键作用，聚焦重点领域补短板和技术改造，加快谋划和开工建设一批重大项目。进一步抓好已出台促进民间投资政策的落实。深化产融合作。加强行业运行监测协调。加强舆论引导和预期管理。做好中美经贸磋商有关工作。

（五）激发市场活力，培育更具竞争力的优质企业

坚持“两个毫不动摇”，深入贯彻中小企业促进法，促进各种所有制经济依法平等使用生产要素、公平参与市场竞争。推动落实金融支持小型微型企业发展的政策措施。引导担保机构扩大小型微型企业低收费融资担保业务规模。开展中小企业质量提升帮扶、企业管理提升专项行动。推动优化企业兼并重组市场环境。鼓励和支持非公资本参与制造业领域国有企业改制重组。加强政策文件公平竞争审查，完善反垄断审查机制。实施促进大中小企业融通发展三年行动计划。推动构建激发和保护企业家精神的长效机制。发展工业文化，促进实业精神振兴。

（六）提升支撑能力，释放数字经济潜能

继续开展网络提速降费，启动宽带网络“双G双提、同网同速”行动，加快固定宽带千兆应用推广，做好建档立卡贫困户、中小企业精准降费，推动大幅降低内地与港澳间漫游费，严查资费营销违规行为。推进网间带宽扩容以及存量网站与APP的IPv6升级改造。开展商务楼宇宽带垄断专项整治。加快5G商用部署，扎实做好标准、研发、试验和安全配套工作，加速产业链成熟，加快应用创新。提升行业监管能力，强化网络实名、IPv6地址和ICP备案管理。出台鼓励和规范新型电信业务健康有序发展的指导意见。深入推进行风建设和专项治理，强化用户个人信息保护。提升安全保障能力。加大无线电管理力度。

（七）深化改革开放，持续优化工业通信业发展环境

推动进一步降低增值税税率和企业所得税。大力清理规范涉企收费，持续推进政府部门和国有大企业拖欠民营企业中小企业账款清欠工作。深化“放管服”改革，推进重点领域改革和立法。开展“十四五”规划前期研究。研究制定工业通信业产业政策转型意见。加强人才队伍建设。全面实施准入前国民待遇加负面清单管理制度，落实船舶、飞机、汽车等行业开放政策，积极稳妥推进电信行业开放。建立健全外商投资安全审查机制。以“一带一路”为重点，加强信息网络基础设施互联互通、装备制造和国际产能合作。务实推进重点领域双边多边交流合作。

（八）旗帜鲜明讲政治，把全面从严治党引向深入

牢固树立“四个意识”，坚定“四个自信”，坚决做到“两个维护”，不折不扣贯彻党中央、国务院重大决策部署。认真谋划和扎实推进“不忘初心、牢记使命”主题教育。认真落实支部工作条例。全面贯彻新时代党的组织路线，有效激励干部担当作为。改进和规范督查工作。切实加强学习和调查研究。履行全面从严治党责任，深化政治巡视巡察，落实中央八项规定及实施细则精神，强化监督执纪问责，持续巩固反腐败斗争压倒性态势。

在 2018 中国国际数字经济博览会上的致辞（节选）

工业和信息化部副部长　陈肇雄

（2018 年 9 月 20 日）

当前，以新一代信息通信技术为主要驱动力的数字化浪潮蓬勃兴起，原始性创新、集成性创新、融合性创新迸发释放，数字产业化规模扩张，产业数字化态势强劲，发展数字经济正在成为全球共识。

习近平总书记指出，世界正进入以信息产业为主导的经济发展时期，要把握契机，做大做强数字经济。G20 连续三年把数字经济作为关键议题，金砖国家峰会、达沃斯论坛等国际会议对数字经济的关注度逐年增加。

随着新一轮工业革命的加快推进，数据作为关键生产要素，深刻改变制造业产业模式和企业形态。主要发达国家基于各自的比较优势，深化信息通信技术与工业经济融合创新，探索适合本国发展道路的工业数字化转型模式，壮大先进制造业。

工业是振兴实体经济的主战场，也是数字经济发展的主阵地。中国是工业大国，加快工业数字化、网络化、智能化演进升级，既是顺应新一轮科技革命和产业变革的客观需要，也是加快实体经济新旧动能接续转换的重要举措，更是推动经济高质量发展的必然要求。

近年来，中国工业数字化取得积极进展。企业数字化水平持续提升，数字化生产设备联网率近 40%，工业企业数字化研发设计工具普及率和关键工序数控化率分别超过 66% 和 47%，制造业骨干企业互联网“双创”平台普及率超过 60%。工业互联网快速发展，工厂内外网络改造步伐加快，在家电、机械、航天、电子制造等垂直领域，一批工业互联网平台发展壮大，示范带动作用日益凸显。融合应用日渐丰富，智能新型数字化产品加快拓展，智能制造、柔性制造、分享制造等新模式新业态创新活跃。

经济社会数字化转型正处于关键时期，工业和信息化部将深入贯彻党中央、国务院关于发展数字经济的重大决策部署，立足国情、顺势而为、抢抓机遇，大力发展数字经济，深化实体经济和数字经济融合发展，推动互联网、大数据、人工智能与实体经济深度融合，促进工业数字化转型发展迈向新台阶。

第一，推进数字化改造。加快构筑全流程、全产业链、全生命周期的数据链接。推动设备、生产线的自动化、数字化改造，进一步提升工业企业关键工序数控化率和数字化生产设备联网率。推动升级企业信息化系统，推动中小工业企业普及应用基础信息系统，支持大中型企业升级设计仿真、制造执行等新型信息系统。

第二，发展工业互联网。加快构筑网络化的生产制造体系和服务体系。工业互联网是数字经济时代的新生产力、新基础设施和新产业形态。加快工业互联网网络建设，全面部署 IPv6，支持企业内网改造，推进工业互联网标识解析体系建设。加快工业互联网平台建设，从供给侧和需求侧两端发力，打造双向迭代、互促共进、开放共享的平台生态体系。强化安全保障，加快建立涵盖设备安全、控制安全、网络安全、平台安全和数据安全的多层次安全保障体系。

第三，拓展融合创新应用。加快培育工业数字化新业态新模式。深化制造业与互联网融合创新，推广智能化生产、网络化协同、个性化定制、服务化延伸等新模式，创新生产方式、组织形式和商业范式。持续推进“互联网 + 双创”，打造低门槛、广覆盖、有活力的“双创”生态系统，激发创业创新活力。大力发展智能制造，加快建设智能工厂，构建智能制造公共服务平台，培育一批服务能力强的系统解决方案供应商。

第四，夯实软硬件技术基础。推动工业软件高质量发展，实施工业软件突破工程，加快培育工业 APP，增强核心工业软件、嵌入式工业软件等供给能力，大力发展“软件定义”平台，培育软件定义生态。提升工业硬件支撑能力，突破核心工业芯片、智能传感器、工业机器人、数控机床等核心关键技术，实现在重要行业、重点领域的规模化应用。

在第六届中国电子信息博览会数字经济前沿论坛上的讲话（节选）

工业和信息化部副部长 罗文

（2018 年 4 月 9 日）

电子信息产业是国民经济的先导性、基础性和战略性产业。近年来，中国电子信息产业呈现稳健增长态势，转型升级步伐明显加快，有力支撑制造强国、网络强国建设。2017 年，规模以上电子信息制造业收入达到 13 万亿元，软件和信息技术服务业收入突破 5 万亿元，行业整体收入规模超过 18 万亿元；手机、彩电、笔记本电脑产量占全球的比重分别为 90%、70%、95%，中国作为全球最大电子信息产品制造基地的地位更加稳固。在产业规模保持增长的同时，电子信息产业的产业结构不断优化，创新能力持续提升。电子信息产品智能化、高端化发展成果显著，智能手机、智能电视的市场渗透率已超过 80%，华为、OPPO、小米等跻身全球手机厂商前列。新兴领域产品布局不断拓展，智能可穿戴设备、智能家居产品、虚拟现实设备、智能音箱等新兴产品种类不断丰富。采用国产超算 CPU 的“神威 · 太湖之光”连续蝉联全球超算 500 强榜首，海思半导体有限公司等企业发布人工智能芯片，第一条 6 代柔性 AMOLED 生产线实现量产，5G 技术研发完成第二阶段试验，中频段频谱使用规划率先发布，国内企业已推出端到端 5G 预商用系统。

这些成绩和进展，并没有根本性地改变中国电子信息产业大而不强的基本格局。电子信息产业仍存在深层次的结构性矛盾，集中表现在三个“不相适应”上：一是低端产品过剩与高端产品供给不足之间不相适应。过去中国居民消费具有明显的模仿型、排浪式特征，今天个性化、多样化、高端化消费渐成主流，人民群众对产品品质、性能和安全的要求明显提高，对各类新兴业态和新型服务的需求与日俱增，低端过剩、高端不足的矛盾随着消费升级的加快更加突出。二是企业研发实力弱与企业市场化能力强之间不相适应。2017 年，中国电子信息百强研发投入合计 1 890 亿元，还不足微软公司（967 亿元）和英特尔公司（943 亿元）两家企业的总和。研发实力不强，使得企业缺乏持续的创新能力，长期看也必然削弱企业的市场化能力。三是产业根植性弱与产业规模实力强之间不相适应。中国是全球最大电子信息制造基地，产业规模优势十分明显，但集成电路、软件等产业链核心环节薄弱，远远无法满足下游整机和系统发展的需求，造成产业根基不稳固，加大产业链高端环节外移的风险。

习近平总书记在十九大报告中指出，中国经济已由高速增长阶段转向高质量发展阶段，必须坚持质量第一、效益优先，以供给侧结构性改革为主线，推动经济发展质量变革、效率变革、动力变革；强调加快建设制造强国，加快发展先进制造业，推动互联网、大数据、人工智能和实体经济深度融合。这为新时代推动电子信息行业转型升级指明新的方向、提出新的要求。要以习近平新时代中国特色社会主义思想为指导，认真贯彻落实十九大的各项决策部署，不忘初心，牢记使命，全面深入实施制造强国和网络强国战略，扎实推动电子信息产业持续健康发展。具体而言，要抓好以下四项重点工作：

第一，加快建设电子信息制造业创新中心。围绕电子信息产业重点领域，聚焦战略性、引领性、重大基础共性需求，打造高效立体的开放型创新网络，破解关键共性技术供给缺失难题，跨越科技成果产业化的“死亡之谷”。工业和信息化部已批复建设 5 家国家级制造业创新中心，大部分与电子信息产业有着紧密关联，涉及动力电池、印刷及柔性显示、信息光电子等，未来计划筹备建设集成电路先进工艺和传感器等国家级创新中心。

第二，着力打造世界级电子信息产业集群。中国电子信息产业已形成一批具有较大影响力的产业基地和产业集聚区，具备打造世界级先进制造业集群的良好基础。下一步要鼓励和引导各地区结合自身基础和条件，在“特色”和“优势”上做足做好文章，积极探索适合本地实际的发展路径和模式，对标国际先进，注重协同推进，整合资源，优化布局，加快打造一批世界级电子信息产业集群。

第三，推动电子信息重点领域突破发展。集成电路、超高清视频、5G 中高频器件、汽车电子、新型显示是代表未来电子信息产业发展方向的重点领域，要抓住不放，久久为功，实现突破。要提高创新能力，推动集成电路跨越式发展；要注重产业链协同，加快建设超高清视频产业体系；要瞄准技术前沿，推动 5G 中高频器件产业布局突破；要培育产业生态，构建汽车智能计算架构；要加强规划引导，推动新型显示产业超越发展。

第四，进一步深化对外开放合作。在当前全球化进程受阻、贸易保护主义抬头的形势下，要更加坚定开放发展的信心，坚持扩大开放，以高水平开放推动电子信息产业高质量发展。抓好国际化研发合作，鼓励企业全球配置和利用创新资源，建立全球研发创新网络。抓好国际化投资并购，落实外商投资便利化措施，为企业海外投资提供优质服务。抓好国际化市场拓展，结合“一带一路”和海外重大项目建设，开拓多元化市场空间。

大 事 记

2018 年电子信息产业大事记

1 月

8 日　中共中央、国务院在北京举行 2017 年度国家科学技术奖励大会。2017 年度国家科学技术奖在会上揭晓。信息技术领域取得多项突破性成果。其中，“中国电子网络安全与信息化科技创新工程”项目获得国家科学技术进步奖（通用项目）一等奖。

9 日　国家印刷及柔性显示创新中心启动会在广东广州召开。国家印刷及柔性显示创新中心以广东聚华印刷显示技术有限公司为依托，整合多家国内显示面板龙头企业、高校和科研机构。工业和信息化部副部长罗文出席大会并讲话。

9 日　由中国电子工业标准化技术协会、中国电子技术标准化研究院、中关村科技园区管理委员会共同主办的第十届电子信息产业标准推动会暨中国信息技术服务年会（2018）在北京召开。本届会议的主题为“标准助推产业发展”。会议发布 2017 年度电子信息产业标准化十大事件。

10 日　部省共同推进安徽语音产业发展领导小组会议在北京召开。工业和信息化部副部长陈肇雄出席会议并讲话。

12 日　国务院副总理马凯在北京调研国家制造业创新中心建设情况，并主持召开国家制造强国建设领导小组第七次会议暨创新中心建设现场会。他强调，以创新驱动中国制造高质量发展。

12 日　由中国信息通信研究院牵头，中国电子信息行业联合会、中国电子报社、中国信息产业商会等单位发起的中国信息消费推进联盟在北京正式成立。会议同期发布《中国信息消费发展态势暨综合指数报告（2018 年）》和《中国信息消费行为调查报告》，并举行中国信息消费推进联盟“四大行动”启动仪式。

22 日　工业和信息化部、中国工业经济联合会在北京组织召开制造业单项冠军经验交流会。中国工业经济联合会会长李毅中、工业和信息化部总工程师张峰出席会议并讲话，为制造业单项冠军企业颁发证书。

24 日 工业和信息化部副部长刘利华会见美国通用电气公司（GE）高级副总裁亚历克斯·迪米特里夫，双方就 GE 在华合作、工业互联网发展等相关议题交换意见。

26 日 由中国电子信息行业联合会、中国电子商会共同主办的 2018（第三届）中国电子信息行业发展大会在北京召开。本届会议的主题为“加快构建新时代产业发展新体系”。工业和信息化部副部长罗文出席并讲话，中国电子信息行业联合会会长王旭东、常务副会长曲维枝、副会长兼秘书长周子学出席会议。

2 月

1—2 日 由中国信息通信研究院、工业互联网产业联盟共同主办的 2018 工业互联网峰会在北京举行。本届峰会的主题为“创新引领、融通发展”。国务院副总理马凯出席开幕式并讲话。工业和信息化部部长苗圩主持开幕式并致辞，副部长陈肇雄出席开幕式。

5 日 工业和信息化部部长苗圩会见来访的乌拉圭工业、能源和矿业部长卡罗丽娜·高斯一行，双方就中乌工业、信息通信领域合作交换意见。

14 日 经国家制造强国建设领导小组会议审议，决定在国家制造强国建设领导小组下设立工业互联网专项工作组，工业和信息化部部长苗圩任组长。专项工作组办公室设在工业和信息化部，承担专项工作组的日常工作。工业和信息化部副部长陈肇雄任专项工作组办公室主任。

3 月

16 日 工业和信息化部副部长罗文会见中国台湾地区英业达集团董事长卓桐华，双方就加强两岸人工智能、5G、智能制造等领域合作进行交流。

19 日 工业和信息化部副部长罗文会见印度电子和信息技术部副部长阿贾伊·普拉卡什·梭尼，双方就深化中印企业在电子信息领域的合作、为双方企业在中印发展营造良好环境、推动双方产业界紧密协作互利共赢等交换意见。

20 日 国家网络安全产业园区建设领导小组召开第一次会议。工业和信息化部副部长陈肇雄出席并主持会议。

22 日 由中国电子信息产业发展研究院主办的 2018 中国 IT 市场年会在北京召开。本届会议的主题为“人工智能开启数字经济新时代”。工业和信息化部副部长辛国斌出席会议并致辞。

28 日 三星电子存储芯片二期项目开工奠基仪式在陕西西安举行。三星电子西安存储芯片二期项目将新建一条 12 英寸三维 NAND 闪存芯片生产线。工业和信息化部部长苗圩出席仪式并致辞。

29 日 由工业和信息化部、国家广播电视总局、广东省人民政府共同主办的中国超高清视频（4K）产业发展大会在广东广州召开。大会的主题为“超清视界·智享未来”。大会现场还举行中国超高清视频产业联盟启动仪式。工业和信息化部副部长罗文出席大会并讲话。

30 日 全国工业和信息化系统科技工作座谈会在广东佛山召开。会议明确当前工业和信息化科技创新的基本形势，总结 2017 年工作，部署 2018 年主要任务。工业和信息化部副部长罗文出席会议并讲话，总工程师陈因作工作报告。

4 月

2 日 由广东省经济和信息化委员会、工业和信息化部电子第五研究所、南方报业传媒集团共同主办的 2018 中国（广东）数字经济融合创新大会在广东广州召开。本届大会的主题为“新时代、新经济、新融合”。会议发布《2018 中国数字经济指数白皮书》。

8 日 部省合作推进浙江工业互联网发展联席会议在北京召开。工业和信息化部副部长陈肇雄出席会议并讲话。

8 日　工业和信息化部电子信息司在广东深圳组织召开 2018 年全国电子信息行业工作座谈会。会议明确当前电子信息产业的基本形势，总结 2017 年工作，部署 2018 年主要任务。工业和信息化部副部长罗文出席会议并讲话。

8 日　工业和信息化部副部长罗文在广东深圳会见博通公司总裁兼首席执行官陈福阳，双方就集成电路产业发展及博通公司在华合作等议题交换意见。

9 日　由工业和信息化部、深圳市人民政府共同主办的第六届中国电子信息博览会（CITE 2018）在深圳举行。本届博览会设置九大特色展区：CITE 主题馆、新型显示及应用馆、智能制造与 3D 打印馆、机器人与智能系统馆、人工智能馆、物联网馆、车联网与仪器仪表馆、智能新能源汽车技术馆、基础电子馆，多维度、系统地展示电子信息全产业链的领先科技成果和产品。工业和信息化部部长苗圩出席开幕式并致辞。工业和信息化部副部长罗文主持开幕式，出席中国电子信息博览会主论坛——数字经济前沿论坛并作主旨演讲。

10 日　工业和信息化部副部长陈肇雄会见奥地利数字化和经济区位部长施拉姆伯克，双方就信息通信领域合作交换意见。

11 日　工业和信息化部、住房和城乡建设部、交通运输部、农业农村部等六部门联合印发《智能光伏产业发展行动计划（2018—2020 年）》，围绕四大领域提出相关重点任务和四方面保障措施。

11 日　工业和信息化部副部长罗文会见美国 AMD 公司总裁兼首席执行官苏姿丰，双方就集成电路产业发展、AMD 公司在华合作等议题交换意见。

17 日　国务院副总理刘鹤在工业和信息化部调研，强调要充分认识实体经济特别是先进制造业的重要性，把发展制造业、增强产业竞争力、建设现代化经济体系作为重要目标。

17 日　工业和信息化部启动 2018 年跨行业跨领域工业互联网平台申报工作。工业和信息化部重点围绕平台资源管理能力、服务能力两个维度对工业互联网平台进行评价，共包括 9 个方面细化指标。

18 日　由中国信息通信研究院主办的 2018 大数据产业峰会在北京召开。会议举行首届中国大数据算法大赛正式启动仪式和信息通信大数据创新实验室揭牌仪式。工业和信息化部总工程师张峰出席会议并致辞。

20 日　中国日报刊发工业和信息化部部长苗圩英文署名文章《Further opening up of manufacturing to promote global growth》，中国日报网发布该文章中文版《深化制造业开放合作，促进全球经济包容性增长》。

20—21 日　全国网络安全和信息化工作会议在北京召开。国家主席、中央网络安全和信息化委员会主任习近平出席会议并发表重要讲话，强调要敏锐抓住信息化发展历史机遇，自主创新推进网络强国建设。

22—24 日　由国家互联网信息办公室、国家发展和改革委员会、工业和信息化部、福建省人民政府共同主办的首届数字中国建设峰会在福建福州召开。本届峰会的主题为“以信息化驱动现代化，加快建设数字中国”。国家主席习近平致信祝贺。工业和信息化部与福建省人民政府签署共同推进数字经济发展战略合作协议，向福州市授予“中国软件特色名城”称号，并主办大数据、智慧社会两个分论坛。

24 日　全国信息化和软件服务业工作座谈会在广西南宁召开。会议总结 2017 年产业发展和行业工作情况，部署 2018 年 6 项重点任务。工业和信息化部副部长陈肇雄出席会议并讲话。

26 日　工业和信息化部部长苗圩出席国家信息光电子创新中心启动会并调研。国家信息光电子创新中心以武汉光谷信息光电子创新中心有限公司为依托，整合国内多家光电子领域具有研发优势的领军企业、科研机构和投资孵化机构；主要聚焦新一代网络、数据中心光互联、5G 等信息光电子应用领域，在高端材料生长、核心芯片工艺、先进封装集成等方面突破关键技术和共性技术瓶颈。

27 日　工业和信息化部印发《工业互联网 APP 培育工程实施方案（2018—2020 年）》，提出力争到 2020 年年底，面向特定行业、特定场景培育 30 万个工业 APP，全面覆盖制造业关键业务环节的重点需求。

5 月

2 日　工业和信息化部副部长罗文会见中国台湾地区华聚产业共同标准推动基金会董事长陈瑞隆一行，就推动两岸智能制造、5G、车联网、集成电路等产业合作，以及相关领域共通标准制定等议题交换意见。

8 日　工业和信息化部副部长罗文会见欧洲议会对华关系代表团团长莱恩一行，就数字经济、工业互联网发展及网络安全等议题进行交流。

9 日　由中国工程院、工业和信息化部、中国科学技术协会共同主办的 2018 智能制造国际会议在北京召开。工业和信息化部部长苗圩出席会议并作主旨报告。

10 日　工业和信息化部部长苗圩赴安徽合肥调研，与安徽省人民政府省长李国英签署《工业和信息化部、安徽省人民政府进一步共同推进安徽智能语音产业发展合作协议》。部省双方将共同推进安徽智能语音领域人工智能创新发展，用 5 年左右的时间，将合肥智能语音产业集聚发展基地（“中国声谷”）打造成全国智能语音领域产业发展高地。

10 日　由苏州市人民政府主办的 2018 全球人工智能产品应用博览会在江苏苏州举行。本届博览会的主题为“智能体验・智慧生活”，着力突出产品应用领域，集中展示基于人工智能技术和算法的终端产品。工业和信息化部总经济师王新哲出席开幕式并致辞。

11 日　在工业和信息化部的倡议和支持下，国家制造强国建设战略咨询委员会质量品牌发展分组成立大会暨论坛在上海召开。工业和信息化部副部长罗文出席会议并讲话。

14 日　中国电子元件行业协会发布 2018 年（第 31 届）中国电子元件百强企业名单。亨通集团有限公司再次夺冠，实现电子元件百强十连冠；瑞声科技控股有限公司、中天科技集团有限公司分列第二、第三位。

16—18 日　由国家发展和改革委员会、科学技术部、工业和信息化部、国家互联网信息办公室等八部门共同主办的第二届世界智能大会在天津召开。本届大会的主题为“智能时代：新进展、新趋势、新举措”。工业和信息化部副部长陈肇雄出席大会“前沿：智能科技与产业创新”主论坛并讲话。

21 日　工业互联网专项工作组第一次会议在北京召开。会议审议《工业互联网发展行动计划（2018—2020 年）》《工业互联网专项工作组 2018 年工作计划》等文件，同时成立工业互联网战略咨询专家委员会。工业互联网专项工作组组长、工业和信息化部部长苗圩主持会议并讲话。工业互联网专项工作组副组长、工业和信息化部副部长陈肇雄出席会议。

24 日　工业和信息化部部长苗圩与韩国产业通商资源部部长白云揆共同出席并主持第三次中韩产业合作部级对话，双方就机器人、汽车、工业绿色发展、电子信息产业等议题进行交流。在两国部长见证下，工业和信息化部国际经济技术合作中心与韩国产业技术振兴院、韩国国家清洁生产中心分别签署合作谅解备忘录。

24 日　工业和信息化部副部长陈肇雄会见美国高通公司总裁克里斯蒂安诺・阿蒙，双方就 5G 发展及高通公司在华合作等议题交换意见。

24 日　工业和信息化部副部长陈肇雄会见随德国总理默克尔来访的经济和能源部国务秘书努斯鲍姆及其率领的德国高级别经济代表团，双方就数字经济、工业互联网、知识产权保护及网络安全等议题进行交流。

24 日　工业和信息化部办公厅印发《国家制造业创新中心考核评估办法（暂行）》，对国家制造业创新中心考评内容、材料、程序、结果等作明确规定，自 2018 年 7 月 1 日起施行。

24—25 日 由国家工业信息安全发展研究中心、工业信息安全产业发展联盟主办的首届中国工业信息安全大会在北京召开。本届大会的主题为“筑工信安全，建网络强国”，是国内首次聚焦工业信息安全领域的国际性大会。会议发布《工业信息安全概论》。

26—29 日 由国家发展和改革委员会、工业和信息化部、国家互联网信息办公室、贵州省人民政府共同主办的2018中国国际大数据产业博览会在贵州贵阳举行。本届博览会的主题为“数化万物·智在融合”。国家主席习近平致信祝贺。工业和信息化部副部长陈肇雄出席开幕式并致辞。

28 日 第六次中日韩信息通信部长会议在日本东京召开。工业和信息化部部长苗圩率团出席会议，对未来中日韩信息通信领域合作提出三点倡议。中日韩三国部长就共同应对新工业革命、老龄化社会等挑战，加强第五代移动通信、人工智能、大数据等新技术合作、开展人员培训、创客对接等达成共识。

31 日 工业和信息化部印发《工业互联网发展行动计划（2018—2020年）》和《工业互联网专项工作组2018年工作计划》，提出到2020年年底，初步建成工业互联网基础设施和产业体系。

6 月

2 日 工业和信息化部电子科学技术委员会第二届第一次全体大会在北京召开。本次会议的主题为“瞄准世界科技前沿、引领科技发展方向，抢占先机迎难而上、建设世界科技强国”。工业和信息化部副部长、工业和信息化部电子科学技术委员会主任罗文出席会议并讲话。

5 日 工业和信息化部部长苗圩会见保加利亚经济部部长埃米尔·卡拉尼科洛夫，双方就加强中保工业和高新技术发展领域合作等内容交换意见。

5—11 日 由81家两岸单位共同主办的第十届海峡论坛在福建厦门召开。本届论坛的主题为“扩大民间交流、深化融合发展”。全国政协主席汪洋出席论坛开幕式并致辞。工业和信息化部副部长罗文出席论坛，并调研联芯集成电路制造（厦门）有限公司、玉晶光电（厦门）有限公司两家台资企业。

7 日 工业和信息化部部长苗圩会见德国西门子公司总裁兼首席执行官凯飒，双方就工业互联网、数字经济及西门子公司在华合作等议题进行交流。

7 日 工业和信息化部副部长罗文会见美国ASC公司首席执行官伊萨克·班秋亚，双方就集成电路产业发展及ASC对华合作等议题交换意见。

8 日 工业和信息化部部长苗圩带队赴河北雄安新区开展调研，考察雄安市民服务中心和安新县绿色发展情况，并与河北省省长许勤共同签署《工业和信息化部、河北省人民政府支持雄安新区规划建设战略合作协议》。

8 日 工业和信息化部总经济师王新哲会见法国必维集团首席执行官丹尼尔，双方就加强绿色制造、物联网、工业互联网、人工智能等领域标准、检验检测及认证合作交换意见。

8 日 工业和信息化部、国家标准化管理委员会联合印发《国家车联网产业标准体系建设指南（总体要求）》《国家车联网产业标准体系建设指南（信息通信）》和《国家车联网产业标准体系建设指南（电子产品和服务）》，推动车联网产业技术研发和标准制定，建设融合创新生态体系，促进自动驾驶等新技术新业务加快发展。

10 日 国务院办公厅印发《进一步深化“互联网+政务服务”推进政务服务“一网、一门、一次”改革实施方案》，就加快推进政务服务“一网通办”和企业群众办事“只进一扇门”、“最多跑一次”等作出部署。

14 日 工信智库联盟成立大会暨工信智库论坛在北京召开。工业和信息化部副部长罗文出席会议并讲话。

14 日 国家标准化管理委员会印发《关于成立全国

信息化和工业化融合管理标准化技术委员会等 2 个技术委员会的公告》，决定成立全国信息化和工业化融合管理标准化技术委员会（以下简称两化融合标委会），编号为 SAC/TC573。两化融合标委会由工业和信息化部负责日常管理和业务指导，秘书处设在国家工业信息安全发展研究中心。

19 日 国家机器人创新中心启动会在辽宁沈阳召开。国家机器人创新中心由中国科学院沈阳自动化研究所和哈尔滨工业大学等单位共同发起筹建，以沈阳智能机器人国家研究院有限公司为依托，整合国内龙头企业、高校和科研机构等重点学科群和科研基地。工业和信息化部副部长罗文出席会议并讲话。

21—22 日 由 IMT-2020（5G）推进组、中国通信学会、中国通信标准化协会共同主办的 2018 年（暨第六届）IMT-2020（5G）峰会在广东深圳召开。工业和信息化部副部长陈肇雄出席峰会并致开幕辞。

22 日 工业和信息化部在北京召开全国制造业“双创”工作电视电话会议，总结交流工作进展成效，明确新时代制造业“双创”的新使命新要求，部署下一阶段重点任务。工业和信息化部总经济师王新哲出席并讲话。

29 日 由中国电子信息行业联合会主办的 2018 中国软件和信息技术服务综合竞争力百强企业发布会在北京召开。华为技术有限公司、腾讯科技（深圳）有限公司、北京百度网讯科技有限公司分列前三位。工业和信息化部总经济师王新哲出席发布会并讲话。

29 日—7 月 2 日 由工业和信息化部、北京市人民政府共同主办的第 22 届中国国际软件博览会在北京举行。本届博览会的主题为“新时代、新理念、新软件”，设置 7 个展区。工业和信息化部部长苗圩出席开幕式，并在首场全球软件产业发展高峰论坛上致辞。工业和信息化部副部长陈肇雄主持开幕式。

7 月

3 日 国家集成电路创新中心和国家智能传感器创新中心建设启动会在上海召开。国家集成电路创新中心围绕集成电路关键工艺节点和系统集成开展共性技术研发。国家智能传感器创新中心通过关键共性工艺技术的研发，建设研发平台、检测技术平台、设计服务平台、工程服务平台等，促进传感器产业链协同发展。工业和信息化部副部长罗文出席会议并讲话。

4 日 由汽车电子产业联盟、广州市工业和信息化委员会、中国电子信息产业发展研究院共同主办的 2018 中国汽车智能计算平台大会在广东广州召开。工业和信息化部副部长罗文出席会议并致辞。

5 日 两化融合管理体系工作领导小组第四次会议暨第一届全国信息化和工业化融合管理标准化技术委员会（SAC/TC573）第一次全体会议在北京召开。工业和信息化部部长、两化融合管理体系工作领导小组组长苗圩出席会议并讲话。

9 日 在国务院总理李克强与德国总理默克尔共同见证下，工业和信息化部部长苗圩与德国经济和能源部、联邦交通和数字基础设施部代表在德国柏林共同签署《关于自动网联驾驶领域合作的联合意向声明》，将建立高级别对话机制，加强政府部门、行业机构、企业等智能网联汽车领域的多层次交流与合作。

9 日 工业和信息化部印发《工业互联网平台建设及推广指南》和《工业互联网平台评价方法》。

10—12 日 由中国互联网协会主办的 2018（第 17 届）中国互联网大会在北京召开。本届大会的主题为“融合发展、协同共治——新时代、新征程、新动能”。工业和信息化部副部长陈肇雄出席大会并作主旨报告。

13 日 由国家制造强国建设战略咨询委员会主办的 2018 国家制造强国建设专家论坛在北京召开。本届论坛的主题为“优化市场环境，聚放发展动能”。工业和信息化部副部长辛国斌出席论坛并发表主题演讲。

21—22 日 由人力资源和社会保障部、工业和信息化部共同主办的“工业互联网创新发展”百千万人才工程创新大讲堂在北京举行。工业和信息化部副部长陈肇雄出席并作题为《加快推动工业互联网创新发展》的主旨报告。

23 日 工业和信息化部印发《推动企业上云实施指南（2018—2020 年）》，提出到 2020 年，全国新增上云企业 100 万家，形成典型标杆应用案例 100 个以上，形成一批有影响力、带动力的云平台和企业上云体验中心。

23—25 日 由中国电子学会主办的第十届中国云计算大会在北京召开。本届大会的主题为“聚力云上生态，赋能实体经济”。工业和信息化部总工程师张峰出席会议并致辞。

25 日 国务院印发《关于加快推进全国一体化在线政务服务平台建设的指导意见》，就深入推进“互联网+政务服务”，加快建设全国一体化在线政务服务平台，全面推进政务服务“一网通办”作出部署。

26—27 日 工业和信息化部部长苗圩带队赴海南省调研，与海南省人民政府省长沈晓明举行工作座谈，并共同签署《工业和信息化部、海南省人民政府推进海南全面深化改革开放战略合作协议》。

26—27 日 工业和信息化部在辽宁沈阳组织召开 2018 年全国工业和信息化系统规划和投资工作座谈会。会议期间，举行第八批 51 家“国家新型工业化产业示范基地”的授牌仪式。工业和信息化部副部长辛国斌出席会议并讲话。

27 日 工业和信息化部、国家发展和改革委员会联合印发《扩大和升级信息消费三年行动计划（2018—2020 年）》，提出消费规模显著增长、覆盖范围惠及全民、载体建设稳步推进、产业体系逐步健全、消费环境日趋完善 5 个主要目标。

27 日 由中国互联网协会、工业和信息化部信息中心共同主办的 2018 年中国互联网企业 100 强发布会暨百强企业高峰论坛在福建厦门召开。会议公布 2018 年互联网百强企业名单，并发布《2018 年中国互联网企业 100 强发展报告》。

28 日 工业和信息化部印发《坚决打好工业和通信业污染防治攻坚战三年行动计划》，指出到 2020 年，规模以上企业单位工业增加值能耗比 2015 年下降 18%，单位工业增加值用水量比 2015 年下降 23%，绿色制造和高技术产业占比大幅提高。

30 日 由中国电子技术标准化研究院、苏州市质量技术监督局、中国电子工业标准化技术协会共同主办的 2018 新一代信息技术产业标准化论坛在江苏苏州召开。论坛同期举办 12 场分论坛，围绕新一代信息技术相关领域的技术现状、发展趋势等方面进行交流探讨。

31 日 工业和信息化部、民政部、国家卫生健康委员会公布《智慧健康养老产品及服务推广目录（2018 年版）》，产品类涵盖 5 类项目 56 种产品，服务类涵盖 6 类项目 59 种服务。

31 日 中国电子信息行业联合会在吉林长春召开 2018 年中国电子信息百强企业发布暨两化融合发展高峰论坛。华为技术有限公司、联想集团、海尔集团公司分列前三位。

8 月

8 日 工业和信息化部公布 2018 年工业和信息化部重点实验室名单，国家工业信息安全发展研究中心的区块链技术与数据安全实验室等 27 个实验室入选。

15—19 日 由北京市人民政府、工业和信息化部、中国科学技术协会共同主办的 2018 世界机器人大会在北京召开。本届大会的主题为“共创智慧新动能，共享开放新时代”。国务院副总理刘鹤出席大会开幕式并讲话。工业和信息化部部长苗圩出席并致辞。

16 日 由中国电子信息产业发展研究院、工业和信息化部软件与集成电路促进中心、中国国际人才交流基金会共同主办的 2018 全球半导体才智大会在北京召开。

大会同期发布《中国集成电路产业人才白皮书（2017—2018）》。

20 日 工业和信息化部召开超高清视频产业发展工作协调会。工业和信息化部部长苗圩主持会议。

23—25 日 由科学技术部、工业和信息化部、中国科学院、中国工程院、中国科学技术协会、重庆市人民政府共同主办的首届中国国际智能产业博览会在重庆举行。本届博览会的主题为“智能化：为经济赋能、为生活添彩”。国家主席习近平向会议致贺信。国务院副总理韩正出席开幕式并致辞。

24 日 二十国集团（G20）数字经济部长会议在阿根廷萨尔塔召开。会议通过《G20 数字经济部长宣言》和《G20 数字政府原则》《弥合性别数字鸿沟》《衡量数字经济》等附件。工业和信息化部部长苗圩出席会议并作主旨发言，对 G20 推动数字经济发展提出四点倡议。

28 日 由中国电子技术标准化研究院、全国信息技术标准化委员会大数据标准工作组、新疆维吾尔自治区信息技术标准化委员会共同主办的 2018 大数据国家标准宣贯会在新疆乌鲁木齐召开。

30 日 由新疆维吾尔自治区人民政府、商务部、外交部、中国国际贸易促进委员会等七部门共同主办的第六届中国—亚欧博览会在新疆举行。本届博览会的主题为“一带一路，共商共建共享”。国务院副总理胡春华致开幕辞。工业和信息化部副部长罗文出席开幕式暨中国—亚欧经济发展合作论坛。

31 日 工业和信息化部办公厅公布 2018 年制造业与互联网融合发展试点示范项目名单，确定 125 个 2018 年制造业与互联网融合发展试点示范项目。

31 日—9 月 3 日 由江苏省人民政府主办的第 14 届中国（南京）国际软件产品和信息服务交易博览会在江苏南京举行。本届博览会的主题为“数字世界、智领未来”，集中展示软件产业发展成果，以及云计算、大数据、人工智能、工业互联网、虚拟现实、5G 等领域的技术、产品、应用成果和发展趋势。工业和信息化部总工程师张峰出席开幕式并致辞。

9 月

3 日 工业和信息化部副部长陈肇雄会见德国联邦议院经济与能源委员会主席克劳斯·恩斯特一行，双方就中德数字化产业、人工智能、自动驾驶、网络安全等领域发展与合作进行交流。

4—6 日 由中国互联网协会、中国网络空间安全协会等部门共同主办的 2018 ISC 互联网安全大会在北京召开。本届大会的主题为“安全从零开始”。工业和信息化部副部长陈肇雄出席会议并致辞。

5 日 工业和信息化部 12381 公共服务电话平台（简称 12381）正式开通运行，主要负责受理并办理公众就工业和信息化部相关工作提出的咨询、建议和投诉。12381 自 2017 年 9 月 5 日开通试运行一年来，在推动工业和信息化部政府职能转变方面发挥积极作用。

7—9 日 由国家信息中心、宁波市人民政府等部门共同主办的全球智能经济峰会暨第八届中国智慧城市技术与应用产品博览会在浙江宁波举行。本届博览会的主题为“数字驱动、智能发展”。工业和信息化部总经济师王新哲出席开幕式并致辞。

14 日 无锡国家传感网创新示范区部际建设协调领导小组第五次会议在江苏无锡召开。领导小组组长、工业和信息化部部长苗圩出席会议并讲话。

15—18 日 由工业和信息化部、科学技术部、江苏省人民政府共同主办的 2018 世界物联网博览会在江苏无锡举行。本届博览会的主题为“数字新经济、物联新时代”。工业和信息化部部长苗圩出席 2018 世界物联网无锡峰会并讲话。

17—19 日 由工业和信息化部、国家发展和改革委员会、科学技术部、国家互联网信息办公室等七部门共同主办的 2018 世界人工智能大会在上海召开。本届大会的主题为“人工智能赋能新时代”。国家主席习近平向会议致贺信。国务院副总理刘鹤出席大会开幕式并致辞。工业和信息化部部长苗圩出席大会开幕式及高峰论坛。

17—23 日 由中央宣传部、中央网络安全和信息化委员会办公室、教育部、工业和信息化部等十部门共同主办的 2018 年国家网络安全宣传周在全国范围内统一举行。本届宣传周的主题为“网络安全为人民，网络安全靠人民”，开幕式在四川成都举行。

18 日 由广东省经济和信息化委员会、广州市人民政府、中国电子信息产业发展研究院共同主办的 2018 中国制造业创新大会在广东广州召开。本届大会的主题为“开放、合作、创新、发展”。大会发布“中国制造业创新指数”，成立中国制造业创新联盟，并举行工业和信息化部、广东省人民政府部省共同推进粤港澳大湾区建设合作签约仪式。工业和信息化部部长苗圩出席大会并致辞。

18 日 工业和信息化部副部长罗文会见来访的萨尔瓦多总统府技术与规划秘书处副国务秘书阿尔韦托·恩里克斯一行，双方就推动中萨工业及信息通信领域交流合作交换意见。

18 日 国务院印发《关于推动创新创业高质量发展打造“双创”升级版的意见》，提出打造“双创”升级版的 8 个方面政策措施。

19—23 日 由工业和信息化部、国家发展和改革委员会、商务部、科学技术部等九部门共同主办的第二十届中国国际工业博览会在上海举行。本届博览会的主题为“创新、智能、绿色”。工业和信息化部部长苗圩出席开幕式并致辞。

20 日 由中国电子商会、中国国际电子商务中心等部门共同主办的 2018 中国国际数字经济峰会在河北石家庄召开。工业和信息化部副部长陈肇雄出席大会并致辞。

21 日 工业和信息化部部长苗圩会见欧盟委员会内部市场、工业、创新和中小企业委员别恩科夫斯卡，双方就继续开展中欧工业对话、加强在工业标准化和数字经济领域合作等议题交换意见。

26—29 日 由工业和信息化部、中国国际贸易促进委员会共同主办的 2018 年中国国际信息通信展览会在北京举行。本届展览会的主题为“数连世界，智造未来”，特别设置信息通信业改革开放 40 周年创新成果展示专区。工业和信息化部部长苗圩出席开幕论坛并致辞。

27 日 由中国通信标准化协会、中国电子工业标准化技术协会、华聚产业共同标准推动基金会共同主办的第 15 届海峡两岸信息产业和技术标准论坛在安徽合肥召开。国务院台湾事务办公室、工业和信息化部对合肥授牌“海峡两岸集成电路产业合作试验区”。会议公布《整机柜服务器节点子系统技术要求》《带视觉的工业机器人系统通用技术要求》等 10 项共通标准。工业和信息化部副部长罗文出席开幕式并作主题演讲。

27 日 工业和信息化部副部长陈肇雄会见来访的老挝邮电和通讯部副部长通塞·森赛年一行，双方就互联网、数字化等议题进行交流，就深化信息通信领域互利合作达成广泛共识。

29 日 中俄总理定期会晤委员会通信与信息技术分委会第十七次会议在海南博鳌召开。分委会中方主席、工业和信息化部副部长陈肇雄与分委会俄方主席，俄罗斯联邦数字发展、通信与大众传媒部副部长伊万诺夫共同主持会议，并共同签署分委会会议纪要，见签信息技术与网络安全等 4 个工作组会议纪要，以及国家工业信息安全发展研究中心与俄罗斯卡巴斯基实验室战略合作协议的签署。

10 月

11 日 由中国国际经济交流中心、日本经济团体联合会共同主办的第四轮中日企业家和前高官对话在北京举行。工业和信息化部部长苗圩出席会议，并以“加强中日数字经济合作，实现互利共赢共同进步”为主题发表致辞。

12 日 由工业和信息化部、日本经济产业省共同主办的第一届中日智能网联汽车官民论坛在日本东京召开。工业和信息化部副部长罗文出席论坛并致辞，见证中国汽车工业协会和日本汽车工业协会签署合作备忘录。

12 日 工业和信息化部、财政部印发《关于公布2018 年国家技术创新示范企业名单的通知》，认定北京高能时代环境技术股份有限公司等 68 家企业为国家技术创新示范企业。

18—21 日 由北京市人民政府、工业和信息化部共同主办的世界智能网联汽车大会在北京召开。本次大会的主题为“开启汽车新时代”，是全国首个国家级智能网联汽车专业会议。工业和信息化部部长苗圩出席大会开幕式并致辞。

19—21 日 由工业和信息化部、江西省人民政府共同主办的 2018 世界 VR 产业大会在江西南昌召开。本届大会的主题为“VR 让世界更精彩”。国家主席习近平向大会致贺信。工业和信息化部、江西省人民政府签署《关于共同推进南昌虚拟现实产业发展战略合作协议》。工业和信息化部部长苗圩出席开幕式并致辞。

22 日 由工业互联网产业联盟主办的工业互联网网络创新大会在北京召开。工业和信息化部副部长陈肇雄出席大会并致辞。

25 日 国家数字化设计与制造创新中心启动会在湖北武汉召开。国家数字化设计与制造创新中心由华中科技大学、清华大学、中车株洲电力机车研究所有限公司等 15 家股东单位共同出资组建，覆盖本领域 60% 的国家级创新平台。工业和信息化部副部长罗文出席会议并讲话。

26 日 中国存储器产业联盟成立大会暨第一次会员大会在湖北武汉召开。工业和信息化部副部长罗文出席大会并致辞。会后，罗文赴长江存储科技有限责任公司调研。

27 日 由清华大学未来实验室主办的中国数字化制造发展研讨会在北京召开。工业和信息化部副部长陈肇雄出席会议并讲话。

27 日 工业和信息化部办公厅公布 2018 年大数据产业发展试点示范项目，200 个大数据产业发展试点示范项目入选。

30 日 工业和信息化部副部长罗文会见来访的富士康科技集团总经理刘扬伟一行，双方就富士康在大陆的集成电路发展，以及两岸集成电路产业合作等议题进行交流。

31 日 中共中央政治局就人工智能发展现状和趋势举行第九次集体学习。中共中央总书记习近平在主持学习时强调，加强领导，做好规划，明确任务，夯实基础，推动中国新一代人工智能健康发展。

31 日 工业和信息化部副部长王江平会见加拿大创新科学和经济发展部副部长大卫·麦戈文，双方就加强中加数字经济等领域合作交换意见。

31 日—11 月 2 日 由工业和信息化部、中国工程院以及河南、河北、山西、内蒙古、安徽、江西、湖北、湖南、陕西等九省（区）人民政府共同主办的 2018 中国（郑州）产业转移系列对接活动在河南郑州举行。本届活动的主题为“推动制造业开放合作和高质量发展”。开幕式上还举行产业转移合作项目签约仪式，共签约项目 611 项。工业和信息化部副部长罗文出席开幕式并致辞。

11 月

5—10 日 由商务部、上海市人民政府共同主办的首届中国国际进口博览会在上海举行。这是世界上第一个以进口为主题的大型国家级展会。国家主席习近平出席开幕式并发表题为《共建创新包容的开放型世界经济》的主旨演讲。工业和信息化部部长苗圩出席开幕式及

2018 智能科技与产业国际合作论坛等配套活动。

7 日 工业和信息化部发布 2018 年（第 17 届）中国软件业务收入前百家企业发展报告及名单。华为技术有限公司排名首位，中兴通讯股份有限公司、海尔集团公司分列第二、第三位。

7—9 日 由国家互联网信息办公室、浙江省人民政府共同主办的第五届世界互联网大会在浙江乌镇举行。本届大会的主题为“创造互信共治的数字世界——携手共建网络空间命运共同体”。国家主席习近平向大会致贺信。工业和信息化部副部长陈肇雄出席开幕式和论坛活动并讲话。

9 日 国家海洋信息产业发展联盟筹备大会在海南陵水召开。工业和信息化部副部长罗文出席会议并讲话。会后，罗文赴中国电子科技集团有限公司海洋信息产业基地调研。

12 日 工业和信息化部部长苗圩会见美国前国务卿奥尔布赖特及阿斯迈公司代表一行，双方就中美、中欧关系及阿斯迈公司在华发展等议题交换意见。

14 日 工业和信息化部办公厅印发《关于开展网络安全技术应用试点示范项目推荐工作的通知》，启动网络安全技术应用试点示范项目推荐工作。

16 日 由中国发起的工业互联网产业联盟（AII）和美国发起的工业互联网联盟（IIC）联合主办的“工业互联网的未来”主题研讨会在北京召开。会上，AII 与 IIC 签署《合作备忘录》。工业和信息化部副部长陈肇雄出席会议并致辞。

17 日 国家制造强国建设领导小组车联网产业发展专委会第二次全体会议在河北雄安新区召开。会议由工业和信息化部部长、专委会召集人苗圩主持。工业和信息化部副部长罗文出席会议。

19 日 第二次中德智能制造及生产过程网络化合作副部长级会议在北京召开。工业和信息化部副部长陈肇雄出席并主持会议。

20 日 工业互联网战略咨询专家委员会第一次会议在北京召开。工业互联网专项工作组组长、工业和信息化部部长苗圩出席会议并讲话。工业互联网专项工作组副组长、工业和信息化部副部长陈肇雄出席会议。

22 日 由工业和信息化部电子信息司、浙江省经济和信息化厅共同主办的 2018 年电子信息行业智能制造现场经验交流会在浙江杭州召开。工业和信息化部副部长罗文出席大会并作主旨讲话。

23 日 由广东省工业和信息化厅、广东省通信管理局、中国信息通信研究院、工业互联网产业联盟共同主办的 2018 中国工业互联网大会在广东广州召开。本届大会的主题为“互联融合、智造转型”。工业和信息化部总工程师张峰出席大会并致辞。

12 月

1 日 工业互联网标识解析国家顶级节点（重庆）在重庆启动。重庆成为北京、上海、广州、武汉之后第 5 个拥有国家顶级节点的城市，全国工业互联网“东西南北中”的布局架构初步形成。

10 日 由工业和信息化部与韩国科学技术信息通信部共同主办的第四次中韩信息通信合作部级战略对话在韩国首尔召开。工业和信息化部副部长陈肇雄与韩国科学技术信息通信部副部长闵元基共同出席会议并致辞。中韩双方就 5G、大数据、人工智能、车联网、网络安全、工业互联网等议题进行交流研讨，达成广泛共识，确定下一步合作重点。

11 日 工业和信息化部组织召开全国智能制造试点示范经验交流电视电话会议。工业和信息化部副部长辛国斌出席会议并讲话。

11—13 日 由中国半导体行业协会、中国电子信息产业发展研究院共同主办的首届全球 IC 企业家大会暨第 16 届中国国际半导体博览会在上海举行。工业和信息化部副部长罗文出席开幕式并致辞。

12 日　由工业和信息化部、国际电信联盟共同主办的“落实中非合作论坛北京峰会成果，加强中非信息通信合作”研讨会在北京召开。工业和信息化部副部长陈肇雄出席会议并致辞。

12 日　由中国电子技术标准化研究院主办的第八届中国云计算标准和应用大会在北京召开。本届大会的主题为“云启 · 智行、开放共赢”。工业和信息化部总工程师张峰出席会议并致辞。

13 日　工业和信息化部部长苗圩带队参观“激荡与辉煌——工业和信息化领域改革开放40周年”主题展览。

13—14 日　由国家工业信息安全发展研究中心、中国科协企业创新服务中心、两化融合服务联盟、产业互联网发展联盟共同主办的 2018 年产业互联与数字经济大会——首届工业互联网平台创新发展暨两化融合推进会在北京召开。本届会议的主题为“平台赋能、数字化转型、创新发展”。会议发布工业互联网平台创新发展白皮书、中国两化融合发展数据地图（2018）等研究成果。工业和信息化部副部长陈肇雄出席会议并致辞。

17 日　工业和信息化部办公厅印发关于公布 2018 年工业互联网试点示范项目名单的通知，来自工业互联网网络、标识解析、平台、安全 4 个方向的 72 个项目入选。

21 日　工业和信息化部印发《关于加快推进虚拟现实产业发展的指导意见》，提出突破关键核心技术、丰富产品有效供给、推进重点行业应用、建设公共服务平台、构建标准规范体系、增强安全保障能力 6 项重点任务。

24 日　国务院总理李克强主持召开国务院常务会议，部署加大对民营经济和中小企业支持，增强市场主体活力和发展信心。

25 日　工业和信息化部印发《车联网（智能网联汽车）产业发展行动计划》，明确以网络通信技术、电子信息技术和汽车制造技术融合发展为主线，形成深度融合、创新活跃、安全可信、竞争力强的车联网产业新生态。

27 日　工业和信息化部在北京召开全国工业和信息化工作会议。工业和信息化部部长苗圩出席会议，作题为“保持战略定力，坚定信心决心，奋力开创制造强国和网络强国建设新局面”的讲话。

28 日　国家市场监督管理总局、国家标准化管理委员会发布 2018 年第 17 号中国国家标准公告，批准 GB/T 23003-2018《信息化和工业化融合管理体系　评定指南》发布实施。

[编辑部整理]

产业数据

说　明

1. 数据来源：电子信息制造业主要经济指标、主要产品分省产量数据根据国家统计局工业数据整理；主要电子信息产品产销存数据来自工业和信息化部《2018 年电子信息制造业统计年报》；电子进出口数据来自海关总署；软件和信息技术服务业数据来自工业和信息化部《2018 年软件和信息技术服务业统计年报》。

2. 统计范围：国家统计局规模以上工业指主营业务收入 2 000 万元以上的工业法人单位。工业和信息化部《2018 年电子信息制造业统计年报》统计范围为在中国境内注册（不包括中国港、澳、台地区）的年主营业务收入 1 000 万元以上，从事电子信息产品生产及研发的企、事业独立法人单位。工业和信息化部《2018 年软件和信息技术服务业统计年报》统计范围包括三类：一是在中国境内注册（中国港、澳、台地区除外），主要从事软件和信息技术服务业务，且主营业务年收入 500 万元以上，具有独立法人资格的软件企业；二是在中国境内注册，主营业务年收入 1 000 万元以上，有软件和信息技术服务收入，且该收入占本企业主营业务收入 30% 以上的独立法人单位；三是在中国境内注册，主要从事集成电路设计的企业或其集成电路设计和测试的收入占本企业主营业务收入 60% 以上，且主营业务年收入 500 万元以上的独立法人单位。

3. 本统计数据不包括中国港、澳、台地区及西藏自治区。

4. 由于四舍五入，各项值累加与合计值有可能存在误差。

5. 本统计资料解释权归工业和信息化部运行监测协调局。

表 1　2018 年规模以上电子信息产业主要指标完成情况

项目名称	单位	2017 年	2018 年	增速（%）
主营业务收入	亿元	185 416	188 206	1.5
其中：制造业	亿元	130 313	126 297	–3.1
软件业	亿元	55 103	61 909	12.4
利润总额	亿元	15 935	14 962	–6.1
其中：制造业	亿元	7 180	6 000	–16.4
软件业	亿元	8 755	8 962	2.4
电子信息制造业进出口总额	亿美元	–	14 235	–
其中：进口额	亿美元	–	6 220	–
出口额	亿美元	–	8 015	–

规模以上电子信息制造业统计数据

表 2　2018 年按经济类型分列的电子信息制造业主要经济指标完成情况（1）

项目名称	企业数（家）	亏损企业数（家）	主营业务收入（亿元）	利润总额（亿元）	平均用工人数（万人）
总计	23 565	4 659	126 296.5	5 999.8	1 039.1
国有经济	31	5	112.9	10.7	1.9
集体经济	18	1	101.5	6.0	1.5
股份合作经济	20	3	9.1	0.7	0.2
股份制经济	17 233	3 195	64 068.2	3 604.3	508.1
外商及中国港、澳、台投资经济	6 047	1 435	61 837.4	2 368.8	525.2
其他经济	216	20	167.4	9.3	2.3

表 3　2018 年大中型工业主要经济指标完成情况（1）

项目名称	企业数（家）	亏损企业数（家）	主营业务收入（亿元）	利润总额（亿元）	平均用工人数（万人）
大中型工业	6 417	1 135	106 140.7	5 083.3	836.9

表 4　2018 年国有控股企业主要经济指标完成情况（1）

项目名称	企业数（家）	亏损企业数（家）	主营业务收入（亿元）	利润总额（亿元）	平均用工人数（万人）
国有控股企业	831	200	10 952.3	445.3	75.2

表 5　2018 年私营企业主要经济指标完成情况（1）

项目名称	企业数（家）	亏损企业数（家）	主营业务收入（亿元）	利润总额（亿元）	平均用工人数（万人）
私营企业	11 155	1 948	24 264.5	1 219.5	222.0

表 6　2018 年雷达及配套设备制造行业主要经济指标完成情况（1）

项目名称	企业数（家）	亏损企业数（家）	主营业务收入（亿元）	利润总额（亿元）	平均用工人数（万人）
合计	51	10	283.1	14.4	2.1
雷达及配套设备制造	51	10	283.1	14.4	2.1

表 7　2018 年通信设备制造行业主要经济指标完成情况（1）

项目名称	企业数（家）	亏损企业数（家）	主营业务收入（亿元）	利润总额（亿元）	平均用工人数（万人）
合计	2 044	554	36 380.8	1 385.3	181.2
通信系统设备制造	898	183	13 261.2	1 009.4	62.6
通信终端设备制造	1 146	371	23 119.6	375.9	118.6

表 8　2018 年广播电视设备制造行业主要经济指标完成情况（1）

项目名称	企业数（家）	亏损企业数（家）	主营业务收入（亿元）	利润总额（亿元）	平均用工人数（万人）
合计	642	116	1 502.0	102.0	19.8
广播电视节目制作及发射设备制造	46	10	77.4	5.4	0.8
广播电视接收设备制造	309	57	734.0	51.3	10.7
专业音响设备制造	73	10	123.8	4.7	2.2
应用电视设备及其他广播电视设备制造	180	31	458.0	39.8	4.7
广播电视专用配件制造	34	8	108.8	0.8	1.4

表 9　2018 年电子计算机制造行业主要经济指标完成情况（1）

项目名称	企业数（家）	亏损企业数（家）	主营业务收入（亿元）	利润总额（亿元）	平均用工人数（万人）
合计	1 866	371	20 071.9	538.9	125.0
计算机整机制造	211	51	12 188.7	123.4	40.3
计算机零部件制造	665	115	2 949.9	156.8	41.0
计算机外围设备制造	558	119	2 787.5	114.6	23.0
信息安全设备制造	19	5	131.0	1.7	1.0
其他计算机制造	188	34	930.2	104.9	10.6

续表

项目名称	企业数（家）	亏损企业数（家）	主营业务收入（亿元）	利润总额（亿元）	平均用工人数（万人）
幻灯及投影设备制造	56	12	162.3	5.4	1.1
计算器及货币专用设备制造	127	27	373.2	15.5	4.0
工业控制计算机及系统制造	42	8	549.1	16.6	4.0

表 10　2018 年非专用视听设备制造行业主要经济指标完成情况（1）

项目名称	企业数（家）	亏损企业数（家）	主营业务收入（亿元）	利润总额（亿元）	平均用工人数（万人）
合计	1 030	232	7 277.7	212.8	51.6
电视机制造	187	47	4 300.5	121.6	18.8
音响设备制造	567	115	1 163.6	38.1	17.8
影视录放设备制造	276	70	1 813.6	53.1	15.0

表 11　2018 年仪器仪表制造行业主要经济指标完成情况（1）

项目名称	企业数（家）	亏损企业数（家）	主营业务收入（亿元）	利润总额（亿元）	平均用工人数（万人）
合计	1 062	159	2 132.6	253.6	22.1
医疗诊断、监护及治疗设备制造	447	69	885.7	146.8	10.2
环境监测专用仪器仪表制造	112	8	164.5	20.9	1.7
运输设备及生产用计数仪表制造	170	26	487.1	31.8	4.7
导航、测绘、气象及海洋专用仪器制造	72	19	185.0	7.7	1.3
农林牧渔专用仪器仪表制造	19	4	29.8	2.6	0.3
地质勘探和地震专用仪器制造	40	5	84.1	7.8	0.6
核子及核辐射测量仪器制造	8	2	26.9	1.7	0.1
电子测量仪器制造	194	26	269.5	34.3	3.2

表 12　2018 年电子和电工机械专用设备制造行业主要经济指标完成情况（1）

项目名称	企业数（家）	亏损企业数（家）	主营业务收入（亿元）	利润总额（亿元）	平均用工人数（万人）
合计	673	96	1 019.4	56.3	11.4
半导体器件专用设备制造	217	33	317.4	22.1	3.9
电子元器件与机电组件设备制造	197	31	214.4	18.7	2.8
其他电子专用设备制造	259	32	487.6	15.5	4.7

表 13　2018 年电子元件及专用材料制造行业主要经济指标完成情况（1）

项目名称	企业数（家）	亏损企业数（家）	主营业务收入（亿元）	利润总额（亿元）	平均用工人数（万人）
合计	5 811	955	16 470.8	1 127.3	228.2
电阻电容电感元件制造	1 259	160	3 684.6	303.5	47.6
电声器件及零件制造	281	42	516.4	27.0	11.0
其他电子元件制造	2 209	382	5 052.3	345.5	76.6
电子电路制造	1 106	203	3 910.3	242.7	58.9
敏感元件及传感器制造	279	33	878.4	63.7	11.1
电子专用材料制造	677	135	2 428.8	144.9	23.0

表 14　2018 年电子器件制造行业主要经济指标完成情况（1）

项目名称	企业数（家）	亏损企业数（家）	主营业务收入（亿元）	利润总额（亿元）	平均用工人数（万人）
合计	5 117	963	20 949.8	1 204.3	204.5
电子真空器件制造	391	63	866.5	70.4	13.8
印制电路板制造	376	56	1 287.3	89.7	13.9
集成电路制造	552	122	3 528.9	399.5	29.6
电力电子元器件制造	1 451	209	2 062.7	146.5	30.5
显示器件制造	718	168	6 789.1	204.0	50.0
半导体照明器件制造	240	64	799.5	57.2	8.8
光电子器件制造	804	177	4 180.3	167.3	39.7
其他电子器件制造	585	104	1 435.5	69.7	18.2

表 15　2018 年电气机械和器材制造行业主要经济指标完成情况（1）

项目名称	企业数（家）	亏损企业数（家）	主营业务收入（亿元）	利润总额（亿元）	平均用工人数（万人）
合计	3 213	816	12 825.8	604.4	106.1
微特电机及组件制造	443	50	1 024.1	62.9	14.7
其他电机制造	464	61	1 112.8	73.6	17.0
光纤制造	212	40	853.5	90.9	4.6
光缆制造	120	16	931.3	64.3	3.6
锂离子电池制造	904	296	3 794.9	178.3	37.8
镍氢电池制造	94	20	324.2	14.0	2.8
光伏设备及元器件制造	976	333	4 785.0	120.4	25.6

表 16　2018 年智能硬件设备制造行业主要经济指标完成情况（1）

项目名称	企业数（家）	亏损企业数（家）	主营业务收入（亿元）	利润总额（亿元）	平均用工人数（万人）
合计	493	93	2 224.0	152.2	29.0
可穿戴智能设备制造	71	11	358.6	23.6	3.2
智能车载设备制造	58	17	332.4	27.0	2.4
智能无人飞行器制造	33	6	225.9	34.6	1.9
服务消费机器人制造	21	4	69.2	3.2	0.7
其他智能消费设备制造	310	55	1 237.9	63.8	20.8

表 17　2018 年其他电子设备制造行业主要经济指标完成情况（1）

项目名称	企业数（家）	亏损企业数（家）	主营业务收入（亿元）	利润总额（亿元）	平均用工人数（万人）
合计	1 563	294	5 158.9	348.5	57.8
文化用信息化学品制造	274	66	1 483.7	116.1	8.8
医学生产用信息化学品制造	53	13	270.7	21.2	1.4
其他电子设备制造	1 236	215	3 404.5	211.2	47.6

表 18　2018 年按省、自治区、直辖市分列的电子信息制造业主要经济指标完成情况（1）

省、自治区、直辖市名称	企业数（家）	亏损企业数（家）	主营业务收入（亿元）	利润总额（亿元）	平均用工人数（万人）
北京市	360	83	3 403.6	118.6	11.3
天津市	325	116	1 988.3	69.8	12.7
河北省	366	67	750.9	1.4	10.5
山西省	62	22	1 049.8	29.9	12.2
内蒙古自治区	36	21	233.5	–8.9	1.6
辽宁省	211	54	797.1	143.3	7.4
吉林省	57	10	72.6	6.8	1.0
黑龙江省	33	7	50.8	3.2	0.9
上海市	656	143	6 256.3	193.4	39.0
江苏省	4 053	796	23 857.6	1 177.5	206.1
浙江省	2 331	440	6 208.4	441.5	63.7
安徽省	949	160	3 384.7	171.2	26.5
福建省	778	113	5 360.4	320.5	38.3
江西省	865	137	3 697.7	205.7	34.2

续表

省、自治区、直辖市名称	企业数（家）	亏损企业数（家）	主营业务收入（亿元）	利润总额（亿元）	平均用工人数（万人）
山东省	1 161	270	4 033.5	191.9	36.5
河南省	546	95	4 491.4	177.1	34.8
湖北省	654	105	2 810.5	118.7	20.4
湖南省	836	92	2 018.6	95.6	31.9
广东省	7 199	1 529	42 290.4	1 901.6	359.3
广西壮族自治区	178	37	1 309.4	71.2	9.8
海南省	3	1	20.7	–1.6	0.2
重庆市	523	85	4 454.2	148.5	24.7
四川省	711	117	4 955.5	170.3	36.0
贵州省	280	71	667.5	10.4	5.2
云南省	70	16	320.2	39.3	3.4
陕西省	238	37	1 290.1	152.4	7.8
甘肃省	23	9	99.8	7.7	1.2
青海省	24	11	105.0	8.4	0.8
宁夏回族自治区	16	8	126.2	11.1	0.9
新疆维吾尔自治区	21	7	191.8	23.1	0.9

表 19　2018 年按经济类型分列的电子信息制造业主要经济指标完成情况（2）

单位：亿元

项目名称	主营业务成本	销售费用	管理费用	财务费用	利息支出
总计	110 071.4	3 059.8	7 249.0	607.5	804.7
国有经济	90.7	1.6	10.7	0.6	0.7
集体经济	91.0	0.4	3.2	0.7	0.7
股份合作经济	7.3	0.3	0.8	0.1	0.1
股份制经济	53 075.3	2 235.2	4 884.6	460.4	541.0
外商及中国港、澳、台投资经济	56 661.1	819.4	2 343.0	144.2	261.7
其他经济	145.9	2.9	6.6	1.6	0.5

表 20　2018 年大中型工业主要经济指标完成情况（2）

单位：亿元

项目名称	主营业务成本	销售费用	管理费用	财务费用	利息支出
大中型工业	92 753.5	2 543.5	5 868.8	448.6	670.1

表 21　2018 年国有控股企业主要经济指标完成情况（2）

单位：亿元

项目名称	主营业务成本	销售费用	管理费用	财务费用	利息支出
国有控股企业	9 114.3	497.3	900.5	116.9	147.0

表 22　2018 年私营企业主要经济指标完成情况（2）

单位：亿元

项目名称	主营业务成本	销售费用	管理费用	财务费用	利息支出
私营企业	20 639.8	692.0	1 468.8	127.6	140.1

表 23　2018 年雷达及配套设备制造行业主要经济指标完成情况（2）

单位：亿元

项目名称	主营业务成本	销售费用	管理费用	财务费用	利息支出
合计	238.3	6.0	22.0	2.8	3.0
雷达及配套设备制造	238.3	6.0	22.0	2.8	3.0

表 24　2018 年通信设备制造行业主要经济指标完成情况（2）

单位：亿元

项目名称	主营业务成本	销售费用	管理费用	财务费用	利息支出
合计	31 256.6	1 211.0	2 439.4	54.3	176.0
通信系统设备制造	9 758.3	791.4	1 736.9	41.7	83.4
通信终端设备制造	21 498.3	419.6	702.5	12.6	92.6

表 25　2018 年广播电视设备制造行业主要经济指标完成情况（2）

单位：亿元

项目名称	主营业务成本	销售费用	管理费用	财务费用	利息支出
合计	1 263.8	45.2	101.0	8.4	9.0
广播电视节目制作及发射设备制造	64.0	2.9	5.1	0.4	0.6
广播电视接收设备制造	603.4	23.0	52.6	5.6	5.2
专业音响设备制造	109.3	2.4	7.4	0.2	0.3
应用电视设备及其他广播电视设备制造	385.2	15.4	31.6	2.1	2.5
广播电视专用配件制造	101.9	1.5	4.3	0.1	0.4

表 26　2018 年电子计算机制造行业主要经济指标完成情况（2）

单位：亿元

项目名称	主营业务成本	销售费用	管理费用	财务费用	利息支出
合计	18 725.5	283.2	595.1	34.3	66.9
计算机整机制造	11 699.9	128.5	225.3	35.6	43.5
计算机零部件制造	2 646.3	42.2	132.1	0.6	9.1
计算机外围设备制造	2 545.8	45.8	108.1	–3.2	7.5
信息安全设备制造	118.8	2.0	9.8	0.3	0.3
其他计算机制造	772.7	23.3	54.0	–3.6	1.7
幻灯及投影设备制造	145.3	3.6	7.8	0.3	0.2
计算器及货币专用设备制造	305.1	22.1	32.0	2.3	3.2
工业控制计算机及系统制造	491.6	15.7	26.0	2.0	1.4

表 27　2018 年非专用视听设备制造行业主要经济指标完成情况（2）

单位：亿元

项目名称	主营业务成本	销售费用	管理费用	财务费用	利息支出
合计	6 546.1	244.9	296.9	38.4	39.9
电视机制造	3 854.3	200.6	149.4	27.7	30.5
音响设备制造	1 018.0	23.3	80.9	4.6	3.8
影视录放设备制造	1 673.8	21.0	66.6	6.1	5.6

表 28　2018 年仪器仪表制造行业主要经济指标完成情况（2）

单位：亿元

项目名称	主营业务成本	销售费用	管理费用	财务费用	利息支出
合计	1 553.7	145.0	233.1	6.7	12.1
医疗诊断、监护及治疗设备制造	588.5	87.6	114.4	0.1	3.7
环境监测专用仪器仪表制造	113.2	13.6	18.1	0.9	1.2
运输设备及生产用计数仪表制造	390.1	16.6	47.7	3.1	3.5
导航、测绘、气象及海洋专用仪器制造	158.7	5.3	12.9	0.8	0.5
农林牧渔专用仪器仪表制造	24.2	0.7	2.2	0.2	0.1
地质勘探和地震专用仪器制造	67.1	2.7	5.6	1.2	1.6
核子及核辐射测量仪器制造	23.3	0.4	1.6	0.2	0.2
电子测量仪器制造	188.6	18.1	30.6	0.2	1.3

表 29　2018 年电子和电工机械专用设备制造行业主要经济指标完成情况（2）

单位：亿元

项目名称	主营业务成本	销售费用	管理费用	财务费用	利息支出
合计	789.9	38.0	87.9	57.3	55.4
半导体器件专用设备制造	258.3	10.7	26.4	2.3	2.7
电子元器件与机电组件设备制造	176.0	5.3	14.2	1.2	0.8
其他电子专用设备制造	355.6	22.0	47.3	53.8	51.9

表 30　2018 年电子元件及专用材料制造行业主要经济指标完成情况（2）

单位：亿元

项目名称	主营业务成本	销售费用	管理费用	财务费用	利息支出
合计	14 095.5	273.2	961.5	67.5	86.3
电阻电容电感元件制造	3 136.2	55.7	189.6	9.9	12.8
电声器件及零件制造	436.7	10.4	38.6	3.9	3.1
其他电子元件制造	4 273.8	95.7	321.3	13.7	16.2
电子电路制造	3 381.6	63.9	237.9	16.0	24.4
敏感元件及传感器制造	742.9	16.4	52.7	4.4	5.1
电子专用材料制造	2 124.3	31.1	121.4	19.6	24.7

表 31　2018 年电子器件制造行业主要经济指标完成情况（2）

单位：亿元

项目名称	主营业务成本	销售费用	管理费用	财务费用	利息支出
合计	18 257.9	360.3	1 291.1	155.0	177.5
电子真空器件制造	720.1	21.4	63.9	8.0	3.8
印制电路板制造	1 099.4	23.2	77.0	6.9	10.6
集成电路制造	2 926.9	42.1	331.4	1.7	31.8
电力电子元器件制造	1 705.9	57.1	154.9	12.9	10.9
显示器件制造	6 203.8	84.3	290.6	61.1	69.9
半导体照明器件制造	695.1	15.4	47.4	8.0	7.6
光电子器件制造	3 712.9	64.4	204.8	47.4	34.3
其他电子器件制造	1 193.8	52.4	121.1	9.0	8.6

表 32　2018 年电气机械和器材制造行业主要经济指标完成情况（2）

单位：亿元

项目名称	主营业务成本	销售费用	管理费用	财务费用	利息支出
合计	11 148.1	262.8	722.7	126.3	136.4
微特电机及组件制造	854.1	23.5	71.2	7.6	9.4
其他电机制造	952.3	23.1	64.3	6.2	6.2
光纤制造	704.8	18.2	47.3	10.1	12.5
光缆制造	822.6	16.5	30.1	7.9	9.3
锂离子电池制造	3 260.6	77.8	257.5	31.3	35.7
镍氢电池制造	284.3	6.1	15.7	2.0	1.7
光伏设备及元器件制造	4 269.4	97.6	236.6	61.2	61.6

表 33　2018 年智能硬件设备制造行业主要经济指标完成情况（2）

单位：亿元

项目名称	主营业务成本	销售费用	管理费用	财务费用	利息支出
合计	1 830.0	78.9	175.5	13.4	5.9
可穿戴智能设备制造	306.3	6.5	22.2	0.8	0.7
智能车载设备制造	265.1	14.7	35.3	1.3	0.7
智能无人飞行器制造	156.7	8.1	29.3	−0.1	1.1
服务消费机器人制造	54.8	5.5	8.3	−0.2	0.2
其他智能消费设备制造	1 047.1	44.1	80.4	11.6	3.2

表 34　2018 年其他电子设备制造行业主要经济指标完成情况（2）

单位：亿元

项目名称	主营业务成本	销售费用	管理费用	财务费用	利息支出
合计	4 366.2	111.4	322.6	43.1	36.1
文化用信息化学品制造	1 271.5	23.3	74.0	18.1	19.8
医学生产用信息化学品制造	229.8	3.9	7.5	7.3	1.7
其他电子设备制造	2 864.9	84.2	241.1	17.7	14.6

表 35　2018 年按省、自治区、直辖市分列的电子信息制造业主要经济指标完成情况（2）

单位：亿元

项目名称	主营业务成本	销售费用	管理费用	财务费用	利息支出
北京市	2 995.3	144.7	191.2	−3.1	23.4
天津市	1 781.6	40.2	89.9	5.8	10.6

续表

项目名称	主营业务成本	销售费用	管理费用	财务费用	利息支出
河北省	625.7	18.0	59.4	63.7	59.9
山西省	984.9	3.1	33.8	6.5	11.6
内蒙古自治区	215.3	1.9	16.7	5.8	6.5
辽宁省	601.3	18.3	52.4	7.3	7.6
吉林省	56.7	2.0	7.6	0.6	0.8
黑龙江省	39.2	1.9	5.3	1.3	1.1
上海市	5 706.9	83.4	319.2	13.2	18.5
江苏省	21 298.4	338.7	1 059.1	150.3	161.0
浙江省	5 068.1	256.8	499.2	40.2	62.4
安徽省	2 960.2	66.3	176.0	25.5	20.1
福建省	4 670.8	126.6	272.1	36.4	37.0
江西省	3 264.7	54.7	149.4	25.6	17.7
山东省	3 465.9	147.6	233.0	29.3	22.3
河南省	4 168.7	27.8	100.3	19.2	43.4
湖北省	2 442.1	74.1	194.3	16.8	15.1
湖南省	1 724.3	49.1	131.3	16.8	11.7
广东省	35 686.2	1 393.2	3 206.9	81.5	189.0
广西壮族自治区	1 206.0	9.0	25.5	0.4	2.8
海南省	18.2	0.4	2.5	1.4	1.1
重庆市	4 129.2	45.6	108.9	20.4	18.3
四川省	4 516.4	103.6	183.3	24.8	41.9
贵州省	630.1	8.4	22.1	2.1	1.8
云南省	258.7	8.6	11.4	3.8	2.1
陕西省	1 121.8	28.0	69.7	1.5	6.6
甘肃省	84.4	1.5	9.2	0.7	1.5
青海省	89.8	0.6	7.4	2.0	1.1
宁夏回族自治区	109.9	0.6	3.7	0.8	0.7
新疆维吾尔自治区	150.5	5.0	8.2	7.0	7.1

表 36　2018 年按经济类型分列的电子信息制造业主要经济指标完成情况（3）

单位：亿元

项目名称	流动资产	应收账款	存货	产成品	资产总计	负债合计	亏损企业亏损额
总计	84 184.5	32 996.1	14 695.0	5 399.1	129 147.3	74 720.9	1 094.6
国有经济	153.1	45.0	30.1	7.3	211.8	114.6	0.1
集体经济	44.7	8.0	7.9	3.8	75.3	31.8	
股份合作经济	7.8	2.7	0.7	0.4	10.1	3.5	0.1
股份制经济	46 371.2	16 077.0	8 284.8	3 048.6	75 096.9	42 548.5	670.2
外商及中国港、澳、台投资经济	37 509.0	16 834.4	6 358.6	2 334.2	53 583.9	31 912.9	422.5
其他经济	98.7	29.1	12.9	4.8	169.2	109.6	1.7

表 37　2018 年大中型工业主要经济指标完成情况（3）

单位：亿元

项目名称	流动资产	应收账款	存货	产成品	资产总计	负债合计	亏损企业亏损额
大中型工业	70 265.2	27 890.1	11 885.3	4 365.1	106 488.7	62 201.2	772.9

表 38　2018 年国有控股企业主要经济指标完成情况（3）

单位：亿元

项目名称	流动资产	应收账款	存货	产成品	资产总计	负债合计	亏损企业亏损额
国有控股企业	10 469.5	3 412.6	1 901.9	738.3	19 570.5	10 322.6	221.2

表 39　2018 年私营企业主要经济指标完成情况（3）

单位：亿元

项目名称	流动资产	应收账款	存货	产成品	资产总计	负债合计	亏损企业亏损额
私营企业	14 797.6	5 253.4	2 904.4	1 076.9	22 210.7	13 185.8	199.5

表 40　2018 年雷达及配套设备制造行业主要经济指标完成情况（3）

单位：亿元

项目名称	流动资产	应收账款	存货	产成品	资产总计	负债合计	亏损企业亏损额
合计	305.7	83.2	59.5	17.8	460.7	271.0	1.5
雷达及配套设备制造	305.7	83.2	59.5	17.8	460.7	271.0	1.5

表 41　2018 年通信设备制造行业主要经济指标完成情况（3）

单位：亿元

项目名称	流动资产	应收账款	存货	产成品	资产总计	负债合计	亏损企业亏损额
合计	24 624.5	9 274.0	3 910.7	1 502.0	30 712.9	21 145.1	222.3
通信系统设备制造	10 476.0	3 392.7	1 609.9	516.8	14 027.9	8 364.5	100.1
通信终端设备制造	14 148.5	5 881.3	2 300.8	985.2	16 685.0	12 780.6	122.2

表 42　2018 年广播电视设备制造行业主要经济指标完成情况（3）

单位：亿元

项目名称	流动资产	应收账款	存货	产成品	资产总计	负债合计	亏损企业亏损额
合计	1 032.3	429.0	204.8	73.2	1 759.0	838.9	11.9
广播电视节目制作及发射设备制造	52.7	16.2	15.0	3.1	75.2	37.5	0.6
广播电视接收设备制造	474.5	220.6	88.3	35.4	751.1	329.9	5.2
专业音响设备制造	54.7	25.2	12.1	3.5	72.9	45.1	0.6
应用电视设备及其他广播电视设备制造	388.9	139.3	75.9	26.2	781.9	390.1	3.2
广播电视专用配件制造	61.5	27.7	13.5	5.0	77.9	36.3	2.3

表 43　2018 年电子计算机制造行业主要经济指标完成情况（3）

单位：亿元

项目名称	流动资产	应收账款	存货	产成品	资产总计	负债合计	亏损企业亏损额
合计	10 817.5	5 640.2	1 827.8	582.6	13 828.2	9 191.3	51.5
计算机整机制造	6 291.9	3 585.6	909.0	315.0	7 256.0	5 936.7	17.3
计算机零部件制造	1 659.4	792.4	315.1	91.1	2 435.8	1 262.2	11.8
计算机外围设备制造	1 383.3	624.9	262.7	80.2	2 143.1	984.1	12.3
信息安全设备制造	61.3	28.2	14.6	2.4	91.5	43.6	1.2
其他计算机制造	700.5	282.8	142.3	40.0	938.7	410.8	3.5
幻灯及投影设备制造	76.6	28.6	23.1	7.7	101.7	52.2	1.5
计算器及货币专用设备制造	318.9	115.7	73.8	29.2	492.8	226.4	3.4
工业控制计算机及系统制造	325.6	182.0	87.2	17.0	368.6	275.3	0.5

表 44　2018 年非专用视听设备制造行业主要经济指标完成情况（3）

单位：亿元

项目名称	流动资产	应收账款	存货	产成品	资产总计	负债合计	亏损企业亏损额
合计	4 248.2	1 531.8	819.1	320.7	5 623.2	3 721.9	37.9
电视机制造	2 688.8	843.3	497.3	188.1	3 567.6	2 415.7	19.5

续表

项目名称	流动资产	应收账款	存货	产成品	资产总计	负债合计	亏损企业亏损额
音响设备制造	594.7	243.2	140.9	54.2	884.1	472.4	8.6
影视录放设备制造	964.7	445.3	180.9	78.4	1 171.5	833.8	9.8

表 45　2018 年仪器仪表制造行业主要经济指标完成情况（3）

单位：亿元

项目名称	流动资产	应收账款	存货	产成品	资产总计	负债合计	亏损企业亏损额
合计	1 808.5	558.7	352.0	125.2	2 807.8	1 201.4	13.9
医疗诊断、监护及治疗设备制造	858.5	248.4	152.8	52.2	1 386.2	550.8	5.0
环境监测专用仪器仪表制造	207.2	58.0	39.7	13.2	299.2	132.9	0.7
运输设备及生产用计数仪表制造	302.4	109.5	63.9	25.8	478.9	228.1	2.3
导航、测绘、气象及海洋专用仪器制造	105.8	35.6	30.4	14.2	161.1	79.2	3.1
农林牧渔专用仪器仪表制造	20.1	5.1	2.9	1.1	26.1	10.0	0.1
地质勘探和地震专用仪器制造	54.2	18.1	11.2	3.5	105.6	44.4	0.5
核子及核辐射测量仪器制造	19.4	10.0	3.3	0.3	53.1	20.3	0.5
电子测量仪器制造	240.9	74.0	47.8	14.9	297.6	135.7	1.7

表 46　2018 年电子和电工机械专用设备制造行业主要经济指标完成情况（3）

单位：亿元

项目名称	流动资产	应收账款	存货	产成品	资产总计	负债合计	亏损企业亏损额
合计	1 493.8	273.3	268.0	99.6	2 365.0	1 537.0	31.6
半导体器件专用设备制造	283.3	86.8	74.8	20.1	404.2	197.7	3.0
电子元器件与机电组件设备制造	126.7	47.8	31.7	12.3	206.9	106.0	1.1
其他电子专用设备制造	1 083.8	138.7	161.5	67.2	1 753.9	1 233.3	27.5

表 47　2018 年电子元件及专用材料制造行业主要经济指标完成情况（3）

单位：亿元

项目名称	流动资产	应收账款	存货	产成品	资产总计	负债合计	亏损企业亏损额
合计	9 772.8	4 433.7	1 826.1	699.6	16 238.0	7 868.2	117.7
电阻电容电感元件制造	2 146.0	1 169.4	357.0	146.2	3 119.9	1 648.9	9.6
电声器件及零件制造	336.6	144.9	72.4	19.0	595.7	313.3	6.5
其他电子元件制造	2 648.4	1 166.2	549.9	222.6	4 246.1	1 871.7	39.8

续表

项目名称	流动资产	应收账款	存货	产成品	资产总计	负债合计	亏损企业亏损额
电子电路制造	2 579.4	1 186.5	429.4	161.0	4 322.8	2 112.3	39.3
敏感元件及传感器制造	546.6	210.0	119.7	51.1	860.5	459.5	3.4
电子专用材料制造	1 515.8	556.7	297.7	99.7	3 093.0	1462.5	19.1

表 48　2018 年电子器件制造行业主要经济指标完成情况（3）

单位：亿元

项目名称	流动资产	应收账款	存货	产成品	资产总计	负债合计	亏损企业亏损额
合计	14 571.4	5 005.6	2 626.2	888.9	28 949.9	13 728.0	312.0
电子真空器件制造	586.1	231.3	105.1	32.5	959.7	479.7	2.7
印制电路板制造	732.3	256.4	146.9	46.7	1 468.5	618.8	4.5
集成电路制造	3 525.3	778.8	574.4	118.5	7 978.9	3 149.8	95.6
电力电子元器件制造	1 347.2	568.5	276.5	106.8	2 081.6	1 033.0	15.7
显示器件制造	3 871.5	1 518.9	569.2	235.0	8 582.8	4 386.8	101.4
半导体照明器件制造	718.1	229.5	147.3	70.9	1 282.1	585.2	16.2
光电子器件制造	2 676.5	1 052.7	526.7	193.3	4 890.1	2 587.7	55.0
其他电子器件制造	1 114.4	369.5	280.1	85.2	1 706.2	887.0	20.9

表 49　2018 年电气机械和器材制造行业主要经济指标完成情况（3）

单位：亿元

项目名称	流动资产	应收账款	存货	产成品	资产总计	负债合计	亏损企业亏损额
合计	10 300.4	3 853.6	1 783.2	728.9	17 006.4	10 201.3	231.1
微特电机及组件制造	643.8	233.8	134.1	55.5	1 071.9	526.5	19.5
其他电机制造	572.1	203.4	129.0	54.5	967.8	457.6	4.9
光纤制造	625.7	241.0	81.8	39.7	1 166.5	565.5	3.4
光缆制造	497.9	221.9	110.3	74.4	876.9	441.8	1.4
锂离子电池制造	3 724.8	1 293.5	791.0	278.6	5 903.4	3 641.2	90.7
镍氢电池制造	185.9	66.9	41.9	17.1	302.1	168.9	1.0
光伏设备及元器件制造	4 050.2	1 593.1	495.1	209.1	6 717.8	4 399.8	110.2

表 50　2018 年智能硬件设备制造行业主要经济指标完成情况（3）

单位：亿元

项目名称	流动资产	应收账款	存货	产成品	资产总计	负债合计	亏损企业亏损额
合计	1 704.7	576.3	350.1	98.9	2 886.2	1 688.1	11.8
可穿戴智能设备制造	186.8	80.7	39.2	11.7	253.1	137.3	1.2
智能车载设备制造	162.7	83.8	41.5	18.1	241.7	155.6	4.6
智能无人飞行器制造	206.3	104.5	33.3	15.5	321.2	132.8	0.9
服务消费机器人制造	76.2	30.8	13.2	3.7	92.4	46.7	0.3
其他智能消费设备制造	1 072.7	276.5	222.9	49.9	1 977.8	1 215.7	4.8

表 51　2018 年其他电子设备制造行业主要经济指标完成情况（3）

单位：亿元

项目名称	流动资产	应收账款	存货	产成品	资产总计	负债合计	亏损企业亏损额
合计	3 504.6	1 336.4	667.2	261.7	6 509.8	3 328.3	51.5
文化用信息化学品制造	1 143.0	415.2	170.8	67.7	2 476.3	1 231.7	28.3
医学生产用信息化学品制造	105.9	28.0	29.4	12.1	202.3	93.3	1.5
其他电子设备制造	2 255.7	893.2	467.0	181.9	3 831.2	2 003.3	21.7

表 52　2018 年按省、自治区、直辖市分列的电子信息制造业主要经济指标完成情况（3）

单位：亿元

项目名称	流动资产	应收账款	存货	产成品	资产总计	负债合计	亏损企业亏损额
北京市	3 399.4	862.9	568.2	233.2	5 329.8	2 908.0	33.6
天津市	1 304.0	453.3	227.4	78.5	2 071.2	1 060.7	35.4
河北省	1 398.7	310.9	149.1	63.7	2 478.4	1 692.0	46.4
山西省	899.6	324.7	85.2	35.2	1 136.1	744.3	6.9
内蒙古自治区	196.6	63.8	28.7	7.0	630.2	357.6	16.3
辽宁省	667.9	255.9	133.0	46.7	1 479.6	698.0	8.8
吉林省	83.0	18.6	14.6	5.3	124.3	55.8	0.3
黑龙江省	75.8	25.7	17.8	8.5	112.9	61.1	0.1
上海市	3 632.8	1734.9	705.2	251.4	5 524.9	3 054.9	36.8
江苏省	13 652.4	6 030.6	2 545.7	954.2	22 804.8	11 929.9	221.6
浙江省	5 071.4	2 095.0	837.0	351.3	7 881.1	4 056.9	78.8
安徽省	3 075.5	1 618.2	380.6	141.2	5 123.9	3 199.1	45.4

续表

项目名称	流动资产	应收账款	存货	产成品	资产总计	负债合计	亏损企业亏损额
福建省	3 201.6	1 167.4	522.9	190.4	5 134.4	2 682.9	60.9
江西省	1 967.5	740.3	354.6	145.9	3 364.4	1 977.1	17.1
山东省	2 872.4	803.9	521.2	209.5	4 172.3	2 403.6	26.9
河南省	3 902.9	1 515.2	516.2	251.7	4 853.6	3 607.5	5.6
湖北省	2 381.4	894.5	370.8	100.2	3 948.7	2 132.3	29.2
湖南省	1 161.7	458.3	170.3	65.5	2 088.7	1 165.0	9.6
广东省	27 254.5	10 282.4	5 084.7	1 777.0	37 786.6	22 756.2	341.5
广西壮族自治区	606.1	349.3	100.6	22.3	776.6	546.2	2.9
海南省	49.0	6.5	9.5	2.6	74.3	53.4	2.8
重庆市	1 963.5	1 096.7	317.4	111.1	2 958.1	1 990.3	23.9
四川省	3 331.3	1 253.7	577.2	220.4	5 122.5	3 428.6	16.9
贵州省	320.8	136.2	67.7	19.6	427.7	308.4	5.3
云南省	167.3	67.6	38.4	11.0	344.6	213.1	3.5
陕西省	1 022.3	270.0	249.2	83.0	2 207.0	982.1	8.3
甘肃省	83.3	29.1	17.1	4.6	253.1	118.1	1.2
青海省	86.7	32.4	13.7	3.0	208.1	129.5	3.0
宁夏回族自治区	122.9	63.4	10.0	2.4	194.3	85.3	5.0
新疆维吾尔自治区	232.7	34.7	60.8	2.5	535.0	323.1	0.5

表 53　2018 年通信传输设备生产量、销售量和出口量汇总表

产品名称	计量单位	企业个数	本年生产量	全年销售量	本年实际出口
光通信设备	部	34	21 383 669	21 575 453	1 712 271
卫星通信设备	部	9	85 648	91 897	394
微波通信设备	部	19	8 508 151	13 336 215	2 650 733
散射通信设备	部	1	9	9	
载波通信设备	部	2	142 724	141 080	162
通信导航定向设备	部	8	92 375	89 287	

表 54　2018 年通信交换设备生产量、销售量和出口量汇总表

产品名称	计量单位	企业个数	本年生产量	全年销售量	本年实际出口
电话交换机	线	4	789 623 543	795 970 748	2 309 525

续表

产品名称	计量单位	企业个数	本年生产量	全年销售量	本年实际出口
光交换机	台	5	1 014 329	968 413	12 749
其他通信交换设备	台	19	13 075 750	12 724 011	1 819 016

表 55　2018 年移动通信设备生产量、销售量和出口量汇总表

产品名称	计量单位	企业个数	本年生产量	全年销售量	本年实际出口
数字蜂窝移动电话系统设备					
基站及基站控制器	万信道	4	1 586 069 623	1 569 656 851	14 877 665
基站天线	套	6	6 027 632	6 022 727	37
其他移动通信设备	套	34	505 325 051	506 543 218	128 902 943

表 56　2018 年通信接入设备生产量、销售量和出口量汇总表

产品名称	计量单位	企业个数	本年生产量	全年销售量	本年实际出口
光纤接入设备					
无源光网络设备（PON）	线 / 部	11	999 985 310	1 000 985 540	33 528 617
有源光网络设备（AON）	台	3	376 370	416 192	
其中：高速光接入设备	台	2	473 857	475 916	462 239
其他接入设备	只 / 对 / 部 / 台	16	15 376 260	14 048 947	2 573 006

表 57　2018 年网络设备生产量、销售量和出口量汇总表

产品名称	计量单位	企业个数	本年生产量	全年销售量	本年实际出口
路由器	台	17	168 145 300	169 293 317	21 435 064
二、三层交换机	台	8	3 726 623	3 628 942	73 042
无线局域网接入点（AP）	台	4	6 087 927	5 955 576	1 983 607
其他网络设备	台	8	4 541 109	4 407 514	3 013 559

表 58　2018 年固定通信终端设备生产量、销售量和出口量汇总表

产品名称	计量单位	企业个数	本年生产量	全年销售量	本年实际出口
固定通信终端设备制造	部	21	20 606 025	20 598 232	3 108 113

表 59　2018 年移动通信终端设备生产量、销售量和出口量汇总表

产品名称	计量单位	企业个数	本年生产量	全年销售量	本年实际出口
手机	部	148	1 485 559 103	1 430 040 336	644 980 080
其中：4K 手机	部	4	7 363 040	7 320 141	4 590 067
对讲机	部	7	920 910	1 074 467	502 550
其他移动通信终端	部	46	392 246 565	396 296 824	62 177 754

表 60　2018 年通信配套产品和其他通信设备生产量、销售量和出口量汇总表

产品名称	计量单位	企业个数	本年生产量	全年销售量	本年实际出口
无线遥控设备	部	8	2 799 795	2 478 012	658 637
其他通信设备制造	部	138	909 284 473	963 377 994	287 582 904

表 61　2018 年广播电视节目制作及播控设备生产量、销售量和出口量汇总表

产品名称	计量单位	企业个数	本年生产量	全年销售量	本年实际出口
音频节目制作和播控设备	部	4	388 865	405 841	
视听节目制作及播控设备					
广播电视专业录、摄像机及摄像头	部	4	1 102 575	1 152 041	1 005 099
其他视听节目制作及播控设备	部	1	1 524 500	720 500	
其他广播电视节目制作及播控设备	部	4	208 074	210 935	98 462

表 62　2018 年广播电视发射及传输设备生产量、销售量和出口量汇总表

产品名称	计量单位	企业个数	本年生产量	全年销售量	本年实际出口
电视发射设备	部	3	21 504	21 548	1 926
卫星电视设备	部	7	6 696 580	6 668 815	5 475 177
有线电视网络设备	部	7	12 447 855	12 132 371	7 517 939
其他广播电视发射及传输设备	部	18	6 296 329	6 689 021	2 052 249

表 63　2018 年应用电视设备及其他广播电视设备生产量、销售量和出口量汇总表

产品名称	计量单位	企业个数	本年生产量	全年销售量	本年实际出口
应用电视设备及其他广播电视设备	部	29	62 844 246	64 345 433	27 395 922

表 64　2018 年广播电视设备专用配件生产量、销售量和出口量汇总表

产品名称	计量单位	企业个数	本年生产量	全年销售量	本年实际出口
广播电视设备专用配件	个	13	165 266 571	162 297 721	19 919 390

表 65　2018 年电子计算机整机生产量、销售量和出口量汇总表

产品名称	计量单位	企业个数	本年生产量	全年销售量	本年实际出口
计算机工作站	台	7	86 341	61 690	
高性能计算机	台	4	86 341	61 182	
工作站	台	3		508	
微型计算机设备	台	84	131 613 151	127 151 094	82 946 000
台式微型计算机	台	31	33 057 024	27 979 861	8 647 508
便携式微型计算机					
笔记本计算机	台	26	63 762 915	63 540 839	44 188 599
平板计算机	台	26	34 707 619	35 544 802	30 109 893
电子阅读器	台	1	85 593	85 592	
服务器	台	13	2 034 521	2 016 574	719 013
电子计算机数字式处理部件	台	3	2 159 341	2 285 510	1 871 760

表 66　2018 年电子计算机零部件生产量、销售量和出口量汇总表

产品名称	计量单位	企业个数	本年生产量	全年销售量	本年实际出口
电子计算机零部件制造	块	135	10 158 808 122	9 664 396 681	5 818 096 684

表 67　2018 年电子计算机显示器生产量、销售量和出口量汇总表

产品名称	计量单位	企业个数	本年生产量	全年销售量	本年实际出口
终端显示设备	台	26	93 182 963	93 042 634	70 872 580

表 68　2018 年电子计算机外部设备生产量、销售量和出口量汇总表

产品名称	计量单位	企业个数	本年生产量	全年销售量	本年实际出口
输入设备	台	17	63 956 335	63 219 693	51 477 901
输出设备	台	22	59 005 476	58 418 505	9 303 463
外存储设备	台	14	354 369 240	73 361 204	51 236 693

续表

产品名称	计量单位	企业个数	本年生产量	全年销售量	本年实际出口
阅读机、数据转录及处理机械	台	1	47 382	41 893	
其他电子计算机外部设备	台	68	1 283 156 320	1 307 038 564	1 108 459 033

表 69　2018 年计算机应用产品生产量、销售量和出口量汇总表

产品名称	计量单位	企业个数	本年生产量	全年销售量	本年实际出口
汽车电子					
动力总成控制系统	套	11	43 040 020	43 125 318	27 163
电机控制系统	套	19	17 279 785	17 195 697	1 250 382
制动防抱死系统（ABS）	套	5	6 112 979 182	5 989 330 539	32 570
电驱动控制系统	套	5	2 799 135	2 793 670	16
电机驱动控制系统（新能源）	套	7	7 911 051	7 366 463	18 298
整车控制系统	套	4	38 391 706	38 829 346	
电池管理系统	套	2	111 988	117 702	
新能源汽车高压电气系统	套	2	1 153 506	1 116 117	
汽车多媒体	套	9	36 011 000	35 399 219	8 569 778
工业自动控制系统装置制造					
可编程逻辑控制器（PLC）	套	5	854 962	832 197	11 082
集散控制系统（DCS）	套	6	7 895 465	7 399 604	
数据采集与监视控制系统（SCADA）	套	6	828 791	827 393	7 700
远程终端控制系统（RTU）	套	2	89	87	
人机接口（HMI）	套	2	394 709	393 885	12 703
可编程自动化控制器（PAC）	套	9	130 635	130 221	483
其他工控装置	套	17	615 004	619 706	1 331
其他应用产品					
5G 行业终端	部	1	215 331	192 748	
摄像头	个	16	825 710 422	724 894 174	59 611 310
其中：4K 摄像头	个	1	15 686 639	15 138 873	
8K 摄像头	个	1	15 653 000	15 348 413	
其他应用产品	部	23	71 016 545	69 559 780	19 721 288

表 70　2018 年信息系统安全产品生产量、销售量和出口量汇总表

产品名称	计量单位	企业个数	本年生产量	全年销售量	本年实际出口
边界防护类设备和系统	套	2	523 777	523 777	
数据保护类设备和系统	套	6	4032 541	4 032 546	1
安全检测类设备和系统	套	6	14 188	13 914	10
安全智能卡类设备和系统	套	13	2 826 948	2 667 292	961 549
密钥管理类设备和系统	套	3	108 356	107 382	

表 71　2018 年电视机生产量、销售量和出口量汇总表

产品名称	计量单位	企业个数	本年生产量	全年销售量	本年实际出口
彩色电视机	台	53	160 465 327	160 174 832	91 591 211
其中：智能电视	台	21	53 043 100	53 136 778	22 614 902
其中：4K 电视	台	3	2 481 476	2 544 449	1 634 022
电视接收机顶盒					
有线电视机顶盒	部	10	47 622 209	47 410 519	16 467 476
互联网广播机顶盒	部	4	22 395 042	20 495 614	3 489 248
IPTV 广播机顶盒					
其中：4K IPTV 广播机顶盒	部	1	5 363 261	5 794 264	367 461
其他机顶盒	部	7	20 648 836	22 314 198	11 211 057

表 72　2018 年摄像、录像、激光视盘机生产量、销售量和出口量汇总表

产品名称	计量单位	企业个数	本年生产量	全年销售量	本年实际出口
摄像、录像、激光视盘机制造	台	17	77 874 340	77 664 808	56 981 527

表 73　2018 年家用音响电子设备生产量、销售量和出口量汇总表

产品名称	计量单位	企业个数	本年生产量	全年销售量	本年实际出口
家用音响电子设备制造	台	56	312 381 469	317 740 431	277 828 501

表 74　2018 年家用电子电器主要配套件生产量、销售量和出口量汇总表

产品名称	计量单位	企业个数	本年生产量	全年销售量	本年实际出口
家用电子电器主要配套件制造	只	73	2 197 049 943	2 226 625 429	154 844 630

表 75　2018 年电子测量仪器生产量、销售量和出口量汇总表

产品名称	计量单位	企业个数	本年生产量	全年销售量	本年实际出口
时间频率测量仪器	台	3	171 301	170 929	
电压测量仪器	台	8	312 478	311 592	236 788
器件参数测量仪器	台	1	4 856	4 856	5
脉冲测量仪器	台	7	1 191 615	1 191 393	
扫描、频谱波形分析仪器	台	1	5 359	5 335	
微波测量仪器	台	2	137 093	137 354	
声学测量仪器	台	1	27	27	
稳压电源	台	11	506 860 205	525 172 277	514 582 231
记录显示仪	台	4	1 034 647	1 030 493	12
其他测量仪器	台	73	13 102 077	13 044 226	4 701 008
电子测量仪器零附件	台	12	22 147 577	21 965 609	17 262 685

表 76　2018 年医疗电子设备及器械生产量、销售量和出口量汇总表

产品名称	计量单位	企业个数	本年生产量	全年销售量	本年实际出口
医用电子仪器设备	台	19	77 317 884	77 616 073	72 185 568
医用超声仪器	台	4	689 661	689 654	6 821
医用激光仪器及设备	台	5	1 655 637	1 655 586	158
医用体外诊断用仪器	台	8	24 426	25 036	1 875
医用高频微波射线核素核磁仪器	台	1	56	56	3
中医用仪器	台	1	100	70	
其他医疗电子仪器	台	17	6 272 971	6 701 050	2 912 031

表 77　2018 年应用电子仪器生产量、销售量和出口量汇总表

产品名称	计量单位	企业个数	本年生产量	全年销售量	本年实际出口
工业电子应用仪器	台	27	4 179 092	4 324 820	608 415
环境监测专用仪器仪表制造	台	36	4 026 219	3 751 319	163 720
导航、测绘、气象及海洋专用仪器制造	台	6	252 969	264 016	61 932
地质勘探和地震专用仪器	台	3	1 391	1 270	264
其他仪器	台	77	40 531 745	40 160 669	2 802 628
电子电表	万只	32	18 052 286	17 978 292	2 224 726

续表

产品名称	计量单位	企业个数	本年生产量	全年销售量	本年实际出口
电子专用电表	万只	10	1 199 857	1 217 045	519
安规仪器	台	1	14 404	13 231	355
电化学测试仪器	台	3	6 165	6 177	12

表 78　2018 年电子工业专用设备生产量、销售量和出口量汇总表

产品名称	计量单位	企业个数	本年生产量	全年销售量	本年实际出口
集成电路制造设备					
集成电路设计设备	台	17	10 319 337	10 995 172	1 110 763
晶圆制造设备	台	2	272 382	256 625	232 965
晶圆加工设备	台	4	638	592	65
封装设备	台	8	202 106	202 002	2 815
检测设备	台	6	6 441	6 437	
工厂设施及相关设备	台	8	3 998	3 969	323
锂离子电池制造设备	台	8	2 348 743	2 472 820	1 936 170
太阳能光伏制造设备					
晶硅太阳能电池片制造设备	台	11	11 694	11 296	302
薄膜太阳能电池制造设备	台	1	24 820	22 388	
平板显示制造设备					
液晶显示设计设备	台	3	9 291	9 257	97
阵列制造设备	台	1	3 080 033	2 900 412	1 626 170
模组设备	台	1	3 651	3 614	
检测设备	台	1	124	124	
工厂设施相关其他设备	台	9	407 969	406 570	10 350
OLED 专用制造设备	台	6	4 829	4 330	49
其他显示制造设备	台	9	113 502 849	114 134 540	101 430 010
电子元器件制造设备					
滤波器制造设备	台	1	12 356	16 730	
光电子器件制造设备	台	14	139 911	139 176	19 569
其他电子元器件制造设备	台	60	497 795 920	504 751 820	169 363 956
机电组件制造设备	台	47	143 518 479	134 296 629	366 253

续表

产品名称	计量单位	企业个数	本年生产量	全年销售量	本年实际出口
气候环境模拟和可靠性试验设备	台	10	140 676	138 679	59
超净空气、高纯水、高纯气体制备设备及电子工厂废气、废水处理、电磁屏蔽设备	台	21	4 918 035	4 917 999	999
电子整机装联设备	台	6	19 707	19 472	3
其中：表面贴装 (SMT) 设备	台	2	53 211	43 651	
电子通用设备	台	60	3 566 290	3 525 647	100 745

表 79　2018 年电子工业专用工具生产量、销售量和出口量汇总表

产品名称	计量单位	企业个数	本年生产量	全年销售量	本年实际出口
电子工业模具及齿轮	件	57	327 571 836	337 077 636	139 967 106

表 80　2018 年其他电子设备生产量、销售量和出口量汇总表

产品名称	计量单位	企业个数	本年生产量	全年销售量	本年实际出口
其他电子设备	台	383	402 854 574	405 979 709	97 064 714

表 81　2018 年电子元件及组件生产量、销售量和出口量汇总表

产品名称	计量单位	企业个数	本年生产量	全年销售量	本年实际出口
电容器					
塑料介质电容器	万只	31	858 641	841 890	312 719
聚酯膜电容器	万只	6	131 198	130 462	39 351
聚丙烯膜电容器	万只	20	668 916	653 259	271 255
其他塑料介质电容器	万只	5	58 528	58 170	2 113
瓷介电容器	万只	19	87 979 180	82 948 979	72 412 957
其中：片式多层瓷介电容器	万只	8	114 234 347	110 390 286	94 059 687
电解电容器					
铝电解电容器	万只	32	4 494 100	4 439 456	665 152
其中：片式铝电解电容器	万只	1	19 910	19 387	4 860
钽电解电容器	万只	5	235 324	231 297	96 527
其他电解电容器	万只	3	192 546	185 102	

续表

产品名称	计量单位	企业个数	本年生产量	全年销售量	本年实际出口
超级电容器	万只	4	457 781	408 580	170
其他电容器	万只	26	12 233 992	12 481 976	9 326 589
电容器专用零配件	万只	10	2 537 164	2 501 673	56 270
电阻、电位器					
固定电阻器	万只	24	98 649 363	94 422 334	91 161 659
其中：片式电阻器	万只	20	25 232 762	23 979 772	10 812 050
电位器	万只	8	169 429	170 214	104 987
其中：表面安装电位器	万只	2	20 410	18 370	
电阻电位器专用零配件	万只	11	2 342 279	2 279 899	325 855
光电接插元件					
光连接器	万只	27	887 406	882 428	261 482
线束和线缆组件	万只	62	71 640 104	66 044 886	24 044 290
光电接插元件专用零配件	万只	31	24 744 205	24 349 412	633 679
其中：光纤陶瓷插芯	万只	2	8 745	8 845	1
其他光电接插元件	万只	42	2 435 300	2 337 143	864 671
电控制元件					
电子继电器					
电磁继电器	万只	23	504 042	500 210	39 249
其中：高压直流继电器	万只	3	1 514	1 470	1 059
固态继电器	万只	3	186 371	201 623	104
其他继电器	万只	4	249 199 514	258 915 299	5 280
电控制元件专用零部件	万只	50	69 470 154	69 255 083	177 758
磁性材料元件					
软磁材料元件					
金属软磁元件	万千克	7	8 505 283	7 777 386	1 684 837
铁氧体软磁元件	万千克	25	40 305 559	40 347 084	17 635
永磁材料元件					
其中：钕铁硼永磁元件	万千克	24	25 312	501 504	547
其他磁性材料元件	万千克	4	4 856 460	4 846 462	140
感性元器件					

续表

产品名称	计量单位	企业个数	本年生产量	全年销售量	本年实际出口
电子变压器	万只	104	130 857 935	131 886 146	30 137 652
电感器					
片式绕线电感器	万只	19	28 825 201	28 693 823	504 485
叠层电感器	万只	2	6 898 079	6 499 164	1 432 313
其他电感器	万只	31	695 082	690 829	172 058
磁珠	万只	2	519 382	447 383	2 504
其他感性器件	万只	11	4 714 656	4 579 775	3 752 817
感性器件专用零配件	万只	4	111 553	111 588	85 521
电声器件					
传声器（送话器）	万只	9	9 263 190	9 257 037	40 282
受话器	万只	9	195 834	193 485	25 582
送受话器组合件	万只	2	486 455	473 356	2 547
扬声器	万只	37	274 748	272 249	159 550
音箱、音柱	万只	12	1 128 024	1 078 321	1 039 331
耳机	万只	32	141 367	138 561	17 298
其中：无线耳机	万只	7	24 717	24 713	1 429
蜂鸣器	万只	10	35 188	34 032	10 433
电声配件	万只	24	1 716 315	1 708 482	105 545
频率元器件					
频率选择及控制元器件					
压电陶瓷频率元器件	万只	8	144 185	144 397	9 883
压电石英晶体频率元器件	万只	17	504 639	489 849	314 406
介质频率元器件	万只	4	47 160	48 715	22 564
声表面波和体声波频率元器件	万只	1	19	17	
其中：声表面波滤波器和双工器	万只	1	63 057	61 655	6 373
EMI 滤波器	万只	3	2 889	2 903	2 230
其他频率选择及控制元器件	万只	2	4 286	5 747	2 314
频率收发元器件					
微型射频天线	万只	6	219 003	219 993	3 443

续表

产品名称	计量单位	企业个数	本年生产量	全年销售量	本年实际出口
射频 ID 模块及组件	万只	3	2 816	2 528	
其他频率收发元器件	万只	1	2 540	2 539	
频率元器件专用零配件	万只	3	25 656	25 468	
其中：压电石英晶片	万只	13	347 249	344 069	82 715
电子结构件					
金属结构件	万千克	26	10 710 828	10 711 330	26 123
陶瓷结构件	万千克	8	24 157	23 703	221
其他结构件	万千克	16	1 450 613	1 448 307	37 132

表 82 2018 年电子电路板生产量、销售量和出口量汇总表

产品名称	计量单位	企业个数	本年生产量	全年销售量	本年实际出口
刚性电子电路板	平方米	113	171 546 688	170 983 674	26 577 572
挠性电子电路板	平方米	22	10 697 980	10 212 595	3 163 568
刚 – 挠性电子电路板	平方米	22	217 691 867	212 428 093	178 653 227
其他电子电路板	平方米	125	992 526 793	970 223 700	142 954 764

表 83 2018 年电力电子元件生产量、销售量和出口量汇总表

产品名称	计量单位	企业个数	本年生产量	全年销售量	本年实际出口
配电器件					
电力继电器	万只	9	15 658	13 949	4 305
接触器	万只	10	70 865	70 550	14 776
断路器	万只	17	88 182	88 508	622
其他配电器件	万只	47	1 905 925	1 884 464	544 827
继电保护装置					
熔断器	万只	3	126	126	
其他继电保护装置	万只	4	46 898	45 278	
配电或电器控制设备专用零件	万只	74	165 124 327	164 626 512	482 649

表 84　2018 年敏感元器件及传感器生产量、销售量和出口量汇总表

产品名称	计量单位	企业个数	本年生产量	全年销售量	本年实际出口
敏感元器件					
力敏元器件	万只	4	50 542	50 544	
压敏元器件	万只	11	713 695	645 776	99 367
光敏元器件	万只	10	6 061 322	6 073 882	5 765 976
热敏元器件	万只	16	864 022	839 810	283 888
其他敏感元器件	万只	22	3 455 869	1 730 220	816 175
传感器	万只	96	6 357 017	5 887 228	46 303
MEMS 传感器	万只	6	23 028	20 772	270
光传感器件					
图像传感器件	万只	1	4 631	4 738	2 580
红外传感器件	万只	3	9 910	9 621	469
光纤传感器件	万只	2	5 477 160	5 032 530	
环境光传感器件	万只	3	1 200	1 163	708
激光传感器件	万只	1	388	357	
其他传感器	万只	80	840 700	818 047	42 276

表 85　2018 年真空电子器件生产量、销售量和出口量汇总表

产品名称	计量单位	企业个数	本年生产量	全年销售量	本年实际出口
电子管	万只	6	52 480	37 710	
真空开关管	万只	13	54 682	35 663	32
其他电真空器件	万只	18	416 993	417 015	302
真空电子器件零件	万只	8	208 941	212 549	22 736

表 86　2018 年半导体分立器件生产量、销售量和出口量汇总表

产品名称	计量单位	企业个数	本年生产量	全年销售量	本年实际出口
半导体二极管	万只	99	58 391 239	52 989 435	10 152 116
半导体三极管	万只	18	4 168 920	4 189 822	877 508
小信号晶体管	万只	5	537 536	528 295	288 818
功率晶体管	万只	16	3 470 674	3 413 102	1 141 059

表 87　2018 年集成电路生产量、销售量和出口量汇总表

产品名称	计量单位	企业个数	本年生产量	全年销售量	本年实际出口
集成电路制造					
硅基集成电路制造					
6 英寸及 6 英寸以下集成电路硅片	万片	24	225 999	227 566	16 081
8 英寸集成电路硅片	万片	15	6 992 623	6 574 766	39 529
12 英寸集成电路硅片	万片	4	29 581	30 277	8
光集成电路制造	万片	4	177 441 383	177 441 620	11 847 105
混合集成电路制造	万片	39	2 731 005	2 933 697	1 358 577
其他集成电路制造	万片	121	39 267 123	44 069 611	4 098 222
集成电路封装测试					
封装					
双列直插形式封装（DIP）/ 单列直插式封装（SIP）/Z 形直插式封装（ZIP）系列	万只	4	94 505	94 468	4 589
塑料方型扁平式封装（QFP）系列	万只	4	902 137	892 247	681 964
球栅阵列封装（BGA）/ 格栅阵列封装（PGA）系列	万只	2	853 120	859 580	66 726
晶圆级封装（WLP）/ 倒片封装（FlipChip）系列	万只	8	3 687 575	3 624 003	1 530 373
其他封装测试系列	万只	16	4 735 935	4 657 875	2 655 525
测试					
晶圆测试	万只	8	305 171	304 690	2 605
成品测试	万只	6	1 178 003	1 126 890	999 166

表 88　2018 年电力电子器件生产量、销售量和出口量汇总表

产品名称	计量单位	企业个数	本年生产量	全年销售量	本年实际出口
晶闸管	万只	11	23 674	22 783	154
绝缘栅极晶体管及模块（IGBT、IGCT）	万只	7	5 193	4 936	44
快恢复二极管（FRD）	万只	3	4 448	4 451	
肖特基二极管	万只	2	8 006	7 006	
金属氧化物半导体场效应管（MOSFET）器件及模块	万只	1	51	51	

表 89　2018 年显示器件生产量、销售量和出口量汇总表

产品名称	计量单位	企业个数	本年生产量	全年销售量	本年实际出口
显示器件					
液晶面板					

续表

产品名称	计量单位	企业个数	本年生产量	全年销售量	本年实际出口
智能手机用面板	万平米	6	254 598	246 752	43
平板电脑用面板	万平米	2	16	13	2
车载终端用面板	万平米	5	117	112	35
工控系统及医疗设备用面板	万平米	4	5 308	5 307	3
显示器用面板	万平米	6	86 283 438	76 551 131	36 069 161
其中：4K 显示器用面板	万平米	1	2 400	2 400	2 400
电视机用面板					
其中：4K 电视机用面板	万平米	1	9 672 210	9 601 840	5 182 493
其他显示用面板	万平米	6	15 765	15 282	2 947
液晶显示模组	万套	87	148 510 130	138 699 995	26 505 417
有机发光二极管面板					
智能手机用面板	万平米	1	6	5	4
可穿戴用面板	万平米	1	1	1	
其他显示用面板	万平米	1	1	1	
有机发光二极管显示模组	万套	5	84 465	78 772	12 010
发光二极管显示器件	万只	43	42 960 474	41 533 234	2 319 419
其他显示	万只	32	104 313 198	105 288 643	148 892
其中：电子纸	万平米	1	3	3	2

表 90　2018 年光电子器件生产量、销售量和出口量汇总表

产品名称	计量单位	企业个数	本年生产量	全年销售量	本年实际出口
光通信器件					
光通信有源器件	万只	6	6 828	5 757	79
光通信无源器件	万只	10	10 221 945	10 222 242	177 259
光通信模块	万套	7	2 626	2 488	158
光照明器件					
LED 照明器件	万只	149	384 906 806	392 943 392	311 910 522
OLED 照明器件	万只	11	11 943 504	10 201 339	917 531
其他光电子器件	万只	133	268 214 036	235 262 953	144 353 351

表 91　2018 年其他电子器件生产量、销售量和出口量汇总表

产品名称	计量单位	企业个数	本年生产量	全年销售量	本年实际出口
电子束光电器件	万只	14	10 834	10 394	
半导体光电器件					
光电探测器件	万只	4	21 934	21 868	1 022
光电耦合器件	万只	7	210 760	211 788	209 132
电荷耦合器件	万只	1	1 375	1 354	
激光器件					
半导体激光器件	万只	10	28 222	24 872	3 059
固体激光器件	万只	2	703	703	3
其他激光器件	万只	5	5 008	3 089	1 251
光学元器件					
光学镜片	万只	25	859 131	934 527	72 876
光学镜头及镜头模组	万只	15	27 565 089	28 317 134	1 164 149
其他电子器件	万只	435	4 492 983 744	4 318 748 372	121 477 214

表 92　2018 年电子微电机生产量、销售量和出口量汇总表

产品名称	计量单位	企业个数	本年生产量	全年销售量	本年实际出口
直流微特电动机					
有刷直流微特电动机	万只	25	7 920 316	7 864 942	1 847 855
其中：微型振动电机	万只	7	61 203	60 397	21
无刷直流微特电动机	万只	20	3 671 859	5 230 962	31 863
交流微特电动机	万只	27	8 444 704	8 535 359	541 286
交直流两用微特电机	万只	25	9 931 745	9 660 486	2 405 512
步进微特电机	万只	7	181 540	199 335	143 519
开关磁阻微特电机	万只	3	961	917	
电源微特电机	万只	9	4 671	833	35
微特电机的专用零组件	万只	25	2 505 458	2 290 196	23 861
其中：换向器	万只	3	3 204 608	3 202 693	198

表 93　2018 年电子电线电缆生产量、销售量和出口量汇总表

产品名称	计量单位	企业个数	本年生产量	全年销售量	本年实际出口
安装线缆	公里	77	8 573 825	8 602 737	71 208
射频电缆	公里	11	163 331	166 592	57 602
软波导	公里	1	7 000	9 000	
综合电缆	公里	183	39 064 841	38 391 408	1 126 082
通信及电子网络用电缆	公里	62	114 735 794	113 537 447	11 188 077
电子线材	吨	135	26 957 929	26 765 760	964 736

表 94　2018 年光纤、光缆生产量、销售量和出口量汇总表

产品名称	计量单位	企业个数	本年生产量	全年销售量	本年实际出口
光纤	公里	22	259 737 489	237 120 378	20 487 253
光缆	芯公里	38	147 768 992	146 802 738	5 044 672

表 95　2018 年电池生产量、销售量和出口量汇总表

产品名称	计量单位	企业个数	本年生产量	全年销售量	本年实际出口
碱性蓄电池	千伏安时	5	917 798	826 670	95 894
酸性蓄电池	万 kVh	55	13 557 682	17 658 816	1 026 335
锂离子电池					
锂离子单体电池（电芯）					
消费类电子产品用	千瓦时	12	2 240 599 087	2 539 872 169	1 129 148 549
动力用	千瓦时	12	125 713 950	132 378 530	2 658 123
储能用	千瓦时	9	14 424 820	14 216 938	82 985
锂离子电池组	千瓦时	63	589 713 530	577 210 950	207 268 846
原电池	万只	43	74 303 402	75 503 666	12 926 144
贮备电池	万只	3	18 499	17 011	
蓄电池充电器	万只	14	1 875 024	1 668 908	770 233
电池用材料、设备和配件	平方米	10	69 956 498	61 851 038	90

表 96　2018 年太阳能电池生产量、销售量和出口量汇总表

产品名称	计量单位	企业个数	本年生产量	全年销售量	本年实际出口
太阳能电池					
单晶硅电池					

续表

产品名称	计量单位	企业个数	本年生产量	全年销售量	本年实际出口
BSF（硅太阳能电池铝背场电池）	千瓦	16	84 154 382	83 982 737	395 713
PERC（钝化发射极背面电池）	千瓦	4	1 567 613	1 582 503	122 033
其他单晶硅电池	千瓦	13	17 223 888	15 835 392	381 044
多晶硅电池					
BSF（硅太阳能电池铝背场电池）	千瓦	6	3 628 105	3 226 234	1 542 135
黑硅	千瓦	1	1 009 000	1 006 177	9 500
黑硅 PERC（黑硅钝化发射极背面电池）	千瓦	1	814 000	811 693	
其他多晶硅电池	千瓦	21	18 760 794	19 304 722	541 557
其他太阳能电池					
聚光	千瓦	1	69 583	69 246	
太阳能电池组件					
单晶硅电池组件	千瓦	35	4 861 554	5 086 956	1 834 708
多晶硅电池组件	千瓦	55	64 089 738	64 041 470	12 036 637
薄膜电池组件	千瓦	3	497 734	519 820	10 716
其他电池组件	千瓦	13	228 104 347	213 746 405	13 564 985
逆变器					
集中式逆变器	千瓦	1	2 100	1 847	610
微型逆变器	千瓦	2	76 230	65 912	
其他逆变器	千瓦	5	2 922 409	2 932 554	542 356

表 97　2018 年功能材料生产量、销售量和出口量汇总表

产品名称	计量单位	企业个数	本年生产量	全年销售量	本年实际出口
半导体材料					
硅材料					
单晶硅	千克	22	45 143 724	40 709 475	278 233
电子级单晶硅	千克	8	1 360 562	1 284 681	275 578
太阳能级单晶硅	千克	12	43 405 259	39 096 185	
其中：P 型	千克	1	20 716	13 072	143
N 型	千克	1	357 187	315 537	2 512
多晶硅					

续表

产品名称	计量单位	企业个数	本年生产量	全年销售量	本年实际出口
电子级多晶硅	千克	4	58 753 766	58 901 375	8 659 000
太阳能级多晶硅	千克	17	23 253 825	21 628 254	48 006
其中：P 型	千克	1	455 671	488 584	
锗材料	千克	5	63 027	67 235	16 356
砷化镓材料	千克	2	57 249	57 457	648
磷化铟材料	千克	1	4 520	3 520	1 526
碳化硅材料	千克	3	4 752 081	2 842 783	72
氮化镓材料	千克	1	9 983	8 029	992
其他半导体材料	千克	24	121 980 228	117 745 458	3 633 770
发光材料					
发光与显示材料					
LED 材料	千克	2	40 117	42 030	
有机发光材料	千克	2	1986	1 772	153
其他发光材料	千克	2	1 293 038	1 318 038	364 000
显示材料					
玻璃基板	千克	7	106 469 474	106 175 422	15 060
液晶材料	千克	8	457 625	448 985	27 858
偏光片	千克	3	1 836 772	1 653 431	
PI 薄膜	千克	2	5 511 057	5 527 933	
驱动芯片	万片	5	8 157 272	8 156 632	5
其他显示材料	千克	12	38 332 779	37 213 374	3 375 883
磁性材料	千克	12	394 171 497	392 230 720	8 600 741
压电与声光材料					
压电材料	千克	2	221 240	216 418	
声光材料	千克	1	16 700 000	15 110 630	
电子功能陶瓷材料	千克	5	1 194 920	1 173 713	6 089
其中：多层瓷介电容器用陶瓷材料	千克	1	7 267 729	6 863 381	
电能源材料					
锂电池材料					
正极材料	千克	16	107 142 879	103 193 529	572 000

续表

产品名称	计量单位	企业个数	本年生产量	全年销售量	本年实际出口
负极材料	千克	4	45 179 147	44 070 684	
隔膜材料	千克	8	41 054 525	17 163 917	
电解液（电解质）	千克	4	19 285 481	19 244 389	851 828
其他电能源材料	千克	23	227 740 269	230 069 608	8 623 533

表 98　2018 年封装与装联材料生产量、销售量和出口量汇总表

产品名称	计量单位	企业个数	本年生产量	全年销售量	本年实际出口
陶瓷基板材料	千克	3	1 204 600	1 205 109	169 000
覆铜板材料					
电子绝缘板	千克	11	37 465 288	37 239 360	3 572 261
刚性覆铜板	千克	10	191 710 328	190 407 426	37 765 820
挠性覆铜板	千克	4	2 914 298	2 884 474	46 707
电子铜箔材料	千克	14	134 257 293	132 357 762	126 177
引线框架材料	千克	7	11 332 202	11 099 178	940 403
电子焊料	千克	6	8 532 933	7 777 298	38 781

表 99　2018 年工艺与辅助材料生产量、销售量和出口量汇总表

产品名称	计量单位	企业个数	本年生产量	全年销售量	本年实际出口
湿电子化学品	千克	1	31 940 000	31 090 000	
电子特种气体	千克	2	612 681	570 295	
PCB 用化学品	千克	1	7 514	7 495	161
电子级树脂	千克	3	60 596 788	60 425 242	85 295
电子浆料	千克	3	693 584	579 607	19 253
靶材	千克	4	1 019 884	925 980	363 676
其中：显示材料用靶材	千克	1	2 601 450	2 628 950	
其他工艺与辅助材料	千克	56	462 772 077	456 170 643	31 173 584

表 100　2018 年可穿戴智能设备生产量、销售量和出口量汇总表

产品名称	计量单位	企业个数	本年生产量	全年销售量	本年实际出口
智能手部穿戴设备	只	4	336 539 268	332 917 113	168 676 908
智能健康监测穿戴设备	只	3	1 002 063	1 006 809	2 000
其他可穿戴智能设备	台	8	1 100 977	1 070 225	238 735

表 101　2018 年智能车载设备（后装）生产量、销售量和出口量汇总表

产品名称	计量单位	企业个数	本年生产量	全年销售量	本年实际出口
车机（信息娱乐用中控系统）	套	7	3 953 574	3 740 344	55 912
车载诊断系统	套	1	1 390 000	1 420 000	
智能后视镜及行车记录仪	套	8	794 377	787 032	15 942
其他车载设备	套	33	1 549 439 479	1 555 282 615	50 574 838

表 102　2018 年智能无人飞行器生产量、销售量和出口量汇总表

产品名称	计量单位	企业个数	本年生产量	全年销售量	本年实际出口
旋翼无人飞行器	台	6	16 825	13 923	8 768
固定翼无人飞行器	台	2	3 870 800	3 942 794	2 014 920

表 103　2018 年服务消费机器人生产量、销售量和出口量汇总表

产品名称	计量单位	企业个数	本年生产量	全年销售量	本年实际出口
个人、家庭服务类机器人	台	1	1 432	1 034	
商业服务类机器人	台	8	8 305	8 110	51
其中：社会公共服务机器人	台	2	2 772	2 640	
教育娱乐机器人	台	5	2 159	833	

表 104　2018 年智能家居设备生产量、销售量和出口量汇总表

产品名称	计量单位	企业个数	本年生产量	全年销售量	本年实际出口
智能净水设备	台	4	518 139	509 601	
智能空气净化器	台	5	17 673	17 321	
智能音箱	台	9	1 422 351	1 403 997	914 122
其他智能家居设备	台	31	27 133 914	25 828 324	13 950 315

表 105　2018 年其他智能消费设备生产量、销售量和出口量汇总表

产品名称	计量单位	企业个数	本年生产量	全年销售量	本年实际出口
智能健康管理设备（非可穿戴）	台	7	369 348	349 233	
智能互动教育设备	台	3	443 941	448 811	
其他智能家庭消费设备	台	19	4 858 607	4 778 074	1 175 036

表 106　2018 年电子信息产业主要产品分省市产量情况（1）

省市名称	单晶硅（万千克）	多晶硅（万千克）	数码照相机（万台）	通信及电子网络用电缆（万对千米）	光缆（万芯千米）	锂离子电池（万只）	太阳能电池（光伏电池）（万千瓦）
总计	21 422.3	2 726.1	1 135.9	2 869.9	31 734.5	1 398 713.9	9 605.3
北京市	20.1			6.6	354.3	1 058	31.5
天津市				45.4	685.6	62 653.4	65.6
河北省	404.9	77.2		6.4	101	2 461.4	499.8
山西省					137.4	31.6	349.3
内蒙古自治区	6 823.9	370.0				0.8	42.8
辽宁省	507.8			6	374	532.7	24
吉林省				0.1		16.4	
黑龙江省						886.3	
上海市	25.3			19.3	742.6	7 065.7	178.3
江苏省	6.1	623.3	551.4	606.2	9 132.7	151 884.7	3 605.9
浙江省	200.5	31.3	6.6	679.3	4 040.4	21 921.4	1 134.1
安徽省	82.3	2.8		165.4	133.6	25 845.8	917.1
福建省	31.1	3.8	127.7	3.2		144 970.4	85.9
江西省	1 636.4	230.4		256.9	98.3	55 072.6	734
山东省	43.9	14.2		36.9	2 283.9	5 036.2	22.4
河南省	78.2	217.4		4.1	169.3	95 183	210.6
湖北省		0.1		200.5	7 294.2	87 509.2	81.9
湖南省	6.1			27.4	98.7	5 364.7	0.3
广东省			450.3	724.4	2 553.8	564 073.9	291.5
广西壮族自治区		9.9		0.4		18 632	1.7
海南省					0.5		10.8
重庆市	12.2			4.3	135.6	36 285.6	5.6
四川省	116.4	188		73.8	2 681.1	36 536.6	358.5

续表

省市名称	单晶硅（万千克）	多晶硅（万千克）	数码照相机（万台）	通信及电子网络用电缆（万对千米）	光缆（万芯千米）	锂离子电池（万只）	太阳能电池（光伏电池）（万千瓦）
贵州省					1.3	20 636.8	37.9
云南省	2 568.9	7.2				18 812.6	11
陕西省	2 038.3	23.4		3.4	716.1	35 036.2	857.2
甘肃省						643.8	0.1
青海省	347.2	147.8				562.1	47
宁夏回族自治区	4 691.2	70.9					0.4
新疆维吾尔自治区	1 781.5	708.4					

表 107 2018 年电子信息产业主要产品分省市产量情况（2）

省市名称	计算机工作站（万台）	微型计算机设备（万台）	笔记本计算机（万台）	平板电脑（万台）	台式微型计算机（万台）	服务器（万台）	显示器（万台）
总计	30.3	30 700.2	17 327.4	6 811.7	2 476.8	295.2	16 627.1
北京市		564.5	0.4	5.4	558.6	9.2	401.7
天津市						24.2	708.4
辽宁省							4.6
上海市		1 448.8	1 086.1			32.7	
江苏省		6 215	4 046.9	707	56.6	24.9	5 386.9
浙江省		204.1	204.1				
安徽省		2 022.3	1 982.4	39.9			0.6
福建省	30.3	1 183.6	319.8	417.6			3 173
江西省		96.5		96.5			
山东省		0.8				99.6	148.3
湖北省		1 111.4		856.2	11.4		1 169.5
湖南省		67.1	11.1	56		3.5	2.1
广东省		4 733.8	426.2	1 643.3	1 134.7	90.1	1 199.2
广西壮族自治区							1 619.7
重庆市		7 074.1	5 730.2	735.8	511.5		2 529
四川省		5 903.6	3 520.1	2 180.1	203.4		148.5
贵州省		2		1.4	0.5	10.9	114.2
云南省		72.4		72.4			
陕西省							21.3

表 108　2018 年电子信息产业主要产品分省市产量情况（3）

省市名称	平板显示器（万台）	打印机（万台）	硬盘存储器（万台）	半导体存储盘（万个）	程控交换机（万线）	数字程控交换机（万线）	电话单机（万部）
总计	10 246.1	4 952.3	8 796.3	18 762	1 006.6	968.4	5 960.1
北京市	397.7	153.2	133.8				1.7
天津市	708.4						136.4
河北省					25	25	
辽宁省		25.9	9.8		3.8		
上海市		315.5		723	27.7	27.7	65.5
江苏省	2 839.2	50.7	7 301.7		0.2		170.9
浙江省		3.2			72.3	70.3	
福建省	3 147.2	219.6					214.7
江西省							84.7
山东省		340.3	111.1				98.8
河南省		0.1					
湖北省	588.4						
湖南省	2.1	18.1	6.9		3.2		
广东省	392.3	2 229.7	1 232.2	18 039	873.5	844.6	5 107.4
广西壮族自治区	330.9						
重庆市	1 580.3	1 589.5					
四川省	145.4				0.9	0.8	80
贵州省	114.2						
云南省		6.6					
陕西省			0.9				

表 109　2018 年电子信息产业主要产品分省市产量情况（4）

省市名称	移动通信基站设备（万信道）	移动通信手持机（万台）	智能手机（万台）	彩色电视机（万台）	液晶电视机（万台）	智能电视（万台）	组合音响（万台）
总计	43 225.2	179 846.4	136 927.7	20 381.5	20 100.7	12 905.5	12 225.8
北京市	22.2	9 029.6	8 996.6	896.5	896.5	887.7	
天津市		2 680.3	2 587	93.1	93.1	93.1	
山西省		1 979.4	1 979.4				
内蒙古自治区				134.1	134.1	134.1	
辽宁省		279.4	279.4	154.8	154.8		

续表

省市名称	移动通信基站设备（万信道）	移动通信手持机（万台）	智能手机（万台）	彩色电视机（万台）	液晶电视机（万台）	智能电视（万台）	组合音响（万台）
上海市		4 729	4 711.4	144.4	144.4	137.7	
江苏省		4 924.6	4 867.7	1 668	1 654.6	1 045.9	467.6
浙江省	34	5 317.6	4 955.9	722.2	721.7	583	393.5
安徽省	1.2	70		2 289.2	2 281.3	1 185.7	26
福建省	7	1 362.1	1 361.8	979.5	974.6	960.9	
江西省		4 648.5	4 067	23.2	23.2		483.6
山东省	726	3 254.1	2 459	1 695.2	1 695.2	1 485.2	
河南省		20 605.5	10 865.2	15.6	15.6	3.6	
湖北省	1.6	4 373.6	3 771.1	575.8	575.8		
湖南省		1 614.7	509.7	1.1	1.1		223.1
广东省	42 428.7	80 818.3	69 868.4	9 678.1	9 492	6 196.2	10 431.3
广西壮族自治区		345.6		100.6	100.6		55.7
重庆市	0.1	18 868.2	10 381.5	1.9		1.9	
四川省	4.2	9 437	2 752.3	1 001.5	999	59.3	51
贵州省		1 956	859	132.7	123.5	126.9	93.9
云南省		1 897.6		69.7	15.4		
陕西省		1 655.1	1 655.1	4.4	4.4	4.4	

表 110　2018 年电子信息产业主要产品分省市产量情况（5）

省市名称	半导体存储器播放器（含 MP3、MP4）（万个）	数字激光音、视盘机（万台）	电视接收机顶盒（万台）	半导体分立器件（亿只）	集成电路（亿块）	集成电路圆片（万片）
总计	455	10 282.8	19 395.6	8 972.6	1 739.5	3 740.4
北京市	16.4		2 858.8	73.9	137.5	399.3
天津市				201	16.3	335.6
河北省					0.1	
辽宁省		180.7		20.8		100.6
吉林省				40.4		
黑龙江省					2.9	
上海市			123.6	507.4	233.5	597.3
江苏省			403.3	2 138.1	564.2	729.9
浙江省			109.7	313.4	65.4	1 151.2

续表

省市名称	半导体存储器播放器（含MP3、MP4）（万个）	数字激光音、视盘机（万台）	电视接收机顶盒（万台）	半导体分立器件（亿只）	集成电路（亿块）	集成电路圆片（万片）
安徽省				309.2	1.2	
福建省		3.7	1 521.1		2	24.8
江西省				1 768.2		
山东省				289.2	0.4	
河南省				0.3		
湖北省			14.8	110.8	3.3	29.7
湖南省		0.3	558.7	0.2	4.7	
广东省	419	9 447.1	11 931.8	1 746.7	300.8	58
广西壮族自治区				5.4		
重庆市		650.9		2.1	5.4	71
四川省			1 654.9	1 389.6	76.6	71.5
贵州省			199	0.6	0.4	
云南省	5.6		10.9		3.7	
陕西省	14			55.3	3.3	150
甘肃省			9		317.7	21.6

表111　2018年电子信息产业主要产品分省市产量情况（6）

省市名称	发光二极管（LED管）（亿只）	液晶显示屏（万片）	液晶显示模组（万套）	电子元件（亿只）	印制电路板（万平方米）
总计	10 433.9	550 067.7	230 505.1	50 638.6	50 389.8
北京市		11 122.6	14 046.5	55.3	24.2
天津市	95.5	2 590	179	6 574.2	83.9
河北省		2 576	380	6.5	26.2
内蒙古自治区			2 984.5	4.6	
辽宁省		2 850	678	990.8	102.1
上海市	0.1	88 034.2	4 838.7	272.8	359.7
江苏省	308.9	21 695.5	6 385.5	15 313.3	13 569.7
浙江省	264.7	60.7	8 442.2	952.6	1 082.9
安徽省	1 669.4	40 762.1	201.1	215.2	1 755.1
福建省	302.9	63 469.2	7 450.9	217.3	4 655.6
江西省	223.2	82 702.2	3 875.7	141.6	3 343.4

续表

省市名称	发光二极管（LED管）（亿只）	液晶显示屏（万片）	液晶显示模组（万套）	电子元件（亿只）	印制电路板（万平方米）
山东省	0.1		123	523.9	84.1
河南省	1.2	1 343.5	9 687	138.9	182
湖北省	34.2	1 242.7	176.1	106.4	883.9
湖南省	29.6	29 274.7	2 604	379.5	194.5
广东省	7 348.8	155 710.2	148 779.1	24 127.5	22 040.4
广西壮族自治区	0.1	4 554.5		279.5	1.2
重庆市	9.4	14 261.1	5854	85.9	740.4
四川省		22 179.1	7 842.5	175.6	701.4
贵州省	4.3	5 094.4	880.4	30.8	219.4
云南省		78	5 097	7.4	
陕西省		467.1		39.2	339.6
甘肃省	135.8				
新疆维吾尔自治区	5.4				

软件和信息技术服务业统计数据

表 112　2018 年软件和信息技术服务业主要指标汇总表（1）

单位：万元

项目名称	企业个数（个）	软件业务收入合计	其中				其中
			软件产品收入	信息技术服务收入	信息安全收入	嵌入式系统软件收入	软件外包服务收入
软件企业合计	36 331	619 087 338	173 785 598	375 630 760	11 629 203	58 041 777	21 542 190
一、按登记注册类型分列							
内资企业	34 039	493 490 312	147 980 516	286 259 363	10 693 997	48 556 437	14 109 845
国有企业	624	33 985 301	8 235 256	21 433 268	1 214 323	3 102 453	1 216 169
集体企业	30	5 434 565	580 524	1 877 447	315 695	2 660 898	51 866
股份合作企业	184	1 496 820	634 526	571 442	7 322	283 529	36 834
联营企业	69	884 709	234 936	635 273	14 500		51 689
国有联营企业	22	271 248	52 890	204 602	13 756		31 021
集体联营企业	9	128 013	32 200	95 814			15 461
国有与集体联营企业	11	235 915	65 311	170 604			
其他联营企业	27	249 533	84 536	164 252	744		5 207
有限责任公司	13 260	222 888 502	64 244 875	136 954 753	4 913 243	16 775 630	6 181 653
国有独资公司	148	4 747 037	1 447 348	3 039 744	125 674	134 271	78 812
其他有限责任公司	13 112	218 141 465	62 797 527	133 915 009	4 787 570	16 641 360	6 102 840
股份有限公司	3 752	87 145 143	31 633 986	43 435 962	1 593 463	10 481 733	3 682 433
私营企业	15 632	137 407 168	40 729 808	79 271 925	2 471 523	14 933 912	2 738 084
私营独资	1 594	13 435 448	3 634 711	8 368 867	211 815	1 220 054	214 110
私营合伙	439	2 516 627	1 054 453	1 268 402	126 529	67 243	163 014
私营有限责任公司	12 491	109 894 799	31 624 456	64 153 439	1 719 890	12 397 014	1 924 344
私营股份有限公司	1 108	11 560 294	4 416 188	5 481 216	413 290	1 249 600	436 616
其他内资企业	488	4 248 105	1 686 604	2 079 293	163 926	318 282	151 117
中国港、澳、台商投资企业	854	72 294 281	13 019 328	56 396 953	437 105	2 440 895	2 059 552
合资经营企业（中国港、澳、台资）	186	5 351 704	716 440	3 819 276	264 354	551 633	148 485
合作经营企业（中国港、澳、台资）	9	1 910 736	54 039	1 824 280		32 417	

续表

项目名称	企业个数（个）	软件业务收入合计	其中				其中
			软件产品收入	信息技术服务收入	信息安全收入	嵌入式系统软件收入	软件外包服务收入
中国港、澳、台商独资经营企业	619	60 275 343	9 919 292	48 591 055	172 751	1 592 245	1 246 498
中国港、澳、台商投资股份有限公司	29	2 901 257	2 316 458	321 251		263 549	663 668
其他中国港、澳、台商投资企业	11	1 855 242	13 099	1 841 091		1 051	902
外商投资企业	1 438	53 302 745	12 785 755	32 974 444	498 101	7 044 445	5 372 794
中外合资经营企业	392	12 409 517	3 388 189	7 771 146	176 277	1 073 906	646 333
中外合作经营企业	12	202 853	41 197	148 194	801	12 661	7 698
外资企业	973	36 361 050	9 175 752	21 381 056	321 022	5 483 220	4 389 170
外商投资股份有限公司	34	2 612 227	143 163	2 066 265		402 798	268 246
其他外商投资企业	27	1 717 097	37 454	1 607 784		71 859	61 347
二、按控股经济分列							
国有控股	2 297	94 999 587	28 061 466	58 799 982	2 706 284	5 431 855	3 917 384
集体控股	2 100	48 123 682	16 821 688	25 383 432	976 177	4 942 384	1 113 060
私人控股	24 895	282 182 660	84 546 881	165 942 977	6 205 244	25 487 559	5 712 130
中国港、澳、台商控股	705	65 095 831	9 219 522	53 677 562	200 581	1 998 166	1 110 560
外商投资	1 188	55 236 739	13 189 836	34 770 261	447 319	6 829 323	5 996 548
其他	5 146	73 448 840	21 946 205	37 056 546	1 093 599	13 352 490	3 692 508
三、按企业规模分列							
大型	3 006	362 986 611	88 330 154	224 878 901	6 496 346	43 281 210	13 928 949
中型	11 580	169 472 399	54 876 154	103 495 318	3 431 628	7 669 298	5 886 617
小型	19 299	72 258 875	27 065 358	37 710 018	1 464 853	6 018 645	1 484 291
微型	2 446	14 369 452	3 513 932	9 546 522	236 375	1 072 624	242 333
四、按行业分列							
软件产品行业	16 393	183 001 443	152 152 922	27 351 116	2 345 701	1 151 703	11 222 329
信息技术服务行业	16 345	355 376 337	16 953 200	334 304 911	1 680 715	2 437 511	9 874 196
信息安全行业	625	8 866 115	1 120 590	537 447	7 181 210	26 868	284 692
嵌入式系统软件行业	2 968	71 843 443	3 558 885	13 437 285	421 577	54 425 696	160 973
五、按跨国经营分列							
有并购境外企业	141	14 088 753	2 715 766	6 204 994	351 870	4 816 123	692 551

续表

项目名称	企业个数（个）	软件业务收入合计	其中				其中
			软件产品收入	信息技术服务收入	信息安全收入	嵌入式系统软件收入	软件外包服务收入
在境外设有分公司（含有研发中心及销售网点）	210	44 269 380	7 909 675	19 768 643	165 308	16 425 754	2 157 309
在境外有研发中心（含有销售网点）	210	12 992 169	2 599 641	8 237 203	399 355	1 755 970	1 079 284
在境外仅有分支机构（或销售网点）	762	28 916 786	10 611 396	14 868 297	637 922	2 799 171	2 001 884
未从事跨国经营活动	35 008	518 820 249	149 949 121	326 551 623	10 074 747	32 244 758	15 611 161
六、按东中西部分列							
东部地区	24 974	492 843 673	130 681 473	304 359 151	7 634 726	50 168 322	14 718 705
中部地区	3 777	32 581 854	13 588 584	15 926 750	1 037 536	2 028 985	754 548
西部地区	4 895	71 411 851	20 303 544	45 332 784	1 256 331	4 519 192	3 726 885
东北地区	2 685	22 249 960	9 211 998	10 012 074	1 700 610	1 325 278	2 342 052

表 113　2018 年软件和信息技术服务业主要指标汇总表（2）

单位：万美元

项目名称	软件业务出口收入	软件外包服务出口收入	嵌入式系统软件出口收入	其他软件业务出口收入
软件企业合计	5 106 629	1 224 648	1 529 686	2 352 295
一、按登记注册类型分列				
内资企业	3 464 228	519 637	1 481 155	1 463 437
国有企业	41 241	35 638	603	5 000
集体企业	2 659	2 588	71	
股份合作企业	389	298	40	51
联营企业	650	650		
国有联营企业	650	650		
有限责任公司	2 064 452	210 982	785 198	1 068 272
国有独资公司	8 222	7 192		1 030
其他有限责任公司	2 056 230	203 790	785 198	1 067 242
股份有限公司	673 246	189 321	268 632	215 293
私营企业	668 913	73 448	426 601	168 864
私营独资	82 668	2 644	11 444	68 580
私营合伙	2 078	191	44	1 843
私营有限责任公司	548 936	59 800	409 050	80 085

续表

项目名称	软件业务出口收入	软件外包服务出口收入	嵌入式系统软件出口收入	其他软件业务出口收入
私营股份有限公司	35 232	10 813	6 063	18 356
其他内资企业	12 678	6 711	10	5 957
中国港、澳、台商投资企业	465 226	95 638	3 737	365 851
合资经营企业（中国港、澳、台资）	101 384	3 843	2 153	95 388
合作经营企业（中国港、澳、台资）	2 682			2 682
中国港、澳、台商独资经营企业	259 447	88 248	1 355	169 844
中国港、澳、台商投资股份有限公司	101 562	3 408	217	97 938
其他中国港、澳、台商投资企业	151	139	12	
外商投资企业	1 177 175	609 374	44 794	523 007
中外合资经营企业	103 189	31 447	2 281	69 461
中外合作经营企业	1 140	950		190
外资企业	1 049 578	573 121	35 797	440 661
外商投资股份有限公司	17 760	2 174	3 045	12 541
其他外商投资企业	5 507	1 682	3 671	154
二、按控股经济分列				
国有控股	357 640	115 396	2 877	239 367
集体控股	59 468	52 017	1 257	6 194
私人控股	2 480 061	245 805	866 575	1 367 681
中国港、澳、台商控股	238 932	101 410	20 192	117 331
外商投资	1 207 303	638 403	49 742	519 158
其他	763 226	71 618	589 043	102 564
三、按企业规模分列				
大型	4 420 677	925 979	1 473 395	2 021 304
中型	484 742	210 069	38 236	236 436
小型	150 865	73 369	17 586	59 910
微型	50 345	15 232	468	34 645
四、按行业分列				
软件产品行业	1 016 895	538 079	987	477 829
信息技术服务行业	1 592 992	673 102	1 538	918 352
信息安全行业	22 941	9 479		13 463

续表

项目名称	软件业务出口收入	软件外包服务出口收入	嵌入式系统软件出口收入	其他软件业务出口收入
嵌入式系统软件行业	2 473 800	3 989	1 527 161	942 650
五、按跨国经营分列				
有并购境外企业	192 346	63 644	48 672	80 030
在境外设有分公司（含有研发中心及销售网点）	2 171 256	108 658	1 018 360	1 044 238
在境外有研发中心（含有销售网点）	152 052	76 564	22 945	52 543
在境外仅有分支机构（或销售网点）	399 755	70 530	12 774	316 452
未从事跨国经营活动	2 191 220	905 253	426 935	859 031
六、按东中西部分列				
东部地区	4 493 254	815 707	1 513 589	2 163 958
中部地区	55 897	36 974	4 023	14 900
西部地区	292 936	160 521	11 180	121 236
东北地区	264 541	211 447	894	52 200

表 114　2018 年软件和信息技术服务业主要指标汇总表（3）

单位：万元

项目名称	利润总额	流动资产合计	资产总计	负债合计	固定资产投资额
软件企业合计	89 615 917	677 517 417	1 104 045 207	593 335 581	27 946 596
一、按登记注册类型分列					
内资企业	58 381 374	537 523 601	836 513 125	488 836 590	19 142 156
国有企业	3 399 640	40 649 064	63 063 138	32 982 211	1 531 365
集体企业	370 399	2 973 104	9 673 085	3 371 472	27 597
股份合作企业	200 078	1 464 722	2 711 584	1 044 169	207 056
联营企业	136 112	307 492	1 195 925	419 483	23 367
国有联营企业	44 313	165 528	292 625	137 254	18 711
集体联营企业	13 714	55 802	113 006	87 682	
国有与集体联营企业	37 872	16 977	593 964	97 296	1 343
其他联营企业	40 213	69 185	196 331	97 250	3 313
有限责任公司	24 432 788	263 566 496	353 271 549	240 486 417	6 922 391
国有独资公司	362 365	7 384 059	11 034 706	6 511 321	166 490
其他有限责任公司	24 070 423	256 182 438	342 236 843	233 975 096	6 755 900

续表

项目名称	利润总额	流动资产合计	资产总计	负债合计	固定资产投资额
股份有限公司	12 781 461	118 880 365	221 009 573	101 472 187	2 974 524
私营企业	16 520 782	105 544 249	177 784 824	104 562 984	7 376 743
私营独资	1 470 705	4 921 485	11 862 255	5 337 662	343 874
私营合伙	302 868	771 674	2 048 161	1 082 686	24 691
私营有限责任公司	13 380 255	87 139 226	141 761 507	89 104 154	6 591 999
私营股份有限公司	1 366 955	12 711 863	22 112 901	9 038 483	416 179
其他内资企业	540 112	4 138 108	7 803 447	4 497 667	79 113
中国港、澳、台商投资企业	24 032 661	95 642 609	136 106 596	57 091 354	3 262 766
合资经营企业（中国港、澳、台资）	272 666	6 843 588	16 068 106	7 772 079	93 860
合作经营企业（中国港、澳、台资）	347 606	1 174 887	2 128 363	604 172	107 593
中国港、澳、台商独资经营企业	21 724 627	79 910 027	108 639 057	45 013 439	2 935 059
中国港、澳、台商投资股份有限公司	1 324 039	6 437 457	7 934 035	3 089 540	124 855
其他中国港、澳、台商投资企业	363 723	1 276 651	1 337 034	612 124	1 398
外商投资企业	7 201 882	44 351 207	131 425 486	47 407 637	5 541 675
中外合资经营企业	1 216 463	9 213 148	40 721 829	6 801 904	3 141 179
中外合作经营企业	10 313	73 533	327 926	33 806	958
外资企业	4 796 632	29 416 750	70 431 587	36 868 305	608 180
外商投资股份有限公司	251 441	2 435 310	12 131 488	1 682 828	133 412
其他外商投资企业	927 033	3 212 466	7 812 656	2 020 795	1 657 946
二、按控股经济分列					
国有控股	12 560 254	137 211 412	227 794 476	122 630 785	4 531 257
集体控股	5 997 006	110 567 730	152 835 619	120 770 016	1 443 490
私人控股	33 565 579	250 120 591	411 731 905	220 602 995	11 243 502
中国港、澳、台商控股	20 819 014	83 278 136	119 205 906	49 398 158	2 935 059
外商投资	9 056 063	46 304 584	80 619 712	31 673 483	2 865 389
其他	7 618 000	50 034 966	111 857 589	48 260 145	4 927 899
三、按企业规模分列					
大型	58 468 960	463 195 165	731 874 776	399 069 220	21 631 336
中型	18 203 164	141 869 160	252 078 438	136 867 233	4 560 533
小型	11 907 938	59 943 760	100 060 441	47 351 112	1 537 800

续表

项目名称	利润总额	流动资产合计	资产总计	负债合计	固定资产投资额
微型	1 035 854	12 509 332	20 031 552	10 048 016	216 926
四、按行业分列					
软件产品行业	37 224 003	195 021 240	341 853 073	157 921 197	9 891 368
信息技术服务行业	44 994 924	422 738 742	662 369 864	386 826 063	15 994 394
信息安全行业	1 330 903	10 314 949	18 959 015	8 501 592	270 134
嵌入式系统软件行业	6 066 086	49 442 487	80 863 255	40 086 729	1 790 701
五、按跨国经营分列					
有并购境外企业	1 021 729	12 100 125	28 227 076	11 150 489	687 214
在境外设有分公司（含有研发中心及销售网点）	4 239 383	42 487 239	62 799 286	34 656 945	5 196 315
在境外有研发中心（含有销售网点）	1 537 473	8 312 095	51 233 196	10 740 049	3 292 807
在境外仅有分支机构（或销售网点）	5 518 027	44 417 789	71 645 241	30 342 635	1 283 274
未从事跨国经营活动	77 299 304	570 200 170	890 140 408	506 445 462	17 486 987
六、按东中西部分列					
东部地区	76 143 563	557 331 715	915 633 478	506 941 973	21 271 139
中部地区	4 152 687	43 090 122	65 825 774	32 588 985	2 658 236
西部地区	7 179 300	66 391 947	98 345 097	45 748 472	3 724 190
东北地区	2 140 366	10 703 633	24 240 858	8 056 150	293 031

表 115　2018 年软件和信息技术服务业主要指标汇总表（4）

单位：万元

项目名称	主营业务税金及附加	所有者权益年末余额	所有者权益年初余额	应交增值税
软件企业合计	7 467 851	510 483 421	394 348 039	17 453 129
一、按登记注册类型分列				
内资企业	6 267 548	347 451 093	296 904 398	13 961 072
国有企业	345 881	30 080 924	25 294 341	836 820
集体企业	40 244	6 301 612	3 663 092	30 898
股份合作企业	94 911	1 667 415	1 205 970	42 391
联营企业	12 188	776 442	326 320	15 443
国有联营企业	1 637	155 371	126 511	3 583
集体联营企业	1 588	25 324	26 332	1 067

续表

项目名称	主营业务税金及附加	所有者权益年末余额	所有者权益年初余额	应交增值税
国有与集体联营企业	5 652	496 667	80 092	5 380
其他联营企业	3 310	99 081	93 385	5 413
有限责任公司	2 106 298	112 778 898	99 345 355	6 329 120
国有独资公司	30 373	4 523 385	3 717 247	103 232
其他有限责任公司	2 075 925	108 255 512	95 628 108	6 225 888
股份有限公司	1 086 301	119 485 906	105 253 843	2 640 673
私营企业	2 474 636	73 054 117	60 137 424	3 903 414
私营独资	278 451	6 527 588	4 993 956	440 599
私营合伙	58 651	965 476	564 458	51987
私营有限责任公司	1 965 059	52 486 635	44 035 146	3 037 377
私营股份有限公司	172 475	13 074 418	10 543 863	373 452
其他内资企业	107 088	3 305 780	1 678 053	162 313
中国港、澳、台商投资企业	626 242	79 015 242	61 809 158	2 572 763
合资经营企业（中国港、澳、台资）	47 606	8 296 027	5 295 738	193 900
合作经营企业（中国港、澳、台资）	11 149	1 524 191	1 168 858	67 448
中国港、澳、台商独资经营企业	512 704	63 625 619	50 859 617	2 012 977
中国港、澳、台商投资股份有限公司	47 235	4 844 496	4 073 926	253 763
其他中国港、澳、台商投资企业	7 548	724 910	411 019	44 675
外商投资企业	574 062	84 017 086	35 634 483	919 294
中外合资经营企业	104 421	33 919 925	7 944 790	257 996
中外合作经营企业	8 877	294 120	41 264	1 807
外资企业	421 678	33 562 520	20 249 065	605 992
外商投资股份有限公司	10 360	10 448 660	1 685 561	21 623
其他外商投资企业	28 726	5 791 861	5 713 803	31 876
二、按控股经济分列				
国有控股	930 460	105 163 689	90 132 601	2 726 668
集体控股	469 811	32 056 124	25 607 503	866 684
私人控股	4 047 720	190 956 150	166 406 733	8 990 982
中国港、澳、台商控股	550 735	69 807 747	52 047 869	1 958 278
外商投资	548 234	48 945 468	32 664 259	1 082 407

续表

项目名称	主营业务税金及附加	所有者权益年末余额	所有者权益年初余额	应交增值税
其他	920 891	63 554 243	27 489 073	1 828 110
三、按企业规模分列				
大型	3 544 442	332 628 749	249 188 719	9 791 274
中型	2 373 787	115 201 719	94 143 422	5 007 632
小型	1 417 049	52 669 416	44 038 203	2 351 480
微型	132 573	9 983 537	6 977 696	302 743
四、按行业分列				
软件产品行业	2 602 091	183 934 822	154 467 498	6 945 992
信息技术服务行业	4 004 549	275 436 838	192 603 063	8 172 747
信息安全行业	174 419	10 460 674	9 180 564	334 814
嵌入式系统软件行业	686 791	40 651 087	38 096 914	1 999 576
五、按跨国经营分列				
有并购境外企业	290 172	17 076 587	12 520 114	263 465
在境外设有分公司（含有研发中心及销售网点）	352 153	28 141 580	33 178 802	1 533 749
在境外有研发中心（含有销售网点）	138 726	40 493 147	7 110 473	267 802
在境外仅有分支机构（或销售网点）	382 905	41 293 128	29 946 477	1 248 408
未从事跨国经营活动	6 303 895	383 478 980	311 592 173	14 139 705
六、按东中西部分列				
东部地区	5 905 780	408 465 316	314 509 729	14 516 083
中部地区	309 073	33 236 772	26 098 835	1 030 295
西部地区	601 427	52 596 625	42 944 706	1 701 612
东北地区	651 571	16 184 708	10 794 770	205 139

表 116　2018 年软件和信息技术服务业主要指标汇总表（5）

单位：万元

项目名称	所得税费用	出口已退税额	研发经费	主营业务成本
软件企业合计	11 544 210	2 446 073	62 672 685	522 380 914
一、按登记注册类型分列				
内资企业	8 044 626	1 622 114	47 993 635	437 930 674
国有企业	448 727	92 812	2 538 580	40 069 281

续表

项目名称	所得税费用	出口已退税额	研发经费	主营业务成本
集体企业	52 358	2 506	182 924	3 787 634
股份合作企业	34 849	533	127 081	2 109 124
联营企业	13 787		95 074	835 120
国有联营企业	4 807		21 008	199 317
集体联营企业	1 121		14 130	116 190
国有与集体联营企业	4 032		23 378	190 591
其他联营企业	3 828		36 558	329 022
有限责任公司	3 017 606	251 493	22 595 193	188 587 680
国有独资公司	66 581	4 264	491 728	4 507 363
其他有限责任公司	2 951 024	247 230	22 103 465	184 080 317
股份有限公司	1 780 483	614 454	9 644 411	80 674 570
私营企业	2 599 309	624 633	12 368 822	118 527 879
私营独资	378 423	17 175	1 062 207	11 297 487
私营合伙	47 848	5 402	291 274	1 981 924
私营有限责任公司	1 980 682	518 884	9 862 713	95 921 164
私营股份有限公司	192 355	83 172	1 152 628	9 327 304
其他内资企业	97 507	35 683	441 550	3 339 387
中国港、澳、台商投资企业	2 761 307	293 205	9 451 558	29 357 632
合资经营企业（中国港、澳、台资）	12 152	106 202	967 653	3 546 014
合作经营企业（中国港、澳、台资）	51 710	3 057	216 062	822 612
中国港、澳、台商独资经营企业	2 526 087	177 092	7 751 037	20 551 909
中国港、澳、台商投资股份有限公司	120 416	6 853	457 956	3 294 400
其他中国港、澳、台商投资企业	50 942		58 850	1 142 697
外商投资企业	738 278	530 754	5 227 491	55 092 608
中外合资经营企业	122 722	112 510	1 098 127	10 788 312
中外合作经营企业	3 012	195	14 345	157 994
外资企业	593 101	358 862	3 490 825	37 777 752
外商投资股份有限公司	24 374	55 123	402 653	3 585 947
其他外商投资企业	–4 930	4 063	221 542	2 782 602

续表

项目名称	所得税费用	出口已退税额	研发经费	主营业务成本
二、按控股经济分列				
国有控股	1 719 992	337 073	9 155 477	97 620 709
集体控股	440 393	92 944	6 417 728	40 804 919
私人控股	4 759 759	896 658	27 453 108	239 270 534
中国港、澳、台商控股	2 681 666	139 336	7 935 323	25 704 945
外商投资	1 056 298	403 971	4 539 471	51 851 432
其他	886 102	576 091	7 171 578	67 128 374
三、按企业规模分列				
大型	7 109 265	1 911 671	38 496 666	302 722 726
中型	2 317 087	353 341	15 675 210	157 746 965
小型	1 966 582	149 468	7 735 954	51 098 294
微型	151 277	31 593	764 854	10 812 928
四、按行业分列				
软件产品行业	4 108 791	870 399	24 276 320	146 979 441
信息技术服务行业	6 032 684	970 531	31 656 691	323 116 027
信息安全行业	173 931	31 770	1 207 585	5 782 527
嵌入式系统软件行业	1 228 804	573 374	5 532 089	46 502 918
五、按跨国经营分列				
有并购境外企业	174 182	65 563	968 010	13 413 139
在境外设有分公司（含有研发中心及销售网点）	920 069	514 018	4 639 072	45 474 035
在境外有研发中心（含有销售网点）	447 995	123 940	1 332 157	14 455 863
在境外仅有分支机构（或销售网点）	627 704	430 201	3 301 498	33 084 586
未从事跨国经营活动	9 374 261	1 312 350	52 431 949	415 953 291
六、按东中西部分列				
东部地区	9 676 450	2 163 349	51 279 975	405 090 292
中部地区	449 071	159 158	3 156 971	31 369 443
西部地区	943 105	90 171	6 361 196	68 479 857
东北地区	475 584	33 395	1 874 542	17 441 321

表 117　2018 年软件和信息技术服务业主要指标汇总表（6）

单位：万元

项目名称	应收账款	应付账款	本年折旧	本年应付职工薪酬
软件企业合计	167 698 220	132 537 468	18 726 314	94 779 838
一、按登记注册类型分列				
内资企业	135 673 269	106 967 161	9 200 398	69 433 168
国有企业	13 742 631	11 274 910	811 086	4924 187
集体企业	483 618	837 336	62 983	73 961
股份合作企业	1 205 013	322 790	57 480	205 683
联营企业	171 684	85 185	14 736	175 032
国有联营企业	83 322	44 841	5 556	76 292
集体联营企业	45 793	14 960	3 011	40 833
国有与集体联营企业	3 917	3 904	2 779	12 743
其他联营企业	38 652	21 481	3 390	45 164
有限责任公司	52 619 196	43 195 058	3 996 457	31 647 353
国有独资公司	2 379 157	2 381 184	94 965	881 255
其他有限责任公司	50 240 039	40 813 874	3 901 492	30 766 099
股份有限公司	33 483 853	22 253 430	2 196 782	14 986 276
私营企业	33 084 291	28 132 814	2 014 663	16 877 964
私营独资	1 909 896	1 464 324	629 243	1 268 641
私营合伙	439 981	229 749	29 141	223 914
私营有限责任公司	26 130 711	24 594 927	1 212 118	13 290 859
私营股份有限公司	4 603 702	1 843 813	144 161	2 094 550
其他内资企业	882 984	865 637	46 212	542 712
中国港、澳、台商投资企业	14 505 981	9 021 324	5 587 862	13 470 148
合资经营企业（中国港、澳、台资）	1 669 317	1 204 832	122 696	1 701 840
合作经营企业（中国港、澳、台资）	722 881	180 453	24 745	413 493
中国港、澳、台商独资经营企业	10 053 808	6 429 770	5 392 204	10 717 079
中国港、澳、台商投资股份有限公司	2 044 781	1 090 463	38 736	552 303
其他中国港、澳、台商投资企业	15 194	115 806	9 481	85 433
外商投资企业	17 518 970	16 548 984	3 938 054	11 876 523
中外合资经营企业	2 914 545	1 599 513	251 014	3 136 547
中外合作经营企业	16 422	5 200	1 601	16 902

续表

项目名称	应收账款	应付账款	本年折旧	本年应付职工薪酬
外资企业	13 519 069	13 792 892	2 299 638	8 118 749
外商投资股份有限公司	842 849	1 024 374	62 003	397 115
其他外商投资企业	226 085	127 004	1 323 798	207 210
二、按控股经济分列				
国有控股	39 197 479	37 173 219	2 147 561	16 271 041
集体控股	11 187 411	13 330 692	726 932	5 914 662
私人控股	75 842 408	54 798 701	5 383 974	39 527 349
中国港、澳、台商控股	11 540 044	7 270 375	5 447 969	11 963 199
外商投资	12 796 713	8 480 362	4 009 671	10 603 356
其他	17 134 165	11 484 119	1 010 207	10 500 231
三、按企业规模分列				
大型	98 708 798	85 231 240	13 906 099	60 207 510
中型	48 350 249	35 790 800	2 843 284	22 442 177
小型	17 184 928	9 240 450	1 817 591	10 807 669
微型	3 454 245	2 274 978	159 339	1 322 483
四、按行业分列				
软件产品行业	67 084 017	41 455 710	3 827 183	37 432 365
信息技术服务行业	81 492 265	78 613 375	13 613 480	50 459 783
信息安全行业	4 010 644	1 728 581	147 706	1 950 192
嵌入式系统软件行业	15 111 293	10 739 802	1 137 944	4 937 499
五、按跨国经营分列				
有并购境外企业	3 125 607	2 433 754	250 193	1 441 649
在境外设有分公司（含有研发中心及销售网点）	11 625 661	8 689 770	648 631	4 505 288
在境外有研发中心（含有销售网点）	3 858 673	2 252 167	298 661	3 140 155
在境外仅有分支机构（或销售网点）	14 128 685	9 459 700	637 215	5 281 268
未从事跨国经营活动	134 959 594	109 702 078	16 891 614	80 411 478
六、按东中西部分列				
东部地区	134 027 524	111 730 500	14 875 103	77 034 135
中部地区	16 003 875	9 824 693	1 031 582	6 026 621
西部地区	14 916 019	9 323 102	2 615 705	8 946 723

续表

项目名称	应收账款	应付账款	本年折旧	本年应付职工薪酬
东北地区	2 750 802	1 659 173	203 924	2 772 361

表 118　2018 年软件和信息技术服务业主要指标汇总表（7）

单位：人

项目名称	从业人员年末数	其中		其中		从业人员年平均人数
		软件研发人员	其他软件技术人员	硕士及以上	大专及大本	
软件企业合计	6 445 258	2 737 711	1 051 797	667 520	4 067 530	6 524 469
一、按登记注册类型分列						
内资企业	5 401 741	2 306 950	793 672	542 622	3 429 046	5 499 637
国有企业	403 194	128 385	43 775	50 119	189 040	401 352
集体企业	15 509	11 919	12 624	4 634	8 751	25 984
股份合作企业	20 356	8 216	4 626	2 153	9 898	20 213
联营企业	16 839	7 327	1 908	1 648	11 439	16 098
国有联营企业	7 839	3 339	496	858	5 101	7 521
集体联营企业	2 394	639	1 025	218	1 788	1 965
国有与集体联营企业	2 051	674	54	170	965	2 024
其他联营企业	4 555	2 675	333	402	3 585	4 588
有限责任公司	2 212 548	1 008 024	297 231	251 923	1 439 808	2 242 065
国有独资公司	76 420	30 724	10 184	10 008	52 569	73 758
其他有限责任公司	2 136 128	977 300	287 047	241 915	1 387 239	2 168 307
股份有限公司	1 150 436	457 595	176 393	96 441	766 634	1 264 561
私营企业	1 529 261	660 724	249 597	129 258	971 171	1 478 290
私营独资	133 575	61 092	22 001	10 840	78 808	127 223
私营合伙	29 933	12 691	5 282	3 451	14 393	29 325
私营有限责任公司	1 187 668	505 182	193 921	102 367	751 988	1 143 394
私营股份有限公司	178 085	81 759	28 393	12 600	125 982	178 348
其他内资企业	53 598	24 760	7 518	6 446	32 305	51 074
中国港、澳、台商投资企业	428 693	192 819	82 068	60 666	247 088	415 014
合资经营企业（中国港、澳、台资）	71 097	28 568	15 586	6 243	39 093	69 711
合作经营企业（中国港、澳、台资）	7 741	2 797	4 275	2 929	4 471	7 393

续表

项目名称	从业人员年末数	其中		其中		从业人员年平均人数
		软件研发人员	其他软件技术人员	硕士及以上	大专及大本	
中国港、澳、台商独资经营企业	315 989	146 257	59 715	46 043	193 254	305 704
中国港、澳、台商投资股份有限公司	27 911	13 293	1 380	5 119	7 301	26 123
其他中国港、澳、台商投资企业	5 955	1 904	1 112	332	2 969	6 083
外商投资企业	614 824	237 942	176 057	64 232	391 396	609 818
中外合资经营企业	173 488	77 873	30 375	11 287	108 857	166 853
中外合作经营企业	1 382	810	212	135	931	1 383
外资企业	400 012	142 495	138 630	49 928	261 020	405 349
外商投资股份有限公司	31 115	12 802	5 455	1 910	14 552	28 098
其他外商投资企业	8 827	3 962	1 385	972	6 036	8 135
二、按控股经济分列						
国有控股	1 093 818	396 184	149 548	157 513	644 277	1 079 788
集体控股	457 070	216 162	70 268	47 459	333 495	466 446
私人控股	3 169 727	1 381 749	509 291	276 682	2 056 184	3 310 145
中国港、澳、台商控股	352 904	154 044	65 767	48 863	212 181	340 996
外商投资	542 168	213 774	162 440	63 712	355 983	541 635
其他	829 571	375 798	94 483	73 291	465 410	785 459
三、按企业规模分列						
大型	3 503 886	1 444 201	627 745	407 292	2 143 275	3 446 024
中型	1 779 989	738 731	221 560	152 271	1 077 781	1 742 757
小型	1 046 483	511 666	184 128	98 478	765 092	1 221 276
微型	114 900	43 113	18 364	9 479	81 382	114 412
四、按行业分列						
软件产品行业	2 508 867	1 115 744	330 934	265 625	1 648 983	2 514 309
信息技术服务行业	3 419 363	1 240 361	557 095	336 301	2 141 021	3 488 632
信息安全行业	132 072	61 007	16 384	16 121	89 961	130 659
嵌入式系统软件行业	384 956	320 599	147 384	49 473	187 565	390 869
五、按跨国经营分列						
有并购境外企业	145 533	63 808	32 609	19 357	81 326	170 729
在境外设有分公司（含有研发中心及销售网点）	262 296	153 415	52 882	40 195	142 330	259 154

续表

项目名称	从业人员年末数	其中		其中		从业人员年平均人数
		软件研发人员	其他软件技术人员	硕士及以上	大专及大本	
在境外有研发中心（含有销售网点）	202 812	94 782	11 112	16 641	112 822	193 875
在境外仅有分支机构（或销售网点）	408 657	155 062	52 534	32 310	224 084	398 404
未从事跨国经营活动	5 425 960	2 270 644	902 660	559 017	3 506 968	5 502 307
六、按东中西部分列						
东部地区	4 667 441	1 988 869	783 489	474 681	2 915 534	4 779 436
中部地区	673 831	277 640	90 505	80 379	444 410	648 445
西部地区	808 549	314 874	123 965	76 516	505 549	803 490
东北地区	295 437	156 328	53 838	35 944	202 037	293 098

表 119　2018 年软件和信息技术服务业分产品完成情况

项目名称	企业个数（个）	本年收入（万元）
软件业务收入明细合计	36 331	619 087 338
一、软件产品行业合计	22 858	173 785 598
基础软件	4 046	25 269 649
操作系统	1 168	7 566 147
数据库管理系统	696	2 942 631
中间件	339	2 265 434
办公软件	742	2 652 635
其他	1 101	9 842 802
支撑软件	653	2 516 901
开发工具	230	857 277
测试工具软件	193	609 615
其他支撑软件	230	1 050 009
平台软件	1 425	9 844 865
应用软件	11 813	96 122 287
通用应用软件	3 999	26 783 640
行业应用软件	7 814	69 338 647
通信行业软件	934	19 405 854
金融财税软件	446	5 144 306

续表

项目名称	企业个数（个）	本年收入（万元）
教育软件	619	2 518 339
交通运输行业软件	588	5 336 217
能源控制软件	455	4 651 863
动漫游戏软件	562	8 575 830
物流管理软件	205	975 914
医疗卫生领域软件	700	2 899 706
其他行业应用软件	3 305	19 830 619
工业软件	1 559	9 966 699
产品研发设计类软件	462	1 798 931
生产控制类软件	795	6 554 241
业务管理类软件	302	1 613 527
嵌入式应用软件	1 795	16 164 872
移动应用软件（APP）	546	8 741 076
定制软件	1 021	5 159 248
二、信息技术服务行业合计	23 805	375 630 760
信息技术咨询设计服务	6 391	57 528 880
信息化规划	565	5 033 862
信息系统设计	1 787	15 808 540
信息技术管理咨询	2968	29 974 946
信息系统工程监理	349	3 182 490
测试评估	216	1 090 064
信息技术培训	506	2 438 977
信息系统集成实施服务	5 080	60 107 272
智能制造系统集成实施服务	1 139	11 125 112
其他集成实施服务	3 941	48 982 160
运行维护服务	3 965	37 700 312
数据服务	2 293	25 237 188
大数据服务	857	5 122 080
大数据采集服务	214	798 434
大数据分析挖掘服务	196	1 015 816

续表

项目名称	企业个数（个）	本年收入（万元）
大数据可视化服务	78	75 238
大数据应用综合解决方案	369	3 232 593
数据加工处理服务（非海量）	614	8 411 689
数字内容处理服务	822	11 703 419
地理遥感信息服务	158	878 788
动漫、游戏数字内容服务	231	5 411 256
其他数字内容处理服务	433	5 413 375
云服务	1 583	16 795 643
基础设施即服务（IaaS）	508	7 558 336
平台即服务（PaaS）	327	3 583 450
软件即服务（SaaS）	748	5 653 857
平台运营服务	2 435	82 930 298
物流管理服务平台	185	3 867 124
在线信息平台	523	26 717 885
在线娱乐平台	414	20 847 464
在线教育平台	218	1 563 468
在线生活服务平台	131	9 770 801
其他在线服务平台	884	19 733 371
客户交互服务	80	430 185
电子商务平台技术服务	1 093	62 511 266
在线交易平台服务	833	55 333 795
在线交易支撑服务	260	7 177 471
集成电路设计	965	32 819 901
微控器件	97	2 233 242
逻辑电路	47	967 643
存储器	48	11 048 136
模拟电路	59	1 138 585
其他电路	68	533 705
智能卡芯片及电子标签芯片	68	4 501 799
微波单片集成电路	18	1 210 073

续表

项目名称	企业个数（个）	本年收入（万元）
物联网模组	64	387 188
其他集成电路产品	496	10 799 531
三、信息安全行业合计	1 984	11 629 203
信息安全产品	813	6 631 379
基础类安全产品	198	861 328
终端与数字内容安全产品	107	629 414
网络与边界安全产品	190	2 428 126
专用安全产品	155	1 244 279
安全测试评估与服务产品	61	471 688
安全管理产品	102	996 545
云计算安全产品	74	149 539
工控安全产品	48	607 398
移动安全	282	825 674
安全云服务	54	103 309
安全咨询	48	96 982
安全集成实施服务	315	1 532 703
安全运维服务	313	1 659 101
安全培训	37	23 118
四、嵌入式系统软件合计	4 138	152 069 095
通信设备	933	106 201 438
通信传输设备	412	38 074 110
光通信设备	157	2 216 420
卫星通信设备	61	1 715 042
无线通信设备	194	34 142 648
通信交换设备	61	295 201
数字程控交换机	33	146 933
软交换机	13	123 627
光交换机	15	24 642
移动通信设备	45	60 012 630
基站	35	59 916 173

续表

项目名称	企业个数（个）	本年收入（万元）
直放站	10	96 457
网络设备	415	7 819 496
网络控制设备	232	4 800 420
网络接口和适配器	47	310 727
网络连接设备	103	2 575 148
网络优化设备	33	133 201
数字家用视听产品	60	2 037 989
电视接收机顶盒	35	1 452 314
家庭网关中心	25	585 676
计算机应用产品	819	12 664 782
金融、商业、税务电子应用产品	157	1 177 348
银行自助服务终端	66	325 635
POS 机	57	671 005
税控机	34	180 708
汽车电子	227	5 593 275
动力总成控制系统	20	1 345 270
电机控制系统	76	529 638
制动防抱死系统 (ABS)	11	998 323
电子制动力分配系统 (EBD)	6	122 733
电驱动控制系统	9	70 103
电机驱动控制系统（新能源）	14	329 862
整车控制系统	63	1 202 521
电池管理系统	22	970 965
新能源汽车高压电气系统	6	23 858
智能交通	75	528 692
交通信号控制机	75	528 692
医疗电子设备	234	2 420 227
医用电子仪器设备	173	1 942 346
医学影像设备	61	477 881
自动检售票设备	56	358 479

续表

项目名称	企业个数（个）	本年收入（万元）
超大屏幕控制器	70	2 586 762
信息系统安全产品	147	880 474
边界防护类设备和系统	86	440 221
密钥管理类设备和系统	61	440 253
装备自动控制产品	1 845	27 338 841
可编程逻辑控制器（PLC）	129	1 225 197
集散控制系统（DCS）	233	5 524 325
电气传动及控制系统	448	10 622 897
装备制造工控系统	532	6 482 922
数据采集与监视控制系统 (SCADA)	317	2 162 897
远程终端控制系统 (RTU)	106	1 004 435
人机接口 (HMI)	18	28 541
可编程自动化控制器（PAC）	62	287 627
生物特征识别装置	70	430 660
可穿戴智能设备	40	666 626
智能手部穿戴设备	15	389 373
智能健康监测穿戴设备	11	39 313
智能头戴式设备	14	237 940
智能车载设备（后装）	136	1 345 342
车机（信息娱乐用中控系统）	10	137 700
车载诊断系统	29	181 437
智能后视镜及行车记录仪	12	43 647
其他车载设备	85	982 558
智能无人飞行器制造	32	192 770
旋翼无人飞行器	23	104 454
固定翼无人飞行器	9	88 316
服务消费机器人制造	56	310 173
个人、家庭服务类机器人	8	113 232
商业服务类机器人	48	196 941

表 120　2018 年各省市软件和信息技术服务业主要指标汇总表（1）

单位：万元

地区	企业数（家）	软件业务收入合计	其中				其中
			软件产品收入	信息技术服务收入	信息安全收入	嵌入式系统软件收入	软件外包服务收入
软件企业合计	36 331	619 087 338	173 785 598	375 630 760	11 629 203	58 041 777	21 542 190
一、按省市分列							
北京市	3 384	97 289 178	30 650 174	62 800 499	3 516 788	321 717	2 241 228
天津市	369	16 405 911	3 740 463	12 355 652	27 755	282 042	176 756
河北省	218	2 641 619	392 005	2 176 541	5 597	67 475	9 221
山西省	99	286 992	140 868	120 871	2 323	22 930	1 200
内蒙古自治区	44	116 699	36 651	70 501	311	9 237	6 142
辽宁省	1 633	15 096 287	6 998 526	6 439 155	1 497 153	161 453	2 239 366
吉林省	941	6 671 132	2 022 633	3 411 101	129 853	1 107 545	64 277
黑龙江省	111	482 541	190 838	161 818	73 604	56 280	38 410
上海市	1 677	48 368 600	12 126 226	36 106 661	133 610	2 104	1 555 359
江苏省	5 956	88 331 851	21 732 300	53 442 385	1 178 135	11 979 031	2 255 257
浙江省	1 600	52 006 148	12 039 185	36 900 871	433 666	2 632 426	2 284 297
安徽省	336	4 560 507	1 925 038	1 816 223	147 560	671 686	53 278
福建省	2 825	28 900 454	9 752 277	15 170 855	476 183	3 501 140	310 025
江西省	149	1 529 391	821 975	670 849	27 768	8 798	27 725
山东省	4 124	49 493 473	16 897 184	21 152 555	1 485 105	9 958 629	3 017 453
河南省	177	3 364 309	897 031	2 338 232	46 230	82 817	8 426
湖北省	2 447	17 914 892	8 005 682	9 063 547	791 595	54 068	515 225
湖南省	569	4 925 764	1 797 990	1 917 028	22 059	1 188 686	148 694
广东省	4 584	106 873 738	22 820 425	62 255 566	374 447	21 423 301	2 861 305
广西壮族自治区	141	1 524 850	121 029	1 341 663	17 866	44 292	1 480
海南省	237	2 532 701	531 235	1 997 567	3 441	458	7 805
重庆市	1 495	13 929 501	3 222 232	8 783 399	293 896	1 629 975	1 064 574
四川省	1 818	31 726 385	11 402 522	17 728 544	825 449	1 769 870	674 363
贵州省	240	1767 339	299 588	1 439 490	8 656	19 605	154 12
云南省	176	911 126	216 782	668 010	22 063	4 271	20
陕西省	654	19 948 948	4 660 556	14 208 275	45 505	1 034 612	1 958 366

续表

地区	企业数（家）	软件业务收入合计	其中				其中
			软件产品收入	信息技术服务收入	信息安全收入	嵌入式系统软件收入	软件外包服务收入
甘肃省	128	522 835	192 557	320 829	7 748	1 701	
青海省	13	14 106	3 456	9 684		966	40
宁夏回族自治区	57	185 752	63 158	118 836	950	2 808	3 506
新疆维吾尔自治区	129	764 310	85 013	643 553	33 888	1 857	2 984
二、按副省级城市分列							
宁波市	480	6 732 051	3 060 259	2 332 425	29 416	1 309 950	890 315
厦门市	1 439	14 692 942	3 896 830	8 869 515	382 833	1 543 764	206 474
青岛市	1 722	21 567 065	4 563 939	7 478 161	316 795	9 208 169	175 878
深圳市	2 005	59 347 081	8 854 491	36 227 350	260 913	14 004 327	1 092 736
沈阳市	1 153	10 435 499	5 150 528	3 816 969	1 396 410	71 592	655 832
长春市	625	4 531 817	1 473 256	2 014 089	122 626	921 846	47 365
哈尔滨市	100	468 485	183 055	156 992	72 158	56 280	38 124
南京市	3 773	45 915 246	15 518 211	27 766 829	1 106 542	1 523 665	1 335 760
杭州市	676	42 951 508	8 275 180	33 456 086	363 881	856 360	1 357 797
济南市	1 867	24 874 742	11 058 573	12 178 738	1 115 957	521 474	2 756 100
武汉市	2 403	17 752 527	7 908 333	9 013 996	786 778	43 420	515 225
广州市	2 086	36 053 345	11 922 779	23 425 264	72 537	632 764	1 560 605
成都市	1 770	30 471 202	11 029 223	16 869 989	824 409	1 747 580	669 590
西安市	654	19 948 948	4 660 556	14 208 275	45 505	1 034 612	1 958 366
三、其他省会城市分列							
石家庄市	90	558 961	141 750	393 915	3 582	19 714	
太原市	86	269 348	131 767	116 051	1 421	20 108	1 200
呼和浩特市	29	83 426	31 466	42 412	311	9 237	21
合肥市	276	3 697 918	1 515 328	1 478 069	144 940	559 581	30 511
福州市	1 306	13 387 881	5 655 103	5 685 298	92 594	1 954 887	102 887
南昌市	114	1 048 139	422 530	596 477	25 808	3 323	27 725
郑州市	139	1 513 149	312 258	1 095 592	44 830	60 468	8 050
长沙市	496	3 889 670	960 273	1 770 735	16 676	1 141 986	146 997
南宁市	105	802 869	73 590	708 528	16 900	3 852	1 255
海口市	163	1 610 601	161 546	1 445 155	3 441	458	4 654

续表

地区	企业数（家）	软件业务收入合计	其中				其中
			软件产品收入	信息技术服务收入	信息安全收入	嵌入式系统软件收入	软件外包服务收入
贵阳市	196	1 565 336	265 327	1 276 766	8 487	14 756	14 301
昆明市	175	909 667	216 625	666 707	22 063	4 271	20
兰州市	112	445 400	167 560	270 501	6 013	1 326	
西宁市	13	14 106	3 456	9 684		966	40
银川市	54	144 214	63 013	77 444	950	2 808	3 506
乌鲁木齐市	118	724 922	74 271	620 578	28 217	1 857	2 984

表 121　2018 年各省市软件和信息技术服务业主要指标汇总表（2）

单位：万美元

地区	软件业务出口收入	软件外包服务出口收入	嵌入式系统软件出口收入	其他软件业务出口收入
软件企业合计	5 106 629	1 224 648	1 529 686	2 352 295
一、按省市分列				
北京市	382 497	311 944	2 898	67 656
天津市	26 415	7 271	1205	17 939
河北省	3 800	361		3 439
辽宁省	259 863	207 752	490	51 620
吉林省	4 609	3 695	404	510
黑龙江省	70			70
上海市	390 859	154 004		236 855
江苏省	583 171	75 105	62 236	445 830
浙江省	314 115	65 632	4 818	243 666
安徽省	8 442	1 331	1 803	5 308
福建省	47 175	26 475	763	19 936
江西省	7 384	8		7 376
山东省	70 953	24 887	34 467	11 599
河南省	487	75	43	368
湖北省	25 115	23 300	299	1 516
湖南省	14 470	12 259	1 879	332
广东省	2 673 335	150 028	1 407 201	1 116 106
广西壮族自治区	2 502	141	2 361	

续表

地区	软件业务出口收入	软件外包服务出口收入	嵌入式系统软件出口收入	其他软件业务出口收入
海南省	933	1		933
重庆市	15 828	6 506	3 954	5 368
四川省	152 418	36 445	2 161	113 812
贵州省	1 739	415		1 324
陕西省	120 449	117 013	2 705	731
二、按副省级城市分列				
宁波市	111 270	42 290	1 613	67 367
厦门市	27 649	20 144	602	6 903
青岛市	27 725	2 588	25 137	
深圳市	2 072 976	12 507	1 053 581	1 006 888
沈阳市	49 964	46 904	5	3 055
长春市	2 969	2 055	404	510
哈尔滨市	70			70
南京市	642	320	323	
杭州市	194 031	22 831	1 662	169 537
济南市	37 649	21 971	7 647	8 031
武汉市	24 816	23 300		1 516
广州市	124 633	122 620	215	1 798
成都市	152 229	36 260	2 160	113 808
西安市	120 449	117 013	2 705	731
三、其他省会城市分列				
合肥市	7 498	516	1 695	5 287
福州市	11 922	6 232	161	5 529
南昌市	7 384	8		7 376
郑州市	445	75	1	368
长沙市	14 134	12 259	1 597	277
南宁市	108	108		
海口市	335	1		334
贵阳市	1 739	415		1 324

表 122　2018 年各省市软件和信息技术服务业主要指标汇总表（3）

单位：万元

地区	利润总额	流动资产合计	资产总计	负债合计	固定资产投资额
软件企业合计	89 615 917	677 517 417	1 104 045 207	593 335 581	27 946 596
一、按省市分列					
北京市	10 632 633	125 121 571	203 105 344	105 943 234	2 673 529
天津市	1 524 656	14 204 868	19 040 051	12 089 354	415 317
河北省	292 378	3 250 705	4 296 133	2 844 630	193 799
山西省	49 752	734 347	808 403	376 928	16 355
内蒙古自治区	10 959	183 858	230 537	100 939	1 180
辽宁省	1 519 598	8 429 257	20 385 958	6 445 206	183 233
吉林省	590 009	1 529 285	2 767 728	1 012 609	90 452
黑龙江省	30 759	745 091	1 087 172	598 335	19 346
上海市	5 919 280	64 003 500	97 080 165	55 755 181	1 040 279
江苏省	12 746 150	70 294 870	146 832 943	55 204 260	8 958 474
浙江省	14 967 801	61 739 931	88 689 983	39 049 949	2 420 614
安徽省	631 003	5 229 810	7 691 425	3 748 062	241 274
福建省	3 012 331	3 217 064	55 572 695	39 754 364	1 275 330
江西省	190 699	1 658 318	2 489 321	1 341 098	49 437
山东省	6 877 515	17 711 337	54 955 757	30 646 676	1 316 790
河南省	295 009	4 172 295	6 007 581	3 213 076	36 107
湖北省	2 101 863	21 872 528	35 262 969	18 441 403	2 010 310
湖南省	884 362	9 422 824	13 566 075	5 468 419	304 753
广东省	19 923 020	195 051 090	242 439 284	163 616 698	2 808 442
广西壮族自治区	15 785	2 200 173	2 446 323	1 653 415	34 561
海南省	247 799	2 736 779	3 621 122	2 037 628	168 566
重庆市	1 165 865	14 359 020	20 144 342	7 386 817	427 328
四川省	3 829 256	26 182 712	40 505 962	18 756 305	869 034
贵州省	82 453	2 015 728	3 111 941	2 104 111	83 489
云南省	48 370	1 043 028	1 297 107	674 757	40 347
陕西省	1 861 923	17 156 395	27 109 245	12 951 379	2 154 807
甘肃省	54 221	969 284	1 305 879	705 402	39 316
青海省	1 545	29 882	32 525	18 344	186

续表

地区	利润总额	流动资产合计	资产总计	负债合计	固定资产投资额
宁夏回族自治区	7 725	859 238	503 804	226 564	59 160
新疆维吾尔自治区	101 200	1 392 630	1 657 431	1 170 439	14 782
二、按副省级城市分列					
宁波市	785 967	7 140 241	11 249 050	6 684 645	385 369
厦门市	1 665 670		34 165 448	26 647 594	214 734
青岛市	1 479 150	5 147 178	19 447 098	8 259 034	217 534
深圳市	11 614 083	151 660 817	179 615 555	134 676 155	1 582 479
沈阳市	1 004 535	1 946 087	11 037 059	1 405 463	92 568
长春市	399 433	1 258 473	2 376 802	863 648	33 270
哈尔滨市	29 822	723 787	1 060 100	590 007	18 965
南京市	7 953 791	30 075 455	44 665 962	27 315 539	558 168
杭州市	13 862 615	51 965 640	73 770 080	30 979 622	1 946 911
济南市	5 010 342	9 299 039	29 877 177	19 560 329	995 750
武汉市	2 091 431	21 680 474	35 011 878	18 331 048	2 001 079
广州市	6 467 068	35 143 318	49 249 919	22 763 548	1 121 207
成都市	3 724 709	24 189 372	37 818 748	17 055 119	853 098
西安市	1 861 923	17 156 395	27 109 245	12 951 379	2 154 807
三、其他省会城市分列					
石家庄市	70 302	1 030 804	1 171 530	578 811	11 337
太原市	46 447	706 314	767 362	368 146	15 969
呼和浩特市	8 155	132 166	170 283	68 166	809
合肥市	495 646	4 426 339	6 699 592	3 343 257	228 844
福州市	1 302 879	2 574 655	20 349 802	12 573 877	1 036 909
南昌市	137 566	1 422 744	2 177 025	1 133 477	41 020
郑州市	203 887	1 575 515	2 234 957	780 235	31 770
长沙市	538 015	6 775 139	10 293 882	4 414 209	238 356
南宁市	65 521	1 067 733	1 181 072	624 401	16 310
海口市	107 402	1 975 086	2 584 848	1 457 241	119 916
贵阳市	74 032	1 598 507	2 420 228	1 504 988	58 853
昆明市	48 345	1 041 524	1 295 321	673 353	40 345

续表

地区	利润总额	流动资产合计	资产总计	负债合计	固定资产投资额
兰州市	41 332	687 836	894 449	514 252	37 024
西宁市	1 545	29 882	32 525	18 344	186
银川市	16 943	178 463	260 951	108 605	11 329
乌鲁木齐市	93 052	1 261 649	1 494 875	1 074 457	13 141

表 123　2018 年各省市软件和信息技术服务业主要指标汇总表（4）

单位：万元

地区	主营业务税金及附加	所有者权益年末余额	所有者权益年初余额	应交增值税
软件企业合计	7 467 851	510 483 421	394 348 039	17 453 129
一、按省市分列				
北京市	622 133	97 162 110	84 173 724	2 463 481
天津市	139 538	6 953 692	5 938 679	869 286
河北省	19 949	1 451 503	1 230 044	93 824
山西省	3 077	431 476	388 693	21 443
内蒙古自治区	921	129 598	133 865	4 867
辽宁省	553 847	13 940 752	8 856 796	158 387
吉林省	93 767	1 755 119	1 436 460	28 956
黑龙江省	3 958	488 837	501 514	17 796
上海市	166 981	41 324 985	31 102 326	1 102 792
江苏省	1 732 835	91 493 822	43 419 391	2 624 577
浙江省	387 104	49 640 033	43 278 686	1 883 411
安徽省	33 142	3 943 363	3 397 899	157 641
福建省	729 429	15 775 168	13 500 275	590 225
江西省	8 341	1 148 223	968 612	30 868
山东省	1 093 311	24 260 909	18 641 999	1 176 234
河南省	20 182	2 794 505	2 627 455	86 604
湖北省	197 852	16 821 549	12 217 791	529 591
湖南省	46 478	8 097 656	6 498 384	204 148
广东省	1 005 759	78 819 601	71 954 239	3 661 624
广西壮族自治区	8 668	792 907	657 282	57 242

续表

地区	主营业务税金及附加	所有者权益年末余额	所有者权益年初余额	应交增值税
海南省	8 743	1 583 494	1 270 367	50 629
重庆市	234 935	12 757 525	11 170 970	541 261
四川省	230 016	21 749 657	15 548 046	732 152
贵州省	10 581	1 007 830	1 039 867	42 267
云南省	5 205	622 350	526 114	23 263
陕西省	98 475	14 157 866	12 574 949	251 551
甘肃省	4 683	600 478	563 589	16 457
青海省	104	14 180	14 982	390
宁夏回族自治区	1 243	277 240	266 388	4 559
新疆维吾尔自治区	6 595	486 992	448 655	27 604
二、按副省级城市分列				
宁波市	48 032	4 564 405	3 938 025	164 533
厦门市	192 582	7 517 855	7 167 030	72 656
青岛市	457 860	11 188 063	7 583 075	313 573
深圳市	467 653	44 939 400	41 776 429	2 152 557
沈阳市	503 148	9 631 595	4 348 960	37 748
长春市	54 284	1 513 154	1 264 858	22 445
哈尔滨市	3 846	470 093	483 799	17 148
南京市	1 182 106	17 350 422	14 863 329	1 809 960
杭州市	323 477	42 790 458	37 478 687	1 637 067
济南市	583 086	10 320 097	8 759 994	769 574
武汉市	196 491	16 680 813	12 081 876	518 362
广州市	412 489	26 486 371	23 364 442	1 254 414
成都市	223 861	20 763 629	14 593 994	710 355
西安市	98 475	14 157 866	12 574 949	251 551
三、其他省会城市分列				
石家庄市	4 657	592 719	493 544	15 663
太原市	2 883	399 216	358 155	20 423
呼和浩特市	684	102 117	106 329	3 591
合肥市	27 584	3 356 335	2 967 818	139 633

续表

地区	主营业务税金及附加	所有者权益年末余额	所有者权益年初余额	应交增值税
福州市	530 006	7 775 925	5 990 457	471 246
南昌市	7 122	1 043 548	843 140	23 240
郑州市	8 248	1 454 722	1 309 960	49 123
长沙市	31 444	5 879 674	4 514 599	131 011
南宁市	4 046	556 671	362 198	26 709
海口市	3 566	1 127 608	955 725	22 472
贵阳市	8 938	915 240	969 676	36 013
昆明市	5 194	621 968	525 717	23 188
兰州市	1 721	380 197	356 897	10 775
西宁市	104	14 180	14 982	390
银川市	990	152 346	135 246	3 263
乌鲁木齐市	5 925	420 419	388 361	24 168

表 124　2018 年各省市软件和信息技术服务业主要指标汇总表（5）

单位：万元

地区	所得税费用	出口已退税额	研发经费	主营业务成本
软件企业合计	11 544 210	2 446 073	62 672 685	522 380 914
一、按省市分列				
北京市	1 585 246		11 829 982	55 045 940
天津市	201 956	8 168	699 911	22 644 910
河北省	36 426	2 159	270 705	2 827 980
山西省	5 818		42 443	273 894
内蒙古自治区	1 575		10 930	107 419
辽宁省	441 901	28 105	1 666 983	12 340 286
吉林省	26 627	4 784	159 754	4 663 780
黑龙江省	7 055	507	47 806	437 255
上海市	831 763	207 015	4 940 543	34 559 743
江苏省	1 952 704	723 277	4 695 812	104 706 195
浙江省	1 514 942	445 526	6 010 109	30 737 764
安徽省	65 784	17 217	532 429	4 117 594

续表

地区	所得税费用	出口已退税额	研发经费	主营业务成本
福建省	118 153	77 997	3 860 891	25 276 923
江西省	14 154	80	103 394	1 368 022
山东省	934 452	38 754	5 205 052	48 609 132
河南省	24 876	29	120 621	3 086 104
湖北省	246 363	135 659	1 880 891	14 700 628
湖南省	92 078	6 172	477 193	7 823 202
广东省	2 480 500	660 444	13 655 198	78 580 340
广西壮族自治区	5 147	672	46 105	1 105 565
海南省	20 307	10	111 773	2 101 364
重庆市	294 440	37 725	2 495 033	13 507 766
四川省	444 479	50 619	2 073 769	27 457 889
贵州省	33 950	1	79 174	1 728 218
云南省	11 179		72 597	861 601
陕西省	127 329	786	1 497 475	21 927 962
甘肃省	8 760		36 191	638 281
青海省	306		847	14 039
宁夏回族自治区	2 225		12 625	166 444
新疆维吾尔自治区	13 716	368	36 451	964 673
二、按副省级城市分列				
宁波市	126 344	295 365	645 746	7 974 967
厦门市	49 219	49 350	2 348 431	15 310 004
青岛市	336 132	24 409	1 416 061	14 670 884
深圳市	1 607 784	270 350	7 381 868	39 686 182
沈阳市	331 063	34	1 394 099	6 869 041
长春市	21 863	619	118 463	3 211 918
哈尔滨市	6 842	507	45 575	416 042
南京市	1 422 439	93 417	2 170 568	47 760 224
杭州市	1 347 065	124 163	5 188 701	20 872 484
济南市	556 523	9 383	3 612 728	29 946 153
武汉市	245 291	135 659	1 867 760	14 532 103

续表

地区	所得税费用	出口已退税额	研发经费	主营业务成本
广州市	639 346	49 364	4 982 280	28 150 150
成都市	434 264	50 452	1 983 175	24 356 157
西安市	127 329	786	1 497 475	21 927 962
三、其他省会城市分列				
石家庄市	11 035	86	33 369	865 526
太原市	5 458		39 726	259 180
呼和浩特市	1 302		8 666	73 829
合肥市	56 262	17 076	466 555	3 434 915
福州市	59 079	23 594	1 466 847	8 800 003
南昌市	12 620	80	81 183	1 185 181
郑州市	22 805	26	103 065	1 289 657
长沙市	37 487	6 005	321 773	6 558 006
南宁市	9 044		31 721	840 509
海口市	5 637	10	31 852	1 552 417
贵阳市	32 721	1	69 834	1 466 423
昆明市	11 171		72 367	857 742
兰州市	6 531		32 268	498 284
西宁市	306		847	14 039
银川市	1 954		11 402	139 101
乌鲁木齐市	12 602	368	31 231	864 969

表 125　2018 年各省市软件和信息技术服务业主要指标汇总表（6）

单位：万元

地区	应收账款	应付账款	本年折旧	本年应付职工薪酬
软件企业合计	167 698 220	132 537 468	18 726 314	94 779 838
一、按省市分列				
北京市	27 800 878	19 766 519	2 473 939	22 144 632
天津市	3 018 932	2 845 869	144 188	1 287 335
河北省	944 180	883 503	47 528	620 562
山西省	289 573	148 452	8 717	63 826

续表

地区	应收账款	应付账款	本年折旧	本年应付职工薪酬
内蒙古自治区	53 735	32 877	3 943	24 660
辽宁省	2 031 391	1 213 237	122 836	2 334 896
吉林省	465 409	283 900	62 702	319 875
黑龙江省	254 002	162 036	18 386	117 590
上海市	14 217 574	13 441 724	1 290 962	8 065 840
江苏省	25 689 720	17 838 870	3 222 371	11 091 173
浙江省	11 081 703	8 356 512	1 167 243	8 810 089
安徽省	1 989 905	1 402 737	128 870	765 777
福建省	11 302 069	15 359 029	238 627	3 963 284
江西省	546 982	477 939	23 640	191 672
山东省	9 292 318	6 965 669	1 521 416	4 722 147
河南省	2 112 428	1 659 332	227 988	327 325
湖北省	8 028 529	5 037 755	584 165	4 043 323
湖南省	3 036 459	1 098 479	58 200	634 697
广东省	30 012 375	25 609 352	4 701 315	16 084 326
广西壮族自治区	948 495	291 217	59 093	155 687
海南省	667 775	663 452	67 514	244 748
重庆市	2 380 911	1 771 530	204 554	1 245 158
四川省	8 993 263	5 226 895	554 742	4 196 433
贵州省	557 129	419 118	37 548	184 980
云南省	321 148	288 221	17 390	175 643
陕西省	588 304	409 181	1 696 295	2 766 214
甘肃省	317 902	244 158	12 712	73 614
青海省	5 561	8 852	330	1 558
宁夏回族自治区	66 350	43 252	19 023	43 574
新疆维吾尔自治区	683 220	587 803	10 073	79 201
二、按副省级城市分列				
大连市	1 226 131	775 259	105 856	1 444 171
宁波市	2 021 599	1 764 414	163 982	981 541
厦门市	8 441 115	11 491 705	1 016	2 023 410

续表

地区	应收账款	应付账款	本年折旧	本年应付职工薪酬
青岛市	1 579 440	1 877 826	70 500	1 373 705
深圳市	17 422 810	16 732 873	4 170 908	7 712 796
沈阳市	610 627	356 294	11 052	859 661
长春市	354 160	241 581	40 743	241 523
哈尔滨市	240 411	158 097	17 997	115 381
南京市	10 889 133	7 866 663	404 116	4 794 123
杭州市	8 318 858	6 085 516	965 921	7 519 921
济南市	6 741 729	4 347 531	863 104	2 986 032
武汉市	7 966 905	5 006 066	580 609	4 025 943
广州市	9 873 834	6 632 913	448 283	6 984 002
成都市	8 528 504	4 729 678	537 258	4 056 002
西安市	588 304	409 181	1 696 295	2 766 214
三、其他省会城市分列				
石家庄市	350 334	253 569	7 812	81 731
太原市	277 274	145 153	8 077	60 407
呼和浩特市	29 662	20 384	2 612	15 446
合肥市	1 667 815	1 158 144	119 685	681 338
福州市	2 596 056	3 716 399	215 903	1 691 881
南昌市	487 850	376 525	22 232	170 175
郑州市	523 094	265 676	193 086	192 706
长沙市	2 230 488	699 920	47 050	463 625
南宁市	446 143	219 579	8 714	96 226
海口市	326 901	435 340	52 275	125 913
贵阳市	495 751	383 589	26 665	161 170
昆明市	320 844	287 911	17 378	175 378
兰州市	246 428	208 617	10 190	55 309
西宁市	5 561	8 852	330	1 558
银川市	56 916	32 098	5 324	27 688
乌鲁木齐市	621 680	551 847	7 934	59 672

表 126　2018 年各省市软件和信息技术服务业主要指标汇总表（7）

单位：人

地区	从业人员年末数	其中		其中		从业人员年平均人数
		软件研发人员	其他软件技术人员	硕士及以上	大专及大本	
软件企业合计	6 445 258	2 737 711	1 051 797	667 520	4 067 530	6 524 469
一、按省市分列						
北京市	851 395	383 239	165 658	124 252	668 467	838 626
天津市	61 969	21 525	7 827	4 684	34 483	60 317
河北省	31 668	8 611	4 578	2 352	23 219	31 372
山西省	8 464	3 558	1 584	478	6 244	8 469
内蒙古自治区	2 909	1 226	772	124	2 189	2 839
辽宁省	231 892	123 289	46 307	28 942	160 309	230 436
吉林省	52 527	28 054	2 328	6 045	34 083	52 054
黑龙江省	11 018	4 985	5 203	957	7 645	10 608
上海市	378 128	180 322	37 209	58 105	215 241	370 136
江苏省	1 011 417	350 170	304 198	67 290	508 060	1 023 204
浙江省	371 256	136 745	52 095	32 857	189 958	362 384
安徽省	65 930	27 125	14 112	6 997	47 097	63 075
福建省	347 211	150 184	39 205	19 530	272 579	337 178
江西省	25 569	6 339	4 374	1 141	18 800	25 734
山东省	607 863	276 414	97 564	70 127	313 759	777 545
河南省	35 611	12 282	6 336	3 294	25 738	35 170
湖北省	465 684	204 974	50 246	62 008	305 933	448 458
湖南省	72 573	23 362	13 853	6 461	40 598	67 539
广东省	987 456	477 505	73 730	94 730	680 374	962 074
广西壮族自治区	22 045	4 064	6 331	382	12 267	22 587
海南省	19 078	4 154	1 425	754	9 394	16 600
重庆市	175 583	80 826	14 307	15 878	106 851	168 740
四川省	338 198	80 454	52 857	31 949	220 980	344 519
贵州省	27 975	5 761	10 362	725	13 922	28 299
云南省	19 133	4 439	6 538	596	14 175	19 583
陕西省	193 286	130 939	23 721	26 085	118 131	188 455
甘肃省	11 769	3 565	2 773	349	6 960	11 935
青海省	455	124	45	11	260	439

续表

地区	从业人员年末数	其中		其中		从业人员年平均人数
		软件研发人员	其他软件技术人员	硕士及以上	大专及大本	
宁夏回族自治区	4 822	1 147	2 303	170	3 219	4 380
新疆维吾尔自治区	12 374	2 329	3 956	247	6 595	11 714
二、按副省级城市分列						
宁波市	93 077	22 846	18 514	2 042	29 305	91 894
厦门市	170 966	72 609	28 670	10 729	158 828	177 197
青岛市	222 947	152 617	62 221	30 046	185 466	234 127
深圳市	394 590	266 651	13 586	56 573	298 980	385 038
沈阳市	110 845	74 623	9 502	22 188	84 593	109 331
长春市	36 929	20 859	1 956	3 928	24 197	36 616
哈尔滨市	10 441	4 713	5 072	910	7 258	10 131
南京市	462 672	172 387	71 462	52 444	218 419	483 476
杭州市	241 531	102 803	26 142	29 797	140 189	234 221
济南市	328 781	108 506	21 540	36 725	101 723	370 073
武汉市	463 139	204 141	49 547	61 949	304 452	446 019
广州市	503 627	175 274	50 638	32 038	316 557	487 808
成都市	328 372	77 634	51 217	30 841	215 427	334 746
西安市	193 286	130 939	23 721	26 085	118 131	188 455
三、其他省会城市分列						
石家庄市	11 239	4 105	2 278	441	8 508	10 914
太原市	7 842	3 306	1 420	448	5 796	7 821
呼和浩特市	2 087	962	442	69	1 611	2 014
合肥市	58 398	23 621	12 858	6 649	42 272	55 690
福州市	138 213	75 739	9 634	8 335	110 224	151 709
南昌市	23 143	5 491	3 795	1 037	17 070	23 183
郑州市	23 620	7 877	5 670	1 466	18 682	23 284
长沙市	57 174	18 590	11 468	3 552	32 787	52 931
南宁市	18 481	2 969	6 031	341	10 851	18 841
海口市	14 781	2 214	1 080	396	6 202	12 268
贵阳市	23 383	4 796	8 154	670	12 752	23 785
昆明市	19 077	4 423	6 498	596	14 137	19 528

续表

地区	从业人员年末数	其中		其中		从业人员年平均人数
		软件研发人员	其他软件技术人员	硕士及以上	大专及大本	
兰州市	9 053	3 222	1 861	279	5 433	8 830
西宁市	455	124	45	11	260	439
银川市	4 218	1 098	2 040	102	2 786	3 866
乌鲁木齐市	10 382	2 146	2 896	198	5 634	9 934

表 127　2018 年各省市软件和信息技术服务业分产品收入汇总表（1）

地区	软件产品行业合计	基础软件	支撑软件	平台软件	应用软件	工业软件	嵌入式应用软件	移动应用软件 (App)	定制软件
合计	173 785 598	25 269 649	2 516 901	9 844 865	96 122 287	9 966 699	16 164 872	8 741 076	5 159 248
北京市	30 650 174	2 482 586	35 940	1 671 364	17 595 035	1 501 919	281 205	4 772 462	2 309 663
天津市	3 740 463	565 487		311 185	1 379 784	69 372	344 861	1 028 402	41 372
河北省	392 005	8 496		8 768	198 205	18 633	125 116	2 067	30 720
山西省	140 868	10 088	93	7 623	106 441	2 353	3 782	6 503	3 983
内蒙古自治区	36 651	440	1 824	271	23 575	12	7 604	180	2 744
辽宁省	6 998 526	2 767 741	370 716	141 440	3 085 549	249 384	341 652	2 191	39 854
吉林省	2 022 633	459 067	35 964	31 587	1 353 236	130 305	128	985	11 361
黑龙江省	190 838	13 354		6 732	112 443	3 425	52 454	173	2 257
上海市	12 126 226	776 496	54 316	2 102 763	7 208 955	359 481	798 584	285 137	540 494
江苏省	21 732 300	2 756 621	561 331	609 266	13 082 854	1 798 552	2 353 352	246 595	323 728
浙江省	12 039 185	3 355 741	22 810	508 516	3 047 745	659 647	3 935 324	328 770	180 631
安徽省	1 925 038	60 339	375	258 601	1 158 588	78 692	269 047	74 007	25 388
福建省	9 752 277	2 112 596	42 218	510 425	5 831 328	476 979	233 018	301 365	244 347
江西省	821 975	56 880	47	15 171	588 702	7 421	97 423	44	56 287
山东省	16 897 184	4 366 036	603 324	602 281	6 734 742	1 945 314	1 436 358	444 586	764 543
河南省	897 031	8 484		22 066	589 747	3 173	240 627	6 257	26 676
湖北省	8 005 682	435 377	324 587	636 577	3 874 125	276 317	2 254 782	84 946	118 969
湖南省	1 797 990	43 574	4 003	750 459	487 752	68 383	286 820	134 652	22 349
广东省	22 820 425	3 085 753	172 459	948 090	14 064 452	1 299 899	2 168 943	914 278	166 551
广西壮族自治区	121 029	13 268	6 051	9 168	76 439		6 753	228	9 123
海南省	531 235	105 152	34	24 903	379 039	17 753	635	176	3 542

续表

地区	软件产品行业合计	基础软件	支撑软件	平台软件	应用软件	工业软件	嵌入式应用软件	移动应用软件 (App)	定制软件
重庆市	3 222 232	757 645	112 836	71 345	1 448 905	355 156	380 146	42 317	53 881
四川省	11 402 522	853 460	106 848	453 362	9 126 385	270 923	409 170	45 177	137 197
贵州省	299 588	33 759		66 015	91 032	15 701	74 000	6 059	13 021
云南省	216 782	19 471	46 422	45 298	85 919	3 292	7 301	109	8 969
陕西省	4 660 556	58 525	14 575	6 637	4 204 145	345 053	23 619	573	7 430
甘肃省	192 557	15 712	124	7 040	129 561	6 638	10 202	12 601	10 679
青海省	3 456	3 456							
宁夏回族自治区	63 158	28 296	6	3 965	14 621	583	13 518	234	1 934
新疆维吾尔自治区	85 013	15 750		13 943	42 982	2 336	8 448		1 555

表 128 2018 年各省市软件和信息技术服务业分产品收入汇总表（2）

地区	信息技术服务行业合计	信息技术咨询设计服务	信息系统集成实施服务	运行维护服务	数据服务	云服务	平台运营服务	电子商务平台技术服务	集成电路设计
合计	375 630 760	57 528 880	60 107 272	37 700 312	25 237 188	16 795 643	82 930 298	62 511 266	32 819 901
北京市	62 800 499	4 698 181	10 430 120	1 897 755	5 542 682	2 960 824	30 351 444	5 701 839	1 217 654
天津市	12 355 652	374 650	872 164	262 944	253 413	1 237 272	6 082 736	3 200 444	72 030
河北省	2 176 541	67 860	1 782 512	143 856	116 831	19 741	42 597	2 430	713
山西省	120 871	13 805	38 753	36 308	7 426	13 346	5 110	190	5 933
内蒙古自治区	70 501	938	32 597	34 215	531	20	2 200		
辽宁省	6 439 155	3 886 876	1 451 277	53 151	526 287	358 696	115 568	18 549	28 749
吉林省	3 411 101	806 459	1 752 505		330 435	12 837	499 793	6 235	2 836
黑龙江省	161 818	6 510	95 494	28 615	12 029	12 080	3 266	3 825	
上海市	36 106 661	4 043 751	6 134 429	2 573 107	2 757 434	720 589	11 921 911	4 975 488	2 979 953
江苏省	53 442 385	14 467 955	6 884 060	3 512 470	1 093 059	475 695	4 659 196	7 488 642	14 861 307
浙江省	36 900 871	2 967 478	2 206 218	2 657 808	3 082 446	1 289 175	1 611 706	22 846 402	239 637
安徽省	1 816 223	235 967	499 287	376 716	314 912	16 710	282 362	37 229	53 039
福建省	15 170 855	502 842	3 925 829	839 676	2 442 818	3 468 934	2 347 214	1 079 277	564 266
江西省	670 849	165 468	308 520	85 087	31 089	28 466	28 382	19 009	4 828
山东省	21 152 555	5 026 453	2 941 288	3 850 398	1 802 270	2 679 974	2 154 454	2 148 290	549 428

续表

地区	信息技术服务行业合计	信息技术咨询设计服务	信息系统集成实施服务	运行维护服务	数据服务	云服务	平台运营服务	电子商务平台技术服务	集成电路设计
河南省	2 338 232	338 630	1 359 410	170 107	66 751	7 131	18 415	367 699	10 088
湖北省	9 063 547	2 637 677	2 034 644	1 137 209	816 665	381 747	1 347 831	166 371	541 402
湖南省	1 917 028	261 591	189 759	126 801	208 971	229 043	149 051	705 618	46 195
广东省	62 255 566	9 841 227	6 554 244	15 154 471	2 995 038	2 186 517	17 367 048	6 624 134	1 532 887
广西壮族自治区	1 341 663	540 268	438 259	222 923	4 561	1 933	122 421	4 233	7 066
海南省	1 997 567	475 860	66 617	125 737	525 761	114 652	463 190	225 750	
重庆市	8 783 399	1 946 008	2 709 545	1 647 398	389 736	172 186	732 536	932 646	253 344
四川省	17 728 544	2 289 128	4 271 595	2 281 861	1 688 958	157 609	1 390 091	4 888 096	761 207
贵州省	1 439 490	124 644	94 750	141 650	37 803	190 358	108 076	727 923	14 287
云南省	668 010	31 606	314 137	126 748	70 701	4 803	15 638	10 846	93 531
陕西省	14 208 275	1 705 959	2 029 114		113 983	17 375	1 080 657	315 959	8 945 229
甘肃省	320 829	3 329	216 492	69 681	512	13 300	2 336	10 385	4 795
青海省	9 684	8 371	1 063	210				40	
宁夏回族自治区	118 836	19 786	17 825	34 887	1 741	17 553	21 608	3 661	1 775
新疆维吾尔自治区	643 553	39 605	454 764	108 524	2 347	7 077	3 458	56	27 722

表 129　2018 年各省市软件和信息技术服务业分产品收入汇总表（3）

地区	信息安全行业合计	信息安全产品	云计算安全产品	工控安全产品	移动安全	安全云服务	安全咨询	安全集成实施服务	安全运维服务	安全培训
合计	11 629 203	6 631 379	149 539	607 398	825 674	103 309	96 982	1 532 703	1 659 101	23 118
北京市	3 516 788	3 216 890	31 301	3 226	30 016	30 233	6 036	171 466	21 762	5 858
天津市	27 755	17 146		1 252	1 546	684	317	3 193	3 553	65
河北省	5 597	4 234						730	633	
山西省	2 323	752	109	821			14	46	581	
内蒙古自治区	311	137	20			43		37	74	
辽宁省	1 497 153	93 239		558	2 169		722	559 016	841 449	
吉林省	129 853	119 296	975				510	8 369	693	10
黑龙江省	73 604	1 484		93	2 555	221		68 247	1 004	
上海市	133 610	81 956	12 798	18 980		486		19 389		

续表

地区	信息安全行业合计	信息安全产品	云计算安全产品	工控安全产品	移动安全	安全云服务	安全咨询	安全集成实施服务	安全运维服务	安全培训
江苏省	1 178 135	599 925	20 028	439 858	14 542	7 268	16 660	6 481	73 373	1
浙江省	433 666	319 427	15 568	1 543	1 675	24 527	120	18 484	51 149	1 173
安徽省	147 560	2 955	574			346	369	137 064	6 250	2
福建省	476 183	269 828						49 926	156 429	
江西省	27 768	6 832		2 800				18 067	69	
山东省	1 485 105	760 195	29 270	126 476	22	108	54 981	253 655	260 135	263
河南省	46 230	20 700	131		4 882		18	2 192	18 307	
湖北省	791 595	24 298	4 912	1 608	733 080	1 431	453	6 219	19 594	
湖南省	22 059	6 255	2 504	2 064		1 419	204	6 420	3 195	
广东省	374 447	333 244			10 000	1 706	156	18 431	10 782	128
广西壮族自治区	17 866	6 827	1 321			65	608	5 589	3 437	18
海南省	3 441	1 014						1 675	752	
重庆市	293 896	137 415	13 376	5 998	13 019	12 708	12 370	47 713	36 140	15 158
四川省	825 449	577 126	16 141	886	7 081	22 024	3 373	85 785	112 747	285
贵州省	8 656	4 858	95					139	3 564	
云南省	22 063	931	400		5 086			11 672	3 975	
陕西省	45 505	17 766						5 340	22 399	
甘肃省	7 748	1 520	16	36	1	40	72	5 009	915	140
宁夏回族自治区	950	364							586	
新疆维吾尔自治区	33 888	4 765		1 200				22 349	5 556	18

电子信息制造业

综　述

【概况】　2018 年，中国电子信息制造业发展呈现总体平稳、稳中有进态势，生产与投资增速在工业各行业中保持领先位置，出口保持平稳增长，在经济社会发展中支撑引领作用进一步增强。

产业整体保持较快增长。据国家统计局数据，2018 年规模以上电子信息制造业工业增加值同比增长 13.1%，快于全部规模以上工业增速 6.9 个百分点。2018 年，中国生产彩色电视机 20 381.5 万台，同比增长 14.6%；生产锂离子电池 139.9 亿只，同比增长 12.9%；生产太阳能电池 9 605.3 万千瓦，同比增长 7.7%；生产集成电路 1 739.5 亿块，同比增长 9.7%；生产半导体分立器件 8 972.6 亿只，同比增长 22.9%；生产电子元件 50 639 亿只，同比增长 12%。

【创新能力】　中国电子信息制造业创新能力建设不断加强。半导体器件方面，中国企业在 3D NAND 闪存芯片研发上取得突破，首次提出重要的新架构和技术路径；国内芯片先进设计能力导入 7 纳米，主流设计水平达到 16/14 纳米；16/14 纳米制造工艺研发取得重要进展。新型显示方面，液晶面板出货面积跃居全球第一，多条 LCD 高世代线点亮投产，京东方科技集团股份有限公司（简称京东方）液晶面板出货量位列全球第一，本土 AMOLED 量产步伐加快。智能手机方面，5G 手机、折叠屏手机相继问世，华为、OPPO、小米、vivo 跻身全球智能手机出货量前六名。5G 方面，技术研发完成第二阶段试验，中频段频谱使用规划率先发布，华为技术有限公司（简称华为）等通信设备企业推出 5G 试商用系统。电子材料方面，以发光材料、化合物半导体为代表的新型电子功能材料发展步伐加速迈进。

【进出口贸易】　2018 年，中国电子信息制造业实现出口交货值 55 468 亿元，同比增长 9.8%，快于全部规模以上工业出口交货值增速 1.3 个百分点。细分领域中，通信设备制造业、雷达及配套设备制造业、电子元件及电子专用材料制造业增长较快，同比分别增长 12.6%、85.0% 和 14.0%。

【固定资产投资】　2018 年，中国电子信息制造业投资维持高速增长，500 万元以上项目完成固定资产投资额同比增长 16.6%，高于制造业整体投资增速 7.1 个百分点。电子器件行业投资增长显著，同比增长 37.8%。电子元件及电子专用材料制造业投资实现较快增长，同比增长

44.9%。整机行业中，计算机制造业投资增长较快，同比增长 7.3%；通信设备制造业保持平稳增长，同比增长 6.8%。在市场驱动和政策带动下，武汉长江存储科技有限责任公司、华虹半导体（无锡）有限公司、京东方武汉 10.5 代 TFT-LCD 产线，合肥晶合集成电路有限公司驱动芯片等一批集成电路、新型显示等领域的重大项目陆续启动并加快实施。

【经济效益】 2018 年，中国电子信息制造业经济效益保持向好势头，规模以上电子信息制造业实现利润 4 781 亿元，同比下降 3.1%。主营业务收入利润率 4.51%，同比下降 0.56 个百分点。截至 2018 年年末，全行业应收账款比上年增加 14.8%，高于同期主营业务收入增速 5.8 个百分点；产成品存货比上年增加 16.7%，高于同期主营业务收入增速 7.7 个百分点。

【电子信息百强企业】 2018 年，中国电子信息制造业骨干企业实力进一步提升。2019 年（第 33 届）中国电子信息百强企业整体主营业务收入 4.3 万亿元，同比增长 22.9%；总资产合计 5.5 万亿元，同比增长 25%；实现利润总额 2 236 亿元，平均利润率 5.2%，高于行业平均水平 0.7 个百分点。本届百强企业中，前三名企业主营业务收入均超过 2 500 亿元；主营业务收入超过 1 000 亿元的企业 12 家，比上届增加 2 家；超过 100 亿元的企业 74 家，比上届增加 8 家。百强企业研发投入合计 2 552 亿元，同比增长 16.3%，与收入增速保持同步；平均研发投入强度 6.0%。2018 年中国发明专利授权量前 10 强企业中，电子信息百强企业占据四席，华为、京东方、联想集团和中兴通讯股份有限公司（简称中兴）分别位列第 1、第 5、第 7 和第 9 位。2018 年专利合作协定（PCT）国际专利申请量企业排名中，华为、中兴和京东方分别以 5 405 件、2 080 件和 1 813 件国际专利占据全球排行榜第 1、第 5 和第 7 位。

【细分行业发展情况】 2018 年，中国计算机行业整体发展平稳，计算机制造业主营业务收入同比增长 8.7%，利润同比增长 4.7%，工业增加值同比增长 9.5%，出口交货值同比增长 9.4%。微型计算机等主要产品生产出现下滑，共生产微型计算机 30 700 万台，同比下降 1%，其中，笔记本计算机产量 17 347 万台，平板计算机产量 8 870 万台。行业总体创新能力继续提升，人工智能、超高清等新技术与计算机行业融合应用加快推进。

2018 年，中国彩电行业保持较快增长，全年生产彩色电视机 20 381.5 万台，比上年增长 14.6%。其中，智能电视 12 905.5 万台，比上年增长 18.7%，占彩电产量 63.3%。根据市场研究机构奥维云网统计，2018 年中国彩电市场销量 4 774.5 万台，同比增长 0.5%；销售额 1 489.9 亿元，同比下降 8.6%；彩电零售均价 3 121 元，同比下降 9%。其中，超高清电视销量 3 188.9 万台，同比增长 11.6%，占国内电视销量 66.8%。彩电大尺寸化加速，电视零售面积 3 370 万平方米，同比增长 6.8%；55 英寸及以上电视销量 2 355.9 万台，同比增长 24.9%，占国内电视销量 49.3%。中国彩电行业关键部件配套能力不断提升，人工智能、超高清电视成为中国市场消费热点，OLED 电视产业布局逐渐成熟。

在内需市场和投资带动下，中国集成电路产业继续保持快速发展态势，2018 年全行业实现销售收入 6 532 亿元，同比增长 20.7%；集成电路产量 1 739.5 亿块，同比增长 11.2%。其中，集成电路设计业全年销售额 2 519.3 亿元，同比增长 21.5%；在集成电路设计业快速发展带动下，芯片制造业销售收入达到 1 818.2 亿元，同比增长 25.6%；集成电路封装测试业继续保持快速增长，实现销售额 2 193.9 亿元，同比增长 16.1%。技术水平持续提升，在微处理器（CPU）、智能终端芯片、智能电视芯片和人工智能（AI）等领域均取得明显进步，其中，深圳市海思半导体有限公司表现突出，采用台积电第一代 7 纳米工艺，设计推出麒麟 980 应用处理器芯片。伴随中国封装技术的发展，先进封装技术应用比例不断提高，整体约 33% 的产值来自先进封装，对于龙头企业，先进封装技术为企业贡献产值比例超过 50%。国际合作进一步推进，2018 年 3 月，三星（中国）半导体有限公司存储芯片西安二期项目正式开工，扩建工作 2019 年结束；2018 年 7 月，SK 海力士半导体（中国）有限公司无锡二期项目正式开工，2019 年竣工。

2018 年，受国内政策调整影响，中国光伏市场出现下滑，市场竞争加剧，主要光伏产品产值 3 420 亿元。产业链各环节产能、产量全球占比均在 50% 以上。2018 年多晶硅产量 25.9 万吨，同比增长 7%；硅片产量 107.1GW，同比增长 16.8%；电池片产量 85GW，同比增长 18.1%；光伏组件产量 84.3GW，同比增长 12.4%。

应用市场增速放缓，新增装机容量 44.26GW，同比下降 16.6%，全球占比约 40%，仍为全球第一大光伏市场，累计装机量超过 170GW。技术和工艺水平不断提升，多晶硅生产平均综合电耗已降至 71kW · h/kg，骨干企业能耗降至 63kW · h/kg，多晶硅生产全成本最高已降至 41.4 元 /kg。金刚线切割技术的普及提升硅材料利用率，单晶、多晶电池技术持续演进，单晶、多晶电池量产平均转换效率分别达到 21.8% 和 19.2%。高效组件技术如半片、叠瓦、大硅片等实现规模化应用。

【存在问题】 外部发展形势复杂多变，经贸摩擦影响产业发展。从外部环境看，世界范围内逆全球化趋势和贸易投资保护主义加强，部分国家针对中国的贸易投资壁垒大为提高，遏制打压有长期化、常态化趋势。由于电子信息行业产业链较长，经贸摩擦对其中某一环节的直接影响会迅速传导至产业链其他环节。经贸关系对中国电子信息产业经济运行、产业转型升级等都将造成不确定性影响。

关键核心技术受制于人，产业创新能力仍待加强。存储器、传感器、5G 高频器件等关键元器件和核心技术领域仍然存在“短板”，模数转换器、存储芯片、设计工具以及关键装备和材料等高度依赖进口。中国电子信息产业技术创新能力距离国际先进水平还有较大差距，产业技术创新不足严重制约产业价值链迈向高端。

新兴市场发展支撑不足，行业管理和服务手段缺乏。超高清视频、虚拟现实等新兴领域相关政策的发布为产业发展带来新机遇，但发展支撑尚显不足。例如，发展超高清视频产业战略意义重大，但是缺乏专项资金支持，现有支持资源较为分散，协调难度较大，没有形成支持合力；智慧健康养老应用试点示范和产品及推广服务目录制定工作开展以来，社会反响较好，但缺乏相应的激励机制，实施效果和带动效应未得到充分发挥。

[撰稿：王茜　刘璇　审稿：乔跃山]

通信设备行业

【概况】 2018 年，中国通信设备行业发展呈现总体平稳、稳中有进态势，生产和出口增速均优于电子信息制造业整体水平，有力支撑国民经济和社会发展。同时，中国通信设备行业发展基础和质量不断提升，自主创新能力显著增强，技术突破向纵深发展，重点产品研发迭代步伐加快，为构建现代化、高质量的通信设备产业体系，推动产业向全球产业链价值中高端迈进提供有力保障。

2018 年，中国通信设备行业生产运行良好。行业稳步发展，产业增加值同比增长 13.8%，主营业务收入同比增长 9.6%，分别高于电子信息制造业整体增速 0.7 个和 0.6 个百分点。主要产品中，生产手机 18 亿部，产量同比下降 4.1%，其中智能手机同比下降 0.6%；生产程控交换机 1 006 万线，产量同比增长 7.3%；全国净增移动通信基站 29 万个，总数达 648 万个，其中 4G 基站净增 43.9 万个，总数达到 372 万个。

2018 年，中国通信设备业出口保持较快增长，出口交货值同比增长 12.6%，高于电子信息制造业整体增速 2.8 个百分点。其中出口手机 11.2 亿部，同比下降 7.6%，但受益于需求高端化带动的出口平均单价持续提升，出口额达到 1 406 亿美元，同比增长 11.6%。重点进口产品中，进口电话机 421 万台，进口额 3.1 亿美元，同比分别下降 29.7% 和 59.7%。

5G 规模商用进入倒计时。2018 年，中国顺利完成第三阶段 NSA(非独立组网)测试，SA（独立组网）系统测试进程过半。三大运营商相继获得试验频谱资源并选定城市开展 5G 商用试点，规模商用进入最后准备阶段。

2018 年，国内手机出货集中度持续提升。国内手机市场出货量 4.14 亿部，同比下降 15.6%；其中 4G 手机出货量 3.91 亿部，市场占比 94.5%，3G 手机被 4G 手机完全替代，出货量占比不足 0.1%。手机市场集中度持续提升，国内前五大厂商合计份额达到 84%，较 2017 年提高 13 个百分点，二、三线手机品牌面临更为严峻的生存压力。

【科技进步与应用】 5G 终端和基站设备研发制造加快进行。以华为技术有限公司（简称华为）、OPPO 广东移动通信有限公司、维沃移动通信有限公司（vivo）、小米科技有限责任公司、中兴通讯股份有限公司（简称中兴）等为代表的国内移动通信设备厂商，稳步推动 5G 手机技术验证、原型样机制作和测试工作，2019 年具备商用手机终端批量供货能力。华为在 WMC2018 发布全球首款基于 3GPP 标准的 5G 商用用户终端 CPE。基站设备方面，华为、中兴、大唐电信科技产业控股有限公司等企业具备 5G 基站设计及制造能力，开始对运营商供货，其中华为 2018 年向全球客户提供 1 万多套 5G 基站，基站发货量全球领先；中兴连续发布新一代 5G 高低频 AAU、业界容量最大 NG BBU、业界首个 4G/5G 双模 RRU 等系列基站产品，核心 Massive MIMO 基站累计发货近万台。

5G 第三阶段测试稳步推进。在 IMT-2020（5G）推进组统筹下，电信运营商、通信设备制造企业、芯片 / 仪表企业以及科研机构通力合作，稳步推进第三阶段测试任务，2018 年 9 月顺利完成 NSA（非独立组网）测试，2019 年 1 月完成 SA（独立组网）测试。此次验证重点面向 5G 商用前的产品研发、验证和产业协同，开展商用前的设备单站、组网、互操作，以及系统、芯片、仪表等产业链上下游的互联互通测试，全面助推产业链主要环节基本达到商用水平。从测试指标完成度看，国内企业表现普遍优于国外企业，主要功能符合预期，为加速实现规模商用提供有力支撑。

基础材料和核心芯片取得突破。2018 年，中国企业全面提升 5G 相关材料、芯片、器件自主研发能力。基础材料领域，山东天岳晶体材料有限公司碳化硅材料项目正式在浏阳高新区开工建设，建成后将成为国内最大的宽禁带半导体碳化硅材料及成套工艺生产线。核心芯片方面，紫光集团成功量产 32 层 3D NAND Flash 芯片，各项指标达到预期要求。华为在 WMC2018 发布全球首款基于 3GPP 标准的 5G 商用芯片巴龙 5G01，支持 5G 高低频段，理论可实现最高 2.3Gbps 下载速率。中国科学院自动化研究所成功研制具有自主知识产权的 5G 通信芯片内核（UCP），具有 2.5Gbps 的 LDPC（5G 标准采用的数据信道编码技术）译码和 50Gbps 的 LDPC 编码能力。

光通信领域取得长足进步。中国企业、研究院所在硅基光子集成技术和产品研发方面不断取得突破。由国家信息光电子创新中心、光迅科技公司、光纤通信技术和网络国家重点实验室、中国信息通信科技集团联合研制的“100G 硅光收发芯片”正式投产使用，实现 100G/200G 全集成硅基相干光收发集成芯片和器件量产。海信集团有限公司发布高性能、低功耗第二代 SFP28 LR 工业级光模块产品，支持 10Gbps ~ 25.78Gbps 的 CPRI 协议多速率传输，传输距离 10km，可将典型最大功耗降至 0.8W，为业内最低功耗的 5G 无线工业级光模块。中国电信集团有限公司率先在 5G 试验外场应用创新的 N×25Gbps WDM-PON（波分复用无源光网络）技术方案，成功实现 5G DU（基站控制器分布式单元）和 AAU（基站有源天线单元）之间前传链路的承载，是中国业界首次将高速 WDM-PON 应用于 5G 现网。

物联网产业发展取得阶段性进展。国内 NB-IoT 基站已超过 100 万个，开始从广覆盖走向深度覆盖。国内三大运营商物联网连接数实现飞速增长，截至 2018 年年末，物联网连接用户数突破 7.6 亿。生产企业研发能力持续增强，运营商大额补贴促使 NB-IoT 模组价格进一步接近规模商用边界，价格处于 20 ~ 35 元之间。广域通信模组尤其是蜂窝物联网模组规模化效应明显，芯讯通无线科技（上海）有限公司位列全球蜂窝物联网模组出货量前列。物联网平台企业在强化自身功能的同时，重点加强对边缘计算、AI 等能力以及对工业、汽车、家居等垂直行业的支持，如阿里云 IoT Link 平台、华为 OceanConnect 平台不断联合行业合作伙伴持续孵化多样化解决方案。

【政策与法规】 2018 年 4 月，《国家发展改革委员会、财政部关于降低部分无线电频率占用费标准等有关问题的通知》印发，有力推动“提速降费”落地实施。文件规定 5G 公众移动通信系统频率占用费标准实行“头三年减免，后三年逐步到位”的优惠政策，即自 5G 频率使用许可证发放之日起，第一年至第三年（按照财务年度计算）免收频率占用费，第四年至第六年分别按照国家收费标准的25%、50%、75%收取频率占用费，第七年及以后按照国家收费标准收取。此外，文件明确指出降低3 000兆赫以上公众移动通信系统的频率占用费标准。在全国范围内用于5G的频段，即3 000–4 000兆赫频段由800万元 / 兆赫 / 年降为500万元 / 兆赫 / 年，4 000–6 000兆赫频段由800万元 / 兆赫 / 年降为300万元 / 兆赫 / 年，6 000兆赫以上频段由800万元 / 兆赫 / 年降为50万元 / 兆赫 / 年。

2018年5月15日，国家无线电办公室下发《关于开展3 400–4 200MHz和4 500–5 000MHz频段卫星地球站等无线电台（站）清理核查工作的通知》，为科学设置5G基站，妥善解决与相同或相邻频段卫星地球站等无线电台（站）之间的协调和兼容问题创造有利条件，将加快5G商用部署。

2018年12月10日，工业和信息化部向中国电信、中国移动、中国联通发放5G系统中低频段试验频率使用许可。其中，中国电信和中国联通获得3 500MHz频段试验频率使用许可，中国移动获得2 600MHz和4 900MHz频段试验频率使用许可。5G系统试验频率使用许可的发放，有力地保障各基础电信运营企业开展5G系统试验所必须使用的频率资源，将进一步推动中国5G产业链的成熟与发展。

【市场分析与预测】 5G商用将拉动万亿规模市场。5G极大提升通信服务体验，并带动虚拟现实、超高清视频、个人AI辅助等一大批新兴技术产品落地，智能手机将是5G商用初期的主要终端类型，成为市场新蓝海。根据中国信息通信研究院预测，2020—2025年间，5G商用将直接带动中国信息消费8.2万亿元，其中智能手机等终端产品的升级换代将释放4.3万亿信息消费空间。此外，在5G商用初期，电信运营商将加快网络设备部署和升级改造，预计2020年投资规模达到2 200亿元，随着网络部署持续完善，相关投资自2024年起开始回落，5G商用中后期垂直行业用户将替代运营商成为网络设备支出主要力量。

【存在问题】 高端核心技术和产品缺失，制约中国通信设备产业发展壮大。近年来，中国通信终端和整机产品的发展带动上游芯片设计、制造和封测水平的提升，但相对于美欧日等国家和地区而言，中国核心技术发展起步晚，在功放、AD/DA、高速光器件等领域与国外仍有较大差距，诸多关键芯片和器件被国外企业主导或垄断，高端产品研发和商用化进程缓慢。

国际竞合关系日益复杂，产业发展面临外部环境压力。全球通信设备产业进入重大调整变革期，以华为、中兴等为代表的中国通信企业快速崛起，逐步建立起竞争优势。西方国家通过加征关税、技术转让限制、长臂管辖等手段加大对中国企业的制裁和封锁，外部环境的持续加压使得企业对5G的投资及产品培育更加谨慎，这对中国通信产业进一步高质量发展提出严峻挑战。

[撰稿：王昊　审稿：任爱光]

广播电视设备行业

【概况】 2018年，广播电视设备行业以改革为动力，以发展为目标，坚持稳中求进、守正创新，聚焦行业发展重点和热点，加强优质产品供给，提高传输覆盖能力，助力公共服务提质增效，促进事业产业协同发展，推动行业向高质量发展目标迈进，总体情况保持稳中求进态势。

根据国家有关规定，广播电视设备行业多数产品需要取得入网许可证、生产许可证等。国家广播电视总局2018年12月31日广播电视设备器材入网认定年检情况公告显示，自2016年1月1日起，三年内取得“入网认定证书”的企业及设备情况如下：广播电视节目制作和播出设备器材企业49家，设备型号131个；广播电视业务集成与支撑设备器材企业 16 家，设备型号 18 个；有线电视传输与覆盖设备器材企业 435 家，设备型号 2 969 个；无线传输与覆盖设备器材企业 100 家，设备型号 764 个；卫星电视广播传输与覆盖设备器材企业 84 家，设备型号 255 个；广播电视监测、安全运行与维护设备器材企业 8 家，设备型号 60 个；广播影视系统专用电源设备器材企业 57 家，设备型号 97 个。

【主要经济指标】 据中国广播电视设备工业协会统计，全部产品现价工业总产值 410.1 亿元，比上年增长 6.2%，其中本行业产品现价工业总产值 218.9 亿元，比上年增长 11.7%；全部产品工业增加值比上年增长 1.6%，其中本行业产品工业增加值比上年增长 3.6%；全部产品销售收入 409.3 亿元，比上年增长 3.6 %，其中本行业产品销售收入 204.1 亿元，比上年增长 6.4 %；税金总额 9.4 亿元，比上年减少 9.8%；利润总额 11.8 亿元，比上年减少 3.9 %；固定资产净值平均余额 46.3 亿元，比上年减少 4.2%。

本行业年末产成品存货约 455.7 万部（台、件），比上年增长 51.9%，其中卫星广播电视地面接收设备（包括卫星接收机顶盒以及分别销售的天线、高频头等，下同）年末产成品存货 447.8 万台（件），舞台灯光、音视频节目制作和播控设备年末产成品存货 7 045 部，广播发射机（含短波、中波和调频）年末产成品存货 223 部，电视发射机年末产成品存货 175 部，广播电视配套产品及微波传输类设备年末产成品存货 7.1 万部。

【企事业单位】 据中国广播电视设备工业协会统计，截至 2018 年年底，中国广播电视设备工业协会有会员单位 191 家，其中研究机构 5 家、研制生产企业 186 家。会员单位中，主要从事有线电视设备与工程的 56 家；主要从事无线发射与传输设备与系统研制生产的 46 家；主要从事广播电视配套设备研制生产的 38 家；主要从事灯光、节目制作和播控设备研制生产的 31 家；主要从事卫星广播电视地面接收设备研制生产的 20 家。

按经济类型划分，股份制经济 76 家，股份合作制经济 41 家，国有经济 26 家，外商及中国港、澳、台投资经济 22 家，集体经济 14 家，其他经济 12 家。

【从业人员】 截至 2018 年年底，191 家会员单位全部在册从业人员 97 055 人，其中技术人员 28 016 人，占从业人员总数 28.9%。

【生产与销售】 据中国广播电视设备工业协会统计，在本行业产品中，2018 年各类产品的生产量、销售量、销售收入及产成品存货情况如下：

广播发射机（含短波、中波和调频）生产量 8 084 部，比上年增加 12.7%；销售量 7 812 部，比上年增加 15.1%；销售收入 1.9 亿元，比上年增加 14.1%；年末产成品存货 223 部，比上年减少 31%。

电视发射机生产量 2 622 部，比上年下降 15.9%；销售量 2 656 部，比上年下降 14.2%；销售收入 1.8 亿元，比上年下降 28.4%；年末产成品存货 175 部，比上年减少 29.4%。

微波传输设备生产量 102 部，比上年下降 66.3%；销售量 109 部，比上年下降 63.1%；销售收入 988 万元，比上年下降 93.9%；年末产成品存货 4 部，比上年减少 63.6%。

有线电视及网络工程销售收入 92.5 亿元，比上年增加 889.3%。

应用电视设备销售收入 6 325 万元，与上年持平。

卫星广播电视地面接收设备生产量 5 321 万台（件），比上年增加 23.1%；销售量 5 284 万台（件），比上年增加 23.5%；销售收入 93.1 亿元，比上年增加 17.3%；年末产成品存货 447.8 万台（件），比上年增加 50%。

灯光、节目制作和播控设备生产量 43 669 部，比上年下降 9.2%；销售量 44 078 部，比上年下降 11%；销售收入 13.6 亿元，比上年下降 32.3%；年末产成品存货 7 045 部，比上年减少 49.3%。

广播电视配套设备生产量 2 835 824 部，比上年增长 3 901.4%；销售量 2 764 480 部，比上年增长 3 819.3%；销售收入 79 012 万元，比上年增加 26.1%；年末产成品存货 71 298 部，比上年增加 9 913%。

【科技进步与应用】 在 2018 广播电视科技创新奖评审中，新奥特（北京）视频技术有限公司“VSE xMotion 8K 视频制作回放系统”等 10 家企业的 10 个项目获得 2018 广播电视科技创新优秀奖；广州波视信息科技股份有限公司等 10 家企业获得 2018 广播电视科技创新企业奖；8 人获得 2018 广播电视科技创新优秀个人奖。

【进出口贸易】 据中国广播电视设备工业协会统计，2018 年全部产品出口交货值 52.4 亿元，比上年下降 3.8%，其中本行业产品出口交货值 28.7 亿元，比上年下降 7.2%。

【政策与法规】 为保障广播电视播出与网络安全，维护广播电视用户合法权益，规范广播电视设备器材入网认定管理，2018 年 7 月 16 日，国家广播电视总局制定并发布《广播电视设备器材入网认定管理办法》。对拟进入广播电视播出机构、广播电视传输覆盖网和监测监管网的有关设备器材实行入网认定，由国务院广播电视主管部门颁发广播电视设备器材入网认定证书。未获得入网认定证书的，不得在广播电视播出机构、广播电视传输覆盖网和监测监管网使用。本办法自 2018 年 8 月 20 日起施行。

为贯彻落实党中央、国务院关于减证便民、优化服务的部署，按照《国务院办公厅关于做好证明事项清理工作的通知》（国办发〔2018〕47 号）要求，国家广播电视总局对现行有效的广播电视规章和规范性文件设定的证明事项材料进行全面清理。2018 年 10 月 31 日，《国家广播电视总局关于取消部分规章和规范性文件设定的证明事项材料的决定》发布，决定取消部门规章设定的《广播电视站审批管理暂行规定》（国家广播电影电视总局令第 32 号）第五条第二款第三项规定的“设备的相关证明文件”等 17 项证明事项材料。

【市场分析】 广播电视设备市场包括几个重要领域：有线电视设备与工程，机顶盒，地面无线广播电视发射设备，灯光、节目制作和播控设备。

有线电视设备与工程 2018 年全国有线广播电视覆盖用户 3.46 亿户，比上年增加约 1 000 万户。其中，数字电视覆盖用户 3.23 亿户，双向电视覆盖用户 2.08 亿户，比上年分别增长 6.25% 和 11.83%。

2018 年全国有线广播电视实际用户 2.18 亿户，与上年基本持平。其中，全国有线数字电视实际用户 2.01 亿户，比上年增加约 700 万户，同比增长 3.61%；数字电视实际用户占有线电视实际用户 92.20%，比上年提高 1.55 个百分点，有线电视数字化率进一步提升。

有线电视网络高清化、智能化发展态势良好。2018 年全国高清有线电视用户 9 257 万户，比上年增加 1 886 万户，同比增长 25.59%；有线电视智能终端用户 1 884 万户，比上年增加 1 183 万户，同比增长 168.76%，智能终端普及提速。

广电宽带用户增速放缓，2018 年下半年新增用户不足 40 万户。有线运营商双向网络建设深化，网络资源利用率进一步提升。

机顶盒 2018 年中国机顶盒市场发展受三大电信运营商不断加快视频业务的推进力度影响，重点加强 4K 领域部署，促使机顶盒加速升级更迭，市场继续保持稳定快速发展趋势，电信运营商市场成为机顶盒厂家角逐的战场，市场竞争激烈，格局不断变化。

格兰研究数据显示，2018 年交互式网络电视（IPTV）、互联网电视（OTT TV）机顶盒出货量 9 476.1 万台，比上年增长 22.7%。

据中国广播电视网络公司 2018 年行业统计公报显示，2018 年全国 IPTV 用户 1.54 亿户，OTT 用户 4.20 亿户，直播卫星用户 1.38 亿户，比上年分别增长 28.3%、281.8%、6.98%。

地面无线广播电视发射设备 据中国广播电视设备工业协会统计，2018 年地面无线广播电视发射设备销售额（包括配套设备和微波设备）11.7 亿元，比上年下降 3.1%。在 2014—2016 年连续三年较大幅度增长之后，地面无线广播发射设备需求从 2017 年开始有所减缓，2018 年下降幅度有所收窄。

根据国家广播电视总局行业统计公报，截至 2018 年年底，全国广播综合人口覆盖率 98.94%，电视综合人口覆盖率 99.25%，比上年分别提高 0.23 和 0.18 个百分点。

随着中央广播电视无线数字化覆盖工程的推进，全国广播电视无线覆盖率稳步提升。2018 年全国广播节目无线覆盖率 97.85%，比上年提高 0.37 个百分点；全国电视节目无线覆盖率 97.46%，比上年提高 0.47 个百分点。

灯光、节目制作和播控设备 据中国广播电视设备工业协会统计，灯光、节目制作和播控设备销售收入在连续两年高速增长后，2018 年出现负增长。但随着产业的发展，业内企业以市场为导向，以用户需求为技术研发方向，以品质稳定为服务宗旨，在产品开发、技术提

升等方面做出很大努力。2018 年，广播电视设备行业继续实现战略转型，推动超高清节目制作、传输、存储、播出等全产业链设备创新发展。

【统计数据】

表 1　2016—2018 年广播电视设备行业主要经济指标完成情况

项目名称	单位	2016 年	2017 年	2018 年	2018 年增长率（%）
工业总产值	万元	3 450 285	3 863 536	4 101 321	6.2
其中：本行业工业总产值	万元	1 613 637	1 959 879	2 188 701	11.7
工业增加值					1.6
其中：本行业工业增加值					3.6
销售收入	万元	3 463 682	3 952 547	4 093 443	3.6
其中：本行业销售收入	万元	1 569 027	1 918 450	2 041 418	6.4
利润总额	万元	178 806	122 973	118 185	–3.9
税金总额	万元	82 493	104 114	93 879	–9.8
出口交货值	万元	577 262	545 178	524 219	–3.8
其中：本行业出口交货值	万元	267 474	309 358	287 048	–7.2
产成品存货（卫星接收 + 有线电视）	部（台、件）	1 393 515	2 986 436	4 477 933	49.9
固定资产净值平均余额	万元	425 353	483 532	463 398	–4.2

表 2　2018 年广播电视设备行业企业规模及从业人员情况

类别	企事业单位数量（家）	其中		年末从业人员数（人）	其中
		研究机构（家）	企业（家）		技术人员（人）
合计	191	5	186	97 055	28 016
按专业分类					
有线电视设备与工程	56	3	53		
无线发射与传输设备与系统	46	1	45		
灯光、节目制作和播控设备	31		31		
卫星广播电视地面接收设备	20		20		
广播电视配套设备	38	1	37		
按经济类型分类					
国有经济	26	5	21		
集体经济	14		14		

续表

类别	企事业单位数量（家）	其中		年末从业人员数（人）	其中
		研究机构（家）	企业（家）		技术人员（人）
股份合作经济	41		41		
股份制经济	76		76		
外商及中国港、澳、台投资经济	22		22		
其他经济	12		12		

表 3　2016—2018 年广播电视设备行业主要产品产量情况

产品名称	单位	2016 年		2017 年		2018 年	
		产量	增长率 (%)	产量	增长率 (%)	产量	增长率 (%)
中波广播发射机	部	416	3.5	340	-18.3	217	-36.2
短波广播发射机	部	3	-98.0	1	-66.7	68	6 700.0
调频广播发射机	部	4 937	-24.9	6 833	38.4	7799	14.1
VHF 1kW 以上电视发射机	部	287	-14.3	261	-9.1	172	-34.1
UHF 1kW 以上电视发射机	部	1 478	51.7	1 138	-23.0	618	-45.7
VHF 1kW 以下电视发射机	部	208	-83.9	486	133.7	761	56.6
UHF 1kW 以下电视发射机	部	1 687	103.3	1 232	-27.0	1071	-13.1
微波传输设备	部	560	-82.7	303	-45.9	102	-66.3
卫星广播电视地面接收设备	万台（件）	2 072	-15.7	4 324	108.7	5 321	23.1
灯光、节目制作和播控设备	部	58 687	-8.5	48 070	-18.1	43 669	-9.2
广播电视配套设备	部	61 195	-43.0	70 871	15.8	2 835 824	3 901.4

表 4　2016—2018 年广播电视设备行业主要产品销量情况

产品名称	单位	2016 年		2017 年		2018 年	
		销量	增长率（%）	销量	增长率（%）	销量	增长率（%）
中波广播发射机	部	384	-7.2	250	-34.9	197	-21.2
短波广播发射机	部	541	289.2	120	-77.8	139	15.8
调频广播发射机	部	4 720	-27.9	6 415	35.9	7 476	16.5
VHF 1kW 以上电视发射机	部	299	-11.5	257	-14.0	169	-34.2
UHF 1kW 以上电视发射机	部	1 303	35.4	1 108	-15.0	608	-45.1
VHF 1kW 以下电视发射机	部	200	-84.3	470	135.0	759	61.5
UHF 1kW 以下电视发射机	部	1 663	91.4	1 259	-24.3	1 120	-11.0
微波传输设备	部	612	-80.7	295	-51.8	109	-63.1

续表

产品名称	单位	2016 年		2017 年		2018 年	
		销量	增长率（%）	销量	增长率（%）	销量	增长率（%）
卫星广播电视地面接收设备	万台（件）	3 495	98.6	4 277	22.4	5 284	23.5
灯光、节目制作和播控设备	部	56 946	-17.9	49 499	-13.1	44 078	-11.0
广播电视配套设备	部	61 307	-49.6	70 535	15.1	2 764 480	3 819.3

表 5　2016—2018 年广播电视设备行业主要产品销售收入情况

产品名称	单位	2016 年		2017 年		2018 年	
		销售收入	增长率 (%)	销售收入	增长率 (%)	销售收入	增长率 (%)
中波广播发射机	万元	3 129	13.8	1 881	-39.9	1 688	-10.3
短波广播发射机	万元	3 550	-27.1	1 375	-61.3	2 446	77.9
调频广播发射机	万元	15 299	-23.5	13 220	-13.6	14 660	10.9
VHF 1kW 以上电视发射机	万元	3 884	-9.6	3 510	-9.6	2 432	-30.7
UHF 1kW 以上电视发射机	万元	22 231	36.4	14 650	-34.1	8 679	-40.8
VHF 1kW 以下电视发射机	万元	605	-82.1	1 189	96.5	1 542	29.7
UHF 1kW 以下电视发射机	万元	7 869	-20.0	6 253	-20.5	5 689	-9.0
微波传输设备	万元	18 029	-17.1	16 218	-10.0	988	-93.9
有线电视及网络工程	万元	682 593	20.4	93 470	-86.3	924 659	889.3
应用电视设备	万元	5 875	7.3	6 325	7.7	6 325	0
卫星广播电视地面接收设备	万元	128 526	-9.2	793 507	517.4	931 041	17.3%
灯光、节目制作和播控设备	万元	152 198	34.2	200 885	32.0	135 932	-32.3%
广播电视配套设备	万元	83 435	43.4	62 667	-24.9	79 012	26.1%

表 6　2018 广播电视科技创新奖获奖名单

2018 广播电视科技创新优秀奖

企业名称	项目名称
新奥特（北京）视频技术有限公司	VSE xMotion 8K 视频制作回放系统
华创高科（北京）技术有限公司	UHR-4980 4K 超高清易盘卡录像机
北京市博汇科技股份有限公司	嵌入式 4K 多画面监测系统
广州波视信息科技股份有限公司	BD30AV-UHD 8K/4K 超高清固态延时器
成都凯腾四方数字广播电视设备有限公司	智能捷变频自适应数字发射机
苏州福川科技有限公司	DB3000 超融合矩阵

续表

企业名称	项目名称
北京北广科技股份有限公司	调频频段数字音频广播激励器
北京中天鸿大科技有限公司	新型短波扇锥天线
洛阳瑞光影视光电技术有限公司	BM-100 DSI 信号发生器
成都索贝数码科技股份有限公司	Air DH3 高清全自动频道播出系统

2018 广播电视科技创新企业奖

企业名称	企业名称
广州波视信息科技股份有限公司	北京中科大洋信息技术有限公司
成都索贝数码科技股份有限公司	浙江国兆科技有限公司
北京航天广通科技有限公司	广东华晨影视舞台专业工程有限公司
成都德芯数字科技股份有限公司	成都凯腾四方数字广播电视设备有限公司
华创高科（北京）技术有限公司	沈阳广合科技有限公司

注：表 1 ～表 6 数据来源于中国广播电视设备工业协会，表 1 中本行业指广播电视设备行业，表 2 ～表 5 中卫星广播电视地面接收设备含卫星接收机顶盒以及分别销售的高频头、天线等，表 3 ～表 5 中电视发射机包括数字电视发射机和模拟电视发射机。

［撰稿：栾鹤峰　审稿：吕新杰］

视听电子行业

【概况】 2018 年，中国家用视听行业实现快速发展。彩电产量、国内市场销量、出口量均实现同比增长。家用视听行业持续转型升级，彩电核心关键部件配套能力持续提升，人工智能和超高清视频给彩电、音响和机顶盒行业带来新的发展契机，视听行业细分领域技术产品升级换代步伐加快。

【生产与销售】 根据国家统计局数据，2018 年中国生产彩色电视机 20 381.5 万台，同比增长 14.6%。根据海关总署数据，2018 年中国出口彩电 9 688 万台，同比增长 18.9%；出口额 149.3 亿美元，同比增长 7.7%。其中，出口液晶电视 9 580 万台，同比增长 19.4%；出口额 147.0 亿美元，同比增长 7.3%。根据市场研究机构奥维云网统计，2018 年中国彩电市场销量 4 774.5 万台，同比增长 0.5%；销售额 1 489.9 亿元，同比下降 8.6%；彩电零售均价 3 121 元，同比下降 9%。其中，超高清电视销量 3 188.9 万台，同比增长 11.6%，约占国内电视销量 66.8%。彩电大尺寸化加速，电视零售面积 3 370 万平方米，同比上升 6.8%；55 英寸及以上电视销量 2 355.9 万台，同比增长 24.9%，约占国内电视销量 49.3%。

2018 年，三大电信运营商加快布局视频业务，国内 IPTV 机顶盒、互联网智能机顶盒市场快速增长。根据市场研究机构格兰研究统计，2018 年国产机顶盒出货量 29 420 万台，比上年增长 3.2%，其中有线机顶盒占 11.3%、地面机顶盒占 11.8%、卫星机顶盒占 33.3%、IPTV 机顶盒占 20.8%，其他类型机顶盒（以互联网智能机顶盒为主）出货量占 22.8%。内销机顶盒以 IPTV 机顶盒、互联网智能机顶盒为主；出口机顶盒以地面机顶盒和卫星机顶盒、互联网智能机顶盒为主。根据格兰研究统计，随着终端智能化发展，2018 年有线智能机顶盒领域发展态势良好，中国市场新增出货量 1 931.3 万台，有线机顶盒市场保有量超过 3.1 亿台，有线高清机顶盒保有量 1.06 亿台；卫星机顶盒新增出货量 985.1 万台，市场保有量超过 1.3 亿台；IPTV 机顶盒继续保持快速增长，全年新增超过 4 800 万台，市场保有量超过 1.77 亿台。

根据中国电子音响行业协会统计，2018 年中国电子音响行业总产值 3 358.53 亿元，同比增长 8.2%；其中，音箱全年产值 676.73 亿元，同比增长 10.52%。根据奥维云网数据，2018 年中国智能音响市场高速增长，智能音箱市场零售量 1 625 万台，同比增长 823%，零售额 36.5 亿元，同比增长 645%。根据海关总署数据，2018 年中国单喇叭音箱出口额 188.18 亿元，进口额 9.6 亿元；多喇叭音箱出口额 257.9 亿元，进口额 18.7 亿元。

【科技进步与应用】 彩电芯片和面板配套能力持续提升。芯片方面，2018 年深圳市海思半导体有限公司 4K 电视芯片出货量 2 000 万片，国内市场占有率 50%；4K 机顶盒芯片出货量 1.2 亿片，国内市场占有率 75%。2018 年年初，创维集团有限公司发布自主研发的 AI 画质芯片“蜂鸟”，下半年进一步演变升级为“变色龙 AI 芯片”，通过对图像对象进行搜索、识别和重构，实现“像素级 AI 调校”，在画质优化上跻身世界一流水准。面板方面，2018 年彩电整机上游的面板厂产能进一步提高，合肥京东方光电科技有限公司（简称京东方）全球首条 10.5 代线工厂、咸阳中电彩虹集团控股有限公司 8.6 代线工厂、成都中电熊猫显示科技有限公司 8.6 代线工厂相继顺利投产，产能逐渐爬坡。

人工智能、超高清电视成为中国市场消费热点。根据奥维云网数据，智能化方面，2018 年，中国彩电市场智能电视销量占彩电总销量 89%，人工智能技术应用从最初的智能语音助手进化到更为核心的芯片等领域；超高清方面，中国彩电市场超高清电视（以 4K 超高清电视为主）销量 3 188.9 万台，同比增长 11.6%，占国内彩电总销量 66.8%。同时，面板厂商和彩电整机厂商都在朝着 8K 超高清迈进。2018 年年初，京东方在合肥的 10.5 代线 TFT-LCD 生产线实现 8K 面板量产，随后推出 8K 超高清系统解决方案；LG 和三星也分别推出 8K OLED 电视和 8K QLED 电视。据市场研究机构 IHS Markit 预测，全球 8K 电视市场将从 2018 年的不到 2 万台增长到 2020 年的 200 万台，8K 电视市场未来可期。

OLED 电视产业布局逐渐成熟。2018 年，彩电显示技术飞速发展，包括 OLED、QLED 等在内的多种显示技术争奇斗艳，引领整个显示领域变革。截至 2018 年年底，全球多家主流彩电企业选择 OLED 阵营，其中包括中国创维集团有限公司、四川长虹电器股份有限公司、康佳集团股份有限公司、海信集团以及日本索尼、松下，韩国 LG、荷兰飞利浦等。OLED 电视的产品形态也从最开始的超薄演变为卷曲、折叠、屏幕发声、透明显示，随着 OLED 研究不断深入，还将有更多充满未来设计感的产品出现。

音响行业智能化创新发展步伐加快。2018 年，随着阿里巴巴（中国）有限公司（简称阿里）、北京京东世纪贸易有限公司、北京百度网讯科技有限公司（简称百度）、小米科技有限责任公司（简称小米）、华为技术有限公司（简称华为）、腾讯科技（深圳）有限公司（简称腾讯）等企业的入局，国内智能音箱市场竞争更为激烈，智能音箱在更智能的同时，音质继续提升。智能音箱行业创新呈现两大特征：一是可视化智能音箱成为热点，百度发布具备视觉能力的“小度在家”，腾讯发布自带屏幕、搭载多款腾讯系应用的智能音箱产品“腾讯叮当”，阿里、小米研发带屏幕的智能音箱产品；二是智能音响智能化功能不断丰富，智能音响新产品除支持远场语音识别、多轮自然对话、自动查询天气等日常功能外，听看视频、打电话、百科查询、英文翻译、视频通话、控制家居、在线购物等诸多功能也已实现。

【政策与法规】 2018 年 9 月 24 日，国务院办公厅印发《完善促进消费体制机制实施方案（2018—2020 年）》（简称《实施方案》）。《实施方案》提出进一步放宽服务消费领域市场准入、完善促进实物消费结构升级的政策体系、加快推进重点领域产品和服务标准建设、建立健全消费领域信用体系、优化促进居民消费的配套保障、加强消费宣传推介和信息引导等六项重点任务。其中，在完善促进实物消费结构升级的政策体系中，提出进一步扩大和升级信息消费，利用物联网、大数据、云计算、人工智能等技术推动各类应用电子产品智能化升级。

为推进4K超高清电视发展，指导电视台和有线电视、卫星电视、IPTV、互联网电视等规范开展4K超高清电视直播和点播业务，保障4K超高清电视制播、传输、接收及显示质量，2018年9月，国家广播电视总局印发《4K超高清电视技术应用实施指南（2018版）》（简称《实施指南》）。《实施指南》适用于电视台4K超高清电视节目制作和播出系统，以及现阶段有线电视、卫星电视、IPTV和互联网电视中4K超高清电视直播和点播业务系统；适用于3840×2160分辨率、50帧/秒帧率、10比特量化精度、BT.2020色域、高动态范围(HDR)的4K超高清电视节目制作、播出、编码、传输系统与终端的适配。

【统计数据】

表1　2016—2018年视听行业主要产品产量情况

产品名称	单位	2016年		2017年		2018年	
		产量	增长率（%）	产量	增长率（%）	产量	增长率（%）
彩色电视机	万台	15 770	8.9	17 233	1.6	20 382	14.6
激光视盘机	万台	6 600	–8.7	5 509	–16.5	4 503	–18.3
汽车多媒体音响	万台	6 368	12.8	5 969	–6.3	5 270	–11.7
功放	万台	4 919	0.9	5 109	3.9	5 814	13.8
音箱产品	万台	42 611	15.6	50 693	19.0	51 308	1.2
耳机（含无线）	万部	217 830	4.3	258 115	18.5	269 467	4.4

注：数据来源于国家统计局、中国电子音响行业协会。

表2　2016—2018年视听行业主要产品出口量情况

产品名称	单位	2016年		2017年		2018年	
		出口量	增长率(%)	出口量	增长率(%)	出口量	增长率(%)
彩色电视机	万台	8 064	12.3	8 151	1.5	9 688	18.9
激光视盘机	万台	5 395	–19.7	4 522	–16.2	3 695	–18.3
汽车多媒体音响	万台	4 586	14.3	3 964	–13.5	3 432	–13.4
功放	万台	3 546	–6.1	3 562	0.4	4 049	13.7
音箱产品	万台	32 680	11.4	38 652	18.3	38 950	0.8
耳机（含无线）	万部	192 021	–0.7	219 968	14.6	229 309	4.3

注：数据来源于海关总署、中国电子音响行业协会。

表 3　2017—2018 年中国市场彩电销售情况

产品名称	2017 年				2018 年			
	销量（万台）	增长率（%）	销售额（亿元）	增长率（%）	销量（万台）	增长率（%）	销售额（亿元）	增长率（%）
彩色电视机	4 752	−6.6	1 630	4.5	4 774.5	0.5	1 489.9	−8.6
智能电视	4 105	−2.3	1 538	7.5	4 402.0	7.2	1 446.7	−5.9
超高清电视	2 859	16.4	1 298	21.1	3 188.9	11.6	1 277.3	−1.6
超轻薄电视	58.6	55.9	51.4	79.3	106.6	81.9	72.1	40.3
量子点电视	20.1	16.1	26.9	17.0	20.4	1.5	20.7	−23.0
OLED 电视	11.3	88.5	18.6	84.1	16.6	46.9	26.1	40.4

注：数据来源于奥维云网。

［撰稿：宋琦　审稿：杨旭东］

计算机行业

【概况】　2018 年，中国计算机行业整体发展平稳，计算机制造业主营业务收入同比增长 8.7%，利润同比增长 4.7%，工业增加值同比增长 9.5%，主要产品进出口持续调整，出口交货值同比增长 9.4%，微型计算机等主要产品生产出现下滑，人工智能等新技术在计算机行业融合应用不断深化，行业创新能力持续提升。

【生产与销售】　根据国家统计局数据，2018 年，中国生产微型计算机 30 700 万台，同比下降 1%，增速比 2017 年下降 7.8 个百分点。其中，笔记本计算机产量 17 347 万台，平板计算机产量 8 870 万台。

根据市场研究机构 IDC 数据，2018 年中国市场个人计算机出货量 5 183.9 万台，同比下降 3.7%，联想、戴尔、惠普、华硕、同方位居个人计算机出货量前五位。其中，联想个人计算机出货量 1 901.2 万台，国内市场份额 36.7%。根据 IDC 数据，2018 年中国平板计算机市场出货量约 2 212 万台，同比下降 0.8%，降幅继续收窄。

【进出口贸易】　2018 年，中国计算机行业主要产品进出口持续调整。根据海关总署数据，中国出口平板计算机数量和金额分别为 10 877 万台和 1 415.4 亿元，同比增长 −11.9% 和 0.5%；出口笔记本计算机 14 144 万台和 4 922.2 亿元，出口数量与上年基本持平，出口额增长 5.6%；出口台式计算机 999 万台和 430.8 亿元，同比增长 4.2% 和 14.4%；出口显示器 8 636 万台和 591.46 亿元，同比增长 37.1% 和 31.7%；出口键盘鼠标 51 366 万个和 219.64 亿元，同比增长 2.2% 和 3.2%；出口打印机 4 400 万台和 601.79 亿元，出口数量与上年基本持平，出口额下降 7.3%。

2018 年，中国进口计算机集成制造技术 3 931.38 亿元，同比增长 24.8%；进口中央处理部件数量和金额分别为 826 万台和 158.24 亿元，同比增长 −32.0% 和 1.8%；进口存储部件 31 642 万台和 1 462.24 亿元，同比增长 12.2% 和 18.0%。

【创新能力】　人工智能、超高清等新技术与计算机行业融合应用加快推进，计算机产品创新持续推进。华为技术有限公司发布智能计算战略，基于华为最新昇腾系列 AI 芯片与智能计算战略的华为云推动计算能力全面升级；推出屏占比高达 91% 的笔记本计算机 MateBook X Pro 等新品。联想集团推出“智能 PC”概念，发布全球首款 AI 墨水双屏笔记本计算机 YOGA Book 2，配备搭载人工智能技术的键盘，可以通过处理用户按键数据的算法学习自动记录按压位置，记录用户使用习惯和打字风格，提高输入精准度；推出笔记本计算机 YOGA 7 Pro，充分融合超高清技术，最高可选 4K 分辨率、100% sRGB 色域覆盖，支持杜比视界，在对比度、HDR 等方面表现出色。

2018 年，上海兆芯集成电路有限公司推出完全自主研发的兆芯开先 KX-6000 系列 x86 通用处理器，该产品性能与国际主流的 Intel I5 水平相当，处理器芯片制程 16 纳米，主频 3.0GHz，集成 4/8 个 CPU 核心，4MB/8MB 高速缓存，兼容 DDR4-3200MHz 内存，兼容 x86 指令集及 SSE4.2、AVX2 等扩展指令集。2018 年 9 月 19 日，兆芯开先 KX-6000 系列 x86 处理器获第二十届中国国际工业博览会金奖。

【政策与法规】 为贯彻落实国务院《关于进一步扩大和升级信息消费持续释放内需潜力的指导意见》，2018 年 7 月 27 日，工业和信息化部、国家发展和改革委员会联合印发《扩大和升级信息消费三年行动计划（2018—2020 年）》，提出实施新型信息产品供给体系提质行动，提升消费电子产品供给创新水平，利用物联网、大数据、云计算、人工智能等技术推动电子产品智能化升级，提升手机、计算机、彩色电视机、音响等各类终端产品的中高端供给体系质量。

【市场分析与预测】 计算机市场仍将维持低速增长或下滑态势。受国际贸易环境不确定性、行业颠覆性创新演进缓慢、市场需求疲软、智能手机和平板计算机对 PC 的替代作用日益明显等多重因素影响，中国计算机市场预计将继续呈现下滑态势。据 IDC 预测，2019 年中国 PC 市场销售量约 5 060 万台，同比下滑 2.7%，持续低于全球平均年度增长率；中国平板计算机市场将复苏，2019 年出货量将达到 2 252 万台，同比增长 1.8%。

[撰稿：宋琦　审稿：杨旭东]

电子工业专用设备行业

【概况】 2018 年，中国电子专用设备行业加快创新和设备智能化改造步伐，行业继续保持快速增长态势，电子专用设备和电子专用工模具（简称主营产品）销售收入同比增长 30.8%。

【主要经济指标】 根据中国电子专用设备工业协会对行业内 69 家规模以上主要制造商的统计，2018 年中国电子工业专用设备行业完成工业总产值 371.7 亿元，其中主营产品总产值 276.9 亿元；销售收入 315.5 亿元，其中主营产品销售收入 225.4 亿元；利润总额 31.4 亿元；税金总额 13.6 亿元；出口交货值 31.3 亿元，其中主营产品出口交货值 22.2 亿元；电子专用设备产量 88 421 台，销量 120 799 台，电子专用工模具产量 46.1 万件（副），销量 36.1 万件（副），固定资产投资 55 亿元。

【企事业单位】 截至 2018 年年末，行业内 69 家规模以上主要企事业单位中，电子专用设备研究制造单位 65 家，电子专用工模具制造单位 4 家。其中，国有经济 12 家（其中研究机构 2 家），股份制经济 21 家，民营经济 32 家，外商及中国港、澳、台投资企业 4 家。

2018 年，国有经济单位主营产品销售收入 39.5 亿元，占全行业主营业务收入 17.5%；股份制经济单位主营产品销售收入 122.8 亿元，占全行业主营业务收入 54.5%；民营经济单位主营产品销售收入 43.2 亿元，占全行业主营业务收入 19.2%；外商及中国港、澳、台投资经济单位主营产品销售收入 19.9 亿元，占全行业主营业务收入 8.8%。

【从业人员】 截至 2018 年年末，行业内 69 家主要企事业单位从业总人数 34 819 人，同比增长 6.5%，其中工程技术人员 10 971 人，同比增长 15.9%。

【生产与销售】 2018 年，行业主营产品完成工业总产值 276.9 亿元，同比增长 17.6%；工业增加值同比增长 40.7%；完成销售收入 225.4 亿元，同比增长 30.8%。

2018 年，电子专用设备完成总产量 88 421 台，完成销售量 120 799 台，产销率 136.6%；电子专用工具产量 46 万件，比上年增长 70.4%，销量 36 万件，比上年增长 38.5%，产销率 78.3%；电子专用模具产量 906 副，比上年增长 6.1%，销量 858 副，比上年增长 11.4%，产销率 94.7%。

中国电子专用设备行业的最大亮点是国产半导体设备销售大幅增长，产业化进程加速推进，自 2016 年以来继续保持快速增长。根据中国电子专用设备工业协会对中国 41 家主要半导体设备制造商的统计，2018 年中国半导体设备销售收入 123.8 亿元，同比增长 39.1%。其中，集成电路制造设备完成销售收入 45.1 亿元，同比增长 58.4%；太阳能电池片制造设备完成销售收入 52 亿元，同比增长 27.3%；发光二极管（LED）制造设备完成销售收入 24.4 亿元，同比增长 44.2%。

2018 年，国产平板显示器制造设备进入平板显示器前道工艺生产线，平板显示器制造设备销售收入同比增长 32.2%，达到 13.6 亿元。

在智能手机市场的推动下，2018 年电子整机装联设备和表面贴装（SMT）设备销售收入增长 20.5%，达到 17.6 亿元。

【进出口贸易】 2018 年，行业主营产品出口交货值完成 22.2 亿元，同比增长 47.6%。其中，半导体器件与集成电路器件设备出口交货值 15.9 亿元，同比增长 46.8%，占主营产品出口交货值 71.6%；电真空与平板显示器件设备、电子元件与机电组件设备同比增长分别达到 108.1% 和 30.0%。

【科技进步与应用】 集成电路设备方面，中微半导体设备（上海）有限公司 7 纳米芯片刻蚀机进入客户生产线正常运行、良品率稳定；北京中电科电子装备有限公司研发的 8 英寸、12 英寸集成电路先进封装领域的减薄设备销售 20 余台，实现产业化，填补该装备国内空白；苏州艾科瑞思智能装备股份有限公司研制的 300mm 晶圆 IC 点胶装片机顺利通过多个客户量产验收，陆续签订销售合同，标志国产设备在中高端装片机市场又迈出重要一步。

LED 生产线设备方面，中微半导体设备（上海）有限公司研制的关键设备超大反应腔的 MOCVD 2018 年国内市场份额超过 70%；北方华创科技集团股份有限公司研制的 LED 生产线关键设备磁控溅射 ITO 薄膜制备设备，截至 2018 年年底已有数十台在客户生产线稳定量产，有力推动 LED 产业发展；北京北方华创微电子装备有限公司 12 英寸刻蚀机、PVD 及立式退火炉成功延伸应用于硅基 OLED（Micro-OLED）这一新型显示领域。

锂离子动力电池生产设备方面，北京北方华创新能源锂电装备技术有限公司为客户提供三元锂离子动力电池智能生产整线全套解决方案，同时还提供生产厂房规划、动力配置、整线安装调试、人员技术培训、工艺测试等服务。

【存在问题】 行业亏损企业亏损额大幅增加。2018 年行业 69 家单位中，亏损企业 6 家，比上年增加 1 家，亏损总额 6.39 亿元，比上年增长 555.1%，这主要是由于非主营产品经营亏损造成的。

电子专用设备中关键部件本地化进程缓慢，进口依赖度较大，影响国产关键设备产业化进程。电子专用设备中除集成电路晶圆制造设备外，还有一些短板关键设备一直依赖进口，如表面贴装高速自动贴片机、半导体器件传统封装生产线中的砂轮划片机、高速装片机、引线键合机、自动探针测试台和平板显示器生产设备前道工艺关键设备等。

【统计数据】

表 1 2016—2018 年中国电子工业专用设备行业主要经济指标完成情况

项目名称	单位	2016 年	2017 年	2018 年	2018 年增长率（%）
工业总产值	万元	3 372 019.9	3 334 705.5	3 717 150.0	11.5
其中：主营产品	万元	1 757 195.6	2 354 615.5	2 768 832.3	17.6
销售收入	万元	2 793 874.4	2 834 664.1	3 154 859.5	11.3
其中：主营产品	万元	1 284 183.2	1 723 208.2	2 253 788.5	30.8
利润总额	万元	215 667.8	302 810.0	314 119.8	3.7
税金总额	万元	73 946.5	143 396.0	135 716.2	–5.4
出口交货值	万元	147 680.3	264 477.6	313 388.1	18.5
其中：主营产品	万元	108 385.7	150 466.1	222 044.8	47.6
固定资产投资额	万元	466 974.3	212 941.0	550 445.8	158.5
固定资产净值平均余额	万元	1 268 148.6	1 485 584.1	1 819 637.1	22.5

表 2 2018 年中国电子工业专用设备行业企业规模及从业人员情况

类别	企事业单位数量（家）	其中		年末从业人员数（人）	其中
		研究机构（家）	企业（家）		技术人员（人）
合　计	69	2	67	34 819	10 971
按专业分类					
电子专用设备	65	2	63	32 790	10 745
电子专用工模具	4		4	2 029	226
按经济类型分类					
国有经济	12	2	10	11 567	3 418
股份制经济	21		21	17 009	6 141
外商及中国港、澳、台投资经济	4		4	834	413
其他经济（民营）	32		32	5 409	999

表 3 2016—2018 年中国电子工业专用设备行业主要产品产量情况

产品名称	单位	2016 年		2017 年		2018 年	
		产量	增长率（%）	产量	增长率（%）	产量	增长率（%）
电子专用设备	台（套）	125 035	3.2	139 929	11.9	88 421	–36.8
电子专用工具	万件	22	4.8	27	22.7	46	70.4
电子专用模具	副	874	–96.2	854	–2.3	906	6.1

表 4　2016—2018 年中国电子工业专用设备行业主要产品产值情况

产品名称	单位	2016 年		2017 年		2018 年	
		产值	增长率（%）	产值	增长率（%）	产值	增长率（%）
电子专用设备	万元	1 720 604.6	32.0	2 316 028.5	34.6	2 732 459.0	18.0
电子专用工模具	万元	36 591.0	–18.4	38 587.0	5.5	36 373.3	–5.7

表 5　2016—2018 年中国电子工业专用设备行业产品销量情况

产品名称	单位	2016 年		2017 年		2018 年	
		销量	增长率(%)	销量	增长率(%)	销量	增长率(%)
半导体与集成电路器件设备	台	6 169	17.4	9 253	50.0	12 112	30.9
电子元件与机电组件设备	台	3 331	5.4	15 717	371.8	39 449	151.0
电真空与平板显示器件设备	台	2 112	–4.9	1 041	–50.7	4 851	366.0
气候环境模拟与可靠性试验设备	台	1 823	–27.9	817	–55.2	696	–14.8
空气、水净化与废气、废水处理设备	台	60 149	–4.9	32 280	–46.3	35 825	11.0
电子整机装联及表面贴装设备	台	5 629	–21.2	7 449	32.3	8 573	15.1
电子通用设备	台	41 841	8.0	70 816	69.3	19 293	–72.8
电子专用工具	万件	23	13.2	26	13.0	36	38.5
电子专用模具	副	791	–96.5	770	–2.7	858	11.4

表 6　2016—2018 年中国电子工业专用设备行业产品销售收入情况

产品名称	单位	2016 年		2017 年		2018 年	
		销售收入	增长率(%)	销售收入	增长率(%)	销售收入	增长率(%)
半导体与集成电路器件设备	万元	573 279.4	21.5	889 628.2	55.2	1 237 843.7	39.1
电子元件与机电组件设备	万元	214 874.4	74.2	322 656.3	50.2	349 547.9	8.3
电真空与平板显示器件设备	万元	71 294.8	–28.5	102 595.4	43.9	135 675.9	32.2
气候环境模拟与可靠性试验设备	万元	28 839.0	–1.4	34 755.0	20.5	35 026.0	0.7
空气、水净化与废气、废水处理设备	万元	225 623.7	–14.0	124 404.9	–44.9	149 995.2	20.6
电子整机装联及表面贴装设备	万元	76 592.0	4.9	146 024.8	90.7	175 934.4	20.5
电子通用设备	万元	67 410.3	10.3	124 839.9	85.2	137 069.4	9.8
电子专用工具	万元	10 161.0	13.6	12 930.0	27.3	14 383.0	11.2
电子专用模具	万元	16 109.0	–23.5	17 673.0	9.7	18 313.0	3.6

表 7　2016—2018 年中国电子工业专用设备行业产品出口情况

产品类别	单位	2016 年		2017 年		2018 年	
		出口交货值	增长率（%）	出口交货值	增长率（%）	出口交货值	增长率（%）
电子专用设备	万元	103 483.1	14.8	144 337.1	39.5	214 812.8	48.8
其中：半导体与集成电路器件设备	万元	78 438.2	18.4	108 386.8	38.2	159 154.2	46.8
电子元件与机电组件设备	万元	670.8	-49.2	1 333.6	98.8	1 733.6	30.0
电真空与平板显示器件设备	万元	8 745.6	18.4	10 887.1	24.5	22 655.7	108.1
气候环境模拟与可靠性试验设备	万元	1 950	-25.5	2 479.0	27.1	1 556.0	-37.2
空气、水净化与废气、废水处理设备	万元	3 089.8	16.0	4 123.6	33.5	3 546.0	-14.0
电子整机装联与表面贴装设备	万元	4 227.8	-27.7	8 184.0	93.6	16 261.1	98.7
电子通用设备	万元	6 360.9	107.4	8 943.0	40.6	9 906.2	10.8
电子专用工模具	万元	4 902.6	-21.9	6 129.0	25.0	7 232.0	18.0
其他产品	万元	39 294.6	-58.8	114 011.4	190.1	91 343.3	-19.9

注：表 1 ~表 7 数据来源于中国电子专用设备工业协会。

［撰稿：金存忠　审稿：金磊］

电子测量仪器行业

【概况】　2018 年，国内中高端电子测量仪器企业争取到更多国内用户，总体发展情况良好。由于全球经济不景气、中国产业结构转型调整，加之国外仪器巨头更加重视中国中低端电子测量仪器市场等因素，电子测量仪器企业面临更大竞争压力。

【主要经济指标】　根据工业和信息化部统计数据，2018 年规模以上电子测量仪器制造企业 194 家，主营业务收入 269.5 亿元，同比下降 1.0%；利润总额 34.3 亿元，同比增长 4.3%；产成品 14.9 亿元，存货 47.8 亿元。

【科研与新产品】　中国电子科技集团公司第 41 研究所研发的“LTE-Advanced MIMO 矢量信号分析仪”，显著增强中国在 LTE-Advanced 标准 MIMO 多天线通信测试方面的技术储备，标志着中国高性能 LTE-Advanced 标准 MIMO 多天线通信测试仪器从设计到生产达到国际领先水平；“1445B 通信矢量信号发生器”和“5256ALTE-Advanced 终端综合测试仪”，总体技术水平国内领先；“分布式光纤应变测试系统”作为分布式光纤传感技术领域核心设备，可广泛用于山体滑坡、泥石流等地质灾害、轨道路基等地面沉降与边坡监测，隧道与煤矿巷道等形变监测，堤坝、油气管道、电力电缆等健康状态监测，市场前景广阔。

成都玖锦科技有限公司研发的“PSA5000 微波矢量信号分析仪”“MSAR2000B 超宽带微波信号实时记录、分析和识别系统”“MAG2000A 任意波形发生器”，市场前景良好。

【重点项目】 中国电子科技集团公司第 41 研究所承担国家科技重大专项“增强移动宽带 5G 终端模拟器研发”，研究符合增强移动宽带 5G 终端模拟器仪表的架构体系及硬件实现技术，通过采用高精度宽带实时微波毫米波变换技术、高速宽带并行实时采样处理技术、大容量数据实时处理技术、系统综合集成等关键技术，自主开发稳定性高、一致性好、测试速度快、可扩展性强的增强移动宽带 5G 终端模拟器仪表硬件平台；国家科技重大专项“毫米波 5G 信号源研发”，开发满足毫米波 5G 技术需求的信号源，支持 3GPP R15 新技术 / 新方案的模拟验证，支持 5G 上行 / 下行信号的模拟，开发毫米波 5G 通信信号模拟器，为 5G 无线移动通信产业链各环节产品的研发、生产及设计优化提供专用仪表。

成都玖锦科技有限公司承担的四川省科技重大专项“航空电子 ATC/DME 综合测试仪”，突破一体化的无线电收发机和基于软件无线电架构，应用高速数字波形合成、高速高精度模拟信号产生与采集、海量数据传输与处理等关键技术，研制适用于多种应用场景的航空电子设备一体化综合测试仪；四川省重大技术创新专项“国产射频阻抗测试仪研发及产业化”，通过对射频 I–V 法、校准技术、宽带平衡到不平衡转换技术等关键技术的研究，开发通用射频阻抗测量设备、测试头和测试夹具等核心产品，研发频率高达 3GHz 的射频阻抗测试仪。

【统计数据】

表 1　2016—2018 年规模以上电子测量仪器制造业主要经济指标

经济指标	2016 年		2017 年		2018 年	
	总额（亿元）	增长率（%）	总额（亿元）	增长率（%）	总额（亿元）	增长率（%）
主营业务收入	368	15.0	272.3	–26.0	269.5	–1.0
利润总额	36	12.5	32.9	–8.6	34.3	4.3

表 2　2018 年规模以上仪器仪表制造业主要经济指标（1）

单位：亿元

项目名称	主营业务收入	利润总额	资产总计	流动资产	应收账款	主营业务成本
总计	2 133	253.6	2 808	1 809	559	1 554
医疗诊断、监护及治疗设备制造	885.7	146.8	1 386.2	858.5	248.4	588.5
环境监测专用仪器仪表制造	164.5	20.9	299.2	207.2	58.0	113.2
运输设备及生产用计数仪表制造	487.1	31.8	478.9	302.4	109.5	390.1
导航、测绘、气象及海洋专用仪器制造	185.0	7.7	161.1	105.8	35.6	158.7
农林牧渔专用仪器制造	29.8	2.6	26.1	20.1	5.1	24.2
地质勘探和地震专用仪器制造	84.1	7.8	105.6	54.2	18.1	67.1
核子及核辐射测量仪器制造	26.9	1.7	53.1	19.4	10.0	23.3
电子测量仪器制造	269.5	34.3	297.6	240.9	74.0	188.6

表 3　2018 年规模以上仪器仪表制造业主要经济指标（2）

项目名称	产成品（亿元）	存货（亿元）	负债合计（亿元）	企业数（家）	亏损企业数（家）	亏损企业亏损额（亿元）
总计	125	352	1 201	1 062	159	14
医疗诊断、监护及治疗设备制造	52.2	152.8	550.8	447	69	5.0
环境监测专用仪器仪表制造	13.2	39.7	132.9	112	8	0.7
运输设备及生产用计数仪表制造	25.8	63.9	228.1	170	26	2.3
导航、测绘、气象及海洋专用仪器制造	14.2	30.4	79.2	72	19	3.1
农林牧渔专用仪器制造	1.1	2.9	10.0	19	4	0.1
地质勘探和地震专用仪器制造	3.5	11.2	44.4	40	5	0.5
核子及核辐射测量仪器制造	0.3	3.3	20.3	8	2	0.5
电子测量仪器制造	14.9	47.8	135.7	194	26	1.7

注：表 1 ～表 3 数据来源于工业和信息化部。

［撰稿：方荣　审稿：金磊］

集成电路行业

【概况】　2018 年，全球半导体市场规模 4 688 亿美元，同比增长 13.7%，比 2017 年增长速度有所放缓。在内需市场和投资带动下，中国集成电路产业继续保持快速发展态势，据中国半导体行业协会统计，2018 年全行业实现销售收入 6 531.4 亿元，同比增长 20.7%；集成电路产量 1 739.5 亿块，同比增长 11.2%。

【生产与销售】　2018 年，中国集成电路设计业销售额 2 519.3 亿元，同比增长 21.5%。技术水平持续提升，在微处理器（CPU）、智能终端芯片、智能电视芯片和人工智能（AI）等领域均取得较大进步，最先进设计水平达到 7 纳米。设计企业规模进一步扩大，深圳市海思半导体有限公司 2018 年成为中国最大、全球第五大芯片设计企业，进入行业前十名的设计企业营收门槛从 2017 年的 25.2 亿元提升至 2018 年的 29.8 亿元。

在集成电路设计业快速发展带动下，2018 年中国芯片制造业销售收入 1 818.2 亿元，同比增长 25.6%。集成电路生产线数量持续增加，截至 2018 年年底有 11 条 12 英寸、18 条 8 英寸生产线建成量产，另有 16 条 12 英寸、11 条 8 英寸生产线正在建设。14 纳米工艺制程技术研发成功， 2019 年开始量产。2018 年中芯国际集成电路制造有限公司和上海华虹（集团）有限公司营收分别为 225.1 亿元和 106.6 亿元，分列全球第五大、第七大芯片制造企业。

2018 年，中国集成电路封装测试业实现销售额 2 193.9 亿元，同比增长 16.1%。WLP（圆片级封装）、Fan-Out（扇出）、Flip Chip（倒装芯片）、2.5/3D 等先进封装技术能力持续提升。先进封装业务占比超过 30%。骨干企业快速发展，2018 年江苏长电科技有限公司、通富微电子股份有限公司、天水华天科技股份有限公司销售额分别达到 238.5 亿元、72.2 亿元和 71.2 亿元，同比均有小幅增长，分列全球第三、第六、第七大封装测试企业。

【科技进步与应用】 2018 年，随着中国集成电路产业规模的不断扩大，产业链各环节表现出较强创新活力，为产业后续发展奠定较好基础。

深圳市海思半导体有限公司采用台积电第一代 7 纳米工艺，设计推出麒麟 980 应用处理器芯片，相比于上一代麒麟 970 处理器芯片，提升芯片性能超过 20%；发布 5G 基带芯片巴龙 5000，多项技术指标处于全球领先地位。

上海华虹宏力半导体制造有限公司针对环保 LED 应用市场，依托其已有的成熟 CMOS 工艺和低压 BCD 技术，开发特有的深推阱工艺，建设具有完善设计配套支持的超高压 BCD 工艺平台，并开发出系列隔离型超高压 LDMOS 器件。

通富微电子股份有限公司实现 12 英寸 Bumping、CP、FCBGA、FT/SLT 封装测试全制程，开发 CPU 封测技术，重点开发大尺寸芯片 Bumping 的结构、材料的设计和选型。

北京华大九天软件有限公司开发一款大容量高精度、并行的晶体管级电路仿真工具，可完善电路自动静态和动态检查，帮助发现电路潜在设计问题，大幅压缩用户产品设计周期，提升芯片开发效率。

【进出口贸易】 受存储器市场需求扩大和产品价格上涨影响，中国集成电路进出口金额出现大幅增长。2018 年中国集成电路产品进口量 4 154.64 亿块，同比增长 10.2%；进口金额 3 120.58 亿美元，同比增长 19.8%。集成电路产品出口量 2.7 亿块，同比增长 5%；出口金额 846.4 亿美元，同比增长 26.6%。

【国际合作】 2018 年，尽管外部环境复杂多变，但全球领先的集成电路企业持续加强对华合作，三星（中国）半导体有限公司存储芯片西安二期项目、SK 海力士半导体（中国）有限公司无锡二期项目等重点外资项目陆续开工建设。

【政策与法规】 为贯彻《国务院关于印发进一步鼓励软件产业和集成电路产业发展若干政策的通知》（国发〔2011〕4 号），2018 年 3 月，财政部、税务总局、国家发展和改革委员会、工业和信息化部印发《关于集成电路生产企业有关企业所得税政策问题的通知》（财税〔2018〕27 号）。

2018 年 10 月，国家发展和改革委员会联合工业和信息化部、海关总署、财政部发布 2018 年第 13 号公告，落实集成电路生产企业有关进口税收优惠政策。

2018 年 9 月，工业和信息化部联合财政部、银保监会等部门出台《重点新材料首批次应用示范指导目录（2018 年版）》，为集成电路材料产业发展提供良好环境。

【市场分析】 2018 年中国集成电路市场需求规模约为 16 031.8 亿元，增速 12.5%。从应用结构看，计算机、网络通信和消费电子仍然是中国集成电路最主要的应用市场。在制造强国战略和产业转型升级大环境下，工业智能化水平不断提高，新能源汽车不断推广，汽车电子和工业半导体领域逐步成为 2018 年中国半导体市场增长的重要引擎。从产品结构看，存储器是全球最主要的半导体产品之一，也是中国集成电路市场份额最大的单一产品。2018 年，全球存储器芯片市场供需关系出现变化，特别是下半年，新产能扩充和需求增速减缓导致存储器芯片价格持续走低。模拟电路和嵌入式处理器芯片产品得益于智能安防、新能源汽车等市场的带动，保持一定增长。国际环境变化给中国智能手机、计算机、家电等企业带来影响，并逐渐传递至产业链上游的集成电路封测和制造企业。

【统计数据】

表 1 2016—2018 年中国集成电路产业主要经济指标情况

项目名称	单位	2016 年	增长率（%）	2017 年	增长率（%）	2018 年	增长率（%）
集成电路产量	亿块	1 318.0	21.2	1 564.9	18.7	1 739.5	11.2
集成电路行业销售额	亿元	4 335.5	20.1	5 411.3	24.8	6 531.4	20.7

续表

项目名称	单位	2016 年	增长率（%）	2017 年	增长率（%）	2018 年	增长率（%）
其中：设计业销售额	亿元	1 644.3	24.1	2 073.5	26.1	2 519.3	21.5
制造业销售额	亿元	1 126.9	25.1	1 448.1	28.5	1 818.2	25.6
封装测试业销售额	亿元	1 564.3	13.0	1 889.7	20.8	2 193.9	16.1

表 2　2018 年中国前十名集成电路设计企业销售额

排名	企业名称	销售额（亿元）	排名	企业名称	销售额（亿元）
1	深圳市海思半导体有限公司	509.2	6	深圳市中兴微电子技术有限公司	60
2	紫光展锐（上海）科技有限公司	111	7	深圳市汇顶科技股份有限公司	37.2
3	北京豪威科技有限公司	100	8	杭州士兰微电子股份有限公司	35.1
4	北京智芯微电子科技有限公司	66	9	北京矽成半导体有限公司	30
5	华大半导体有限公司	65.3	10	格科微电子（上海）有限公司	29.8

表 3　2018 年中国前十名半导体制造企业销售额

排名	企业名称	销售额（亿元）	排名	企业名称	销售额（亿元）
1	三星（中国）半导体有限公司	271	6	华润微电子有限公司	75.7
2	英特尔半导体（大连）有限公司	227	7	台积电（中国）有限公司	39
3	中芯国际集成电路制造有限公司	225.1	8	和舰科技（苏州）有限公司	36.9
4	SK 海力士半导体（中国）有限公司	151.4	9	西安微电子技术研究所	30
5	上海华虹（集团）有限公司	106.6	10	武汉新芯集成电路制造有限公司	26.9

表 4　2018 年中国前十名封装测试企业销售额

排名	企业名称	销售额（亿元）	排名	企业名称	销售额（亿元）
1	江苏新潮科技集团有限公司	248.4	6	三星电子（苏州）半导体有限公司	63
2	南通华达微电子集团有限公司	239.1	7	全讯射频科技（无锡）有限公司	51
3	天水华天电子集团股份有限公司	92	8	安靠封装测试（上海）有限公司	42.8
4	恩智浦（中国）管理有限公司	89	9	海太半导体（无锡）有限公司	37.4
5	威讯联合半导体（北京）有限公司	71.4	10	晟碟半导体（上海）有限公司	29.2

注：表 1～表 4 数据来源于中国半导体行业协会。

表 5　2016—2018 年中国集成电路产品进出口额

项目名称	单位	2016 年	2017 年	2018 年
进口额	亿美元	2 270.3	2 603.9	3 120.6
增长率	%	-1.2	14.7	19.8
出口额	亿美元	610.2	668.8	846.4
增长率	%	-11.6	9.6	26.6

注：数据来源于海关总署。

[撰稿：席子祺　审稿：乔跃山]

真空电子器件行业

【概况】 2018 年，真空电子器件行业持续深化产业结构调整和转型发展。在真空无源器件等优势领域，为满足国家特高压工程、智能电网、新能源、高端装备发展需求，企业加快产品结构调整；传统真空电子器件保持平稳发展，大功率磁控管、X 射线管、医用 CT 球管等高性能真空微波器件在国民经济各领域发挥巨大作用，真空开关管及其配套件具备一定生产规模，基本满足市场需求；真空光电器件企业积极开发光电探测器等新型器件，真空电光源企业面对 LED 照明技术发展，加快转型步伐。

【企事业单位】 2018 年，真空电子器件行业企业结构比较稳定。根据工业和信息化部数据，全行业现有企事业单位 391 家。

【从业人员】 根据工业和信息化部数据，真空电子器件行业从业人员 13.8 万人，从业人员保持相对稳定，技术人员比例逐步提升。

【主要经济指标】 根据工业和信息化部数据，2018 年，全行业实现销售收入 866.5 亿元，利润总额 70.4 亿元，销售收入和利润总额与上年相比保持较快增长。

超高频器件、发射管、磁控管等真空电子器件需求保持稳定增长；真空开关管产业规模保持稳定增长。陕西宝光真空电器股份有限公司、成都旭光电子股份有限公司等多家龙头企业年产能 20 万只以上，具有较大经济规模。

由于技术快速发展，传统真空器件产销量急剧下降，彩色显像管和真空照明企业加快产品转型升级步伐，发展绿色照明产品、光伏产品及工程。

【科研与新产品】 真空电子器件行业科研与新品开发主要集中在真空超高频管、真空开关管、真空光电器件和电光源等领域，高端新型产品对行业发展推动作用越来越大。

真空超高频管研制骨干单位有中国电子科技集团公司第十二研究所、中国科学院电子学研究所、电子科技大学、南京三乐电子信息产业集团有限公司、成都国光电气股份有限公司和湖北汉光科技股份有限公司等。2018 年，32 项超高频真空电子器件项目通过省部级鉴定，满足国防现代化和科学研究需要，支撑国民经济发展。

陕西宝光真空电器股份有限公司与西安交通大学、西安高压电器研究院等合作研发 126kV 真空开关管通过全套型式试验，平均热损≤ 200W/m（400℃），平均光效率≥96%，产品性能达到国内先进水平，通过德国宇航局测试，产品在宝光股份进行了工程应用。

中国机车牵引开关多年以来一直采用进口开关管，国内企业加大国产机车用真空开关管研发力度，逐步开始工程试用。

中国电子科技集团公司第55研究所研发新型紫外光电管，拓展探测波长范围和灵敏度。

南京中电熊猫照明有限公司等企业围绕高压钠灯照明系统、大功率金卤灯、新型荧光灯等产品开发新技术，不断提高照明效率、节能效率，产品更加环保。

【国际合作】 2018年，真空电子器件行业继续加强国际交流和合作，特别是与“一带一路”沿线国家的交流和合作。北京京东方真空技术有限公司等真空无源器件骨干企业参加一年一度的德国汉诺威国际工业博览会，发挥逐步形成的规模价格优势，与国外新老客户交流沟通，积极寻求产品出口和技术合作。

[撰稿人：尹泉　沈先锋　审稿人：乔跃山]

电子元件行业

【概况】 2018年，中国电子元件制造业面对错综复杂的国内外形势，按照高质量发展要求，加快结构调整和转型升级，在各级政府部门、行业协会和企业共同努力下，中国电子元件行业呈现总体平稳、稳中有进态势，生产和投资增速在工业中保持领先，出口平稳增长，在经济社会发展中支撑作用进一步增强。

中国电子元件行业优秀企业的发展依然抢眼，大部分分支行业骨干企业产销仍然保持增长，技术创新成果显著，并购重组活跃，海外扩张步伐持续加快，国际竞争力进一步提升，越来越多的企业逐步向国际化和中高端产业链迈进。

【主要经济指标】 根据中国电子元件行业协会信息中心的统计数据，2018年中国电子元件产品（不含电池，下同）销售总额16 722亿元，同比增长6.15%，增速有所放缓。

由中国电子元件行业协会排序的第32届中国电子元件百强企业共完成主营业务收入总额5 191亿元，同比增长13.94%；实现利润总额390亿元，同比下降1.02%，这是自2008年金融危机以来中国电子元件百强企业利润总额首次同比下滑；上缴税金总额164亿元，同比增长5.81%；出口额200亿美元，同比增长8.11%，出口总额约占主营业务收入总额26.2%；拉动就业近49万人。

【科研与新产品】 2018年，中国电子元件行业优秀企业坚持创新发展，技术创新硕果累累，在多个技术领域取得重大突破。中国科学院深圳先进技术研究院与英国班戈大学合作研制出首个基于黑磷的光纤化学传感器；江苏亨通光电股份有限公司研制出100Gbps硅光芯片；中天科技集团有限公司研制出超强抗弯曲光纤预制棒及光纤和水下生产系统用钢管型光电液复合脐带缆；武汉光迅科技股份有限公司推出双速率400G CFP8LR8光模块和适用于5G前传的低功耗25G SFP28 BIDI光模块；潮州三环（集团）股份有限公司推出“火凤凰2.0”陶瓷材料制造的绚彩手机后盖；中航光电科技股份有限公司推出56G高速背板连接器；贵州航天电器股份有限公司研制出通流能力达63A的防水、防反插、高流通能力连接器；长飞光纤光缆股份有限公司推出应用于飞秒光纤激光器的30/250保偏掺镱光纤；青岛海信宽带多媒体技术有限公司推出全工温25G BIDI光模块产品。

2018年，中国电子元件行业科技奖项斩获颇丰，获得国家科学技术奖励6项，中国电子学会科学技术奖14项，第二十届中国专利奖及其他奖项多项。江苏中天科技股份有限公司和上海交通大学联合完成的“高性能铝合金架空导线材料与应用”项目，武汉光迅科技股份有限公司、中国科学院半导体研究所、南京大学联合完成的“集成化宽频带光发射器件与模块”项目荣获2018年国家技术发明奖（通用项目）二等奖；南京大学、中国电子科技集团公司第四十一研究所、苏州南智传感科技有限公司等7家单位联合完成的“地质工程分布式光纤监测关键技术及其应用”项目荣获2018年国家科学技术进步奖（通用项目）一等奖；长飞光纤光缆股份有限公司完成的“长飞光纤光缆技术创新工程”，清华大学、中国电子科技集团公司第二十六研究所、无锡市好达电子有限公司、深圳市麦捷微电子科技股份有限公司、深圳大学联合完成的“高世代声表面波材料与滤波器产业化技术”，电子科技大学、成都佳驰电子科技有限公司、珠海市魅族科技有限公司、深圳市中天迅通信技术股份有限公司联合完成的“高磁导率磁性基板关键技术及产业化”等3个项目荣获2018年国家科学技术进步奖（通用项目）二等奖。清华大学完成的“基于石墨烯纳米材料的新型电子器件基础研究”，华中科技大学、武汉飞恩微电子有限公司、苏州晶方半导体科技股份有限公司、武汉高德红外股份有限公司、武汉菱电汽车电控系统股份有限公司联合完成的“小尺寸低漏率微传感器封装技术”，中国科学院声学研究所、华中科技大学、软控股份有限公司联合完成的“极端环境下无线无源声表面波传感器及其应用”等3个项目荣获2018中国电子学会科学技术奖一等奖；中国科学院宁波材料技术与工程研究所完成的“电致阻变效应调控和高密度阻变信息存储器”，烽火通信科技股份有限公司、中国信息通信科技集团有限公司、锐光信通科技有限公司联合完成的“高稳定超细径保偏光纤关键技术”，天津大学、北京七星飞行电子有限公司、福建火炬电子科技股份有限公司联合完成的“集成化介质元器件及高性能新型介质材料”，博敏电子股份有限公司、电子科技大学联合完成的“通信用超薄高频高密度印制电路关键共性技术及产业化”，中国电子科技集团公司第十三研究所、河北新华北集成电路有限公司联合完成的“天通卫星通信终端射频套片及模块产业化项目”，长飞光纤光缆股份有限公司、金发科技股份有限公司、中国移动通信集团设计院有限公司联合完成的“面向环境保护及资源节约的新型光缆产业化关键技术及应用开发”等6个项目荣获2018中国电子学会科学技术奖二等奖；山东华光光电子股份有限公司、山东大学联合完成的“高效率、高可靠性红光半导体激光器关键制备技术及应用”项目，中国电力科学研究院有限公司、华中科技大学、北京世维通科技发展有限公司联合完成的“电子式互感器实用化关键技术及工程应用”项目，工业和信息化部电子第五研究所、惠州金能电池有限公司、广州赛宝计量检测中心服务有限公司联合完成的“锂电池和超级电容器储能器件安全及检测关键技术研究及应用”项目，中国科学院微电子研究所、北京中科汉天下电子技术有限公司联合完成的“射频功率放大器芯片关键技术及应用”项目，中国电子科技集团公司第十六研究所完成的“低温低噪声放大器”等5个项目荣获2018中国电子学会科学技术奖三等奖。天津大学“偏振敏感的分布式光频域反射扰动传感装置和解调方法”专利荣获2018年“第二十届中国专利金奖”；厦门宏发电声股份有限公司“一种并联型磁路的磁保持继电器”专利荣获“第二十届中国专利银奖”；歌尔股份有限公司、潮州三环（集团）股份有限公司、烽火通信科技股份有限公司/武汉烽火锐光科技有限公司、江苏永鼎电气有限公司/江苏永鼎股份有限公司、山东国瓷功能材料股份有限公司、中天科技光纤有限公司、安徽龙磁科技股份有限公司、杭州富通通信技术股份有限公司、常熟市天银机电股份有限公司、乳源东阳光优艾希杰精箔有限公司、清华大学、深圳尼索科连接技术有限公司、深圳崇达多层线路板有限公司、有研稀土新材料股份有限公司、北京长峰微电科技有限公司、浙江大学/浙江中元磁业股份有限公司、佛山市川东磁电股份有限公司、浙江洁美电子科技股份有限公司、肇庆绿宝石电子科技股份有限公司等19个单位的相关电子元件和材料专利荣获“第二十届中国专利优秀奖”；武汉高德红外股份有限公司、万魔声学科技有限公司的相关专利获得2018年“第二十届中国外观设计优秀奖”。大连达利凯普科技有限公司“高Q值、射频/微波多层瓷介电容器”项目获得科技部牵头组织的2018年第七届中国创新创业大赛电子信息行业全国总决赛成长企业组一等奖。

2018年，中国电子元件行业加快建设产学研结合创新体系，企业与相关研究机构以及大专院校开展多种形式的校企合作、协同创新。横店集团东磁股份有限公司与南昌理工学院签署校企合作协议；江苏亨通光电股份有限公司与中国信通院泰尔系统实验室签署战略合作协议，在通信技术领域开展密切合作；长飞光纤光缆股份有限公司联合华中科技大学制造装备数字化国家工程研究中心、弗吉尼亚理工大学工业系统工程学院成立智能制造研究院；中天科技集团有限公司与德国 VDE 苏州分公司共建 TDAP 认可实验室；广东华锋新能源科技股份有限公司与福田汽车、北京理工大学电动车辆国家工程实验室签署战略合作协议；歌尔集团有限公司与山东省潍坊市政府、北京航空航天大学共建“北航歌尔机器人与智能制造研究院”；广东风华高新科技股份有限公司“新型电子元器件关键材料与工艺国家重点实验室”和电子科技大学“电子薄膜与集成器件国家重点实验室”共建协同创新中心正式挂牌；亨通集团有限公司与中国电子信息学会、中电科海洋信息技术研究院、北京理工大学、东南大学分别签署战略合作协议，通过产学研合作加速科研成果落地。

2018 年，优秀企业研发投入与专利水平大幅提升。第 32 届中国电子元件百强企业研发费用总额 217 亿元，同比增长 35.63%。从研发费用与主营业务收入比例看，第 32 届中国电子元件百强企业平均研发投入比 4.18%，与近几届电子元件百强 3.6% 左右的研发投入相比有明显增长。从专利水平看，第 32 届中国电子元件百强企业的授权专利集中迸发，授权专利总数 8 250 项，比上届电子元件百强企业增长 56%。其中授权发明专利 1 867 项，是上届（526 件）的 3 倍还多。专利统计数量分布情况显示，中国电子元件行业技术研发成果依然集中于行业内资金雄厚的大企业，中小企业技术研发水平仍然急需提高。

【重点项目】 2018 年 3 月，国家发展和改革委员会发布《2017—2018 年（第 24 批）国家企业技术中心拟认定公示名单》，共有 113 个技术中心和 9 个分中心入选。其中，南通海星电子股份有限公司、铜陵精达特种电磁线股份有限公司、歌尔股份有限公司、成都宏明电子股份有限公司等 4 家电子元件企业的技术中心入选。

2018 年 9 月，工业和信息化部、财政部公示“2018 年国家技术创新示范企业”名单，共有 68 家企业被评为 2018 年国家技术创新示范企业。其中，陕西烽火电子股份有限公司、汉威科技集团股份有限公司、广东生益科技股份有限公司、成都宏明电子股份有限公司、宁波东方电缆股份有限公司、天通控股股份有限公司等 6 家电子元件生产企业成为 2018 年国家技术创新示范企业。

2018 年 9 月，工业和信息化部办公厅公布 2018 年智能制造试点示范项目名单，共有 99 个智能制造试点示范项目入选。其中，江苏亨通光电股份有限公司“光纤光缆智能制造试点示范”、烽火通信科技股份有限公司“光通信设备智能制造试点示范”、贵州航天电器股份有限公司“精密电子元器件智能制造试点示范”等 3 个电子元件类项目入选 2018 年智能制造试点示范项目。

2018 年 11 月，工业和信息化部公布第三批绿色制造名单，共有 391 家绿色工厂、480 种绿色设计产品、34 家绿色园区、21 家绿色供应链管理示范企业上榜。其中，江苏亨通高压海缆有限公司、江苏永鼎股份有限公司、中天科技光纤有限公司、江苏上骐集团有限公司、铜陵精达里亚特种漆包线有限公司、鸿富锦精密电子（烟台）有限公司等 6 家电子元件企业入选绿色工厂；内蒙古包钢稀土磁性材料有限公司的一类烧结钕铁硼永磁材料、福建省长汀金龙稀土有限公司的 10 个型号烧结钕铁硼永磁材料、宁波金鸡强磁股份有限公司的一类稀土永磁环形磁体等共计 12 种电子元件和材料入选绿色设计产品。

2018 年 11 月，工业和信息化部、中国工业经济联合会公布第三批制造业单项冠军企业和单项冠军产品名单，共有 68 家单项冠军示范企业、26 家单项冠军培育企业和 66 款单项冠军产品。其中，瑞声光电科技（常州）有限公司、成都银河磁体股份有限公司两家电子元件企业成为第三批制造业单项冠军示范企业；上海埃斯凯变压器有限公司生产的医疗用高压电源变压器、中天电力光缆有限公司生产的架空地线复合光缆（OPGW）、横店集团东磁股份有限公司生产的铁氧体永磁元件、新亚电子有限公司生产的高导精密复合线材、福达合金材料股份有限公司生产的银合金 / 铜铆钉型复合电触头等 5 类电子元件产品入围第三批制造业单项冠军产品。

2018 年 12 月，工业和信息化部办公厅发布《2018 年工业互联网试点示范项目》，中国振华电子集团有限公司“振华集团级互联工厂网络集成创新应用”、铜陵精达特种电磁线股份有限公司“电磁线生产数字化管控系统建设项目”入选“网络化改造集成创新应用试点示范项目”；横店集团东磁股份有限公司“磁性行业智能化生产工业互联网平台”、长飞光纤光缆股份有限公司

“全光工业互联网平台应用”入选“平台集成创新应用试点示范项目”。

为快速响应创新和市场对标准的需求，引领产业和企业发展，中国电子元件行业协会团体标准建设稳步推进，2018 年发布“T/CECA 23-2018 低频电缆组件通用技术要求”“T/CECA 24-2018 最高速率为 56 Gbps 矩形高速背板连接器”“T/CECA 25-2018 电动汽车用屏蔽密封单芯快锁金属外壳功率电连接器”等 3 项团体标准，另外还有 5 项团体标准在研项目。

2018 年，全国频率控制和选择用压电器件标准化技术委员会（SAC/TC182）向国家标准委申报拟立项国家标准 4 项、发布频率控制和选择用压电器件行业国家标准 2 项，国家标准化管理委员会下达频率器件领域国家标准制修订计划 11 项。2019 年 1 月 22 日，国家标准化管理委员会公布 2018 年全国专业标准化技术委员会考核评估情况，TC182 全国频率控制和选择用压电器件标准化技术委员会被评为二级。

【进出口贸易】 2018 年，中国电子元件产品海关进出口贸易总额相比 2017 年仍然保持增长。电子元件 15 大类 90 小类产品进出口贸易总额同比增长 9.51%，其中出口总额同比增长 9.03%，进口总额同比增长 10.21%。

2018 年，所有电子元件大类产品出口额都为同比增长态势，其中以电容器、光电线缆、光通信器件、磁性材料与器件四个大类产品增长幅度较大，同比分别增长 26.60%、14.72%、13.13% 和 13.01%，电子陶瓷及频率元件、电阻电位器、电声器件均实现两位数同比增长。电子元件进口额除磁性材料与器件、电子陶瓷及频率元件及电声器件大类产品增长为负外，其余电子元件大类产品进口额呈同比增长态势，其中电容器同比增长 44.59%，光通信器件同比增长 23.89%，线缆组件同比增长 14.18%，电阻电位器同比增长 13.31%。

【海外并购与投资】 2018 年，中国电子元件行业优秀企业海外并购依然保持活跃，海外扩张成果显著。瑞声科技控股有限公司投资 2 000 万美元在芬兰坦佩雷设研发中心；中山大洋电机股份有限公司出资 650.38 万欧元参股 HT 公司，累计持有 HT 公司 10.20% 的股权布局氢能设备市场；深圳市凯中精密技术股份有限公司以 2 539.39 万欧元收购德国 SMK100% 股权，以 2 820 万欧元收购 VBS、Margarete Veigel 持有的生产经营用厂房、土地；立讯精密工业股份有限公司以 3.6 亿美元收购中国台湾光宝科技股份公司相机模组业务；中天科技集团有限公司收购土耳其得美电缆有限公司 100% 股权。

多家企业海外投资取得重要进展。亨通集团有限公司与埃及 HitekNOFAL 集团合资建立的光缆厂在埃及首都开罗近郊的巴德尔工业城举行开业仪式并正式投产，成为埃及当地第一家光纤光缆工厂；长飞光纤光缆股份有限公司在印度尼西亚西爪哇省卡拉旺市投资设立的长飞光通信印尼有限公司开业；烟台正海磁性材料股份有限公司在韩国投资 100 000 万韩元注册成立正海磁材韩国株式会社；江苏雷利电机股份有限公司投资 300 万美元新设越南公司并增资子公司；中天科技集团有限公司投资约 4 000 万美元在印尼西爪哇加拉横建设印尼光纤电缆厂；瑞声科技控股有限公司总投资 2 亿美元的瑞声科技新加坡研发中心项目正式动工；国光电器股份有限公司投资 1 000 万美元设立国光电器（越南）有限公司。

【政策与法规】 2018 年 1 月，国家知识产权局正式发布《知识产权重点支持产业目录（2018 年本）》，电子元件及关键材料技术被分别列入微纳电子与光电子（含极低功耗器件、7 纳米以下新器件及系统集成工艺、下一代射频芯片、硅基光电子 / 混合光电子 / 微波光电子）、集成电路（含 MEMS 技术）、工业传感器（含工业传感器核心部件、传感器集成应用）、先进电子材料（含光电子与微电子材料）、先进结构材料（含金属基和陶瓷基复合材料）、先进功能材料（含稀土功能材料、功能陶瓷材料）、纳米材料与器件（含纳米光电器件及集成系统）等七大类技术中。

2018 年 5 月，工业和信息化部、财政部联合发布“2018 年工业转型升级资金工作指南”，光互联用 25Gb/s 光收发芯片与器件、铁氧体片封装材料、5G 通信用新型陶瓷材料及背板和封装基座、微小型化低噪音磁阻传感器、车用智能型氮氧传感器、农业机械专用传感器、高性能活性金属化焊接（AMB）基板、高效电池组及高密度储能元器件用高分子薄膜等 8 项电子元件及关键材料被列入 2018 年强基工程重点突破方向。

2018 年 8 月，生态环境部启动环境保护强制性标准《排污许可证申请与核发技术规范 电子工业》的制定工作。

2018 年 11 月，工业和信息化部办公厅发布通知，组织开展专精特新“小巨人”企业培育工作。

【统计数据】

表 1　2017—2018 年中国电子元件主要分支行业（不含电池行业）经济指标完成情况

行业分类	2017 年	2018 年	
	销售额（亿元）	销售额（亿元）	同比增长（%）
电阻电位器	220	238	8.18
电容器	939	1 099	17.04
磁性材料与器件	581	629	8.26
电感器件	229	246	7.42
电子变压器	642	677	5.45
混合集成电路	86	93	8.14
电子陶瓷及器件	160	168	5.00
压电晶体	188	172	-8.51
控制继电器	246	247	0.41
敏感元器件及传感器	645	678	5.12
电接插元件	2 500	2 644	5.76
微特电机	993	1 025	3.22
电声器件	933	1 022	9.54
光电线缆	5 223	5 454	4.42
光通信器件	161	173	7.45
印制电路板	2 007	2 156	7.42
合计	15 753	16 722	6.15

表 2　2017—2018 年中国电子元件产品（不含电池行业）进出口贸易完成情况

产品名称	2017 年		2018 年			
	出口额（万美元）	进口额（万美元）	出口额（万美元）	增长率（%）	进口额（万美元）	增长率（%）
电容器	406 126	873 658	514 156	26.60	1 263 222	44.59
电阻电位器	143 134	218 289	159 037	11.11	247 343	13.31
磁性材料与器件	271 345	88 039	306 647	13.01	86 727	−1.49
电感变压器	469 470	357 749	503 601	7.27	358 358	0.17

续表

产品名称	2017 年		2018 年			
	出口额（万美元）	进口额（万美元）	出口额（万美元）	增长率（%）	进口额（万美元）	增长率（%）
电子陶瓷及频率元件	314 777	440 322	353 369	12.26	406 505	-7.68
电防护元器件	186 156	132 004	204 306	9.75	140 043	6.09
继电器	135 044	106 894	136 287	0.92	107 022	0.12
光电接插元件	1 177 352	1 311 248	1 267 066	7.62	1 335 506	1.85
线缆组件	1 358 215	283 272	1 367 044	0.65	323 440	14.18
电声器件	1 826 745	478 519	2 009 785	10.02	477 754	-0.16
微特电机	610 424	281 976	636 978	4.35	286 375	1.56
光电线缆	804 913	310 306	923 396	14.72	312 230	0.62
光通信器件	499 436	569 595	565 012	13.13	705 672	23.89
敏感元器件及传感器	135 219	274 532	141 128	4.37	296 056	7.84
印制电路板	1 397 715	1 155 793	1 527 563	9.29	1 238 548	7.16
合计	9 736 071	6 882 196	10 615 375	9.03	7 584 801	10.21

表 3 2019 年（第 32 届）中国电子元件百强企业

总排名	企业名称	2018 年主营业务收入（千元）	主营产品
1	亨通集团有限公司	101 982 000	光电线缆
2	立讯精密工业股份有限公司	35 849 964	连接器、电声器件
3	中天科技集团有限公司	53 123 400	光电线缆
4	富通集团有限公司	35 894 565	光电线缆
5	瑞声科技控股有限公司	18 131 153	电声器件、微特电机
6	长飞光纤光缆股份有限公司	11 061 854	光电线缆
7	歌尔股份有限公司	23 750 587	电声器件
8	永鼎集团有限公司	26 297 063	光电线缆、汽车线束
9	潮州三环（集团）股份有限公司	3 730 335	陶瓷插芯、陶瓷基座、阻容元件、陶瓷材料
10	深圳市信维通信股份有限公司	4 649 741	微型天线、连接器与线缆组件、电声器件、电子结构件等
11	广东风华高新科技股份有限公司	4 502 889	阻容感元件、电子材料等
12	广东生益科技股份有限公司	11 802 745	覆铜板
13	厦门宏发电声股份有限公司	6 628 977	继电器
14	中航光电科技股份有限公司	7 816 019	连接器

续表

总排名	企业名称	2018 年主营业务收入（千元）	主营产品
15	横店集团东磁有限公司	7 629 345	磁性元件、电感器件
16	广东东阳光科技控股股份有限公司	11 396 089	电容器用电极箔
17	浙江富春江通信集团有限公司	19 961 420	光电线缆
18	通鼎互联信息股份有限公司	4 416 077	光电线缆
19	武汉光迅科技股份有限公司	4 929 049	光通信器件
20	深圳市长盈精密技术股份有限公司	8 588 229	连接器、电子结构件
21	深圳市得润电子股份有限公司	7 164 232	连接器
22	浙江长城电子科技集团有限公司	5 065 000	光电线缆
23	中山大洋电机股份有限公司	5 130 518	微特电机
24	贵州航天电器股份有限公司	2 834 084	连接器、继电器、微特电机
25	国光电器股份有限公司	3 975 469	电声器件
26	深圳市宇阳科技发展有限公司	1 171 687	多层片式陶瓷电容器
27	深圳顺络电子股份有限公司	2 330 990	电感器、LTCC 射频器件
28	湖南艾华集团股份有限公司	2 162 176	铝电解电容器
29	厦门法拉电子股份有限公司	1 688 749	薄膜电容器
30	深圳市特发信息股份有限公司	5 578 819	光电线缆
31	天通控股股份有限公司	2 610 217	软磁元件
32	山东国瓷功能材料股份有限公司	1 797 777	电子陶瓷材料
33	江苏俊知技术有限公司	2 834 159	光电线缆
34	汕头超声印制板公司	2 465 164	印制电路板
35	杭州富生电器有限公司	2 387 681	微特电机
36	南通江海电容器股份有限公司	1 960 691	铝电解电容器
37	山东太平洋光纤光缆有限公司	1 993 605	光电线缆
38	新疆众和股份有限公司	4 466 727	电容器用电极箔
39	江苏雷利电机股份有限公司	2 195 195	微特电机
40	深圳市麦捷微电子科技股份有限公司	1 677 297	电感器、LTCC 射频器件、LCM 模组
41	成都宏明电子股份有限公司	1 526 228	陶瓷电容器、电阻器
42	珠海格力新元电子有限公司	1 119 909	电容器
43	江苏通光电子线缆股份有限公司	1 587 816	光电线缆
44	电连技术股份有限公司	1 276 253	连接器

续表

总排名	企业名称	2018 年主营业务收入（千元）	主营产品
45	江苏上骐集团有限公司	1 294 148	微特电机
46	江西联创宏声电子股份有限公司	1 337 712	耳机、微型电声器件
47	东莞铭普光磁股份有限公司	1 575 080	磁性元件
48	南通海星电子股份有限公司	1 092 284	电极箔
49	深圳市凯中精密技术股份有限公司	1 669 727	微特电机换向器
50	安徽铜峰电子集团有限公司	1 780 562	薄膜电容器
51	杭州日月电器股份有限公司	1 365 281	电接插件
52	温州意华接插件股份有限公司	1 387 671	电接插件
53	三友联众集团股份有限公司	1 064 566	继电器
54	合兴汽车电子股份有限公司	1 217 131	连接器
55	浙江永贵电器股份有限公司	1 283 322	连接器
56	深圳市和宏实业股份有限公司	1 090 809	电接插件
57	株洲宏达电子股份有限公司	636 314	钽电解电容器
58	丰宾电子（深圳）有限公司	1 077 005	铝电解电容器
59	新亚电子股份有限公司	895 557	电子线材
60	绵阳开元磁性材料有限公司	1 027 923	磁性元件
61	瀛通通讯股份有限公司	898 902	电子线材、线缆组件、电声器件
62	苏州华之杰电讯股份有限公司	674 879	连接器、开关按钮
63	深圳市京泉华科技股份有限公司	1 143 640	电子变压器
64	福建火炬电子科技股份有限公司	520 959	多层片式陶瓷电容器
65	珠海蓉胜超微线材有限公司	925 302	电磁线
66	北京元六鸿远电子科技股份有限公司	920 300	多层瓷介电容器
67	共达电声股份有限公司	792 409	电声器件
68	深圳市海光电子有限公司	887 549	电子变压器
69	江西瑞声电子有限公司	536 181	电声器件
70	安费诺商用电子产品（成都）有限公司	514 969	连接器
71	江苏灿勤科技股份有限公司	223 479	频率元器件
72	江苏华威世纪电子集团有限公司	786 276	铝电解电容器
73	中国振华（集团）新云电子元器件有限责任公司	681 015	钽电解电容器
74	陕西华达科技股份有限公司	713 061	连接器

续表

总排名	企业名称	2018 年主营业务收入（千元）	主营产品
75	四川九洲线缆有限责任公司	4 405 707	光电线缆
76	胜蓝科技股份有限公司	639 887	连接器
77	北京七星华创精密电子科技有限责任公司	788 178	阻容元件、石英晶体元器件等
78	宁波科宁达工业有限公司	815 344	稀土永磁元件
79	宁波碧彩实业有限公司	719 534	薄膜电容器
80	浙江万马天屹通信线缆有限公司	709 309	光电线缆
81	扬州宏远电子股份有限公司	543 425	电极箔
82	常州祥明智能动力股份有限公司	559 876	微特电机
83	杭州微光电子股份有限公司	577 754	微特电机
84	深圳可立克科技股份有限公司	1 070 366	电子变压器
85	广东华锋新能源科技股份有限公司	649 511	化成箔
86	成都大唐线缆有限公司	614 629	光电线缆
87	宁波福特继电器有限公司	513 290	继电器
88	上海埃斯凯变压器有限公司	528 650	电子变压器
89	东莞市大忠电子有限公司	623 722	电子变压器
90	广西贺州市桂东电子科技有限责任公司	594 915	化成箔、腐蚀箔
91	湖北科普达高分子材料股份有限公司	562 366	光电缆材料
92	四川华丰企业集团有限公司	552 322	连接器
93	宁波天波港联电子有限公司	375 506	控制继电器
94	江苏法尔胜光通信科技有限公司	737 436	光纤光缆
95	浙江天乐集团有限公司	696 085	电声配件
96	深圳江浩电子有限公司	542 672	铝电解电容器、薄膜电容器
97	中电科技德清华莹电子有限公司	529 611	声表面波器件
98	深圳振华富电子有限公司	309 893	片式电感器
99	汕头高新区松田实业有限公司	346 017	陶瓷电容器等
100	泰晶科技股份有限公司	611 300	石英晶体器件

注：表 1 ~表 3 数据来源于中国电子元件行业协会信息中心。

[撰稿：古群　金磊　娄龙　审稿：乔跃山]

电子信息材料行业

【概况】 在半导体集成电路、新型显示、元器件及电子整机用户市场的拉动下，2018 年国内电子材料企业加快技术创新，行业整体呈现平稳发展态势。下半年受贸易摩擦影响，电子信息材料行业销售较上半年有所下滑。全年行业销售收入 4 418 亿元，同比增长 9.6%。

【半导体材料】 半导体材料主要包括晶圆制造材料与封装材料两大类。其中，晶圆制造材料包括半导体硅材料（硅片）、电子级多晶硅、光掩膜版、湿化学品、电子特气、光刻胶、溅射靶材、CMP 抛光材料等；封装材料包括塑封料、引线框架、键合丝、封装基板。

半导体硅材料　2018 年，半导体硅材料延续 2017 年下半年以来供不应求的局面，全球硅片需求增长超过 15%。国内从事半导体硅材料的生产商 35 家，规模普遍偏小，整体规模占全球市场不足 10%。国内直径 5 ~ 8 英寸抛光硅片年产量约 900 万片，5 ~ 8 英寸外延片年产量约 1 260 万片；8 英寸硅片实现批量应用，主要适用于分立器件及部分集成电路；12 英寸硅片处于研发试用阶段，上海新昇半导体科技有限公司有 5 万片 / 月测试片生产能力。随着 8 ~ 12 英寸硅片市场需求快速增长，2018 年国内新建、拟建的 8 英寸、12 英寸硅片厂家约 10 家。

电子级多晶硅　国内电子级多晶硅研发生产企业主要有青海黄河上游水电开发有限责任公司新能源分公司、江苏鑫华半导体材料科技有限公司、洛阳中硅高科技有限公司等，产品进入硅片生产企业开始验证和小批量应用，产品质量稳定性需进一步提升，成本有待进一步下降。中国集成电路硅片应用的电子级多晶硅仍以进口产品为主。

光掩膜版　全球半导体光掩膜版领域 80% 以上市场份额被 Photronics、大日本印刷株式会社 DNP 和日本凸版印刷株式会社 Toppan 三家占据。中国从事光掩膜版研究生产的内资企业主要有深圳市路维光电股份有限公司、深圳清溢光电股份有限公司等，产品主要应用于平板显示、触控行业和电路板行业，用于集成电路制造的高端光掩膜版则被国外公司垄断。

湿化学品　2018 年中国 6 英寸及以上晶圆生产线湿化学品消耗量超过 25 万吨，细分领域要求产品达到 SEMI 标准 C8 级以上甚至 C12 级水平，大部分产品来自于进口。2018 年，国内在消耗量最大的电子级硫酸方面取得突破：苏州晶瑞化学有限公司依托下属子公司年产 30 万吨的优质工业硫酸原材料优势，结合从日本三菱化学株式会社引进的电子级硫酸先进制造技术，投资建设年产 9 万吨 / 年的电子级硫酸项目；湖北兴福电子材料有限公司的电子级硫酸技术攻关取得重大突破，产品品质超越 SEMI C12 级别，与国际电子化学品最大供应商巴斯夫的产品品质处于同一级别，并向部分国内 12 英寸晶圆厂稳定供货。

电子特气　2018 年中国半导体用电子特气市场规模约 235 亿元。经过 30 多年的发展，半导体用电子特气取得较大进展，中国船舶集团有限公司第七一八研究所、绿菱电子材料（天津）有限公司、广东华特气体股份有限公司等均在 12 英寸晶圆用产品上取得突破，并且实现稳定的批量供应；太和气体（荆州）有限公司的氯气在平板显示行业实现应用。

光刻胶　国内从事集成电路用光刻胶研究生产的企业近 10 家，北京科华微电子材料有限公司、晶瑞股份苏州瑞红电子化学品有限公司开发的 248nm 光刻胶产品性能稳定，各项性能指标达到国外同类产品同等水平，可以批量生产和应用；江苏南大光电材料股份有限公司研发的 193nm 光刻胶在技术上取得一定突破。

溅射靶材　近年来，国家制定一系列产业政策推进靶材技术的发展，产业化效果显著。宁波江丰电子材料有限公司、有研亿金新材料有限公司研究生产的半导体集成电路用铝靶、钛靶、铜靶等靶材取得较大进展；贵研铂业股份有限公司开发的半导体器件用镍铂靶材取得突破，建立生产线并取得良好经济效益。

CMP 抛光材料　CMP 抛光材料主要有抛光液与抛光垫。安集微电子（上海）有限公司实现 12 英寸 IC 抛光液批量供应，2018 年完成多个具有世界先进水平的集成电路材料的研发及产业化应用；作为抛光垫主要供应商的湖北鼎龙控股股份有限公司，其 12 英寸晶圆用产品攻关取得一定成果。

塑封料　2018 年环氧塑封料全球市场规模 7.9 亿美元，中国成为世界环氧塑封料最大生产基地，年产能约 10 万吨，占全球总产能 30%。中国生产环氧塑封料企业 20 家，主要生产厂商 10 家。中国环氧塑封料生产企业主要是以满足内需为主、出口量很小。华海诚科新材料股份有限公司、衡所华威电子有限公司、江苏中鹏新材料股份有限公司跻身全球前十大塑封料厂商。国内环氧塑封料制造企业主要集中在分立器件和中小规模 IC 封装用环氧塑封料领域，占 30% 国内市场份额（销量），部分中端产品进口依存度高达 80% 以上，高端产品基本全部依赖进口。

引线框架　中国是引线框架使用大户，需求量占全球 1/3。国内主要生产企业 10 余家，宁波康强电子有限公司产量规模最大。

键合丝　中国键合丝生产企业约 10 家，金丝年产量约 25 亿米，铜丝和铜钯丝年产量约 40 亿米，银丝和银合金丝年产量约 8 亿米，硅铝丝等年产量约 6 亿米。

封装基板　在高阶封装领域，封装基板已取代传统引线框架，成为芯片封装中不可或缺的一部分。国内厂商的产品主要以中低端为主，深南电路股份有限公司、珠海越亚半导体股份有限公司等具备中低端基板生产能力；柔性基板处于中试阶段，华进半导体封装先导技术研发中心有限公司、清华大学、中国电子科技集团公司第五十八研究所的硅基板产品正在研制中。先进封装用封装基板方面，中国企业已经掌握中低端基板的生产工艺和品控技术并实现大规模量产，市占率逐步提升；高端产品受制于关键原材料及核心装备依赖进口，短时间内尚难以突破。

【电子元器件材料】　电子元器件材料主要包括覆铜板材料、电子铜箔材料、电子陶瓷材料、锡焊料、压电晶体材料、磁性材料。

覆铜板材料　2018 年国内各类覆铜板总产能 8.8 亿平方米，同比增长 5%；各类覆铜板总产量 6.5 亿平方米，同比增长 10.8%；销售量较 2017 年增长 11.3%，达到 6.5 亿平方米；销售收入增长 9.6%，达到 559.7 亿元；商品半固化片销售量增长 13.44%，达到 5.8 亿平方米，销售收入增长 27.6%，达到 105 亿元；综合销售收入增长 12.1%，达到 664.7 亿元。2018 年中国覆铜板行业整体上取得主营业务收入和综合销售收入双增长的较好成绩，但高技术覆铜板供给仍然不足，环保达标任务依然艰巨。行业需进一步加快产业结构调整，促进绿色可持续发展。

电子铜箔材料　2018 年，电子铜箔市场延续 2017 年良好形势，总体运行平稳。2018 年前三季度市场产销两旺，铜箔价格较为稳定，企业基本满量生产。从 2018 年第四季度开始，由于国家对新能源汽车补贴政策的调整导致锂电池企业效益下滑、产能萎缩，新建扩建铜箔企业开始向市场投放产品，对锂电池铜箔市场造成冲击，铜箔价格一路下滑。2018 年电解铜箔总产能 46.4 万吨，比 2017 年增加 8.8 万吨，年增长率 23.2%；产量 39.5 万吨，比 2017 年增加 5.8 万吨，年增长率 17.3%；销售量同比增加 4.5 万吨，达到 38.0 万吨（其中，电子电路铜箔销售量 26.6 万吨，锂电池铜箔销售量 11.4 万吨），年增长率 13.3%；销售收入 291.5 亿元，增长 9.9%。2018 年，压延铜箔企业生产经营比较平稳，产量 7 217 吨，同比增加 2.8%；销售量 7 149 吨，年增长率 3.0%；实现销售收入 7.84 亿元，年增长率 1.6%。

电子陶瓷材料　2018 年电子陶瓷材料与上年相比产量降低 1.16%，达 5 851.4 吨；销量降低 4.75%，达 5 372.9 吨；出口量基本持平；销售收入 3.35 亿元，同比增长 21.21%；利润约 0.56 亿元，同比增加 35.7%。其中圆片瓷粉产量和销量比上年降低近 10%，MLCC 瓷粉产量和销量提高近 5%。销售收入和利润的大幅度增加主要是瓷粉价格升高所致，尤其是 MLCC 瓷料价格上涨近 30%。

锡焊料　锡焊料行业锡丝、锡条类产量约 13 万吨，锡膏类产量约 1.6 万吨，涉及到精锡的总消耗量约 11 万吨。2018 年锡焊料行业产量总体略有下滑，主要是小微企业抗风险能力较弱。受贸易摩擦影响，行业出口下滑，导致焊锡企业出货量略有减少。

压电晶体材料　压电晶体材料行业主要包括压电人造水晶材料、铌酸锂、钽酸锂晶体材料，其中压电人造水晶材料市场规模较大，2018 年水晶材料（压电、光学）市场需求量增长，由于原材料、电价、人工费用上涨等，全年形成价涨料缺的景象。

磁性材料　中国磁性材料产品门类基本全覆盖，产量世界第一，是磁性材料制造大国，但还不是磁性材料制造强国。磁性材料行业 2018 年整体前高后低，同比增速下降，多数企业增产不增利，行业竞争激烈，市场经营压力较大，全年销售额约 440 亿元（不含磁性材料器件）。

【平板显示用材料】　平板显示用材料主要包括玻璃基板、偏光片、液晶材料、TFT-LCD 用光刻胶。中国液晶面板用几大材料整体本地化仍处于中低位水平，高世代液晶面板所需的部分关键材料仍依赖从韩国、日本和中国台湾地区厂商进口。

玻璃基板　中国从事玻璃基板研究和生产的企业主要有东旭光电科技股份有限公司、彩虹显示器件股份有限公司、中国建材集团所属凯盛科技股份有限公司等，产品主要集中在 G6 代以下；康宁、旭硝子等公司产品以 G8.5 代及以上为主。2018 年 3 月，成都中光电科技有限公司一线正式试产 LTPS 玻璃基板并成功下线，经过全面对比检测，其理化性能和品质指标达到行业领先水平。

偏光片　偏光片行业具有较高技术、人才、资金和客户认证壁垒，市场集中度较高，韩国 LG 化学、日本日东电工和住友化学三足鼎立，全球市场份额超过 60%。近年来国内企业深圳市三利谱光电科技股份有限公司、深圳市盛波光电科技有限公司等发展迅速，制造技术水平渐趋成熟，产线投入规模开始加大，虽然在高端领域尚有差距，但从技术路径和发展情况看，迎头赶上前景可期。2018 年中国大陆地区偏光片企业产能 1.72 亿平方米，实际供给能力约 1.48 亿平方米。

液晶材料　2018 年中国大陆液晶面板厂的混合液晶需求量约为 250 吨，中国大陆本土混合液晶企业的合计出货量 117 吨。国内从事液晶材料研发生产的企业主要有江苏和成显示科技有限公司、石家庄诚志永华显示材料有限公司、北京八亿时空液晶科技股份有限公司。

TFT-LCD 用光刻胶　彩色光刻胶行业技术壁垒高，日本、韩国、中国台湾地区是彩色光刻胶主要生产地区。中国大陆 TFT-LCD 生产企业所需的彩色光刻胶主要从韩国和日本进口。中国彩色光刻胶尚处于起步发展阶段，技术的突破、产业化的进展受国外公司专利的限制，通过用户验证还需要一定时间。

【科研与新产品】　江苏艾森半导体材料股份有限公司、潍坊星泰克微电子材料有限公司生产的封装用 I/G 线正性光刻胶（SUN-1170P）是厚膜正性光刻胶，主要应用于 IC 先进封装（CIS/Bumping/WLP/PLP 的图形及线路制作），具有涂布均一性好、显影后 profile 角度陡直、耐化学铜电镀、耐干刻蚀、金属离子含量低、容易去胶等优点。

南京国盛电子有限公司 8 英寸 1200V IGBT 用硅外延片，采用仿真热场调节工艺技术，通过精确控制反应温度，改善高阻厚层外延产品均匀性，抑制滑移线等晶格缺陷，有效降低厚层产品非正常裂片率；利用变掺杂工艺技术，优化多层外延纵向载流子分布，批量产品过渡区重复性好，电性一致性高。

安集微电子科技（上海）股份有限公司生产的集成电路用铜抛光液 AEP U3060B、铜阻挡层抛光液 AnjiTCU2000-H6S 主要用于 28nm 技术节点集成电路制造后道铜互联抛光制程，是集成电路制造中关键工艺材料之一。在应用中首先用 AEP U3060B 抛光液将铜去除，然后用 AnjiTCU2000-H6S 抛光液去除阻挡层（Ta）、二氧化硅（TEOS）介质层、低介电材料 BD，以及部分机械强度较低的超低介电材料 ULK 并停在 ULK 上。其中铜抛光液具有抛光效率高、平坦化效率高、成本低等特点，阻挡层抛光液具有高 Ta/TEOS/BD 抛光速率，能够控制 ULK 去除效率保护 ULK 材料，减少缺陷，抛光后平坦度、片内均匀度等技术指标达到国际领先水平。

宁波江丰电子材料股份有限公司针对 20 ~ 14nm 集成电路应用于 FinFET、FDSOI 和平面体硅 CMOS 技术要求，开发出作为阻挡层及阻挡修复层用超高纯（4N5）Ta、（5N）Ti、（5N5）Al 靶材。产品通过台积电 16nm FinFET 技术认证，实现量产，其中钽靶材在台积电的 10nm FinFET 工艺也在评价中。产品技术达到国际先进水平，领先国内芯片制程。

苏州生益科技有限公司研发的集成电路用高模量无卤有机封装基材，在打破日本同行（三菱瓦斯、日立化成、松下）BT 树脂（以双马来酰亚胺和三嗪为主树脂，并加入其他组分改性所形成的热固性树脂）技术壁垒的前提下，创新性地将双马来酰亚胺树脂改性技术和无卤阻燃技术有机结合，并运用到覆铜板配方设计中，制造具有较高刚性、高玻璃化转变温度、低热膨胀系数和良好加工性的产品，拥有自主知识产权，产品技术参数达到国际先进水平并在国内处于领先地位。

内蒙古欧晶科技股份有限公司用电弧法高温熔制的28英寸半导体级大直径高纯石英坩埚，其原材料主要为高纯度石英砂，具有纯度高、耐温性强、尺寸大、精度高、保温性好、高温下连续工作时间长、质量稳定等优点，广泛应用于国内外半导体企业。

烟台德邦科技有限公司通过关键原材料自主研发，开发出适用于无铅工艺含超低介电材料高密度芯片的倒装芯片BGA、CSP、SiP的底部填充材料，产品具有高流动性、较低的膨胀系数和较好的韧性，可满足高性能CPU封装需求，有效推动具有自主知识产权的集成电路关键封装材料国产化进程。

北京凯德石英股份有限公司研发的12英寸立式石英舟是12英寸集成电路芯片生产线采用的晶片载体，采用立式模具进行焊接，先开槽后焊接，公司研制专用立式退火炉，采用立式退火的方式，并采用石英模具支撑方法有效控制产品退火过程中法兰炸裂问题（由于石墨膨胀系数小，对石英板影响较小，可防止炸裂发生）。

【重点项目】 硅片方面，随着8 ~ 12英寸硅片市场需求的增长，国内硅片厂家纷纷布局。据中国电子材料行业协会统计，截至2018年年底，国内企业在大尺寸硅片上规划投资超过1 600亿元人民币。

覆铜板方面，覆铜板技术向高、精、尖方向发展，各家公司都瞄准高频高速覆铜板产品，投资智能化高频高速覆铜板生产线，广东生益科技股份有限公司等国内公司跻身于高性能覆铜板供应商行列，其他公司也不断推出高频高速覆铜板等新产品。

石英材料方面，江苏太平洋石英股份有限公司投资5.83亿元建设年产6 000吨电子级石英产品项目，投资1.56亿元建设年产20 000吨高纯石英砂项目；江苏富乐德半导体科技有限公司投资5.5亿元建设电弧石英坩埚及集成电路用石英制品加工项目；浙江先导热电科技股份有限公司投资4亿元建设集成电路用石英制品加工项目；江西中昱新材料科技有限公司投资0.6亿元建设28英寸以上电弧石英坩埚项目。

【统计数据】

表1　2016—2018年中国电子信息材料行业主要产品销售收入情况

电子材料名称	2016年	2017年	2018年	
	销售收入（亿元）	销售收入（亿元）	销售收入（亿元）	增长率（%）
多晶硅	212.0	271.4	272.7	0.5
太阳能电池用硅片	407.1	476.3	543.0	14.0
微电子用单晶硅	79.1	94.9	106.3	12.0
半导体封装材料	398.1	418.0	462.6	10.7
电子精细化工材料	359.1	423.7	487.2	15.0
PCB用覆铜板	397.4	510.7	559.7	9.6
电子铜箔	197.2	273.0	299.3	9.6
电子锡焊料	380.0	402.8	425.0	5.5
磁性材料	390.0	413.4	434.9	5.2
压电晶体材料	113.2	114.3	120.0	5.0
光纤材料	120.0	156.0	163.8	5.0
平板显示主要材料	295.6	369.5	424.2	14.8

续表

电子材料名称	2016 年	2017 年	2018 年	
	销售收入（亿元）	销售收入（亿元）	销售收入（亿元）	增长率（%）
其他电子信息材料	89.1	106.9	119.7	12.0
合计	3 437.9	4 030.9	4 418.4	9.6

表 2　2018—2019 年国内企业规划并开始实施的大尺寸硅片产业规模

序号	项目名称	总投资额（亿元）	8 英寸（万片 / 月）	12 英寸（万片 / 月）
1	上海新昇半导体科技有限公司	68	/	60
2	上海超硅半导体有限公司	100	/	30
3	重庆超硅半导体有限公司	50	50	5
4	成都超硅半导体有限公司	50	/	50
5	天津领先控股集团有限公司	/	30	2
6	无锡中环应用材料有限公司一期	100	75	15
7	无锡中环应用材料有限公司二期	100	/	35
8	浙江金瑞泓科技股份有限公司	10	12	/
9	金瑞泓科技（衢州）有限公司	50	40	10
10	杭州立昂微电子股份有限公司	83	/	30
11	山东有研半导体材料有限公司	80	23	30
12	杭州中芯微电子有限公司	60	35	20
13	宁夏银和半导体科技有限公司一期	31	15	/
14	宁夏银和半导体科技有限公司二期	60	35	20
15	郑州合晶硅材料有限公司	57	20	20
16	安徽易芯半导体有限公司	30	/	15
17	西安奕斯伟硅片技术有限公司	110	/	50
18	四川经略长丰半导体有限公司	50	10	40
19	广西启世半导体有限公司	200	/	120
20	中晶（嘉兴）半导体有限公司	110	/	40
21	江苏睿芯晶半导体科技有限公司	20	/	10
22	天芯硅片制造（湖北）有限公司	/	/	/
23	中芯环球科技有限公司	/	/	/
24	锦州神工半导体股份有限公司	10	30	/

续表

序号	项目名称	总投资额（亿元）	8 英寸（万片 / 月）	12 英寸（万片 / 月）
25	杭州中欣晶圆半导体股份有限公司	70	45	24
26	江苏协鑫硅材料科技发展有限公司一期	94.5	5	25
27	江苏协鑫硅材料科技发展有限公司二期	55.5	/	/
	合计	1 649	425	651

表 3 2018 年光伏硅材料企业扩产情况

序号	企业名称	所在地	新增产能计划（吨）	预计到 2019 年年底产能（吨）
1	江苏中能硅业科技发展有限公司	江苏	40 000	84 000
2	四川永祥股份有限公司	四川	50 000	70 000
3	新疆大全新能源股份有限公司	新疆	47 000	67 000
4	新疆东方希望新能源有限公司	新疆	15 000	30 000
5	亚洲硅业（青海）有限公司	青海	5 000	20 000
6	赛维 LDK 太阳能高科技有限公司	江西	10 000	20 000

表 4 2018 年覆铜板企业新增产能项目及规模

序号	企业（总厂）名称	新增产能项目地点	建设开工时间	计划投产时间	产品品种	规模
1	广东生益科技股份有限公司	江苏省南通高新区	2018 年 1 月	2019 年	高频覆铜板	投资 5 亿元，约年产 500 万张覆铜板
2	诚雨电子材料有限公司	河南省林州市	2018 年 3 月	2019 年	铝基覆铜板	投资 5.5 亿元（一期），800 万平方米
3	木林森股份有限公司	江西省井冈山经开区	2018 年 3 月	2020 年	玻纤布基覆铜板	总投资 30 亿元
4	南亚塑胶集团	广东省惠州市	2018 年 3 月	2020 年	玻纤布基覆铜板	1320 万张 / 年
5	南亚新材料科技有限公司	江西省井冈山经开区	2018 年 3 月	2019 年	玻纤布基覆铜板	一期投资约 18 亿元，年产 1 200 万张，粘结片 900 万米能力
6	林州致远电子科技有限公司	河南省林州市	2018 年 3 月	2019 年	玻纤布基覆铜板	总投资 25 亿元，一期投资 11 亿元，新建年产 1 100 万平方米覆铜板及 2 200 万米粘结片
7	中条山集团	山西省垣曲县	2018 年 4 月	2020 年	挠性覆铜板	200 万平方米挠性覆铜板
8	台虹科技集团	江苏省南通市如东县	2018 年 5 月	2020 年	软性基层板	总投资 10 亿元
9	广东生益科技股份有限公司	江西省九江经开区	2018 年 5 月	2019 年	玻纤布基覆铜板	一期年产 1 200 万平方米板材，年产 2 200 万米商品粘结片

续表

序号	企业（总厂）名称	新增产能项目地点	建设开工时间	计划投产时间	产品品种	规模
10	联茂电子科技股份有限公司	江西省赣州市龙南经开区	2018 年 5 月	2020 年一季度	玻纤布基覆铜板	总投资 25 亿元，约年产 1 600 万平方米板材，年产 2 000 万米商品粘结片，预估 2020 年年初一半产能建成
11	建滔化工集团	湖北省衡阳市	2018 年 5 月	2020 年一季度	玻纤布基覆铜板	年产 2 400 万张覆铜板
12	广东生益科技股份有限公司	陕西省咸阳市	2018 年 5 月	2020 年	CEM-3、玻纤布基覆铜板	扩产陕西生益的二期年产 1 300 万平方米高导热与高密度 CCL 与 300 万米 PP 项目
13	广东生益科技股份有限公司	广东省东莞市松山湖	2018 年 5 月	2019 年	玻纤布基覆铜板	扩产封装基板用基板材料市场线，约 200 万张覆铜板
14	台光电子股份有限公司	湖北省黄石经济技术开发区	2018 年 5 月	2020 年	玻纤布基覆铜板、金属基覆铜板、IC 载板用基板材料	一期投资 6 亿元，建成投产后年产 1 800 万米粘合片和 720 万张基板
15	江西鸿宇电路科技有限公司	江西省赣州市信丰县工业园	2017 年 12 月	2018 年 10 月	LED 行业线路板（FR4，铝基，CEM-01，CEM-03）	一期工程 6 亿元，年产 400 万张覆铜板
16	汕头超声电子（集团）公司	广东省汕头市	2018 年 3 月	2020 年	玻纤布基覆铜板	新增年产覆铜板 500 万平米（390 万张）、半固化片 1 500 万平方米

注：表 1 ~表 4 数据来源于中国电子材料行业协会。

［撰稿：袁桐　徐东华　审稿：乔跃山］

光学光电子行业

【概况】　2018 年，受世界经济发展整体放缓及贸易摩擦影响，光电行业进出口贸易受到一定影响，在成本上涨、需求下滑、资金链短缺等多重压力下，行业整体增速放缓，部分劳动力密集的元器件制造及整机组装产能向东南亚、印度或其他地区转移。中国光电行业同众多高科技行业一样，面临转型升级压力。

经过多年发展，中国光电行业中低功率激光器件、光学玻璃、光学镜片、手机及安防用镜头及模组、LED 芯片及 LED 器件、LED 显示屏、LED 照明产品、液晶显示面板及液晶电视、光通信用无源器件、光伏产品的产销量、市场规模均居世界前列，且有持续向好发展势头。

【主要经济指标】　2018 年，中国光电行业总体规模维持在 1.1 万亿元左右（不包括光通信行业、光电显示终端产品以及光伏行业），同比增长 8% 左右。行业继续保持新增投资持续增长势头，2018 年国内新型显示行业新增投资约 3 954 亿元，同比增长 241%。其中显示器件（面板）投资 3 580 亿元，占比超过 90%；显示材料及装备投资 180 亿元，占比仅 4%；显示应用投资 194 亿元，占比仅 5%。在显示器件（面板）投资主体中，非骨干企业投资 1 169 亿元，占比 33%。

【企事业单位】 2018 年，中国境内光电行业企事业单位 1 万多家。地区分布上，其中 70% 集中在珠三角、长三角及华中等经济发达地区；企业类型上，70% 左右为企业，30% 左右为科研院所、事业单位；细分行业里，LED 企业数量最多，约占 50%，其次为激光及光学企业约占 30%，液晶及 OLED 等光电显示企业数量较少，但是产业规模最大；产业链条上，80% 以上企业位于行业中下游，上游材料、关键设备企业不足 20%。

【从业人员】 据中国光学光电子行业协会不完全统计，中国光电行业直接从业人员超过 100 万人。光电行业属于技术和资金密集行业，从业人员学历水平较高，大学本科及以上学历占 35% 左右。

【生产与销售】 随着光电显示技术不断发展，OLED、MiniLED 等新型显示技术逐步受到重视，液晶显示面板的投资已经基本停止。现代制造业对自动化、智能化生产模式的需求日益增长，激光器需求激增，激光器件及其应用持续受到关注；同时，半导体、面板、新能源汽车等新兴制造业对激光设备的需求也越来越大。2018 年，国产高功率激光切割、激光焊接装备持续投入使用并取得良好效果。

激光行业　据中国光学光电子行业协会不完全统计，2018 年，中国激光产品（包括激光晶体材料、各类激光器件以及激光加工制造、激光检测及医疗等应用产品）总产值约 400 亿元。

LED 行业　2018 年中国 LED 芯片市场规模 232 亿元，同比增长 10.4%，增速下降明显。2017 年下半年开始，厂商的产能持续释放，截至 2018 年年底，中国大陆 LED 芯片厂商总产能 1 120 万片 / 月，同比增长 31%。产能增速高于需求增速，导致厂商库存居高不下，芯片价格持续下跌。

封装方面，2018 年中国大陆 LED 封装市场规模 1 024 亿元，同比增长 11.9%。2018 年下半年开始，由于贸易摩擦的原因，LED 照明出口受较大影响，而且影响短期内难以消除，导致增速不及预期。2019 年市场需求依然不容乐观，大陆本土市场内部需求将是成长主要动力，包括车用 LED、高端商用照明、高端背光及显示等市场。

2018 年全国 LED 显示应用市场总体销售规模 522 亿元，较上年增长 22%。在 LED 下游应用中，通用照明占 44.1%，景观显示占 16.5%，LED 显示屏占 15.5%，背光应用占 8.3%，信号及指示占 1.5%，汽车照明占 1.5%，其他占 12.5%。

光学元器件行业　2018 年，中国光学元器件市场保持近 10% 的增长速度，据中国光学光电子行业协会不完全统计，中国从事光学材料、光学镜片及镜头、镜头模组以及下游的望远镜、显微镜等直接光学产品的企业大约 3 000 家。2018 年实现营业收入约 850 亿元，其中上游光学材料市场规模约 30 亿元，中游光学元器件市场规模 700 亿元，下游光学仪器（不包括安防监控设备以及智能手机）市场规模 120 亿元。

红外行业　在民用领域，红外行业充分实现市场化竞争。随着非制冷红外热成像技术的发展，红外热像仪在民用领域得到广泛应用，民用市场保持较快增长速度。红外行业上游产品是红外探测器，中游为红外探测器组件，下游为红外整机产品。红外探测器成本约占红外热像仪总成本 80%，其采购价格对红外整机产品的销售价格影响较大。全世界只有美国、法国、日本、以色列和中国 5 个国家具有红外探测器产业化生产能力。经过多年发展和技术积累，国内红外行业已经具备从红外探测器到红外整机产品的全产业链。中国红外热像仪产品市场还处于发展期，在民用消防、电力、建筑、制造业等方面应用市场规模 200 亿元。

光电显示行业　2018 年，全球显示器件产值约 1 188 亿美元，同比减少 10.9%，与同为波谷期的 2016 年大体相当。受益于反周期投资的持续增长，显示装备、材料和显示器件全产业链合计产值规模约 2 117 亿美元，同比减少 7.5%。中国大陆地区成为全球新型显示行业发展主力，在周期性影响下依然保持稳步成长，为全球行业稳定发展作出重要贡献。2018 年中国显示器件产值约 406 亿美元，同比增长 8.6%，产值贡献仅次于韩国位列全球第二。在 TFT-LCD、PMOLED、LED 和 TN/STN-LCD 等细分技术领域，中国大陆地区产值贡献已位列全球第一。中国大陆地区显示装备、材料和显示器件全产业链合计产值约 519 亿美元，同比增长 2.7%。

【科技进步与应用】 国产光纤激光器出货增加，激光装备性能提升、应用广泛。2018 年，国产小功率光纤激光器（< 1kW）出货近 9 万台，中功率（1kW ~ 3kW）

出货 15 000 台，高功率（ > 3kW）出货 1 000 台，其中 6kW 光纤激光器出货 200 台，在攻克大功率合束技术及其他大功率激光器关键技术后，12kW 光纤激光器 2018 年出货量达到 10 台。高功率焊接将成为激光加工下一个市场热点，预计届时国产 12kW 光纤激光器销量将接近 100 台。从装备方面看，大族激光科技产业集团股份有限公司（简称大族激光）推出的半挂车长车架地板激光焊接系统，采用自熔叠焊形式替代传统手工弧焊，大幅提升生产效率和焊接质量；华工科技产业股份有限公司（简称华工科技）打造的激光切割柔性智能生产线由多台激光切割机、智能仓储系统、上下料分拣系统组成，进入格力电器股份有限公司应用；华工科技推出的全铝汽车车身顶盖激光焊接生产线也被上汽通用汽车有限公司和上海蔚来汽车有限公司等车企广泛应用。

在终端价格压力下，市场倒逼 LED 封装企业技术升级，进一步推动新技术的应用和普及速度。一方面，CSP 芯片级封装、倒装 LED、去电源化模组技术逐渐成熟并实现规模化量产，受到行业广泛关注，下一步重点是提高性价比；另一方面，EMC、COB、mini、micro 及高压 LED 市场持续爆发，未来的增长空间将聚焦于细分市场。LED 封装技术向高发光效率、高可靠性、高散热能力与薄型化四个方向发展。在技术工艺上，中国 LED 封装产业整体工艺水平与国际水平差距不大，封装企业某些单独指标的最高水平甚至高于国际最高水平。随着户外表贴技术的发展，未来直插封装市场将会越来越小，COB 封装则在某些领域占据一席之地。CSP LED 由细分市场迈进通用照明市场，除在电视背光和闪光灯市场有较高渗透率之外，佛山市国星光电股份有限公司、深圳市立洋光电子股份有限公司、中山市立体光电科技有限公司等企业采用 CSP 封装技术生产照明产品；LED 行业 SMD 贴片仍是市场主流，SMD 封装专业化程度越来越高；COB 在 LED 小间距高清显示领域将持续扮演技术领导者角色，积极促进 LED 行业产品升级换代；大功率 EMC 封装器件性价比已高于传统低功率 COB 封装器件，越来越多企业开始采用 EMC 器件取代低瓦数的 COB 器件；国内市场出现封装好的 Mini LED 器件，但 Micro LED 还需要时间和市场来验证。LED 行业整体上已呈现出集成化、规范化趋势，未来的封装也将走向“芯片级”封装，集成化程度将会越来越高。

基于倒装 LED 发光芯片的新一代 COB 小间距显示产品技术成熟，尤其在< P0.9 超高密度超高清显示、超高可靠性、近屏体验等方面近乎完美，使得 LED 像素间距< 0.7mm 成为可能。同时，共晶焊制程（无键合线、无银胶）使得 LED 器件性能得以提高，终极产品 LED 显示屏毛毛虫现象可望得到大大改善。2018 年，部分厂家推出的户内 SMD 1.0mm 间距显示屏达到量产水平，0.9mm 间距显示屏已突破关键技术节点，P0.7、P0.6 的产品也陆续出现。尺寸越来越小，密度越来越高，贴片难度越来越大，防护性越来越低，适应性越来越差，长期使用的稳定性和可靠性差，小 / 微间距 SMD LED 显示屏技术瓶颈越来越大。新型 N 合 1 小 / 微间距 LED 显示技术解决了上述问题。

潜望式摄像头应用于智能手机。厚重的摄像模组一直是光学变焦的痛点，不符合智能手机轻薄化的趋势，潜望式结构可以将镜片模组横向排列在手机内部，借助光学棱镜实现成像，比传统方式节省 55% 空间。2018 年以 OPPO 为代表的国产手机品牌创新性地使用了潜望式摄像头。

【重点项目】 苏州长光华芯光电技术有限公司与苏州高新区政府共建半导体激光创新研究院，旨在建设国内一流的半导体激光芯片研发平台，全面进入激光 3D 传感芯片（含 VCSEL）、高速光通信芯片、激光照明、激光显示等方向和领域。

大族激光 20kW 超高功率光纤激光切割机投放市场，这款机型突破一系列超厚板激光切割技术壁垒，不锈钢切割厚度提升至 100mm，切割效率与设备可靠性提升 20% 以上，光电转化效率高达 40%。

先导薄膜材料（广东）有限公司研发生产的 G11 代 ITO 旋转靶材成功下线，这是中国企业制造的第一套用于全球最大尺寸 G11 代 TFT-LCD 新型显示器件生产所需的 ITO 靶材。

随着非制冷热成像在安防、汽车和个人视觉系统中广泛应用，市场对热像模组的成本、功耗和体积提出新的要求，12 微米像元间距日益成为主流。艾睿光电科技有限公司 2018 年 5 月首次发布 1280 × 1024 百万像素 12 微米超小像元间距非制冷红外探测器，并首次发布 12 微米 1280 × 1024 面阵规模非制冷红外探测器。

【进出口贸易】 2018 年，中国显示器件（面板）出口数量和金额同比减少约10%，其中对美出口金额同比减少18%。中国国内LED显示屏销售总额284亿元，出口海外72亿元，出口占比25%。

【存在问题】 全球主要经济体正处于经济增速放缓、政策纠结和不确定性较高阶段。外部的不确定性必然给中国光电行业发展增加复杂性和多变性。

企业效益下滑，财务风险增大。2018年，经济下行压力延续，各行业市场需求普遍低迷。受宏观经济因素影响，光电各个细分行业发展不及预期，致使支撑企业发展的有效资金缺口加大，企业的社会融资需求进一步增加。同时，在金融政策趋严的环境背景下，企业融资渠道出现明显收缩，加剧企业融资难度。

专利布局滞后，缺乏高质量发展动能。专利纠纷一直贯穿整个光电行业特别是LED产业的发展历程。初期，以欧司朗、日亚化学、科锐以及丰田合成等为代表的国际厂商占据技术主导权，形成强大的专利保护网。国内LED行业起步较晚，知识产权积累相对较少，特别是封装及应用环节，真正进行知识产权布局的还比较少，缺乏与国际巨头抗衡或谈判的筹码。随着中国企业知识产权意识的增强，专利纠纷逐渐减少。

产品同质化现象普遍存在。中国的光电产品存在产品同质化问题，产品竞争激烈，抗降价风险能力差，企业需要通过技术突破和产品创新，在巩固原有主业的基础上，走差异化和高质量发展路线，积极拓展智能物联硬件、健康、植物照明、大消费等相关产业，更好地优化产业结构，培育新的利润增长点。

新型显示行业竞争白热化。过去3年LCD出货量增速明显放缓，个别显示应用已经开始出现负增长。在“马太效应”影响下新型显示行业竞争的区域性将在中长期得以保持，中国大陆地区的后进入者过多容易形成无序投资局面，从而影响整个区域的竞争力。企业间的竞争程度日趋白热化，竞争形式从规模逐渐转向效益，竞争手段多集中于知识产权纠纷，竞争区域特色分化。

【统计数据】

表1　2018年中国主要光学元件企业营收情况

企业名称	2018年营业收入（其中光学业务收入）（亿元）	同比增长（%）	2018年净利润（亿元）	同比增长（%）
舜宇光学科技（集团）有限公司	259.3	15.9	13.1	−24.7
欧菲光集团股份有限公司	430.5（光学156）	27.40	18.4	123.64
丘钛科技（集团）有限公司	81（光学62）	2.5	0.14	−96
高伟电子控股有限公司	36	−27.7	0.94	−49.7
中光学集团股份有限公司	25.8	55	1.6	238
浙江水晶光电科技股份有限公司	23.3	8.4	4.63	30
合力泰科技股份有限公司	173（光学12）	14.60	13.7	16.3
中山联合光电科技股份有限公司	11.6	25	0.73	−10
东莞市宇瞳光学科技股份有限公司	10	−	0.98	−
凤凰光学股份有限公司	7.7	−2	−740	−122
北方光电股份有限公司	24.2（光学6.7）	28.43	0.58	30.51
联创电子科技股份有限公司	48（光学6.5）	−5	2.6	−7
成都晶华光电科技有限公司	5.9	4	0.63	33

续表

企业名称	2018 年营业收入（其中光学业务收入）（亿元）	同比增长（%）	2018 年净利润（亿元）	同比增长（%）
湖北五方光电股份有限公司	5.7	–	1.38	–
宁波永新光学股份有限公司	5.6	9	1.2	14
福建福光股份有限公司	5.5	–	0.9	–
广州市晶华精密光学股份有限公司	5.3	–	0.03	109
厦门力鼎光电股份有限公司	5.26（光学 4.9）	25	2.02	50
福建福晶科技股份有限公司	4.91	8.2	1.5	9.9
江苏宇迪光学股份有限公司	3.9	23	0.2	17
长春奥普光电技术股份有限公司	3.8	3.7	0.41	6
福建福特科光电股份有限公司	3.78	11		

表 2　2018 年中国主要激光及红外企业营收情况

企业名称	2018 年营业收入（亿元）	同比增长（%）	2018 年净利润（万元）	同比增长（%）
大族激光科技产业集团股份有限公司	110.3	– 4.6	173 000	3.22
华工科技产业股份有限公司	52.3	16.8	28 000	–12
武汉锐科光纤激光技术股份有限公司	14.6	53	43 300	56
济南邦德激光股份有限公司	7.89	69	2 217	106
深圳光韵达光电科技股份有限公司	5.8	13	6 820	11
武汉帝尔激光科技股份有限公司	3.65	120	11 320	150
苏州天弘激光股份有限公司	2.57	–2	1 097	22
武汉金运激光股份有限公司	2.13	15	714	116
武汉高德红外股份有限公司	10.8	6.7	4 196	196
湖北久之洋红外系统股份有限公司	4.7	50	4 577	3
浙江大立科技股份有限公司	4.2	40	5 487.8	82
北京康拓红外技术股份有限公司	3.1	5.9	8 500	3.5
山东神戎电子股份有限公司	1.79	7	464	–30
浙江兆晟科技股份有限公司	0.89	–1	1 277	–38
上海热像机电科技股份有限公司	0.61	31	939	626

表 3 2018 年中国主要 LED 封装企业营收情况

序号	企业名称	企业性质	2018 年总销售额（亿元）
1	木林森股份有限公司	内资	177.48
2	鸿利智汇集团股份有限公司	内资	40.03
3	佛山市国星光电股份有限公司	内资	36.27
4	江西联创光电股份有限公司	内资	34.46
5	深圳市聚飞光电股份有限公司	内资	23.5
6	深圳市长方集团股份有限公司	内资	15.74
7	深圳市瑞丰光电子股份有限公司	内资	15.62
8	厦门华联电子股份有限公司	内资	11.82
9	厦门光莆电子股份有限公司	内资	7.75
10	深圳雷曼光电科技股份有限公司	内资	7.34
11	宁波升谱光电股份有限公司	内资	4.0

注：表 1 ～表 3 数据来源于各公司年报。

［撰稿：程慧云　洪震　胡春明　刘育青　王琳　审核：金磊］

汽车电子行业

【概况】 2018 年，中国汽车电子行业面临较大压力，产销增速低于年初预计，行业主要经济效益指标增速趋缓，增幅回落。根据智研咨询数据，2017 年中国汽车电子市场规模 5 214.91 亿元，2018 年增至 5 584.50 亿元。其中，车身控制系统市场规模 4 378.8 亿元（包括发动机控制系统 1 348.5 亿元、底盘与安全控制系统 1 777.9 亿元、车身电子控制系统 1 252.4 亿元），车载电子装置市场规模 1 205.7 亿元。

【市场分析】 尽管下游整车市场增速放缓，但规模依旧庞大，为汽车电子行业提供强有力的需求基础。

汽车电子成本占整车成本比例逐渐提升。随着自动驾驶系统、信息娱乐与网联系统在车型上不断渗透，汽车电子成本占整车总成本比例不断提升。从车型来看，新能源汽车领先传统燃油车，豪华车领先中低端车。根据普华永道数据，到 2030 年，一辆电动车和 L5 级无人驾驶汽车中，电子元器件成本约占整车成本 50%。根据盖世汽车研究院数据，2017—2022 年全球汽车电子市场规模将以 6.7% 的复合增速持续增长，预计至 2022 年全球市场规模 2 万亿元，国内市场规模接近万亿元。

汽车电子销量增长可期。随着电子技术不断进步、汽车电子普及程度不断提高以及汽车电子占整车装备比重不断提升，越来越多的汽车运行数据将以可视方式呈现给驾驶者。汽车的车载娱乐系统将更多集成娱乐、控制、互联网信息交互功能，成为人和车、人和外界进行信息交互、娱乐的平台，汽车电子需求将会持续增长。

汽车电子将从中高端车型向中低端车型普及。随着技术进步以及成本降低，越来越多的汽车电子控制装置，例如发动机牵引力控制系统、车身电子稳定系统、自适应巡航系统等将从高端豪华车型逐步向中低端车型渗透，车载导航、车载影音系统等也将越来越多成为汽车标准配置，中低端车型汽车电子占比会得到提升。汽车产业的红海竞争催生汽车电子向低端下沉，从而提升产品竞争力。随着汽车智能化、网联化发展，汽车电子将在低端车上有更多配置。

汽车电子各细分产品发展态势各异。随着技术创新不断发展，技术更新周期逐渐缩短，不同汽车电子产品所处生命周期差异显现。以传统仪器仪表、被动安全装置及悬架控制系统等为代表的汽车电子产品发展较早，处于成熟期，具有较为稳定的市场规模和增长速度；以车载信息娱乐系统、智能驾驶辅助系统、电池电源管理系统等为代表的汽车电子产品处于快速成长期，具有较广阔发展前景。

国家层面关于汽车电子顶层设计政策密集出台，对车联网产业、智能汽车产业提出行动计划或发展战略。2018 年年底出台的《车联网（智能网联汽车）产业发展行动计划》明确指出，到 2020 年车联网用户渗透率达到 30% 以上，新车驾驶辅助系统搭载率达到 30% 以上，联网车载信息服务终端新车装配率达到 60% 以上。国内车联网渗透率呈上升趋势，预计 2020 年中国车联网市场规模 338.2 亿美元，2017—2020 年期间年复合增速 49%。

国内整车产销量持续增长和较低的 ADAS（高级驾驶辅助系统）渗透水平为 ADAS 提供广阔的市场空间。预计 2020 年中国 ADAS 市场规模将达到 963 亿元，2017—2020 年期间年复合增速 52%。

中国车载信息系统市场规模巨大，预计 2020 年仅智能驾驶领域市场规模将超过 2 500 亿元。智能驾驶系统领域主要应用场景包括智能导航和自主驾驶，2018 年智能驾驶系统领域市场增长率保持在 25% 左右。

【技术发展趋势】 智能化、网联化、安全性和大功率是汽车电子主要发展方向，成为产业增长重要引擎。与动力总成、车身与底盘等系统相比，ADAS、信息娱乐系统逐渐成为市场新的关注热点，而辅助驾驶、语音交互、车载视频、车辆联网等新型驾乘体验直接依赖于传感器、车载屏幕、计算平台、车载通信等汽车电子产品的使用，汽车功能的发展已从较为成熟的发动机、底盘等传统零部件转移至汽车电子智能化。

传感器交叉融合，ADAS 应用日渐丰富。自动驾驶的冗余度和容错性特性要求越是高阶的自动驾驶需要的传感器越多。2018—2019 年全球进入 L2 级自动驾驶阶段，预计 2020 年起国内外将正式进入 L3 级自动驾驶阶段，汽车操控权正式由人类驾驶者移交给无人驾驶系统，对自动驾驶系统的冗余度和容错性要求均有质的提高。进入 L3 层级，毫米波雷达数量将从 L2 级的 3 个左右提升到 6 个以上，摄像头也从 1 个大幅提升至 4 个以上，甚至会开始装配激光雷达，相应的传感器需求量会增多。进入到 L4/L5 层级，毫米波雷达有望达到 10 个以上，摄像头也会翻番达到 8 个以上，激光雷达会随着成本的快速下降而有所新增，传感器数量将大幅增加。高阶自动驾驶对传感器数量要求会越来越多，以尽可能保证行驶安全性。

智能驾驶舱将迈向智能驾驶集成。智能驾驶舱的集成化可分为三个阶段：单一座舱电子，主要由中控平台构成，仅提供多媒体娱乐功能；中控平台、仪表盘等系统集成，主要由液晶仪表盘、中控大屏、HUD、后座娱乐等构成，可实现智能交互、车辆管理等功能；智能驾驶集成，主要由控制系统、执行系统构成，可实现自动驾驶功能。汽车智能网联化背景下，人机交互日益成为汽车电子发展的主题，数字化、集成化的座舱电子技术成为发展趋势。智能驾驶舱产业链，以中控平台为基础，逐渐向液晶仪表、抬头显示和后座娱乐延伸，实现多层次信息处理操作和独特的人车交互。中控系统将成为人机交互的核心驱动，具备广阔应用前景。座舱电子作为人机交互入口成为行业下一个变革点。

车载信息娱乐系统（In-Vehicle Infotainment，简称 IVI）进一步渗透，行业空间有望继续扩容。IVI 是智能驾驶舱信息交互的重要载体，基于车身总线系统和互联网服务，形成车载综合信息处理系统，可提供导航定位、车体控制、无线通信、车内娱乐和汽车移动等多种功能集成服务。根据 Strategy Analytics 预测，单个处理器多核虚拟化、安全功能和娱乐功能在车内基于 ECU 和控制功能的整合，将会逐渐得到车企认可。远程固件更新（FOTA）和远程车况诊断等功能将成为主流。模块化设计是 IVI 发展趋势之一，除注重 IVI 功能集成化之外，车企开始进行模块化设计和布局，对部分功能性模块进行拆分。随着座舱电子迅猛发展，IVI 持续渗透扩容，增值服务增加利润点。根据易观智库数据，全球高端 IVI 到 2020 年渗透率将达到 30%，市场空间约 400 亿元。随着 IVI 进一步渗透，行业空间有望继续扩容。包括内容服务、通信服务、TSP 服务（汽车远程服务）的车联网成为发展主题，北京百度网讯科技有限公司、阿里巴巴（中国）有限公司、腾讯科技（深圳）有限公司等越来越多互联网企业进入，汽车将成为下一个移动终端。随着用户量的提升、增值服务的扩充，产业链利润空间有望进一步扩大。伟世通公司研究显示，2018 年全球 IVI（含显示屏）市场空间 196 亿美元。随着渗透率提升，多屏化、大屏化及功能逐渐多样化，行业空间仍将进一步增长，预计 2023 年全球市场空间可达 242 亿美元。

【海外并购】 国内厂商积极在海外布局符合未来汽车产业发展方向（电动化、智能化、轻量化）相关的业务。2018 年所有与汽车零部件相关的跨境投资与并购交易中，9 宗与动力电池、混合动力、车联网、高精地图等代表未来汽车发展趋势的部件产品有关，例如山东潍柴动力股份有限公司收购加拿大燃料电池企业巴拉德动力系统公司，远景能源（江苏）有限公司（简称远景能源）收购日产自动车株式会社电池业务，启迪国际有限公司收购英国泰利特 (Telit) 公司车载通讯业务等。未来汽车产业发展方向相关的产品和技术并购逐渐成为国内汽车零部件企业开展海外并购的主要方向。

2018 年 4 月，宁波均胜电子股份有限公司（简称均胜电子）发布公告称，子公司均胜安全系统（JSS）收购日本高田公司（TAKATA）（简称高田）资产顺利交割，收购价格 15.88 亿美元。高田成立于 1933 年，主要产品包括汽车安全带、安全气囊系统、方向盘、主动安全电子产品及其他非汽车类安全产品。对高田的成功收购帮助均胜电子跻身全球汽车安全领域巨头行列，全球市场份额位居第二。

2018 年 8 月，远景能源宣布将控股日产汽车旗下电池业务公司 Automotive Energy Supply Corporation（AESC），远景能源同时收购日本电气旗下电池电极生产业务公司 NEC Energy Devices,Ltd. 全部股权。

2018 年 11 月，江森自控国际公司（简称江森自控）宣布以 132 亿美元将旗下生产汽车电池的动力解决方案业务出售给加拿大布鲁克菲尔德资产管理公司（Brookfield Business Partners L.P.）。江森自控在声明中指出，在税后及扣除交易相关费用之后，净现金收益预计在 114 亿美元左右。

【政策与法规】 2018 年 1 月 5 日，国家发展和改革委员会印发《智能汽车创新发展战略》（征求意见稿），目标是到 2020 年智能汽车新车占比达到 50%，中高级智能汽车实现市场化应用，重点区域示范运行取得成效。国家发展和改革委员会还将完善扶持政策，推动智能汽车基础共性核心技术研发和产业化。

2018 年 3 月 27 日，工业和信息化部发布《2018 年智能网联汽车标准化工作要点》，旨在充分发挥标准对智能网联汽车产业供给侧结构性改革的促进作用，加快落实智能网联汽车标准体系中行业急需和通用基础标准的制修订工作，持续完善智能网联汽车分标委架构和运行机制，进一步加大国际标准化合作与协调力度，推动中国国家标准向高质量国际标准提升，为全面建设汽车强国提供坚实支撑。

2018 年 4 月 3 日，工业和信息化部、公安部、交通运输部联合发布《智能网联汽车道路测试管理规范（试行）》。为使车辆在各种道路交通状况和使用场景下都能够安全、可靠、高效运行，自动驾驶功能需要进行大量的测试、验证工作，经历复杂的演进过程。智能网联汽车在正式推向市场之前，必须在公共道路上通过实际交通环境测试，更加全面地验证自动驾驶功能，实现与道路、设施及其他交通参与者的适应与协调。公共道路测试是智能网联汽车技术研发和应用过程中必不可少的步骤。

[撰稿：郝伟杰　张翌雯　审稿：李玲玲]

软件和信息技术服务业

综　述

【概况】 2018 年，中国软件和信息技术服务业运行态势良好，收入和效益保持较快增长，吸纳就业人数稳步增加；产业向高质量方向发展步伐加快，结构持续调整优化，新的增长点不断涌现，服务和支撑两个强国建设能力显著增强，成为数字经济发展、智慧社会演进的重要驱动力量。

【主要经济指标】 根据工业和信息化部数据，2018 年，中国软件和信息技术服务业收入 61 908.7 亿元，比上年增长 12.4%。其中，信息技术服务业收入 37 563.1 亿元，比上年增长 22.7%。全行业实现利润总额 8 962 亿元，比上年增长 2.4%；全行业销售利润率 11.4%，比上年下降 0.5 个百分点。全行业实现出口额 511 亿美元，同比下降 5.6%，其中，外包服务出口额 123 亿美元，比上年增长 9.0%，较为稳定；嵌入式系统软件本年统计计算方法进行调整，使其收入占比及出口额受到一定影响，2018 年嵌入式系统软件出口额 153 亿美元，与上年相比出现下降。全行业投入研发经费 6 267 亿元，比上年增长 11.5%；研发投入强度 7.9%，比上年提高 0.4 个百分点。全年计算机软件著作权登记量 1 104 839 件，比上年增长 48.22%。

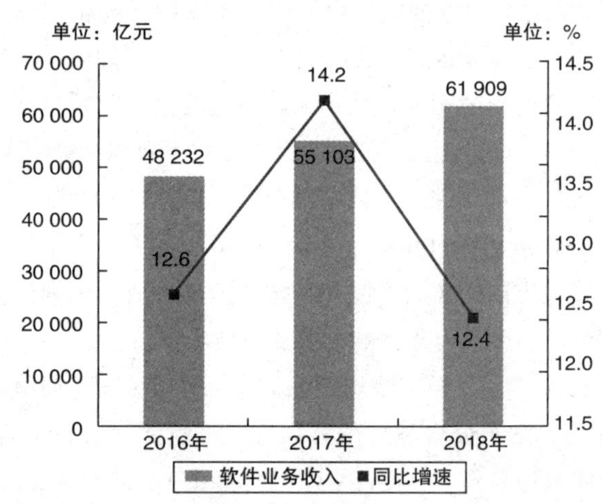

图 1　2016—2018 年中国软件产业收入及同比增速

资料来源：工业和信息化部

【企事业单位与产业机构】 2018 年，全国规模以上软件和信息技术服务业企业 36 331 家，比上年增加 1 436 家。其中，大型企业 3 006 家，比上年增加 567 家，实现软件业务收入（占全行业 58.6%）比上年增长 32.1%，增速高出全行业平均水平 19.7 个百分点。

中国软件和信息技术服务业在制造业创新发展过程中发挥作用日益显著。两化深度融合大背景下，广州印刷及柔性显示创新中心、武汉信息光电子创新中心、沈阳国家机器人创新中心、上海国家集成电路创新中心、上海国家智能传感器创新中心、武汉国家数字化设计与制造创新中心等6家工业和信息化部主导的国家级制造业创新中心相继成立。互联网大企业通过市场化方式加快向社会开放提供优势平台资源和服务：腾讯科技（深圳）有限公司（简称腾讯）对腾讯云进行持续大规模投入、不断升级基础设施，以强大的生态能力带动产业数字化转型；阿里云计算有限公司将在实施中台战略过程中构建的智能化能力（包括机器智能的计算平台、算法能力、数据库、基础技术架构平台、调度平台等核心能力）全面和阿里云相结合。中国存储器产业联盟、中国绿色供应链联盟、全球高校人工智能学术联盟、浙江省下一代互联网产业技术联盟、中国智能写作产业联盟、中国人工智能开源软件发展联盟、工信智库联盟、可信区块链联盟等产业联盟成立，创新产学研用合作模式，共同打造深度融合的生态环境；中国信息技术服务产业联盟人才专业委员会成立，研究行业人才培养规范，助力行业人才生态健康发展；开源社区对产业发展支撑能力进一步加强，"第十七届中日韩三国IT局长OSS会议暨东北亚开源软件推进论坛"围绕开源技术、模式创新、开源软件发展新方向以及中日韩三国重点企业的跨界融合与协同创新等议题，对中日韩在开源领域的机遇与挑战进行深入交流；"2018全球云计算开源大会"召开，以华为技术有限公司（简称华为）、腾讯、阿里巴巴（中国）有限公司（简称阿里巴巴）等为代表的龙头企业积极参与国际主流云计算开源社区，进一步探索中国云计算开源技术发展模式，推动开源产业良性向前发展。

【从业人员】 截至2018年年底，全国软件和信息技术服务业从业人员645万人，比上年增加27万人，增长4.4%。其中，软件研发人员274万人，比上年增长15.6%。全行业研发人员占总从业人员42.5%。全年应付职工薪酬9 478亿元，比上年增长12.8%。

【专业领域发展】 2018年，全行业实现软件产品、信息技术服务、信息安全、嵌入式系统软件四类收入占比分别为28.1%、60.7%、1.9%和9.4%。以云计算、大数据技术为基础的平台类运营技术服务收入16 736亿元，占信息技术服务业收入44.6%，其中典型云服务和大数据服务收入2 192亿元，提供服务的企业2 440家。

软件产品收入实现较快增长。2018年，全行业实现软件产品收入17 378.6亿元，占全行业收入28.1%。

信息技术服务加快云化发展。2018年，全行业实现信息技术服务收入37 563.1亿元，比上年增长22.7%，占全行业收入60.7%

信息安全为本年新增分类，从原软件产品和信息技术服务行业中分离。2018年，全行业实现信息安全收入1 162.9亿元，占全行业收入1.9%。

嵌入式系统软件本年统计计算方法进行调整，收入占比出现一定幅度下降。2018年，全行业实现嵌入式系统软件收入5 804.2亿元，占全行业收入9.4%。嵌入式系统软件成为产品和装备数字化改造、各领域智能化增值的关键性带动技术。

【区域发展】 2018年，东、中、西和东北地区软件业务收入占比分别为79.6%、5.3%、11.5%和3.6%。东部地区软件业务收入比上年增长13.1%，占比较上年提高0.5个百分点；中部和西部地区软件业增长较快，软件业务收入分别比上年增长17.6%和18.8%，占比分别较上年提高0.3个和0.6个百分点；东北地区软件业务收入呈下滑态势。

重点城市软件业集聚发展。2018年，全国软件业务收入过千亿元城市共18个，包括4个直辖市、11个副省级中心城市及苏州、福州和无锡3市，共完成软件业务收入54 348亿元，占全国软件业收入87.8%。15个副省级中心城市共完成软件业务收入34 019亿元，占全国软件业收入55.1%，比上年增长12.1%。

【行业发展特点】 新兴业态拉动软件业加快发展，成为新的增长点。中国特有的人口基数庞大、互联网普及程度高、基础数据资源丰富等特点，有力促进云计算、大数据以及人工智能技术快速落地和应用发展。2018年，云计算、大数据和人工智能技术全面影响传统软件开发领域，使开发、交付和盈利等模式转型，引发计算平台重构并带来新的市场空间，使平台软件、APP软件等快速兴起，软件产品实现收入增长2.3%。

新兴信息技术与传统产业融合加深，为经济发展注入新动能。新一代信息技术在经济社会各领域开展广泛应用和模式创新，支撑制造业、农业、金融、能源、物流等传统产业优化升级，为传统产业赋智赋能；特别是在工业领域应用加快，2018 年工业软件收入增长迅速，工业互联网成为新一轮工业革命和产业变革的焦点；支持智慧城市、智慧交通、智慧社区、智慧医疗等建设，帮助解决社会管理和民生问题的同时，创造出新的市场需求，对重点龙头软件企业的监测显示，交通、安防领域的信息技术需求增长明显。

【软件百家企业】 2019 年（第 18 届）中国软件业务收入前百家企业（简称软件百家企业）2018 年软件业务收入合计 8 212 亿元，同比增长 6.5%。软件业务收入规模超过 100 亿元的企业 14 家，超过 30 亿元的企业 59 家。本届软件百家企业 2018 年实现利润总额 1 963 亿元，同比增长 14.6%，占全行业利润 21.9%。本届软件百家企业以占全行业 0.3% 的企业数量，创造全行业 13.3% 的收入，上缴全行业 28% 的税收，提供全行业 15% 的就业机会，对全行业的支撑带动和引领作用日益突出。

企业研发投入力度持续增强。本届软件百家企业共投入研发经费 1 746 亿元，同比增长 12.6%，占全行业研发投入 27.9%，企业平均研发强度 10.1%。研发人员 37.5 万人，占软件百家企业总从业人员 39.5%。软件著作权登记量超过 3 万件，拥有的获授权专利数量超过 13 万件。

产业结构不断调整优化。本届软件百家企业在软件产品、信息技术服务、信息安全和嵌入式系统软件四个领域收入占比分别为 28.6%、50%、3.6% 和 17.8%。软件百家企业积极探索新经济以及智能制造领域各类场景应用，深耕金融、交通、物流、医疗、旅游、政务、电子商务等多个行业，产业链不断延伸；以赋能者角色，与其他行业客户展开深度合作，合作伙伴不断增加，良性产业生态逐步形成；以人工智能、大数据和云计算技术为核心驱动，在合作中沉淀行业数据，打通数据孤岛，积极尝试各类增值服务与创新业务，继而颠覆传统、加速创新、实现数字化转型；海尔集团公司、阿里云计算有限公司、浪潮集团有限公司、用友网络科技股份有限公司等企业纷纷投身工业互联网平台建设，使中国工业互联网生态不断完善，驱动制造业向高质量发展。

国际化经营能力不断提升。面对复杂的国际贸易环境，本届软件百家企业坚持推进国际化经营，积极巩固和拓展国际市场。2018 年，软件百家企业软件出口规模 201 亿美元，占软件百家企业业务收入 16%，占全行业软件出口额 39.3%。围绕“一带一路”建设，加快在软件技术、标准和人才等方面的合作，出口市场不断向新兴市场拓展，对东南亚软件出口持续扩大，比上届增长 172%，对非洲软件出口保持较快增长，对南美洲软件出口有所起步；传统的主要出口和外包服务市场发展分化，对欧洲国家出口稳步上升，对美日出口下滑较大。坚持开展跨国经营活动，推进在海外的本地化经营，有 31 家企业在境外设立分支机构、分公司或研发中心。

助力实体经济转型。在云计算、大数据、人工智能等新技术推动下，软件在促进实体经济数字化、网络化、智能化转型过程中核心地位更加突出，对经济社会发展支撑作用更加显著。软件百家企业为稳增长稳就业作出贡献，在社会发展和改善民生方面发挥重要作用，有力助推实体经济转型升级。软件百家企业不断升级智慧城市建设，致力于提供“城市大脑”，用新的方式解决城市交通问题；推进智慧医疗各种应用落地，为医疗行业带来全新可能性，有力推进医疗资源均衡化和便利化；深化融合应用，由基础较好的电信、金融等领域，逐步向工业、物流等领域拓展，以平台为依托通过大数据、人工智能等技术手段，重塑实体经济业态结构和生态圈，对上下游产业的改造升级和带动作用明显，在工业互联网领域，通过推动工业企业接入工业互联网平台，丰富工业 APP 应用，有力激发企业活力，促进新型工业生产模式和新生态的培育。

【重大工程与重点项目】 2018 年 12 月，根据《工业和信息化部办公厅关于开展 2018 年工业互联网试点示范项目推荐的通知》（工信厅信管函〔2018〕306 号），经企业自主申报、地方推荐、专家评审、现场核查和网上公示后，工业和信息化部发布 2018 年工业互联网试点示范项目名单。示范项目包括网络化改造集成创新应用试点示范项目、标识解析集成创新应用试点示范项目、平台集成创新应用试点示范项目、安全集成创新应用试点示范项目四类。

2018 年 10 月 27 日，工业和信息化部公布 200 个

2018 年大数据产业发展试点示范项目。示范项目包括大数据存储管理、大数据分析挖掘、大数据安全保障、产业创新大数据应用、跨行业大数据融合应用、民生服务大数据应用、大数据测试评估、大数据重点标准研制及应用、政务数据共享开放平台、公共数据共享开放平台 10 个方向。

2018 年 11 月，国家发展和改革委员会、工业和信息化部联合组织实施 2019 年新一代信息基础设施建设工程。工程的实施，是为加快推进“宽带中国”战略实施，有效支撑网络强国、数字中国建设，着力解决中国信息基础设施发展不平衡不充分问题，助力脱贫攻坚。

【国际合作】 中国软件和信息技术服务领域领军企业开启“走出去”国际合作模式。华为坚持开放、合作、共赢的策略，以网络安全和隐私保护为最高纲领，和运营商一起建设 1 500 多张网络，帮助全球超过 30 亿人口实现联接；加入 400 多个标准组织、产业联盟、开源社区，担任超过 400 个重要职位，在 3GPP、IIC、IEEESA、BBF、ETSI、TMF、WFA、WWRF、CNCF、OpenStack、LFN、LFDL、Linaro、IFAA、CCSA、AII、CUVA 和 VRIF 等组织担任董事会或执行委员会成员；积极参与沙特、阿盟、非盟等国家宽带政策的标准制定及产业落地；与非盟合作撰写白皮书，设定资金、资源、监管等方面目标，在非盟宽带发展大会上面向非盟 54 个成员国发布。中兴通讯股份有限公司与全球 60 家运营商在 5G 领域达成合作协议。中国软件和信息技术服务企业展示出从软件和信息技术服务基础设施建设，到专业技术能力、市场开拓能力，全面“走出去”实现互联互通、共同发展的国际合作格局。

2018 年 1 月 17 日，“一带一路”软件与信息技术服务联盟正式成立，推动与“一带一路”沿线国家产业合作，助力中国软件和信息服务企业走出去。地方政府加强政企联动，以龙头企业为主体开展重大合作示范项目建设，支持企业以市场联盟、产品合作、系统集成工程整包等多种形式开拓国际市场。上海积极响应“一带一路”倡议，搭建“一带一路”公共服务平台（约 100 家企业使用该平台，促成合作项目约 60 个），支持举办“一带一路”国际合作会议，研究制定相关政策措施，加大对面向“一带一路”开展业务的信息技术企业的支持力度，帮助企业积极参与“一带一路”建设。北京中关村管委会设立纽约、华盛顿、加拿大、芬兰等多处海外联络点，成为“引进来”和“走出去”的连接桥梁，帮助企业做好在海外当地的“软着陆”。企业加快国际市场开拓，国际化发展步伐不断加快，在“信息服务走出去”行动推动下，中国软件企业加速“一带一路”沿线国家（地区）布局，骨干企业持续开展跨国经营活动，在境外设立分公司或研发中心。阿里云启用多个海外数据中心，帮助上万家国内企业拓展业务，为企业节省逾百亿元出海成本。文思海辉技术有限公司与哥斯达黎加知名金融服务科技公司 Evicertia 合作，双方就 Evicertia 电子签名本地化业务达成合作意向，共同签署合作协议。中国软件和信息技术服务企业借助“一带一路”倡议和地方政府国际推进行动，积极拉动进出口贸易实现良性发展。

【进出口贸易】 软件出口持续低迷。2018 年，完成软件业务出口额 511 亿美元，比上年下降 5.6%，其中，外包服务出口额 123 亿美元，比上年增长 9.0%，较为稳定；嵌入式系统软件出口额 153 亿美元，与上年相比出现下降。

【存在问题】 软件和信息技术服务业是信息技术中研发投入最集中、创新最活跃、应用最广泛、辐射带动作用最大的领域。中国软件和信息技术服务业存在以下主要问题：

创新发展能力有待提升。需要围绕产业链关键环节，加强基础技术攻关，完善以企业为主体、应用为导向、政产学研用金相结合的产业创新体系。

新兴业态有待发展壮大。需要着力研发大数据、云计算、人工智能、移动互联网、物联网、工业互联网、车联网等新兴领域关键软件产品和解决方案，加快培育新业态和新模式。

应用创新和融合发展有待推进。需要加速软件与各行业各领域的融合应用，提升服务型制造水平，培育扩大信息消费。

信息安全保障能力有待提升。需要支持关键技术产品研发及产业化，发展安全测评与认证、咨询、预警响应等专业化服务，增强信息安全保障支撑能力。

产业发展环境需要优化。应深化产融合作，强化标准体系建设和公共服务能力提升，加强中高端软件人才培养。

【统计数据】

表 1　2016—2018 年中国软件和信息技术服务业规模增长

项目名称	单位	2016 年	2017 年	2018 年
规模	亿元	48 232	55 103	61 909
规模增速	%	12.6	14.2	12.4
占电子信息产业比重	%	28.6	28.7	32.9

表 2　2018 年中国软件和信息技术服务业统计数据

项目名称	单位	2018 年	增速（%）
企业数量	个	36 331	4.1
软件业务收入	亿元	61 908.7	12.4
其中：软件产品收入	亿元	17 378.6	2.3
信息技术服务收入	亿元	37 563.1	22.7
嵌入式系统软件收入	亿元	5 804.2	–22.8
信息安全收入	亿元	1 162.9	–
软件业务出口额	亿美元	510.7	–5.6
利润总额	亿元	8 961.6	2.4
研发经费	亿元	6 267.3	11.5
从业人员年末数	万人	644.5	4.4
其中：软件研发人员	万人	274	15.6
本年应付职工薪酬	亿元	9 478	12.8

表 3　2019 年（第 18 届）中国软件业务收入前百家企业名单

序号	企业名称	序号	企业名称
1	华为技术有限公司	5	海信集团有限公司
2	海尔集团公司	6	杭州海康威视数字技术股份有限公司
3	阿里云计算有限公司	7	北京小米移动软件有限公司
4	浪潮集团有限公司	8	中国银联股份有限公司

续表

序号	企业名称	序号	企业名称
9	南瑞集团有限公司	39	福州福大自动化科技有限公司
10	北京京东尚科信息技术有限公司	40	新大陆科技集团有限公司
11	航天信息股份有限公司	41	中国软件与技术服务股份有限公司
12	国网信息通信产业集团有限公司	42	神州数码信息服务股份有限公司
13	广东省通信产业服务有限公司	43	北明软件有限公司
14	北京中软国际信息技术有限公司	44	北京全路通信信号研究设计院集团有限公司
15	大族激光科技产业集团股份有限公司	45	上海中通吉网络技术有限公司
16	浙江大华技术股份有限公司	46	中国民航信息网络股份有限公司
17	深圳市云中飞网络科技有限公司	47	中国电子科技网络信息安全有限公司
18	武汉邮电科学研究院	48	四川省通信产业服务有限公司
19	软通动力信息技术（集团）有限公司	49	广州佳都集团有限公司
20	东华软件股份公司	50	深圳市大疆创新科技有限公司
21	亚信科技（中国）有限公司	51	深圳天源迪科信息技术股份有限公司
22	科大讯飞股份有限公司	52	国电南京自动化股份有限公司
23	株洲中车时代电气股份有限公司	53	曙光信息产业股份有限公司
24	北京千方科技股份有限公司	54	中控科技集团有限公司
25	上海华东电脑股份有限公司	55	高德信息技术有限公司
26	福建星网锐捷通讯股份有限公司	56	卡斯柯信号有限公司
27	新华三技术有限公司	57	深圳创维数字技术有限公司
28	文思海辉技术有限公司	58	中冶赛迪集团有限公司
29	熊猫电子集团有限公司	59	东方电子集团有限公司
30	江苏省通信服务有限公司	60	南京联创科技集团股份有限公司
31	用友网络科技股份有限公司	61	广联达科技股份有限公司
32	上海宝信软件股份有限公司	62	石化盈科信息技术有限责任公司
33	上海华讯网络系统有限公司	63	博彦科技股份有限公司
34	网宿科技股份有限公司	64	江苏金智集团有限公司
35	广州广电运通金融电子股份有限公司	65	北京和利时系统工程有限公司
36	平安科技（深圳）有限公司	66	金蝶软件（中国）有限公司
37	中科软科技股份有限公司	67	云南南天电子信息产业股份有限公司
38	太极计算机股份有限公司	68	恒生电子股份有限公司

续表

序号	企业名称	序号	企业名称
69	深信服科技股份有限公司	85	先锋软件股份有限公司
70	北京华宇软件股份有限公司	86	银江股份有限公司
71	广州海格通信集团股份有限公司	87	杭州士兰微电子股份有限公司
72	江苏润和科技投资集团有限公司	88	深圳怡化电脑股份有限公司
73	四川九洲电器集团有限责任公司	89	浩鲸云计算科技股份有限公司
74	天地伟业技术有限公司	90	北京神州泰岳软件股份有限公司
75	上海汉得信息技术股份有限公司	91	山东中创软件工程股份有限公司
76	广州品唯软件有限公司	92	大唐电信科技股份有限公司
77	启明星辰信息技术集团股份有限公司	93	网神信息技术（北京）股份有限公司
78	信雅达系统工程股份有限公司	94	北京天融信科技有限公司
79	维沃移动通信（深圳）有限公司	95	无锡华云数据技术服务有限公司
80	北京易华录信息技术股份有限公司	96	携程旅游网络技术(上海)有限公司
81	万达信息股份有限公司	97	北京科东电力控制系统有限责任公司
82	大连华信计算机技术股份有限公司	98	蓝盾信息安全技术股份有限公司
83	北京宇信科技集团股份有限公司	99	厦门市美亚柏科信息股份有限公司
84	北京四维图新科技股份有限公司	100	启明信息技术股份有限公司

注：表1~表3数据来源于工业和信息化部。

[撰稿：王玉璇　审稿：陈钢]

软件产品行业

【概况】　近年来，中国软件产业市场竞争力不断增强，步入加速迭代、群体突破的关键时期，迎来从量的增长转向质的提升的新阶段。在互联网领域，软件定义网络优化传统的网络架构甚至通信产业；在大数据领域，从数据收集、数据处理、分析挖掘、数据存储、数据可视化，到数据流通等都是基于软件定义的平台实现的；在人工智能领域，深度学习算法、开源框架、图像识别、语音识别等技术，均基于软件定义平台。软件产业云化、平台化、服务化发展趋势凸显，软件产品和服务向基于云计算方向发展，软件产品和软件服务相互渗透，向一体化软件平台的新体系演变，产业模式从传统“以产品为中心”向“以服务为中心”转变。软件定义全面融入经济社会各领域，软件创新引擎作用凸显。

【主要经济指标】　根据工业和信息化部数据，2018年软件产品行业实现收入17 378.6亿元，同比增长2.32%，占软件和信息技术服务业收入 28.1%。

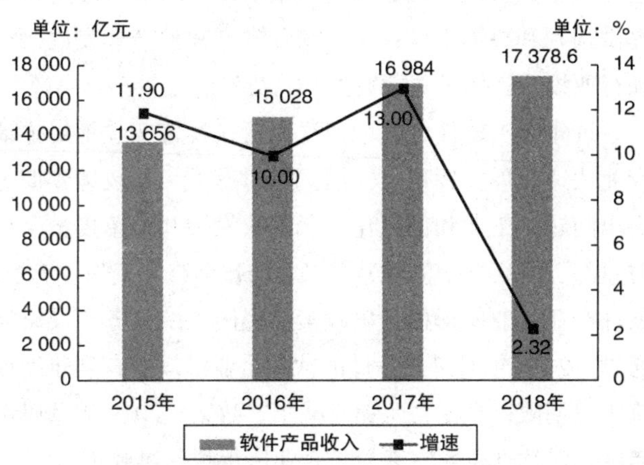

图 1 2015—2018 年软件产品收入

资料来源：工业和信息化部

【区域发展】 按省市划分，北京市、广东省、江苏省、山东省和上海市的软件产品收入位列全国前 5 位。其中，北京市实现软件产品收入超过 3 000 亿元，保持全国领先地位；广东省和江苏省实现软件产品收入超过 2 000 亿元。

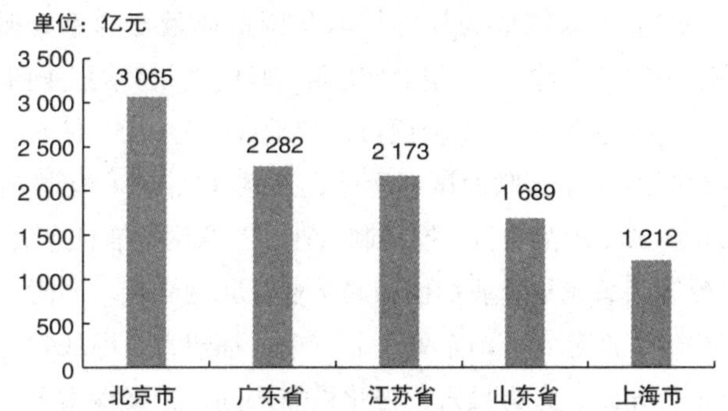

图 2 2018 年软件产品收入前五名省份（地区）

资料来源：工业和信息化部

【基础软件】 操作系统方面，国产操作系统多为以 Linux 为基础二次开发的操作系统，经过多年不断探索与创新，在安全性与便捷性上取得长足进步。银河麒麟操作系统通过内核管控、数据完整性检测、数据保护等一系列安全技术大大加强操作系统安全性；中标麒麟操作系统采用强化的 Linux 内核，分成桌面版、通用版、高级版和安全版，满足不同客户要求，广泛使用在能源、金融、交通、政府、央企等领域；深度 Linux 不仅对最优秀的开源产品进行集成和配置，还开发基于 HTML5 技术的全新桌面环境、系统设置中心以及音乐播放器、视频播放器、软件中心等一系列面向日常使用的应用软件，易于安装和使用，能够很好代替 Windows 系统进行工作与娱乐。

数据库方面，2018 年，武汉达梦数据库有限公司（简称达梦公司）通过国际上最先进的评价软件研发能力成熟度难度最大、级别最高的 CMMI5 认证，标志着达梦公司的软件研发能力达到行业高水平，在标准化、规范化、国际化发展道路上走在行业前列；天津南大通用数据技术股份有限公司承担的“通用性大数据存储管理分析平台研发及应用推广”项目 2018 年 9 月列入工业和信息化部“2018 年大数据产业发展试点示范项目”，实现海量、多源、异构大数据的采集、整理、存储和分析等功能，解决金融、电信等行业用户对大数据统一存储管理的共性问题；2018 年 9 月 21 日，蚂蚁金融服务集团自研的金融级分布式关系数据库 OceanBase 2.0 在云栖大会上发布，在功能上最大的亮点是为用户提供一个全新的 Oracle 兼容模式，使得传统企业的应用可以平滑迁移到 OceanBase，在不改变业务代码前提下充分享受分布式数据库在扩展性、可用性和系统成本等各个方面带来的收益。

【工业软件】 研发设计类软件方面，2018 年 9 月 10 日，浩辰软件股份有限公司发布全国首款 CAD（计算机辅助设计）协同设计系统，依托全球领先的软件协同技术，该系统配置协同设计与协同管理双重属性，在制造业、工业设计等领域，不同部门不同专业间可实现“一张图纸同步设计”，有效提升设计单位整体运作效率；2018 年 11 月 7 日，航空工业飞机强度研究所正式对外发布自主研发的大型 CAE（计算机辅助工程）软件 HAJIF 系统 2018 版，针对数字强度特点，HAJIF 软件产品线包含六大产品，覆盖航空结构设计、强度计算到强度试验验证全过程；2018 年 3 月 3 日，北京数码大方科技股份有限公司与恒有源科技发展集团有限公司合建的“地能云”平台正式上线运行，“地能云”平台支撑地能行业营销、设计、预算、采购、施工、运营、维保、管理等所有业务环节，提升质量、效率，降低成本，助力发挥全国地能产业资源潜能。

生产控制类软件方面，2018 年 12 月 20 日，上海宝信软件股份有限公司入选工业和信息化部首批智能制造系统解决方案供应商推荐目录；和利时集团 LKS 安全型大型 PLC 顺利通过德国 TÜV 南德认证机构颁发的功能安全 SIL2（Safety integrity Level Ⅱ——安全完整性等级 2 级）国际认证；2018 年 10 月 26 日，受浙江省经济和信息化厅委托，杭州市经济和信息化委员会组织 7 位行业专家组成鉴定委员会对浙江中控技术公司（简称浙江中控）研制的 2 项新产品进行鉴定，鉴定委员会专家一致认为：浙江中控研发的“面向石化行业的 TCS-900 安全控制系统”技术先进、创新性强，各项技术指标均达到国际先进水平，“大型分布式 SCADA 系统平台软件”各项指标达到国内领先水平，同意通过新产品鉴定。

【安全软件】 国际知名 IT 咨询机构 Gartner 发布 2018 年安全信息和事件管理（SIEM）魔力象限报告（《Magic Quadrant for Security Information and Event Management》），启明星辰信息技术集团股份有限公司（简称启明星辰）泰合 TSOC 平台再次入围，启明星辰连续两年成为亚洲唯一入围 Gartner SIEM 的安全厂商；2018 年 12 月 5 日，北京神州绿盟信息安全科技股份有限公司发布“安全运营 +”体系，旨在为智慧城市、云计算及政企等领域客户提供一体化安全运营服务解决方案；2018 年 11 月，北京天融信网络安全技术有限公司（简称天融信）工控防火墙 TopIFW 率先通过国家工业控制系统网络安全应急技术工业和信息化部重点实验室检测，并获得国家互联网应急中心（CNCERT）颁发的工业控制安全产品认证证书，TopIFW 是业内第一款也是目前唯一一款通过 CNCERT Acheron 工控测试平台测评认证的工控防火墙产品，CNCERT Acheron 测试平台是国内首家、全球第五家通过 ISA Secure 国际权威认可的测试平台，这标志着天融信工控防火墙各项技术指标达到国际先进水平。

【政策与法规】 2018 年 3 月，中国软件行业协会颁布《软件企业评估标准》（标准号 T/SIA002 2017）、《软件产品评估标准》（标准号 T/SIA003 2017）（简称“双软评估”社团标准）。“双软评估”社团标准的颁布实施，保障软件产业快速健康发展，推进行业自律，实现全国范围内软件企业和软件产品评估标准的统一、规范。依照“标准统一、评估统一、证书统一”的原则，避免软件企业在跨区域招投标和市场活动中多地评估，降低运营成本，切实服务于企业，为企业充分参与市场竞争保驾护航。同时，可实时、动态掌握全国软件产业发展基础数据，为软件产业鼓励政策制定、政府产业规划等提供预判和决策支撑；为全国各省市软件产业发展研究和行业投融资提供对标数据和趋势发展全景图。

近年来，软件产业增值税和所得税普惠政策对推动产业快速发展发挥重要作用。针对有关税收政策到期等突出问题，工业和信息化部、国家发展和改革委员会、财政部、国家税务总局等部门启动政策修订工作。其中，软件产业企业所得税优惠政策已经国务院常务会议研究通过，2018 年对符合条件的软件企业继续按获利年度计算优惠期限，享受“两免三减半”政策；2019 年及以后年度，对软件企业继续给予企业所得税优惠政策。

【行业发展特点】 产业集聚效应和产业竞争力不断增强。软件名城及创建试点城市业务收入突破 5 万亿元。软件著作权登记数量突破 110 万件；工业技术软件化扎实推进，工业设计、仿真等基础算法取得阶段性成果；智能语音识别、云计算及部分新型数据库领域达到国际先进水平。

工业互联网成为软件技术与制造业融合的重要抓手。2018 年，中国推动实施工业互联网创新发展一期工程，支持建设 43 个平台项目，带动投资超过 50 亿元。组织开展工业互联网试点示范，遴选 40 个平台集成应用创新试点示范项目，推动制造业、互联网、信息通信、能源等领域龙头企业加快布局工业互联网平台。同时，广东省、江苏省、山东省、北京市、福建省、浙江省等地先行先试、大力投入、强化供需协同，积极探索平台培育推广和示范建设路径，率先培育一批具有较强行业影响力和社会认可度的工业互联网平台，为区域经济发展和产业转型升级注入新动力。工业大数据、工业 APP 开发、边缘采集、智能网关等成为发展热点，钢铁、石化、航空航天、工程机械、汽车、电子、家电等多个行业领域涌现出一批平台应用新模式新业态，有效带动企业降本增效和行业转型升级。

软件技术加速向云化、平台化、服务化方向演进，正在培育形成开放创新生态，并不断催生个性化定制、网络化协同、服务型制造等制造业新模式。制造业与软件技术融合成为软件业发展主旋律。

【存在问题】 基础软件方面，市场规模较小、对外依赖程度较高、核心专利申请量和授权量数量较少。

工业软件方面，制造业对国外工业软件形成长期依赖，关键工艺流程和工业技术数据缺乏长期研发积累，制造业在一些领域呈现技术空心化；软件业和制造业融合程度不高，大型制造企业缺乏主动布局，纯软件企业向工业软件企业转型难度大；国内工业软件市场被国外企业垄断，国产工业软件发展严重滞后，产业生态基础薄弱；工业软件国内标准缺失，综合集成应用程度不高，工业软件作用发挥有限；工业软件对制造业模式的变革创新作用尚未发挥，制造业“微笑曲线”受制于工业软件短板。

安全软件方面，中国的网络安全行业起步较晚，市场规模较小；市场结构需要进一步优化，提高高端服务型产品比重；基础设施市场格局分散，每家企业各有所长，未来需要更多的产业内合作研发共赢。

[撰稿：汪澍　审稿：陈钢]

信息技术服务业

【概况】 2018年，信息技术服务在软件和信息技术服务业中依然保持强势地位，业务收入占比过半。随着大数据、人工智能等新技术应用不断涌现和数字经济蓬勃发展，信息技术服务迈入新的发展期，信息技术服务标准体系更加完善，并获得广泛推广应用，信息技术服务水平和能力不断提升。

【主要经济指标】 工业和信息化部数据显示，2018年信息技术服务业实现收入37 563.1亿元，同比增长22.7%，增速高出软件和信息技术服务业全行业平均水平10.3个百分点，在软件和信息技术服务业中收入占比高达60.7%。其中，云计算相关的运营服务（包括在线软件运营服务、平台运营服务、基础设施运营服务等在内的信息技术服务）收入10 419亿元，同比增长21.4%，占信息技术服务收入27.7%；电子商务平台技术服务收入4 846亿元，同比增长21.9%，占比12.9%。

【行业发展特点】 信息技术服务业迎来转型发展期。软件和信息技术服务业步入加速创新、快速迭代、群体突破的爆发期，加快向网络化、平台化、服务化、智能化、生态化演进。竞争重心逐步由“产品和技术”向“应用和服务”转变，由单一技术、单一产品、单一模式加快向多技术、集成化、融合化、平台系统、生态系统的竞争转变，开源、众包等群智化研发模式成为技术创新主流方向，生态体系竞争成为产业发展制高点。软件企业依托云计算、大数据等技术平台，强化技术、产品、内容和服务等核心要素整合创新，加速业务重构、流程优化和服务提升，实现转型发展。

【信息技术服务标准体系】 信息技术服务标准体系（ITSS）进入4.0⁺阶段。ITSS是中国标准体系的重要组成部分，是增强中国信息化发展能力的重要支撑。信息技术服务业的转型发展为信息技术服务标准研制带来新机遇、提出新要求。长期以来，ITSS工作组结合市场需求和发展趋势，先后制定发布ITSS体系框架1.0、2.0、3.0和4.0。2017—2018年，为有效贯彻落实国务院深化标准化工作改革有关要求，更好服务于互联网、大数据、人工智能和实体经济深度融合，支撑实现中国信息技术服务业高质量发展，在工业和信息化部信息化和软件服务业司指导下，ITSS工作组持续改进标准体系，编写《中国信息技术服务标准体系建设报告4.0⁺》。ITSS4.0⁺体系强调国家战略和市场需求双轮驱动，面向信息技术服务业在技术创新和业务转型方面的现实需求，实现标准体系环境本身从离散型应用转向集成化应用，通过对基础领域标准、支撑领域标准、需求侧标准和供给侧标准的架构规划，将ITSS体系中的重点标准整合成为一个有机整体。ITSS4.0⁺体系涵盖100多项标准，其中包括已经颁布实施的23项国家标准、16项行业标准和1项

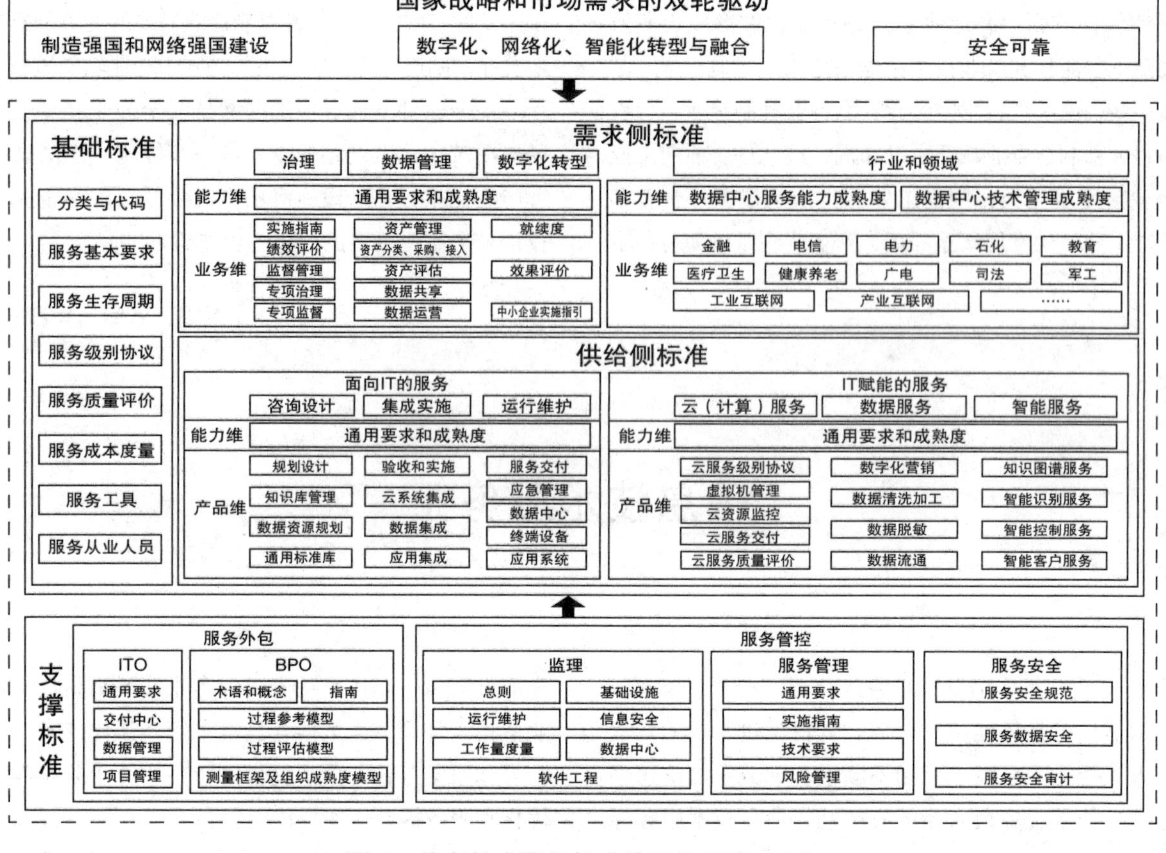

图 1　信息技术服务标准体系框架（4.0⁺）

资料来源：《中国信息技术服务标准体系建设报告 4.0⁺》

团体标准，以及正在组织制定的 60 多项标准。ITSS 工作组还主导和深度参与服务质量、服务外包和云计算等领域国际标准研制。

标准应用推广深入开展。在全国范围内广泛开展 ITSS 标准符合性评估工作，28 个省市设立评估机构，负责所在省市的符合性评估工作。在规范和引导产品研发方面，ITSS 工作组发布并持续更新《中国信息技术服务运维工具名录》（简称《名录》），开展信息技术服务工具标准符合性评测认证工作。140 款运维工具软件产品列入《名录》，其中 81 款产品获得 ITSS 工具产品符合性评估证书。《中国 IT 服务工具图谱》发布，引导业界不断丰富运维工具。在信息技术企业标准符合性评估方面，近 1 700 家运行维护单位获得符合性评估证书，30 多家单位获得咨询设计符合性评估证书，100 多家企业获得云服务能力等级证书，20 多家单位获得数据中心服务能力成熟度等级证书，有力促进信息技术各环节规范发展和能力水平提升。

人才队伍及能力素质不断完善。在北京市、上海市、广东省等全国 30 余个省市召开 ITSS 标准宣贯会，5 000 多家单位近 8 000 名用户和 IT 服务提供方代表参加培训，培养来自评估机构的专职评估师 405 人、来自企业的独立评估师 455 人，培养 ITSS 应用项目经理 522 人，持续促进从业人员职业素养与专业技能提升。

【国际合作】　2018 年 9 月 26 日，工业和信息化部副部长陈肇雄在北京与欧盟委员会通信网络、内容和技术总司副司长鲁哈纳共同主持召开第九次中欧信息技术、电信和信息化对话会议。双方表示，中欧在信息通信领域拥有广泛的共同利益和巨大的合作潜力，应认真落实第二十次中国—欧盟领导人会晤联合声明，充分利用中欧信息技术、电信和信息化对话机制，进一步加强政策沟通和相互了解，促进增信释疑，积极拓展 5G、工业互联网、人工智能等领域合作。

2018 中国软件产业年会上，中国软件行业协会发起成立“一带一路”软件与信息技术服务联盟，推动与“一带一路”沿线国家产业合作，助力中国软件和信息服务企业走出去。

【政策与法规】 2018年7月23日，工业和信息化部印发《推动企业上云实施指南（2018—2020年）》，推动企业利用云计算加快数字化、网络化、智能化转型，推进互联网、大数据、人工智能与实体经济深度融合。

2018年7月27日，工业和信息化部、国家发展和改革委员会两部委印发《扩大和升级信息消费三年行动计划（2018—2020年）》，贯彻落实2017年国务院印发的《关于进一步扩大和升级信息消费持续释放内需潜力的指导意见》，大力推动信息消费向纵深发展，壮大经济发展内生动力。

［撰稿：张禹衡　审稿：李琰］

嵌入式系统软件业

【概况】 随着云计算、大数据、物联网和工业互联网等新兴技术和产业的快速发展，终端设备和产品在智能化、网络化和轻量化等方面产生新的需求，这为中国嵌入式系统软件业发展带来新的机遇。近年来，中国嵌入式系统软件业发展迅速，国产嵌入式系统已经在国防、政务、金融、工业、通信、医疗等多领域广泛应用。总体来看，中国嵌入式系统软件业发展呈现出产业规模持续稳定增长、智能终端市场创新活跃、与云计算技术结合日益深入等特点。

【主要经济指标】 工业和信息化部数据显示，2018年嵌入式系统软件业实现收入5 804.2亿元，占软件和信息技术服务业收入9.4%，比上年下降4.2个百分点。

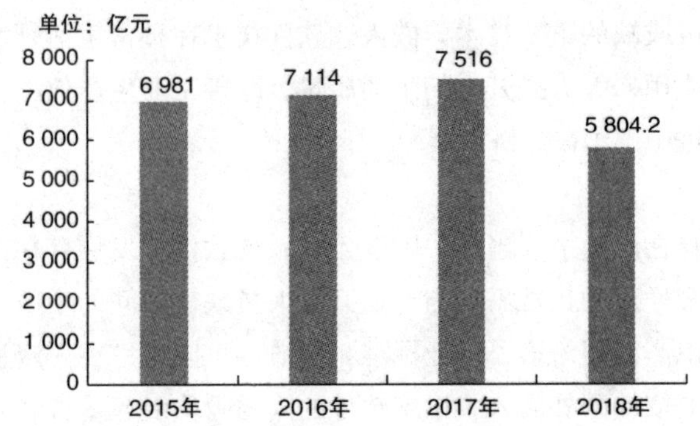

图1　2015—2018年嵌入式系统软件业收入

资料来源：工业和信息化部

【区域发展】 按省市划分，广东省、江苏省、山东省、福建省和浙江省嵌入式系统软件业收入位列全国前5位，五省沿袭2017年的趋势继续领跑。其中，广东省实现嵌入式系统软件业收入超过2 100亿元，保持全国领先地位。

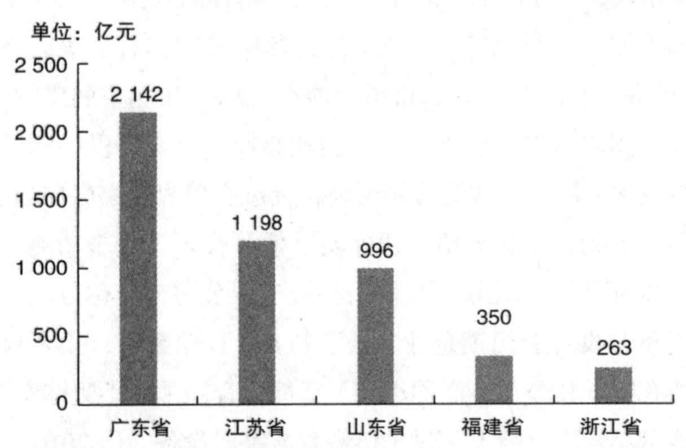

图2　2018年嵌入式系统软件收入前五名省份

资料来源：工业和信息化部

【技术发展】 2018年11月1日，半导体供应商北京兆易创新科技股份有限公司（GigaDevice）正式推出主频72MHz的GD32E230系列超值型微控制器新品，宣布开启Arm® Cortex®-M23内核普及应用全新世代。作为GD32 MCU家族基于Cortex®-M23内核的首个产品系列，GD32E230系列MCU采用业界领先的55nm低功耗工艺制程，着眼于超低开发预算需求，为取代及提升传统8位和16位产品解决方案，并跨越Cortex-M0/M0+门槛，直接进入 32 位 Cortex®-M23 内核的开发新世代带来一步到位的入门使用体验。GD32E230 系列 MCU 以设计灵活性和兼容度应对飞速发展的智能应用挑战。

【政策与法规】 2018 年是嵌入式行业飞速发展的一年，人工智能、虚拟现实、物联网等为各行业带来巨大发展机遇，嵌入式系统软件作为这些新兴技术的重要技术组成部分，国家不断出台优惠政策支撑发展。

2018年12月27日，工业和信息化部印发《车联网（智能网联汽车）产业发展行动计划》，明确以网络通信技术、电子信息技术和汽车制造技术融合发展为主线，充分发挥中国网络通信产业技术优势、电子信息产业市场优势和汽车产业规模优势，推动优化政策环境，加强跨行业合作，突破关键技术，夯实产业基础，形成深度融合、创新活跃、安全可信、竞争力强的车联网产业新生态。

2018 年 12 月 25 日，工业和信息化部印发《工业和信息化部关于加快推进虚拟现实产业发展的指导意见》，加快中国虚拟现实产业发展，推动虚拟现实应用创新，培育信息产业新增长点和新动能。

【市场分析】 智能家居产业发展迅速。根据《2018 中国智能家居产业发展白皮书》，2018 年中国智能家居市场规模 65.32 亿美元，市场渗透率 4.9%，市场空间广阔，成为国内众多互联网及科技企业布局重点。阿里巴巴网络技术有限公司智能音箱天猫精灵可实现智能家居控制、语音购物、手机充值、叫外卖、播放音乐等众多功能；2018 年年底，北京百度网讯科技有限公司（简称百度）宣布领投智能门锁企业“云丁科技”D 轮融资；小米科技有限责任公司（简称小米）智能语音助手“小爱同学”连接小米生态链上超过 1 亿台智能家居设备。从 2016 年的“智能单品”为主，到 2018 年厂商纷纷推出“全屋智能家居解决方案”，企业发力打造自身核心技术、核心服务的经营模式，已经具有为用户提供较为完整的智能设备和系统的能力，在物联网技术应用推进作用下，智能家居在技术和概念上有较大进步，从理想概念开始走进实际生活。但生产供应链成为不少智能厂商的阻碍。

智能网联汽车产业保持良好增长态势。根据《2018 年智能网联汽车产业数据》，2018 年中国车联网产业规模 486 亿元，预计到 2021 年，中国车联网产业规模将达到 1 150 亿元。在工业和信息化部等部门的大力推动下，深圳市、杭州市、上海市、北京市、重庆市等城市先后宣布建设智能网联汽车试验示范基地，其中上海国际汽车城智能网联汽车试验示范基地已经开放部分场景。2018 年以来，上海市、北京市、广州市、重庆市等地相继实施自动驾驶汽车上路实测，百度、上海汽车集团股份有限公司、上海蔚来汽车有限公司分别获得首批测试号牌。这些进展有助于企业加快研发，不断改进与提升智能汽车技术水平，为智能网联汽车产业最终走向成熟打开前进通道。

虚拟现实产业生态初步形成。中国虚拟现实产业主要分为内容应用、终端器件、网络通信 / 平台和内容生产系统。内容应用方面，文化娱乐在企业数量上占据主导，中国虚拟现实线下主题店全球领先，房地产、营销、时装等成为商贸创意主要方向。终端器件方面，中国聚集了歌尔股份有限公司等全球主要头显硬件制造商，成为全球硬件采购和组装中心，以上海乐相科技有限公司（又称大朋 VR）、北京小鸟看看科技有限公司（又称 Pico）为代表的终端企业发展迅速，小米、华为技术有限公司（简称华为）、北京爱奇艺科技有限公司等陆续进入此领域；京东方科技集团股份有限公司（简称京东方）凭借 AMOLED 屏幕、快速响应液晶屏与 PLED-onSi 在虚拟现实近眼显示领域实现突破。网络通信 / 平台方面，华为、北京兰亭数字科技有限公司、北京视博云科技有限公司等在福建移动开通全球首个运营商云控平台。内容生产系统方面，中国涌现出南京睿悦信息技术有限公司、微鲸科技有限公司、四川川大智胜软件股份有限公司等一批代表性企业。

嵌入式软件系统不仅在智能家居、智能网联汽车、虚拟现实等方面得到大量应用，同时向着无线网络控制方向发展，成为中国智能化、自动化计算机软件产业中不可或缺的重要技术。嵌入式软件技术在日常生活领域的应用，大大提升人们生活质量，改善工业生产效率，促进中国国民经济发展。

【存在问题】 当前中国嵌入式系统软件业发展存在市场多样化的正常需求与专业开发人员缺口之间的矛盾，知识产权纠纷多，产业标准相对滞后。同时，在一定程度上依赖国外嵌入式系统软件的问题亟待引起重视并及时提出解决措施。

［撰稿：汪澍　审稿：陈钢］

云计算行业

【概况】 2018年，云计算领域持续保持高速增长，与垂直行业融合渐入佳境，产业发展势头迅猛，创新能力显著增强，服务能力大幅提升，应用范围不断拓展。云计算在信息技术服务业中增速较高，随着国家相关政策文件的发布和贯彻落实，政策红利不断释放，产业转型发展加快，技术研发和产品创新持续活跃，为产业发展和新业态培育提供新动能。

【主要经济指标】 工业和信息化部数据显示，2018年云计算相关的运营服务（包括在线软件运营服务、平台运营服务、基础设施运营服务等在内的信息技术服务）收入10 419亿元，同比增长21.4%，增速高出软件和信息技术服务业全行业平均水平9个百分点，占信息技术服务收入27.7%。

【从业人员】 智联招聘、Boss直聘等网站数据显示，云计算人才月均薪酬远超互联网人才薪酬平均水平，反映出市场对于专业技术人才的刚需，高质量人才供不应求、人才质量良莠不齐成为企业获取人才的痛点。2018年，教育部批准开设以互联网和工业智能为核心的新工科专业，包括云计算、大数据、人工智能等专业，将有利于解决上述痛点，为云计算发展提供人才保障。

【行业发展特点】 阿里云智能研究中心数据显示，传统IT硬件投资年增长率0.3%，而云计算硬件投资年增长率13%，云计算取代传统IT趋势显现。IaaS服务的差异性和多样性不断显现，细分领域和特定场景下适用的虚拟机实例陆续推出。SaaS领域，邮件管理、协同办公、CRM/SCRM、企业云存储、HR等成为用户应用最多的服务，电商、互联网服务、制造、金融、软件开发是应用最多的五大行业，合计占据SaaS市场49.6%。PaaS重要性日益显现，2016—2018年PaaS行业市场规模及增速逐年上升，年增长率分别为49%、52%、57%。

云计算的应用正从互联网行业向政府、金融、工业、交通、物流、医疗健康等传统行业渗透。2018年，云服务商除升级云计算产品外，不断推出面向行业的解决方案。阿里云计算有限公司（简称阿里云）ET农业大脑，应用于生猪养殖、苹果及甜瓜种植等领域，具备数字档案生成、全生命周期管理、农事分析、溯源等功能；阿里云ET城市大脑在杭州、衢州、澳门、吉隆坡等10多个城市落地，并从智能交通管理向医疗应急调度、城市管理、环境治理、旅游开发、城市规划、平安城市、民生服务7个领域拓展。北京百度网讯科技有限公司（简称百度）发布面向农业、制造业和商业的赋能平台，“云农”平台覆盖生产环境监测、智能灌溉、农业气象、生产追溯等领域；“云制”平台连接工厂中控系统，并结合人工智能能力打造工业数据模型和机器视觉模型；“云服”平台则提供获客、推荐、运营、导购、客服、分析的全流程服务。

【企业上云】 企业上云有序推进，浙江省、山东省、江苏省、广东省、湖南省等20多个省市出台推动企业上云政策文件，多地建立省市县三级政府协同推进机制，充分发挥云平台服务商、第三方行业组织作用，加大资金支持，开展宣传培训，打造典型标杆，加强考核督促，加快推动企业上云用云。据不完全统计，2018年全国新增上云企业超过40万家。其中，湖南省新增上云中小企业11.2万家；广东省新增上云企业8万多家；浙江省新增上云企业近12万家，累计上云企业近30万家；江苏省累计上云企业22万家；山东省新增上云企业超过7万家，直接节约信息化成本超过10亿元；湖北省新增上云工业企业突破1.5万家，节约信息化成本约50%；杭州市5 533家规模以上工业企业上云率达65.5%，数字化水平显著提高。企业上云成为新一代信息技术与实体经济深度融合的重要抓手，加速传统产业的创新转型和提质增效。

【技术发展】 云计算骨干企业在大规模并发处理、海量数据存储等关键核心技术和容器、微服务等新兴领域不断取得突破，部分指标达到国际先进水平，有效满足亿级用户并发场景下各类复杂应用的需求。阿里云已具备毫秒级响应、EB 级存储空间、单集群 1 万台规模等能力。在 OpenStack、Docker 等主流开源社区，中国产业力量发挥越来越重要的作用，华为技术有限公司成为 OpenStack 顶级会员。云服务商还面向人工智能应用构建开放平台，满足不同计算需求，培育形成诸多新模式。

【政策与法规】 2018 年国家大力支持企业“上云”，出台一系列政策。2018 年 7 月，工业和信息化部印发《推动企业上云实施指南（2018—2020 年）》，提出到 2020 年，云计算在企业生产、经营、管理中应用广泛普及，全国新增上云企业 100 万家，从实施上云路径、强化政策保障、完善支撑服务等层面，指导和促进企业运用云计算加快数字化、网络化、智能化转型升级。

【典型企业】 骨干企业十分重视云计算业务，纷纷在业务及组织架构上进行战略调整。腾讯科技（深圳）有限公司“云与智慧产业事业群”（CSIG）成立，整合腾讯云、互联网 +、智慧零售、教育、医疗、安全、LBS 等行业解决方案。阿里云事业群升级为阿里云智能事业群，将中台的智能化能力（包括机器智能的计算平台、算法能力、数据库、基础技术架构平台、调度平台等核心能力）和阿里云全面结合。百度智能云事业部（ACU）升级为智能云事业群组（ACG），承载 AI to B 和云业务的发展。

骨干企业营收继续保持高速增长。2018 年，阿里云实现营收 213.6 亿元，同比增长 91.3%，跻身世界一流云计算企业行列；腾讯云业务收入 91 亿元，同比增长超过 100%。软件企业加速向云计算转型，用友网络科技股份有限公司、金蝶软件（中国）有限公司云服务收入同比分别增长 72.9%、49.5%，均显著高于软件业整体增速。

［撰稿：刘雨菡　审稿：李琰］

大数据行业

【概况】 近年来，中国大数据产业蓬勃发展，融合应用不断深化，数字经济量质提升，对经济社会的创新驱动、融合带动作用显著增强。大数据是信息化发展的新阶段。随着信息技术和人们生产生活交汇融合，互联网快速普及，全球数据呈现爆发式增长，推动大数据产业快速发展。中国各地发展大数据产业积极性较高，在政策、技术、产业、应用等多个层面取得显著进展，行业应用快速推广，市场规模增速明显，推动中国加快建设数据强国步伐，为实现制造强国和网络强国提供产业支撑。

【主要经济指标】 根据工业和信息化部数据，2018 年典型云服务和大数据服务收入 2 192 亿元，提供服务的企业 2 440 家。

根据国家工业信息安全发展研究中心《大数据产业白皮书（2019）》，大数据产业分为数据层、软件层、硬件层和衍生层，2018 年中国大数据产业规模 6 508 亿元，其中，数据层同比增长 32%，收入 1 480 亿元；软件层同比增长 25%，收入 667 亿元；硬件层同比增长 16%，收入 1 657 亿元；衍生层同比增长 45%，达到 2 705 亿元。预计 2020 年中国大数据产业规模将达到 10 817 亿元，2018—2020 年间年复合增长率 29%。伴随应用的不断扩大和深化，大数据产业逐渐从软硬件投入驱动，转化为应用带动，形成产业的良性生态。

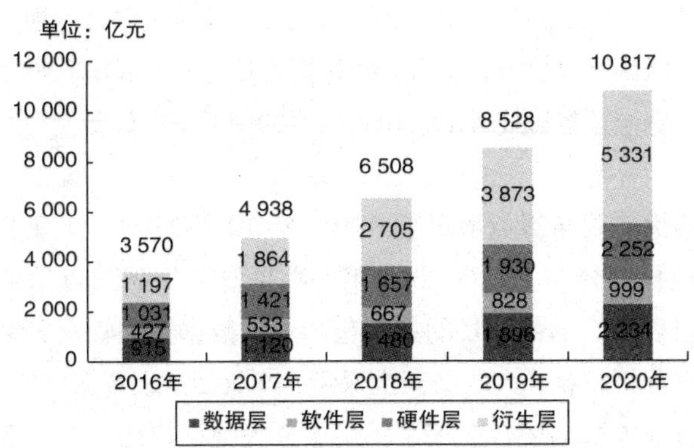

图 1　2016—2020 年中国大数据产业规模

数据来源：国家工业信息安全发展研究中心

【从业人员】 2018 年大数据行业人才需求增长较快。根据艾瑞咨询数据，2018 年数据服务厂商发布职位 12.4 万个，增速 36.4%，在互联网头部赛道中增速最快。根据国家工业信息安全发展研究中心《大数据产业白皮书（2019）》，大数据行业数据挖掘、大数据开发和大数据架构是整个行业需求最高的职位；伴随着大数据在企业中应用不断加深，数据分析类人才供不应求；人才需求主体从之前的互联网公司，逐渐扩展到金融、教育、传媒、服务业、汽车、建筑 / 房地产等传统公司；北上广深杭由于产业集中度高、高校和科研机构分布密集，在大数据人才积累上有较大优势。

多数大数据企业高度重视科技创新能力的培养，将研发力量视为企业核心竞争力。大数据产业生态联盟、赛迪顾问股份有限公司发布的《2019 中国大数据产业发展白皮书》显示，大数据企业研发投入占总营收的比例平均为 30%，研发人员数量占总员工数的比例平均约为 60%。随着大数据业务越来越向具体应用场景下沉，一大批企业开始重视核心技术研发和内生数据资源的积累，加快打造竞争壁垒。大数据企业员工通常具有较高学历水平，本科学历员工在数量上占据主导。本科学历及以上的员工占员工总数 84.6%，其中博士学历员工占比 4.8%，硕士学历员工占比 19.7%，本科学历员工占比 60.1%。初创期（年总营收低于 500 万元）的大数据企业中博士学历和硕士学历占比尤其高，分别为 14.7% 和 29%，这种高占比与企业初期高强度的技术研发投入密切相关。随着企业规模的增大，企业中博士学历和硕士学历的比例逐步下降，并大致稳定在 2.4% 和 12.6% 的水平，本科学历占比则稳定在 60% 左右。

【区域发展】 从区域分布看，中西部地区部分省市利用新业态迅速发展、产业转型升级、布局出现调整的机遇期，积极打造特色产业，推动软件业快速发展。根据工业和信息化部数据，贵州省抢先布局大数据领域，实现软件业务收入增长 23.4%。

根据《2019 中国大数据产业发展白皮书》，华北、中南和华东三个区域大数据产业发展持续领跑，三个地区合计约占整体市场规模的 74%。以成都、贵阳为代表的西南地区引领西南大数据产业发展，并显著领先于东北和西北地区。

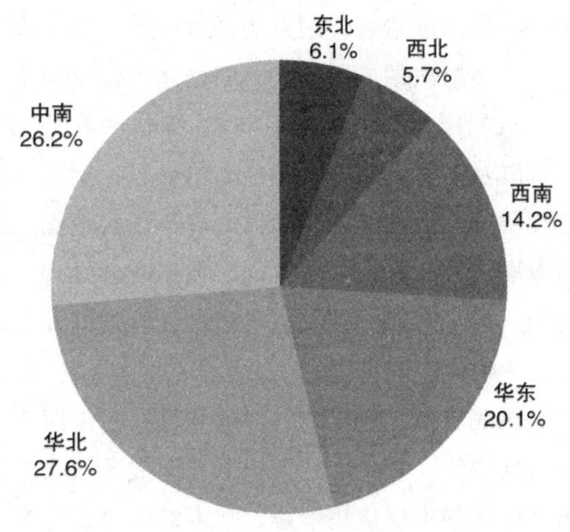

图 2　2018 年中国大数据企业区域业务布局

数据来源：2019 年大数据产业生态联盟问卷调查，赛迪顾问整理

【园区基地】 大数据综合试验区和大数据产业园成为集聚产业资源的重要载体。

根据国家工业信息安全发展研究中心《大数据产业白皮书（2019）》，截至 2018 年年底，中国共有 109 个大数据产业园区。大数据产业园区的建设，为吸引大数据人才、资金、技术等高端要素集聚，推进大数据创新创业，促进大数据核心产业和关联产业集聚发展提供良好的物理支持。不仅 8 个国家级大数据综合试验区（贵州、京津冀、辽宁、内蒙古、上海、河南、重庆、珠三角）大数据产业园 / 基地快速发展，安徽、湖北、四川、陕西、浙江、山东和江苏等与这些试验区毗邻的省份，也都加快大数据产业园区 / 基地建设，意图增强数字经济发展实力，助力产业转型升级。

中国的大数据产业园可以划分为三类：北京、上海、广州和深圳的大数据产业园多脱胎于原有的各类软件园，具有良好的发展基础和优势；河南、重庆、大连、沈阳、内蒙古、贵州等国家大数据综合试验区，积极响应国家号召，其辖区内的产业园加速涌现并壮大；安徽、江苏和浙江等部分中、东部省份，积极顺应产业发展趋势，布局大数据产业园，加快经济社会高质量发展。

【技术发展】 经过多年创新发展和行业应用实践，大数据逐渐形成以开源为主导、多种技术和架构并存的技术体系，数据采集、数据存储、数据处理等技术不断迭代成熟，人工智能、云计算、区块链、物联网等周边技术发展提速，且技术间交叉融合走向深化，为推动大数据与实体经济深度融合应用发展提供可靠支撑。大数据应用场景和多层次的应用模式不断推动大数据技术向前发展。在数据层方面，云采集技术、Flume 等日志数据采集技术以及物联网数据采集技术均有较大突破；在存储与管理层方面，传统的存储方式逐渐被云数据库和时序数据库取代；在数据处理方面，数据融合处理、流式数据处理、数据智能化处理以及边缘计算数据处理技术逐渐在行业中推广应用。

大数据底层技术逐步成熟。大数据技术正逐步成为支撑型基础设施，其发展方向也开始向提升效率转变，逐步向个性化的上层应用聚焦，技术的融合趋势愈发明显。具体而言体现在算力融合、流批融合、TA 融合、模块融合、云数融合、数智融合等方面。

【中国大数据企业 50 强】 2018 中国大数据企业 50 强，是由政府主管部门领导、大数据产业资深专家、行业知名用户 CIO、行业媒体总编以及第三方测评机构专家共 10 位代表组成的专家评审组，从研发投入、创新能力、应用案例、产品及方案成熟度、投资及发展潜力、企业规模等多个维度的评价指标体系，对入围的 200 家企业进行系统严格评审得出的结果。数据显示，2018 年中国大数据产业规模突破 6 000 亿元；随着大数据在各行业的融合应用不断深化，2019 年中国大数据市场产值将达到 8 080 亿元。2019 年包括数据挖掘、机器学习、产业转型、数据资产管理、信息安全等大数据技术及应用领域都面临新的发展突破，成为推动经济高质量发展的新动力。具体分市场来看，未来大数据产业中衍生层的规模将占比最大。上榜的大数据企业覆盖中国大数据生产生态链上各个重要环节，包括阿里巴巴、腾讯科技（深圳）有限公司为首的互联网巨头公司，也有以成都四方伟业软件股份有限公司、软通智慧科技有限公司为代表的创新型大数据公司。

【重大工程与重点项目】 2018 年 10 月 27 日，工业和信息化部公布 200 个 2018 年大数据产业发展试点示范项目名单。示范项目的方向包括：大数据存储管理、大数据分析挖掘、大数据安全保障、产业创新大数据应用、跨行业大数据融合应用、民生服务大数据应用、大数据测试评估、大数据重点标准研制及应用、政务数据共享开放平台、公共数据共享开放平台等 10 个方向。

2018 年 12 月，交通运输部公布首批交通运输大数据融合应用试点项目名单。为深入推进交通运输大数据融合应用，不断提高交通运输智能化发展水平，在组织开展交通运输信息资源整合共享有关项目申报基础上，经专家评审，并经交通运输部同意，确定“甘肃省交通运输出行数据与旅游融合应用项目”等 18 个项目为首批交通运输大数据融合应用试点项目。

【政策与法规】 2018 年大数据相关规范性文件相继出台。2018 年 1 月，《四川省促进大数据发展工作方案》发布；2018 年 3 月，《2018 年贵州省大数据发展工作要点》《2018 年内蒙古自治区大数据发展工作要点》《河北省大数据产业创新发展三年行动计划（2018—2020 年）》发布；2018 年 4 月，《内蒙古自治区大数据与产业深度融合行动计划（2018 年—2020 年）》发布；2018 年 5 月，《河南省大数据产业发展三年行动计划（2018—2020 年）》发布；2018 年 6 月，《甘肃省数据信息产业发展专项行动计划》《关于促进大数据云计算人工智能创新发展加快建设数字贵州的意见》发布；2018 年 8 月，《重庆市以大数据智能化为引领的创新驱动发展战略行动计划（2018—2020 年）》发布；2018 年 9 月，国家卫生健康委员会发布《国家健康医疗大数据标准、安全和服务管理办法（试行）》，明确由国家卫健委负责建立健康医疗大数据开放共享机制，鼓励医疗卫生机构、科研教育单位、相关企业或行业协会、社会团体等参与健康医疗大数据标准制定工作；2018 年 12 月，《天津市促进大数据发展应用条例》发布。

【统计数据】

表 1　2018 年中国大数据产业园布局情况（不完全统计）

省份	产业园名称
北京市	中关村大数据产业园
	物联网产业园
河北省	张家口大数据产业园
	承德承鸣大数据产业园
	廊坊开发区大数据产业园
	秦皇岛经济技术开发区数据产业示范基地
	曹妃甸大数据区块链产业园
	石家庄大数据产业园
	邢台市华为大数据产业园
内蒙古自治区	和林格尔新区大数据产业园
	草原云谷大数据产业基地
	中国电信云计算内蒙古信息园
	鄂尔多斯云基地
辽宁省	高新区云计算和大数据技术创新与服务示范园区
	环渤海（营口）大数据产业园
上海市	上海市北高新技术服务园
江苏省	盐城市大数据产业园
	南京大数据产业园
	苏州高铁新城大数据产业园
	南通大数据产业园
	南京国际数据中心产业园
	淮安大数据产业园
	连云港高新区大数据产业园
	淮海大数据产业园
	浪潮无锡大数据产业园
	扬州经济开发区大数据产业园
	常州国家健康医疗大数据中心与产业园
浙江省	浙江工业大数据创新中心
	百度云智・宁波大数据产业基地
	杭州云谷（一期）云计算大数据产业园

续表

省份	产业园名称
安徽省	国家健康医疗大数据中部中心及产业园
	庐阳大数据产业园
福建省	中科福州数据园
	南平（浪潮）产业园
	东南大数据产业园
	厦门软件园
	厦门国家健康医疗大数据中心与产业园
山东省	济南高新区齐鲁创新谷
	中国数都全球大数据应用研究及产业示范基地
	济宁市大数据产业园
	山东大数据产业园
	滨州大数据产业园
	国家健康医疗大数据北方中心及产业园
河南省	郑州高新区大数据产业园区
	洛阳大数据产业园区
	郑州航空经济综合试验区国际智能终端大数据产业园区
	洛阳先进制造业产业集聚区大数据产业园区
	平顶山城乡一体化示范区大数据产业园区
	安阳高新技术产业集聚区大数据产业园区
	鹤壁市大数据产业园区
	新乡市大数据产业园区
	濮阳市大数据智慧生态园区
	许昌市大数据产业园区
	漯河市大数据产业园区
	三门峡大数据产业园区
	南阳白河大数据产业园区
	商丘市睢阳大数据产业园区
	驻马店市城乡一体化示范区大数据产业园区
	长垣县大数据产业园区
	固始县大数据产业园区
	新蔡县大数据产业园区

续表

省份	产业园名称
湖北省	光谷云村
	左岭大数据产业园
湖南省	国家级地理空间大数据产业基地
	东江湖大数据产业园
	湖南云龙大数据产业园
	证通云计算大数据产业园
广东省	广东省健康医疗大数据产业园
	珠江智慧产业园
	广州增城大数据产业园
	华南数谷大数据产业园
	惠州潼湖生态智慧区数据产业园
	广梅共建大数据产业园
	佛山市南海区大数据产业园
	东莞松山湖（生态园）
	中山市火炬大数据产业园
	中山美居智能制造大数据产业园
	广东福能大数据产业园
	肇庆大数据云服务产业园
	深汕特别合作区大数据产业园
	云浮市云计算大数据产业园
	广州开发区大数据产业园
	江门市珠西数谷省级大数据产业园
重庆市	永川软件园
	华记黄埔大数据产业园
	重庆两江数字经济产业园
	仙桃数据谷
	国家健康医疗大数据西南中心及产业园
	盘古大数据产业园
	重庆移动互联产业园
	中国智谷（重庆）科技园

续表

省份	产业园名称
四川省	川西大数据产业园
	崇州经开区大数据产业园
	成都国家健康医疗大数据中心及产业园试点
	绵阳新城大数据产业园
贵州省	贵阳乾鸣国际信息产业园
	贵安综保区电子产业信息产业园
	贵阳大数据安全产业园
	中国电信云计算贵州信息园
	艺龙新区大数据产业园
	百鸟河大数据基地
	贵州凯里经济开发区大数据产业园
	贵安数字经济产业园
陕西省	沣西新城大数据产业园
	宝鸡大数据产业园
	延安大数据产业园
	黄河金三角（华为）大数据产业园

注：资料来源于国家工业信息安全发展研究中心《大数据产业白皮书（2019）》。

表 2　2018 年中国大数据企业 50 强

序号	企业名称	序号	企业名称
1	阿里巴巴	11	神州数码信息服务股份有限公司
2	华为技术有限公司	12	杭州海康威视数字技术股份有限公司
3	腾讯科技(深圳)有限公司	13	浙江大华技术股份有限公司
4	联想集团	14	北京久其软件股份有限公司
5	浪潮集团	15	上海晶赞荣宣科技有限公司
6	滴滴出行	16	成都四方伟业软件股份有限公司
7	小米科技责任有限公司	17	科大讯飞集团
8	太极计算机股份有限公司	18	北京思特奇信息技术股份有限公司
9	微软(中国)有限公司	19	北京神州泰岳软件股份有限公司
10	富士康工业互联网股份有限公司	20	杭州天夏科技集团有限公司

续表

序号	企业名称	序号	企业名称
21	北京东方国信科技股份有限公司	36	北京智慧星光信息技术有限公司
22	广联达科技股份有限公司	37	普元信息技术股份有限公司
23	帆软软件有限公司	38	北京明朝万达科技股份有限公司
24	软通智慧科技有限公司	39	三盟科技股份有限公司
25	北京拓尔思信息技术股份有限公司	40	网智天元科技集团股份有限公司
26	北京天融信网络安全技术有限公司	41	中电科华云信息技术有限公司
27	北京百分点信息科技有限公司	42	东网科技有限公司
28	博彦科技股份有限公司	43	成都数联铭品科技有限公司
29	深圳天源迪科信息技术股份有限公司	44	北京润乾信息系统技术有限公司
30	城云科技（中国）有限公司	45	北京东方金信科技有限公司
31	北京国双科技有限公司	46	勤智数码科技股份有限公司
32	无锡华云数据技术服务有限公司	47	北京人大金仓信息技术股份有限公司
33	美林数据技术股份有限公司	48	福建省数字福建云计算运营有限公司
34	昆仑智汇数据科技（北京）有限公司	49	重庆誉存大数据科技有限公司
35	厦门南讯软件科技有限公司	50	青岛大快搜索计算技术股份有限公司

注：资料来源于工业和信息化部、湖南省人民政府联合主办的2019世界计算机大会。

[撰稿：王玉璇　审稿：陈钢]

工业互联网平台行业

【概况】　自《国务院关于深化“互联网＋先进制造业”发展工业互联网的指导意见》印发以来，中国各类企业和各地政府共同发力，工业互联网平台发展形成全国各地“建平台、用平台”的良好氛围。截至2018年年底，主要工业互联网平台企业工业设备连接数平均达到59万台，工业APP平均突破1 500个，注册用户数平均超过50万个，平台积累数据量平均超过1 000TB，2018年平台相关业务收入平均约为5亿元，相关研发投入平均约为4.6亿元。

【行业发展特点】　各方加速布局工业互联网平台，建设形成一批知名平台品牌。信息通信企业、工业制造企业、互联网及软件企业纷纷加快工业互联网平台布局，产业整体呈现百花齐放格局。一方面，既有平台迭代升级、创新服务：树根互联技术有限公司（简称树根互联）“根云”平台推出3.0版本，数据接入效率提高5倍，工业APP开发效率提高40%，大幅提升产品后市场服务能力；海尔集团公司（简称海尔）COSMOPlat平台将大规模定制解构为交互、研发、营销、采购、生产、物流、服务 7 大模块，通过灵活订阅、连接嵌套模式创新用户服务能力。另一方面，新的平台持续涌现、创新品牌：中国船舶集团有限公司、美的集团有限公司、联想集团、中国电子信息产业集团有限公司（简称中国电子）、中联重科股份有限公司等一批行业龙头企业纷纷推出平台产品，产业创新持续加速。

平台供给能力不断强化，超前布局一批平台关键技术。具有较强实力的企业加快平台核心技术研发与产业化，前沿性、融合性技术安全可靠能力不断增强。芯片与操作系统方面，华为技术有限公司（简称华为）自研融合网络、存储控制芯片以及云操作系统 FusionSphere；浪潮集团有限公司开发出云海 OS 通用云操作系统和能源领域低功耗实时操作系统。设备接入与协议转换方面，重点平台企业均开发出面向边缘网关的产品，树根互联“机器手环”、航天云网科技发展有限责任公司（简称航天云网）智能网关“smartIOT6000”等，可支持各种主流控制器、近百种工业通信协议。平台开源框架及工具方面，华为提出“利用开源、回馈开源、高于开源”理念，发起一批平台开源项目。5G 和人工智能新技术应用验证方面，紫光集团联合中国移动通信集团有限公司开展 5G 工业网络切片技术融合应用可行性验证，阿里巴巴（中国）有限公司（简称阿里巴巴）、富士康科技集团（简称富士康）结合大数据和人工智能技术，提升平台数据处理能力，支撑平台高价值应用开发。

平台应用能力不断提升，涌现一批解决方案和应用案例。围绕行业生产特点和企业痛点问题，平台企业持续创新服务能力，开发形成一批具有亮点的创新解决方案和应用案例。研发设计环节，华为“沃土”平台云仿真设计解决方案在东江模具厂应用，实现研发设计工具按在线时长付费，降低用户企业研发成本 30%，提升研发效率 20%。生产制造环节，形成富士康 ICT 治具智能维护、航天云网精密电器智能化生产、紫光钣金行业企业云图等一批平台解决方案，富士康 ICT 治具智能维护方案实施后，电子元器件测试直通率提升 10%、每小时产出（UPH）提升 15%、探针损耗降低 20%。企业管理环节，用友网络科技股份有限公司（简称用友）精智平台为天瑞水泥集团有限公司减少错发货物损失超过 2 000 万元，有效解决企业供应链协同管理难、用户订单响应不及时问题。产品服务环节，树根互联、江苏徐工信息技术股份有限公司（简称徐工信息）将工程机械远程管理解决方案进行推广，实现纺织机械、工业机器人、数控机床等设备产品的远程服务，创新设备租赁业务。

区域落地加速推进，建设形成一批平台发展高地。重点平台企业纷纷制定平台区域推广战略，通过“区域平台 + 示范基地”模式加快平台落地。海尔 COSMOPlat 平台在全国 12 个城市布局，覆盖华东、华北、华南等六大区域，实现全球 20 个国家复制推广；航天云网 Indics 平台建成 10 个行业云、19 个区域云、16 个行业大企业服务专区，行业及区域影响力不断增强；阿里 supET 平台推出结合区域产业特色的广东飞龙、重庆飞象平台，提升区域定制化服务能力；徐工信息“汉云”平台服务于国内 330 多个地级市，并在“一带一路”沿线 10 个国家进行布局。

积极打造平台生态，探索形成若干跨界合作模式。围绕企业合作、人才交流、创新竞赛等方面，平台企业积极推动平台生态建设，形成若干跨界合作模式。企业合作方面，打造“1+X”平台体系，构建“基础平台模板 + 行业赋能子平台”成为平台行业拓展的共性模式，北京东方国信科技股份有限公司（简称东方国信）打造 Cloudiip+ 能源云、炼铁云、空压机云实现多行业布局。人才合作方面，平台企业通过联合培养、建设专家资源池方式，推动人才交流合作，紫光集团与东北大学合作，引入东北大学电机行业专家团队开展工业 APP 开发等。竞赛合作方面，华为、航天云网、树根互联等平台企业通过开发者大赛、工业 APP 大赛等，积极建设平台开发者生态，带动平台创新发展。

【区域发展】 2018 年，中国工业互联网平台在全国上下掀起一股自下而上的发展热潮，各省市高度重视推进工业互联网平台工作，结合本省发展优势和产业布局统筹部署、积极作为，形成北京市、广东省、江苏省、山东省等一批高地，呈现推进路径各具特色、应用模式百花齐放的良好态势。

在工业互联网平台政策环境方面，全国各地纷纷出台布局工业互联网创新发展政策。北京市围绕“科技创新中心”建设、“高精尖”产业体系构建编制出台《北京市推进两化深度融合推动制造业与互联网融合发展行动计划》；上海市发布《上海市工业互联网创新发展应用三年行动计划（2017—2019 年）》；广东省工业和信息化厅成立工业互联网处，出台《广东省支持企业“上云上平台”加快发展工业互联网的若干扶持政策（2018—2020年）》；天津市、江苏省、山东省、浙江省等省市相继出台发展工业互联网实施意见。

在工业互联网平台产业供给能力方面，各地结合自身特色推动形成一批面向行业和区域的工业互联网平台。北京市依托技术、人才、资金和区位优势，形成东方国信Cloudiip、用友精智和航天云网Indics等平台；广东省在全国首创“工业互联网产业生态供给资源池”，培育华为、富士康等一批平台；山东省大力加强公共服务，培育形成海尔COSMOPlat、浪潮云等平台；江苏省积极推进长三角工业互联网协同发展，实施“365”工程，形成徐工汉云、紫光云引擎等平台。

在工业互联网应用牵引方面，各省市以企业上云应用加速平台能力建设。北京市建设京津冀工业云，服务近1 000家企业用户；山东省建立“上云企业出一点、云服务商让一点、各级财政补一点”激励机制，计划用三年时间推动全省20万家企业上云；江苏省认定首批25家五星级、62家四星级、187家三星级上云企业，引导企业用云用平台；广东省与阿里巴巴、华为、腾讯及三大运营商签署“云网降费”合作协议，大幅降低企业上云用云成本30%以上，推动3 000家工业企业“上云上平台”实施数字化升级。

在工业互联网典型应用案例方面，部分省市通过打造标杆示范打通平台落地实施的“最后一公里”。江苏省制定实施“一市一重点平台、一行业一重点平台”培育计划，重点打造14个标杆示范项目；广东省确立“先典型引路，再推广应用”工作路径，2018年培育工业互联网应用试点示范项目80余个；山东省浪潮云接入设备约389万个，服务企业1 592家，平台合作服务商93家。

在宣传引导方面，部分省市举办各类培训和活动形成推动工业互联网平台发展合力。山东省启动“云行齐鲁”系列推广活动，培训和对接企业超过2万家；广东省深入到区（县、镇、街）一级举办300多场宣贯、培训和对接活动，参与人数超过10万人次；江苏省举办省工业互联网峰会、省工业互联网平台创新与实践高峰论坛以及智造江苏大赛等。

【垂直行业发展情况】 2018年，随着工业互联网创新发展战略深入推进，工业互联网平台呈现百花齐放发展格局，平台产业创新持续活跃，平台应用深度与广度逐步拓展，在石化、电子、汽车、能源等领域催生一批新模式新业态，显著带动行业转型升级。

在石化行业，北京中油瑞飞信息技术有限责任公司搭建中国石油工业互联网平台，累计实现16家油气田、26个采油采气厂、93个作业区、39 795口油气水井的数据接入，实现油气水井的远程监控、按需巡检；石化盈科信息技术有限责任公司打造ProMACE平台，帮助石化企业实现炼化生产一体化、生产集成管控、全生命周期资产管理等模式，先进控制投用率、生产数据自动采集率分别提升10%、20%，万元产值能耗降低6%，试点企业年增效益50亿元。

在电子行业，中国电子打造“中电云网”平台，推出SMT行业协同云、数字零售云，开发新型工业电商综合解决方案，接入子公司湖南凯杰科技有限责任公司3条产线应用，生产运营成本降低36.1%，产品不良率降低20%，设备稼动率（OEE）提升21.4%；联想集团推出LeapIoT平台，打造电子设备全球个性化定制与网络化协同解决方案，提升产品响应速度。

在汽车行业，北京汽车集团（简称北汽）以电商平台为入口，将用户需求与汽车生产端对接，实现高端车型个性化定制和质量大数据分析；北汽新能源汽车股份有限公司打造“北汽云”京津冀地区产业协同工业互联网平台，对全国41.8万辆北汽自有品牌新能源汽车实时联网，提供状态监控、远程控制和程序升级等服务。

在能源行业，上海电气集团股份有限公司基于工业互联网平台对火电、风电、燃机设备开展远程诊断、健康管理服务，自主研发的“风云”系统接入140个风场，监控3 000余台风机；国家电网有限公司青海省电力公司围绕新能源全产业链初步搭建新能源互联网平台，以新能源场站集中监控、功率预测等应用服务为切入点，快速形成平台基础支撑能力，快速构建应用服务，2018年覆盖青海地区80%以上新能源场站。

【重大工程与重点项目】 2018年5月，工业和信息化部联合财政部，依托工业转型升级专项资金组织实施工业互联网创新发展工程。经过材料申报、地方推荐、专家评审、项目公示等环节，在平台方向遴选43个项目。其中，工业互联网平台试验测试项目支持8个，特定行业工业互联网平台试验测试项目支持6个（流程行业5

个，离散行业 1 个），特定区域工业互联网平台试验测试项目支持 4 个，特定工业场景工业互联网平台测试床项目支持 13 个，工业互联网平台公共支撑能力建设项目支持 5 个，工业互联网平台关键标准制定项目支持 7 个。

【政策与法规】 2018 年 7 月，工业和信息化部正式印发《工业互联网平台建设及推广指南》（简称《平台指南》），旨在加快建立工业互联网平台体系，加速工业互联网平台推广。《平台指南》主要任务包括制定标准、培育平台、推广平台、建设生态和加强管理五方面内容，围绕平台标准体系建设、标准推广机制建设以及推动标准国际对接三个方面展开；围绕打造跨行业跨领域、企业级两类平台目标，面向政府和企业两类主体，提出平台培育具体举措；围绕重点工业设备上云、企业业务系统上云、培育平台应用新模式新业态三个方面，提出平台应用推广的推进方向；提出平台试验测试、开发者社区和新型服务体系等三方面生态建设重点；针对平台互联互通、平台运营监测、平台安全隐患等问题，提出加强平台管理的具体举措。

为贯彻国务院《深化“互联网 + 先进制造业”发展工业互联网的指导意见》，落实 2018 年政府工作报告“发展工业互联网平台”相关要求，规范和引导平台发展，工业和信息化部 2018 年 7 月印发《工业互联网平台评价方法》（简称《评价方法》）。《评价方法》编制的目的在于形成一套评价方法，为地方政府培育平台、平台企业开发平台、工业企业应用平台提供参考。《评价方法》的编制聚焦平台资源管理与应用服务两类“工业操作系统”核心能力，按照从“基础共性”到“特定行业、特定区域、特定领域”再到“跨行业跨领域”平台能力要求逐步递增的基本思路，构建五大类 17 个能力评价要求，着重从平台的设备接入、软件部署、用户服务等角度给出评价内容，为编制具体评价指标和标准提供依据。

[撰稿：杨楠　审稿：梅扬]

人工智能行业

【概况】 经过前期积累和探索，2018 年，中国人工智能行业呈现高速发展态势，应用领域更加丰富，成为经济转型、智能生活的新引擎。产业上，科技巨头全面布局，初创企业大量涌现，人工智能产业规模、企业数量和资本市场均快速增长；技术上，中国人工智能相关论文和专利数量领先全球，部分应用技术发展迅猛，多次在国际赛事中拔得头筹；区域上，中国人工智能产业呈现三大梯队并行发展良好态势，区域发展各具特色。人工智能再次被写入政府工作报告，政策环境持续优化，落地场景不断丰富，加速与实体经济融合，逐渐成为实体经济转型升级新动能。

【专业领域发展】 根据产业链上下游关系，人工智能产业链分为三层，分别为基础层、技术层和应用层，中国人工智能产业布局持续深入。

基础层包括智能传感器、芯片、数据处理器、数据储存服务和云平台等。2018 年，阿里巴巴（中国）有限公司、北京百度网讯科技有限公司（简称百度）、华为技术有限公司（简称华为）等企业先后布局智能芯片领域，华为发布麒麟 980、昇腾 910 等多款人工智能芯片；数据服务方面，数据采集、数据标注企业层出不穷，并受到资本市场青睐；云计算运营方式和应用领域不断丰富，工业云、政务云成为重点应用领域。

技术层建立在基础层之上，结合相关数据，面向不同应用场景构建技术路径，通过算法和模型解决应用层问题。主要技术包括计算机视觉、语音识别、自然语言处理等。中国在计算机视觉领域保持领先优势，其中人脸识别准确率超过 99%；在语音识别领域，科大讯飞股份有限公司（简称科大讯飞）语音识别率由97%提高至98%，百度硅谷人工智能实验室提出全新的基于WaveNet的并行音频波形端对端生成模型ClariNet，合成速度提升数千倍，智能音箱、智能语音助手等产品不断涌现。

应用层包括人工智能技术在虚拟现实和增强现实设备、智能机器人、无人驾驶设备等终端和在制造、医疗、金融、物流等多个领域的应用。2018年，中国人工智能逐渐进入融合发展期。人工智能赋能传统金融行业，在智能客服、智能风控等领域加速渗透；“人工智能＋安防”解决方案从中后端向前端前移；人工智能医疗影像落地应用，新技术成果不断涌现；智能家居产品由弱智能化向智能化发展，传统家电厂商加速智能化转型。

【区域发展】 在地方政府的前瞻性布局和已有产业基础上，中国人工智能产业呈现三个梯队并行发展的良好态势。北京市、广东省、上海市、浙江省和江苏省等第一梯队地区产业发展势头良好，人工智能企业数量多、创新创业企业大量涌现，行业布局完善、技术较为领先，初步形成覆盖全产业链、协同发展的人工智能产业集群。山东省、湖北省、湖南省、重庆市等第二梯队地区依托当地产业基础，在推动人工智能技术与传统产业融合发展方面具有一定优势。河南省、吉林省、内蒙古自治区、广西壮族自治区、海南省等第三梯队地区人工智能产业发展基础相对薄弱，但仍有望通过积极寻求突破点推动产业发展。

【园区基地】 北京市、上海市等人工智能产业生态较为完备的城市创新发展头部引领作用渐显，人工智能园区建设加速推进，京津冀、长三角、粤港澳地区人工智能产业集聚效应进一步增强。2018年，中国新增约40个人工智能园区，北京市、广州市、苏州市等城市纷纷成立人工智能科技园或示范区。

【国际合作】 2018年9月，首届世界人工智能大会在上海召开，就人工智能与就业、法律及政府治理等多个议题进行合作交流。2018年8月，北京市商汤科技开发有限公司携手香港中文大学、亚马逊、南洋理工大学、悉尼大学联合举办首届WIDER Face and Pedestrian Challenge 2018挑战赛，中国科学院计算技术研究所、微软亚洲研究院、北京大学、卡耐基梅隆大学以及北京京东世纪贸易有限公司、北京旷视科技有限公司、科大讯飞等大量实力雄厚的机构参赛。同月，由创新工场、北京搜狗科技发展有限公司、北京三快在线科技有限公司、厦门美图网科技有限公司主办的AI Challenger2018全球AI挑战赛吸引来自81个国家2万多支队伍参赛。

企业合作方面，深圳市腾讯计算机系统有限公司医疗AI实验室和美国加州大学合作，探索人工智能如何帮助分割过程，辅助放疗规划，并在权威期刊发布研究成果。百度与Gartner在人机交互领域进行研究合作，并联合发布对话式交互平台行业趋势白皮书。华为与全球领先的集群和云基础设施自动化软件企业Bright Computing公司开展合作，共同研究基于ARM和人工智能技术加速的智能高性能计算解决方案。

【政策与法规】 2018年，人工智能再次被写入政府工作报告，报告提出要加强新一代人工智能研发应用，在医疗、养老、教育、文化、体育等多领域推进“互联网＋”；加快发展现代服务业，发展智能产业，拓展智能生活，建设智慧社会；运用新技术、新业态、新模式，大力改造提升传统产业。地方层面也积极推动人工智能产业发展，截至2018年年底，近20个省市发布人工智能专项政策，四川省、安徽省、黑龙江省等先后发布人工智能发展规划。

【市场分析与预测】 随着传统产业智能化转型升级持续推进，人工智能技术应用需求加速释放，未来人工智能将持续纵深发展。技术层面，深度学习和人工智能芯片仍将是技术突破的关键，新型算法和高运算能力、低功耗智能芯片的研究开发将加速推进。应用层面，人工智能与实体经济融合的广度、深度不断拓展，催生大量新业态、新模式，为生产和生活提供更加便利、高效、低成本的服务。此外，随着人工智能发展的持续推进，人工智能安全相关问题受到更多关注，建立可信人工智能成为行业未来发展的重要考量。

【存在问题】 中国人工智能在基础支撑、数据开放、政策发展等方面仍存在亟待解决的问题。

人工智能基础理论、核心算法、专用芯片等技术方面尚未取得突破。高端芯片、半导体存储器等核心元器件基本被外国厂商垄断，高性能 GPU、FPGA 等加速芯片仍高度依赖进口，主流开源框架主要由国外企业及科研机构提供。

数据开放共享程度低、部分行业数据基础薄弱，人工智能应用较难展开。中国整体上数据开放共享程度低，部分传统行业信息化水平偏低，数据基础薄弱、数据壁垒高，人工智能应用较难展开。工业领域普遍存在设施设备联网率低、数据采集难度大、数据资源分散等问题。同时，跨行业的数据由于隐私、安全、商业利益等因素，大量数据无法被公开或难以整合利用，阻碍人工智能进一步发展和应用。

人工智能行业标准、安全评估规范和相关法律法规较为缺乏，创新发展受到制约。当前智能医疗、自动驾驶、智能家居等新领域因缺乏行业统一标准规范和相关法律法规，创新发展受到制约。以智能医疗行业为例，由于缺乏相应的审批经验和标准数据库，医疗人工智能产品的审批认证较为困难。没有认证意味着没有市场准入资质，企业的数据、资本、人才获取能力受限，其变现及进一步发展较为困难，将会制约人工智能在医疗领域的融合发展。

[撰稿：明书聪　审稿：张瑶]

信息技术应用

综　述

【概况】 信息技术成为推动全球产业变革的核心力量，并且不断集聚创新资源与要素，与新业务形态、新商业模式互动融合，快速推动农业、工业和服务业的转型升级和变革，全新工业经济发展模式正在到来。当前，以云计算、大数据、物联网和人工智能、区块链为代表的新一代信息技术蓬勃发展，智能感知、先进计算、高速互联等技术领域创新方兴未艾，深度学习、类脑计算、机器视觉、虚拟 / 增强现实、无人驾驶、智能制造、智慧城市等技术及应用创新层出不穷，面向未来的全新信息技术应用体系正在加速建立。

【信息技术应用】 2018 年，中国信息技术服务业总体保持平稳较快发展，产业规模进一步扩大，盈利能力稳步提升，就业形势保持稳定，产业服务化、平台化、融合发展态势更加明显，为制造强国和网络强国建设提供更扎实的基础支撑，为经济高质量发展提供更强劲的新动能。2018 年，全行业实现信息技术服务收入 34 756 亿元，同比增长 17.6%，增速高出全行业平均水平 3.4 个百分点，占全行业收入的 55.1%。其中，云计算相关的运营服务（包括在线软件运营服务、平台运营服务、基础设施运营服务等在内的信息技术服务）收入 10 419 亿元，同比增长 21.4%，占信息技术服务收入的 30.0%；电子商务平台技术服务收入 4 846 亿元，同比增长 21.9%。信息技术服务业成为经济平稳较快增长的重要推动力量。

云计算、人工智能等新型场景数据的爆发式增长以及对企业业务的重要性需求，推动服务器市场收入和出货量的大幅增长。主要原因可概括为四个方面：一是企业数字化转型。无论是制造、能源和服务等传统行业，还是互联网、金融、电信、政府等服务器大客户，都在不断采购服务器升级 IT 架构以适应数字化发展需求，带动服务器市场的增长。二是企业上云。一方面公有云厂商采购更多的基础设施来提供更加成熟的云服务，另一方面企业内部构建私有云系统，均对服务器市场发挥正向促进作用。三是人工智能兴起。人工智能的发展与应用，需要借助大量算力进行模型训练及推理，均刺激从事人工智能的相关企业大批量采购服务器。四是高性能计算（HPC）需求旺盛。全球 HPC 市场正以 8.3% 的年复合增长率增长，中国 HPC 市场发展速度更是快于全球市场。HPC 需要大规模采购服务器构建集群，对服务器市场形成拉动。

技术创新推动通信设备快速发展。在移动通信领域，国际上第一阶段 5G 国际标准已制定完成，中国企业全面参与 5G 国际标准制定，新型网络架构等多项技术方案被国际标准组织采纳。中国已突破大规模天线、网络编码等关键技术，各项测试工作将加速进行。国内光通信设备产业由高速增长过渡到平稳增长期，智能制造和产品多元化也更加明显，正在超出光通信产业原有边际。中国成为全球最大的光通信市场，但在产业链核心技术环节较弱。在光器件领域，中国约占全球 20% ~ 25% 的市场份额，在无源及有源光器件芯片中低端产品领域以及光模块等产业链下游领域紧跟领先水平或同步达到领先水平，然而高端产品研发能力薄弱，10Gb/s 光芯片近 50% 依赖进口，25Gb/s 及以上光芯片几乎全部依赖进口。此外，高速驱动、PAM4 和 DSP 等电芯片国产化率极低，依赖以美日为主的进口。苏州旭创科技有限公司、光迅科技股份有限公司等企业将 100Gb/s 高速光模块作为发展重点，投入大量资金进行研发，未来有望在该领域实现突破。

消费电子进入动能转换和提质增效的关键阶段。中国拥有广阔的消费市场和成熟的制造能力，吸引众多国际消费电子产品生产基地落地，2018 年，中国消费电子行业市场规模稳定增长，技术和产品创新保持活跃，规模稳居世界第一。随着人工智能、大数据、云计算等信息技术的快速发展，消费电子产业进入动能转换、提质增效、转型升级发展的关键阶段，手机、平板电脑、计算机和电视机等传统产品增长见顶，超高清视频、智慧健康养老、虚拟现实、智能家居、人工智能、智能驾驶等新产品、新应用、新型通用平台不断涌现。消费电子行业丰富的产品形态和广阔的应用场景，正不断激发信息消费需求，成为电子信息产业扩大内需市场、促进消费升级的重要抓手和关键组成部分。

新型显示全产业链建设体系逐渐完善。中国新型显示产业整体增长速度已连续多年超过全球产业增长速度，对上游产业材料市场规模增长率贡献超 70%。中国显示产业已建立从供给端到应用端的产业体系，具有完整的面板制造产能和下游品牌话语权。2018 年，中国相继投产一批高水平、高产能生产线，共有 39 条 TFT-LCD 面板生产线量产，另有 10 条生产线在建。据不完全统计，中国新型显示投资已超万亿元，未来两年相关项目投资预计将超 3 000 亿元。中国骨干企业实力逐步增强，创新能力明显提升，京东方集团在智能手机、平板电脑、笔记本电脑、显示器、电视显示屏出货量继续蝉联全球第一，华星光电大尺寸液晶面板出货量保持全球第五，32 英寸液晶面板和 55 英寸超高清面板出货量均列全球第二。同时，整体产业规模的发展带动上游装备和材料迎来发展机遇期，2018 年，国内本土液晶材料企业出货接近 100 吨，自给率超 35%，铜靶、铝靶、钼靶实现规模化生产，打破国外企业在技术和市场上的垄断。

【重点应用领域技术进展】 从新兴领域看，在手机市场的衰退周期中，各大手机厂商积极寻求前瞻性布局，以期保有自身市场地位或实现弯道超车。华为技术有限公司等手机企业高度重视 5G 研发布局，2018 年 2 月，公司推出全球首款基于 3GPP 标准的 5G 商用芯片“Balong 5G01”，支持全球主流 5G 频谱。从局部创新看，随着屏幕、拍照、快充、识别等功能技术的成熟，一批高性能、高价位的产品被集中推出。在屏幕方面，各大厂商纷纷推出“真全面屏”手机，OPPO Find X、vivo NEX、小米 MIX3、荣耀 Magic 2 等产品采用机械结构，将摄像头隐藏于手机之中；华为发布全球首款 5G 折叠屏智能手机——Mate X，内嵌自主研发的麒麟 980 和巴龙 5000 基带芯片，率先支持 SA 与 NSA 两种 5G 组网方式，更好适配全球运营商 5G 网络。在屏下指纹方面，vivo 发布全球首款采用屏幕指纹识别设计的机型 X20 Plus 屏幕指纹版，由 Synaptics 提供指纹识别传感器。在摄像头方面，后置多摄迅速得到普及。2018 年 12 月，三摄手机新增设备总计超 200 万台，华为作为三摄的主要推动者，是目前三摄机型的主要供应厂商。

虚拟现实关键技术进一步成熟，在画面质量、图像处理、眼球捕捉、3D 声场、手交互、人体工程、机器视觉等领域均有重大突破。在图像处理方面，AMOLED 显示技术已经成熟，同时 GPU 处理技术的成熟带动图像引擎和渲染算法的优化发展。在交互技术方面，从视觉向触觉、听觉、动作等多通道交互发展弥补单个特征识别技术的缺陷，进一步提升虚拟现实服务的沉浸感和可靠性。5G 技术的应用将全面提升虚拟现实体验，企业纷纷加快布局 VR+5G 业务。

中国超高清视频产业在关键设备研发、显示终端普及、网络传输、频道建设、内容制作、4K 用户等方面取得突破。在关键设备研发方面，北京超高清视频制作技术协同中心牵头开展国内首台商用 8K 超高清转播车的研制工作，采用100G IP交换系统、高性能8K存储系统、8K视频显示设备、8K记录和慢动作回放系统等国产化设备。在显示终端普及方面，2018年，中国超高清电视销量3 189万台，同比增长约11.5%，占彩色电视机总销量的66.8%。在网络传输方面，截至2018年年底，国内100Mbps及以上光纤网络用户占比70.3%。在频道建设方面，中央广播电视总台和广东广播电视台各自分别开通一个4K超高清频道，实现从无到有的突破。在内容制作方面，中央广播电视总台具备每天6小时4K内容的生产能力，4K节目内容累计总时长2 000小时。在4K用户方面，三大电信运营商4K机顶盒用户1.5亿户，中央广播电视总台4K频道覆盖用户超1 000万户。

受益于新兴终端市场和新能源汽车政策等驱动，锂离子电池产业发展持续向好。一是产业规模稳步增长。2018年，中国锂离子电池销售收入同比增长8.7%，产量同比增长23.1%。从电池类型分布看，消费型锂离子电池增速减缓，动力型锂离子电池成为市场主要增量，储能型锂离子电池增长迅速但市场占比较小。二是骨干企业加快扩产步伐。2018年，宁德时代新能源科技股份有限公司拟建设江苏时代动力及储能锂电池研发与生产项目（三期），比亚迪股份有限公司30GW·h西安动力电池签约。三是上游材料产业集中度加速提升。2018年，正极材料中三元材料前十家企业产量占比69.6%，负极材料前十家企业产量占比93%，电解液前十家企业产量占比90.5%，隔膜前十家企业产量占比87.5%。四是产品安全问题愈发突出。终端产品设计缺陷、锂离子电池管理系统不完善、产品批次一致性不稳定等因素，对锂离子电池产业健康发展造成不同程度的负面影响，锂离子电池安全重要性日益凸显。

【出台政策及实施措施】 印发《智能光伏产业发展行动计划（2018—2020年）》，从智能光伏工厂建设、智能制造技术装备突破、智能光伏产品供给、智能光伏系统建设运维、智能光伏产业发展环境等多个角度出发，提出到2020年的总体发展目标，还分别从加快产业技术创新、提升智能制造水平，推动两化深度融合、发展智能光伏集成运维，促进特色行业应用示范、积极推动绿色发展，完善技术标准体系、加快公共服务平台建设四大领域，提出4项重点任务和4个方面保障措施。

印发《印制电路板行业规范条件》《印制电路板行业规范公告管理暂行办法》。《印制电路板行业规范条件》按照优化布局、调整结构、绿色环保、推动创新、分类指导的原则进行制定。在生产规模和工艺技术方面，要求企业具备印制电路板产品的独立生产、销售和服务能力；在质量管理方面，企业应建立并不断完善测量管理体系，具有电测试、尺寸测量、自动光学检测（单面板除外）等检测能力；在智能制造方面，鼓励企业加强顶层设计，促进自动化装备升级，提升自动化水平；在绿色制造方面，企业应持续开展清洁生产审核工作，并通过评估验收；在节能节地、资源综合利用和环境保护方面，企业应严格保护耕地，节约集约用地。为落实《印制电路板行业规范条件》，《印制电路板行业规范公告管理暂行办法》规定工业和信息化部负责全国印制电路板行业规范公告管理工作，组织对企业申请材料进行复核、抽检、公示及公告，发布印制电路板行业规范公告名单并实施动态管理。

发布《关于加快推进虚拟现实产业发展的指导意见》，分2020年和2025年两个阶段提出中国虚拟现实产业的发展目标，第一阶段到2020年建立比较健全的虚拟现实产业链条，第二阶段到2025年使中国虚拟现实产业整体实力进入全球前列；从核心技术、产品供给、行业应用、平台建设、标准构建和安全保障六大方面提出发展虚拟现实产业的重点任务，包括突破近眼显示技术、感知交互技术、渲染处理技术和内容制作技术4类关键核心技术，丰富整机设备、感知交互设备、内容采集制作设备、开发工具软件、行业解决方案和分发平台6类产品有效供给，推进虚拟现实技术产品在制造、教育、文化、健康、商贸5类重点行业领域的应用，建设共性技术创新、创新创业孵化、行业交流对接等公共服务平台，加快推进标准规范体系建设、重点标准研制、检测认证等工作，加强虚拟现实系统平台安全防护以及重要数据和个人信息保护。

发布《新一代人工智能产业创新重点任务揭榜工作方案》，围绕《促进新一代人工智能产业发展三年行动计划（2018—2020年）》确定重点任务方向，在17个方向及细分领域开展集中攻关，重点突破一批创新性强、应用效果好的人工智能标志性技术、产品和服务。在智能产品方面，选择智能网联汽车、智能服务机器人、智能无人机、医疗影像辅助诊断系统、视频图像身份识别系统等产品作为攻关方向；在核心基础方面，选择智能传感器、神经网络芯片、开源开放平台等开展攻关；在支撑体系方面，选择高质量行业训练资源库、标准测试、智能化网络基础设施、安全保障体系等作为揭榜攻关任务。

印发《锂离子电池行业规范条件（2018 年本）》《锂离子电池行业规范公告管理暂行办法（2018 年本）》。《锂离子电池行业规范条件（2018 年本）》要求，严格控制新上单纯扩大产能、技术水平低的锂离子电池（含配套）项目；对促进技术创新、提高产品质量、降低生产成本等确有必要的新建和改扩建项目，由行业主管部门按照相关规定加强组织论证；具备锂离子电池行业相关产品的独立生产、销售和服务能力的企业，每年研发经费不低于当年企业主营业务收入的 3%，鼓励企业取得高新技术企业资质或省级以上研发机构、技术中心。《锂离子电池行业规范公告管理暂行办法（2018 年本）》从程序上对锂离子电池规范管理作出规定，管理范围包括锂离子电池和电池组、正极材料、负极材料、隔膜、电解液等生产企业，但不包括新能源车用动力电池和电池组，同时明确锂离子电池企业的退出机制。

【发展趋势】 在复杂多变的全球经济贸易和持续推进的国内供给侧结构性改革形势下，信息技术产业整体仍将保持平稳增长，但预计增长力度将有所减缓。产业发展中存在的不确定因素逐步加剧，企业业绩增速将进入换挡期。一是国内电子制造企业仍受制于核心技术、元器件、原材料、装备等薄弱环节影响，导致附加价值较低，叠加行业增速放缓与原材料等企业成本上升等因素，企业经营不确定性增加，行业利润增速波动短期内难以回暖；二是手机、彩色电视机等传统信息技术领域在缺乏根本性提振因素的背景下，市场规模渐趋下降，企业面临较大竞争压力；三是在行业结构性转型升级的趋势下，企业将迎接更加艰巨的挑战，技术水平、研发能力、资本实力较弱的企业面临被淘汰风险。

重点领域创新发展将持续升温。以集成电路领域为例，产业在全球市场拉动和内生动力驱动下，市场规模将继续保持增长势头。从新兴领域看，云计算、物联网、5G、人工智能、智能网联汽车等新兴应用领域的快速发展，给高性能处理器、微控制器、功率器件、射频器件等产品带来巨大市场需求，同时也驱动传感器、连接集成电路、专用 SoC 等集成电路技术的创新；从技术创新看，长江存储科技有限责任公司采用 Xtacking 架构的 64 层堆叠的 3D NAND 闪存芯片将实现量产，中芯国际集成电路制造有限公司将开始试产 14 纳米手机芯片。

新兴市场将持续助推投资增长。半导体分立器件制造业、通信系统设备制造业、集成电路制造业投资增势突出，与汽车电子、人工智能、5G 等新兴应用的拉动密切相关。通信设备投资处于“转折期”，将进入放量阶段。4G 建设进入收尾，5G 建设尚未大规模展开，导致通信领域投资额下降明显，但未来巨大成长空间可期。人工智能投资进入“务实期”，投资频次减少、金额大幅增长。据亿欧智库统计，2018 年上半年人工智能领域投资额 582 亿元，单笔平均 3.8 亿元，超过前三年数据，且投资阶段向中后期转移，表明更重视人工智能产业在产业端、应用端的发展。虚拟现实投资进入“成熟期”，告别盲目追捧，投资更加聚焦。2018 年，虚拟现实行业投资聚焦在高价值的中后期融资，反映出行业成熟度渐涨；流向技术研发的资本持续增长，虚拟现实硬件重新获得资本关注。据 IC Insights 数据显示，2018 年中国集成电路公司资本支出约合 110 亿美元，数额是 2015 年投入的 5 倍，且超过日本和欧洲公司 2018 年相关资本支出总和，未来投入规模将继续扩大。

部分领域产值规模将跻身全球前列。以新型显示为例，中国产业产能优势将建立，AMOLED 成为发力点。随着 4K 基本完成普及，8K 市场和技术窗口将会打开，各国面板厂都将瞄准 8K 这个机会，未来 LCD 市场方向属于大尺寸和 8K，多条 10.5 代生产线的陆续量产将推动 65 英寸电视机市场走向普及阶段。企业将进一步把握 AMOLED 行业快速发展机遇期，维信诺合肥、京东方绵阳、京东方重庆等多条第 6 代 AMOLED 生产线将陆续投产。

[撰稿：张松　刘璇　审稿：乔跃山]

两化融合

【概况】 2018年，中国两化融合向更大范围更深层次持续推进，在企业、行业、区域各个层面深层次渗透并产生全方位影响，推动产业发展的质量变革、效率变革和动力变革，有力支撑经济高质量发展。依据《工业企业信息化和工业化融合评估规范》（GB/T 23020-2013）国家标准，工业和信息化部在全国全面推广企业两化融合评估诊断和对标工作。截至2018年年底，全国共计12万余家企业参与该项工作，占列入国家统计监测规模以上工业企业总数的1/4左右，通过深入挖掘和全面剖析基于两化融合服务平台采集的企业两化融合评估数据，客观描绘全国两化融合发展全景图。

【全国两化融合发展现状】 2018年，全国两化融合发展水平为53.0，同比增长2.3%。从增速变化来看，经过2016年、2017年的短期调整，全国两化融合发展水平增速正在稳步回升，两化融合发展水平总体保持稳定增长趋势。2018年，起步建设阶段的企业比例较2012年（65.0%）下降一半以上，实现综合集成的企业比例由2012年的10.9%上升至2018年的22.4%，企业整体向中高级阶段加速迈进，具备两化融合深度应用的坚实基础，但大部分企业突破综合集成的瓶颈仍然存在。

从不同规模企业两化融合发展水平来看，大型企业的两化融合发展水平高于中型与小微型企业，但小微型企业发展增速已超越大中型企业。大型企业两化融合发展水平为61.4，中型企业为51.7，小微型企业为42.7。在增长速度方面，2018年大型、中型、小微型企业两化融合发展水平增速分别为1.8%、5.1%、12.1%，小微型企业的两化融合发展势头迅猛，步入发展快车道。

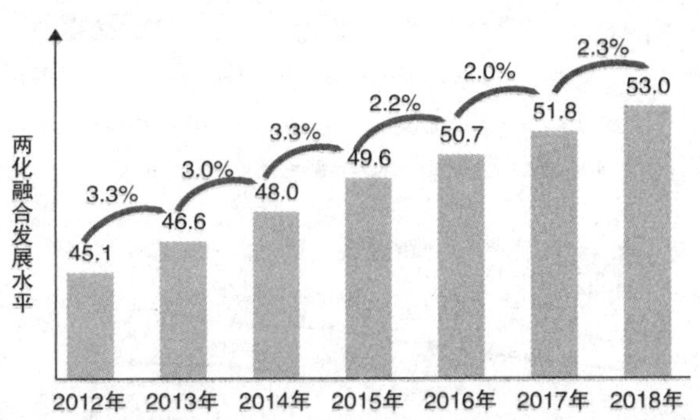

图1 2012—2018年全国两化融合发展水平演进与发展阶段分布情况

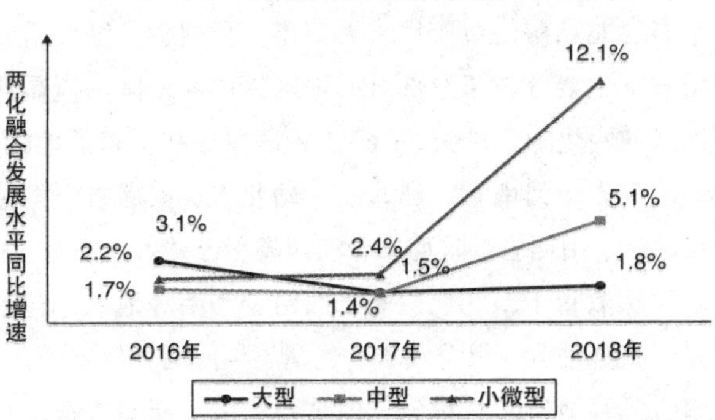

图2 2016—2018年不同规模企业两化融合发展水平对比情况

2012—2018 年，国有企业两化融合发展水平以不同程度领先于民营企业与外商企业。自 2016 年起，相较于国有企业两化融合水平的平稳增长，民营企业与外商企业两化融合加速发展，与国有企业两化融合发展水平逐年拉近。

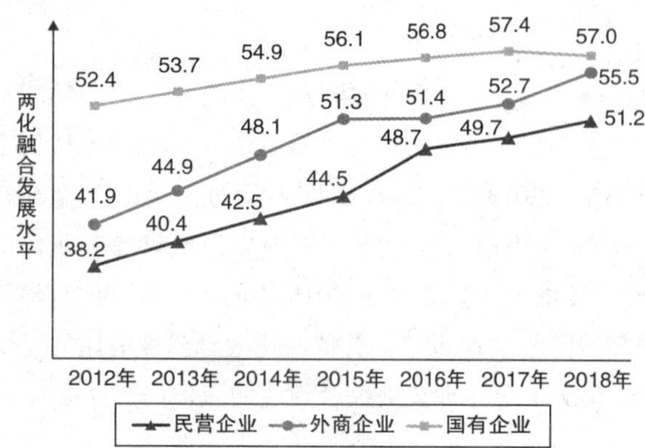

图 3　2012—2018 年全国不同性质企业两化融合发展水平情况

2018 年，企业数字化水平再度加速提升，数字化研发设计工具普及率、关键工序数控化率分别达 67.4%、48.4%，增速分别为 6.6%、4.3%。2013 年以来，随着对制造业新模式的培育力度不断加大，企业在网络化协同、服务型制造、个性化定制等方面均取得显著成效，特别是开展服务型制造与个性化定制企业比例，2018 年较 2013 年均约翻两番。

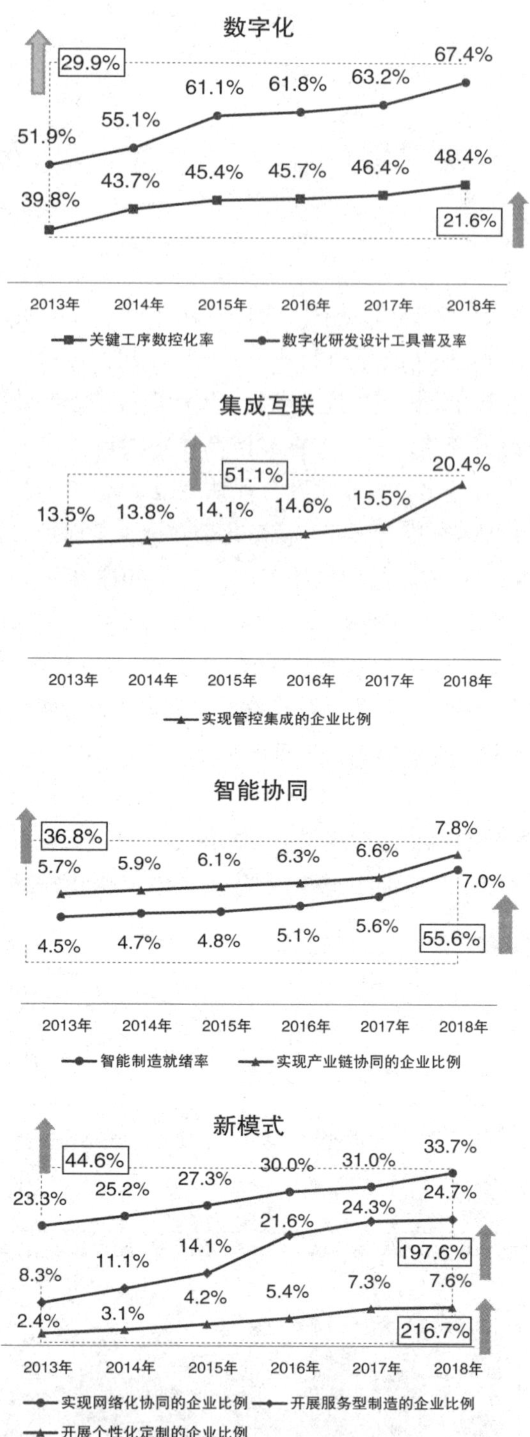

图 4　2013—2018 年全国两化融合关键指标发展情况

【区域两化融合发展现状与模式】　2018 年，全国区域间两化融合发展的阶梯性差异仍然存在，东南部沿海地区位居前列，随着向西北内陆地区推进，两化融合水平逐渐下降。按照发展水平高低将全国划分为两化融合发展水平三梯队：第一梯队包括山东省、上海市、江苏省、广东省、北京市、重庆市、天津市、福建省、浙江省、四川省，主要分布于东部沿海地区，川渝地区一直是西南地区的两化融合排头兵；第二梯队集中在中东部地区，包括辽宁省、河南省、河北省、湖北省、安徽省、内蒙古自治区、山西省、陕西省、江西省、吉林省、湖南省；第三梯队散布于东北、西北、西南、华南等地区，包括宁夏回族自治区、黑龙江省、贵州省、广西壮族自治区、海南省、青海省、甘肃省、西藏自治区、新疆维吾尔自治区。云南省因数据量不足暂未作划分。

从 2018 年区域两化融合发展水平的增速来看，两化融合发展的区域不平衡性趋于缓和。发展水平处于第一梯队的浙江省、江苏省、广东省在保持领先的情况下同比增速有所放缓，发展水平处于第三梯队的黑龙江省、青海省、西藏自治区等地进入快速发展期，两化融合发展水平同比增速跃居第一梯队。各区域间、各梯队间的差距均不同程度表现出逐渐缩小的发展态势，全国两化融合的区域间平衡、协调发展局面正在不断形成。

【行业两化融合发展现状与特征】 2018 年，工业企业两化融合发展水平达 53.2，较上年增长 3.5%。工业领域两化融合发展水平排名从高到低依次为电力、烟草、电子、交通设备制造、石化、医药、纺织、机械、轻工、食品、冶金、包装、建材、采矿业，整体呈现能源行业高于制造业行业、制造业行业高于采掘的态势，制造业中，装备行业两化融合发展水平较高，高于全国平均水平，原材料（51.9）、消费品行业（51.7）两化融合发展水平基本持平。农业、服务业两化融合发展水平分别达 48.3、56.9，农业中，以畜牧业水平最高，其次为林业、种植业、渔业；服务业中，以批发零售业水平最高，其次为软件和信息技术服务业。从发展进程来看，2018 年，工业企业实现综合集成的企业比例 22.4%，较上年增长 3.6 个百分点，农业、服务业实现综合集成的企业比例分别为 20.7%、28.2%。

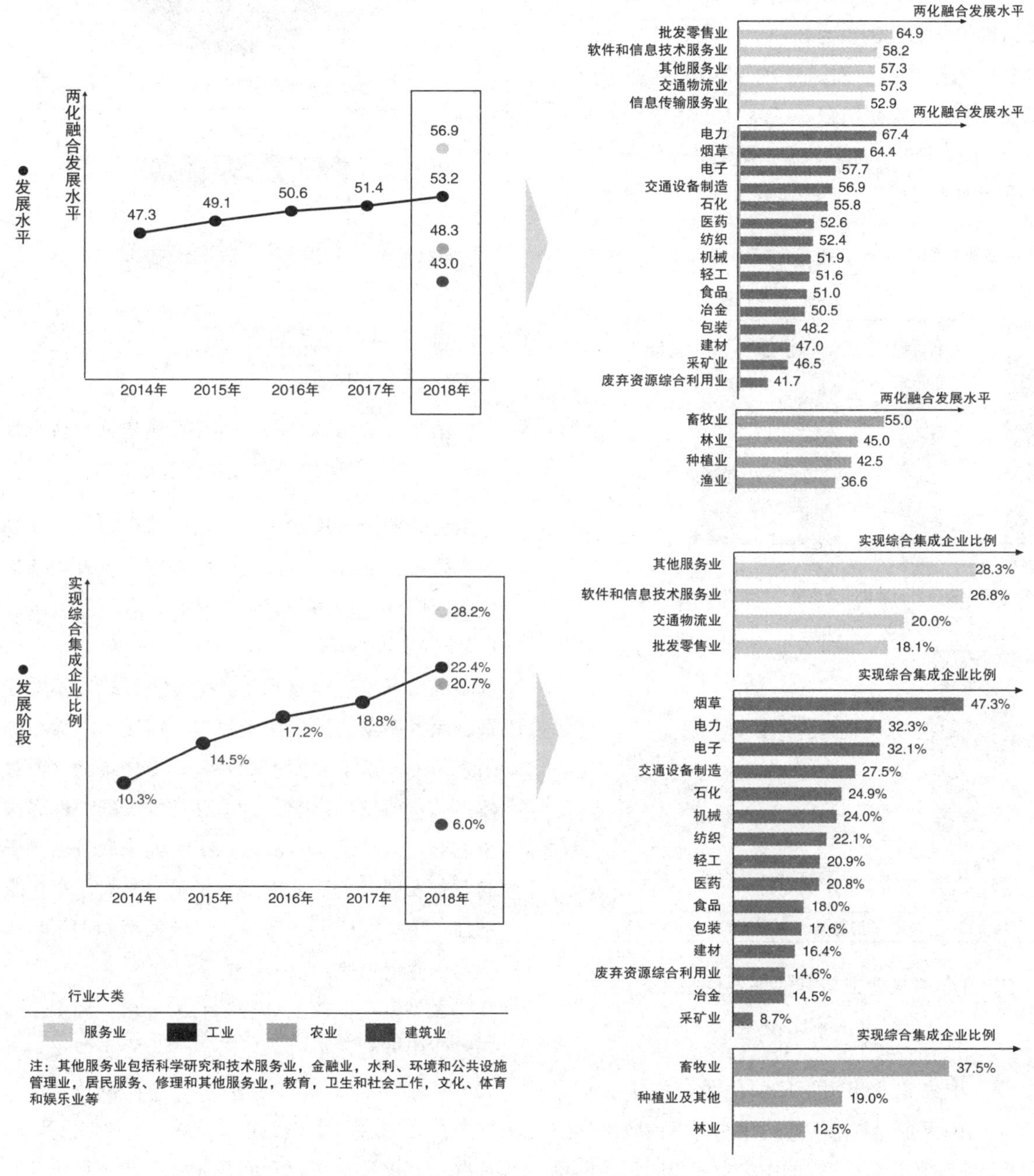

图 5 2014—2018 年各行业两化融合发展水平、发展阶段情况

【中央企业两化融合发展现状】 2018 年，中央企业两化融合评估诊断和对标引导工作持续向纵深推进，在 92 家参与评估诊断的中央企业中，超 90% 的中央企业有子公司参与评估诊断，超 68% 的中央企业有 5 家及以上子公司参与评估诊断。中央企业两化融合发展总体水平达 59.3，显著高于全国两化融合发展平均水平 53.0。从不同性质企业两化融合发展水平情况来看，中央企业两化融合水平处于领先地位，分别比国有、外商、民营企业高出 4.0%、6.8%、15.8%。中央企业两化融合发展基本达到中级阶段，正全面向高级阶段迈进。中央企业子公司处于起步建设阶段的比例仅为 8.4%，中央企业两化融合基础设施建设走在全国前列。32.1% 的中央企业子公司处于集成提升阶段（高级阶段），9.0% 的中央企业子公司处于创新突破阶段（卓越阶段），两化融合趋于完善，在综合集成基础上实现跨企业的业务协同和模式创新。

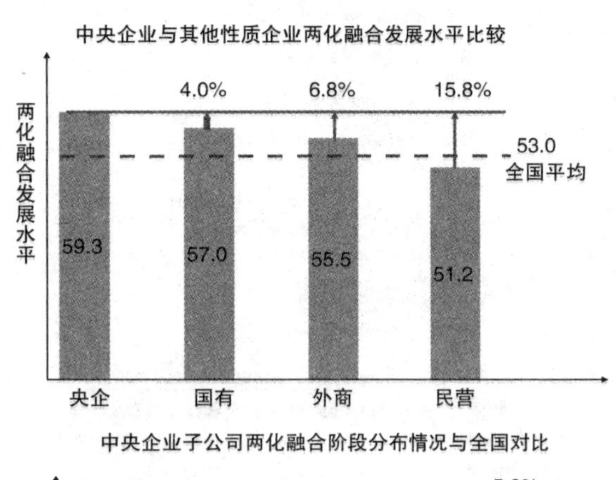

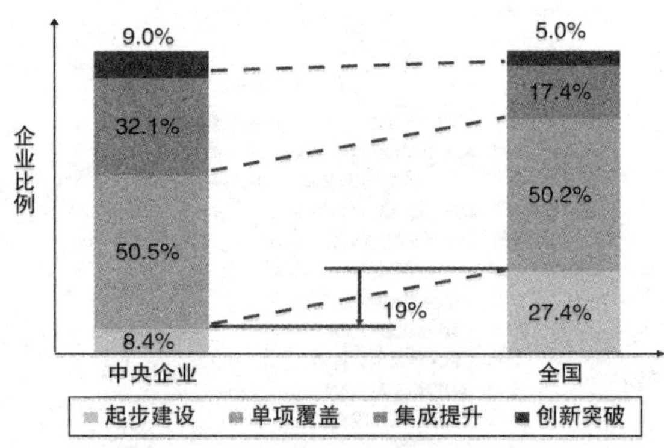

图 6 2018 年中央企业与其他性质企业两化融合发展水平比较

2018 年，中央企业集团管控两化融合整体水平为 52.9，46.2% 的中央企业集团管控两化融合发展阶段达到集成提升及以上阶段，仅 7.7% 的中央企业集团管控两化融合发展处于起步建设阶段。中央企业集团管控两化融合建设取得重要进展，为中央企业全面跻身世界一流企业行列奠定坚实管理基础。数字化、集成互联、智能协同水平呈现“金字塔”形，中央企业集团管控两化融合发展态势良好，从数字化向智能协同方向发展后劲十足。

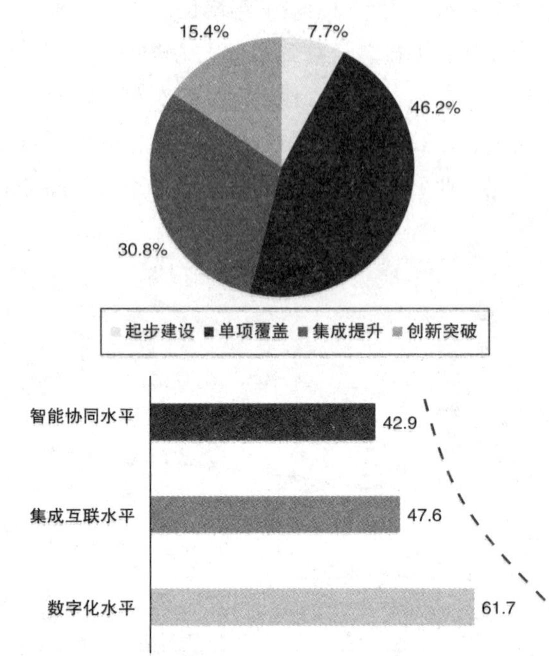

图 7 2018 年中央企业集团管控两化融合发展阶段分布及主要指标情况

【工业企业上云现状】 全国工业企业上云尚处于起步探索阶段，从云平台普及广度来看，仅有 43.5% 的企业使用云服务。使用公有云、私有云和混合云服务的企业比例分别为 23.6%、15.6% 和 4.2%，公有云平台作为普遍服务市场渗透明显不足。企业上云广度不够受技术水平、服务质量、用户接受程度、市场需求大小等多方面因素影响。从上云需求端来看，受传统的工业封闭技术体系和价值壁垒影响，企业存在发展的惯性思维，许多企业对上云理念没有清晰认识，尚未激发出基于云服务的业务发展需求；从云平台供给端来看，平台服务能力不强、用户安全无法保障、价值回报预期不足等，也是影响企业走出上云第一步的重要原因。

大型企业更倾向部署私有云平台，而中小微企业更侧重使用公有云平台。比较不同规模企业未上云比例，大型、中型、小微型企业未上云比例依次为 44.0%、54.7%、59.0%，中小微企业未上云企业比例均超 50%，具有较大提升空间。大型企业中，使用私有云平台的企业占比达 27.0%，高于公有云平台和混合云平台；中型企业和小微型企业中，使用公有云平台的企业占比分别达 24.0% 和 24.1%，均高于私有云平台和混合云平台。中小微企业数量巨大，是上云的主体，探索中小微企业上云通道、打造中小微企业上云生态圈，将获得更大的产业提升价值回报。

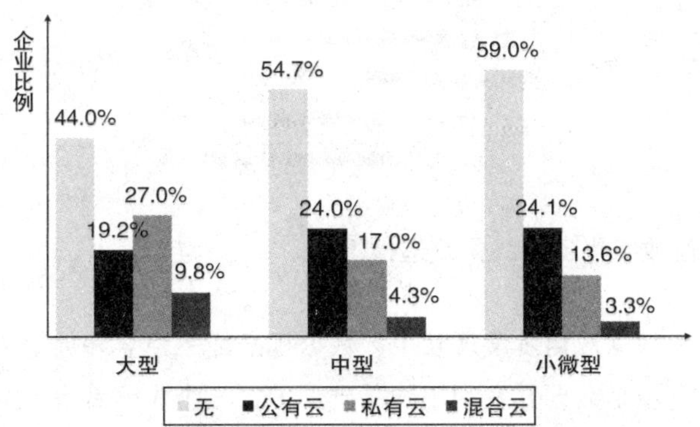

图 8　2018 年全国不同规模企业云平台使用情况

工业设备上云率偏低，工业数据采集和分析能力相对不足。工业企业设备数字化、网络化与美国、德国等工业强国差距较大，2018 年，中国工业企业设备数字化率 45.9%，数字化设备联网率 48.4%，设备上云基础薄弱，数据采集和分析难度较大。以十大工业设备为例，仅有 24.1% 的工业企业实现工业设备运行数据自动记录并上传至云平台；利用云平台对工业设备开展管理和应用的企业比例较低，设备状态监测比例 16.9%、设备远程运行控制和故障排除比例 11.5%、基于数据分析与反馈的设备预测性维护与事故风险预警比例 11.8%、基于数据分析与反馈的设备运行优化比例 8.4%，均不足 20%，企业工业数据采集和分析能力亟需大幅度提升。

企业云服务应用走向深入，业务系统上云集中于运营管理环节。业务系统上云是企业上云充分发挥效益的重要一步，企业通过云平台逐步将业务系统迁至云端，

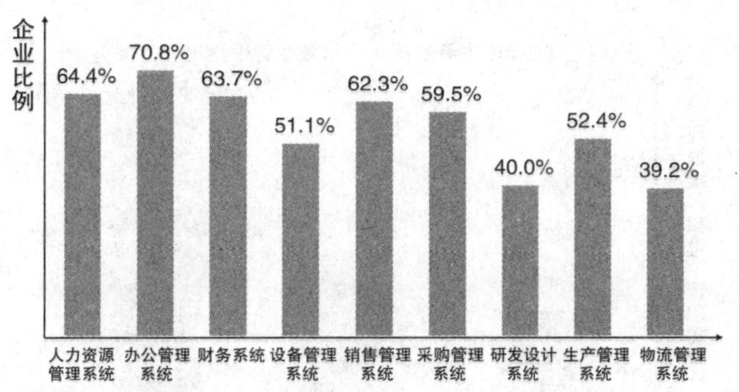

图 9　2018 年实现信息系统云端部署的企业各环节业务系统上云分布情况

可以实现系统之间的互联互通，打通信息孤岛，促进生产资源、数据等集成共享，实现企业内部业务协同管理和运营优化。2018 年，实现信息系统云端部署的企业中，64.4% 的企业实现人力资源管理系统云端部署，70.8% 的企业实现办公管理系统云端部署，63.7% 的企业实现财务系统云端部署。

工业 APP 发展处于初级阶段，企业实现工业 APP 封装应用和创新发展受到制约。2018 年，全国工业 APP 普及率 19.9%，由于技术沉淀和产业支撑能力不足等原因，企业实现工业 APP 的封装应用和创新发展受到制约。上云企业能够实现工业 APP 封装应用的企业比例仅为 12.5%。进一步来看，11.3% 的上云企业实现数据信息资源的工业 APP 封装及应用（如工艺数据、制造数据、试验数据、仿真数据等），9.5% 的上云企业实现公用产品的工业 APP 封装及应用（如公用构件、模型、需求、指标等），10.5% 的上云企业实现技术资源的工业 APP 封装及应用（如标准技术、公式算法、专利等），针对企业特定业务场景调用上述资源形成的新型工业 APP 应用的上云企业比例达 10.4%。

【智能制造发展现状】 智能制造技术装备基础有待进一步夯实。在生产设备数字化改造方面，企业生产设备数字化率、关键工序数控化率分别为 45.9%、48.4%；从各重点行业生产设备数字化、关键工序数控化发展情况来看，以流程型生产为主的原材料行业整体水平较高，以离散制造为主的重点行业中，电子信息制造业整体水平领先，装备制造行业较为落后。在生产设备互联互通方面，企业数字化生产设备联网率 39.4%；各重点行业发展水平尚不均衡，原材料和电子信息制造业发展相对领先，特别是石化行业，达 53.5%；整体来看，企业数字化生产设备联网化进程有待进一步加快。

信息共享和业务集成不足阻碍企业实现智能化生产运营。基于统一信息平台对企业内部资源和业务进行全面集中管理，可对人员、物资、设备等核心资源以及研发设计、生产制造、采购、销售、财务、人力资源等关键业务环节的状态进行全面数据化，在充分数据化的基础上通过内置的业务逻辑和决策模型将资源和业务环节进行面向全局的动态协同和优化配置才能实现数据驱动的运营。但目前只有 14.6% 的企业能够通过统一的信息平台，在资源全面协同和共享应用的基础上，实现内部

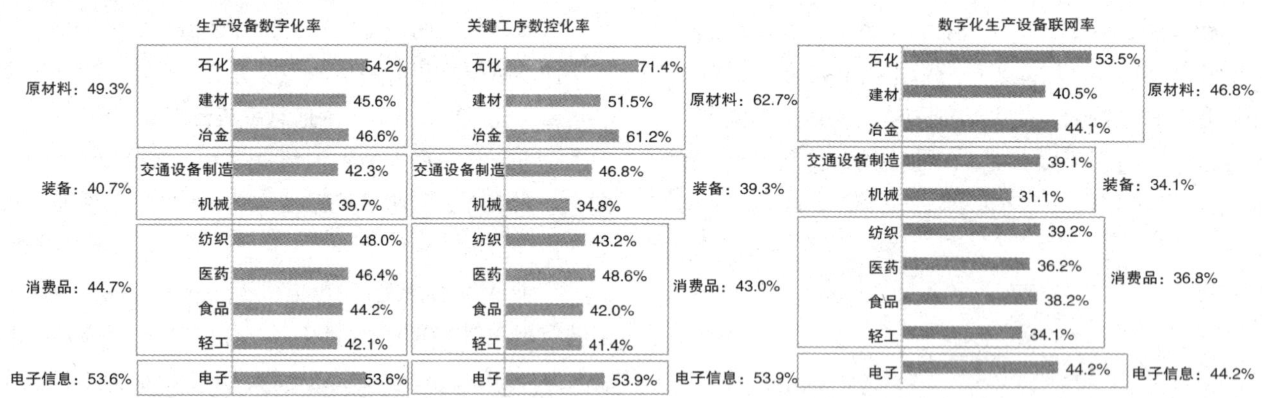

图 10　2018 年重点行业企业生产设备数字化、网络化改造情况

业务全面集中管控和全局动态协同优化。相较于内部业务集成管控，与业务相关方和产业链上下游企业全面在线协同，要求更高，难度更大，能够实现的企业比例仅为 13.7%，对企业内部业务进行全面集中管控和全局动态协同优化是实现数据驱动运营的关键所在，当前的普及情况并不理想。

产品智能化发展初现成效，电子和交通设备行业是发展智能产品的主力军。促进产品智能化是智能制造发展的重要方向，电子和交通设备制造行业智能产品比例显著领先。物理产品配备 ICT 部件（传感器、RFID、通信接口等），可收集生产和使用过程中的环境和自身状态的数据。当生产过程的产品数据被获取，并能与更高级别的系统进行通信时，生产流程才能得到改进，同时实现实时自主引导；当使用阶段用户与企业之间的通信成为可能，用户协同的产品和服务优化升级与互动创新才具备实现基础。尽管大多数企业的产品还未能实现智能化，但部分行业已初步向产品智能化方向迈进，特别是电子和交通设备制造行业，智能产品比例分别达 46.9% 和 40.0%，显著高于其他行业。

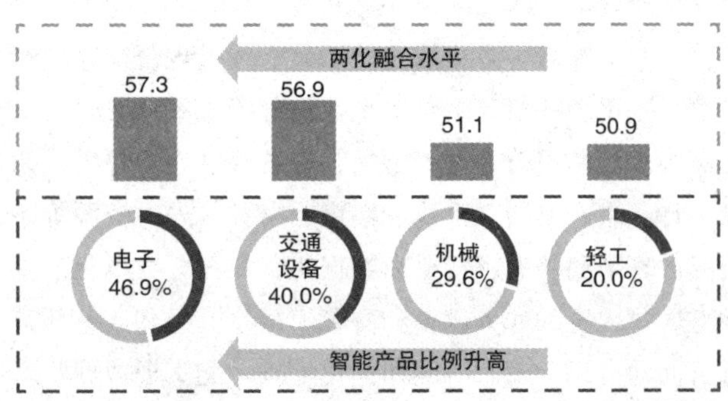

图 11　2018 年部分重点行业两化融合水平 & 产品智能化比例情况

【大数据应用发展现状】　数据标准体系建立和数据集中管控是数据开发利用的基础性前提，企业已具备一定的数据标准化和集中管控能力，但整体水平有待进一步提高。在数据标准体系建立方面，2018 年，88.4% 的企业能够实现至少一类关键数据的企业级统一编码，实现企业级统一产品编码的企业比例相对较高，达 75.0%；实现企业级统一组织编码的企业比例相对较低，仅为 43.8%。在数据管控方式方面，2018 年，53.7% 的企业能够实现企业数据统一集中管理，28.9% 的企业能够实现企业数据分区域集中管理，17.4% 的企业数据处于分散管理状态，数据统一集中管理成为数据管控主要方式。

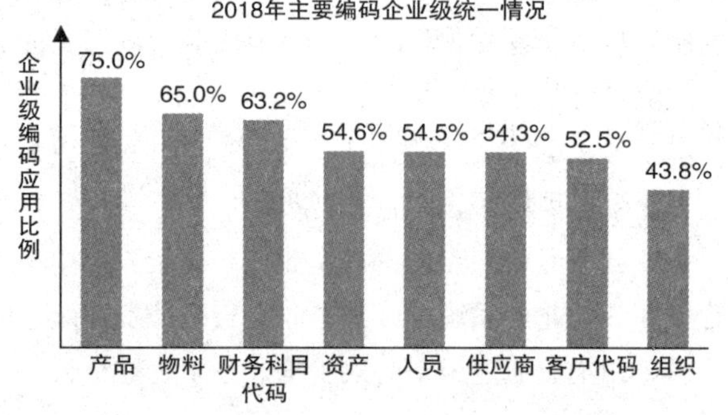

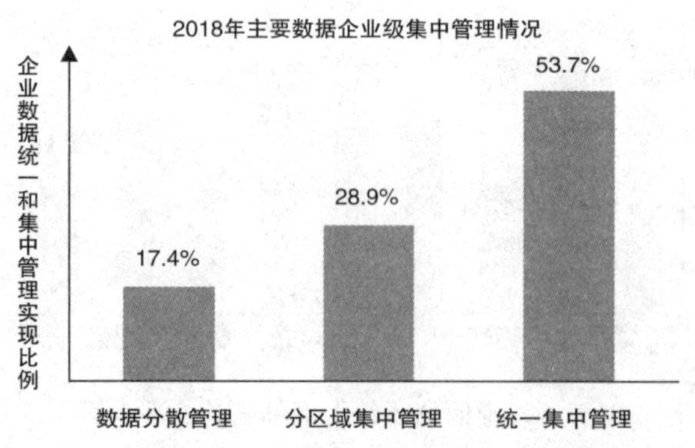

图 12　2018 年企业数据标准体系建设及统一管理情况

在数据采集环节，企业数据价值提取广度和深度有限。2018 年，从工业企业在生产过程优化、生产计划与排程、产品设计与开发、销售预测与需求管理、故障诊断与预测、工业污染与环保检测预警等方面的大数据应用情况看，工业企业大数据应用于主要生产经营环节和重点场景的应用比例并不高，均不到 1/3。相对而言，实现基于大数据开展生产过程优化的企业比例情况较好，工业污染与环保检测预警相对较低，仅为 15.0%。

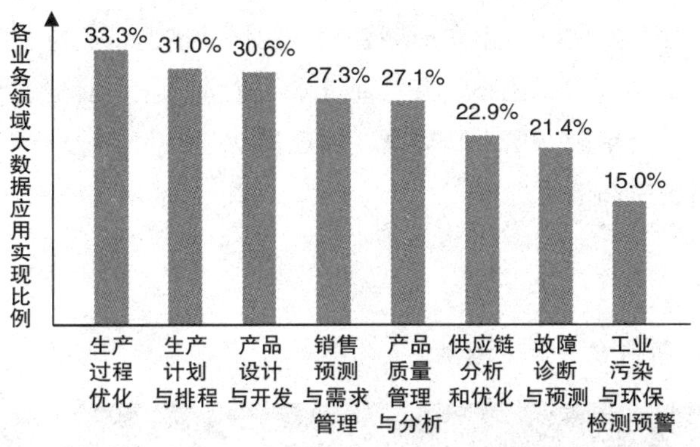

图 13　2018 年工业企业大数据应用于主要领域的情况

在数据应用环节，企业基于数据开展决策支持尚不深入。由于在利用先进数据分析工具和模型深度挖掘数据价值并用于智能决策方面的实践刚刚起步，大多数企业决策仍然更多依赖决策人员的经验。从工业企业各个主要单项业务领域看，基于数据开展决策优化的占比并不均衡，其中，开展成本、利润等对比分析与决策的比例相对较高，达 44.0%，开展基于数据的风险管控和预测预警的比例相对较低，均仅为 9% 左右。

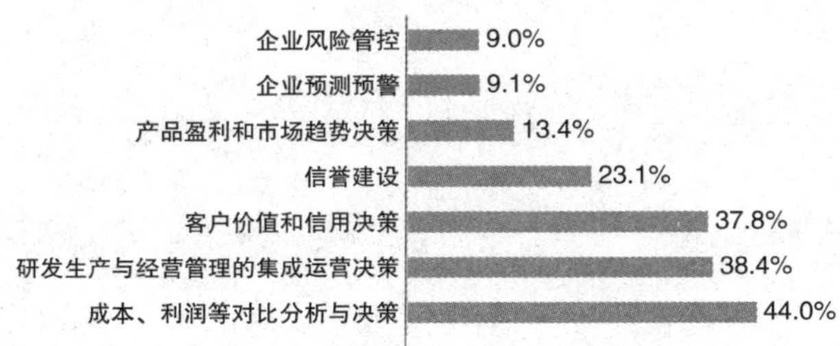

图 14　2018 年实现不同层次和不同业务领域智能决策的企业占比情况

人工智能技术场景应用面不断扩大，与制造业融合发展之路仍处于探索阶段。机器学习和运动控制两类人工智能技术应用相对广泛，生物特征识别和自然语言处理等技术应用相对薄弱。制造业是人工智能重点应用领域，但是原始创新不足、技术架构和标准体系欠缺是当前人工智能技术研发与产业转化的核心瓶颈，同时，现有制造业装备基础条件和工业知识积淀不足，也制约人工智能技术的深度应用，2018 年，74.5% 的企业认为生产线全面自动化是人工智能工业应用的必备条件。

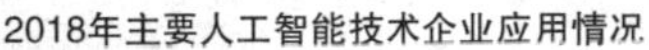

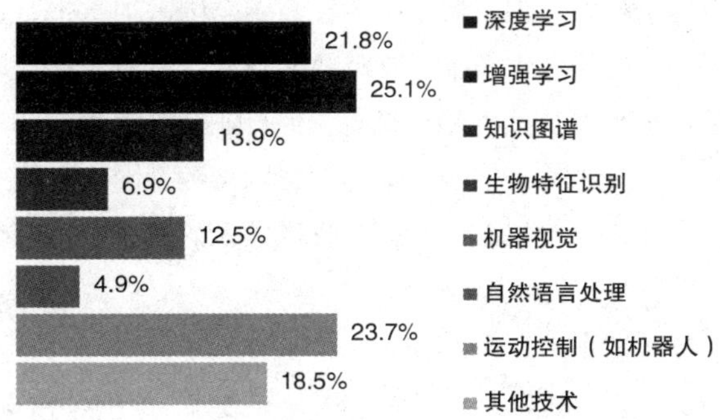

2018年企业认为应用人工智能技术主要难点

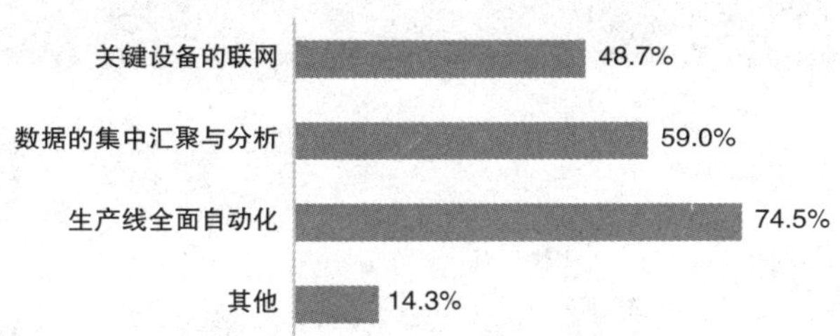

图 15　2018 年人工智能技术企业应用现状及主要难点分析情况

【两化融合近十年整体发展成效】　在企业层面，企业两化融合建设成效持续显现，竞争力和社会效益不断提升。当企业两化融合达到集成提升以上阶段时，能够实现两化融合效能效益从量变到质变的飞跃。2018 年，22.4% 的企业两化融合进入集成提升和创新突破发展阶段，比单项覆盖及以下阶段企业竞争力高出 13.6%、经济社会效益高出 6.3%。随着两化融合发展水平的提升，企业更加重视两化融合投入，产出呈现逐步扩大趋势。集成提升及以上阶段企业信息化投入水平比单项覆盖及以下阶段企业高出约 1/5，带动全员劳动生产率水平提高 40.0% 以上。企业业务效率、财务效率、创新能力等各方面经济效益指标均随着两化融合发展阶段的跃升实现不同程度的提升。

在行业层面，两化融合驱动重点行业全要素生产率提升，部分重点行业呈现指数级增长态势。部分重点行业两化融合水平跨越中值线后，行业整体全要素生产率呈现阶跃式提升。随着两化融合发展水平不断提升，不同行业产品和服务创新不断涌现，生产制造精细化、智能化水平不断提升，经营模式和管理模式不断健全，资源配置持续优化。对各行业两化融合发展水平与其全要素生产率进行分析发现，2015—2018 年，轻工、机械、纺织等行业两化融合水平增长率高于全国增速，电子行业增速虽略缓，但发展水平明显高于全国平均水平；这些行业两化融合水平接近或跨越中值线（50 分）时，两化融合水平增长速度趋于稳定，但行业全要素生产率增长幅度继续扩大，表现为加速上扬的指数型同向发展态势。在两化融合发展水平提升程度较大的行业中，两化融合对企业技术创新动力和实际创新效益的提升作用并非呈简单的线性增长趋势。

在宏观经济层面，两化融合带动产业结构持续优化，推动经济提质升级。“微笑曲线”理论指出，位于价值链曲线两端的研发和服务利润高、附加值高，位于中间的制造环节利润低、附加值低。因较低的附加值和科技含量，“中国制造”长期居于全球价值链的中部或底部。近年来，云计算、大数据、物联网、移动互联网等新一代信息技术与制造业加速融合，催生协同设计、大规模个性化定制、全生命周期管理、网络精准营销、电子商务等新模式新业态，有效促进中国企业研发、制造、服务等环节附加值不断提高，加速推动中国制造业向产业价值链高端迈进。

【统计数据】

表 1　中国各重点行业两化融合发展全景图

内容	指标	全国	原材料	消费品	装备	电子
总体水平	总分	53.0	51.9	59.1	53.8	57.7
	基础建设	60.5	58.9	51.4	62.2	67.2
	单项应用	53.1	53.5	40.4	53.2	57.1
	综合集成	42.8	39.2	36.7	44.9	48.3
	协同与创新	38.7	33.3	25.5	37.0	40.6
发展阶段	起步建设	27.4%	28.4%	29.6%	22.5%	17.1%
	单项覆盖	50.2%	51.1%	50.3%	52.4%	50.9%
	集成提升	17.4%	16.0%	15.8%	20.5%	26.5%
	创新突破	5.0%	4.5%	4.3%	4.6%	5.5%
关键指标	信息化投入占比	0.25%	0.24%	0.26%	0.29%	0.24%
	生产设备数字化率	45.9%	49.3%	44.7%	40.7%	53.6%
	数字化研发设计工具普及率	67.4%	55.7%	61.2%	82.3%	78.3%
	关键工序数控化率	48.4%	62.7%	43.0%	39.3%	53.9%
	关键业务环节全面信息化的企业比例	45.8%	37.9%	43.6%	50.9%	56.9%
	应用电子商务的企业比例	58.8%	51.1%	62.4%	59.4%	65.3%
	实现管控集成的企业比例	20.4%	17.2%	19.0%	22.8%	30.2%
	实现产供销集成的企业比例	24.7%	20.8%	24.4%	26.1%	38.1%
	实现产业链协同的企业比例	7.8%	8.0%	9.0%	6.2%	9.0%

续表

内容	指标	全国	原材料	消费品	装备	电子
新模式新业态	重点行业骨干企业“双创”平台普及率	75.1%	70.5%	78.4%	73.5%	76.7%
	实现网络化协同的企业比例	33.7%		33.1%	32.7%	36.9%
	开展服务型制造的企业比例	24.7%		12.8%	24.2%	28.9%
	开展个性化定制的企业比例	7.6%		5.2%	7.3%	7.2%
	智能制造就绪率	7.0%	6.4%	6.0%	7.2%	11.1%

注：实现网络化协同的企业比例、开展服务型制造的企业比例、开展个性化定制的企业比例均仅针对离散型制造行业计算。

［撰稿：马冬妍　柴雯　付宇涵　师丽娟　高欣东　许雅丽　审稿：梅扬］

企业上云指数

【概况】 企业上云（企业云化）是指在互联网环境下，企业为降低信息化建设成本、优化运营管理流程、创新业务发展模式，以硬件、软件、数据等基础要素迁入云端为先导，快速获取数字化能力，不断变革原有体系架构和组织方式，有效运用云技术、云资源和云服务，逐步实现核心业务系统云端集成，促进跨企业云端协同，不断融入开放创新生态的转型变革过程。2018 年，工业和信息化部印发《推动企业上云实施指南（2018—2020 年）》，明确提出推动百万企业上云，并从实践层面进行指导，进一步统一思想、形成合力、优化环境，在全国范围有序推动企业上云工作。

中国企业上云指数从基础云化、云化创新、管理变革三个视角出发，持续跟踪研判企业上云现状，明确企业上云的重点和趋势，找准切入点和突破口。企业上云指数于 2017 年首次发布，2018 年为第二次发布。

【整体发展情况】 2018 年，中国企业上云指数为 36.2，较上年增长 7.3%。企业基础云化、云化创新、管理变革三个一级指标水平分别为 40.8、33.8、31.7，分别较上年增长 6.3%、9.0%、7.1%。企业云化转型已是全球趋势，随着企业云化转型的加速推进，从非关键业务和标准化应用的云化逐步过渡到生产系统和关键业务的云化，将有越来越多的企业通过上云用云获得实际收益。

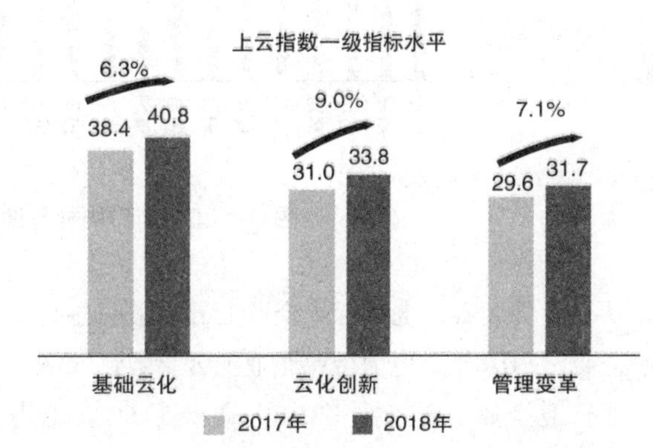

图 1　2017—2018 年中国企业上云指数一级指标水平

【不同维度下企业上云现状】 从规模维度来看，大型企业采用混合云解决方案成为上云用云新趋势，基于混合云的云应用方案将支撑大型企业全面落地数字化。中小企业上云用云整体水平虽落后于大型企业，但已进入快速发展阶段，上云指数均实现大幅提升。2018 年，大型企业上云指数达 37.3，居于领先地位，中型企业和小微型企业上云指数与大型企业的差距分别为 4.8%、10.7%，但与上年相比，中小企业上云指数均提升 10% 以上，增幅明显高于大型企业。

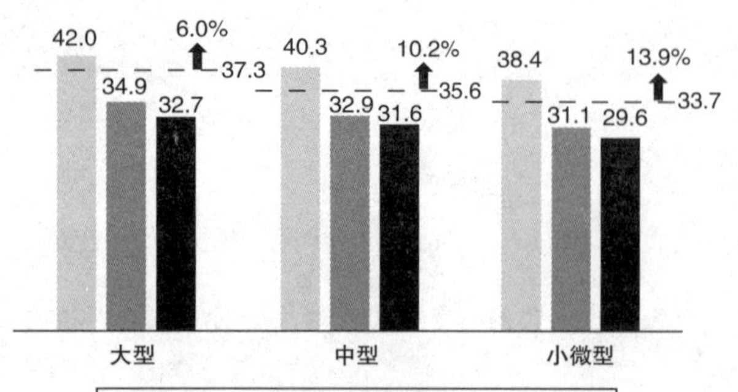

图 2　2018 年中国不同规模企业上云指数及一级指标水平

从区域维度看，全国各地区企业上云指数及其增速整体呈现“东高西低”的分布态势，但与上云指数不同，上云指数增长较快的地区向中东部地区迁移，全国企业上云水平的区域分布不均衡性趋于缓和。云平台普及率排名前十的地区大多位于沿海地区，东南部沿海地区部分省（市）以及北京市、天津市的企业上云指数位于第一梯队，其中，山东省、江苏省、浙江省、福建省、广东省等地区是传统产业重要集聚地，具备一定规模的制造业基础，产业结构较为合理，技术力量雄厚，企业创新思维活跃，且接近以浙江省为核心的东南部云服务集聚区，为企业上云奠定良好基础。从上云指数变化情况来看，四川省、河南省、山西省、福建省、江苏省、浙江省等地区企业上云指数同比增长最快，位于第一梯队，重庆市、广东省、海南省、上海市、北京市等地区企业则位于第二梯队。

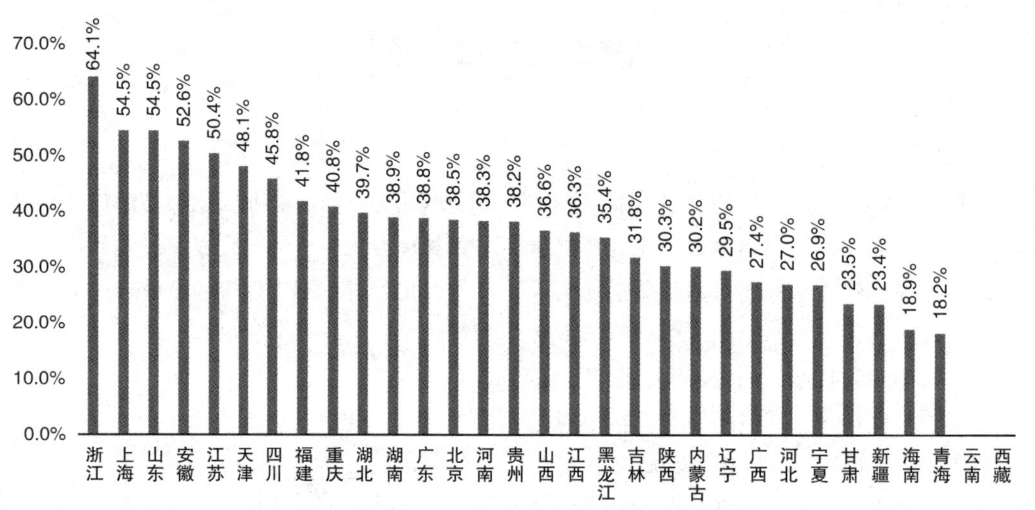

图 3　2018 年中国各地区工业企业云平台普及率分布图

从行业维度看，电力行业企业上云水平明显高于制造业企业。2018 年，电力行业企业上云指数达 53.9，较制造业行业企业上云指数（35.8）高出 50.6%。电力行业信息化和网络化程度较高，云化基础条件完备，在数据存储、传输、集成、共享等方面具有较大优势，为云化创新发展奠定良好基础。在制造业中，电子行业、食品与纺织等消费品行业、交通设备制造行业上云指数较为领先，原材料行业则明显落后于其他行业。与上年相比，电子和装备制造业上云指数提升最为显著，增长率均超 10%。

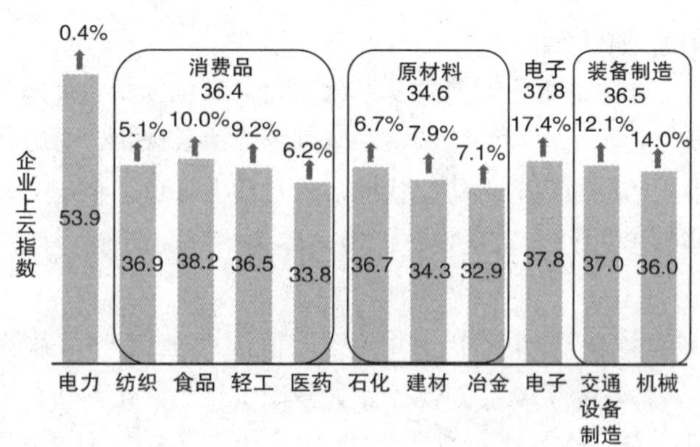

图 4　2018 年中国重点行业企业上云指数情况

【基础要素云化向更深层次迈进】 2018年，中国企业基础云化水平为40.8，较上年增长6.3%。从基础云化下辖二级指标水平来看，网络支撑和硬件云化水平相对较高，分别为48.7和44.4，软件和数据云化水平较低，仅分别为37.0和33.0。从二级指标增幅来看，数据云化和网络支撑增幅较高，分别为11.5%和8.2%，硬件云化和软件云化增幅相对较缓，分别为3.5%和2.8%。

信息系统和软件上云推动云服务应用走向深入。企业云服务应用已从以数据存储和计算为重点向信息系统云端迁移、云端订阅和定制方向发展，企业云服务应用逐渐走向深入。在企业云服务应用场景中，54.9%的上云企业租用公有云存储服务，48.9%的上云企业租用公有云计算服务。47.7%的上云企业将信息系统部署到公有云平台，且已有26.3%的上云企业通过SaaS服务订阅模式使用应用软件，33.8%的上云企业通过公有云平台实现软件的定制。大力发展工业APP是快速提升软件对制造业支撑能力的重要途径，虽然中国工业APP发展起步较晚，但应用普及态势良好。截至2018年11月底，中国工业APP普及率（应用工业APP的企业数量占样本企业总数的百分比）达19.9%，已有43.5%的上云工业企业应用工业APP。特别是一些大中型企业，工业APP已成为其产品研制和大型制造系统运行的重要辅助手段，部分领军企业已围绕工业APP尝试进行布局。

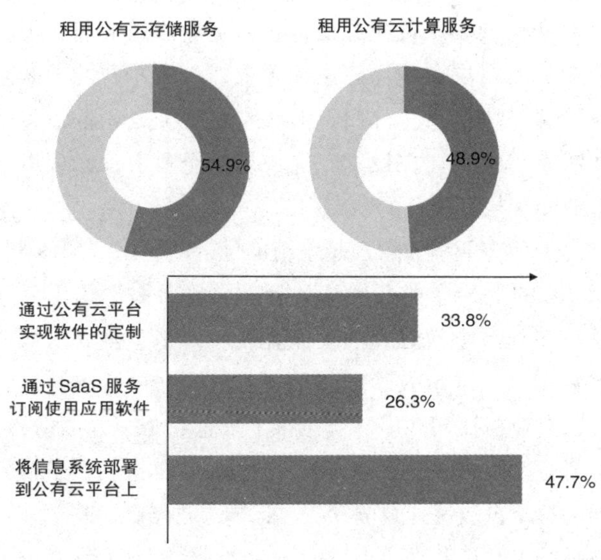

图5 2018年中国上云企业公有云服务应用比例

生产设备设施云化是企业硬件云化的难点所在。生产设备数字化和联网化尚未全面普及，设备上云基础薄弱，数据采集和分析难度较大。

数据云化深度不够、网络安全保障不足。在云端进行数据汇聚、共享和大数据分析利用来充分挖掘企业内外部数据价值是数据云化的核心目标。目前中国企业相关实践才刚刚起步，广度和深度均有不足，大数据应用水平显著低于数据全面采集和管理水平（37.3），仅为23.0，约有1/5的上云企业完全未开展大数据应用。

网络支撑是实现硬件、软件、数据上云的重要保障。在实现信息资源高效传输的同时，必须确保网络和信息资源安全，而中国上云企业距离全面深入开展安全保障工作还有很大差距。2018年，九成以上的上云企业通过应用相关产品服务、建立相应的管理机制开展网络和信息安全管理工作。通过对上云企业在信息和网络安全方面的具体举措进行分析发现，67.8%的企业具备工业防火墙，主机安全防护设备应用普及率53.1%，但工业网闸的应用率仅为25.0%；在信息和网络安全管理机制建设方面，68.2%的企业建立专门的企业安全管理制度，57.1%的企业设立专门的企业安全管理组织，但上云企业能够定期对管理效果进行跟踪评估的比例仅为38.6%。

【上云企业数字化转型和创新发展取得新突破】 2018年，中国企业云化创新水平为33.8，较上年增长9.0%，云化创新下辖的二级指标数据显示，中国企业通过上云实现企业内融云集成、跨企业云端协同、开放价值生态共建的水平分别为38.3、34.3、25.6，分别较上年增长13.3%、8.2%、2.8%。

2018年，中国上云企业基于统一平台实现资源、业务全面集中管控比例分别为38.6%、42.5%，均高出未上云企业10个百分点左右；上云企业中，分别有21.0%、21.7%的上云企业实现内部资源全局动态优化配置、业务全局动态协同优化，分别有21.9%、21.5%的上云企业实现内外部资源的全面协同和共享应用、与相关方业务全面在线协同，均大幅高于未上云企业，基于云平台的资源、业务集中管控和优化有效提升企业集成运作水平。

随着数字化、网络化的持续深入推进，企业依托云

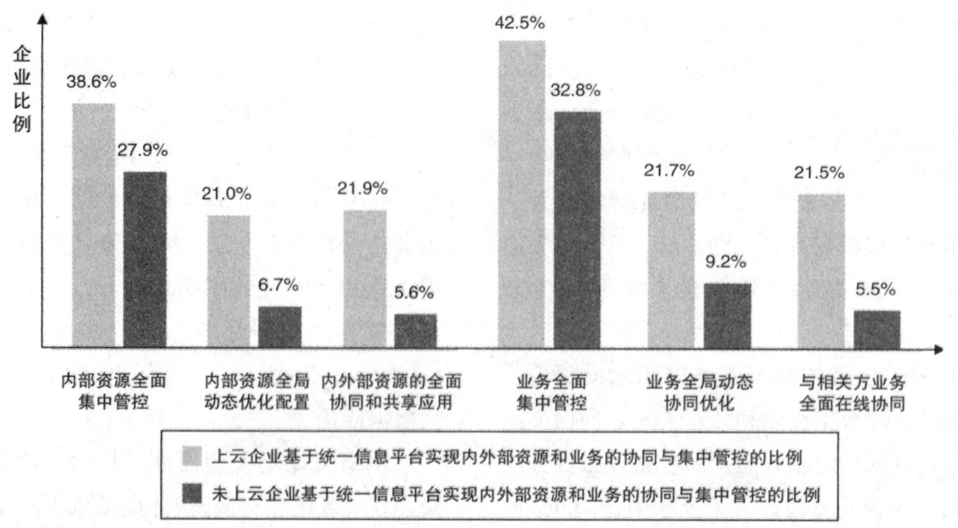

图 6　2018 年中国企业基于统一信息平台实现内外部资源和业务集中管控与优化协同情况

平台实现跨企业协作、开展商业模式和业态创新蓄势待发。云平台通过整合各类资源和服务，以强大的自我学习和知识复用重构能力及数据传输、储存和智能化分析能力，有效推动数字经济背景下个性化定制、服务化延伸等新模式新业态的培育。中国上云企业实现设计与制造协同、个性化定制、服务化延伸、产业链协同的比例分别为 34.5%、13.6%、40.1%、16.8%，分别较未上云企业高出 18.3 个百分点、10.2 个百分点、28.1 个百分点、11.3 个百分点。依托互联网云平台实现以用户服务为核心的新模式呈现良好发展态势。

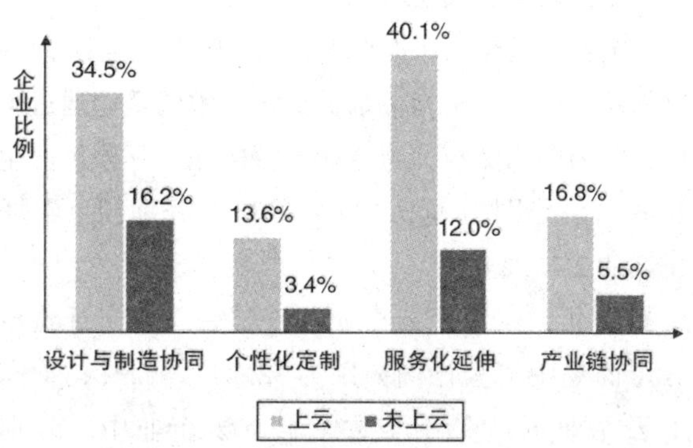

图 7　2018 年中国企业新模式新业态发展情况

企业开放价值生态共建与融云集成和云端协同相比，发展水平和速度略显滞后。上云企业通过建立或应用互联网开放社区实现价值网络中各相关主体动态协同的比例达 80.8%，较上年（76.9%）提升近 4 个百分点，较未上云企业高出近 40 个百分点。随着基于云平台的互联网开放社区新模式的不断涌现和深度应用，云平台对开放价值生态的培育和促进作用日趋显现。

【管理模式创新为企业云化发展增添新动能】 2018 年，中国企业管理变革水平为 31.7，较上年增长 7.1%，管理变革水平下辖三个二级指标，战略转型、激励与赋权、组织优化的发展水平分别为 33.7、30.0、31.6，发展较为均衡。与上年相比，战略转型增长最快，增幅达 18.7%；激励与赋权、组织优化分别增长 1.7%、3.6%。

战略层面对企业上云的保障趋于就绪。战略转型是管理变革的关键所在，在明确战略导向、确保战略落地和持续跟踪优化方面，上云企业成效显著。上云企业对战略层面的保障愈加重视，六成左右的上云企业设置专职信息化部门，七成左右的上云企业设置企业级专项规划；在设置专项规划的企业中，八成以上企业实现规划执行的动态跟踪。

上云企业绩效管理趋于精准化、动态化。2018 年，94.9% 的上云企业开展绩效管理，显著高于未上云企业。在开展绩效管理的上云企业中，基于全面内部业务数据的精准绩效管理和基于价值网络进行的绩效管理的企业占比超 70%，高出未上云企业 25.4 个百分点。上云企业改进绩效管理方式，鼓励员工实现自我价值，推动员工自决策、自驱动、自运转、自结算、自创新，鼓励员工知识共享、支持内部创业，实现企业智力资本的战略性重构，促进企业价值创造。

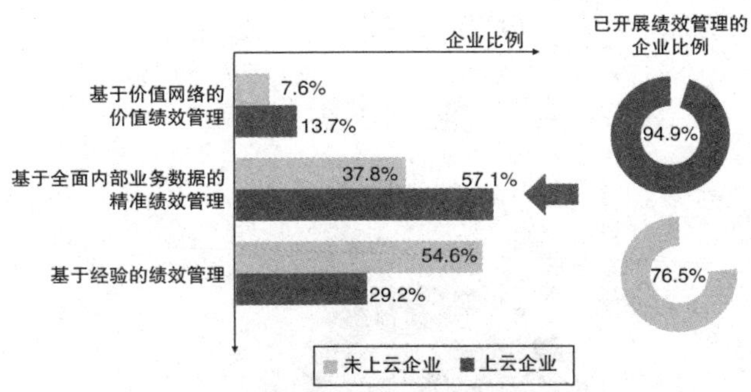

图 8　2018 年中国上云和未上云企业开展绩效管理情况

组织结构网络化成为上云企业管理变革的重要趋势。实现柔性化的组织模式是提升管理柔性的必然要求，上云企业不断摆脱传统管理模式掣肘，向流程化和网络化方向发展。2018 年，上云企业中，32.2% 的企业实行流程化组织模式，实现组织结构网络化的企业比例达 15.0%；未上云企业中，45.6% 的企业仍实行科层制，实现组织结构网络化的企业比例仅为 9.0%。相比未上云企业，上云企业更加重视组织结构柔性化、网络化变革，成为上云企业管理创新的重要趋势。

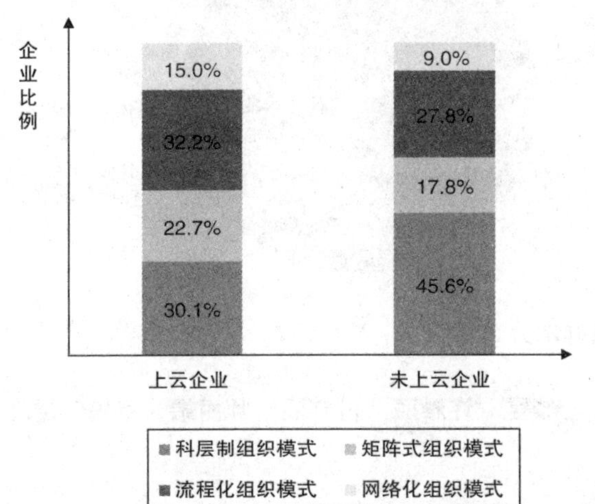

图 9　2018 年中国上云和未上云企业组织模式分布情况

【指标体系简介】 中国企业上云指数围绕连接、共享、协同、智能等企业云化核心能力要求，从企业上云基础和云应用视角出发形成三个一级指标，分别是基础云化、云化创新、管理变革。一级指标共下辖 10 个二级指标。

基础云化用于衡量企业在迁云过程中，硬件、软件、数据、网络等企业实现全面上云的基础要素的云化水平。云化创新用于衡量企业在迁云过程中，伴随硬件、软件、

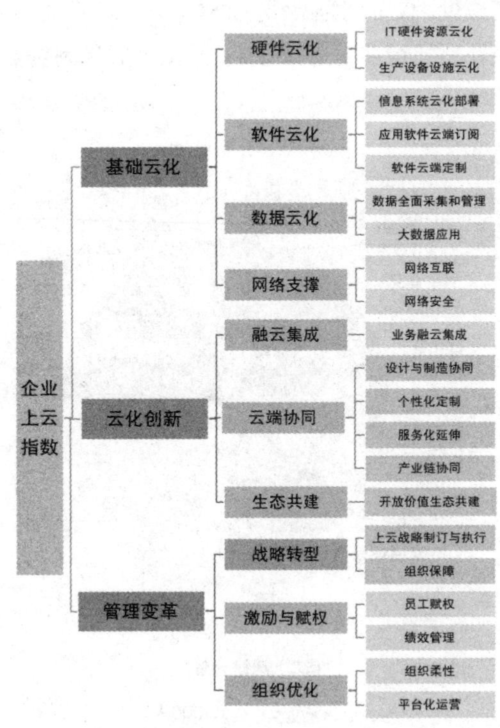

图 10　中国企业上云指数框架体系

数据等要素云化，实现企业融云集成、跨企业云端协同、开放生态共建等业务创新发展水平。管理变革用于衡量企业在迁云过程中，伴随硬件、软件、数据等基础要素云化，主动适应业务创新发展，进行战略转型、人员激励与赋权、组织优化等管理变革，激发全员创新潜能的水平和能力。

【样本分布情况】 本文数据来源为两化融合服务平台（http://www.cspiii.com/）截至 2018 年年底近 5 万家企业样本。其中，上云企业近两万家，覆盖 31 个省、自治区、直辖市，涵盖电子、机械、交通设备制造、轻工、食品、纺织、建材、石化、冶金等重点行业，兼顾大型、中型、小微型等不同规模，以及国有及国有控股、中外合资、外商独资、民营、集体等多种性质企业。从行业维度看，机械、电子、轻工等行业样本企业数量较多，分别占 25.4%、12.4%、12.4%；其次是食品、交通设备制造、纺织、建材、石化等行业样本数量占比相当，均在 5% ~ 10%。从规模维度看，300 人以下企业数量最多，占 64.6%，5 000 人以上大型企业和超大型企业数量仅占 3.0%。从区域分布看，华东地区最多，达 46.2%；其次是华南和西南地区，分别是 14.2%、13.3%；西北和东

北地区最少，仅分别为 3.4%、2.5%。从企业性质维度看，私营企业占比最多，达 66.1%；其次是股份制企业和国有企业，分别为 14.5%、7.6%。

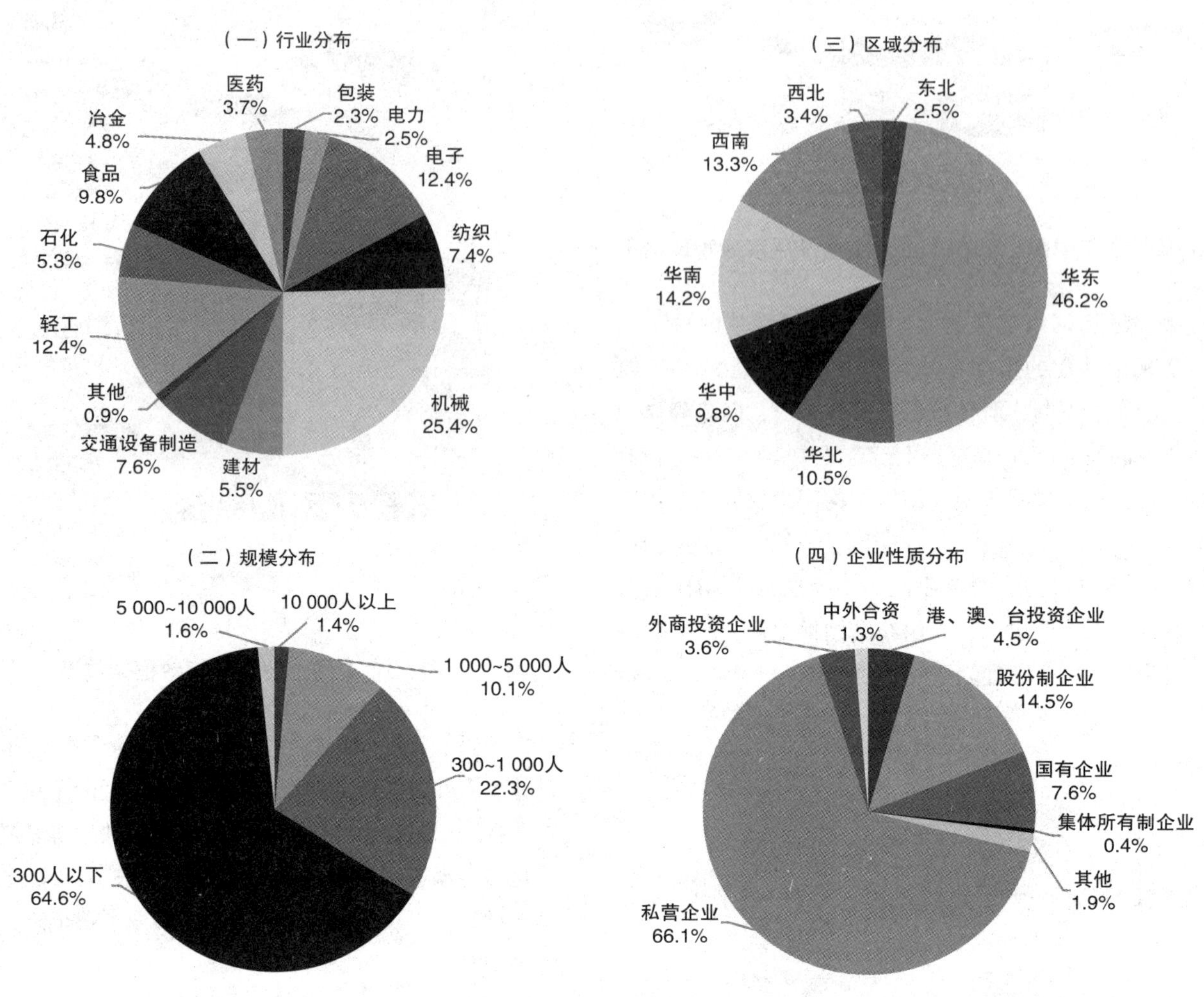

图 11　中国企业上云指数样本分布情况

［撰稿：马冬妍　柴雯　许雅丽　付宇涵　师丽娟　审稿：雷晓斌］

农业信息化

【概况】　农业信息化是农业现代化发展的重要标志，是优化资源配置、改造传统产业、转变经济增长方式、提高劳动生产率的有效手段。2018 年，农业农村部推进“互联网 +”现代农业，加强农业农村与信息技术融合，提高农业信息化水平。截至 2018 年年底，农业农村信息化政策体系基本构建完成，信息技术与农业各环节加速融合，生产信息化迈出坚实步伐，物联网、大数据、空间信息、移动互联网等信息技术在农业生产中得到不同程度的应用；经营信息化快速发展，农业电子商务发展迅猛，带动农产品销售和农民增收致富成效明显；管理信息化深入推进，国家农业数据中心云化升级，农业农村大数据开展试点；服务信息化全面提升，以12316“三农”综合信息服务为基础深入推进信息进村入户工程，为农民提供便捷高效的公益服务、便民服务、电子商务和培训体验服务，广泛开展农民手机应用技能培训，农民应用手机发展生产、方便生活、增收致富的能力得到切实提升。

【农业信息化服务】 深入推进信息进村入户工程。新增天津市、河北省、福建省、山东省、湖南省、广东省、广西壮族自治区、云南省共8个地区开展整省推进示范，加强督导调研，确保各项建设要求和规范落实到位。截至2018年年底，全国共建设运营益农信息社27.2万个，累计培训村级信息员78.6万人次，为农民和新型经营主体提供公益服务9 579万人次、开展便民服务3.14亿人次，实现电子商务交易额244亿元。在全国新农民新技术创业创新博览会上，组织展示信息进村入户推进成效，开展经验交流，发布100个村级信息员典型案例。

持续开展农民手机应用技能培训。继续将农民手机应用技能培训作为为农民办的一项实事，2018年7月下旬，在全国范围内集中开展手机培训周活动。举办助农APP榜样分享活动，推选出文化教育、咨询传播、生活服务、助力生产、促销等五大类方便农民操作的、让农民用得得心应手的手机APP。截至2018年年底，农民手机培训受众超1 000万人次。

【农业生产智能化】 加快推进数字农业农村建设。继续推动农业物联网区域试验示范，加快建设农业物联网平台。组织物联网行业相关专家，研究制定农业物联网应用软件征集标准草案，开展农业物联网硬件软件接口标准研究工作。2018年11月，在江苏省南京市举办数字乡村发展论坛，汇聚国家部委、各省（区、市）农业农村部门、行业协会、科研机构、企业等300余位代表，共同探讨数字乡村建设发展方向、方法和途径，形成多方共同参与的工作格局。

【农业电子商务】 加快推进农业电子商务发展。贯彻落实国务院常务会议部署，在深入四川省凉山彝族自治州、甘肃省陇南市等贫困地区开展专题调研的基础上，组织起草实施“互联网+”农产品出村工程的指导意见，推动“互联网+”农产品出村工程加快落地，有效解决农产品出村瓶颈，促进农产品网络销售。组织大型电商企业举办丰收购物节，开展为期近1个月的农产品促销、农资促销、网络直播以及各类线下庆丰收活动，直接带动贫困地区在内的农村优质特色农产品上网销售额超200亿元。推动电商企业开设扶贫频道，组织电商企业参与全国贫困地区农产品产销对接行动，在北京市、甘肃省、新疆维吾尔自治区等地区面向全国和贫困地区集中采购农产品。2018年11月，在江苏省南京市召开全国农业农村电子商务工作会议，全面推进农业农村电子商务工作。

【“互联网+”农业】 持续推进“互联网+”现代农业。按照《国务院关于积极推进“互联网+”行动的指导意见》部署要求和《“互联网+”现代农业三年行动实施方案》任务分工，会同国家发展和改革委员会等部委协同推进“互联网+”现代农业各项工作，加强农业与信息技术融合，提高农业信息化水平，引领驱动农业现代化加快发展。加快信息技术在农业生产中的广泛应用，鼓励社会力量运用互联网发展各种亲农惠农新业态、新模式，满足“三农”发展多样化需求。

【农业农村大数据】 推动农业农村大数据建设。推动苹果、生猪等品种的单品种大数据建设，批复同意陕西省开展国家级苹果大数据中心建设，加快推进苹果大数据建设，在双新双创博览会上展示建设成果；加快生猪全产业链大数据建设，稳妥推进重庆国家级生猪大数据中心建设，做好生猪全产业链数据监测试点收官工作；开展大蒜等单品种大数据监测统计工作调研，探索调动主产区和社会多方力量进行小品种农产品统计分析工作的长效机制。推动农业农村部政务信息资源整合。

【农业网络与信息安全】 夯实网络安全和信息化发展基础。研究制定《2018年农业部网络安全与信息化工作要点》，组织召开农业网络安全和信息化培训班。组织开展网络安全宣传周系列活动，通过举办专题讲座、印发宣传材料等形式，提高干部职工网络安全意识和防护技能。组织开展部系统网络安全检查，切实落实安全责任，深入分析安全风险，系统评估安全状况，全面排查安全隐患，在重要会议期间切实做好网络安全保障和应急工作。组织开展信息系统等级保护备案，组织开展部系统网站整合工作考核验收。组织编撰《中国农业百科全书·信息化卷》。开展农业农村信息化示范基地评估工作。

【2019 年工作重点】 加快推动农产品网络销售。推动“互联网 +”农产品出村工程的落地实施，推动解决农产品“卖难”问题，实现优质优价带动农民增收。尽快出台实施“互联网 +”农产品出村进城工作的指导意见，强化电商企业与小农户、家庭农场、农民合作社等产销对接，加强农村网络宽带、冷链物流等设施建设，做好产前、产中、产后全产业链的数字化，推动建立完善适应农产品网络销售的供应链体系、运营服务体系和支撑保障体系。

深入实施信息进村入户工程。督导已开展信息进村入户整省推进示范的 18 个地区做好建设运营，支持其他省份特别是西部地区、贫困地区的省份做好整省推进。加快益农信息社建设，优先向贫困地区倾斜，带动贫困人口脱贫致富。强化村级信息员选聘培育，切实提高村级信息员开展服务的能力，探索建立村级信息员公益服务补贴机制。加强运营机制探索创新，更好发挥政府主导作用，充分集成农业农村部门各项服务以及其他部门公益服务资源和便民服务资源，完善市场化运营机制，强化监管。开展动植物疫病咨询、农产品质量安全监管等农业专业服务，以及公益服务和便民服务，同时创新信息采集方式，打通信息上行通道。上线运行国家公益服务平台，构建为农服务统一平台。

加快建设数字农业农村。围绕农业农村重要领域和业务数据资源体系以及关键共性技术、装备研发推广，强化重大基础建设和关键技术装备创新，完善数字农业技术创新体系，构建集实时感知、稳定传输、智能决策、自动反馈、精准作业于一体的数字农业体系。实施农业物联网区域试验示范工程，谋划扩大农业物联网区域试验示范工程实施范围、规模和内容，探索开展农业物联网设备购置补贴。继续面向社会征集推广一批节本增效农业物联网应用模式及软硬件产品，开展农业物联网技术标准体系和监测体系攻关，加大应用研究和推广投入力度。

持续开展农民手机应用技能培训。进一步完善农民手机应用技能培训平台功能，编制培训资料，开发线上精品微课程，广泛征集优秀培训课件，丰富培训资源。组织各地结合现有培训资源，充分调动市场主体积极性，通过多种形式和渠道，增设农民手机应用技能培训内容，采取线上线下相结合的方式，开展形式多样的培训活动。扩大培训规模，丰富培训实效。

加强网络安全能力建设。提升网络安全保障水平，强化网络安全态势感知能力和网络安全应急处置能力。进一步完善农业农村部网络安全管理制度体系和工作机制。组织开展网络安全年度检查和各项日常工作，督促整改落实。开展网络安全应急演练，修订完善网络安全应急预案。提升网络安全防护能力，重点保障农业农村部门户网站和重要信息系统安全运行。贯彻落实信息系统网络安全等级保护制度，切实做好信息系统的定级、备案、测评、整改等工作。继续开展网络安全宣传活动，举办农业农村网络安全和信息化培训班，提高网络安全意识。培养农业农村部系统网络安全应急保障技术团队。

[撰稿：张天翊　审稿：宋丹阳]

石化信息化

【概况】 2018 年，中国石油化工集团有限公司（以下简称中国石化）坚持新发展理念，持续深化两化融合，推进企业数字化、智能化转型发展，信息化建设为中国石化加快新旧动能转换、提质增效升级提供有力支撑。中国石化自主研发的 ProMACE 平台入选工业和信息化部 2018 年工业互联网试点示范项目，易派客、石化 e 贸、ProMACE 共 3 项应用成果被国务院国有资产监督管理委员会评为 2018 年央企信息化应用优秀案例，中国石化被公安部评为2018年度国家网络与信息安全信息通报工作先进单位。

【经营管理平台】 ERP推广取得新突破。石油工程公司、石油机械公司ERP实现境内企业全面推广；根据新的国际会计准则要求，对ERP系统进行全面调整；完善股份公司报表系统，全级次法人单位报表出具进一步提速。

资金集中管理又有新提升。实现集团资金预算口径统一，与国资委大额资金监管平台实现信息集成。完成增值税管理系统试点，提高增值税的核算、认证、对账、申报等业务自动化水平，有效防范增值税业务风险。

共享服务平台优化提升再上新水平。运用人工智能技术优化系统，实现业务模板自动适配，提高财务共享、费用报销的业务处理自动化水平，部分业务工作效率提高80%。推进IT共享服务建设，已为企业提供ERP、费用报销、合同管理等11套系统运营服务支持。

跨系统集成应用取得新成效。围绕业务协同开展跨系统流程优化、集成整合，实现审计、监察、内控等“大监督”相关系统的数据共享，提升管理效率；实现合同履约业务集成，减少重复工作量，降低业务风险。

【生产营运平台】 加强总部生产营运指挥系统深化应用。开展原油、天然气、成品油三大资源的跨板块全产业链协同，提升集团公司资源统筹配置能力；综合监控上中下游的重点探井、炼化装置、加油（气）站等近6.5万类生产数据、25余万路现场视频；综合利用炼化企业的计划、生产和销售数据，开展汽柴油销量大数据分析预测，支持成品油销量滚动计划编制与平衡；完善洪水、暴雨、台风和地质灾害预警预报功能，支持总部、企业应对台风等自然灾害，为总部及时掌握生产动态、统筹调度、应急支持提供支撑。

建成涵盖上中下游全产业链的生产经营一体化优化模型。支撑总部生产管理部门和事业部开展原油加工总量、成品油经营总量、成品油出口、化工产品总量、化工轻油互供等平衡优化应用，利用板块整体优化模型和企业模型开展原油采购和配置、加工方案、产品结构等优化，有效促进优化增效、降本增效。

推进一体化物流系统建设。搭建供应链与物流平台，满足总部层面物流计划、库存、费用、设施等信息共享需求，实现华南区域炼油企业、油品销售企业跨板块的业务流程优化与一体化物流业务协同；完成原油物流系统建设，实现原油购、运、储等物流业务的一体化管理和协同优化，提高原油物流管理水平和抗风险能力。

完善提升安全管理信息系统。实现异常管理、问题提报、安全公示等6项业务功能在106家企业上线运行，支撑集团公司安全大检查；完成作业安全管理在镇海炼化、青岛炼化、管道公司和催化剂公司4家试点企业上线应用，实现生产现场7类高风险作业8个环节的流程化、可视化管控。

推进环境保护信息系统推广建设。完成40家炼化企业与专业公司VOCs管理系统推广实施，实现12类VOCs排放源的核算统计，实现LDAR日常检测、泄漏点维修、维修结果复测的闭环管理，覆盖1 000余万密封点，累计完成6.6万个泄漏点修复，为降低排放、绿色生产提供支撑。完成勘探开发新区环境敏感目标管理系统建设，支撑11家油气田企业优化勘探开发部署方案，累计执行各类环境敏感分析19万次，有效规避法律风险、项目投资风险和环境风险。建设危化品运输安全管理系统，在中国石化化工销售有限公司等4家单位试点上线，实现危化品运输全过程监控和轨迹异常、不安全驾驶等行为预警。

推进能源管理、碳资产管理、操作管理等系统推广建设。完成能源管理在9家企业现场上线，深化系统应用，动力优化、蒸汽管网优化增效显著。完成碳资产管理在总部和茂名石化、扬子石化、九江石化3家试点建设，集团公司年度盘查碳资产时间由1个月缩减为15天。完成操作管理二期推广7家企业，装置操作合格率平均达到95%以上，操作平稳率提升2%以上。完成工艺管理系统在天津石化、洛阳石化、中原石化、广州石化等7家企业工艺监控、工艺分析两个功能上线运行，装置预检效率提升60%，预检时间从30分钟减少到10分钟。

推进工程单位信息化建设。石油工程技术研究院自主研发的石油工程远程作业支持系统，在顺北、塔河、尼日利亚等多个工区推广应用，提高远程技术服务能力。炼化工程公司制定并发布《石油化工工程数字化交付国家标准》，已在中科、镇海等重点项目数字化交付中得到应用，为智能工厂建设奠定基础。

推进科研单位信息化建设。开展科技管理平台、电子实验记录、材料试剂管理等系统建设；完成智能化研究院建设规划和方案设计；建成上游知识管理系统，并在“三院一企”部署应用，构建起千万级节点的勘探开发知识图谱，支撑在研项目的知识共享应用，获得 2018 年中国最具创新力知识型组织（MIKE）大奖。

【客户服务平台】 加强易派客统一采购电商平台推广应用。建设英语、俄语等多语种国际站点，拓展商业保理、垂直采购专区等功能，实现与百家战略供应商信息系统的一体化连接，提升供应链整体运转效率。易派客平台市场影响力进一步提升，2018 年平台交易额突破 2 800 亿元。

推进石化 e 贸统一销售平台建设。实现炼油销售的现货销售、竞价交易等业务应用上线；完成化工销售的合约销售业务流程再造，实现在线支付、电商物流、客户在线评级等功能，已在华北、华南等 4 家区域公司推广上线，支撑“一户一案、一品一策”营销策略实施。

构建面向终端用户的互联网服务矩阵平台。聚合营销网络资源，在油品销售企业打造“电商平台 + 企业微信公众号 + 移动端 APP”互联网矩阵平台，集聚线上、线下渠道用户资源，深度融合成品油销售和非油业务，营造“人、车、生活”多元经营生态圈，进一步巩固中国石化的国内成品油市场领军地位。

推进统一支付系统建设。完善 B2B 支付功能，新增网关支付、订单支付、票据支付等在线支付方式，合作银行增至工商银行、农业银行、中国银行、建设银行、招商银行 5 家银行，已在石化 e 贸平台推广应用；完善担保支付、分批支付等功能，满足易派客平台支付需求，支撑保理业务扩展。

【技术支撑平台】 提升石化云服务能力。建成生产营运资源池，实现 90% 的新建系统云上部署、新建项目开发过程云上管理。

优化网络基础设施。流量优化系统在 6 个区域中心推广上线，实现网络流量可视化，主干网承载能力提升 30%；制订 IPv6 应用部署规划，完成集团门户网站 IPv6 试点升级；搭建集中视频监控平台，升级卫星通信系统。加强 IT 运行维护管理。深化统一运维平台推广应用，实现对总部的 IT 设备、应用系统集中管控和运维服务管理；完善信息系统应急预案，组织炼化、销售企业开展跨企业、跨系统的综合应急演练，提高应急处置能力；强化运维质量考核，全年无重大运行故障发生，一般性故障数量明显减少。

【两化融合】 加强石油和石化工业互联网平台（ProMACE）技术研发与推广应用，完成平台 2.1 版本升级，形成工业设备管理、软件应用管理、用户与开发者管理、存储和计算服务、应用开发服务五大核心能力，已成为智能工厂、智能油气田建设的基础技术平台。ProMACE 平台被工业和信息化部评选为 2018 年工业互联网试点示范。

开展大数据分析应用。在经营管理领域开展化工销售市场分析、产品价格多角度多层次分析；在油气勘探开发领域开展页岩气水平井压裂工程参数优化、高含硫气田腐蚀预测及检维修优化等应用研究；在炼化生产领域开展设备腐蚀、工艺及操作优化等应用研究，实现对腐蚀风险、装置运行状态预测预警；在客户服务领域，易派客平台建立会员 360° 全景视图、流量有效性分析模型，开展商机管理、客户开发等大数据应用，提高客户服务精准化水平；在北京石油分公司等企业进行加油站销量分析预测等探索应用，已取得初步成效。

推进人工智能应用。利用机器学习、视觉识别等技术，在胜利油田、西北油田、茂名石化、九江石化等单位开展异常工况甄别、人员安全行为监测示警、区域异常情况预警等应用试点，中国石化销售华南分公司等单位开展无人机智能化巡线，在浙江省、重庆市等地区加油站尝试刷脸加油、个性化客户关怀信息推送等智能化应用。

开展智能工厂试点提升与推广建设。完成两家智能工厂试点升级并取得显著成效。其中，镇海炼化建立设备检维修综合管理系统，通过数据分析和诊断，对设备故障进行提前干预，提高设备运行可靠性和利用率，维修成本下降 20%、故障停机率下降 50%；茂名石化提升日效益与优化系统，优化碳四等资源利用。基于 ProMACE 平台形成智能工厂 2.0 技术方案和推广模板，在上海石化、齐鲁石化、天津石化、金陵石化、青岛炼化、海南炼化 6 家企业推广实施。上海石化被工业和信息化部评选为 2018 年智能制造试点示范。

推进智能油气田示范区建设。中原普光、西北三厂两个示范区建设取得重要进展，搭建智能油气田基础云平台，在西北三厂初步实现 331 口油井工况故障诊断与预警、无人机巡线、泄漏视频智能识别；勘探开发业务协同平台（EPBP）在油田企业全面推广，提高业务协同、数据共享水平；生产运行指挥系统（PCS）在 155 个油气管理区完成推广，推进油气田体制变革和劳动生产率提高。

推进智能加油站试点建设。在北京市、广东省、江苏省等地区石油公司探索人工智能、物联网等新技术应用，初步实现车牌识别、智慧支付、数字营销；编制站级一体化和新加油卡系统建设方案。

【网络安全管理】 完善网络安全管理制度。发布《网络安全管理办法》《中国石化网络安全和信息化考核细则》等多个管理办法和实施细则。

健全网络安全运行机制。落实各级网络安全责任，健全网络安全保障与应急响应机制、网络安全通报机制，编制下发网络安全月度通报12期，发布各类网络安全整改通知书415份，发布紧急通报5份，并对安全隐患整改情况进行持续跟踪，实现网络安全信息的汇集分析、研判通告、整改跟踪的闭环管理。

加强网络安全建设。推广网络准入控制、防病毒、桌面安全管理、统一身份管理等系统，系统安装率超90%，实现全集团用户的集中管理。建成信息安全管控平台（SMCC），实现对重要系统信息安全事件的集中监控、综合分析。

开展互联网应用安全专项治理。推进企业互联网出口统一管控，建立互联网应用安全档案，对排查发现的较大安全隐患全部进行整改；加强网络安全与信息化建设"三同步"管控，坚持开展信息系统上线和验收前安全检查检测。

开展企业网络安全评价考核。建立网络安全责任制考核制度，制定网络安全和信息化考核细则、网络安全水平评价指标体系，将企业网络安全事件发生及处置情况、年度网络安全水平评价结果与企业领导班子绩效直接挂钩。

【2019年工作重点】 聚焦管理提升风险管控，推进经营管理平台集中集成建设。重点开展ERP、资金集中、投资管控、综合协同等系统建设，加强系统集成、数据共享，提高业务一体化协同和管理效率。

聚焦运行优化提质增效，完善生产营运平台，推进数字化、智能化提升。以ProMACE为核心，完善提升生产营运平台，支撑智能油气田、智能工厂、智能加油站等建设，打造数字化、网络化、智能化的生产管理新模式，进一步提升设备运行、生产优化、安全环保水平。

聚焦市场拓展服务创新，推进客户服务、金融科技等平台建设。建设统一的电商服务、供应链与物流、金融科技等专业化服务平台，推进采购、销售、物流、金融等业务互联互通、资源共享，助力商业新业态发展。

聚焦打造新动能新优势，加强人工智能等新技术应用与核心软件自主研发。建立联合创新机制，加强数字技术应用研究，推动人工智能、大数据在重点领域、重点环节应用，聚焦重点领域关键核心技术，加强软件自主研发与推广应用。

聚焦技术支撑能力提升，推进新一代网络、数据中心等基础设施建设。重点开展石化私有云扩容、网络提升、IPv6改造、数据中心建设，完善IT运行管控平台，加强运维保障，确保信息系统平稳高效运行。

聚焦夯实网络安全基础，抓好管控体系建设、安全隐患治理等工作。加强网络安全管理机制建设，压紧压实各级网络安全责任，开展网络安全风险识别、隐患治理工作，加强工控系统安全防护工作。

［撰稿：王景涛　审稿：任嵬］

政策法规

综　述

【概况】　2018年，工业和信息化系统政策法规工作紧紧围绕深化改革、政策研究、法治建设三大主题，不断推动改革红利释放，加强领导决策支撑，提升依法行政水平，为实施制造强国和网络强国战略提供更加有力的政策法规保障。

【深化改革】　加强改革工作的组织领导和工作统筹，不断提高改革工作质量和效率，推动出台一批有力度、有份量的改革举措。基础电信业务进一步向民间资本开放，移动通信转售业务正式商用，宽带接入网业务试点范围进一步扩大。中国联合网络通信股份有限公司（简称中国联通）混合所有制改革顺利实施，公司运行机制和经营状况明显改善。不断深化"放管服"改革，进一步转变政府职能，优化企业发展环境。落实《党和国家机构改革方案》涉及工业和信息化部改革事项，完成相关人员转隶工作。配合推动国有企业财税体制、金融体制、科技体制等改革，及时反映行业和企业诉求，营造良好的产业发展环境。编制《工业和信息化领域庆祝改革开放40周年纪念画册》，筹备主题展览，弘扬改革开放精神。

【政策研究】　加强课题研究与管理，及时提出重要政策建议。提升工业和信息化部重大软课题项目规范化、制度化水平，加强重大课题研究成果应用，2017—2018年度重大软课题研究成果作为全国工业和信息化工作会议材料印发。研究制定《工业和信息化部2018年主题调研工作方案》，围绕25个主题组织开展调研活动。围绕制造强国和网络强国建设，跟踪研判重点、热点、难点问题，向部领导上报助力优质企业上市、降低制造企业税费、完善社保征缴政策、完善中国创新产品推广应用等20余份政策建议；围绕领导关切和行业关注问题，及时跟踪国内外产业动态，研究形成有关先进制造业等专题参阅材料，充分发挥参谋助手作用。认真研究起草综合性理论文章和主题宣传材料，推动营造有利于产业发展的舆论环境。

【法律制度建设】　积极推进电信法立法，推动将《电信法》列入十三届全国人大常委会立法规划。积极做好《中华人民共和国无线电频率划分规定》等6件规章立法，并做好解读报备等工作。加强规范性文件合法性审核，不断提高文件质量和水平。认真开展法规审查，充分反映行业意见。组织开展制造业促进等重点立法问题研究。

【依法行政】 建立健全行政复议和行政应诉工作定期报告和季度通报等制度，加强典型案例指导，依法按时办理行政复议和行政应诉案件。开展重大行政执法活动法制审核，规范行政执法行为。

政策环境

【持续推进“放管服”改革】 加大简政放权力度。对工业和信息化部28项行政审批事项进一步取消、下放事宜逐项进行研究论证，对已取消、下放的行政审批事项逐项梳理，汇总更新工业和信息化部行政审批事项办事指南，提出下一步工作建议。推动工业产品许可证取消14类、下放4类，保留24类。

加强事中事后监管。全面规范并大力推广“双随机一公开”监管，发布《工业和信息化部随机抽查事项清单（2018年版）》，将随机抽查事项比例从40%提高到90%。印发《工业和信息化部“双随机一公开”监管实施办法》，实现“一个清单”统揽抽查事项、内容、方式和频率，建立市场主体、检查人员和专家“三个名录库”制度，完善随机抽查、专项检查和拉网式检查互补的“三种检查方式”，构建综合监管新模式。

切实提升服务水平。开展证明事项清理工作，2018年12月29日，工业和信息化部公布《工业和信息化部关于取消部分部门规章和规范性文件等设定的证明事项的决定》（工业和信息化部令第51号），取消证明事项共计两类38项，其中包括部门规章设定的14项、规范性文件等设定的24项。推进行政许可标准化，完善行政许可事项服务指南和流程图，编制行政许可事项服务规则和监督评价指标体系。

【推动电信领域向民资开放】 2018年4月28日，工业和信息化部发布《工业和信息化部关于移动通信转售业务正式商用的通告》（工信部通信〔2018〕70号），移动通信转售业务由试点转为正式商用。截至2018年年底，共有22家企业获得移动通信转售业务经营许可。2018年6月19日，工业和信息化部发布《工业和信息化部关于深化宽带接入网业务开放试点的通告》（工信部通信函〔2018〕220号），宽带接入网业务开放试点延长到2020年年底，试点城市范围扩展至28个省的203个地级以上城市。同时，积极推动电信领域混合所有制改革，中国联通混改方案落地，开启中国电信业改革深化新模式。

【推动落实减轻企业负担】 推动除北京以外的30个省（区市）一般工商业目录电价普降10%以上，为一般工商业企业节约年用电成本1 000亿元以上。以国务院减轻企业负担部际联席会议名义部署开展清理政府部门和大型国有企业拖欠民营企业中小企业账款工作，会同有关部门督促并指导各地区清欠工作落实。配合财政部研究出台进一步减税的政策措施，推动增值税等税收体制改革。完成2018年享受重装政策企业进口免税额度审核，181家企业享受政策，进口免税额度33.6亿美元。参与推动出口退税，提高约1 500项产品的出口退税率，出口退税额759亿元。

【优化中小企业和民营经济发展环境】 优化中小企业发展专项资金支持方式，重点支持地方打造创新创业特色载体。积极推动国家中小企业发展基金运营，2018年设立认缴总规模为195亿元的4支实体直投基金，完成出资项目206个，投资金额59.99亿元。扩大减半征收小型微利企业所得税优惠范围至年应纳税所得额低于100万元（含100万元）、统一增值税小规模纳税人标准为年应征增值税销售额500万元及以下等。落实国务院关于金融支持小微企业各项政策。

【发挥产业政策对产业转移的引导作用】 修订印发《产

业发展与转移指导目录（2018 年本）》，指导和推动各地积极承接发展特色优势产业，促进产业有序转移、布局优化调整和工业转型升级。配合推动实施市场准入负面清单制度，研究提出《长江经济带发展负面清单指南（试行）》（产业发展部分），推动长江经济带绿色发展；参与《市场准入负面清单（2018 年版）》研究制定工作。举办“2018 中国（郑州）产业转移系列对接活动”“2018 京津冀产业转移系列对接活动”，推动区域产业交流合作。

【推进工信智库建设】 推动成立工信智库联盟，发展成员单位 103 家。开通工信智库网站，举办工信智库论坛和专题讲座，组织赴德国开展智库培训，组织开展先进制造业发展、人工智能时代的算法监管、制造业高质量发展等研讨活动，促进政策研究能力提升。制定《工业和信息化优秀研究成果审定共享办法》，审定并汇编一批优秀研究成果供工业和信息化系统各单位参阅。遴选 19 项重点课题，组织 18 个国家高端智库开展研究，加强相关研究吸收与应用。

【推进企业社会责任建设】 指导江苏省等地开展企业社会责任综合评价工作。支持中国电子标准化协会、中国通信企业协会等编制并应用行业社会责任指南或社会责任管理体系；支持中国工业经济联合会、中国新闻社等举办相关社会责任活动。推进企业社会责任国际交流，推动企业社会责任标准、评价等方面的国际合作，为中国企业发展营造良好的国际环境。

法治建设

【重点立法】 加快推进《电信法》立法进程，推动《电信法》列入十三届全国人大常委会立法规划。组建《电信法》立法领导小组、工作组和专家组，开展《电信法》立法若干重要问题研究和《电信条例》实施情况评估，组织修改《电信法》草稿。大力推动《稀土管理条例》立法进程，形成《稀土管理条例（修改稿）》报司法部。制定发布《中华人民共和国无线电频率划分规定》《通信建设工程质量监督管理规定》等规章，并做好解读、宣传、报备等工作。组织开展制造业促进、人工智能、数据安全、解决拖欠中小企业账款等立法研究。

【合法性审核】 2018 年对 36 件工业和信息化部规范性文件进行合法性审核，对 45 件其他重要文件提出会签意见，对 200 多件部门或部内司局文件提出意见建议，不断提高工业和信息化部规范性文件的水平和质量。同时，研究审查 104 部过路法规，加强与相关部门沟通协调，充分反映行业意见。

【行政复议和行政应诉】 建立健全行政复议和行政应诉工作定期报告制度、季度通报制度和绩效考核制度。实行“复议决定前释明”机制，经复议拟确认违法的，向有关单位说明存在的问题和处理依据，督促、指导正确履职。行政复议和行政应诉案件法定时限办结率 100%。

【行政执法指导和培训】 加强典型案例指导，组织编印 60 余个典型案例分析，及时指导工业和信息化部系统依法行政工作。建立工业和信息化部系统法律顾问和公职律师制度，印发《工业和信息化部办公厅关于建立健全部系统法律顾问和公职律师制度的通知》，聘请 10 位知名法学专家、律师担任部法律顾问，建立部系统 24 名同志组成的公职律师队伍。完善执法培训机制，加强行政执法人员资格管理，开展通信行政执法培训和公职律师培训，不断提升执法水平。加强重大行政执法活动的法制审核。

【法治宣传】 落实法治政府建设主体责任，研究起草《工业和信息化部关于贯彻落实“谁执法谁普法”普法责任制的实施意见》《工业和信息化部普法责任清单》，对工业和信息化系统“七五”普法工作情况进行评估。加强宪法学习宣传实施工作，部党组理论学习中心组（扩大）开展依法治国和宪法专题学习，开展“宪法宣传周”、组织旁听庭审等普法学法系列活动。

[撰稿：孙华庆　审稿：范斌]

国家制造强国建设领导小组关于设立工业互联网专项工作组的通知

工信部信管〔2018〕41号

国家制造强国建设领导小组成员单位，国家外国专家局：

为贯彻落实《国务院关于深化“互联网＋先进制造业”发展工业互联网的指导意见》，加快推进工业互联网创新发展，加强对有关工作的统筹规划和政策协调，经国家制造强国建设领导小组会议审议，决定在国家制造强国建设领导小组下设立工业互联网专项工作组（以下简称专项工作组）。现将有关事项通知如下：

一、主要职责

统筹协调我国工业互联网发展的全局性工作，审议推动工业互联网发展的重大规划、重大政策、重大工程专项和重要工作安排，加强战略谋划，指导各地区、各部门开展工作，协调跨地区、跨部门重要事项，加强对重要事项落实情况的督促检查。

专项工作组每年召开会议，由组长或委托副组长召集成员研究讨论工业互联网发展重大事项。

二、组成人员

组　长：苗　圩　工业和信息化部部长

副组长：林念修　发展改革委副主任

徐南平　科技部副部长

陈肇雄　工业和信息化部副部长

刘　伟　财政部副部长

成　员：杜占元　教育部副部长

汤　涛　人力资源社会保障部副部长

黄润秋　环境保护部副部长

李建波　交通运输部党组成员

钱克明　商务部副部长

马晓伟　卫生计生委副主任

刘国强　人民银行行长助理

黄丹华　国资委副主任

孙瑞标　税务总局副局长

刘俊臣　工商总局副局长

田世宏　质检总局副局长

付建华　安全监管总局副局长

贺　化　知识产权局副局长

陈左宁　工程院副院长

周　亮　银监会副主席

方星海　证监会副主席

梁　涛　保监会副主席

李凡荣　能源局副局长

张建华　国防科工局副局长

陆　明　外专局副局长

三、工作机构

专项工作组办公室设在工业和信息化部，承担专项工作组的日常工作。工业和信息化部副部长陈肇雄兼任办公室主任，工业和信息化部总工程师张峰、总经济师王新哲任办公室副主任，专项工作组成员单位有关司局负责同志担任办公室成员兼部门联络员。

专项工作组成员因工作变动需要调整的，由所在单位向专项工作组办公室提出，按程序报组长批准。

专项工作组聘请有关方面专家组成工业互联网战略咨询专家委员会，为专项工作组提供决策咨询。

特此通知。

国家制造强国建设领导小组办公室
2018 年 2 月 14 日

三部委关于印发《智能网联汽车道路测试管理规范（试行）》的通知

工信部联装〔2018〕66 号

各省、自治区、直辖市及计划单列市、新疆生产建设兵团工业和信息化主管部门、公安厅（局）、交通运输厅（局、委）：

现将《智能网联汽车道路测试管理规范（试行）》印发给你们，请各地结合实际，认真贯彻执行。

工业和信息化部
公安部
交通运输部
2018 年 4 月 3 日

智能网联汽车道路测试管理规范

（试行）

第一章　总则

第一条　为深入贯彻落实党的十九大精神，加快制造强国、科技强国、网络强国、交通强国建设，推动汽车智能化、网联化技术发展和产业应用，推进交通运输转型升级创新发展，规范智能网联汽车道路测试管理，依据《道路交通安全法》《公路法》等法律法规，制定本规范。

第二条　本规范适用于在中华人民共和国境内进行的智能网联汽车道路测试。

第三条　工业和信息化部、公安部、交通运输部定期联合发布智能网联汽车道路测试相关信息。

第四条　省、市级政府相关主管部门可以根据当地实际情况，依据本规范制定实施细则，具体组织开展智能网联汽车道路测试工作。

本规范所称省、市级政府相关主管部门，包括各省、自治区、直辖市及计划单列市、新疆生产建设兵团工业和信息化主管部门、公安机关交通管理部门和交通运输主管部门。

第二章　测试主体、测试驾驶人及测试车辆

第五条　测试主体是指提出智能网联汽车道路测试申请、组织测试并承担相应责任的单位，应符合下列条件：

（一）在中华人民共和国境内登记注册的独立法人单位；

（二）具备汽车及零部件制造、技术研发或试验检测等智能网联汽车相关业务能力；

（三）对智能网联汽车测试时可能造成的人身和财产损失，具备足够的民事赔偿能力；

（四）具有智能网联汽车自动驾驶功能测试评价规程；

（五）具备对测试车辆进行实时远程监控的能力；

（六）具备对测试车辆事件进行记录、分析和重现的能力；

（七）法律、法规规章规定的其他条件。

第六条 测试驾驶人是指经测试主体授权，负责测试并在出现紧急情况时对测试车辆实施应急措施的驾驶人，应符合下列条件：

（一）与测试主体签订有劳动合同或劳务合同；

（二）取得相应准驾车型驾驶证并具有 3 年以上驾驶经历；

（三）最近连续 3 个记分周期内无满分记录；

（四）最近 1 年内无超速 50% 以上、违反交通信号灯通行等严重交通违法行为记录；

（五）无饮酒后驾驶或者醉酒驾驶机动车记录，无服用国家管制的精神药品或者麻醉药品记录；

（六）无致人死亡或者重伤的交通事故责任记录；

（七）经测试主体自动驾驶培训，熟悉自动驾驶测试规程，掌握自动驾驶测试操作方法，具备紧急状态下应急处置能力；

（八）法律、法规规章规定的其他条件。

第七条 测试车辆是指申请用于道路测试的智能网联汽车，包括乘用车、商用车辆，不包括低速汽车、摩托车，应符合以下条件：

（一）未办理过机动车注册登记。

（二）满足对应车辆类型除耐久性以外的强制性检验项目要求；对因实现自动驾驶功能而无法满足强制性检验要求的个别项目，测试主体需证明其未降低车辆安全性能。

（三）具备人工操作和自动驾驶两种模式，且能够以安全、快速、简单的方式实现模式转换并有相应的提示，保证在任何情况下都能将车辆即时转换为人工操作模式。

（四）具备车辆状态记录、存储及在线监控功能，能实时回传下列第 1、2、3 项信息，并自动记录和存储下列各项信息在车辆事故或失效状况发生前至少 90 秒的数据，数据存储时间不少于 3 年：

1. 车辆控制模式；
2. 车辆位置；
3. 车辆速度、加速度等运动状态；
4. 环境感知与响应状态；
5. 车辆灯光、信号实时状态；
6. 车辆外部 360 度视频监控情况；
7. 反映测试驾驶人和人机交互状态的车内视频及语音监控情况；
8. 车辆接收的远程控制指令（如有）；
9. 车辆故障情况（如有）。

（五）测试车辆应在封闭道路、场地等特定区域进行充分的实车测试，符合国家行业相关标准，省、市级政府发布的测试要求以及测试主体的测试评价规程，具备进行道路测试的条件。

（六）测试车辆自动驾驶功能应由国家或省市认可的从事汽车相关业务的第三方检测机构进行检测验证，检测验证项目包括但不限于附件 1 所列的项目。

第三章 测试申请及审核

第八条 省、市级政府相关主管部门在辖区内道路选择若干典型路段用于智能网联汽车道路测试并向社会公布。

第九条 测试主体向拟开展测试路段所在地的省、市级政府相关主管部门提出道路测试申请。申请材料应至少包括：

（一）测试主体、测试驾驶人和测试车辆的基本情况；

（二）属国产机动车的，应当提供机动车整车出厂合格证，但未进入公告车型的应当提供出厂合格证明和国家认可的第三方检测实验室出具的相应车型强制性检验报告；属进口机动车的，应当提供进口机动车辆强制性产品认证证书、随车检验单和货物进口证明书；

（三）自动驾驶功能说明及其未降低车辆安全性能的证明；

（四）机动车安全技术检验合格证明；

（五）测试主体在封闭道路、场地等特定区域进行实车测试的证明材料；

（六）获得国家或省市认可的从事汽车相关业务的第三方检测机构出具的自动驾驶功能委托检验报告；

（七）测试方案，包括测试路段、测试时间、测试项目、测试规程、风险分析及应对措施；

（八）交通事故责任强制险凭证，以及每车不低于五百万元人民币的交通事故责任保险凭证或不少于五百万元人民币的自动驾驶道路测试事故赔偿保函。

第十条 省、市级政府相关主管部门负责组织受理、审核测试申请，为审核通过的测试车辆逐一出具智能网联汽车道路测试通知书（见附件2），定期报工业和信息化部、公安部和交通运输部备案并向社会公布。

第十一条 测试通知书应当注明测试主体、车辆识别代号、测试驾驶人姓名及身份证号、测试时间、测试路段等信息。其中，测试时间原则上不超过18个月。

第十二条 如需变更测试通知书基本信息的，由测试主体提交变更说明及相应证明材料，省、市级政府相关主管部门审核通过后出具变更后的测试通知书。

第十三条 测试主体凭测试通知书及《机动车登记规定》所要求的证明、凭证，向测试通知书载明的公安机关交通管理部门申领试验用机动车的临时行驶车号牌。

第十四条 临时行驶车号牌规定的行驶区域应当根据测试通知书载明的测试路段合理限定，临时行驶车号牌有效期不应当超过测试通知书载明的测试时间。

第十五条 已申领临时行驶车号牌的测试车辆，如需在其他省、市进行测试，测试主体还应申请相应省、市的测试通知书，并重新申领临时行驶车号牌。但是，相应省、市级政府准许持其他省、市核发的测试通知书、临时行驶车号牌在本行政区域指定道路测试的除外。

第四章 测试管理

第十六条 测试车辆应当遵守临时行驶车号牌管理相关规定。未取得临时行驶车号牌，不得上路行驶。

测试主体、测试驾驶人均应遵守我国道路交通安全法律法规，严格依据测试通知书载明的测试时间、测试路段和测试项目开展测试工作，并随车携带测试通知书、测试方案备查。

第十七条 测试车辆车身应以醒目的颜色标示“自动驾驶测试”字样，提醒周边车辆注意。

第十八条 测试驾驶人应始终处于测试车辆的驾驶座位上、始终监控车辆运行状态及周围环境，随时准备接管车辆。

当测试驾驶人发现车辆处于不适合自动驾驶的状态或系统提示需要人工操作时，应及时接管车辆。

第十九条 测试过程中，测试车辆不得搭载与测试无关的人员或货物。

第二十条 测试过程中，除测试通知书载明的测试路段外，不得使用自动驾驶模式行驶；测试车辆从停放点到测试路段的转场，应使用人工操作模式行驶。

第二十一条 测试主体应每6个月向出具测试通知书的省、市级政府相关主管部门提交阶段性测试报告，并在测试结束后1个月内提交测试总结报告。

第二十二条 省、市级政府相关主管部门于每年6月、12月向工业和信息化部、公安部和交通运输部报告辖区内智能网联汽车道路测试情况。

第二十三条 测试车辆在测试期间发生下列情形之一的，省、市级政府相关主管部门应当撤销测试通知书：

（一）省、市级政府相关主管部门认为测试活动具有重大安全风险的；

（二）测试车辆有违反交通信号灯通行、逆行或者依照道路交通安全法律法规可以处暂扣、吊销机动车驾驶证或拘留处罚等的严重交通违法行为的；

（三）发生交通事故造成人员重伤、死亡或车辆毁损等严重情形，测试车辆方负主要以上责任的。

省、市级政府相关主管部门撤销测试通知书时应当一并收回临时行驶车号牌，并转交给临时行驶车号牌核发地公安交管部门；未收回的，书面告知核发地公安交管部门公告牌证作废。

第五章 交通违法和事故处理

第二十四条 在测试期间发生交通违法行为的，由公安机关交通管理部门按照现行道路交通安全法律法规对测试驾驶人进行处理。

第二十五条 在测试期间发生交通事故，应当按照道路交通安全法律法规认定当事人的责任，并依照有关法律法规及司法解释确定损害赔偿责任。构成犯罪的，依法追究刑事责任。

第二十六条 测试车辆在道路测试期间发生事故时，当事人应保护现场并立即报警。

造成人员重伤或死亡、车辆损毁的，测试主体应在24小时内将事故情况上报省、市级政府相关主管部门；省、市级政府相关主管部门应在3个工作日内上报工业和信息化部、公安部和交通运输部。

第二十七条 测试主体应在事故责任认定后5个工作日内，以书面方式将事故原因、责任认定结果及完整的事故分析报告等相关材料上报省、市级政府相关主管部门；省、市级政府相关主管部门应在5个工作日内上报工业和信息化部、公安部和交通运输部。

第六章　附则

第二十八条　本规范所称智能网联汽车是指搭载先进的车载传感器、控制器、执行器等装置，并融合现代通信与网络技术，实现车与X（人、车、路、云端等）智能信息交换、共享，具备复杂环境感知、智能决策、协同控制等功能，可实现安全、高效、舒适、节能行驶，并最终可实现替代人来操作的新一代汽车。智能网联汽车通常也被称为智能汽车、自动驾驶汽车等。

智能网联汽车自动驾驶包括有条件自动驾驶、高度自动驾驶和完全自动驾驶。有条件自动驾驶是指系统完成所有驾驶操作，根据系统请求，驾驶人需要提供适当的干预；高度自动驾驶是指系统完成所有驾驶操作，特定环境下系统会向驾驶人提出响应请求，驾驶人可以对系统请求不进行响应；完全自动驾驶是指系统可以完成驾驶人能够完成的所有道路环境下的操作，不需要驾驶人介入。

第二十九条　本规范自2018年5月1日起施行。

附件：1. 智能网联汽车自动驾驶功能检测项目（略）
　　　2. 智能网联汽车道路测试通知书（略）

国务院办公厅关于促进“互联网+医疗健康”发展的意见

国办发〔2018〕26号

各省、自治区、直辖市人民政府，国务院各部委、各直属机构：

为深入贯彻落实习近平新时代中国特色社会主义思想和党的十九大精神，推进实施健康中国战略，提升医疗卫生现代化管理水平，优化资源配置，创新服务模式，提高服务效率，降低服务成本，满足人民群众日益增长的医疗卫生健康需求，根据《“健康中国2030”规划纲要》和《国务院关于积极推进“互联网+”行动的指导意见》（国发〔2015〕40号），经国务院同意，现就促进“互联网+医疗健康”发展提出以下意见。

一、健全“互联网+医疗健康”服务体系

（一）发展“互联网+”医疗服务。

1. 鼓励医疗机构应用互联网等信息技术拓展医疗服务空间和内容，构建覆盖诊前、诊中、诊后的线上线下一体化医疗服务模式。

允许依托医疗机构发展互联网医院。医疗机构可以使用互联网医院作为第二名称，在实体医院基础上，运用互联网技术提供安全适宜的医疗服务，允许在线开展部分常见病、慢性病复诊。医师掌握患者病历资料后，允许在线开具部分常见病、慢性病处方。

支持医疗卫生机构、符合条件的第三方机构搭建互联网信息平台，开展远程医疗、健康咨询、健康管理服务，促进医院、医务人员、患者之间的有效沟通。（国家卫生健康委员会、国家发展改革委负责。排在第一位的部门为牵头部门，下同）

2. 医疗联合体要积极运用互联网技术，加快实现医疗资源上下贯通、信息互通共享、业务高效协同，便捷开展预约诊疗、双向转诊、远程医疗等服务，推进“基层检查、上级诊断”，推动构建有序的分级诊疗格局。

鼓励医疗联合体内上级医疗机构借助人工智能等技术手段，面向基层提供远程会诊、远程心电诊断、远程影像诊断等服务，促进医疗联合体内医疗机构间检查检验结果实时查阅、互认共享。推进远程医疗服务覆盖全国所有医疗联合体和县级医院，并逐步向社区卫生服务机构、乡镇卫生院和村卫生室延伸，提升基层医疗服务能力和效率。（国家卫生健康委员会、国家发展改革委、财政部、国家中医药局负责）

（二）创新“互联网+”公共卫生服务。

1. 推动居民电子健康档案在线查询和规范使用。以高血压、糖尿病等为重点，加强老年慢性病在线服务管理。以纳入国家免疫规划的儿童为重点服务对象，整合现有预防接种信息平台，优化预防接种服务。鼓励利用可穿戴设备获取生命体征数据，为孕产妇提供健康监测与管理。加强对严重精神障碍患者的信息管理、随访评估和分类干预。（国家卫生健康委员会负责）

2. 鼓励医疗卫生机构与互联网企业合作，加强区域医疗卫生信息资源整合，探索运用人群流动、气候变化等大数据技术分析手段，预测疾病流行趋势，加强对传染病等疾病的智能监测，提高重大疾病防控和突发公共卫生事件应对能力。（国家卫生健康委员会负责）

（三）优化“互联网+”家庭医生签约服务。

1. 加快家庭医生签约服务智能化信息平台建设与应用，加强上级医院对基层的技术支持，探索线上考核评价和激励机制，提高家庭医生团队服务能力，提升签约服务质量和效率，增强群众对家庭医生的信任度。（国家卫生健康委员会、国家发展改革委、财政部、国家中医药局负责）

2. 鼓励开展网上签约服务，为签约居民在线提供健康咨询、预约转诊、慢性病随访、健康管理、延伸处方等服务，推进家庭医生服务模式转变，改善群众签约服务感受。（国家卫生健康委员会负责）

（四）完善“互联网+”药品供应保障服务。

1. 对线上开具的常见病、慢性病处方，经药师审核后，医疗机构、药品经营企业可委托符合条件的第三方机构配送。探索医疗卫生机构处方信息与药品零售消费信息互联互通、实时共享，促进药品网络销售和医疗物流配送等规范发展。（国家卫生健康委员会、国家市场监督管理总局、国家药品监督管理局负责）

2. 依托全民健康信息平台，加强基于互联网的短缺药品多源信息采集和供应业务协同应用，提升基本药物目录、鼓励仿制的药品目录的遴选等能力。（国家卫生健康委员会、工业和信息化部、国家市场监督管理总局、国家药品监督管理局负责）

（五）推进“互联网+”医疗保障结算服务。

1. 加快医疗保障信息系统对接整合，实现医疗保障数据与相关部门数据联通共享，逐步拓展在线支付功能，推进“一站式”结算，为参保人员提供更加便利的服务。（国家医疗保障局、人力资源社会保障部、国家卫生健康委员会等负责）

2. 继续扩大联网定点医疗机构范围，逐步将更多基层医疗机构纳入异地就医直接结算。进一步做好外出务工人员和广大“双创”人员跨省异地住院费用直接结算。（国家医疗保障局负责）

3. 大力推行医保智能审核和实时监控，将临床路径、合理用药、支付政策等规则嵌入医院信息系统，严格医疗行为和费用监管。（国家医疗保障局负责）

（六）加强“互联网+”医学教育和科普服务。

1. 鼓励建立医疗健康教育培训云平台，提供多样化的医学在线课程和医学教育。构建网络化、数字化、个性化、终身化的医学教育培训体系，鼓励医疗工作者开展疑难杂症及重大疾病病例探讨交流，提升业务素质。（国家卫生健康委员会、教育部、人力资源社会保障部负责）

2. 实施“继续医学教育+适宜技术推广”行动，围绕健康扶贫需求，重点针对基层和贫困地区，通过远程教育手段，推广普及实用型适宜技术。（国家卫生健康委员会、人力资源社会保障部、国家中医药局负责）

3. 建立网络科普平台，利用互联网提供健康科普知识精准教育，普及健康生活方式，提高居民自我健康管理能力和健康素养。（国家卫生健康委员会、中国科协负责）

（七）推进“互联网+”人工智能应用服务。

1. 研发基于人工智能的临床诊疗决策支持系统，开展智能医学影像识别、病理分型和多学科会诊以及多种医疗健康场景下的智能语音技术应用，提高医疗服务效率。支持中医辨证论治智能辅助系统应用，提升基层中医诊疗服务能力。开展基于人工智能技术、医疗健康智能设备的移动医疗示范，实现个人健康实时监测与评估、疾病预警、慢病筛查、主动干预。（国家发展改革委、科技部、工业和信息化部、国家卫生健康委员会、国家中医药局按职责分工负责）

2. 加强临床、科研数据整合共享和应用，支持研发医疗健康相关的人工智能技术、医用机器人、大型医疗设备、应急救援医疗设备、生物三维打印技术和可穿戴设备等。顺应工业互联网创新发展趋势，提升医疗健康设备的数字化、智能化制造水平，促进产业升级。（国家发展改革委、工业和信息化部、科技部、国家卫生健

康委员会等按职责分工负责）

二、完善“互联网＋医疗健康”支撑体系

（八）加快实现医疗健康信息互通共享。

1. 各地区、各有关部门要协调推进统一权威、互联互通的全民健康信息平台建设，逐步实现与国家数据共享交换平台的对接联通，强化人口、公共卫生、医疗服务、医疗保障、药品供应、综合管理等数据采集，畅通部门、区域、行业之间的数据共享通道，促进全民健康信息共享应用。（国家发展改革委、工业和信息化部、公安部、人力资源社会保障部、国家卫生健康委员会、国家市场监督管理总局、国家医疗保障局、各省级人民政府负责）

2. 加快建设基础资源信息数据库，完善全员人口、电子健康档案、电子病历等数据库。大力提升医疗机构信息化应用水平，二级以上医院要健全医院信息平台功能，整合院内各类系统资源，提升医院管理效率。三级医院要在 2020 年前实现院内医疗服务信息互通共享，有条件的医院要尽快实现。（国家卫生健康委员会负责）

3. 健全基于互联网、大数据技术的分级诊疗信息系统，推动各级各类医院逐步实现电子健康档案、电子病历、检验检查结果的共享，以及在不同层级医疗卫生机构间的授权使用。支持老少边穷地区基层医疗卫生机构信息化软硬件建设。（国家卫生健康委员会、国家发展改革委、财政部负责）

（九）健全“互联网＋医疗健康”标准体系。

1. 健全统一规范的全国医疗健康数据资源目录与标准体系。加强“互联网＋医疗健康”标准的规范管理，制订医疗服务、数据安全、个人信息保护、信息共享等基础标准，全面推开病案首页书写规范、疾病分类与代码、手术操作分类与代码、医学名词术语“四统一”。（国家卫生健康委员会、国家市场监督管理总局负责）

2. 加快应用全国医院信息化建设标准和规范，强化省统筹区域平台和医院信息平台功能指引、数据标准的推广应用，统一数据接口，为信息互通共享提供支撑。（国家卫生健康委员会、国家市场监督管理总局负责）

（十）提高医院管理和便民服务水平。

1. 围绕群众日益增长的需求，利用信息技术，优化服务流程，提升服务效能，提高医疗服务供给与需求匹配度。到 2020 年，二级以上医院普遍提供分时段预约诊疗、智能导医分诊、候诊提醒、检验检查结果查询、诊间结算、移动支付等线上服务。有条件的医疗卫生机构可以开展移动护理、生命体征在线监测、智能医学影像识别、家庭监测等服务。（国家卫生健康委员会、国家中医药局负责）

2. 支持医学检验机构、医疗卫生机构联合互联网企业，发展疾病预防、检验检测等医疗健康服务。推进院前急救车载监护系统与区域或医院信息平台连接，做好患者信息规范共享、远程急救指导和院内急救准备等工作，提高急救效能。推广“智慧中药房”，提高中药饮片、成方制剂等药事服务水平。（国家卫生健康委员会、工业和信息化部、国家中医药局负责）

（十一）提升医疗机构基础设施保障能力。

1. 提升“互联网＋医疗健康”服务保障水平，推进医疗卫生服务体系建设，科学布局，合理配置，实施区域中心医院医疗检测设备配置保障工程，国家对中西部等地区的贫困地区予以适当支持。加快基层医疗卫生机构标准化建设，提高基层装备保障能力。（国家卫生健康委员会、国家发展改革委、财政部负责）

2. 重点支持高速宽带网络普遍覆盖城乡各级医疗机构，深入开展电信普遍服务试点，推动光纤宽带网络向农村医疗机构延伸。推动电信企业加快宽带网络演进升级步伐，部署大容量光纤宽带网络，提供高速率网络接入。完善移动宽带网络覆盖，支撑开展急救车载远程诊疗。（工业和信息化部、国家卫生健康委员会按职责分工负责）

3. 面向远程医疗、医疗信息共享等需求，鼓励电信企业向医疗机构提供优质互联网专线、虚拟专用网（VPN）等网络接入服务，推进远程医疗专网建设，保障医疗相关数据传输服务质量。支持各医疗机构选择使用高速率高可靠的网络接入服务。（工业和信息化部、国家卫生健康委员会按职责分工负责）

（十二）及时制订完善相关配套政策。

1. 适应“互联网＋医疗健康”发展，进一步完善医保支付政策。逐步将符合条件的互联网诊疗服务纳入医保支付范围，建立费用分担机制，方便群众就近就医，促进优质医疗资源有效利用。健全互联网诊疗收费政策，加强使用管理，促进形成合理的利益分配机制，支持互联网医疗服务可持续发展。（国家医疗保障局负责）

2. 完善医师多点执业政策，鼓励执业医师开展“互联网＋医疗健康”服务。（国家卫生健康委员会负责）

三、加强行业监管和安全保障

（十三）强化医疗质量监管。

1. 出台规范互联网诊疗行为的管理办法，明确监管底线，健全相关机构准入标准，最大限度减少准入限制，加强事中事后监管，确保医疗健康服务质量和安全。推进网络可信体系建设，加快建设全国统一标识的医疗卫生人员和医疗卫生机构可信医学数字身份、电子实名认证、数据访问控制信息系统，创新监管机制，提升监管能力。建立医疗责任分担机制，推行在线知情同意告知，防范和化解医疗风险。（国家卫生健康委员会、国家网信办、工业和信息化部、公安部负责）

2. 互联网医疗健康服务平台等第三方机构应当确保提供服务人员的资质符合有关规定要求，并对所提供的服务承担责任。"互联网 + 医疗健康"服务产生的数据应当全程留痕，可查询、可追溯，满足行业监管需求。（国家卫生健康委员会、国家网信办、工业和信息化部、公安部、国家市场监督管理总局负责）

（十四）保障数据信息安全。

1. 研究制定健康医疗大数据确权、开放、流通、交易和产权保护的法规。严格执行信息安全和健康医疗数据保密规定，建立完善个人隐私信息保护制度，严格管理患者信息、用户资料、基因数据等，对非法买卖、泄露信息行为依法依规予以惩处。（国家卫生健康委员会、国家网信办、工业和信息化部、公安部负责）

2. 加强医疗卫生机构、互联网医疗健康服务平台、智能医疗设备以及关键信息基础设施、数据应用服务的信息防护，定期开展信息安全隐患排查、监测和预警。患者信息等敏感数据应当存储在境内，确需向境外提供的，应当依照有关规定进行安全评估。（国家卫生健康委员会、国家网信办、工业和信息化部负责）

各地区、各有关部门要结合工作实际，及时出台配套政策措施，确保各项部署落到实处。中西部地区、农村贫困地区、偏远边疆地区要因地制宜，积极发展"互联网 + 医疗健康"，引入优质医疗资源，提高医疗健康服务的可及性。国家卫生健康委员会要会同有关部门按照任务分工，加强工作指导和督促检查，重要情况及时报告国务院。

国务院办公厅

2018 年 4 月 25 日

工业和信息化部关于贯彻落实《推进互联网协议第六版（IPv6）规模部署行动计划》的通知

工信部通信〔2018〕77 号

各省、自治区、直辖市及计划单列市、新疆生产建设兵团工业和信息化主管部门，各省、自治区、直辖市通信管理局，部属各单位、部属各高校，中国电信集团有限公司、中国移动通信集团有限公司、中国联合网络通信集团有限公司，中国广播电视网络有限公司，阿里巴巴（中国）有限公司、深圳市腾讯计算机系统有限公司、百度在线网络技术（北京）有限公司、北京京东世纪信息技术有限公司、北京金山云网络技术有限公司、网宿科技股份有限公司、北京蓝汛通信技术有限责任公司、上海帝联信息科技发展有限公司、华为技术有限公司、广东欧珀移动通信有限公司、维沃移动通信有限公司、北京小米科技有限责任公司、魅族科技有限公司、上海优刻得信息科技有限公司、无锡华云数据技术服务有限公司、北京迅达云成科技有限公司、北京优帆科技有限公司、中山大学、东网科技有限公司、大连东软思维科技发展有限公司、宁夏誉成云创数据投资有限公司、蓝汛欣润科技（北京）有限公司、贵阳中电高新数据科技有限公司、贵阳综合保税区大数据科技有限公司、润泽科技发展有限公司、武汉火凤凰云计算服务股份有限公司、湖南尚锐信息科技有限公司、启明信息技术股份有限公司、大连亿达名气通数据服务有限公司、沈阳铁路局、万国数据服务有限公司、成都中立数据科技有限公司、光环云谷科技有限公司、张北云联数据服务有限责任公司、上海数据港股份有限公司、阿里云计算有限公司（万网）、北京新网互联软件服务有限公司、中国互联网信息中心（CNNIC）、政府和公益机构域名注册管理中心（CONAC）、成都西维数码科技有限公司、厦门三五互联科技股份有限公司、厦门易名科技股份有限公司、江苏邦宁科技有限公司、浙江贰贰网络有限公司、佛山市亿动网络有限公司、厦门商中在线科技股份有限公司、广东时代互联科技有限公司、北京奇虎科技有限公司、世纪互联数据中心有限公司、鹏博士电信传媒集团股份有限公司等相关企业：

为贯彻落实中共中央办公厅、国务院办公厅印发的《推进互联网协议第六版（IPv6）规模部署行动计划》（厅字〔2017〕47 号，以下简称《行动计划》），加快网络基础设施和应用基础设施升级步伐，促进下一代互联网与经济社会各领域的融合创新，现就涉及我部相关任务的组织实施工作通知如下。

一、实施 LTE 网络端到端 IPv6 改造

（一）LTE 网络 IPv6 改造。到 2018 年末，基础电信企业完成全国范围 LTE 核心网、接入网、承载网、业务运营支撑系统等 IPv6 改造并开启 IPv6 业务承载功能，为移动终端用户数据业务分配 IPv6 地址，提供端到端的 IPv6 访问通道。

（二）基础电信企业自营业务系统 IPv6 改造。到 2018 年末，基础电信企业完成门户网站、网上营业厅网站 IPv6 改造，并完成活跃用户规模排名前 10 位的自营移动互联网应用（APP）及相应系统服务器 IPv6 升级改造，使移动互联网应用（APP）支持 IPv6 访问优先；通过免流量升级等推广措施，引导用户完成移动互联网应用（APP）更新。

到 2018 年末，移动互联网 IPv6 用户规模不少于 5 000 万户（基础电信企业已分配 IPv6 地址且一年内有 IPv6 上网记录的用户），其中，中国电信集团有限公司（简称中国电信）用户不少于 1 000 万户，中国移动通信集团有限公司（简称中国移动）用户不少于 3 000 万户，中国联合网络通信集团有限公司（简称中国联通）用户不少于 1 000 万户。

（三）移动终端全面支持 IPv6。推动新生产移动终端的出厂默认配置支持 IPv4/IPv6 双栈，并逐步推进存量移动终端通过系统软件升级开启 IPv6 功能。基础电信企业定制和集中采购的移动终端应全面支持 IPv6。

（四）基础电信企业间网络与应用 IPv6 互通。到 2019 年第一季度末，各基础电信企业均完成 LTE 网络与其他基础电信企业用户规模排名前 10 位的移动互联网应用系统服务器互通，实现已选定的 30 个移动互联网应用（APP）IPv6 跨网访问。

二、加快固定网络基础设施 IPv6 改造

（五）骨干网 IPv6 互联互通。到 2018 年末，完成北京、上海、广州、郑州、成都的互联网骨干直联点 IPv6 改造，开通 IPv6 网间互联带宽不少于 1Tbps。到 2020 年末，完成所有互联网骨干直联点 IPv6 改造，开通 IPv6 网间互联带宽不少于 5Tbps。

（六）城域网和接入网 IPv6 改造。到 2018 年末，基础电信企业完成城域网和接入网 IPv6 改造并开启 IPv6 业务承载功能，为固定宽带用户分配 IPv6 地址，向政企客户提供基于 IPv6 的专线业务，并出台相应的资费优惠措施。

（七）固定终端全面支持 IPv6。推动新生产的家庭网关、企业网关、路由器等固定终端支持 IPv6 并默认配置支持 IPv4/IPv6 双栈，基础电信企业定制和集中采购的固定终端应全面支持 IPv6。

（八）业务运营支撑系统改造。到 2018 年第三季度末，基础电信企业完成业务运营支撑系统升级改造，建立面向 IPv6 业务的运维管理体系和业务管理流程，具备 IPv6 用户统计、流量统计以及 IPv6 业务受理、开通、运行维护等能力。

三、推进应用基础设施 IPv6 改造

（九）数据中心 IPv6 改造。基础电信企业和数据中心运营企业应完成数据中心内部网络和出口设备的 IPv6 改造，支持 IPv6 业务接入和承载。到 2018 年末，中国电信、中国移动、中国联通完成超大型数据中心 IPv6 改造，国家超级计算广州中心、东北区域大数据中心、东软软件园数据中心、誉成云创数据中心、百度

云计算技术（山西）有限公司、蓝汛首鸣国际数据中心完成 IPv6 改造，为用户提供基于 IPv6 的互联网数据中心（IDC）业务，2018 年起新投产的数据中心应支持 IPv6。到 2020 年末，各大型数据中心运营企业均完成 IPv6 改造。

（十）内容分发网络（CDN）IPv6 改造。到 2018 年末，阿里云、腾讯云、金山云、网宿科技、蓝汛、帝联科技完成内容分发网络（CDN）IPv6 改造。

（十一）云服务平台 IPv6 改造。到 2018 年末，中国电信、中国移动、中国联通面向公众提供服务的云服务平台完成 50% 云产品 IPv6 改造，阿里云、腾讯云、金山云、UCloud、华为云、华云、迅达云、百度云、京东云、青云等云服务平台企业完成 50% 云产品 IPv6 改造。到 2020 年末，上述企业完成全部云产品 IPv6 改造。鼓励云服务企业面向用户提供 IPv6 技术咨询、网站改造等服务。

（十二）域名系统 IPv6 改造。到 2018 年末，中国电信、中国移动、中国联通完成递归域名解析服务器的 IPv6 改造，万网、新网互联、中国互联网信息中心（CNNIC）、政府和公益机构域名注册管理中心（CONAC）、西部数码、三五互联、易名中国、中国数据、爱名网、联动天下、商务中国、时代互联完成 IPv6 改造，构建域名注册、解析、管理全链条 IPv6 支持能力。

四、开展政府网站 IPv6 改造与工业互联网 IPv6 应用

（十三）政府网站 IPv6 改造。推进工业和信息化系统门户网站 IPv6 改造。到 2018 年末，工业和信息化部完成门户网站 IPv6 改造；到 2019 年末，部属各单位、部属各高校及各省、自治区、直辖市通信管理局完成门户网站 IPv6 改造。

（十四）工业互联网 IPv6 应用。鼓励典型行业、重点工业企业开展工业互联网 IPv6 网络化改造，创新工业互联网应用实践，构建工业互联网 IPv6 标准体系。

五、强化 IPv6 网络安全保障

（十五）加强 IPv6 网络安全管理。将 IPv6 相关网络基础设施及应用基础设施安全防护纳入电信和互联网网络安全防护体系，健全完善 IPv6 环境下网络安全相关管理和技术要求，开展针对 IPv6 的网络安全等级保护、风险评估、通报预警等工作。

（十六）做好 IPv6 网络安全保障措施升级改造。各基础电信企业和数据中心、内容分发网络（CDN）、云服务等运营企业要同步做好现有网络安全保障系统在 IPv4 向 IPv6 过渡过程中的升级改造，确保具备基于 IPv6 的安全保障能力。

（十七）强化 IPv6 网络安全能力建设。加强基于 IPv6 固定网络基础设施和应用基础设施的网络安全防护手段建设，支持开展 IPv6 网络环境下的工业互联网、物联网、人工智能等新兴领域网络安全技术和管理机制研究。鼓励企业、研究机构、高校等各方加强协同，加快 IPv6 安全技术研发、应用和融合创新。

六、落实配套保障措施

（十八）加强组织领导。各地通信管理局、工业和信息化主管部门要加强与有关部门的沟通协调，建立协同工作机制。各基础电信企业集团公司、设备制造企业以及数据中心、内容分发网络（CDN）、云服务、域名服务等企业要成立由公司领导任组长的专项推进工作组，对照各项目标任务制定具体实施方案和工作计划，并于 5 月 15 日前报送工业和信息化部（信息通信发展司）。

（十九）落实主体责任。各企业要加大资金投入力度，确保各项目标任务按期完成。各基础电信企业集团公司在对各省级子（分）公司的业绩考核中，还应将 IPv6 相关任务完成情况作为重要的考核指标，要安排资金保障 IPv6 各项任务落实。各企业应于 2018 年 6 月、9 月、12 月底向工业和信息化部（信息通信发展司）报送相关工作进展情况。

（二十）强化规范管理。完善互联网信息服务备案管理制度，鼓励互联网接入服务提供者和互联网信息服务提供者提供基于 IPv6 的服务，在互联网信息服务备案时明确要求提供 IPv6 相关信息；加强 IPv6 地址备案系统的建设和备案管理，督导企业严格落实 IPv6 接入地址编码规划方案；完善相关电信业务管理要求，要求数据中心（含云服务）、内容分发网络（CDN）等运营企业在提交年报时，提供支持 IPv6 相关情况；修订电信设备进网检测的相关规定，明确网络及终端设备进网中有关 IPv6 的检测要求。各地工业和信息化主管部门在电子政务系统、信息化系统及服务平台等项目审批中，应将支持 IPv6 作为必要条件，并负责考核落实；要统筹安排专项资金，加大对本地区 IPv6 改造工作的支持力度。

（二十一）加强督查考核。工业和信息化部将成立IPv6督查工作专家组，研究制定推进IPv6规模部署相关任务完成情况的考核标准，并将定期组织开展专项督查工作，就LTE网络IPv6端到端贯通、固定网络基础设施改造、应用基础设施改造、强化网络安全保障等重点任务进行分项考核。中国信息通信研究院要研究构建IPv6发展监测平台，形成对网络、应用、终端、用户、流量等关键发展指标的实时监测和分析能力，并向社会发布IPv6各项发展指标数据。

工业和信息化部

2018年4月25日

工业和信息化部办公厅关于深入推进互联网网络接入服务市场清理规范工作的通知

工信厅信管函〔2018〕161号

各省、自治区、直辖市通信管理局，中国信息通信研究院，中国电信集团有限公司、中国移动通信集团有限公司、中国联合网络通信集团有限公司、中国广播电视网络有限公司、中信网络有限公司，各互联网数据中心业务经营者、互联网接入服务业务经营者、内容分发网络业务经营者：

根据《关于清理规范互联网网络接入服务市场的通知》（工信部信管函〔2017〕32号）要求，在全行业共同努力下，互联网网络接入服务市场清理规范工作取得积极进展，各类违法违规行为得到初步整治。但随着清理规范工作深入开展，一些深层次矛盾逐步浮出水面，部分企业违规自建传输网络、非法经营传输业务及违规经营跨境数据通信等问题仍较为突出，违规线索涉及面广，市场情况复杂。为深入核查处理新线索，巩固前期清理规范成效，维护良好市场秩序，现决定将互联网网络接入服务市场清理规范工作时间延长至2019年3月31日。有关事项通知如下：

一、各单位要巩固前期整治成效，集中力量核查违规线索、查处违法企业，将清理规范工作引向深入。要及时总结经验，探索长效管理机制，推动互联网网络接入服务市场健康有序发展。

二、各互联网网络接入服务企业要进一步提升法律意识，全面深入开展自查，规范自身经营服务行为，切实做到守法合规经营。要自觉终止与不法企业的合作，确保通信网络资源来源合法、去向合法、使用合法。

三、各通信管理局要按照“属地负责、逐一过关”的原则，加强跨地域协作，逐一核查违规线索，分类处理相关企业，采取针对性措施，督促企业合法合规经营。对拒不整改的要依法予以查处，并纳入信用管理机制实施惩戒。

四、各基础电信企业要加强网络资源和用户台账管理，采取技术、管理、法律等措施，防范网络资源被用于非法经营。要配合各通信管理局做好违规线索核查，及时关停被用于非法经营、违规使用的网络资源。要按照“提速降费”的要求，保证各类企业和用户的网络资源需求，为网络接入服务企业守法合规经营、市场持续健康发展提供坚实保障。

五、中国信息通信研究院要加强对全国清理规范工作的跟踪，收集和报送相关舆情信息，及时汇总违规线索，利用数据分析等技术手段做好清理规范支撑工作。

六、各通信管理局、各基础电信企业请于5月15日前将前期工作进展情况、取得的成效、存在的问题以及下一步工作安排函报部信息通信管理局。每季度末报最新工作进展，重大事项随报。

特此通知。

工业和信息化部办公厅

2018年4月28日

工业和信息化部印发《关于推进网络扶贫的实施方案（2018—2020 年）》的通知

工信部通信〔2018〕83 号

各省、自治区、直辖市工业和信息化主管部门、通信管理局，中国电信集团有限公司、中国移动通信集团有限公司、中国联合网络通信集团有限公司、中国铁塔股份有限公司、中国卫通集团有限公司：

现将《关于推进网络扶贫的实施方案（2018—2020 年）》印发给你们，请结合实际，认真贯彻落实。

工业和信息化部

2018 年 5 月 3 日

关于推进网络扶贫的实施方案（2018—2020 年）

为全面贯彻落实《中共中央 国务院关于打赢脱贫攻坚战的决定》《“十三五”脱贫攻坚规划》《中共中央办公厅 国务院办公厅关于支持深度贫困地区脱贫攻坚的实施意见》要求，进一步聚焦深度贫困地区，更好发挥宽带网络优势，助力打好精准脱贫攻坚战，制定本实施方案。

一、总体要求

（一）指导思想。以习近平新时代中国特色社会主义思想为指导，深入贯彻落实党的十九大关于坚决打好精准脱贫攻坚战的部署，坚持精准扶贫、精准脱贫基本方略，以“三区三州”等深度贫困地区和部系统定点帮扶县（以下简称定点县）、燕山－太行山片区县（以下简称片区县）为重点，以推进网络基础设施建设为突破口，以加快网络扶贫应用为方向，充分调动各方面积极性、主动性和创造性，不断缩小城乡“数字鸿沟”，为打好精准脱贫攻坚战提供坚实的网络支撑。

（二）工作目标。到 2018 年，国家“十三五”规划纲要明确提出的“宽带网络覆盖 90% 以上的贫困村”目标提前完成；到 2020 年，全国 12.29 万个建档立卡贫困村宽带网络覆盖比例超过 98%。保障建档立卡贫困人口方便快捷接入高速、低成本的网络服务，保障各类网络应用基本网络需求，更多建档立卡贫困人口都有机会通过农村电商、远程教育、远程医疗等享受优质公共服务、实现家庭脱贫，高速宽带网络助力脱贫攻坚的能力显著增强。

二、推进贫困村通宽带进程

（三）精准建立贫困村通宽带台账。加强对全国建档立卡贫困村通宽带情况的调查摸底，全面了解建档立卡贫困村和部系统定点县、片区县贫困村通光纤、4G 网络情况和纳入电信普遍服务支持情况。重点就未通宽带贫困村建立台账，并动态跟踪及时更新。

（四）推进光纤宽带网络延伸。加快电信普遍服务试点 4.3 万个建档立卡贫困村光纤网络建设步伐，确保任务按时按质完成。优先安排电信普遍服务结余资金用于贫困村网络建设。

（五）加快4G网络覆盖进程。深化电信普遍服务试点，支持农村及偏远地区4G网络覆盖。在试点地区遴选中向贫困地区重点倾斜，在项目实施中重点加强对贫困地区项目建设的指导督促，优先保障贫困村4G网络覆盖。鼓励基础电信企业加大投资，进一步将宽带网络向有条件的贫困自然村延伸。

三、加强贫困地区网络应用

（六）推出优惠网络资费。进一步加大网络提速降费力度，引导基础电信企业加大面向贫困地区和贫困人口的优惠力度，鼓励推出扶贫专属资费优惠，减轻贫困群体宽带网络使用负担。

（七）加快智能终端普及。积极引导智能终端生产企业履行社会责任，研发简单易用、低成本的4G手机等智能终端，满足贫困地区群众的使用需求。

（八）开发扶贫移动应用程序（APP）。组织开发适合贫困地区特别是少数民族边远地区特点和需求的移动APP，涵盖社交、电商、农技、医疗、教育等行业应用。拓宽和保障扶贫移动APP推广渠道，协调主要应用商店及时上架、重点推荐和免费应用，利用网络闲置资源做好扶贫移动APP宣传。协调基础电信企业为指定的扶贫移动APP提供流量资费优惠。

（九）积极推广视频服务。鼓励基础电信企业在贫困地区开展视频服务，通过交互式网络电视（IPTV）等方式，满足贫困群众多样化、多层次文化信息需求，促进文化信息消费，提供各类扶贫资讯及应用。

（十）大力推进“互联网+教育”。加强贫困地区各类学校高速宽带网络建设，实现两类学校（乡村小规模学校和乡镇寄宿制学校）宽带网络全覆盖。配合教育部门加强远程教育应用推广，推动优质教育资源在贫困地区的共享应用。

（十一）实施“互联网+健康扶贫”。完善贫困地区基层卫生服务机构网络基础条件。联合国家卫生健康委员会开展“互联网+健康扶贫”应用，发挥医疗机构、研究院所等主体作用，积极动员社会力量，推动远程诊疗覆盖到村、在线医学教育普及到人、在线慢病管理精准到户，改善深度贫困地区基层医疗卫生服务能力，提高贫困人口健康水平。

（十二）加强精准扶贫平台开发应用。引导基础电信企业结合各自优势，搭建并推广扶贫信息管理平台，实现扶贫目标、扶贫措施、脱贫跟踪更加精准到位，实现用数据直观反映脱贫进程，用数据支撑脱贫摘帽实际成效，助力精准扶贫精准脱贫政策的落实。

四、优先支持深度贫困地区和部系统定点县、片区县

（十三）优先向“三区三州”倾斜。全面贯彻深度贫困地区脱贫攻坚座谈会精神。深入西藏、四省藏区、新疆南疆四地州和四川凉山州、云南怒江州、甘肃临夏州等“三区三州”开展网络扶贫大调研活动。在电信普遍服务中加快“三区三州”贫困村光纤网络建设步伐，优先支持“三区三州”贫困村4G网络建设，实现90%以上建档立卡贫困村通宽带。优先支持“三区三州”贫困村信息化建设，充分发挥高通量卫星比较优势，在教育、医疗等领域加大推广力度。引导基础电信企业、互联网企业深入“三区三州”等深度贫困地区开展网络通信帮扶。

（十四）重点支持部系统定点县和片区县。全面落实《中共中央办公厅 国务院办公厅关于进一步加强中央单位定点扶贫工作的指导意见》和《国务院关于燕山－太行山片区区域发展与扶贫攻坚规划（2011—2020年）的批复》，优先将网络建设及应用等安排在部系统定点县和片区县，在2020年前实现部系统定点县和片区县贫困村宽带网络全覆盖，形成若干个网络扶贫应用样板县。鼓励社会力量广泛参与，引导支持中国互联网百强、电子信息百强、软件百强企业将自身优势和地方实际相结合，与部系统定点县和片区县的深度贫困村建立“一对一”帮扶机制，有关业绩贡献纳入百强企业评判指标体系。

五、保障措施

（十五）加强统筹协调。部机关各有关司局建立工作协调机制，建立工作台账，召开调度会，共同研究、统筹推进网络扶贫有关工作。

（十六）加强国际合作。充分利用联合国教科文组织、国际电信联盟（ITU）等平台优势，加强扶贫领域国际合作与交流。

（十七）强化动态监测。进一步完善电信普遍服务管理支撑平台，丰富平台功能，实现对全国所有贫困村

通宽带情况的全面监测。定期发布全国贫困村宽带覆盖率分省排名。

（十八）加强总结考核。加强对网络扶贫实施方案落实情况的总结，将网络扶贫工作推进情况纳入扶贫干部年度述职。

（十九）营造良好氛围。加大网络扶贫宣传力度，组织新闻媒体广泛宣传网络扶贫各项惠民、富民政策措施，宣传先进典型，推广经验做法，形成常态化宣传工作机制。在国家扶贫日、世界电信日等重要时间节点，通过承办网络扶贫主题论坛、开展网络扶贫媒体行活动、协调三家运营商推送扶贫公益短信等形式，营造良好舆论氛围，擦亮“网络扶贫”名片。

工业和信息化部 国资委关于深入推进网络提速降费加快培育经济发展新动能 2018 专项行动的实施意见

工信部联通信〔2018〕87 号

各省、自治区、直辖市及计划单列市、新疆生产建设兵团工业和信息化主管部门，各省、自治区、直辖市通信管理局，相关企业：

为落实《政府工作报告》相关部署，进一步提升信息通信业供给能力、补齐发展短板、优化发展环境，促进数字经济发展和信息消费扩大升级，有力支撑经济发展新旧动能转换，决定组织实施深入推进网络提速降费、加快培育经济发展新动能 2018 专项行动。现提出以下意见：

一、面向全球领先水平，加快宽带网络演进升级

（一）推动光纤宽带提速升级。支持基础电信企业持续加大投资力度，扩大光纤宽带网络覆盖，继续推进光纤改造，普遍提供百兆宽带接入能力，全年新建光纤端口超过 5 500 万个，光纤宽带用户占比超过 90%。推动基础电信企业部署更大容量光纤宽带接入网络，在超过 100 个城市试点向用户开通千兆宽带业务。

（二）提升 4G 网络覆盖质量。增加 4G 网络覆盖广度和深度，新建 4G 基站 45 万个，提高办公及商务楼宇、电梯等室内覆盖水平，提升铁路、公路沿线连续覆盖质量。在有需求的热点地区，加大载波聚合等 4G 演进技术的部署力度。进一步优化 4G 业务质量，提升话音和数据业务体验。

（三）加快推进 5G 技术产业发展。扎实推进 5G 标准化、研发、应用、产业链成熟和安全配套保障，组织实施“新一代宽带无线移动通信网”重大专项，完成第三阶段技术研发试验，推动形成全球统一 5G 标准。组织 5G 应用征集大赛，促进 5G 和垂直行业融合发展，为 5G 规模组网和应用做好准备。

（四）加快 IPv6 规模部署应用。基础电信企业完成 LTE 网络、主要自营移动互联网应用的 IPv6 改造，为用户分配 IPv6 地址，实现 LTE 网络中 IPv6 业务端到端贯通，发展移动互联网 IPv6 用户 5 000 万户。同步开展互联网骨干网、骨干网网间互联体系、城域网和接入网 IPv6 改造，推进超大型数据中心、内容分发网络（CDN）和云服务平台改造，完成工业和信息化系统门户网站 IPv6 改造。

（五）增强骨干网络承载能力。全面部署 100G 及以上大容量传输网络，实现城域网、骨干网与高速宽带接入网同步扩容，加速向全光网络演进。积极利用软件定义网络（SDN）等技术提升业务效率和部署灵活性。

二、聚焦不平衡不充分，补齐宽带网络发展短板

（六）持续开展电信普遍服务试点。扎实开展网络扶贫行动，加快前三批普遍服务试点项目建设，提前完成“十三五”规划提出的全国 98% 行政村通光纤

和宽带网络覆盖90%以上贫困村的目标。推进行政村和陆地边境线4G网络覆盖，以及偏远地区中小学、医疗机构等场所宽带网络覆盖，鼓励基础电信企业推动宽带网络向有条件的海岛和自然村延伸。不断完善监督检查平台功能，对试点工作情况进行监测和成效评估。

（七）不断优化互联网网络架构。持续推进互联网网间带宽扩容，新增网间带宽1500G，进一步改善网间访问性能。完善国际通信网络出入口布局，提升互联网国际出入口带宽能力，优化国际互联网流量调度，增强用户访问国际互联网体验。面向“一带一路”倡议等，完善国际海陆缆和海外网络服务提供点（POP点）布局，提升海外网络、数据中心、内容分发网络（CDN）等服务能力。

（八）着力增强互联网应用服务能力。推动互联网企业着力提升网站和应用服务能力，增加主要业务应用带宽配置，推动内容分发网络（CDN）向固定和移动网络边缘延伸，实现互联网信息源的高速接入和就近访问，持续改善用户上网体验。

（九）积极推动信息无障碍建设。加快政务信息无障碍服务平台建设，为各地政府部门、公共事业单位网站提供信息无障碍服务支撑。推动互联网公共服务网站提供信息无障碍服务，保障有障碍人群均能平等、便捷地获取政府及公共信息服务。

三、满足人民期待和需求，加快释放网络提速降费红利

（十）加大网络降费优惠力度。7月1日起取消移动流量“漫游”费，鼓励基础电信企业推出大流量套餐等流量降费举措，移动流量平均单价年内降低30%以上。进一步降低家庭宽带资费、国际及港澳台漫游费。推动企业优化和精简资费套餐，研究推出规范资费管理的相关政策措施。支持各地扩大公共场所无线网络覆盖范围，为用户提供免费上网服务。

（十一）激发电信市场竞争活力。出台移动转售业务正式商用意见，加快移动转售市场发展，进一步扩大宽带接入网业务试点范围，充分释放民间资本创新活力。加强对移动转售业务批发价格的指导，强化对移动转售企业服务质量、网络实名制的监督管理。

（十二）推动高速宽带业务普及。持续推动用户速率提升，100M及更高速率的宽带用户比例超过50%，4G用户渗透率超过75%，月流量使用量突破4GB。推动出台宽带速率配置标准，提升家庭宽带用户上行速率。鼓励企业推出不同速率业务，满足用户多样化需求。

（十三）深化高速宽带应用推广。发展基于智慧家庭的宽带业务，积极推动高速宽带在教育、医疗等领域的创新应用和推广普及。协同推进农村地区宽带网络建设与公共服务信息化、农村电商、智慧农业、返乡创业等工作，实施“互联网+健康扶贫”试点项目，助力脱贫攻坚。

四、围绕促进经济转型升级，推动信息通信技术与实体经济深度融合

（十四）推广物联网行业融合应用。加快完善NB-IoT等物联网基础设施建设，实现全国普遍覆盖。进一步推动模组标准化、接口标准化、公众服务平台等共性关键技术研究。面向行业需求，积极推动产品和应用创新，推进物联网在智慧城市、农业生产、环保监测等行业领域的应用。

（十五）提升工业互联网基础设施能力。面向工业企业低时延、高可靠、广覆盖的网络需求，推动企业内外网建设。大力推进工业企业内网IP化、扁平化、柔性化技术改造和建设部署，利用IPv6、软件定义网络（SDN）以及新型蜂窝移动通信技术对工业企业外网进行升级改造。鼓励工业企业以IPv6、工业无源光网络（PON）、工业无线等技术改造企业内网。

（十六）助力“双创”企业蓬勃发展。面向中小企业继续降低互联网专线资费，推动电信企业推出更多更优惠的特色产品，进一步降低中小企业宽带和专线使用费，支撑“双创”企业发展。鼓励基础电信企业、大型互联网企业开放网络、平台、数据等资源，降低创新创业成本，促进大中小企业融通发展。

五、不断优化市场环境，确保网络提速降费落到实处

（十七）完善政策支持。继续推动地方政府将通信基础设施专项规划纳入城乡总体规划及控制性详细规划，做好相关规划的衔接和协调，强化光纤到户国家标准执行力度。鼓励地方政府不断加大宽带网络基础设施保护力度，开放各类公共设施，保障宽带网络设施的建

设通行。继续在基础电信企业经营业绩考核中统筹考虑网络提速降费影响，为网络提速降费创造更大空间。

（十八）加强市场监管。开展信息通信行业信用体系建设和信用管理。进一步加大监管力度，推进行业行风建设，提升行业服务能力和水平，维护用户合法权益。加强资费监督检查，强化资费公示，保障用户资费选择权。

（十九）加强信息公开。鼓励基础电信企业通过图文并茂、通俗易懂的方式加强信息告知，提升广大用户对网络提速降费的认知和认可程度。指导和支持第三方强化网络速率、用户普及等监测工作，定期发布相关数据。

（二十）做好舆论引导。各相关单位要做好提速降费工作进展和实施成效的宣传，创新宣传理念、内容、形式、方法和手段，积极报道先进做法和典型案例，引导联盟和协会等社会组织积极发声，营造良好舆论环境。

工业和信息化部 国资委

2018 年 5 月 11 日

工业和信息化部办公厅关于印发《国家制造业创新中心考核评估办法（暂行）》的通知

工信厅科〔2018〕37 号

各省、自治区、直辖市、计划单列市、新疆生产建设兵团工业和信息化主管部门：

现将《国家制造业创新中心考核评估办法（暂行）》印发你们，请认真遵照执行。

工业和信息化部办公厅

2018 年 5 月 24 日

国家制造业创新中心考核评估办法（暂行）

第一章　总则

第一条　为促进国家制造业创新中心（以下简称创新中心）健康发展，规范开展创新中心考核评估（以下简称考评）工作，根据制造强国建设战略目标和《关于完善制造业创新体系　推进制造业创新中心建设的指导意见》（工信部科〔2016〕273 号）《省级制造业创新中心升级为国家制造业创新中心条件》（工信厅科〔2017〕64 号），特制定本办法。

第二条　考评对象是已运行满一年的创新中心。考评分为年度考核与定期评估，年度考核每年进行一次，定期评估一般三年进行一次，评估当年不进行考核。

第三条　工业和信息化部科技司会同有关司局负责考评工作的组织实施，包括：确定参评创新中心名单、选择和委托第三方机构开展评估工作、确定专家组人员、对考评结果的处理等。

第四条　第三方机构应具备组织实施考评工作的条件，能够按照本办法客观公正地开展工作。其主要职责是：拟定考评实施方案，组织专家开展考评，提交考评报告。

第五条　考评专家组（以下简称专家组）由熟悉创新中心工作的技术、管理、财务等领域的专家组成。

第二章 考评内容

第六条 创新中心考评内容主要包括建设和运行情况。

第七条 建设情况主要考评创新中心按照建设方案提出的建设目标，主要包括中试孵化、测试验证、行业支撑服务等方面建设的情况。

第八条 运行情况的考评内容主要包括6个方面，分别是：创新中心的研发力量、共性技术突破、产学研协同、突出市场导向、成果转移转化和可持续发展能力的情况。

第九条 创新资源重点考评创新中心研发队伍建设和研发资金投入情况。主要是：

（一）创新中心拥有固定研发队伍和本领域行业技术领军专家的情况，以及从事研发和相关技术创新活动的科技人员占企业职工总数的比例；

（二）创新中心研发资金投入的情况，以及年度研发费用总额占成本费用支出总额的比例。

第十条 核心定位重点考评创新中心面向行业关键共性技术取得突破的情况。主要是：

（一）创新中心按照建设方案中明确的技术目标取得关键共性技术突破情况，以及新增专利申请数量；

（二）创新中心围绕行业共性技术需求，自主或合作开展技术创新活动、承担所在领域的国家级项目的情况。

第十一条 协同化重点考评创新中心汇聚本领域创新资源的情况。主要是：

（一）创新中心聚集本领域各类创新主体的情况，包括用户在内的企业、科研院所、高校等；

（二）创新中心聚集本领域内国家级创新平台的情况；

（三）创新中心对成员单位现有的仪器、设备等资源共享利用的情况。

第十二条 市场化重点考评创新中心核心成员产品市场占有情况。主要是：

（一）创新中心依托公司的股东所占市场份额是否超过50%或是否包括5家以上本领域排名前十的企业；

（二）创新中心依托公司的股东中是否包括金融机构或社会资本。

第十三条 产业化重点考评创新中心成果转移转化的辐射带动能力建设。主要是：

（一）创新中心围绕行业共性技术建设中试线或中试条件的情况；

（二）创新中心实现共性技术转移扩散情况；

（三）创新中心主持或参与制定本领域国际标准、国家标准、行业标准和团体标准的情况。

第十四条 可持续发展重点考评创新中心可持续发展能力。主要是：

（一）创新中心通过技术成果转化、委托研发和为行业提供技术服务等方式获得收入的情况，是否已实现盈利以及盈利再投入研发的情况；

（二）创新中心建立市场化运营、成果转移扩散、知识产权协同运用等机制的情况；

（三）创新中心在研发方向、人才梯队培养、行业服务、能力建设、国际合作等方面是否制定了规划并有明确目标。

第三章 考评材料

第十五条 考评材料是创新中心考评的重要依据。创新中心在提交的考评材料中必须如实反映相关情况。考评材料中列举的知识产权、技术转让成果、奖励等必须是考评期内取得。

第十六条 考评材料应由创新中心所属省（自治区、直辖市）工业和信息化主管部门审核后，提交工业和信息化部科技司。

第四章 考评程序

第十七条 创新中心考评包括初评、现场考察和综合评议等三个阶段。由第三方机构组织专家组完成。

第十八条 初评阶段。专家组通过审阅考评材料，听取创新中心情况汇报，开展初步评议。

第十九条 现场考察阶段。专家组开展现场考察，实地考察创新中心建设和运行情况。

第二十条 综合评议阶段。专家组根据初步评议和现场考察情况进行综合评议，提出专家组评议意见。

第五章 考评结果

第二十一条 根据专家组评议意见，第三方机构提出考评报告，考评报告包括对创新中心建设运行情况的分析，对考评工作进行的总结，以及意见和建议。

第二十二条 创新中心的考评结果分为优秀、良好、合格、不合格四类。对考评结果为优秀的创新中心，工业和信息化部将予以奖励。

第二十三条 考评结果为不合格的创新中心整改期为一年，期满后由工业和信息化部组织专家现场检查整改结果。工业和信息化部将对检查再次未通过的创新中心予以调整。

第二十四条 创新中心存在弄虚作假、违法违规行为的，按有关法律规定予以处理。

第六章 附则

第二十五条 第三方机构和专家组成员应当严格遵守国家法律法规和保密规定，科学、公正、独立地行使职责和权利。第三方机构和专家组成员不得对外发布相关过程信息，不得收取考评对象任何费用。

第二十六条 本办法自 2018 年 7 月 1 日起施行。

国家制造业创新中心考评指标参考表

一级指标	二级指标	指标权重（分）	指标说明
建设目标完成情况		30	创新中心完成建设方案所设定的建设目标，得 30 分；完成部分建设目标，酌情得分。
创新资源	创新队伍	5	1、创新中心拥有固定研发队伍，从事研发和相关技术创新活动的科技人员占企业职工总数的比例超过 50%，得 3 分；未达到 10%，不得分；10% 至 50% 之间，可按比例得分。 2、拥有本领域院士或行业领军专家，得 2 分。
	创新资金	5	创新中心考评期内研发费用总额占成本费用支出总额的比例超过 30%，得 5 分；研发费用比例小于 10% 的，不得分；10% 至 30% 之间，可按比例得分。
核心定位	共性技术	8	1、按照创新中心建设方案中确定的技术目标取得阶段性进展，酌情得分，最高不超过 6 分。 2、创新中心有新增专利申请，得 2 分。
	创新活动	8	1、创新中心自主或合作开展技术创新活动、实现本领域共性关键技术突破，酌情得分，最高不超过 4 分。 2、承担本领域的国家级项目的情况，酌情得分，最高不超过 4 分。
协同化	资源聚集	8	1、创新中心联盟成员包含企业、科研院所、高校等各类创新主体，得 4 分，未包含各类创新主体的，酌情得分。 2、覆盖超过 50% 本领域的国家级创新平台（包括国家重点实验室、国家工程实验室、国家工程技术中心、国家工程研究中心等），得 4 分；未达到 50% 的，可按比例得分。
	资源共享	3	创新中心充分利用现有仪器、设备等资源，与成员单位之间实现资源开放共享，得 3 分；初步实现仪器、设备等资源开放共享，得 1 分。
市场化	核心成员情况	7	1、创新中心股东成员所占市场份额超过 50% 或包括 5 家以上本领域国内排名前十的企业，得 3 分；超过要求的，得 4 分；未达到要求的，不得分。 2、创新中心股东结构中不存在一股独大的现象，得 2 分。 3、有金融机构或社会资本以股东形式参与创新中心建设，得 2 分。
产业化	中试设备	3	创新中心建有中试线或中试条件，得 3 分；有在建的中试线或中试条件，酌情得分。
	成果扩散	4	创新中心已向企业尤其是中小企业或通过自行孵化企业，实现 1 项及以上本领域共性技术的转移扩散，得 4 分。
	技术标准	4	创新中心作为主要起草单位制定本领域国际标准和先进团体标准的，得 4 分；作为主要起草单位制定国家标准和行业标准的，得 2 分。
可持续发展	经营情况	9	1、创新中心开展委托研发、成果转化、技术服务等业务并实现创收，最高得 5 分。 2、创新中心考评期内取得盈利，得 4 分；评估期内基本收支平衡，得 2 分。
	体制机制	3	创新中心建立了市场化运营、成果转移扩散机制、知识产权协同运用机制等，得 3 分；仅建立部分机制的，酌情得分。
	规划目标	3	创新中心在研发方向、人才梯队培养、行业服务、能力建设、国际合作等方面制定了规划的，得 3 分；仅在部分方面制定规划的，酌情得分。

工业互联网发展行动计划（2018—2020年）

根据《国务院关于深化“互联网＋先进制造业”发展工业互联网的指导意见》（以下简称《指导意见》），2018—2020年是我国工业互联网建设起步阶段，对未来发展影响深远。为贯彻落实《指导意见》要求，深入实施工业互联网创新发展战略，推动实体经济与数字经济深度融合，制订本行动计划。

一、总体要求

（一）指导思想

以习近平新时代中国特色社会主义思想为指导，全面贯彻党的十九大和十九届二中、三中全会精神，坚持新发展理念，按照高质量发展的要求，落实《指导意见》决策部署，以供给侧结构性改革为主线，以全面支撑制造强国和网络强国建设为目标，着力建设先进网络基础设施，打造标识解析体系，发展工业互联网平台体系，同步提升安全保障能力，突破核心技术，促进行业应用，初步形成有力支撑先进制造业发展的工业互联网体系，筑牢实体经济和数字经济发展基础。

（二）行动目标

到2020年底，初步建成工业互联网基础设施和产业体系。

——初步建成适用于工业互联网高可靠、广覆盖、大带宽、可定制的企业外网络基础设施，企业外网络基本具备互联网协议第六版（IPv6）支持能力；形成重点行业企业内网络改造的典型模式。

——初步构建工业互联网标识解析体系，建成5个左右标识解析国家顶级节点，标识注册量超过20亿。

——初步形成各有侧重、协同集聚发展的工业互联网平台体系，在鼓励支持各省（区、市）和有条件的行业协会建设本区域、本行业的工业互联网平台基础上，分期分批遴选10个左右跨行业跨领域平台，培育一批独立经营的企业级平台，打造工业互联网平台试验测试体系和公共服务体系。推动30万家以上工业企业上云，培育超过30万个工业APP。

——初步建立工业互联网安全保障体系，建立健全安全管理制度机制，全面落实企业内网络安全主体责任，制定设备、平台、数据等至少10项相关安全标准，同步推进标识解析体系安全建设，显著提升安全态势感知和综合保障能力。

二、重点任务

（一）基础设施能力提升行动

行动内容：

1. 完善工业互联网网络体系顶层设计。出台工业互联网网络化改造实施指南，制定工业互联网网络化改造评估体系并开展评估。进行工业互联网设备进网管理制度研究，组织开展联网设备检测认证。

2. 升级建设工业互联网企业外网络。组织信息通信企业通过改造已有网络、建设新型网络等方式，建设低时延、高带宽、广覆盖、可定制的工业互联网企业外网络。建设一批基于5G、窄带物联网（NB-IoT）、软件定义网络（SDN）、网络虚拟化（NFV）等新技术的测试床。

3. 支持工业企业建设改造工业互联网企业内网络。在汽车、航空航天、石油化工、机械制造、轻工家电、信息电子等重点行业部署时间敏感网络（TSN）交换机、工业互联网网关等新技术关键设备。支持建设工业无源光网络（PON）、低功耗工业无线网络等新型网络技术测试床。

4. 实施工业互联网IPv6应用部署行动。组织电信企业初步完成企业外网络和网间互联互通节点的IPv6改造，建立IPv6地址申请、分配、使用、备案管理体制，建设IPv6地址管理系统，推动落实适用于工业互联网的IPv6地址编码规划方案，通过支持建设测试床、开展应用示范等方式，加快工业互联网IPv6关键设备、软件和解决方案的研发和应用部署。

5. 推进连接中小企业的专线提速降费。支持高性能、高灵活、高安全隔离的新型企业专线的应用。发布提速降费专项行动文件，降低工业企业网络使用成本。

6. 加大工业互联网领域无线电频谱等关键资源保障力度。研究工业互联网用频场景和频率需求，制定完善工业互联网频率规划和使用政策。

时间节点：2020 年前，企业外网络基本能够支撑工业互联网业务对覆盖范围和服务质量的要求，IPv6 改造基本完成；实现重点行业超过 100 家企业完成企业内网络改造。

责任部门：工业和信息化部、发展改革委、财政部。

（二）标识解析体系构建行动

行动内容：

7. 在政府主管部门指导下，研究制定管理办法和整体架构，统筹协调根节点、国家顶级节点、注册管理系统的建设和运营，开放授权一批二级及以下其他服务节点运营机构。

8. 建设和运营国家顶级节点，提供顶级域解析服务，与国内外各主要标识解析系统实现互联互通，形成备案、监测、应急等公共服务能力。建设和运营标识解析二级及以下其他服务节点。

时间节点：2018 年完成中国工业互联网研究院组建，承担国家工业互联网标识解析管理机构职能，研究制定工业互联网标识解析体系架构，启动建设 3 个左右标识解析国家顶级节点。2020 年建成 5 个左右标识解析国家顶级节点，形成 10 个以上公共标识解析服务节点，标识注册量超过 20 亿。

责任部门：工业和信息化部、发展改革委、财政部。

（三）工业互联网平台建设行动

行动内容：

9. 编制工业互联网平台建设及推广工程实施指南，制定跨行业跨领域工业互联网平台评价指南，遴选跨行业跨领域工业互联网平台，培育一批独立经营的企业级平台。

10. 支持建设跨行业跨领域、特定行业、特定区域、特定场景的工业互联网平台试验测试环境和测试床，推动终端接入规模不断扩大，模拟各类业务场景，通过试验测试寻找最佳技术和产品路线，形成标准化解决方案，逐步完善平台功能。

11. 支持建设涵盖基础及创新技术服务、监测分析服务、工业大数据管理、标准管理服务等的平台公共支撑体系。

12. 推动百万工业企业上云，组织实施工业设备上云“领跑者”计划，制定发布平台解决方案提供商目录。支持建设平台技术转移中心，加快平台在产业集聚区的规模化应用。

13.APP 培育工程实施方案，推动百万工业 APP 培育。

时间节点：2020 年前，遴选 10 家左右跨行业跨领域工业互联网平台，培育一批独立经营的企业级工业互联网平台。建成工业互联网平台公共服务体系。推动 30 万家工业企业上云，培育 30 万个工业 APP。

责任部门：工业和信息化部、财政部、国资委。

（四）核心技术标准突破行动

行动内容：

14. 成立国家工业互联网标准协调推进组、总体组和专家咨询组，形成标准化主管部门、研究机构、企业协同推进的标准体系建设机制。

15. 制定国家工业互联网标准体系建设指南，研制通用需求、体系架构等总体性标准，开发新型网络技术和计算技术、网络互联和数据互通接口、标识解析、工业互联网平台，及相应的设备、平台、网络和数据安全等基础共性标准，制定面向重点行业应用的标准规范。

16. 开展工业互联网关键核心技术研发和产品研制，推进边缘计算、深度学习、增强现实、虚拟现实、区块链等新兴前沿技术在工业互联网的应用研究。

17. 建设一批新技术和标准符合性试验验证系统，开发和推广仿真和测试工具。

时间节点：2018 年底，成立国家工业互联网标准协调推进组、总体组和专家咨询组，初步建立工业互联网标准体系框架，建立 1 ~ 2 个技术标准与试验验证系统。2020 年前，制定 20 项以上总体性及关键基础共性标准，制定 20 项以上重点行业标准，形成一批具有自主知识产权的核心关键技术，建立 5 个以上的技术标准与试验验证系统，推出一批具有国内先进水平的工业互联网软硬件产品。

责任部门：工业和信息化部、市场监督管理总局（国家标准委）、科技部、财政部、知识产权局。

（五）新模式新业态培育行动

行动内容：

18. 开展工业互联网集成创新应用试点示范，探索基于网络、平台、安全、标识解析等关键要素的实施路径。

19. 提升大型企业工业互联网创新和应用水平，实施底层网络化、智能化改造，支持构建跨工厂内外的工业互联网平台和工业 APP，打造互联工厂和全透明数字车间，形成智能化生产、网络化协同、个性化定制和服务化延伸等应用模式。

20. 加快中小企业工业互联网应用普及，鼓励云化软件工具应用，汇聚并搭建中小企业资源库与需求池，开展供需对接、软件租赁、能力开放、众包众创、云制造等创新型应用。

时间节点：2020 年前，重点领域形成 150 个左右工业互联网集成创新应用试点示范项目，形成一批面向中小企业的典型应用，打造一批优秀系统集成商和应用服务商。

责任部门：工业和信息化部、发展改革委、财政部、商务部、国防科工局、国资委。

（六）产业生态融通发展行动

行动内容：

21. 支持龙头企业、技术服务机构开展开源社区、开发者平台和开放技术网络建设，面向工业 APP 开发、协议转换等共性技术和人工智能等新兴技术，打造汇聚开发者、开发工具和中小企业的开放平台，组织开发者创业创新大赛。

22. 支持制造企业、互联网企业、研究院所、高校等合作建设工业互联网创新中心，开展关键共性技术研究、标准研制、试验验证等。

23. 支持建设一批工业互联网产业示范基地，集聚地区特色资源，改造提升现有工业产业集聚区工业互联网相关设施，实现区域内工业互联网创新发展。

24. 加强社会宣传普及，组织编写工业互联网系列专著，利用线下培训班、线上课程等多种形式开展工业互联网网络、平台等发展政策解读与宣贯。

时间节点：2020 年前，建设 1 ~ 2 个跨行业跨领域开发者或开源社区，建设工业互联网创新中心，培育 5 个左右集关键技术、先进产业、典型应用等功能于一体的工业互联网产业示范基地，持续优化工业互联网产业生态建设与空间布局。

责任部门：工业和信息化部、科技部。

（七）安全保障水平增强行动

行动内容：

25. 健全安全管理制度机制，出台工业互联网安全指导性文件，明确并落实企业主体责任，对工业行业和工业企业实行分级分类管理，建立针对重点行业、重点企业的监督检查、信息通报、应急响应等管理机制。

26. 初步建立工业互联网全产业链数据安全管理体系，强化平台及数据安全监督检查和风险评估，支持开展安全认证。

27. 指导督促企业强化自身网络安全技术防护，推动加强国家工业互联网安全技术保障手段及数据安全防护技术手段建设，提升安全态势感知和综合保障能力。

时间节点：2020 年前，安全管理制度机制和标准体系基本完备。企业、地方、国家三级协同的安全技术保障体系初步形成。

责任部门：工业和信息化部、发展改革委、财政部。

（八）开放合作实施推进行动

行动内容：

28. 利用双多边合作和高层对话机制，推进工业互联网政策、法律、治理等重大问题交流沟通合作。

29. 指导工业互联网产业联盟等与其他国家产业组织、国际组织在架构、技术、标准、应用、人才等多领域开展合作对接。鼓励国内外企业加强技术、产品、解决方案、投融资等多领域合作，提高企业国际化发展能力。

时间节点：2018 年推动工业互联网产业联盟与主要相关国际组织的合作机制建立。持续三年推进企业、产业组织以及政府间对话合作。

责任部门：工业和信息化部。

（九）加强统筹推进

任务内容：

30. 在国家制造强国建设领导小组下设立工业互联网专项工作组，统筹工业互联网重大工作。设立工业互联网战略咨询专家委员会，为工业互联网发展提供决策支撑。

31. 进一步加强工业互联网产业发展监测和数据统计，启动工业互联网产业年度摸底调查，全面掌握产业发展情况。组织地方和有关部门进行动态跟踪，定期向工业互联网专项工作组报送行动计划实施进展情况。定期对计划落实情况进行评估，研制工业互联网发展评价体系，滚动发布年度发展报告。

时间节点：2018 年初成立工业互联网专项工作组、工业互联网战略咨询专家委员会，每年召开会议，研究讨论工业互联网发展重大事项。滚动开展工业互联网发展情况评估。

责任部门：工业和信息化部。

（十）推动政策落地

任务内容：

32. 开展工业互联网网络安全、平台责任、数据保护等以及新兴应用领域信息保护、数据流通、政府数据公开、安全责任等法律问题研究，开展工业互联网相关法律、行政法规和规章立法工作。

时间节点：2018 年开展工业信息安全立法等重点问题研究。2020 年初步建立保障工业互联网发展的法规体系和制度。

责任部门：工业和信息化部。

33. 构建融合发展制度，深化简政放权、放管结合、优化服务改革，激发各类市场主体活力。完善协同推进体系，充分发挥工业互联网专项工作组的作用，建立部门间高效联动机制和中央地方协同机制，促进跨部门、跨区域系统对接。健全协同发展机制，壮大工业互联网产业联盟等产业组织，联合产业各方开展技术、标准、应用研发以及投融资对接、国际交流等活动。

时间节点：2020 年融合发展制度基本建立，协同推进体系和发展机制持续完善。

责任部门：工业和信息化部、发展改革委、科技部、财政部、商务部、应急管理部、市场监督管理总局、知识产权局、国防科工局。

34. 抓紧研究制定支持工业互联网总体方案并上报国务院。通过工业转型升级资金启动支持工业互联网建设。落实固定资产加速折旧等相关税收优惠政策。

时间节点：专项资金 2018 年启动支持，税收优惠持续推进。

责任部门：财政部、税务总局、发展改革委、科技部、工业和信息化部。

35. 推动银行业金融机构探索数据资产质押、知识产权质押、绿色信贷、“银税互动”等在工业互联网领域的应用推广。推动非金融企业债务融资工具、企业债、公司债、项目收益债、可转债等在工业互联网领域的应用。支持保险公司根据工业互联网风险需求开发相应的保险产品。

时间节点：持续三年推进工业互联网金融服务和产品创新。

责任部门：人民银行、银保监会、证监会、发展改革委、财政部、税务总局、工业和信息化部。

36. 依托国家重大人才工程项目和高层次人才特殊支持计划，引进一批工业互联网高水平研究性科学家和高层次科技领军人才，建设工业互联网智库。建立工业互联网高端人才引进绿色通道，完善配套政策。完善技术入股、股权期权激励、科技成果转化收益分配等机制。

时间节点：持续三年推进人才引进和人才建设。2019 年人才引进绿色通道相关政策初步制定。2020 年技术入股、股权期权激励、科技成果转化收益分配等机制建立。

责任部门：教育部、科技部、工业和信息化部、人力资源社会保障部、知识产权局、卫生健康委、发展改革委、财政部、国资委。

国务院办公厅关于印发进一步深化“互联网＋政务服务”推进政务服务“一网、一门、一次”改革实施方案的通知

国办发〔2018〕45 号

各省、自治区、直辖市人民政府，国务院各部委、各直属机构：

《进一步深化“互联网＋政务服务”推进政务服务“一网、一门、一次”改革实施方案》已经国务院同意，现印发给你们，请认真贯彻执行。

国务院办公厅

2018 年 6 月 10 日

进一步深化“互联网 + 政务服务”推进政务服务“一网、一门、一次”改革实施方案

进一步深化“互联网 + 政务服务”，充分运用信息化手段解决企业和群众反映强烈的办事难、办事慢、办事繁的问题，是党中央、国务院作出的重大决策部署。为加快推进政务服务“一网通办”和企业群众办事“只进一扇门”“最多跑一次”，根据党中央、国务院关于推进审批服务便民化、“互联网 + 政务服务”、政务信息系统整合共享等重要工作部署，制定本实施方案。

一、发展现状和总体要求

党的十八大以来，以习近平同志为核心的党中央高度重视以信息化推进国家治理体系和治理能力现代化，强调要加快推动电子政务，打通信息壁垒，构建全流程一体化在线服务平台，助力建设人民满意的服务型政府。国务院将“互联网 + 政务服务”作为深化“放管服”改革的关键环节，专门印发文件，作出全面部署。一些部门和地方积极探索，深入推进“互联网 + 政务服务”，加强信息共享，优化政务流程，一批堵点难点问题得到初步解决，服务创新典型不断涌现，引领政务服务创新改革不断取得新成效。同时也应看到，目前政务服务“一网通办”“只进一扇门”“最多跑一次”等改革仍是局部区域和部分领域的探索实践，不少地区、部门、领域仍大量存在困扰企业群众的“办证多、办事难”等现象，与构建方便快捷、公平普惠、优质高效的网上政务服务体系目标相比仍有较大差距。

民之所望，改革所向。党的十九大对决胜全面建成小康社会、开启全面建设社会主义现代化国家新征程作出了全面部署。要深入贯彻党的十九大和十九届二中、三中全会精神，以习近平新时代中国特色社会主义思想为指导，牢固树立和贯彻落实新发展理念，深化“放管服”改革，进一步推进“互联网 + 政务服务”，加快构建全国一体化网上政务服务体系，推进跨层级、跨地域、跨系统、跨部门、跨业务的协同管理和服务，推动企业和群众办事线上“一网通办”（一网），线下“只进一扇门”（一门），现场办理“最多跑一次”（一次），让企业和群众到政府办事像“网购”一样方便。

二、基本原则和工作目标

（一）基本原则。

需求导向、聚焦问题、分类施策。坚持以人民为中心的发展思想，聚焦企业和群众办事的难点、政务服务的堵点和痛点，因事制宜，对各类办事事项分别提出有针对性的推进方案，不断满足人民群众的需求。

重点先行、总结经验、加快推广。选择与企业和群众生产生活关系最密切的重点领域和办理量大的高频事项，分阶段、分步骤推进，总结各地政务服务工作成功经验和创新做法，加强成果复制和宣传推广，形成高效有序推进局面。

整合共享、优化流程、创新服务。坚持联网通办是原则、孤网是例外，政务服务上网是原则、不上网是例外，加强政务信息资源跨层级、跨地域、跨系统、跨部门、跨业务互联互通和协同共享。运用互联网、大数据、人工智能等信息技术，通过技术创新和流程再造，增强综合服务能力，进一步提升政务服务效能。

统筹推进、条块结合、上下联动。注重政府管理和服务的系统性、整体性，加强行业主管部门业务指导和政策支持，充分调动地方政府的积极性和主动性，加强制度衔接，有效整合各方资源，促进纵横协同、上下联动，构建一体化联合推进机制，提升协同服务能力和综合管理水平。

（二）工作目标。

到 2018 年底，“一网、一门、一次”改革初见成效，先进地区成功经验在全国范围内得到有效推广。在

“一网通办”方面，省级政务服务事项网上可办率不低于80%，市县级政务服务事项网上可办率不低于50%；在“只进一扇门”方面，市县级政务服务事项进驻综合性实体政务大厅比例不低于70%，50%以上政务服务事项实现“一窗”分类受理；在“最多跑一次”方面，企业和群众到政府办事提供的材料减少30%以上，省市县各级30个高频事项实现“最多跑一次”。

到2019年底，重点领域和高频事项基本实现“一网、一门、一次”。在“一网通办”方面，省级政务服务事项网上可办率不低于90%，市县级政务服务事项网上可办率不低于70%；在“只进一扇门”方面，除对场地有特殊要求的事项外，政务服务事项进驻综合性实体政务大厅基本实现“应进必进”，70%以上政务服务事项实现“一窗”分类受理；在“最多跑一次”方面，企业和群众到政府办事提供的材料减少60%以上，省市县各级100个高频事项实现“最多跑一次”。

三、以整合促便捷，推进线上“一网通办”

按照政务服务“一网通办”的要求，加快建设国家、省、市三级互联的网上政务服务平台体系，推动政务服务“一次登录、全网通办”，大幅提高政务服务便捷性。

（一）整合构建全国一体化网上政务服务平台。

按照党中央、国务院关于推进审批服务便民化有关要求，加强顶层设计，加快构建以国家政务服务平台为枢纽、以各地区各部门网上政务服务平台为基础的全流程一体化在线服务平台。加强各省（自治区、直辖市）平台一体化、规范化建设。整合各级政府部门分散的政务服务资源和网上服务入口，加快推动各级政府部门业务信息系统接入本级或上级政务服务平台。依托国家政务服务平台为全国各地区各部门网上政务服务提供公共入口、公共通道和公共支撑，实现全国网上政务服务统一实名身份认证，让企业和群众网上办事“一次认证、全国漫游”。发挥好中国政府网总门户作用。

（二）推动更多政务服务事项网上办理。

切实提高政务服务事项网上办理比例，除法律法规另有规定或涉密等外，原则上各级政务服务事项均应纳入网上政务服务平台办理，并按照国家政务服务平台相关标准规范组织实施。根据推进审批服务标准化有关要求，推动各地区各部门网上政务服务平台标准化建设和互联互通，实现政务服务同一事项、同一标准、同一编码。拓展网上办事广度和深度，延长网上办事链条，实现从网上咨询、网上申报到网上预审、网上办理、网上反馈“应上尽上、全程在线”。

（三）拓展政务服务移动应用。

推动政务服务向“两微一端”等延伸拓展，为群众提供多样性、多渠道、便利化服务。结合国家政务服务平台建设，加强和规范政务服务移动应用建设管理，推动更多政务服务事项提供移动端服务。调动社会资源力量，鼓励开展第三方便民服务应用。加强政务新媒体监管，提升服务水平。

四、以集成提效能，推进线下“只进一扇门”

以企业和群众办事“只进一扇门”为目标，大力推行政务服务集中办理，实现“多门”变“一门”，促进政务服务线上线下集成融合，不断提升政府服务效能。

（一）推动实体大厅“多门”变“一门”。

优化提升政务服务大厅“一站式”功能，完善省、市、县、乡镇综合性政务大厅集中服务模式，推动将垂直管理部门在本行政区域办理的政务服务事项纳入综合性政务大厅集中办理，加快实现“前台综合受理、后台分类审批、综合窗口出件”，实现企业和群众必须到现场办理的事项“只进一扇门”。除因安全等特殊原因外，原则上不再保留各地政府部门单独设立的服务大厅。

（二）推动线上线下集成融合。

依托网上政务服务平台，实时汇入网上申报、排队预约、现场排队叫号、服务评价、事项受理、审批（审查）结果和审批证照等信息，实现线上线下功能互补、无缝衔接、全过程留痕，为企业和群众办事线下“只进一扇门”提供有力支撑。

五、以创新促精简，让企业和群众“最多跑一次”

以企业和群众办事“少跑腿”为目标，梳理必须到现场办理事项的“最多跑一次”目录，精简办事环节和材料，推动政务服务入口全面向基层延伸，力争实现企业和群众办事“最多跑一次”。

（一）大力推进减材料、减环节。

整合涉及多部门事项的共性材料，推广多业务申请表信息复用，通过“一表申请”将企业和个人基本信息材料一次收齐、后续反复使用，减少重复填写和重复提交。充分依托网上政务服务平台，以与企业生产经营、群众生产生活密切相关的重点领域和办理量大的高频事项为重点，通过优化办事系统、简化办事材料、精简办事环节，让更多政务服务事项“最多跑一次”。

（二）推进“最多跑一次”向基层延伸。

按照推进审批服务便民化“马上办、网上办、就近办、一次办”的要求，加强乡镇（街道）便民服务中心、村庄（社区）服务站点建设，推动基于互联网、自助终端、移动终端的政务服务入口全面向基层延伸，打造基层“一站式”综合便民服务平台，进一步提高基层响应群众诉求和为民服务的能力，推动实现“最多跑一次”省市县乡村全覆盖。

六、以共享筑根基，让“数据多跑路”

（一）建立完善全国数据共享交换体系。

构建全国统一、多级互联的数据共享交换平台体系，强化平台功能、完善管理规范，使其具备跨层级、跨地域、跨系统、跨部门、跨业务的数据调度能力。按照“统一受理、平台授权”的原则，建立数据共享授权机制。对于无条件共享且服务接口不需要管控参数的数据，由平台直接提供；对于有条件共享，或者无条件共享但服务接口需要管控参数的数据，由平台推送给部门受理。建立限期反馈机制，对于数据需求申请，平台管理部门应于3个工作日内完成申请规范性审查，并通过平台回复受理意见，不予受理的应回复原因；由平台直接提供的数据，应于受理后3个工作日内提供；由部门受理的数据，数据提供部门应在受理后10个工作日内完成审批。

（二）加快完善政务数据资源体系。

遵循“一数一源、多源校核、动态更新”原则，各级政府要构建并完善政务数据资源体系，持续完善数据资源目录，动态更新政务数据资源，不断提升数据质量，扩大共享覆盖面，提高服务可用性。完善数据共享责任清单机制，进一步明确各部门共享责任，在落实国务院部门第一批数据共享责任清单的基础上，制定发布第二批数据共享责任清单，新增拓展1 000项数据共享服务，加强数据共享服务运行监测，全面清理并制止仅向特定企业、社会组织开放公共数据的行为。

（三）做好政务信息系统改造对接。

按照谁建设系统、谁负责对接的原则，各级政务部门要加快改造自有的跨层级垂直业务信息系统，并与各级政务服务平台对接，实现跨层级、跨地域、跨系统、跨部门、跨业务数据互联互通，避免数据和业务“两张皮”，减少在不同系统中重复录入，提高基层窗口工作效率。各级政务信息化建设项目审批部门和运维经费审批部门要联合建立政务信息系统清单制度，加强清单式管理，对于未按要求进行改造对接的，不审批新项目，不拨付运维经费。原则上不再批准单个部门建设孤立信息系统。

（四）推进事中事后监管信息“一网通享”。

积极推进跨部门“双随机、一公开”监管信息共享，依托“信用中国”网站和国家企业信用信息公示系统，提供登记备案、行政许可、行政处罚、经营异常名录、严重违法失信企业名单、监督检查、质量抽检等信用信息查询和共享服务。推进事中事后监管信息与政务服务深度融合，整合市场监管相关数据资源，加强对市场环境的大数据监测分析和预测预警，推进线上线下一体化监管。

（五）加强数据共享安全保障。

依法加强隐私等信息保护。研究政务信息资源分类分级制度，制定数据安全管理办法，明确数据采集、传输、存储、使用、共享、开放等环节安全保障的措施、责任主体和具体要求。提高国家电子政务外网、国家数据共享交换平台和国家政务服务平台的安全防护能力。推进政务信息资源共享风险评估和安全审查，强化应急预案管理，切实做好数据安全事件的应急处置。

七、保障措施

（一）建立健全“一网通办”的标准规范。

研究制定人口、法人、电子证照等基础数据共享的国家标准。加快完成电子证照库、人口综合库、法人综合库、公共信用库等规范编制工作，加快电子证照应用推广和跨部门、跨区域互认共享。建立健全政务信息资源数据采集、数据质量、目录分类管理、共享交换接口、共享交换服务、平台运行管理等方面的标准。

（二）加快完善相关法规制度。

各部门要抓紧梳理“互联网+政务服务”急需的以及与开展“一网通办”不相适应的法律法规和规章制度，加快推动立改废。推动制定完善信息保护的法律制度，切实保护政务信息资源使用过程中的个人隐私和商业秘密。研究制订政务服务事项电子文件归档规范，推动开展相关试点，逐步消除电子化归档的法规制度障碍。

（三）建立监督举报投诉机制。

依托中国政府网及各地政府网站、各级政务服务平台、政务服务热线等，畅通互动渠道，方便群众咨询办事和投诉举报，接受群众监督。建立政务服务举报投诉平台，统一受理企业和群众对未实现政务服务“一网通办”、办事不便利等突出问题的举报投诉，并及时开展核查处理。

（四）开展百项问题疏解和百佳案例推广行动。

开展百项问题疏解行动，聚焦企业和群众关注的身份和教育证明、商事服务、社保低保、就业创业、居住户籍等方面的堵点难点问题，形成分级覆盖、热点聚焦的百项问题清单，逐项研究解决。开展百佳案例推广行动，深入分析总结先进经验，统筹组织对口帮扶工作，推动百佳案例先进经验复制落地。

各地区、各部门要认真贯彻落实党中央、国务院决策部署和推进审批服务便民化的要求，层层压实责任，加强统筹协调，结合实际精心组织落实本实施方案，推动“互联网 + 政务服务”取得更大实效。

工业和信息化部 国家发展和改革委员会关于印发《扩大和升级信息消费三年行动计划（2018—2020 年）》的通知

工信部联信软〔2018〕140 号

各省、自治区、直辖市及计划单列市、新疆生产建设兵团工业和信息化主管部门、发展和改革委员会：

为贯彻落实《国务院关于进一步扩大和升级信息消费持续释放内需潜力的指导意见》，现将《扩大和升级信息消费三年行动计划（2018—2020 年）》印发给你们，请结合实际认真贯彻实施。

工业和信息化部

国家发展和改革委员会

2018 年 7 月 27 日

扩大和升级信息消费三年行动计划（2018—2020 年）

我国经济已由高速增长阶段转向高质量发展阶段，消费对经济发展的基础性作用日益凸显。信息消费是创新最活跃、增长最迅速、辐射最广泛的新兴消费领域之一，对拉动内需、促进就业和引领产业升级发挥着重要作用，已成为新时期提振国民经济、深化供给侧结构性改革、实现高质量发展的关键抓手。扩大和升级信息消费，有利于在更高水平、更高层次、更深程度实现供需新平衡，有利于优化经济结构，普惠社会民生。为深入贯彻落实《国务院关于进一步扩大和升级信息消费持续释放内需潜力的指导意见》，大力推动信息消费向纵深发展，壮大经济发展内生动力，制定本行动计划。

一、总体要求

（一）指导思想

以习近平新时代中国特色社会主义思想为指导，全面贯彻落实党的十九大精神，认真落实党中央、国务院决策部署，以推进供给侧结构性改革为主线，以加快提升产业供给能力为重点，以优化信息消费环境为保障，深化信息技术融合创新应用，打造信息消费升级版，不断满足人民群众日益增长的消费需求，促进经济社会更高质量、更可持续的健康发展。

（二）基本原则

坚持需求拉动、创新发展。以满足人民群众期待为出发点和落脚点，加快提升产业供给能力，推动信息消费供给结构与需求结构有效匹配、消费升级与有效投资良性互动。

坚持多方联动、协同发展。以企业为主体，加强产学研用各方协作，促进产业链协同发展，构建完善的信息消费生态体系，扩大信息消费覆盖范围。

坚持因地制宜、特色发展。引导各地根据经济基础和产业特色合理定位，结合信息消费需求发展的新变化、新趋势，不断调整完善政策体系，分类别、分层次、分步骤有序推进。

坚持有序推进、安全发展。树立正确的网络安全观，统筹促发展与保安全，加强信息消费市场监管体系建设，完善安全管理体系，持续优化产业发展环境。

二、主要目标

消费规模显著增长。到2020年，信息消费规模达到6万亿元，年均增长11%以上。信息技术在消费领域的带动作用显著增强，拉动相关领域产出达到15万亿元。

覆盖范围惠及全民。到2020年98%行政村实现光纤通达和4G网络覆盖，加快补齐发展短板，释放网络提速降费红利。

载体建设稳步推进。创建一批新型信息消费示范城市，打造区域性信息消费创新应用高地，培育一批发展前景好、带动作用大、示范效应强的项目。

产业体系逐步健全。加强核心技术研发，推动信息产品创新和产业化升级，提升产品质量和核心竞争力。在医疗、养老、教育、文化等多领域推进“互联网+”，推动基于网络平台的新型消费成长，发展线上线下协同互动消费新生态。

消费环境日趋完善。信息消费法律法规体系日趋完善，高效便捷、安全可信、公平有序的信息消费环境基本形成，努力实现消费者能消费、敢消费、愿消费。

三、主要行动

（一）新型信息产品供给体系提质行动

提升消费电子产品供给创新水平。利用物联网、大数据、云计算、人工智能等技术推动电子产品智能化升级，提升手机、计算机、彩色电视机、音响等各类终端产品的中高端供给体系质量，推进智能可穿戴设备、虚拟/增强现实、超高清终端设备、消费类无人机等产品的研发及产业化，加快超高清视频在社会各行业应用普及。针对家庭、社区、机构等不同应用环境，发展便携式健康监测设备、家庭服务机器人等智能健康养老服务产品，满足多样化、个性化健康养老需求。

加快新型显示产品发展。支持企业加大技术创新投入，突破新型背板、超高清、柔性面板等量产技术，带动产品创新，实现产品结构调整。推动面板企业与终端企业拓展互联网、物联网、人工智能等不同领域应用，在中高端消费领域培育新增长点，进一步扩大在线健康医疗、安防监控、智能家居等领域的应用范围。

深化智能网联汽车发展。推进技术测试等支撑平台建设，制定车联网产业发展标准体系建设指南，推进车载智能芯片、自动驾驶操作系统、车辆智能算法等关键技术产品研发，构建一体化智能车辆平台，培育多元化应用。推进基于宽带移动互联网的智能汽车和智慧交通应用项目建设。到2020年，建立可靠、安全、实时性强的智能网联汽车计算平台，形成平台相关标准，支撑高度自动驾驶（HA级）。

（二）信息技术服务能力提升行动

组织开展“企业上云”行动。面向行业企业开展宣传培训工作，推动云计算服务商与行业企业深入合作，利用云上的软件应用和数据服务提高企业管理效率，组织开展典型标杆应用案例遴选。推动中小企业业务向云端迁移，到2020年，实现中小企业应用云服务快速形成信息化能力，形成100个企业上云典型应用案例。

提升信息技术服务研发应用水平。推进新型智慧城市建设，支持云计算、大数据、物联网综合研发应用，加速提高居民生活信息消费便利化水平。组织开展区块链等新型技术应用试点。发布信息技术服务标准（ITSS）体系 5.0 版，持续开展贯标活动，支持企业以标准为引领加快提升综合集成服务能力，到 2020 年贯标企业超过 2 000 家。

培育行业信息消费支撑服务。积极发展工业电子商务，深化制造业和互联网融合，建设一批有较强影响力和带动力的垂直电商平台。支持企业发展网络支付、现代物流、供应链管理等面向信息消费全过程的支撑服务。到 2020 年，实现重点行业骨干企业电子商务普及率达到 60%。

推动信息消费领域"双创"发展。支持大型企业建立基于互联网的"双创"平台，培育信息消费融合发展新业态、新模式。建设一批国家中小企业公共服务示范平台，为中小企业提供信息、技术、创业、培训、融资等服务。公告一批国家小型微型企业创业创新示范基地，广泛吸引中小企业入驻，引导示范基地积极整合社会服务资源，提供多方面、多种形式的服务，助力信息消费创新发展。

（三）信息消费者赋能行动

推动信息基础设施提速降费。深入落实"宽带中国"战略，组织实施新一代信息基础设施建设工程，推进光纤宽带和第四代移动通信（4G）网络深度覆盖，加快第五代移动通信（5G）标准研究、技术试验，推进 5G 规模组网建设及应用示范工程。深化电信普遍服务试点，提高农村地区信息接入能力。加大网络降费优惠力度，充分释放网络提速降费红利。在工业、农业、交通、能源、市政、环保等领域开展试点示范到 2020 年实现城镇地区光网覆盖，提供 1 000Mbps 以上接入服务能力；98% 的行政村实现光纤通达和 4G 网络覆盖，有条件地区提供 100Mbps 以上接入服务能力；确保启动 5G 商用。

实施消费者信息技能提升培训工程。依托信息消费试点示范城市建设，面向各类消费主体特别是信息技能相对薄弱的农牧民、老年人等群体，组织开展信息消费培训，普及信息应用、网络支付、风险甄别等相关知识。鼓励企业、行业协会等社会力量结合当地特色和优势，组织开展信息类职业技能、创业创新等系列大赛，提升信息消费技能。2020 年之前选择重点地区实施 100 个以上信息技能培训项目。

组织开展信息消费体验活动。组织开展"信息消费城市行"，通过政策解读、展览展示、互动体验、现场参观等形式，扩大信息消费影响力。支持各地组织信息消费体验周、建设信息消费体验馆等各种活动，积极运用虚拟 / 增强现实、交互娱乐等技术，深化用户在应用场景定制、产品功能设计、数字内容提供等方面的协同参与，提高消费者满意度，丰富信息消费体验，培养信息消费习惯。

（四）信息消费环境优化行动

加强和改进行业监管。深入推进"放管服"改革，进一步简化行政审批，对信息消费领域新模式新业态采取鼓励创新、包容审慎的监管模式，营造行业健康发展环境。持续创新监管方式，加强信息通信行业信用体系建设，利用云计算、大数据等完善监管技术手段。夯实互联网基础资源管理，实行网站、域名实名联动管理，强化企业主体责任。

维护市场竞争秩序。完善以信用为核心的全流程市场监管体系，进一步规范互联网网络接入服务市场，加大骚扰电话防范和治理力度，维护信息通信市场秩序。优化市场竞争法律法规环境，规范市场主体竞争秩序，依法查处不正当竞争行为，加大知识产权保护力度，激发创新创业活力。

加强个人信息保护。落实《中华人民共和国网络安全法》相关规定，推动出台电信和互联网网络数据管理政策，规范网络数据收集、传输、存储和使用行为。建立完善数据与个人信息泄露公告和报告机制，加强行业个人信息保护监督执法，督促企业切实落实用户个人信息保护责任。

构建安全可靠的信息消费环境。深入推进网络综合治理，及时有效应对网络诈骗等新问题，纵深推进防范打击通讯信息诈骗工作，有效维护人民群众切身利益。加强监督检查，加大对电信和互联网企业服务和收费违规行为的处置和曝光力度，督促企业加强自律，解决好社会关注和用户反映强烈的热点难点问题，切实维护用户合法权益。

四、保障措施

（一）加强工作组织协调

各地工业和信息化、发展改革主管部门要加强信息消费重大决策、重大工程和重大问题的统筹协调，做好组织保障。建立完善信息消费发展的协同工作机制，明确地方信息消费发展目标和实施方案，加大对信息消费工作成效考核力度，做好行动计划的贯彻落实。支持有条件的地方成立信息消费发展专家咨询委员会，为开展工作提供参考和支持。

（二）加大政策支持力度

加大资金支持力度，支持信息消费前沿技术研发，拓展各类新型产品和融合应用。各地工业和信息化、发展改革主管部门要进一步落实鼓励软件和集成电路产业发展的若干政策，加大现有支持中小微企业税收政策落实力度。鼓励有条件的地方设立信息消费专项资金，推动出台支持信息消费发展的政策，切实改善企业融资环境，加大对信息消费领域中小微企业的支持。

（三）推动开展试点示范

完善信息消费示范城市建设方案和管理办法，鼓励地方加大支持力度，打造一批产业基础雄厚、产业链条完备、聚集效应明显、区域特色鲜明的试点示范城市。面向生活类信息消费、公共服务类信息消费、行业类信息消费、新型信息产品消费遴选一批发展前景好、带动作用大、示范效应强的示范项目。

（四）完善统计监测制度

加快制定完善信息消费统计监测制度，进一步明确统计范围。各地工业和信息化主管部门要按照全国统计监测目标、范围和口径，完善本地区统计监测工作机制，及时上报信息消费工作进展情况。建立健全信息消费评价机制，定期发布信息消费发展指数，指导和推动信息消费持续健康发展。

（五）搭建产业合作平台

充分发挥协会、联盟等行业组织的桥梁纽带作用，整合骨干企业、高等院校、科研院所等各界资源，推动产、学、研间开展深入合作，在信息消费标准制定、技术验证、产品孵化、国际拓展等方面，创新管理和运作机制，打造多方协作、互利共赢的产业生态。

工业和信息化部办公厅关于开展2018年电信和互联网行业网络安全检查工作的通知

工信厅网安函〔2018〕261号

各省、自治区、直辖市通信管理局，中国电信集团有限公司、中国移动通信集团有限公司、中国联合网络通信集团有限公司、中国广播电视网络有限公司，互联网域名注册管理和服务机构，互联网企业，有关单位：

为深入贯彻习近平总书记在全国网络安全和信息化工作会议上的重要讲话精神，落实关键信息基础设施防护责任，提高电信和互联网行业网络安全防护水平，根据《中华人民共和国网络安全法》、《通信网络安全防护管理办法》（工业和信息化部令第11号）、《电信和互联网用户个人信息保护规定》（工业和信息化部令第24号），决定组织开展2018年电信和互联网行业网络安全检查工作。现将有关要求通知如下：

一、总体要求

紧紧围绕加快推进网络强国建设战略目标，深入学习领会习近平总书记关于网络安全的系列重要讲话精神，加快落实《中华人民共和国网络安全法》，坚持以查促建、以查促管、以查促防、以查促改，以防攻击、防病毒、防入侵、防篡改、防泄密为重点，加强网络安全检查，认清风险现状，排查漏洞隐患，通报检查结果，督促整改问题，强化电信和互联网行业网络安全风险防范和责任落实，全面提升行业网络安全保障水平，保障公共互联网安全、稳定运行。

二、检查重点

（一）重点检查对象。检查对象为依法获得电信主管部门许可的基础电信企业、互联网企业、域名注册管理和服务机构（以下统称网络运行单位）建设与运营的网络和系统。重点是电信和互联网行业网络基础设施、用户信息和网络数据收集、集中存储与处理的系统、企业门户网站和计费系统、域名系统、电子邮件系统、移动应用商店、移动应用程序及后台系统、公共云服务平台、公众无线局域网、公众视频监控摄像头等重点物联网平台、网约车信息服务平台、车联网信息服务平台等。

（二）重点检查内容。重点检查网络运行单位落实《中华人民共和国网络安全法》《通信网络安全防护管理办法》《电信和互联网用户个人信息保护规定》等法律法规情况，电信和互联网安全防护体系系列标准符合情况，可能存在的弱口令、中高危漏洞和其他网络安全风险隐患等（法律法规和标准依据详见附件）。

三、工作安排

（一）定级备案。各网络运行单位要按照《通信网络安全防护管理办法》的规定，在工业和信息化部“通信网络安全防护管理系统”（https://www.mii-aqfh.cn）对本单位所有正式上线运行的网络和系统进行定级备案或变更备案。

（二）自查整改。各网络运行单位要对照法律法规和本次检查重点，对本单位网络安全工作进行自查自纠，对自查发现的安全问题逐一做好记录，能立即整改的，要边查边改，无法立即整改的，要采取防范措施，制定整改计划，确保整改落实。2018年9月31日前，基础电信企业集团公司、域名注册管理和服务机构应将本单位自查工作总结报告报部（网络安全管理局），基础电信企业省级公司和互联网公司形成自查工作总结报告报当地通信管理局。

（三）开展抽查。电信主管部门选取部分网络和系统，委托专业技术机构采取现场询问、查阅资料、现场检测、远程渗透、代码检测等方式进行检查。对省级基础电信企业和专业公司网络和系统的检查分别按照《2018年省级基础电信企业网络与信息安全工作考核要点与评分标准》《2018年基础电信企业专业公司网络与信息安全工作考核要点与评分标准》进行量化评分，评分结果分别作为2018年省级基础电信企业和专业公司网络与信息安全责任考核依据。各地通信管理局除抽查省级基础电信企业外，至少抽查当地十家以上增值电信企业，将检查工作总结报告于10月31日前报部（网络安全管理局）。

四、工作要求

（一）加强领导，落实责任。各地电信主管部门、网络运行单位应严格落实工作责任制，精心组织制定工作方案，落实机构、队伍和工作经费，确保检查工作不走过场，确保检查发现的问题得到及时有效整改。发现问题的单位要举一反三，健全网络安全问题闭环管理机制，加强定期巡查、整改核验、考核问责，以检查为契机，不断完善电信和互联网行业网络安全保障体系。

（二）规范检查，严明纪律。各单位要规范检查方法和程序，避免检查工作影响网络和系统的正常运行，检查工作中发现重大问题应及时报我部。采用随机抽取检查对象、随机选派检查队伍的“双随机”方式安排实施检查。任何部门不得向被检查单位收取费用，不得要求被检查单位购买、使用指定的产品和服务。委托专业技术机构进行安全检查，要进行严格审查，签订保密承诺书，并明确专业技术机构及人员的安全责任。要严格遵守有关保密规定，检查结果除按规定报送外，不得提供给其他单位和个人。

（三）加强防范，及时整改。专业检测机构对检查发现的薄弱环节、安全漏洞和安全风险，要现场告知网络运行单位，并指导其防范整改。抽查发现的重大网络安全风险和隐患，电信主管部门可通过《网络安全问题整改通知书》等形式书面向网络运行单位通报，督促其限期整改。网络运行单位要对检查发现的薄弱环节和安全风险进行深入整改，对相关责任部门和责任人进行问责处理，并及时向电信主管部门报告问题整改和问责情况。

（四）强化协同，协调配合。各地通信管理局要强化与网信、公安等部门的协调沟通，按照网络安全工作责任制和中央网信办《关于加强和规范网络安全检查工作的通知》（中网办发文〔2015〕7号）要求，坚持跨部门、跨行业的网络安全检查应由当地网信部门统筹协调，其他部门对电信和互联网行业的网络安全检查应当会同电信主管部门进行，加强协同沟通，提倡开展联合检查，避免交叉重复，基础电信企业向非电信主管部门提供网络安全相关资料和数据的，应征得当地通信管理局同意，或由通信管理局统一协调提供。

特此通知。

附件：网络安全检查工作依据的法律法规和标准（略）

工业和信息化部办公厅

2018年8月6日

国务院办公厅关于加强政府网站域名管理的通知

国办函〔2018〕55号

各省、自治区、直辖市人民政府，国务院各部委、各直属机构：

域名是政府网站的基本组成部分和重要身份标识。近年来，各地区、各部门高度重视政府网站工作，网站建设管理水平逐步提高。但在政府网站域名使用管理方面，仍存在责任不清、管理不严、使用无序、命名不规范、注册审批制度不完善等问题，影响了政府网站的权威性、规范性和安全性。为深入贯彻习近平新时代中国特色社会主义思想和党的十九大精神，落实党中央、国务院关于加强网络安全建设的决策部署，促进政府网站健康有序发展，现就加强政府网站域名管理工作通知如下：

一、健全政府网站域名管理体制

（一）落实政府网站主办单位域名管理责任。政府网站主办单位要按照“谁开设、谁申请、谁使用、谁负责”的原则管理政府网站域名。一个政府网站原则上只注册一个中文域名和一个英文域名，如已有多个符合要求的域名，应明确主域名。不得将已注册的政府网站域名擅自转给其他单位或个人使用，闲置的域名要及时注销。

（二）强化政府网站主管单位域名监管职责。政府网站主管单位要将域名管理作为网站监管工作的重要组成部分，加强统筹协调和业务指导，统一审核把关域名的注册、变更和注销工作。把域名管理情况纳入常态化抽查范围，加大对不按流程注册、注销或擅自出租、出借、转让域名等违规情况的通报问责力度，造成严重后果的，要对分管领导和有关责任人依法依规进行严肃处理。非垂直管理的国务院部门，如要求受其业务指导的省级、地市级政府部门开设网站，并使用其分配的域名，应承担网站监管主体责任。

（三）建立政府网站域名协同管理机制。中央网信办、中央编办按照职责分工做好政府网站域名监督和安全管理工作。工业和信息化部加强域名行业管理，做好政府网站开办主体互联网信息服务（ICP）备案工作，对域名服务进行监督。公安部做好政府网站域名日常安全监管工作。政府网站主管单位要完善与本级网信、机构编制、工信、公安部门的协同机制，加强沟通合作，做好重要信息通报共享。对于发现的违法违规行为，工信、公安部门要按职责分工依法打击查处。

二、进一步规范政府网站域名结构

政府网站应使用以“.gov.cn”为后缀的英文域名和“.政务”为后缀的中文域名，不得使用其他后缀的域名。不承担行政职能的事业单位原则上不得使用以“.gov.cn”为后缀的英文域名。县级以上地方各级人民政府和国务院部门开设的政府门户网站，要使用“www.□□□.gov.cn”结构的英文域名，其中□□□为本地区、本部门名称拼音或英文对应的字符串（下同）。省级、地市级政府部门开设的网站，要使用本级人民政府门户网站的下级英文域名，结构为“○○○.□□□.gov.cn”，其中○○○为本部门名称拼音或英文对应的字符串（下同）；实行垂直管理的国务院部门的基层单位网站，要使用国务院部门门户网站的下级域名，结构为“○○○.□□□.gov.cn”。政府网站的中文域名结构应为“△△△.政务”，其中△△△为网站主办单位的中文机构全称或规范化简称（下同）。

政府网站各栏目、频道、专题、业务系统等原则上使用同一级域名，其中政府门户网站的栏目等使用“www.□□□.gov.cn/…/…”和“△△△.政务/…/…”结构的域名；部门网站（包括省级、地市级政府部门，以及实行垂直管理的国务院部门的基层单位网站）的栏目等使用“○○○.□□□.gov.cn/…/…”和“△△△.政务/…/…”结构的域名。

三、优化政府网站域名注册注销等流程

（一）严格政府门户网站域名注册、注销审核。省级人民政府和国务院部门注册或注销政府门户网站域名，要经本地区、本部门主要负责人同意后，报国务院办公厅备案，并向国家域名注册管理机构提交政府网站域名业务申请基本信息表，“.gov.cn”英文域名的注册管理机构为中央网信办中国互联网络信息中心，“.政务”中文域名的注册管理机构为中央编办政务和公益机构域名注册管理中心。地市级、县级人民政府注册或注销政府门户网站域名，要经本地区主要负责人同意后，向上一级人民政府办公厅（室）提交政府网站域名业务申请基本信息表，逐级审核后，由省级人民政府办公厅向国家域名注册管理机构提交政府网站域名业务审核表。国家域名注册管理机构依法依规对信息进行核验，核验通过后 3 个工作日内完成注册或注销工作。

（二）严格部门网站域名分配、收回审核。省级、地市级政府部门申请或注销部门网站域名，要经本部门主要负责人同意后，向本级人民政府办公厅（室）提交政府网站域名业务申请基本信息表，逐级审核后，报省级人民政府办公厅批准，省级、地市级人民政府门户网站按照审批意见分配或收回本级政府门户网站域名的下级域名。实行垂直管理的国务院部门的基层单位网站的域名，由国务院部门门户网站进行分配或收回管理。

（三）及时报备政府网站域名信息变更情况。政府网站域名持有者变更，需经政府网站主管单位同意；联系人等注册信息发生变更的，要在变更后的 20 个工作日内向政府网站主管单位报备。政府门户网站域名相关信息变更的，政府网站主管单位要通知国家域名注册管理机构更新信息。

（四）统筹推进政府网站集约化与域名规范工作。政府网站集约化后，网站仍然保留但域名不符合要求的，应按流程重新申请域名，域名调整情况在网站首页醒目位置公告 3 个月后，注销原域名。业务系统、办事平台原则上不再作为独立网站运行，应尽快将相关信息和服务整合迁移，原域名按流程注销。

四、加强域名安全防护及监测处置工作

（一）加强域名解析安全防护。要积极采取域名系统（DNS）安全协议技术、抗攻击技术等措施，防止域名被劫持、被冒用，确保域名解析安全。应委托具有应急灾备、抗攻击等能力的域名解析服务提供商进行域名解析，鼓励对政府网站域名进行集中解析。自行建设运维的政府网站服务器不得放在境外；租用网络虚拟空间的，所租用的空间应当位于服务商的境内节点。使用内容分发网络（CDN）服务的，应当要求服务商将境内用户的域名解析地址指向其境内节点，不得指向境外节点。

（二）加强域名监测处置。加强对政府网站域名安全的日常监测和定期检查评估，及时发现域名被劫持、被冒用等安全问题，健全完善处置机制，提高应急响应处置能力。加大对政府网站域名安全问题的统筹协调力度，发现被冒名申请注册顶级域名（如“.cn”、“.net”、“.com”）等情况，政府网站主管单位要及时协调工业和信息化部、公安部和国家域名注册管理机构进行处置。国家域名注册管理机构要健全安全管理和技术防护措施，加大对全国政府网站域名运行的日常监测力度，并将监测情况通报政府网站主管单位；加强政府网站域名解析数据备份与分析，定期开展政府网站域名服务应急演练，保障解析服务的稳定性、安全性和可靠性。

各地区、各部门要对本地区、本部门行政机关及其内设机构、承担行政职能的事业单位持有的域名进行全面梳理，清理注销不合规的域名、网站已关停但仍未注销的域名，以及被用于非政府网站的域名。其中，域名为“.cn”、“.政务”的，集中反馈至国家域名注册管理机构进行注销，域名为其他顶级域名的，由域名持有者联系相应的注册机构进行注销。政府网站域名清理情况请于 2019 年 4 月 30 日前书面报送国务院办公厅。

附件：1. 政府网站域名业务申请基本信息表（略）
　　　2. 政府网站域名业务审核表（略）

国务院办公厅

2018 年 8 月 25 日

工业和信息化部办公厅关于加强工业和信息化部政府网站域名管理的通知

工办函〔2018〕317号

各省、自治区、直辖市及计划单列市通信管理局，部属各单位，部属各高校，部机关各司局：

为贯彻落实《国务院办公厅关于加强政府网站域名管理的通知》（国办函〔2018〕55号）要求，促进政府网站健康有序发展，现组织开展我部政府网站域名规范管理工作。有关事项通知如下：

一、落实政府网站域名管理责任

政府网站主办单位要按照“谁开设、谁申请、谁使用、谁负责”的原则管理政府网站域名。一个政府网站原则上只注册一个中文域名和一个英文域名，如已有多个符合要求的域名，应明确主域名。不得将已注册的政府网站域名擅自转让给其他单位或个人使用，闲置的域名要及时注销。政府网站域名持有者变更，需经部办公厅审批同意；联系人等注册信息发生变更的，要在变更后20个工作日内向部办公厅报备。部办公厅是工业和信息化部政府网站域名管理部门，负责对工业和信息化部政府网站域名注册、变更和注销工作统一审核把关，部信息中心承担日常工作。

二、规范政府网站域名结构

政府网站应使用以“.gov.cn”为后缀的英文域名和“.政务”为后缀的中文域名，不得使用其他后缀的域名。不承担行政职能的事业单位原则上不得使用以“.gov.cn”为后缀的英文域名和“.政务”为后缀的中文域名。工业和信息化部门户网站使用“www.miit.gov.cn”域名，部其他政府网站使用“○○○.miit.gov.cn”域名，其中○○○为网站名称拼音或英文对应的字符串。业务系统、办事平台原则上不再作为独立网站运行，应尽快将相关信息和服务整合迁移，原域名按流程注销。

三、其他要求

（一）按时完成新域名备案手续

部办公厅已为各地通信管理局门户网站分配新域名，新域名将于2018年11月30日正式生效，请各地通信管理局于2018年10月31日前将网站所对应的公网IP、联系人和电话以邮件形式发送至duying@miit.gov.cn。

“电信设备进网管理”“工业行业知识产权数据资源平台”“工业和信息化部ICP/IP地址域名信息备案管理系统”“中国中小企业信息网”的主办司局需向部办公厅申请“○○○.miit.gov.cn”域名。

各单位应按照新域名完成备案手续，并将域名调整情况在网站首页醒目位置公告3个月后，注销原域名。

（二）认真开展网站域名自查清理

请各单位于2019年3月30日前，对本单位负责的网站域名进行全面梳理，清理不合规的域名、网站已关停但未注销的域名，以及被用于非政府网站的域名，并将填写完整的《自查清理完成情况表》报送或传真至部办公厅，电子版同时发送至duying@miit.gov.cn。部信息中心将于2019年3月30日起停止不符合要求的“.miit.gov.cn”域名服务。

工业和信息化部办公厅

2018年10月12日

国务院办公厅关于印发《政府网站集约化试点工作方案》的通知

国办函〔2018〕71号

各省、自治区、直辖市人民政府，国务院各部委、各直属机构：

《政府网站集约化试点工作方案》已经国务院领导同志同意，现印发给你们，请认真贯彻执行。

国务院办公厅

2018年10月27日

政府网站集约化试点工作方案

为贯彻落实党中央、国务院关于加强全国网络安全和信息化工作有关部署，推进政府网站互联互通融合发展，现就开展政府网站集约化试点工作，制定以下方案。

一、总体要求

（一）指导思想。

以习近平新时代中国特色社会主义思想为指导，全面贯彻党的十九大和十九届二中、三中全会精神，坚持以人民为中心的发展思想，牢固树立新发展理念，认真落实党中央、国务院决策部署，打通信息壁垒、推进集约共享，提升政府网站管理和服务水平，努力建设整体联动、高效惠民的网上政府。

（二）基本原则。

1. 问题导向。针对政府网站存在的建设分散、数据不通、使用不便等突出问题，建设基于统一信息资源库的政府网站集约化平台，以信息资源共享共用带动试点地区政府网站整体服务水平的提升。

2. 开放融合。坚持创新驱动，积极运用大数据、云计算、人工智能等技术，探索构建互联融通的平台架构，支撑新技术、新应用、新功能的无缝对接，能够随技术发展变化持续升级和灵活扩展。

3. 集约节约。加强统筹规划和顶层设计，优化技术、资金、人员等要素配置，严格预算和项目管理，避免重复建设。

4. 平稳有序。积极稳妥组织本地区政府网站集约化建设，确保工作推进安全平稳，不影响公众使用体验。

（三）工作目标。

2019年12月底前，试点地区完成政府网站集约化工作，实现本地区各级各类政府网站资源优化融合、平台整合安全、数据互认共享、管理统筹规范、服务便捷高效。

二、试点范围

根据各地区政府网站集约化工作进展情况和试点申报情况，确定北京、吉林、安徽、山东、湖北、湖南、广东、广西、重庆、贵州10个省（区、市）和西藏自治区拉萨市作为试点地区。

三、试点任务

试点地区要认真组织实施，按照统一标准体系、统一技术平台、统一安全防护、统一运维监管的要求，推进数据融通、服务融通、应用融通，重点做好以下工作：

（一）建设集约化平台。平台建设可采用省级统建模式，也可根据实际情况选择省级、地市级分建模式。采用省级、地市级分建模式的，省级、地市级平台要统一标准规范，实现互联融通。集约化平台应向平台上的政府网站提供以下功能支撑：站点管理、栏目管理、资源管理、权限管理；内容发布、互动交流、用户注册、统一身份认证；站内搜索、投诉举报、评价监督；个性定制、内容推送、运维监控、统计分析、安全防护，等等。

（二）形成标准规范。编制集约化平台建设标准，对平台上各类信息数据的分类、格式和接口等提出要求，制定信息数据标准规范，实现平台资源统一调用、统一监管。完善工作机制，制定基于集约化平台的政府网站管理办法，厘清技术建设、内容保障、经费预算、监管考核等职责，规范网站域名名称、主要功能、栏目设置、页面格式等。

（三）构建信息资源库。建设分类科学、集中规范、共享共用的全平台统一信息资源库，汇聚沉淀本地区各级各类政府网站信息发布、便民办事、互动交流等栏目或系统的信息数据，按照“先入库，后使用”原则，进行统一管理。从用户需求出发，不断完善信息资源库，推动跨网站、跨系统、跨层级的资源相互调用和信息共享互认。

（四）提供一体化服务。依托集约化平台信息数据资源，以群众喜闻乐见的形式提供标准一致、数据同源的信息数据服务。做好与全国一体化在线政务服务平台建设的衔接，推进集约化平台与在线政务服务平台的互联融通。各地区政务服务平台要与本地区政府门户网站和集约化平台互联融通。推动政务信息数据资源向“两微一端”等延伸拓展，通过政务新媒体更好传播党和政府声音，提供多渠道、便利化的“掌上服务”。

（五）强化安全保障。严格落实网络安全法和关键信息基础设施安全保护有关要求，加强网络安全等级保护工作，优先采购国产软硬件系统设备。要确保安全技术措施与集约化平台同步规划、同步建设、同步运行，对攻击、侵入和破坏集约化平台及系统的行为采取防范措施。明确集约化平台运营者与政府网站运营者的安全管理责任，政府网站在向集约化平台迁移前要进行安全评估和安全加固。建立安全监测预警机制，对异常情况及时报警和处置。加强域名解析安全防护，鼓励对政府网站域名进行集中解析。将互联网协议第 6 版（IPv6）改造与政府网站集约化工作一并部署、同步推进，确保集约化平台支持 IPv6。

四、工作进度

（一）制定实施方案。试点地区要结合实际抓紧制定具体实施方案，细化任务措施，明确时间节点，并于 2018 年 12 月底前报送国务院办公厅备案。

（二）组织开展试点。试点地区要按照制定的具体实施方案积极有序开展相关工作，确保完成试点任务，取得工作成效。

（三）总结经验做法。试点地区要于 2019 年 12 月底前，对本地区试点情况、主要做法和成效、存在的问题及建议等进行总结，形成试点工作总结报告并报送国务院办公厅。

五、保障措施

（一）加强组织领导。试点地区要高度重视政府网站集约化试点工作，按照本方案确定的原则目标、试点内容和工作进度，精心组织实施。试点地区政府办公厅（室）对政府网站集约化试点工作的统筹推进、组织协调和考核管理负总责，并指定专门机构具体负责集约化平台的建设运维工作。

（二）强化运维保障。试点地区要为政府网站集约化工作安排必要的人员和经费，把政府网站集约化平台建设及运维经费纳入政府财政预算。探索通过购买服务等方式，保障政府网站集约化平台技术功能迭代更新的需要。

（三）开展考核评估。试点地区要制定本地区政府网站集约化工作考核评估办法，加强督促检查，把政府网站集约化情况纳入政府网站绩效评估。国务院办公厅将于 2020 年 4 月底前组织对试点工作进行验收总结，提出在全国推广试点成果的意见，并对试点工作成效突出的给予通报表扬。

未纳入试点范围的其他省（区、市）和国务院部门，可参照本方案推进本地区本部门政府网站集约化工作。

工业和信息化部 发展改革委 财政部 国资委关于印发《促进大中小企业融通发展三年行动计划》的通知

工信部联企业〔2018〕248 号

各省、自治区、直辖市及计划单列市、新疆生产建设兵团中小企业主管部门、发展改革委、财政厅（局）、国资委：

为贯彻落实《国务院关于推动创新创业高质量发展打造“双创”升级版的意见》（国发〔2018〕32 号）提出的实施大中小企业融通发展专项行动计划，制定《促进大中小企业融通发展三年行动计划》。现印发给你们，请结合实际认真贯彻实施。

工业和信息化部
国家发展和改革委员会
财政部
国务院国有资产监督管理委员会
2018 年 11 月 21 日

促进大中小企业融通发展三年行动计划

大中小企业融通发展是落实党中央、国务院为中小企业发展创造更好条件、推动中小企业创新发展的决策部署，贯彻创新驱动发展战略、建设制造强国和网络强国、推动经济高质量发展、促进大企业创新转型、提升中小企业专业化能力的重要手段。为营造大中小企业融通发展产业生态，鼓励大中小企业创新组织模式、重构创新模式、变革生产模式、优化商业模式，进一步推动大中小企业融通发展，制定本行动计划。

一、总体要求

以习近平新时代中国特色社会主义思想为指导，全面贯彻党的十九大精神，统筹推进“五位一体”总体布局和协调推进“四个全面”战略布局，以构建大企业与中小企业协同创新、共享资源、融合发展的产业生态为目标，着力挖掘和推广融通发展模式。通过夯实融通载体、完善融通环境，发挥大企业引领支撑作用，提高中小企业专业化水平，培育经济增长新动能，支撑制造业创新，助力实体经济发展。

用三年时间，总结推广一批融通发展模式，引领制造业融通发展迈上新台阶；支持不少于 50 个实体园区打造大中小企业融通发展特色载体；围绕要素汇聚、能力开放、模式创新、区域合作等领域培育一批制造业“双创”平台试点示范项目；构建工业互联网网络、平台、安全三大功能体系；培育 600 家专精特新“小巨人”和一批制造业单项冠军企业。到 2021 年，形成大企业带动中小企业发展，中小企业为大企业注入活力的融通发展新格局。

二、主要行动

行动一：挖掘和推广融通发展模式

聚焦重点行业领域，围绕供应链整合、创新能力共享、数据应用等当前产业发展关键环节，推广资源开放、能力共享等协同机制，为建设融通发展生态提供有益指引和参考。

（一）深化基于供应链协同的融通模式

构建大中小企业深度协同、融通发展的新型产业组织模式，提高供应链运行效率。发挥龙头骨干对供应链的引领带动作用，在智能制造、高端装备制造领域形成10个左右带动能力突出、资源整合水平高、特色鲜明的大企业。推动建立联合培训、标准共享的协同管理体系；打造多方共赢、可持续发展的供应体系，带动上下游中小企业协同发展。

（二）推动基于创新能力共享的融通模式

打造产研对接的新型产业创新模式，提高产业创新效率，提升产业自主创新能力。形成10个左右创新引领效应明显的平台，发挥平台对各类创新能力的集聚整合作用。鼓励大企业建立开放式产业创新平台，畅通创新能力对接转化渠道，实现大中小企业之间多维度、多触点的创新能力共享、创新成果转化和品牌协同，引领以平台赋能产业创新的融通发展模式。围绕要素汇聚、能力开放、模式创新、区域合作等领域，培育一批制造业“双创”平台试点示范项目，促进平台成为提质增效、转型升级、跨界融通的重要载体。

（三）推广基于数据驱动的融通模式

加速构建数据协同共享的产业数字化发展生态，提高中小企业获取数据、应用数据的能力，推动中小企业数字化转型。鼓励企业进一步完善数据平台建设，在云计算、大数据、人工智能、网络安全等领域形成10个左右数据规模大、集聚能力强的企业。集成具有较好数据服务基础的中小企业，支持中小企业依托平台对外提供服务，通过共享平台计算能力和数据资源，扩大数据规模，强化中小企业品牌影响力。鼓励平台为中小企业提供数字化系统解决方案，支撑中小企业智能制造，引领行业数字化转型。

（四）打造基于产业生态的融通模式

选择10个左右创新资源集聚、产业生态完善、协作配套良好的地区，推动基于融通模式的区域产业生态。鼓励建立龙头骨干带动的专业化配套集群。探索建立产学研协同区域创新网络，推动大中小企业针对产业、区域的共性技术需求展开联合攻关，加快共性技术研发和应用。打通区域内外企业信息链和资金链，加速区域内外大中小企业创新能力、生产能力、市场能力的有效对接，推动资源能力的跨行业、跨区域融合互补，提升产业协同效率。强化品牌意识，制定区域品牌发展战略，探索共建共享区域品牌的路径和方式，促进企业品牌与区域品牌互动发展。

行动二：发挥大企业引领支撑作用

鼓励大企业利用“互联网+”等手段，搭建线上线下相结合的大中小企业创新协同、产能共享、供应链互通的新型产业创新生态，促进生产制造领域共享经济新模式新业态发展，重构产业组织模式，推动中小企业高质量发展，降低自身创新转型成本，形成融通发展的格局。

（五）推动生产要素共享

支持制造业龙头企业构建基于互联网的分享制造平台，有效对接大企业闲置资源和中小企业闲置产能，推动制造能力的集成整合、在线共享和优化配置。鼓励大企业为中小企业提供一揽子的信息支持，包括上游产品供给、下游产品需求、产品质量及流程标准，提高全链条生产效率。推进工业强基、智能制造、绿色制造、服务型制造等专项行动，推动制造业龙头企业深化工业云、工业大数据等技术的集成应用，实现制造业数字化、智能化转型。

（六）促进创新资源开放

鼓励大企业联合科研机构建设协同创新公共服务平台，向中小企业提供科研基础设施及大型科研仪器，降低中小企业创新成本。鼓励大企业带动中小企业共同建设制造业创新中心，建立风险共担、利益共享的协同创新机制，提高创新转化效率。鼓励国有企业探索以子公司等形式设立创新创业平台，促进混合所有制改革与创新创业深度融合。

（七）提供资金人才支持

鼓励大企业发展供应链金融，开展订单和应收账款融资、仓储金融等服务，帮助上下游中小供应商提高融资效率、降低融资成本。推动大企业以股权投资、股权质押融资等形式向中小企业提供专业金融服务。推动大企业与中小企业通过建立人才工作站、合作开发项目等方式开展人才培养使用的全方位合作。

行动三：提升中小企业专业化能力

推动中小企业“专精特新”发展，培育600家细分领域专业化“小巨人”和一批制造业单项冠军企业；开展“互联网＋小微企业”行动，提高中小企业信息化应用水平。

（八）培育专精特新“小巨人”企业

以智能制造、工业强基、绿色制造、高端装备等为重点，在各地认定的“专精特新”中小企业中，培育主营业务突出、竞争能力强、成长性好、专注于细分市场、具有一定创新能力的专精特新“小巨人”企业，引导成长为制造业单项冠军。鼓励中小企业以专业化分工、服务外包、订单生产等方式与大企业建立稳定的合作关系。

（九）实施“互联网＋小微企业”计划

实施中小企业信息化推进工程，推动大型信息化服务商提供基于互联网的信息技术应用。推广适合中小企业需求的信息化产品和服务，提高中小企业信息化应用水平。鼓励各地通过购买服务等方式，支持中小企业业务系统向云端迁移，依托云平台构建多层次中小企业服务体系。推动实施中小企业智能化改造专项行动，加强中小企业在产品研发、生产组织、经营管理、安全保障等环节对云计算、物联网、人工智能、网络安全等新一代信息技术的集成应用。

行动四：建设融通发展平台载体

提升载体平台融通发展支撑能力，支持不少于50个实体园区打造大中小企业融通发展特色载体；建设500家国家中小企业公共服务示范平台和300家国家小型微型企业创业创新示范基地；加快推进工业互联网平台体系建设。

（十）建设大中小企业融通型特色载体

依托特色载体打造大中小企业融通发展的新型产业创新生态。支持实体园区打造大中小企业融通发展特色载体，引导行业龙头企业发挥在资本、品牌和产供销体系方面的优势，打造有特色的孵化载体，开放共享资源和能力，推动大中小企业在创新创意、设计研发、生产制造、物资采购、市场营销、资金融通等方面相互合作，形成大中小企业协同共赢格局。

（十一）提升平台融通发展支撑能力

加快构建工业互联网网络、平台、安全三大功能体系，增强工业互联网产业供给能力；加快推进工业互联网平台体系建设，引导培育若干跨行业、跨领域平台和面向特定行业、特定区域的企业级平台；推动建设工业互联网安全公共服务平台，面向广大中小企业提供网络安全技术支持服务。发挥国家中小企业公共服务示范平台、国家小型微型企业创业创新示范基地等平台的资源整合和对接能力，畅通大中小企业融通发展渠道。依托全国信用信息共享平台，为大中小企业提供“信易贷”等创新信用产品和服务。

行动五：优化融通发展环境

进一步夯实网络基础、建立完善的知识产权管理服务体系、深化对外合作，打造有利于大中小企业融通发展的环境和机制，释放融通发展活力。

（十二）夯实网络基础

发挥互联网对融通发展的支撑作用。提升网络速率、降低资费水平，继续推进连接中小企业的专线建设。加快宽带网络基础设施建设与改造，扩大网络的覆盖范围，优化升级国家骨干网络，为实现产业链各环节的互联与数据顺畅流通提供保障。打造工业互联网网络体系，加快工业互联网网络体系建设，组织实施工业企业内网、工业企业外网和标识解析体系的改造升级。

（十三）建立完善的知识产权管理服务体系

发挥知识产权制度对企业创新的引导作用，强化知识产权保护，提高创新成果利用效率。推动建立大中小企业共创、共有、共享知识产权激励机制，提升知识产权转化运用效率。加快推进中小企业知识产权战略推进工程试点城市建设，加强知识产权保护意识、提高知识产权保护能力、降低企业维权成本。

（十四）深化对外合作

鼓励中小企业参与“一带一路”投资贸易合作，在大型跨境电商的带动下充分利用跨境网络交易平台进行跨境产品交易、技术交流、人才流动，融入大型跨国公司的产业供应和产业创新体系。依托中德、中欧等中外中小企业合作区和合作交流平台，围绕绿色制造、生物医药、新材料等重点领域开展国际经济技术交流和跨境撮合，吸引高端制造业、境外原创技术孵化落地，推动龙头企业延伸产业链，带动专精特新“小巨人”企业融入全球价值链，促进单项冠军企业迈向全球价值链中高端，积极参与国际产业竞争。

三、保障措施

（一）强化组织保障

建立工业和信息化、发展改革、财政、国资等跨部门协调联动工作机制，调动行业组织、产业联盟和智库形成合力，统筹协调融通发展中的重大问题、重大政策和重大工程，动态跟踪、宣传推广融通发展新模式。各级要结合本地实际，制定推进方案，明确任务分工，加强分类指导，保障顺利实施。要依托大众创业万众创新示范基地、国家新型工业化产业示范基地、国家信息消费示范城市等优势资源，加快模式案例总结和经验推广。

（二）营造公平市场环境

进一步深入推进简政放权、放管结合、优化服务改革，加快政府职能转变，落实中小企业与大型企业平等市场主体地位。清理制约人才、资本、技术、数据等要素自由流动的制度障碍。规范市场主体交易行为，推动开展大企业拖欠中小企业资金调查工作，并清理以政府、大企业为源头的资金拖欠。落实政府采购支持中小企业发展，政府机构应预留本部门年度采购预算总额 30% 以上面向中小企业，其中预留给小型和微型企业的比例不低于 60%（中小企业无法提供的商品和服务除外）。鼓励大型企业与中小企业组成联合体共同参加政府采购，联合体中约定小型、微型企业的协议合同金额占到联合体协议合同总金额 30% 以上的，可给予联合体 2% ~ 3% 的价格扣除。推进政府采购信用担保试点，鼓励为小型微型企业参与政府采购提供履约担保和融资担保等服务，营造融通发展良好外部环境。

（三）加大财政支持

充分发挥财政资金的引导带动作用。通过中小企业发展专项资金、国家新兴产业创业投资引导基金、中小企业发展基金等，拉动各类产业基金、社会资本，引导融资担保和再担保机构支持大中小企业融通发展。中央财政连续三年支持实体经济开发区打造大中小企业融通型特色载体，有条件的地方可专门安排资金予以支持，促进涌现更多创新创业企业并不断扩大集聚效应，加快形成“产业创新 + 孵化”的共生共赢机制。

（四）加大融资支持

各地相关部门建立融通发展重点企业和重点项目的融资信息对接清单，金融机构增加融资供给。鼓励设立各类创业投资引导基金、风险投资基金，引导股权投资机构加大支持。开展小微企业应收账款融资专项行动，充分发挥应收账款融资服务平台等金融基础设施作用，推动供应链核心企业支持小微企业供应商开展应收账款融资。开展中小企业知识产权质押融资和专利质押融资。

（五）加强宣传推广

组织宣传大中小企业融通发展典型案例，加大对各类融通发展模式、专精特新“小巨人”企业、制造业单项冠军和平台载体的宣传力度。举办大中小企业融通发展模式交流，引导企业树立融通发展观念。

工业和信息化部关于加快推进虚拟现实产业发展的指导意见

工信部电子〔2018〕276号

各省、自治区、直辖市及计划单列市、新疆生产建设兵团工业和信息化主管部门，有关行业组织，有关单位：

虚拟现实（含增强现实、混合现实，简称 VR）融合应用了多媒体、传感器、新型显示、互联网和人工智能等多领域技术，能够拓展人类感知能力，改变产品形态和服务模式，给经济、科技、文化、军事、生活等领域带来深刻影响。全球虚拟现实产业正从起步培育期向快速发展期迈进，我国面临同步参与国际技术产业创新的难得机遇，但也存在关键技术和高端产品供给不足、内容与服务较为匮乏、创新支撑体系不健全、应用生态不完善等问题。为加快我国虚拟现实产业发展，推动虚拟现实应用创新，培育信息产业新增长点和新动能，现提出以下意见：

一、总体要求

（一）指导思想

以习近平新时代中国特色社会主义思想为指导，全面贯彻党的十九大精神，把握虚拟现实等新一代信息技术孕育发展机遇，坚持市场主导、应用牵引、创新驱动、协同发展，以加强技术产品研发、丰富内容服务供给为抓手，以优化发展环境、建立标准规范、强化公共服务为支撑，提升产业创新发展能力，推动新技术、新产品、新业态、新模式在各领域广泛应用，推动我国信息产业高质量发展，为我国经济社会发展提供新动能。

（二）发展目标

到 2020 年，我国虚拟现实产业链条基本健全，在经济社会重要行业领域的应用得到深化，建设若干个产业技术创新中心，核心关键技术创新取得显著突破，打造一批可复制、可推广、成效显著的典型示范应用和行业应用解决方案，创建一批特色突出的虚拟现实产业创新基地，初步形成技术、产品、服务、应用协同推进的发展格局。

到 2025 年，我国虚拟现实产业整体实力进入全球前列，掌握虚拟现实关键核心专利和标准，形成若干具有较强国际竞争力的虚拟现实骨干企业，创新能力显著增强，应用服务供给水平大幅提升，产业综合发展实力实现跃升，虚拟现实应用能力显著提升，推动经济社会各领域发展质量和效益显著提高。

二、重点任务

（一）突破关键核心技术

加强产学研用协同合作，推动虚拟现实相关基础理论、共性技术和应用技术研究。坚持整机带动、系统牵引，围绕虚拟现实建模、显示、传感、交互等重点环节，加强动态环境建模、实时三维图形生成、多元数据处理、实时动作捕捉、实时定位跟踪、快速渲染处理等关键技术攻关，加快虚拟现实视觉图形处理器（GPU）、物理运算处理器（PPU）、高性能传感处理器、新型近眼显示器件等的研发和产业化。

——近眼显示技术。实现 30PPD（每度像素数）单眼角分辨率、100Hz 以上刷新率、毫秒级响应时间的新型显示器件及配套驱动芯片的规模量产。发展适人性光学系统，解决因辐合调节冲突、画面质量过低等引发的眩晕感。加速硅基有机发光二极管（OLEDoS）、微发光二极管（MicroLED）、光场显示等微显示技术的产业化储备，推动近眼显示向高分辨率、低时延、低功耗、广视角、可变景深、轻薄小型化等方向发展。

——感知交互技术。加快六轴及以上 GHz 惯性传感器、3D 摄像头等的研发与产业化。发展鲁棒性强、毫米级精度的自内向外（inside-out）追踪定位设备及动作捕捉设备。加快浸入式声场、语音交互、眼球追踪、触觉反馈、表情识别、脑电交互等技术的创新研发，优化传感融合算法，推动感知交互向高精度、自然化、移动化、多通道、低功耗等方向发展。

——渲染处理技术。发展基于视觉特性、头动交互的渲染优化算法，加快高性能 GPU 配套时延优化算法的研发与产业化。突破新一代图形接口、渲染专用硬加速芯片、云端渲染、光场渲染、视网膜渲染等关键技术，推动渲染处理技术向高画质、低时延、低功耗方向发展。

——内容制作技术。发展全视角 12K 分辨率、60 帧/秒帧率、高动态范围（HDR）、多摄像机同步与单独曝光、无线实时预览等影像捕捉技术，重点突破高质量全景三维实时拼接算法，实现开发引擎、软件、外设与头显平台间的通用性和一致性。

（二）丰富产品有效供给

面向信息消费升级需求和行业领域应用需求，加快虚拟现实整机设备、感知交互设备、内容采集制作设备、开发工具软件、行业解决方案、分发平台的研发及产业化，丰富虚拟现实产品的有效供给。

——整机设备。发展低成本、高性能、符合人眼生理特性的主机式、手机式、一体机式、车载式、洞穴式、隐形眼镜式等形态的虚拟现实整机设备。研发面向制造、教育、文化、健康、商贸等重点行业领域及特定应用场景的虚拟现实行业终端设备。

——感知交互设备。研发自内向外（inside-out）追踪定位装置、高性能 3D 摄像头以及高精度交互手柄、数据手套、眼球追踪装置、数据衣、力反馈设备、脑机接口等感知交互设备。

——内容采集制作设备。加快动作捕捉、全景相机、浸入式声场采集设备、三维扫描仪等内容采集制作设备的研发和产业化，满足电影、电视、网络媒体、自媒体等不同应用层级内容制作需求。

——开发工具软件。发展虚拟现实整机操作系统、三维开发引擎、内容制作软件，以及感知交互、渲染处理等开发工具软件，提升虚拟现实软硬件产品系统集成与融合创新能力。

——行业解决方案。发展面向重点行业领域典型应用的虚拟研发设计、虚拟装配制造、虚拟检测维修、虚拟培训、虚拟货品展示等集成解决方案。

——分发平台。发展端云协同的虚拟现实网络分发和应用服务聚合平台（CloudVR），推动建立高效、安全的虚拟现实内容与应用支付平台及分发渠道。

（三）推进重点行业应用

引导和支持“VR+”发展，推动虚拟现实技术产品在制造、教育、文化、健康、商贸等行业领域的应用，创新融合发展路径，培育新模式、新业态，拓展虚拟现实应用空间。

——VR+ 制造。推进虚拟现实技术在制造业研发设计、检测维护、操作培训、流程管理、营销展示等环节的应用，提升制造企业辅助设计能力和制造服务化水平。推进虚拟现实技术与制造业数据采集与分析系统的融合，实现生产现场数据的可视化管理，提高制造执行、过程控制的精确化程度，推动协同制造、远程协作等新型制造模式发展。构建工业大数据、工业互联网和虚拟现实相结合的智能服务平台，提升制造业融合创新能力。面向汽车、钢铁、高端装备制造等重点行业，推进虚拟现实技术在数字化车间和智能车间的应用。

——VR+ 教育。推进虚拟现实技术在高等教育、职业教育等领域和物理、化学、生物、地理等实验性、演示性课程中的应用，构建虚拟教室、虚拟实验室等教育教学环境，发展虚拟备课、虚拟授课、虚拟考试等教育教学新方法，促进以学习者为中心的个性化学习，推动教、学模式转型。打造虚拟实训基地，持续丰富培训内容，提高专业技能训练水平，满足各领域专业技术人才培训需求。促进虚拟现实教育资源开发，实现规模化示范应用，推动科普、培训、教学、科研的融合发展。

——VR+ 文化。在文化、旅游和文物保护等领域，丰富融合虚拟现实体验的内容供应，推动现有数字内容向虚拟现实内容的移植，满足人民群众文化消费升级需求。发展虚拟现实影视作品和直播内容，鼓励视频平台打造虚拟现实专区，提供虚拟现实视频点播、演唱会、体育赛事、新闻事件直播等服务。打造虚拟电影院、虚拟音乐厅，提供多感官体验模式，提升用户体验。建设虚拟现实主题乐园、虚拟现实行业体验馆等，创新文化传播方式。推动虚拟现实在文物古迹复原、文物和艺术品展示、雕塑和立体绘画等文化艺术领域应用，创新艺术创作和表现形式。

——VR+ 健康。加快虚拟现实技术在医疗教学训练与模拟演练、手术规划与导航等环节的应用，推动提高医疗服务智能化水平。推动虚拟现实技术在心理辅导、康复护理等环节的应用，探索虚拟现实技术对现有诊疗手段的补充完善，发展虚拟现实居家养老、在线诊疗、虚拟探视服务，提高远程医疗水平。

——VR+ 商贸。顺应电子商务、家装设计、商业展示等领域场景式购物趋势，发展和应用专业化虚拟现实展示系统，提供个性化、定制化的地产、家居、家电、室内装修和服饰等虚拟设计、体验与交易平台，发展虚拟现实购物系统，创新商业推广和购物体验模式。

（四）建设公共服务平台

依托行业龙头企业、行业组织和金融机构等其他第三方机构，面向虚拟现实产业发展需要，建设和运营产业公共服务平台，提供技术攻关、资金支持、成果转化、测试推广、信息交流、创新孵化等服务，推动构建集规模化创新、投资、孵化和经营为一体的虚拟现实生态系统，优化产业发展环境。

——共性技术创新服务。围绕虚拟现实产业技术创新需求，以基础研究和共性关键技术研发支撑为重点，集聚骨干企业、知名高校院所及虚拟现实领域专业实验室、研究院、研发中心、技术中心、工程中心等创新机构资源，共同推进虚拟现实共性技术创新。指导和帮助企业、专业机构申报国内、国际专利，及时形成知识产权。探索建立虚拟现实科技成果转化和激励机制，推动跨行业、跨部门、跨地域的成果转化。

——创新创业孵化服务。整合创新创业要素资源，提供开放式、低成本、便利化的全要素综合服务，推动虚拟现实创新资源共建共享，提供虚拟现实研发资源。支持各类企业孵化器、众创空间等载体面向虚拟现实领域打造专业化、全流程覆盖的创新创业服务体系，为初创企业和创新团队提供创业辅导、创新资金、辅助技术、法律帮扶、教育培训等服务。

——行业交流对接服务。集聚行业组织和第三方机构服务资源，建立虚拟现实产业信息交流与合作对接公共服务体系，提供虚拟现实产业咨询培训、项目对接、应用促进、技术交易、成果转化、知识产权、会展商务、融资租赁、人力资源、行业研究等服务，促进产业信息共享，推动产业生态发展。

（五）构建标准规范体系

发挥标准对产业的引导支撑作用，建立产学研用协同机制，健全虚拟现实标准和评价体系。加强标准体系顶层设计，着力做好基础性、公益性、关键性技术和产品的国家 / 行业标准制修订工作，有效支撑和服务产业发展。着力推动标准国际化工作，加快我国国际标准化进程。

——建立标准规范体系。研究确定虚拟现实综合标准化顶层设计，构建虚拟现实领域标准化体系，提出标准化路径和时间表。鼓励发展具有引领促进作用的团体标准，完善团体标准转化机制，形成政府主导制定的标准与市场自主制定的标准协同发展、协调配套的新型标准体系机制。积极引导和支持国内企业、科研机构、高等院校参与国际标准制定。

——加快重点标准研制。加大基础类、安全类、应用类等标准制定力度，规范接口数据、程序接口、互联互通等标准，推进不同产品和应用系统间互换互认。制定符合人体视觉、听觉习惯和满足生理、心理健康要求的虚拟现实产品安全和健康等标准，提高虚拟现实产品基本安全保障能力。完善制定根据儿童、青少年、成人、特殊人群等不同受众人群划分的内容分级标准体系。

——开展检测认证工作。研究建立虚拟现实产品检验检测与评估机制，构建涵盖虚拟现实技术、产品、服务等方面的测试评估体系，支持第三方机构开展虚拟现实重点标准宣贯和产品质量评估测试工作。组织开展对市场主流虚拟现实产品的标准符合性测试，发布质量分析报告。

（六）增强安全保障能力

强化虚拟现实系统平台安全防护能力建设。研究针对虚拟现实的攻击监测及防御技术，推动针对虚拟现实重点产品的安全风险监测预警能力建设，加强安全威胁信息共享，及时发布虚拟现实安全漏洞风险和预警信息，推动政府、行业、企业间的虚拟现实安全信息共享和协同联动。

加强虚拟现实领域重要数据和个人信息保护。落实数据安全和用户个人信息保护规定等政策文件要求，针对虚拟现实产业技术及产品特点，指导企业规范对用户个人信息的收集、存储、使用和销毁等行为，提升企业在开展虚拟现实业务过程中对用户个人信息的保护水平。

三、推进措施

（一）加大政策支持力度。紧密结合国家相关产业政策，利用现有渠道，创新支持方式，重点支持虚拟现实技术研发和产业化。加强对产业发展情况的跟踪监测和发展形势研判。鼓励金融机构开展符合虚拟现实产业特点的融资业务和信用保险业务，进一步拓宽产业融资渠道。

（二）发挥地方政府作用。加强对地方工作的指导协调，引导地方结合实际出台配套政策和具体落实措施，支持地方建设产业发展公共服务平台，开展地区间交流合作。各地要加大投入力度，集中力量突破关键核心技术，丰富产品供给，在民生、公益项目中积极选用虚拟现实产品和解决方案。

（三）推进示范应用推广。鼓励重点地区、重点行业企业，瞄准特色应用需求，加快虚拟现实应用技术和行业解决方案应用。支持地方、企业组织实施虚拟现实应用项目，探索形成可推广、可复制的应用模式和商业模式，及时总结优秀案例和发展经验向全国推广。

（四）建设产业发展基地。支持有条件的地方建设虚拟现实产业发展基地，引导虚拟现实企业向基地集聚。组织开展虚拟现实产业特色基地认定工作，引导差异化的建设方向。统筹布局虚拟现实产业载体、创新中心建设，形成网络化、协同化发展促进体系。

（五）加强产业品牌打造。加大对优秀虚拟现实企业、产品、服务、平台、应用案例的总结宣传力度，提高我国虚拟现实品牌的知名度。加强对优秀产业发展基地、行业组织的推广，激发各界推动产业发展的积极性。

（六）加强专业人才培养。依托国家重大人才工程，实施优秀人才引进计划，加快引进一批高端、复合型虚拟现实人才。依照产业发展需求进行课程体系设置改革试点。鼓励高校和企业创新合作模式，共建实训基地，积极开展互动式人才培养。健全虚拟现实人才使用、评价和激励措施，推动完善从研发、转化、生产到管理的人才生态结构。

（七）促进行业组织发展。支持产业联盟、研究机构等行业组织的创新发展，打造产业发展促进平台，在技术攻关、标准制定、人才对接、应用推广、投资促进、品牌宣传和国际合作等方面发挥组织协同作用。支持行业组织开展虚拟现实相关创新促进活动、展示体验活动以及应用推进活动。

（八）推动国际交流合作。加强虚拟现实领域国际交流合作，推进技术、人才、资金等资源互动，提升全球资源聚合能力，加快提升研发创新能力。支持虚拟现实企业加大海外市场拓展力度，建立以专业化、市场化为导向的海外市场服务体系，提高产业国际化发展能力。

工业和信息化部
2018 年 12 月 21 日

工业和信息化部关于印发《车联网（智能网联汽车）产业发展行动计划》的通知

工信部科〔2018〕283 号

各省、自治区、直辖市及计划单列市、新疆生产建设兵团工业和信息化主管部门，各省、自治区、直辖市通信管理局，各相关单位：

为加快车联网（智能网联汽车）产业发展，大力培育新增长点、形成新动能，我部制定了《车联网（智能网联汽车）产业发展行动计划》。现印发给你们，请结合实际认真贯彻落实。

工业和信息化部
2018 年 12 月 25 日

车联网（智能网联汽车）产业发展行动计划

车联网（智能网联汽车）产业是汽车、电子、信息通信、道路交通运输等行业深度融合的新型产业形态。发展车联网产业，有利于提升汽车网联化、智能化水平，实现自动驾驶，发展智能交通，促进信息消费，对我国推进供给侧结构性改革、推动制造强国和网络强国建设、实现高质量发展具有重要意义。当前，我国车联网产业进入快车道，技术创新日益活跃，新型应用蓬勃发展，产业规模不断扩大，但也存在关键核心技术有待突破、产业生态亟待完善以及政策法规需要健全等问题。为进一步促进产业持续健康发展，制定本行动计划。

一、总体要求

（一）指导思想

以习近平新时代中国特色社会主义思想为指导，全面贯彻党的十九大和十九届二中、三中全会精神，坚持新发展理念，坚持推进高质量发展，以网络通信技术、电子信息技术和汽车制造技术融合发展为主线，充分发挥我国网络通信产业的技术优势、电子信息产业的市场优势和汽车产业的规模优势，优化政策环境，加强跨行业合作，突破关键技术，夯实产业基础，推动形成深度融合、创新活跃、安全可信、竞争力强的车联网产业新生态。

（二）基本原则

系统部署、统筹推进。加强顶层设计，完善部门协同和部省联动，做好战略部署和分阶段实施。统筹推动关键技术研发、标准规范制定、测试示范推广和基础设施建设，构建产业健康发展的环境和基础。

创新引领、应用驱动。推动跨行业协同创新，充分调动各方力量，加强产学研合作，突破技术瓶颈，不断提升创新能力。夯实产业基础，培育创新应用，提升用户规模，加快形成产业创新发展新生态。

优势互补、开放合作。推动产业合作、平台互通、系统互联，构建优势互补、融合发展的产业新格局。加强国际交流与合作，共同推动汽车产业升级和应用模式的转换。

强化管理、保障安全。明确主体责任，健全管理制度，强化防护机制，构建确保人身安全的管理体系。

（三）行动目标

到2020年，实现车联网（智能网联汽车）产业跨行业融合取得突破，具备高级别自动驾驶功能的智能网联汽车实现特定场景规模应用，车联网综合应用体系基本构建，用户渗透率大幅提高，智能道路基础设施水平明显提升，适应产业发展的政策法规、标准规范和安全保障体系初步建立，开放融合、创新发展的产业生态基本形成，满足人民群众多样化、个性化、不断升级的消费需求。

——关键技术。构建能够支撑有条件自动驾驶（L3级）及以上的智能网联汽车技术体系，形成安全可信的软硬件集成与应用能力。智能网联汽车计算基础平台、平台线控、智能驱动等核心技术有所突破，L3级集成技术水平大幅提升。实现基于第四代移动通信技术设计的车联网无线通信技术（LTE-V2X）产业化与商用部署，加快基于第五代移动通信技术设计的车联网无线通信技术（5G-V2X）等关键技术研发及部分场景下的商业化应用，构建通信和计算相结合的车联网体系架构。

——标准体系。完成车联网（智能网联汽车）关键标准制定，大幅增加标准有效供给，健全产业标准体系。提升综合测试验证能力，完善测试评价体系，构建场景数据库，形成测试规范统一和数据共享，形成一批区域性、有特色、先导性的示范应用。

——基础设施。实现LTE-V2X在部分高速公路和城市主要道路的覆盖，开展5G-V2X示范应用，建设窄带物联网（NB-IoT）网络，构建车路协同环境，提升车用高精度时空服务的规模化应用水平，为车联网、自动驾驶等新技术应用提供必要条件。

——应用服务。车联网用户渗透率达到30%以上，新车驾驶辅助系统（L2）搭载率达到30%以上，联网车载信息服务终端的新车装配率达到60%以上，构建涵盖信息服务、安全与能效应用等的综合应用体系。

——安全保障。产业安全管理体系初步形成，安全管理制度与安全防护机制落地实施，安全技术及产品研发取得阶段性成果，安全技术支撑手段建设初见成效，安全保障和服务能力逐步完善。

2020年后，通过持续努力，推动车联网产业实现跨越发展，技术创新、标准体系、基础设施、应用服务和安全保障体系全面建成，高级别自动驾驶功能的智能网联汽车和5G-V2X逐步实现规模化商业应用，“人－车－路－云”实现高度协同，人民群众日益增长的美好生活需求得到更好满足。

二、突破关键技术，推动产业化发展

（一）加快智能网联汽车关键核心技术攻关

充分利用各种创新资源，加快智能网联汽车关键零部件及系统开发应用，重点突破智能网联汽车复杂环境感知、新型电子电气架构、车辆平台线控等核心技术。加快车载视觉系统、激光/毫米波雷达、多域控制器、惯性导航等感知器件的联合开发和成果转化。加快推动智能车载终端、车规级芯片等关键零部件的研发，促进新一代人工智能、高精度定位及动态地图等技术在智能网联汽车上的产业化应用。加快推动高性能车辆智能驱动、线控制动、线控转向、电子稳定系统的开发和产业化，实现对车辆的精确、协调和可靠控制。

（二）推动构建智能网联汽车决策控制平台

衔接国家科技重大专项成果，通过联合攻关、合作开发等方式，加快搭建中国标准智能网联汽车场景数据库，完善适合深度学习的软件开发环境，开发软硬件协同计算与通信融合的车载操作系统，加速开发适用于智能网联汽车的硬件接口单元、存储管理单元和V2X通信单元，加快形成适合中国道路状况的L3级以上智能网联汽车计算基础平台架构设计，满足对车辆动力底盘和车身电子部件的安全、快速、有效控制要求。

（三）强化无线通信技术研发和产业化

大力支持LTE-V2X、5G-V2X等无线通信关键技术研发与产业化。加快推动多接入边缘计算、网络功能虚拟化、5G网络切片等技术在产业中的应用，构建通信和计算相结合的体系架构，提升多接入边缘计算敏捷性，实现更多业务创新。加快V2X计算平台的部署及产品研发，分步构建中心－区域－边缘－终端的多级分布式V2X计算平台体系，满足V2X业务需求。

三、完善标准体系，推动测试验证与示范应用

（一）健全标准体系

充分发挥标准体系在车联网产业生态中的基础、引导和规范作用，加快推进实施《国家车联网产业标准体系建设指南》，根据产业发展需要适时更新和补充完善。加快制定与完善基础通用类、技术类、测试评价类、服务规范类和安全认证类标准，增加标准有效供给。鼓励同步推进关键技术的国际标准化，以标准引领技术发展和水平提升。

加快智能网联汽车基础通用、先进驾驶辅助系统（ADAS）、自动驾驶、信息安全、网联功能等相关标准的制修订，以测试场景为切入点、以整车功能评价为目标，系统开展自动驾驶测试评价相关标准规范的研究与制定。开展5G-V2X技术研发与标准制定，推进多接入边缘计算与LTE-V2X技术的融合创新和标准研究。加强与智慧城市建设等相关基础设施标准之间的衔接，加快基站设备、路侧单元和车载终端设备的技术要求与测试方法研究制定。推动制定车联网服务平台、交通管控信息服务平台之间的端到端互联互通标准。构建电动汽车、充电桩和平台间的互联互通与数据交互标准。推进车联网无线通信安全、车联网平台及应用安全、数据安全和用户个人信息保护的相关标准研究制定。

（二）加快频率和业务许可论证

发布车联网（智能网联汽车）直连通信使用5 905 ~ 5 925MHz频段管理规定。结合技术和产业发展情况及相关单位的频率申请，适时发放频率使用许可。推动5G-V2X相关频率需求研究。加强对LTE-V2X基础设施运营资质和车联网业务资质的研究。

（三）推动测试验证

构建智能网联汽车测试评价体系，完善单项技术、整车产品的测试方法和测试规范，全面提升测试验证能力。加强测试示范区能力建设，推进测试规范统一和数据库共享。推动建设中国道路交通场景库，为产品开发测试、安全性评估与功能评价提供基础支撑。扩大智能网联汽车公共道路测试范围，探索进行高速公路测试试点。

完善车载终端、路侧单元等在不同电磁环境下技术测试验证，构建车联网云平台测试验证体系，提升相关测试验证能力。研究车联网电磁环境保护要求，完善车用无线通信设备进网许可相关管理办法。推动仿真测试、道路试验测试等技术发展，形成面向实验室、封闭道路、半封闭道路和开放道路的综合试验验证能力。

（四）促进示范应用

加强与公安部、交通运输部等部门及地方政府的协同合作，鼓励产业链各方参与，开展半开放区域和公开道路等测试验证，保障车载终端、路侧单元与云平台间通信的可靠性、兼容性和安全性，逐步完成端到端的技术验证和互联互通测试。在机场、港口、快速公交车道和产业园区开展自动驾驶通勤出行、智能物流配送、智能环卫等场景的示范应用。推进上海、北京－河北、重庆、无锡、杭州、武汉、长春、广州和长沙等区域性示范应用，支持北京冬奥会和雄安新区开展车联网应用。构建国家级的车联网先导区，不断提升交通智能化管理水平和居民出行服务体验。

四、合作共建，推动完善车联网产业基础设施

（一）完善通信网络设施

推动LTE网络的改造和升级，满足车联网的大规模应用。提升LTE-V2X网络在主要高速公路和部分城市主要道路的覆盖水平，完善路侧单元的数据接入规范，提高路侧单元与道路基础设施、智能管控设施的融合接入能力，推动LTE-V2X网络升级与路侧单元部署的有机结合。在重点地区、重点路段建立5G-V2X示范应用网络，提供超低时延、超高可靠、超大带宽的无线通信服务。分阶段、分区域推进道路基础设施、交通标志标识的数字化改造和新建，在桥梁、隧道等道路关键节点加快部署窄带物联网（NB-IoT）等网络。

（二）推动大数据及云平台建设与管理

促进各类车联网平台的互联互通，推动智能网联汽车、道路基础设施、通信基站、车联网平台和应用服务等信息交互与数据共享，构建数据使用和维护的市场化机制，保障车辆安全有效地运行。鼓励构建跨行业、跨部门的综合大数据及云平台，支撑车联网应用的规模发展和持续创新。

（三）构建智能道路基础设施

促进网络通信技术、人工智能技术与道路交通基础设施的深度融合，为车联网、自动驾驶等新技术应用提

供必要条件。面向典型场景和热点区域部署边缘计算能力，构建低时延、大带宽、高算力的车路协同环境。支持北斗卫星导航系统和差分基站等设施建设，提升车用高精度时空服务的规模化应用水平，满足车辆的高精度定位导航需求。在部分高速公路和部分城市主要道路，支持构建集感知、通信、计算等能力为一体的智能基础设施环境。

五、发展综合应用，推动提升市场渗透率

（一）扩大车联网用户规模

鼓励电信运营商推出优惠资费等激励措施，大力发展车联网用户。支持汽车企业前装联网车载信息服务终端，提升驾驶辅助系统新车搭载率。支持公交车、大货车、出租车、网约车等相关运营车辆提高联网率。

（二）发展综合信息服务

培育面向乘用车的智慧出行、道路救援、数据服务等创新应用，完善面向多种营运车辆的综合信息服务和远程监测系统，推进面向公安交通管理、商业运输车辆调度和道路运输监管等领域的交通服务，发展共享汽车等新业态。创新商业模式，推动车联网产业与智慧旅游和智慧商务等融合发展。

（三）拓展电动汽车联网应用

发展电动汽车实时在线监测系统和大数据分析能力，实现充电预警、优化充换电调度、提升充换电效率等目标。支持加强对电动汽车电池等核心部件的监测，鼓励开展退役电池甄别、分级和梯次利用。拓展电动汽车的联网应用，推动电动汽车、充电桩、充电服务平台、动力电池溯源系统、在线监测平台等的互联互通和数据交互，实现对电动汽车全生命周期的安全管理，提高电动汽车安全水平。

（四）推进交通安全与能效技术应用

推动基于LTE-V2X、5G-V2X等技术的“人-车-路-云”协同交互，积极开展交通安全与能效应用。在相关技术、产品和商业化运行条件成熟的情况下，推广交通事件预警、事故报警、交通管控等车路交互信息服务的规模应用，推动基于“车车/车人”通信的事故预警和协同控制技术的应用，提升交通安全与拥堵主动调控能力。推动车路通信技术在车辆和道路交通基础设施中的应用，提升交通安全水平。推广不同路况的行驶策略指引、高速公路货车编队行驶等应用，提高交通效率。

（五）打造汽车全生命周期服务

建立基于网络的汽车设计、制造、服务一体化体系，构建智能网联汽车数据管理体系。通过车联网实现对车辆运行数据的采集、分析与运用，形成多样化的应用服务和系统管理，为车辆安全运行提供保障。推动车辆精准化的营销推广、定制化的保养服务、个性化的保险套餐、透明化的维修服务和差异化的用车体验，实现基于大数据平台的个性化汽车服务的规模应用。利用车联网技术提升车辆回收和循环利用水平。

六、技管结合，推动完善安全保障体系

（一）健全安全管理体系

以产品和系统的运行安全、网络安全和数据安全为重点，明确相关主体责任，定期开展安全监督检查。完善车联网网络和数据安全的事件通报、应急处置和责任认定等安全管理工作。

（二）提升安全防护能力

重点突破产业的功能安全、网络安全和数据安全的核心技术研发，支持安全防护、漏洞挖掘、入侵检测和态势感知等系列安全产品研发。督促企业强化网络安全防护和数据安全防护，构建智能网联汽车、无线通信网络、车联网数据和网络的全要素安全检测评估体系，开展安全能力评估。

（三）推动安全技术手段建设

增强产业安全技术支撑能力，着力提升隐患排查、风险发现和应急处置水平，打造监测预警、威胁分析、风险评估、试验验证和数据安全等安全平台。推动企业加大安全投入，创新安全运维与咨询等服务模式，提升行业安全保障服务能力。

七、保障措施

（一）加强组织领导

充分发挥国家制造强国建设领导小组车联网产业发展专委会的作用，加强统筹推进，强化部门合作，解决关键问题，营造有利于车联网产业发展的良好环境。加强部省合作，发挥区域资源优势，共同推动示范应用和产业化，培育一批领军企业，构建产业集聚区。加强产业跟踪研究、总结评估和督促指导，确保重点工作有序推进。

（二）加大政策支持力度

发挥财政资金的引导作用，鼓励地方政府加大投入，

完善协同机制，加大对关键技术研发、示范应用与产业化应用的支持力度。鼓励地方政府通过多种方式支持产业发展，探索制定智能网联汽车分时租赁优惠政策。加强产融合作，引导信贷投放，吸引风险投资等各类社会资本参与车联网产业发展。

（三）构建产业生态体系

加快建设智能网联汽车制造业创新中心，搭建产学研用联合的协同创新和成果转化平台。积极发挥产业联盟等的统筹协调作用，促进产业链上下游以及与相关行业之间的有效融合，构建技术创新和产业生态体系。鼓励新型商业模式，积极培育创新应用，建设创新创业创优服务平台，促进形成新业务、新市场和新生态。

（四）优化产业发展环境

推动制定有利于产业创新的政策法规，适时修订制约产业发展的制度规章，为大规模测试示范和商业化应用提供政策和制度保障。加快构建智能网联汽车测试评价体系，建立健全智能网联汽车生产准入管理制度。利用世界智能网联汽车大会等高端平台，促进技术交流和产业合作。坚持包容审慎的原则，加强对产品和应用的事中事后监管，强化知识产权保护与有效利用，健全信用管理机制。

（五）健全人才培养体系

高度重视人才队伍建设对产业发展的作用，培养和引进相结合，有计划、多渠道引进高端人才和青年人才，培育高水平的创新创业团队，加快形成具有国际领先水平的专家队伍。推动学科建设和专业布局，促进构建有利于产业融合的交叉学科和专业，推动建设跨学科的培训体系。

（六）推进国际及港澳台交流合作

利用中欧、中俄、中德、中美、中法、中日、中韩以及海峡两岸有关产业对话机制或活动平台，加强务实合作与交流，推动与世界先进技术和产业链对接，实现高起点与可持续发展。积极参与相关国际标准的制定和协调，重点加强共性技术、测试评价以及频率规划等方面的交流与合作。鼓励全球领先企业在中国设立生产基地和研发机构，支持国内优秀企业积极开拓海外市场，构建开放发展、合作共赢的产业格局。

工业和信息化部关于计算机信息系统集成行业管理有关事项的通告

工信部信软函〔2018〕507号

根据国务院“放管服”改革要求，“计算机信息系统集成企业资质认定”已于2014年由国务院明令取消，任何组织和机构不得继续实施。存在上述问题的应立即纠正，确保国务院的“放管服”改革要求落实到位。

特此通告。

工业和信息化部

2018年12月29日

工业和信息化部关于印发《工业互联网网络建设及推广指南》的通知

工信部信管〔2018〕301 号

各省、自治区、直辖市及计划单列市工业和信息化主管部门、通信管理局，中国电信集团有限公司、中国移动通信集团有限公司、中国联合网络通信集团有限公司，各有关单位：

现将《工业互联网网络建设及推广指南》印发给你们，请认真贯彻执行。

工业和信息化部

2018 年 12 月 29 日

工业互联网网络建设及推广指南

工业互联网网络是构建工业环境下人、机、物全面互联的关键基础设施，通过工业互联网网络可以实现工业研发、设计、生产、销售、管理、服务等产业全要素的泛在互联，对于促进工业数据的开放流动与深度融合、推动工业资源的优化集成与高效配置、支撑工业应用的创新升级与推广普及具有重要意义。为贯彻落实《国务院关于深化“互联网＋先进制造业”发展工业互联网的指导意见》，加快工业互联网网络基础设施建设及推广，制定本指南。

一、总体要求

（一）指导思想

以习近平新时代中国特色社会主义思想为指导，深入贯彻落实党的十九大和十九届二中、三中全会精神，坚持新发展理念，坚持高质量发展，以加快企业外网络和企业内网络建设与改造为主线，以构筑支撑工业全要素、全产业链、全价值链互联互通的网络基础设施为目标，以企业网络应用创新和传统产业升级为牵引，着力构建网络标准体系、加强技术引导，着力打造工业互联网标杆网络、创新网络应用，着力建设标识解析体系、拓展标识应用，着力完善网络创新环境，规范发展秩序，加快培育网络新技术、新产品、新模式、新业态，有力支撑制造强国和网络强国建设。

（二）工作目标

到 2020 年，形成相对完善的工业互联网网络顶层设计，初步建成工业互联网基础设施和技术产业体系。一是建设满足试验和商用需求的工业互联网企业外网标杆网络，初步建成适用于工业互联网高可靠、广覆盖、大带宽、可定制的支持互联网协议第六版（IPv6）的企业外网络基础设施；建设一批工业互联网企业内网标杆网络，形成企业内网络建设和改造的典型模式，完成 100 个以上企业内网络建设和升级。二是建成集成网络技术创新、标准研制、测试认证、应用示范、产业促进、国际合作等功能的开放公共服务平台；建成一批关键技术和重点行业的工业互联网网络实验环境，建设 20 个以上网络技术创新和行业应用测试床，初步形成工业互联网网络创新基地。三是形成先进、系统的工业互联网网络技术体系和标准体系，在网络领域建成一批工业互联网应用创新示范项目，建立工业互联网网络改造评估认证机制，构建适应工业互联网发展的网络技术产业生态。四是初步构建工业互联网标识解析体系，建设一批面向行业或区域的标识解析二级节点以及公共递归节点，制定并完善标识注册和解析等管理办法，标识注册量超过20亿。

二、制定工业互联网网络标准

工业和信息化部会同国家标准化管理机构加强工业互联网网络标准体系的顶层设计和统筹协调，充分发挥工业互联网产业联盟及工业、电子信息、通信等领域标准化机构和行业协会优势，依托企业、科研机构和高校等加快研制工业互联网网络标准。地方工业和信息化主管部门、通信管理部门积极推动工业互联网网络标准在企业中的应用与推广。

（一）建立工业互联网网络标准体系。一是制定工业互联网网络通用需求、网络架构、通信协议、关键接口等总体性标准，时间敏感网络（TSN）、工业无源光网络（PON）、工业软件定义网络（SDN）、无线专网等新型网络技术标准，以及针对垂直行业的特色网络应用技术标准。二是制定工业互联网网络服务标准，进一步规范网络服务提供商的服务流程与服务质量。三是制定企业外网、内网及相互间的互联互通规范，构建公平、有序、开放的网络互联互通环境。

（二）完善标识解析技术标准。一是制定标识解析整体架构、数据管理、分布式注册、可信解析、多源异构信息管理、标识数据互操作等关键技术标准。二是搭建规模性的基础技术创新与试验验证环境，打造安全可控的标签、读写器、中间件等标识存取关键软硬件设备，提供标识注册、标识解析、标识搜索等关键技术测试验证服务。

（三）形成网络标准制定与推广机制。一是在工业互联网领域建立国际标准、国家标准、行业标准、团体标准和企业标准协同推进机制。二是建立一批工业互联网网络新技术标准符合性试验验证系统，开发和推广网络测试测量工具。三是针对重点行业或重点区域，组织开展工业互联网网络标准的宣贯培训。四是支持企业和科研机构积极参与国际标准的研制，建立与国际标准化组织、主流开源项目的对标机制，加快国际标准的国内转化。五是开展网络标准相关专利等知识产权的研究，加强知识产权的布局和保护，提高网络标准专利的知识普及。

三、打造工业互联网标杆网络

以基础电信企业和相关科研机构为主体，加快建设面向商用和面向试验的工业互联网企业外网标杆网络。地方工业和信息化主管部门、通信管理部门组织和支持重点行业、典型企业打造工业互联网企业内网标杆网络。

（四）建设企业外网标杆网络。一是充分利用科研机构既有和正在建设的各类试验网络网络资源，构建面向试验的标杆网络，开展工业互联网网络及应用的研究、试验、验证和试点示范。二是鼓励和支持基础电信企业推进网络技术研究和基础设施建设，开展IPv6网络改造，打造面向实际应用的标杆网络，支撑成熟可商用的工业互联网应用。三是打造支撑企业上云时企业网络与云之间的网络接入典型解决方案，形成企业上云“最后一公里”的网络模板。四是支持工业互联网应用从试验平面向实用平面的安全平滑迁移。

（五）打造企业内网标杆网络。一是支持企业建设基于TSN、工业PON等关键网络技术的工业互联网企业内网标杆网络，形成不同网络技术在企业内网部署的参考模板。二是支持企业针对典型行业需求和不同企业规模，建设垂直行业企业内网标杆网络，树立汽车、航空航天、石油化工、机械制造等重点行业的工业互联网企业内网络样板。

四、推动工业互联网网络改造与应用

发挥产业联盟和各行业协会的平台纽带作用，地方工业和信息化主管部门、通信管理部门积极组织协调推动工业企业网络化改造和网络应用创新。

（六）推进传统企业网络化改造。一是支持企业开展针对既有生产设备与系统的网络化二次开发，推动“接口开放、机器上网”，扩大网络覆盖范围和终端连接数量。二是加快企业内网络的IPv6改造进程，不断优化企业内网络架构，提升网络服务能力。三是支持企业参照标杆网络开展企业网络建设和改造，将生产性网络的改造纳入中小企业扶持政策范畴。四是支持高性能、高灵活、高安全隔离的新型企业专线应用，推进企业内外网络互联互通，协调推进基础电信企业与能源、交通、工业制造等重点垂直行业的网络与业务对接，打通企业内外网络之间的信息通道。

（七）开展工业互联网网络应用创新。一是充分发挥企业、高校、科研院所、产业联盟作用，开展基于IPv6、标识解析等网络技术的应用创新，繁荣工业互联网网络上的应用生态。二是开展工业互联网网络应用示范，培育新业态与新模式。三是鼓励企业依托工业互联网网络环境，改造传统生产流程、优化组织模式，提升生产效率，促进产业升级。

五、构建工业互联网标识解析体系

工业和信息化部推动建立工业互联网标识解析管理机制，地方通信管理部门与工业和信息化主管部门加强工作协同，依托相关行业协会、骨干工业企业、信息化服务提供商、基础电信企业、标识研究机构及高等院校加快建设各级服务节点。

（八）建立标识解析管理机制。针对标识注册服务规范和标识解析节点运行要求，制定工业互联网标识解析管理办法，建设一批面向重点行业或区域的二级服务节点运营机构，建立国际根节点、国家顶级节点、二级及以下其他服务节点的建设和运营的统筹协调机制。

（九）建设各级标识解析节点。一是建设和运营国家顶级节点，提供顶级域解析服务，与国内外各主要标识解析系统实现互联互通，形成备案、监测等公共服务能力。二是选择汽车、机械制造、新材料、能源化工、生物医药、高端装备等领域，建设和运营一批标识解析二级节点。

六、拓展工业互联网标识解析应用

地方工业和信息化主管部门、通信管理部门组织和推动典型工业企业、信息化服务提供商、基础电信企业、标识研究机构和高等院校等开展工业互联网标识解析应用创新，加强标识技术产品研发。

（十）推动标识解析集成创新应用。一是加快工业互联网标识解析集成创新，开展基于标识解析服务的关键产品追溯、供应链管理、智能产品全生命周期管理等创新应用，形成一批有较强影响力的工业互联网标识解析先导应用模式。二是建立标识解析服务提供商名录，实现标识解析服务资源池和标识解析应用需求池对接，打通供需对接渠道。

（十一）提升标识解析技术产业能力。一是打造标识解析创新开源社区，汇聚科研机构和企业等的研发资源，加强前沿技术领域共创共享，推进标识解析核心软硬件产品。二是结合区域性产业特色与资源优势，围绕标识解析产业上下游的关键技术、核心装置、系统软件、集成应用等环节，打造一批具有竞争力的龙头企业，形成聚集基础研究、技术研发、服务支持、应用推广、产业化、教育培训、投融资等各环节的产业生态。

七、创建网络发展环境

以工业互联网产业联盟为依托，加快建设工业互联网网络创新公共服务平台；地方工业和信息化主管部门、通信管理部门组织开展面向先进技术和重点行业的工业互联网网络技术与应用测试床建设。

（十二）建设网络创新公共服务平台。一是依托工业互联网产业联盟，组织各方力量，建设创新领先、开放共享的工业互联网网络创新公共服务平台，实现对工业互联网网络技术创新、标准研制、测试认证、应用示范、产业促进、人才培育、国际合作等方面的全方位支撑。二是强化公共服务平台和产业联盟对中小企业的支持力度，为中小企业与产业链各方合作提供便利条件。三是加强对工业互联网网络和标识解析等核心技术、运营机制、应用模式的培训，组织开展工业互联网网络创新大赛，加快工业互联网网络人才队伍建设。

（十三）建设网络技术与应用测试床。一是支持企业、科研机构、高校，针对5G、窄带物联网（NB-IoT）、软件定义网络（SDN）、网络虚拟化（NFV）、TSN、边缘计算等新型网络技术，联合建设10个以上网络技术测试床，开展基础通用关键技术、标准、设备、解决方案的研制研发、试验测试等工作。二是支持企业、科研机构、高校合作，在汽车、航空航天、石油化工、机械制造等重点行业，建设10个以上垂直行业网络化改造和标识解析应用测试床。

八、规范网络发展秩序

工业和信息化部加强工业互联网网络建设与应用相关的网络地址、频谱资源的规划和管理，建立工业互联网网络发展监测评估机制。地方工业和信息化主管部门、通信管理部门指导企业落实网络安全要求，统计报送地方工业互联网网络发展情况；支持工业互联网产业联盟等第三方机构积极开展工业互联网网络发展宣传推广工作。

（十四）加强网络资源管理和安全保障。一是推动在工业互联网领域落实IPv6地址编码规划方案，建立工业互联网IPv6地址申请、分配、使用、备案管理体制。二是加强频率资源管理和统筹，研究制定工业互联网频率使用指南，做好5G系统实验的基站与卫星地球站干扰协调、电台执照许可工作，依法做好工业互联网专用频率的干扰保护。三是指导相关企业在进行网络化改造的同时落实网络安全标准相关要求，提升标识解析顶级节点，二级节点的安全防护能力。四是进行工业互联网设备进网管理制度研究，组织开展联网设备检测。

（十五）加强网络发展监测和宣传推广。一是探索建立工业互联网网络运行监测体系，逐步开展工业互联网外网和企业内网发展情况的动态监测，定期发布工业互联网网络发展报告。二是组织编制工业互联网网络建设与改造优秀案例，通过组织大型峰会、高峰论坛、现场会、成果发布会、巡讲团等形式，加强对工业互联网网络、标识解析领域相关成果和典型经验的推广，提升产业和企业对工业互联网网络的认知。

科技管理

技术创新

【国家制造业创新中心建设工程】 2018年，工业和信息化部稳步推进国家制造业创新中心建设工作。

进一步完善顶层设计。为加强对国家制造业创新中心的督促引导并适应产业技术变化，先后印发《国家制造业创新中心考核评估办法（暂行）》（工信厅科〔2018〕37号）、《国家制造业创新中心建设领域总体布局（2018年新增）》（工信厅科〔2018〕67号）等文件，明确对国家制造业创新中心建设和运行情况进行定期考核评估要求，新明确14个国家制造业创新中心重点建设领域，国家制造业创新中心重点建设领域达到36个。

扎实推进国家制造业创新中心建设。在省级制造业创新中心中选择涉及产业发展关键领域、基础良好、具备基本条件的创新中心，指导有关单位编制完善建设方案，通过专家论证遴选确定集成电路、智能传感器、轻量化材料成形技术及装备、数字化设计与制造等4家国家制造业创新中心。

组织召开国家制造业创新中心建设相关会议。组织召开印刷及柔性显示、信息光电子、机器人、集成电路、智能传感器、数字化设计与制造等国家制造业创新中心建设启动会，工业和信息化部部长苗圩、副部长罗文分别出席相关启动会并调研，指导相关创新中心加快推进建设工作。此外，工业和信息化部科技司在武汉、西安组织召开两次制造业创新中心建设工作培训会，各地工信主管部门、有关国家和省级制造业创新中心参加会议。

【“国家技术创新示范企业”认定】 2018年，工业和信息化部、财政部继续联合组织开展国家技术创新示范企业认定工作。为深入实施创新驱动发展战略，强化企业技术创新主体地位，根据工业和信息化部、财政部联合印发的《技术创新示范企业认定管理办法（试行）》（工信部联科〔2010〕540号）要求，两部联合开展2018年国家技术创新示范企业认定工作。经企业申报、地方推荐、专家评审、社会公示等环节，认定“北京高能时代环境技术股份有限公司”等68家企业为国家技术创新示范企业。同时，根据工信部联科〔2010〕540号文件“三年一评估”的要求，工业和信息化部组织对2015年认定及复核通过的150家国家技术创新示范企业进行复核评价，146家企业通过考评。

【“工业和信息化部重点实验室”认定】 为持续推进工业和信息化领域创新平台建设，根据《工业和信息化部重点实验室管理暂行办法》（工信部科〔2014〕515号）

要求，工业和信息化部组织开展2018年工业和信息化部重点实验室认定工作。经部属高校和部属单位自主申报、专家评审、社会公示等环节，新认定“空间环境监测与信息处理工业和信息化部重点实验室”等27家部重点实验室，部重点实验室总数达到104家。同时，按照相关要求，完成新认定部重点实验室的实验室主任和学术委员会主任聘任工作，推进新认定部重点实验室尽快开展工作。组织开展部重点实验室年度考核，推动已认定的部重点实验室围绕解决工业和信息化领域行业发展中的技术难题，不断强化平台建设，提升创新能力。

[供稿：工业和信息化部科技司]

高技术与物联网

【科技体制改革】 落实科技体制改革各项任务。落实科技体制改革要求，支持北京航空航天大学等4家部属单位开展扩大科研人员自主权试点改革。指导监督工业和信息化部产业发展促进中心做好国家科技计划项目管理工作。推动工业和信息化部部属高校和院所深化科研创新能力和科研诚信建设，组织做好大型科研仪器开放共享。支持北京市、上海市建设科技创新中心相关工作。

【物联网】 持续推动物联网发展。加强顶层设计，推动落实《信息通信行业发展规划物联网分册》，并对规划执行进行中期评估。组织召开无锡国家传感网创新示范区第五次部际建设协调领导小组会议，工业和信息化部部长苗圩发表重要讲话。面向全国开展2018年物联网集成创新与融合应用项目征集工作，遴选106个优秀项目。加强对重庆市、无锡市、福州市、杭州市等物联网重点发展区域的指导。会同科技部、江苏省人民政府举办2018世界物联网博览会，苗圩等部领导出席并致辞。

【车联网】 加快推动车联网产业发展。召开车联网产业发展专委会第二次全体会议，工业和信息化部部长苗圩、副部长罗文、交通运输部领导、公安部领导以及20余部门代表出席会议。会议期间，工业和信息化部、公安部、交通运输部、雄安新区共同签署协议，推动在雄安新区开展车联网示范应用，各方开展基于多场景的实验验证，为新产品应用和跨界技术的发展探索新机制和新管理方法。会议就发展车联网产业下一步重点工作和分工等达成共识。印发《车联网（智能网联汽车）产业发展行动计划》，明确产业发展方向，部署相关重点任务。工业和信息化部会同公安部、江苏省人民政府在无锡共建国家智能交通综合测试基地，推动全球首个车联网（LTE-V2X）城市级示范应用，苗圩部长专门实乘考察。工业和信息化部与国家标准化管理委员会联合印发《国家车联网产业标准体系建设指南》总体部分、电子部分、通信部分，规范产业发展。推动出台车联网频率管理规定，满足车联网发展需要。

【人工智能】 推动人工智能与实体经济深度融合。推动落实《促进新一代人工智能产业发展三年行动计划（2018—2020年）》，制定工业和信息化部部内分工方案，加强统筹形成合力。组织新一代人工智能产业创新发展重点任务揭榜工作，创新机制，通过“揭榜挂帅”发现“良马”，通过攻关和评测优选“千里马”，能否成为揭榜单位，成为各企业体现行业地位的重要指标。组织全国人工智能与实体经济深度融合创新项目征集，从超过2 000家企业申报的项目中，遴选出106个项目。会同有关地方，分别在重庆、上海、天津、浙江乌镇主办2018中国国际智能产业博览会、2018世界人工智能大会、第二届世界智能大会、世界互联网大会人工智能论坛等世界性大会，工业和信息化部部长苗圩、副部长罗文多次出席。按照中央全面深化改革委员会办公室要求，落实十九大报告任务分工，牵头组织制定《人工智能与实体经济深度融合指导意见》。

【科技重大专项】 抓好科技重大专项工业和信息化部部内统筹，向部长办公会汇报进展情况。做好国家重大科技专项 2020 年后接续工作，会同部内司局就 01、02、03、04 专项接续进行研究。会同部内司局做好天地一体化信息网络、重点新材料等科技创新 2030—重大项目工作。

[供稿：工业和信息化部科技司]

质量管理

【先进质量管理方法推广】 认真贯彻落实《国务院关于加强质量认证体系建设促进全面质量管理的意见》，编制《信息通信行业生产与服务组织质量管理体系要求》行业标准和《产品全寿命周期信息化质量追溯性要求》团体标准，起草《信息系统集成及服务行业质量管理规范》行业标准。支持重点行业根据行业特点开展先进质量管理经验交流。组织开展行业质量共性技术推广项目，对 10 个重点领域予以支持，提高相关领域质量技术水平。开展质量管理小组、现场班组、品牌故事大赛、品牌创新大赛等活动，提高一线员工质量品牌意识。

【质量控制和技术评价实验室复评】 质量控制与技术评价实验室复评工作开展 8 年来，形成覆盖面广、具备一定服务基础和辐射能力的质量控制与技术评价实验室布局。2018 年，根据《工业产品质量控制和技术评价实验室管理办法》（工信部科〔2010〕93 号）要求，工业和信息化部组织实验室专家技术委员会对第三批 58 家工业质量控制与技术评价实验室进行复核，其中包括 6 家电子信息和应用软件类实验室，共 55 家实验室通过复核。组织召开工业质量控制与技术评价实验室座谈会，交流实验室建设经验，提高实验水平。截至 2018 年年底，工业质量控制与技术评价实验室总数达到 195 家，形成一支高水平的工业和通信行业技术服务队伍，在检验检测、认证认可、标准计量等方面发挥重要保障作用。

【工业质量品牌建设工作】 2018 年 3 月，印发《工业和信息化部办公厅关于做好 2018 年工业质量品牌建设工作的通知》，在全国工信系统和相关行业落实《中共中央、国务院关于开展质量提升行动的指导意见》和《促进装备制造业质量品牌提升专项行动指南》等文件要求；制定品牌培育行业标准，编写行业宣贯教材。20 多个省、自治区、直辖市发布年度工业质量品牌计划。举办品牌培育管理体系标准宣贯会，指导企业提高品牌建设能力。组织开展第二届“中国品牌日”系列活动；举办首届中国自主品牌博览会和中国品牌发展国际论坛，加大对优秀国产品牌宣传力度。开展品牌故事演讲比赛，参与省份 20 余个，企业上千家，有力提高了广大企业的品牌意识和品牌形象。

【质量标杆学习活动】 2018 年，在全行业继续组织开展质量标杆学习活动，新遴选确定 38 项全国质量标杆，组织 4 期标杆经验现场交流活动，其中，“北京小米移动软件有限公司实施基于大数据的新型互联网开发模式和质量管控的经验”等 13 个“互联网 +”质量标杆典型经验名列其中，家电企业青岛海尔空调器有限总公司、四川长虹电子部品有限公司和松下制冷（大连）有限公司分别以实施基于互联网和智能制造的质量信息化管理、实施控制分级的质量管理、实施基于互联网的远程监控系统这 3 项经验入选。工业和信息化部质量标杆网上平台年访问量超过 12 万人次。

【全国工业企业品牌培育试点示范工作】 继续组织开展全国工业企业品牌培育试点示范工作，在近万家企业开展工业企业品牌培育试点示范工作的基础上，推动通信、电子等行业制定品牌培育行业标准，同步组织编写标准宣贯教材。在指导地方开展工作的同时，做好与新型工业化示范基地对接工作。继续支持中国质量协会开展质量标杆、质量管理小组、信得过班组等活动，推广先进质量管理方法。在重点行业、重点地区选择100家企业试点设立首席质量官，开展培训、交流活动，提升企业质量管理效能。

【产业集群区域品牌建设试点工作】 探索将产业集群区域品牌建设与新型工业化示范基地等工业和信息化部其他工作相结合，促进产业集群转型升级。组织开展产业集群区域品牌建设试点示范验收工作，引导产业集群开展团体标准建设、质量提升、知识产权保护等工作，提高区域品牌竞争力，促进区域品牌与企业品牌良性互动发展。

【工业质量品牌公共服务平台建设】 开展品牌培育管理体系标准贯标行动，提高中小企业品牌建设能力，促进企业效益提升。重点支持5个中小企业公共服务平台，以质量工具自评、在线教育、专家咨询、专业诊断等方式，为中小企业质量提升提供专业化服务。

【全国质量管理知识竞赛活动】 继续推进全面质量管理工作在全国深入开展。2018年8月28日至11月30日，组织举办“全国企业员工全面质量管理知识竞赛”活动，共有327万名企业员工注册，320万名员工参与答题，覆盖全国34个省级行政区（包括中国港澳台地区）及各主要行业。

[供稿：工业和信息化部科技司]

行业标准管理

【标准制定修订】 2018年，工业通信业标准化工作立足于制造强国和网络强国建设全局，坚持以推动工业通信业高质量发展为目标，以标准体系供给侧结构性改革为主线，积极开展信息产业行业标准制定修订工作。全年共下达457项信息通信领域标准计划，其中包含203项重点标准；批准发布261项行业标准，其中制定标准202项，修订标准59项，标准体系的系统性和先进性进一步提升，较好地适应了产业发展需要。

【团体标准化】 2018年，工业和信息化部组织开展“百项团体标准应用示范项目”评选，经社会团体自愿申报、行业或地方推荐、专家评审、公示等环节，遴选出102项技术水平较高、市场应用前景较好的团体标准应用示范项目，进一步激发社会团体开展团体标准化工作积极性，其中信息通信领域33项，发挥了先进团体标准对产业高质量发展的引领作用。

【标准国际化】 2018年，工业和信息化部积极推动信息通信领域国际标准化工作，下达《移动显示器件用玻璃盖板 第1部分：机械试验方法 指南》等一批国际标准的转化工作，大力推动国内基础标准、方法标准、安全标准与国际水平接轨，提升国际标准话语权。以国际标准提案为核心，鼓励和支持国内企事业单位实质性参与国际标准化工作，增强相关产业国际竞争力。全年共支持由中国企事业单位提出的《云计算 网络即服务功能架构》等101项国际标准项目。

[供稿：工业和信息化部科技司]

知识产权管理

【行业计量技术规范编制】 开展行业计量技术规范编制，2018 年工业和信息化部科技司完成 101 项计量技术规范制定修订，新下达 94 项计量技术规范制定修订任务，涵盖机械、石化、建材、轻工、纺织、通信、电子等领域。集中支持自主创新、安全与节能环保等计量测试技术和方法的规范制定，加快填补新领域计量空白，实现关键量的准确测量和实时校准，同时兼顾市场急需，服务产业，对已不能满足技术进步和产业发展需要但市场急需的规范项目进行修订，切实发挥计量技术对制造业的引领和支撑作用，满足行业发展急需，促进产业水平提升。

【科技成果产业化】 2018 年，工业和信息化部积极贯彻落实促进科技成果转化有关文件，印发《贯彻落实 < 国家技术转移体系建设方案 > 部内任务分工方案》。与部属高校、科研院所召开座谈会，推动部属单位加强技术转移专业机构建设、落实促进科技成果转化具体措施。积极支持北京市、福建省、湖南省、四川省、安徽省等省市开展专利等成果的转移转化工作。

【工业企业知识产权运用能力】 加强工业企业知识产权运用能力培育。加快实施知识产权推进计划和中小企业知识产权推进工程，通过制造业知识产权大课堂，培育和激发中小企业知识产权意识和运用能力。组织开展工业企业知识产权运用试点培育工作，累计遴选试点企业 1 500 余家；支持部属单位举办工业和信息化领域知识产权大课堂，面向重点领域骨干企业、中小企业开展知识产权能力培育，累计培训 2 000 余人次。

【行业知识产权服务支撑能力】 推进《制造业知识产权行动计划（2018—2020 年）》《工业和信息化部 2018 年度知识产权推进计划》，组织开展制造业知识产权创造、保护、运用、企业知识产权能力提升以及重大问题研究。组织有关地方、部属单位开展知识产权创造、保护、运用、提升等方面的研究。

[供稿：工业和信息化部科技司]

获国家科学技术奖励情况

【获国家最高科学技术奖情况】

序号	获奖人
1	刘永坦

【获国家自然科学奖情况】

序号	编号 / 获奖等级	项目名称 / 主要完成单位	主要完成人
1	Z-102-1-01 一等奖	量子反常霍尔效应的实验发现 清华大学，中国科学院物理研究所	薛其坤，王亚愚，何　珂，马旭村，吕　力
2	Z-102-2-01 二等奖	固体材料中贝里相位效应的第一性原理研究 北京理工大学，中国科学院物理研究所	姚裕贵，刘铖铖，冯万祥
3	Z-103-2-04 二等奖	自组装纳米结构的构建及功能化 国家纳米科学中心，哈尔滨工业大学，中国科学院大学	唐智勇，刘绍琴，宋　锐，夏云生
4	Z-107-2-01 二等奖	网络系统的分布式感知与协同控制基础理论与方法 上海交通大学，燕山大学	关新平，华长春，陈彩莲，朱善迎，龙承念
5	Z-107-2-02 二等奖	动态系统故障诊断与可靠容错控制 南京航空航天大学	姜　斌，陈　谋，杨　浩，冒泽慧，张　柯
6	Z-107-2-03 二等奖	大规模多媒体的资源跨域协同计算理论方法 清华大学	朱文武，崔　鹏，陈志波，王　飞，王　智
7	Z-107-2-05 二等奖	新型微波超材料对空间波和表面等离激元波的自由调控或实时调控 东南大学	崔铁军，沈晓鹏，蒋卫祥，程　强，马慧锋
8	Z-107-2-06 二等奖	金属有机半导体的结构设计、性能调控与光电应用 南京邮电大学，南京工业大学	黄　维，赵　强，刘淑娟，陈润锋，孙会彬
9	Z-107-2-07 二等奖	网络化系统安全优化理论与方法及在能源电力等系统的应用 西安交通大学，清华大学	管晓宏，赵千川，翟桥柱，贾庆山，徐寅峰
10	Z-108-2-02 二等奖	带共轭侧链的聚合物给体和茚双加成富勒烯受体光伏材料 中国科学院化学研究所	李永舫，侯剑辉，何有军，霍利军，赵光金

【获国家技术发明奖情况】

序号	编号 / 获奖等级	项目名称 / 主要完成单位	主要完成人
1	F-30901-1-01 一等奖	云－端融合系统的资源反射机制及高效互操作技术 北京大学，北京因特睿软件有限公司	梅　宏，黄　罡，张　颖，刘譞哲，郭　耀，熊英飞
2	F-307-2-05 二等奖	大尺寸高性能激光偏振薄膜元件成套制备工艺技术及应用 中国科学院上海光学精密机械研究所	邵建达，朱美萍，魏朝阳，刘世杰，易　葵，赵元安
3	F-308-2-04 二等奖	空间极端环境下机构复杂序列运动地面测试装备关键技术 北京航空航天大学，北京卫星环境工程研究所，北京卫星制造厂有限公司	丁希仑，张武翔，孙立臣，刘恩均，张　涛，赵　曾
4	F-308-2-05 二等奖	高端制药机器人视觉检测与控制关键技术及应用 湖南大学，湖南千山制药机械股份有限公司，湖南工业大学	王耀南，刘祥华，孙　炜，张昌凡，张　辉，毛建旭
5	F-30901-2-01 二等奖	仿人机器人关键技术及应用 北京理工大学，山东帅克机械制造股份有限公司	黄　强，余张国，张伟民，高峻峣，陈学超，汤承龙
6	F-30901-2-02 二等奖	大人群指掌纹高精度识别技术及应用 清华大学，北京海鑫科金高科技股份有限公司，清华大学深圳研究生院	周　杰，冯建江，刘晓春，杨春宇，郭振华，郑逢德
7	F-30902-2-01 二等奖	氮化物半导体大失配异质外延技术 北京大学，东莞市中图半导体科技有限公司，东莞市中镓半导体科技有限公司	沈　波，康　凯，王新强，童玉珍，陈志忠，付星星
8	F-30902-2-02 二等奖	集成化宽频带光发射器件与模块 中国科学院半导体研究所，南京大学，武汉光迅科技股份有限公司	祝宁华，刘建国，陈向飞，马卫东，刘　宇，陈　伟

续表

序号	编号 / 获奖等级	项目名称 / 主要完成单位	主要完成人
9	F-30902-2-03 二等奖	热点区域高容量无线网络的协同自组织技术及应用 北京邮电大学，京信通信系统（中国）有限公司，大唐移动通信设备有限公司，中国信息通信研究院	彭木根，王文博，张远见，王文清，张　翔，徐霞艳
10	F-30902-2-04 二等奖	光电成像系统参数测试与校准关键技术及应用 北京理工大学，西安应用光学研究所，中国计量科学研究院	赵维谦，邱丽荣，占春连，周桃庚，张吉焱，张旭升
11	F-30902-2-05 二等奖	飞秒脉冲激光的高对比度放大及精密控制 中国科学院物理研究所	魏志义，王兆华，韩海年，刘　成，滕　浩，田金荣
12	F-310-2-02 二等奖	仿复眼成像的单相机三维流场测速关键技术及装备 北京航空航天大学，北京立方天地科技发展有限责任公司，北京镭宝光电技术有限公司	王晋军，高　琪，潘　翀，蔡楚江，魏润杰，张　放

【获国家科学技术进步奖情况】

序号	编号 / 获奖等级	项目名称 / 主要完成单位	主要完成人
1	J-22301-1-01 一等奖	中国高精度位置网及其在交通领域的重大应用 武汉大学，北京航空航天大学，中国交通通信信息中心，中华人民共和国海事局（交通运输部海事局），中国交通建设股份有限公司，北京合众思壮科技股份有限公司，北京北斗星通导航技术股份有限公司，中国信息通信研究院，民航数据通信有限责任公司，北京民航天宇科技发展股份有限公司	施　闯，杨长风，王志鹏，楼益栋，刘　建，唐卫明，谢晋东，滕爱国，杨　亮，李　晶，曹红杰，王玉林，胡　刚，李　强，万　屹
2	J-236-1-01 一等奖	新一代刀片式基站解决方案研制与大规模应用 华为技术有限公司	吕劲松，汪　涛，王　强，倪　辉，李挺钊，胡志明，高晓波，兰　鹏，石晓明，姜　巍，彭　锋，陈　放，唐海正，李　刚，颜忠义
3	J-219-1-01 一等奖	光电显示用高均匀超净面玻璃基板关键技术与设备开发及产业化 东旭集团有限公司，北京工业大学，芜湖东旭光电装备技术有限公司，武汉理工大学，芜湖东旭光电科技有限公司，郑州旭飞光电科技有限公司，石家庄旭新光电科技有限公司	李　青，斯沿阳，孙诗兵，李　震，刘文泰，王丽红，周　波，胡恒广，王俊明，郑　权，严永海，袁凤玲，穆美强，张广涛，汪伟军
4	J-232-1-01 一等奖	地质工程分布式光纤监测关键技术及其应用 南京大学，中国电子科技集团公司第四十一研究所，苏州南智传感科技有限公司，中国矿业大学，中国地质调查局南京地质调查中心，山东大学，中铁隧道局集团有限公司	施　斌，张　丹，闫继送，魏广庆，张　巍，朱鸿鹄，张志辉，朴春德，王　静，姜月华，尹　龙，顾　凯，王宝军，唐朝生，袁　明
5	J-202-2-03 二等奖	高分辨率遥感林业应用技术与服务平台 中国林业科学研究院资源信息研究所，国家林业局调查规划设计院，中国科学院遥感与数字地球研究所，西安科技大学	李增元，高志海，张煜星，陈尔学，张　旭，覃先林，夏朝宗，李晓松，凌成星，李崇贵
6	J-206-2-01 二等奖	长飞光纤光缆技术创新工程 长飞光纤光缆股份有限公司	
7	J-211-2-05 二等奖	高安全性、宽温域、长寿命二次电池及关键材料的研发和产业化 湖南科力远新能源股份有限公司，常德力元新材料有限责任公司，湖南科霸汽车动力电池有限责任公司，益阳科力远电池有限责任公司，先进储能材料国家工程研究中心有限责任公司	钟发平，谢红雨，朱济群，陶维正，肖进春，杨先锋，匡德志，杨书胜，周旺发，周建明

续表

序号	编号 / 获奖等级	项目名称 / 主要完成单位	主要完成人
8	J-213-2-02 二等奖	磷酸铁锂动力电池制造及其应用过程关键技术 上海交通大学，比亚迪汽车工业有限公司，上海中聚佳华电池科技有限公司，江苏乐能电池股份有限公司	马紫峰，廖小珍，张子峰，赵政威，丁建民，贺益君，杨　军，尹韶文，何雨石，沈佳妮
9	J-214-2-02 二等奖	高强超薄浮法铝硅酸盐屏幕保护玻璃规模化生产成套技术与应用开发 四川旭虹光电科技有限公司，东旭集团有限公司，北京工业大学	任书明，刘再进，田英良，陈发伟，宫汝华，王卓卿，李俊锋，王耀君，张克俭，李利升
10	J-215-2-01 二等奖	电子废弃物绿色循环关键技术及产业化 荆门市格林美新材料有限公司，中南大学，格林美股份有限公司，北京工业大学	郭学益，许开华，田庆华，席晓丽，李　栋，周继锋，王亲猛，秦玉飞，郭苗苗，魏　琼
11	J-215-2-02 二等奖	高世代声表面波材料与滤波器产业化技术 清华大学，中国电子科技集团公司第二十六研究所，无锡市好达电子有限公司，深圳市麦捷微电子科技股份有限公司，深圳大学	潘　峰，欧　黎，王为标，张美蓉，罗景庭，曾　飞，马晋毅，陆增天，赖定权，宋　成
12	J-219-2-01 二等奖	毫米波与太赫兹（50GHz ~ 500GHz）测量系统 中国电子科技集团公司第四十一研究所，中国电子科技集团公司第十三研究所	年夫顺，姜万顺，邓建钦，王亚海，范国清，常庆功，陈　卓，赵　锐，邢　东，姜信诚
13	J-219-2-02 二等奖	高磁导率磁性基板关键技术及产业化 电子科技大学，成都佳驰电子科技有限公司，珠海市魅族科技有限公司，深圳市中天迅通信技术股份有限公司	邓龙江，梁迪飞，陈　良，李维佳，谢海岩，张宏亮，阙智勇，李　涛，刘华涛，李立忠
14	J-220-2-01 二等奖	海气界面环境弱目标特性高灵敏度微波探测关键技术及装备 上海大学，中国人民解放军国防科技大学，北京无线电测量研究所，西安空间无线电技术研究所，浙江大学，宜昌测试技术研究所	陈　希，魏艳强，陈　雪，毛科峰，李　浩，张　丰，张云海，杨　毅，任迎新，刘媛媛
15	J-220-2-02 二等奖	数据库管理系统核心技术的创新与金仓数据库产业化 中国人民大学，北京人大金仓信息技术股份有限公司	杜小勇，王　珊，陈　红，任永杰，张　孝，李翠平，张延松，冯　玉，冷建全，王建华
16	J-220-2-03 二等奖	大规模街景系统及其位置服务关键技术 清华大学，深圳市腾讯计算机系统有限公司	胡事民，王巨宏，张松海，徐　昆，李国良，刘　龙，李成军，王建宇，汪　淼，钟翔平
17	J-220-2-05 二等奖	笔式人机交互关键技术及应用 中国科学院软件研究所，鸿合科技股份有限公司，北京教育科学研究院，中国医学科学院北京协和医院，深圳市鸿合创新信息技术有限责任公司	田　丰，戴国忠，王宏安，张树江，张　毅，方中雄，崔丽英，朱以诚，张凤军，李俊峰
18	J-220-2-06 二等奖	空地一体化协同防撞关键技术及重大应用 四川九洲空管科技有限责任公司，北京航空航天大学，四川九洲电器集团有限责任公司，民航数据通信有限责任公司，北京民航天宇科技发展股份有限公司	张学军，刘志刚，张　涛，刘永刚，冯　涛，王彦成，李海轮，白　琳，赵　灿，金开研
19	J-220-2-07 二等奖	大规模网络安全态势分析关键技术及系统 YHSAS 中国人民解放军国防科技大学，哈尔滨工业大学深圳研究生院，哈尔滨安天科技股份有限公司，任子行网络技术股份有限公司，哈尔滨工业大学	贾　焰，方滨兴，韩伟红，李爱平，周　斌，方　华，景晓军，江　荣，黄九鸣，李润恒

续表

序号	编号 / 获奖等级	项目名称 / 主要完成单位	主要完成人
20	J-221-2-01 二等奖	大型桥梁结构健康监测数据挖掘与安全评定关键技术 中交公路规划设计院有限公司，哈尔滨工业大学	李　惠，裴岷山，欧进萍，崔　冰，鲍跃全，李　娜，李顺龙，冯良平，张东昱，刘志强
21	J-22301-2-01 二等奖	城市多模式公交网络协同设计与智能服务关键技术及应用 东南大学，公安部交通管理科学研究所，交通运输部公路科学研究所，中国城市规划设计研究院，南京莱斯信息技术股份有限公司，南京全司达交通科技有限公司	王　炜，刘　攀，孙正良，汪　林，王　昊，杨　敏，胡晓健，殷广涛，刘冬梅，徐　棱
22	J-22301-2-02 二等奖	大范围路网交通协同感知与联动控制关键技术及应用 北京航空航天大学，公安部交通管理科学研究所，北京交通发展研究院，安徽科力信息产业有限责任公司，交通运输部公路科学研究所，北京四通智能交通系统集成有限公司，启明信息技术股份有限公司	王云鹏，刘东波，郭继孚，田大新，于海洋，关积珍，李　斌，任毅龙，吴　坚，何广进
23	J-22302-2-01 二等奖	基于共用架构的汽车智能驾驶辅助系统关键技术及产业化 清华大学，苏州智华汽车电子有限公司，广州汽车集团股份有限公司，厦门金龙联合汽车工业有限公司	李克强，罗禹贡，李升波，王建强，杨殿阁，邓　博，席忠民，陈卫强，成　波，许　庆
24	J-236-2-01 二等奖	高效融合的超大容量光接入技术及应用 北京邮电大学，中兴通讯股份有限公司	纪越峰，许　明，顾仁涛，贝劲松，陈　雪，黄新刚，王立芊，蔡惊哲，李　慧，孙砚峰
25	J-236-2-02 二等奖	数字电视广播系统与核心芯片的国产化 上海交通大学，国家新闻出版广电总局广播电视规划院，深圳市海思半导体有限公司，上海高清数字科技产业有限公司，青岛海信电器股份有限公司，康佳集团股份有限公司	张文军，管云峰，冯景锋，何大治，李　智，王　峰，谭丽娟，梁伟强，刘卫东，郭　斌
26	J-25201-2-01 二等奖	InSAR 毫米级地表形变监测的关键技术及应用 中南大学，香港理工大学，中国矿业大学，广东省地质测绘院，长安大学	朱建军，李志伟，丁晓利，胡　俊，张　勤，张杏清，谢荣安，陈国良，戴吾蛟，冯光财
27	J-25201-2-03 二等奖	海洋测绘和内陆水域监测的卫星大地测量关键技术及应用 武汉大学，中国人民解放军海军海洋测绘研究所，国家测绘地理信息局卫星测绘应用中心，中国人民解放军海军大连舰艇学院	姜卫平，金涛勇，宁津生，翟国君，暴景阳，常晓涛，褚永海，王正涛，许　军，徐新禹
28	J-25201-2-04 二等奖	复杂大电网时空信息服务平台关键技术与应用 国网信息通信产业集团有限公司，武汉大学，厦门亿力吉奥信息科技有限公司，武大吉奥信息技术有限公司，国网福建省电力有限公司，北京恒华伟业科技股份有限公司，中国电力科学研究院有限公司	王继业，朱欣焰，赵　光，刘金长，庄玉林，赖征田，杨成月，李功新，曾　楠，李浩松
29	J-25201-2-05 二等奖	高光谱遥感信息机理与多学科应用 中国科学院遥感与数字地球研究所	张　兵，张立福，童庆禧，刘良云，张　霞，高连如，黄文江，陈正超，张文娟，黄长平

[供稿：工业和信息化部科技司]

电子行业标准与国家标准

【2018 年批准发布的电子行业标准】

序号	标准号	标准名称	实施日期
1	SJ/T 10012-2018	电子元器件详细规范 CBB23 型双面金属化聚丙烯膜介质 直流固定电容器 评定水平 E	2018/7/1
2	SJ/T 10805-2018	半导体集成电路 电压比较器测试方法	2018/4/1
3	SJ/T 10873-2018	电子元器件详细规范 CL20、CL20A 型金属化聚酯膜介质直流固定电容器 评定水平 E	2018/7/1
4	SJ/T 11002-2018	电子元器件详细规范 CBB111 型金属箔式聚丙烯膜介质直流固定电容器 评定水平 E	2018/7/1
5	SJ/T 11294-2018	防静电地坪涂料通用规范	2019/1/1
6	SJ/T 11445.5-2018	信息技术服务 外包 第 5 部分：发包方项目管理规范	2018/10/1
7	SJ/T 11460.4-2018	液晶显示用背光组件 第 4 部分：量子点背光组件空白详细规范	2019/1/1
8	SJ/T 11684-2018	信息技术服务 信息系统服务监理规范	2018/10/1
9	SJ/T 11697-2018	无铅元器件焊接工艺适应性规范	2018/4/1
10	SJ/T 11698-2018	无铅焊锡化学分析方法 电感耦合等离子体原子发射光谱法	2018/4/1
11	SJ/T 11699-2018	IP 核可测性设计指南	2018/4/1
12	SJ/T 11700-2018	IP 核质量信息描述方法	2018/4/1
13	SJ/T 11701-2018	通用 NAND 型快闪存储器接口	2018/4/1
14	SJ/T 11702-2018	半导体集成电路 串行外设接口测试方法	2018/4/1
15	SJ/T 11703-2018	数字微电子器件封装的串扰特性测试方法	2018/4/1
16	SJ/T 11704-2018	微电子封装的数字信号传输特性测试方法	2018/4/1
17	SJ/T 11705-2018	微电子器件封装的地和电源阻抗测试方法	2018/4/1
18	SJ/T 11706-2018	半导体集成电路 现场可编程门阵列测试方法	2018/4/1
19	SJ/T 11707-2018	硅通孔几何测量术语	2018/4/1
20	SJ/T 11708-2018	功率电机驱动器测试方法	2018/4/1
21	SJ/T 11709-2018	背投影显示屏拼接系统验收规范	2018/7/1
22	SJ/T 11710-2018	液晶显示屏拼接系统验收规范	2018/7/1
23	SJ/T 11711-2018	室内用 LED 显示屏多媒体系统验收规范	2018/7/1
24	SJ/T 11712-2018	智能电视语音识别 测试方法	2018/7/1

续表

序号	标准号	标准名称	实施日期
25	SJ/T 11713-2018	智能电视语音识别 通用技术要求	2018/7/1
26	SJ/T 11714-2018	扬声器线阵列用声波导主要性能测试方法	2018/7/1
27	SJ/T 11715-2018	音视频设备 GFSK 遥控编码规范	2018/7/1
28	SJ/T 11716-2018	微型扬声器主要性能测试方法	2018/7/1
29	SJ/T 11717-2018	产品碳足迹 产品种类规则 液晶显示器	2018/7/1
30	SJ/T 11718-2018	产品碳足迹 产品种类规则 液晶电视机	2018/7/1
31	SJ/T 11719-2018	高性能计算机 刀片式服务器 计算刀片电气技术要求	2018/7/1
32	SJ/T 11720-2018	高性能计算机 刀片式服务器 计算刀片机械技术要求	2018/10/1
33	SJ/T 11721-2018	高性能计算机 刀片式服务器 计算刀片固件技术要求	2018/7/1
34	SJ/T 11722-2018	光伏组件用背板	2018/7/1
35	SJ/T 11723-2018	锂离子电池用电解液	2018/10/1
36	SJ/T 11724-2018	锂原电池用电解液	2018/10/1
37	SJ/T 11725-2018	印制电路用导热型覆铜箔环氧复合基层压板	2018/7/1
38	SJ/T 11726-2018	品牌培育管理体系实施指南 电子信息行业	2019/1/1
39	SJ/T 11727-2018	便携式显示设备图像质量测量方法	2019/1/1
40	SJ/T 11728-2018	电子信息行业社会责任管理体系	2019/1/1
41	SJ/T 11729-2018	产品生命周期管理（PLM）规范	2019/1/1
42	SJ/T 11730-2018	工艺数据管理规范	2019/1/1
43	SJ/T 11731-2018	钢铁供应链协同规范 业务需求和整体框架	2019/1/1
44	SJ/T 11732-2018	超级电容器用有机电解液规范	2019/1/1
45	SJ/T 1885.41-2018	电子设备用固定电容器 第 41 部分：分规范 高压复合介质固定电容器	2018/7/1
46	SJ/T 1885.41.1-2018	电子设备用固定电容器 第 41-1 部分：空白详细规范 高压复合介质固定电容器	2018/7/1
47	SJ/T 207.1-2018	设计文件管理制度 第 1 部分：设计文件的分类和组成	2018/10/1
48	SJ/T 207.2-2018	设计文件管理制度 第 2 部分：设计文件的格式	2018/7/1
49	SJ/T 207.3-2018	设计文件管理制度 第 3 部分：文字内容和表格形式设计文件的编制方法	2018/7/1
50	SJ/T 207.4-2018	设计文件管理制度 第 4 部分：设计文件的编号	2018/7/1
51	SJ/T 207.5-2018	设计文件管理制度 第 5 部分：设计文件的更改	2018/7/1
52	SJ/T 2268-2018	旋磁多晶铁氧体材料系列	2018/10/1
53	SJ/T 2406-2018	微波电路型号命名方法	2018/4/1
54	SJ/T 9014.8.2-2018	半导体器件 分立器件 第 8-2 部分：超结金属氧化物半导体场效应晶体管空白详细规范	2018/7/1

【2018 年批准发布的电子行业国家标准】

序号	标准号	标准名称	实施日期
1	GB/T 11313.11-2018	射频连接器 第 11 部分：外导体内径为 9.5mm（0.374in）、特性阻抗为 50Ω、螺纹连接的射频同轴连接器（4.1/9.5 型）分规范	2019/1/1
2	GB/T 11313.13-2018	射频连接器 第 13 部分：1.6/5.6 和 1.8/5.6 型射频同轴连接器分规范	2019/1/1
3	GB/T 11313.15-2018	射频连接器 第 15 部分：外导体内径为 4.13mm（0.163in）、特性阻抗为 50Ω、螺纹连接的射频同轴连接器（SMA 型）	2018/10/1
4	GB/T 11313.201-2018	射频连接器 第 201 部分：电气试验方法 反射系数和电压驻波比	2019/1/1
5	GB/T 11313.202-2018	射频连接器 第 202 部分：电气试验方法 插入损耗	2019/1/1
6	GB/T 11313.38-2018	射频连接器 第 38 部分：50Ω 背板和面板用模块滑入式射频连接器（TMA 型）分规范	2019/1/1
7	GB/T 11313.39-2018	射频连接器 第 39 部分：CQM 系列快速锁紧射频连接器分规范	2018/10/1
8	GB/T 11313.43-2018	射频连接器 第 43 部分：RBMA 系列盲配射频同轴连接器分规范	2019/1/1
9	GB/T 11498-2018	半导体器件 集成电路 第 21 部分：膜集成电路和混合膜集成电路分规范（采用鉴定批准程序）	2019/7/1
10	GB/T 12182-2018	空中交通管制二次监视雷达通用规范	2019/1/1
11	GB/T 12183-2018	空中交通管制机载应答机通用规范	2019/1/1
12	GB/T 12964-2018	硅单晶抛光片	2019/6/1
13	GB/T 12965-2018	硅单晶切割片和研磨片	2019/6/1
14	GB/T 13062-2018	半导体器件 集成电路 第 21-1 部分：膜集成电路和混合膜集成电路空白详细规范（采用鉴定批准程序）	2019/7/1
15	GB/T 13166-2018	电子测量仪器设计余量与模拟误用试验	2019/1/1
16	GB/T 14028-2018	半导体集成电路 模拟开关测试方法	2018/8/1
17	GB/T 14844-2018	半导体材料牌号表示方法	2019/11/1
18	GB/T 1550-2018	非本征半导体材料导电类型测试方法	2019/11/1
19	GB/T 1557-2018	硅晶体中间隙氧含量的红外吸收测量方法	2019/6/1
20	GB/T 15843.6-2018	信息技术 安全技术 实体鉴别 第 6 部分：采用人工数据传递的机制	2019/4/1
21	GB/T 15851.3-2018	信息技术 安全技术 带消息恢复的数字签名方案 第 3 部分：基于离散对数的机制	2019/7/1
22	GB/T 15879.5-2018	半导体器件的机械标准化 第 5 部分：用于集成电路载带自动焊（TAB）的推荐值	2019/4/1
23	GB/T 17737.100-2018	同轴通信电缆 第 1-100 部分：电气试验方法 通用要求	2018/10/1
24	GB/T 17737.101-2018	同轴通信电缆 第 1-101 部分：电气试验方法 导体直流电阻试验	2018/10/1
25	GB/T 17737.102-2018	同轴通信电缆 第 1-102 部分：电气试验方法 电缆介质绝缘电阻试验	2018/10/1
26	GB/T 17737.103-2018	同轴通信电缆 第 1-103 部分：电气试验方法 电缆的电容试验	2018/10/1
27	GB/T 17737.104-2018	同轴通信电缆 第 1-104 部分：电气试验方法 电缆的电容稳定性试验	2018/10/1
28	GB/T 17737.105-2018	同轴通信电缆 第 1-105 部分：电气试验方法 电缆介质的耐电压试验	2018/10/1
29	GB/T 17737.106-2018	同轴通信电缆 第 1-106 部分：电气试验方法 电缆护套的耐电压试验	2018/10/1
30	GB/T 17737.107-2018	同轴通信电缆 第 1-107 部分：电气试验方法 电缆颤噪电荷电平（机械感应噪声）试验	2019/4/1

续表

序号	标准号	标准名称	实施日期
31	GB/T 17737.108–2018	同轴通信电缆 第 1–108 部分：电气试验方法 特性阻抗、相位延迟、群延迟、电长度和传播速度试验	2018/10/1
32	GB/T 17737.112–2018	同轴通信电缆 第 1–112 部分：电气试验方法 回波损耗（阻抗一致性）试验	2018/10/1
33	GB/T 17737.115–2018	同轴通信电缆 第 1–115 部分：电气试验方法 阻抗均匀性（脉冲 / 阶跃函数回波损耗）试验	2018/10/1
34	GB/T 17737.122–2018	同轴通信电缆 第 1–122 部分：电气试验方法 同轴电缆间串音试验	2018/10/1
35	GB/T 17737.200–2018	同轴通信电缆 第 1–200 部分：环境试验方法 通用要求	2018/10/1
36	GB/T 17737.203–2018	同轴通信电缆 第 1–203 部分：环境试验方法 电缆的渗水试验	2018/10/1
37	GB/T 17737.205–2018	同轴通信电缆 第 1–205 部分：环境试验方法 耐溶剂及污染液试验	2018/10/1
38	GB/T 17737.301–2018	同轴通信电缆 第 1–301 部分：机械试验方法 椭圆度试验	2018/10/1
39	GB/T 17737.302–2018	同轴通信电缆 第 1–302 部分：机械试验方法 偏心度试验	2019/4/1
40	GB/T 17737.308–2018	同轴通信电缆 第 1–308 部分：机械试验方法 铜包金属的抗拉强度和延伸率试验	2018/10/1
41	GB/T 17737.310–2018	同轴通信电缆 第 1–310 部分：机械试验方法 铜包金属的扭转特性试验	2018/10/1
42	GB/T 17737.314–2018	同轴通信电缆 第 1–314 部分：机械试验方法 电缆的弯曲试验	2018/10/1
43	GB/T 17737.316–2018	同轴通信电缆 第 1–316 部分：机械试验方法 电缆的最大抗拉力试验	2018/10/1
44	GB/T 17737.317–2018	同轴通信电缆 第 1–317 部分：机械试验方法 电缆抗压试验	2018/10/1
45	GB/T 17737.318–2018	同轴通信电缆 第 1–318 部分：机械试验方法 热性能试验	2018/10/1
46	GB/T 17737.324–2018	同轴通信电缆 第 1–324 部分：机械试验方法 电缆耐磨性试验	2018/10/1
47	GB/T 17737.325–2018	同轴通信电缆 第 1–325 部分：机械试验方法 风激振动试验	2018/10/1
48	GB/T 18233.3–2018	信息技术 用户建筑群通用布缆 第 3 部分：工业建筑群	2019/1/1
49	GB/T 18233.5–2018	信息技术 用户建筑群通用布缆 第 5 部分：数据中心	2018/12/28
50	GB/T 18240.2–2018	税控收款机 第 2 部分：税控 IC 卡规范	2019/1/1
51	GB/T 19668.5–2018	信息技术服务 监理 第 5 部分：软件工程监理规范	2019/1/1
52	GB/T 19921–2018	硅抛光片表面颗粒测试方法	2019/7/1
53	GB/T 20441.2–2018	电声学 测量传声器 第 2 部分：采用互易技术对实验室标准传声器声压校准的原级方法	2019/1/1
54	GB/T 20518–2018	信息安全技术 公钥基础设施 数字证书格式	2019/1/1
55	GB/T 21671–2018	基于以太网技术的局域网（LAN）系统验收测试方法	2019/1/1
56	GB/T 21711.7–2018	基础机电继电器 第 7 部分：试验和测量程序	2019/1/1
57	GB/T 22319.9–2018	石英晶体元件参数的测量 第 9 部分：石英晶体元件寄生谐振的测量	2018/10/1
58	GB/T 22319.11–2018	石英晶体元件参数的测量 第 11 部分：采用自动网络分析技术和误差校正确定负载谐振频率和有效负载电容的标准方法	2018/10/1
59	GB/T 22321.1–2018	信息技术 中文编码字符集 汉字 48 点阵字型 第 1 部分：宋体	2019/1/1
60	GB/T 25000.2–2018	系统与软件工程 系统与软件质量要求和评价（SQuaRE）第 2 部分：计划与管理	2019/7/1

续表

序号	标准号	标准名称	实施日期
61	GB/T 25000.40–2018	系统与软件工程 系统与软件质量要求和评价（SQuaRE）第 40 部分：评价过程	2019/7/1
62	GB/T 25000.41–2018	系统与软件工程 系统与软件质量要求和评价（SQuaRE）第 41 部分：开发方、需方和独立评价方评价指南	2019/7/1
63	GB/T 25000.45–2018	系统与软件工程 系统与软件质量要求和评价（SQuaRE）第 45 部分：易恢复性的评价模块	2019/7/1
64	GB/T 25056–2018	信息安全技术 证书认证系统密码及其相关安全技术规范	2019/1/1
65	GB/T 25076–2018	太阳能电池用硅单晶	2019/6/1
66	GB/T 25102.12–2018	电声学 助听器 第 12 部分：电连接器系统的尺寸	2019/1/1
67	GB/T 26068–2018	硅片和硅锭载流子复合寿命的测试 非接触微波反射光电导衰减法	2019/11/1
68	GB/T 26071–2018	太阳能电池用硅单晶片	2019/6/1
69	GB/T 26857.4–2018	信息技术 开放系统互连 测试方法和规范（MTS） 测试和测试控制记法 第 3 版 第 4 部分：TTCN–3 操作语义	2019/4/1
70	GB/T 28449–2018	信息安全技术 网络安全等级保护测评过程指南	2019/7/1
71	GB/T 29265.404–2018	信息技术 信息设备资源共享协同服务 第 404 部分：远程访问管理应用框架	2019/1/1
72	GB/T 29811.2–2018	信息技术 学习、教育和培训 学习系统体系结构与服务接口 第 2 部分：教育管理信息服务接口	2019/1/1
73	GB/T 29811.3–2018	信息技术 学习、教育和培训 学习系统体系结构与服务接口 第 3 部分：资源访问服务接口	2019/1/1
74	GB/T 29848–2018	光伏组件封装用乙烯 – 醋酸乙烯酯共聚物（EVA）胶膜	2019/4/1
75	GB/T 30269.303–2018	信息技术 传感器网络 第 303 部分：通信与信息交换：基于 IP 的无线传感器网络网络层规范	2019/1/1
76	GB/T 30269.804–2018	信息技术 传感器网络 第 804 部分：测试：传感器接口	2019/1/1
77	GB/T 30269.806–2018	信息技术 传感器网络 第 806 部分：测试：传感节点标识符编码和解析	2019/1/1
78	GB/T 30269.807–2018	信息技术 传感器网络 第 807 部分：测试：网络传输安全	2019/4/1
79	GB/T 30269.808–2018	信息技术 传感器网络 第 808 部分：测试：低速率无线传感器网络网络层和应用支持子层安全	2019/7/1
80	GB/T 30269.902–2018	信息技术 传感器网络 第 902 部分：网关：远程管理技术要求	2019/1/1
81	GB/T 30269.903–2018	信息技术 传感器网络 第 903 部分：网关：逻辑接口	2019/1/1
82	GB/T 30996.3–2018	信息技术 实时定位系统 第 3 部分：433MHz 空中接口协议	2019/1/1
83	GB/T 31370.5–2018	平板显示器（FPD）彩色滤光片测试方法 第 5 部分：对比度	2019/4/1
84	GB/T 31723.411–2018	金属通信电缆试验方法 第 4–11 部分：电磁兼容 跳线、同轴电缆组件、接连接器电缆的耦合衰减或屏蔽衰减 吸收钳法	2019/1/1
85	GB/T 31916.3–2018	信息技术 云数据存储和管理 第 3 部分：分布式文件存储应用接口	2019/1/1
86	GB/T 32392.5–2018	信息技术 互操作性元模型框架（MFI）第 5 部分：过程模型注册元模型	2018/10/1
87	GB/T 32392.7–2018	信息技术 互操作性元模型框架（MFI）第 7 部分：服务模型注册元模型	2018/10/1
88	GB/T 32392.8–2018	信息技术 互操作性元模型框架（MFI）第 8 部分：角色和目标模型注册元模型	2018/10/1
89	GB/T 32392.9–2018	信息技术 互操作性元模型框架（MFI）第 9 部分：按需模型选择	2018/10/1
90	GB/T 33475.3–2018	信息技术 高效多媒体编码 第 3 部分：音频	2019/1/1

续表

序号	标准号	标准名称	实施日期
91	GB/T 33767.4-2018	信息技术 生物特征样本质量 第 4 部分：指纹图像数据	2018/10/1
92	GB/T 33767.5-2018	信息技术 生物特征样本质量 第 5 部分：人脸图像数据	2019/1/1
93	GB/T 33767.6-2018	信息技术 生物特征样本质量 第 6 部分：虹膜图像数据	2019/1/1
94	GB/T 33842.5-2018	信息技术 GB/T 26237 中定义的生物特征数据交换格式的符合性测试方法 第 5 部分：人脸图像数据	2018/10/1
95	GB/T 34953.2-2018	信息技术 安全技术 匿名实体鉴别 第 2 部分：基于群组公钥签名的机制	2019/4/1
96	GB/T 34960.5-2018	信息技术服务 治理 第 5 部分：数据治理规范	2019/1/1
97	GB/T 34961.1-2018	信息技术 用户建筑群布缆的实现和操作 第 1 部分：管理	2019/1/1
98	GB/T 35001-2018	微波电路 噪声源测试方法	2018/8/1
99	GB/T 35002-2018	微波电路 频率源测试方法	2018/8/1
100	GB/T 35003-2018	非易失性存储器耐久和数据保持试验方法	2018/8/1
101	GB/T 35004-2018	数字集成电路 输入 / 输出电气接口模型规范	2018/8/1
102	GB/T 35005-2018	集成电路倒装焊试验方法	2018/8/1
103	GB/T 35006-2018	半导体集成电路 电平转换器测试方法	2018/8/1
104	GB/T 35007-2018	半导体集成电路 低电压差分信号电路测试方法	2018/8/1
105	GB/T 35008-2018	串行 NOR 型快闪存储器接口规范	2018/8/1
106	GB/T 35009-2018	串行 NAND 型快闪存储器接口规范	2018/8/1
107	GB/T 35010.1-2018	半导体芯片产品 第 1 部分：采购和使用要求	2018/8/1
108	GB/T 35010.2-2018	半导体芯片产品 第 2 部分：数据交换格式	2018/8/1
109	GB/T 35010.3-2018	半导体芯片产品 第 3 部分：操作、包装和贮存指南	2018/8/1
110	GB/T 35010.4-2018	半导体芯片产品 第 4 部分：芯片使用者和供应商要求	2018/8/1
111	GB/T 35010.5-2018	半导体芯片产品 第 5 部分：电学仿真要求	2018/8/1
112	GB/T 35010.6-2018	半导体芯片产品 第 6 部分：热仿真要求	2018/8/1
113	GB/T 35010.7-2018	半导体芯片产品 第 7 部分：数据交换的 XML 格式	2018/8/1
114	GB/T 35010.8-2018	半导体芯片产品 第 8 部分：数据交换的 EXPRESS 格式	2018/8/1
115	GB/T 35011-2018	微波电路 压控振荡器测试方法	2018/8/1
116	GB/T 36073-2018	数据管理能力成熟度评估模型	2018/10/1
117	GB/T 36074.2-2018	信息技术服务 服务管理 第 2 部分：实施指南	2018/10/1
118	GB/T 36092-2018	信息技术 备份存储 备份技术应用要求	2018/10/1
119	GB/T 36093-2018	信息技术 网际互联协议的存储区域网络（IP-SAN）应用规范	2018/10/1
120	GB/T 36094-2018	信息技术 生物特征识别 嵌入式 BioAPI	2018/10/1

续表

序号	标准号	标准名称	实施日期
121	GB/T 36095-2018	信息技术 学习、教育和培训 电子书包终端规范	2018/10/1
122	GB/T 36096-2018	信息技术 学习、教育和培训 虚拟实验构件服务接口	2018/10/1
123	GB/T 36097-2018	信息技术 学习、教育和培训 虚拟实验构件元数据	2018/10/1
124	GB/T 36098-2018	信息技术 学习、教育和培训 虚拟实验构件封装	2018/10/1
125	GB/T 36099-2018	基于行为声明的应用软件可信性验证	2018/10/1
126	GB/T 36101-2018	LED 显示屏干扰光评价要求	2018/10/1
127	GB/T 36102-2018	电子产品用镀锡铜包钢线	2018/10/1
128	GB/T 36103.1-2018	铁氧体磁心 尺寸 第 1 部分：通用规范	2018/10/1
129	GB/T 36103.7-2018	铁氧体磁心 尺寸 第 7 部分：EER 型磁心	2018/10/1
130	GB/T 36103.14-2018	铁氧体磁心 尺寸 第 14 部分：电源用 EFD 型磁心	2018/10/1
131	GB/T 36322-2018	信息安全技术 密码设备应用接口规范	2019/1/1
132	GB/T 36323-2018	信息安全技术 工业控制系统安全管理基本要求	2019/1/1
133	GB/T 36324-2018	信息安全技术 工业控制系统信息安全分级规范	2019/1/1
134	GB/T 36325-2018	信息技术 云计算 云服务级别协议基本要求	2019/1/1
135	GB/T 36326-2018	信息技术 云计算 云服务运营通用要求	2019/1/1
136	GB/T 36327-2018	信息技术 云计算 平台即服务（PaaS）应用程序管理要求	2019/1/1
137	GB/T 36328-2018	信息技术 软件资产管理 标识规范	2019/1/1
138	GB/T 36329-2018	信息技术 软件资产管理 授权管理	2019/1/1
139	GB/T 36330-2018	信息技术 面向燃气表远程管理的无线传感器网络系统技术要求	2019/1/1
140	GB/T 36331-2018	信息技术 回鹘式蒙古文名义字符、变形显现字符和控制字符使用规则	2019/1/1
141	GB/T 36332-2018	智慧城市 领域知识模型 核心概念模型	2019/1/1
142	GB/T 36333-2018	智慧城市 顶层设计指南	2019/1/1
143	GB/T 36334-2018	智慧城市 软件服务预算管理规范	2019/1/1
144	GB/T 36335-2018	信息技术 藏文字符排序规范	2019/1/1
145	GB/T 36336.1-2018	信息技术 远程视频柜员机 第 1 部分：设备	2019/1/1
146	GB/T 36337-2018	信息处理用藏语词类标记集	2019/1/1
147	GB/T 36338-2018	信息处理用藏文文献文本信息标记规范	2019/1/1
148	GB/T 36339-2018	智能客服语义库技术要求	2019/1/1
149	GB/T 36340-2018	防静电活动地板通用规范	2019/1/1
150	GB/T 36341.1-2018	信息技术 形状建模信息表示 第 1 部分：框架和基本组件	2019/1/1

续表

序号	标准号	标准名称	实施日期
151	GB/T 36341.2-2018	信息技术 形状建模信息表示 第 2 部分：特征约束	2019/1/1
152	GB/T 36341.3-2018	信息技术 形状建模信息表示 第 3 部分：流式传输	2019/1/1
153	GB/T 36341.4-2018	信息技术 形状建模信息表示 第 4 部分：存储格式	2019/1/1
154	GB/T 36342-2018	智慧校园总体框架	2019/1/1
155	GB/T 36343-2018	信息技术 数据交易服务平台 交易数据描述	2019/1/1
156	GB/T 36344-2018	信息技术 数据质量评价指标	2019/1/1
157	GB/T 36345-2018	信息技术 通用数据导入接口	2019/1/1
158	GB/T 36346-2018	信息技术 面向设施农业应用的传感器网络技术要求	2019/1/1
159	GB/T 36347-2018	信息技术 学习、教育和培训 学习资源通用包装	2019/1/1
160	GB/T 36348-2018	信息技术 学习、教育和培训 虚拟实验 框架	2019/1/1
161	GB/T 36349-2018	信息技术 学习、教育和培训 虚拟实验 数据交换	2019/1/1
162	GB/T 36350-2018	信息技术 学习、教育和培训 数字化学习资源语义描述	2019/1/1
163	GB/T 36351.1-2018	信息技术 学习、教育和培训 教育管理数据元素 第 1 部分：设计与管理规范	2019/1/1
164	GB/T 36351.2-2018	信息技术 学习、教育和培训 教育管理数据元素 第 2 部分：公共数据元素	2019/1/1
165	GB/T 36352-2018	信息技术 学习、教育和培训 教育云服务：框架	2019/1/1
166	GB/T 36353-2018	读屏软件技术要求	2019/1/1
167	GB/T 36354-2018	数字语言学习环境设计要求	2019/1/1
168	GB/T 36355-2018	信息技术 固态盘测试方法	2019/1/1
169	GB/T 36356-2018	功率半导体发光二极管芯片技术规范	2019/1/1
170	GB/T 36357-2018	中功率半导体发光二极管芯片技术规范	2019/1/1
171	GB/T 36358-2018	半导体光电子器件 功率发光二极管空白详细规范	2019/1/1
172	GB/T 36359-2018	半导体光电子器件 小功率发光二极管空白详细规范	2019/1/1
173	GB/T 36360-2018	半导体光电子器件 中功率发光二极管空白详细规范	2019/1/1
174	GB/T 36361-2018	LED 加速寿命试验方法	2019/1/1
175	GB/T 36362-2018	LED 应用产品可靠性试验的点估计和区间估计（指数分布）	2019/1/1
176	GB/T 36363-2018	锂离子电池用聚烯烃隔膜	2019/1/1
177	GB/T 36364-2018	信息技术 射频识别 2.45GHz 标签通用规范	2019/1/1
178	GB/T 36365-2018	信息技术 射频识别 800/900MHz 无源标签通用规范	2019/1/1
179	GB/T 36366-2018	信息技术 学习、教育和培训 电子学档信息模型规范	2019/1/1
180	GB/T 36435-2018	信息技术 射频识别 2.45GHz 读写器通用规范	2019/1/1

续表

序号	标准号	标准名称	实施日期
181	GB/T 36436-2018	信息技术 学习、教育和培训 简单课程编列 XML 绑定	2019/1/1
182	GB/T 36437-2018	信息技术 学习、教育和培训 简单课程编列	2019/1/1
183	GB/T 36438-2018	学习设计 XML 绑定规范	2019/1/1
184	GB/T 36440-2018	信息技术 系统间远程通信和信息交换局域网和城域网 特定要求 抗干扰低速无线个域网物理层规范	2019/1/1
185	GB/T 36441-2018	硬件产品与操作系统兼容性规范	2019/1/1
186	GB/T 36443-2018	信息技术 用户、系统及其环境的需求和能力的公共访问轮廓（CAP）框架	2019/1/1
187	GB/T 36444-2018	信息技术 开放系统互连 简化目录协议及服务	2019/1/1
188	GB/T 36445-2018	智慧城市 SOA 标准应用指南	2019/1/1
189	GB/T 36446-2018	软件构件管理 管理信息模型	2019/1/1
190	GB/T 36447-2018	多媒体教学环境设计要求	2019/1/1
191	GB/T 36448-2018	集装箱式数据中心机房通用规范	2019/1/1
192	GB/T 36449-2018	电子考场系统通用要求	2019/1/1
193	GB/T 36450.1-2018	信息技术 存储管理 第 1 部分：概述	2019/1/1
194	GB/T 36451-2018	信息技术 系统间远程通信和信息交换 社区节能控制网络协议	2019/1/1
195	GB/T 36452-2018	信息处理用藏文分词规范	2019/1/1
196	GB/T 36453-2018	信息技术 学习、教育和培训 电子课本信息模型	2019/1/1
197	GB/T 36454-2018	信息技术 系统间远程通信和信息交换 中高速无线局域网媒体访问控制和物理层规范	2019/1/1
198	GB/T 36455-2018	软件构件模型	2019/1/1
199	GB/T 36456.1-2018	面向工程领域的共享信息模型 第 1 部分：领域信息模型框架	2019/1/1
200	GB/T 36456.2-2018	面向工程领域的共享信息模型 第 2 部分：领域信息服务接口	2019/1/1
201	GB/T 36456.3-2018	面向工程领域的共享信息模型 第 3 部分：测试方法	2019/1/1
202	GB/T 36457-2018	复杂产品虚拟样机建模方法	2019/1/1
203	GB/T 36458-2018	信息技术 无线接入点的用户建筑群布缆	2019/1/1
204	GB/T 36459-2018	信息技术 学习、教育和培训 电子课本内容包装	2019/1/1
205	GB/T 36460-2018	信息技术 生物特征识别 多模态及其他多生物特征融合	2019/1/1
206	GB/T 36461-2018	物联网标识体系 OID 应用指南	2019/1/1
207	GB/T 36462-2018	面向组件的虚拟样机软件开发通用要求	2019/1/1
208	GB/T 36463.1-2018	信息技术服务 咨询设计 第 1 部分：通用要求	2019/1/1
209	GB/T 36464.2-2018	信息技术 智能语音交互系统 第 2 部分：智能家居	2019/1/1
210	GB/T 36464.3-2018	信息技术 智能语音交互系统 第 3 部分：智能客服	2019/1/1

续表

序号	标准号	标准名称	实施日期
211	GB/T 36464.4-2018	信息技术 智能语音交互系统 第 4 部分：移动终端	2019/1/1
212	GB/T 36464.5-2018	信息技术 智能语音交互系统 第 5 部分：车载终端	2019/1/1
213	GB/T 36465-2018	网络终端操作系统总体技术要求	2019/1/1
214	GB/T 36466-2018	信息安全技术 工业控制系统风险评估实施指南	2019/1/1
215	GB/T 36467-2018	可靠性增长 特定复杂系统的早期失效应力试验	2019/1/1
216	GB/T 36468-2018	物联网 系统评价指标体系编制通则	2019/1/1
217	GB/T 36469-2018	信息技术 系统间远程通信和信息交换局域网和城域网 特定要求 Q 波段超高速无线局域网媒体访问控制和物理层规范	2019/1/1
218	GB/T 36470-2018	信息安全技术 工业控制系统现场测控设备通用安全功能要求	2019/1/1
219	GB/T 36472-2018	信息处理用藏语短语分类与标记规范	2019/1/1
220	GB/T 36473-2018	信息技术 文档拍摄仪通用规范	2019/1/1
221	GB/T 36474-2018	半导体集成电路 第三代双倍数据速率同步动态随机存储器（DDR3 SDRAM）测试方法	2019/1/1
222	GB/T 36475-2018	软件产品分类	2019/1/1
223	GB/T 36476-2018	印制电路用金属基覆铜箔层压板通用规范	2019/1/1
224	GB/T 36477-2018	半导体集成电路 快闪存储器测试方法	2019/1/1
225	GB/T 36478.1-2018	物联网 信息交换和共享 第 1 部分：总体架构	2019/1/1
226	GB/T 36478.2-2018	物联网 信息交换和共享 第 2 部分：通用技术要求	2019/1/1
227	GB/T 36479-2018	集成电路 焊柱阵列试验方法	2019/1/1
228	GB/T 36480-2018	信息技术 紧缩嵌入式摄像头通用规范	2019/1/1
229	GB/T 36481-2018	信息技术 场景记录仪通用规范	2019/1/1
230	GB/T 36613-2018	发光二极管芯片点测方法	2019/1/1
231	GB/T 36614-2018	集成电路 存储器引出端排列	2019/1/1
232	GB/T 36615-2018	可信性管理 管理和应用指南	2019/4/1
233	GB/T 36616.1-2018	信息技术 通用编码字符集（基本多文种平面）汉字 64 点阵字型 第 1 部分：宋体	2019/4/1
234	GB/T 36616.2-2018	信息技术 通用编码字符集（基本多文种平面）汉字 64 点阵字型 第 2 部分：黑体	2019/4/1
235	GB/T 36616.3-2018	信息技术 通用编码字符集（基本多文种平面）汉字 64 点阵字型 第 3 部分：楷体	2019/4/1
236	GB/T 36616.4-2018	信息技术 通用编码字符集（基本多文种平面）汉字 64 点阵字型 第 4 部分：仿宋体	2019/4/1
237	GB/T 36618-2018	信息安全技术 金融信息服务安全规范	2019/4/1
238	GB/T 36619-2018	信息安全技术 政务和公益机构域名命名规范	2019/4/1
239	GB/T 36620-2018	面向智慧城市的物联网技术应用指南	2019/5/1
240	GB/T 36621-2018	智慧城市 信息技术运营指南	2019/5/1

续表

序号	标准号	标准名称	实施日期
241	GB/T 36622.1-2018	智慧城市 公共信息与服务支撑平台 第1部分：总体要求	2019/5/1
242	GB/T 36622.2-2018	智慧城市 公共信息与服务支撑平台 第2部分：目录管理与服务要求	2019/5/1
243	GB/T 36622.3-2018	智慧城市 公共信息与服务支撑平台 第3部分：测试要求	2019/7/1
244	GB/T 36623-2018	信息技术 云计算 文件服务应用接口	2019/4/1
245	GB/T 36624-2018	信息技术 安全技术 可鉴别的加密机制	2019/4/1
246	GB/T 36625.1-2018	智慧城市 数据融合 第1部分：概念模型	2019/5/1
247	GB/T 36625.2-2018	智慧城市 数据融合 第2部分：数据编码规范	2019/5/1
248	GB/T 36626-2018	信息安全技术 信息系统安全运维管理指南	2019/4/1
249	GB/T 36627-2018	信息安全技术 网络安全等级保护测试评估技术指南	2019/4/1
250	GB/T 36628.1-2018	信息技术 系统间远程通信和信息交换 可见光通信 第1部分：媒体访问控制和物理层总体要求	2019/4/1
251	GB/T 36629.1-2018	信息安全技术 公民网络电子身份标识安全技术要求 第1部分：读写机具安全技术要求	2019/5/1
252	GB/T 36629.2-2018	信息安全技术 公民网络电子身份标识安全技术要求 第2部分：载体安全技术要求	2019/5/1
253	GB/T 36629.3-2018	信息安全技术 公民网络电子身份标识安全技术要求 第3部分：验证服务消息及其处理规则	2019/7/1
254	GB/T 36630.1-2018	信息安全技术 信息技术产品安全可控评价指标 第1部分：总则	2019/4/1
255	GB/T 36630.2-2018	信息安全技术 信息技术产品安全可控评价指标 第2部分：中央处理器	2019/4/1
256	GB/T 36630.3-2018	信息安全技术 信息技术产品安全可控评价指标 第3部分：操作系统	2019/4/1
257	GB/T 36630.4-2018	信息安全技术 信息技术产品安全可控评价指标 第4部分：办公套件	2019/4/1
258	GB/T 36630.5-2018	信息安全技术 信息技术产品安全可控评价指标 第5部分：通用计算机	2019/4/1
259	GB/T 36631-2018	信息安全技术 时间戳策略和时间戳业务操作规则	2019/4/1
260	GB/T 36632-2018	信息安全技术 公民网络电子身份标识格式规范	2019/5/1
261	GB/T 36633-2018	信息安全技术 网络用户身份鉴别技术指南	2019/4/1
262	GB/T 36634-2018	电子产品用镀银铜包钢线	2019/4/1
263	GB/T 36635-2018	信息安全技术 网络安全监测基本要求与实施指南	2019/4/1
264	GB/T 36636-2018	识别卡 双界面集成电路卡模块规范	2019/4/1
265	GB/T 36637-2018	信息安全技术 ICT供应链安全风险管理指南	2019/5/1
266	GB/T 36638-2018	信息技术 终端设备远程供电通信布缆要求	2019/1/1
267	GB/T 36639-2018	信息安全技术 可信计算规范 服务器可信支撑平台	2019/4/1
268	GB/T 36640-2018	固体继电器	2019/4/1
269	GB/T 36641-2018	信息技术 锡伯文名义字符、变形显现字符和控制字符使用规则	2019/4/1
270	GB/T 36642-2018	信息技术 学习、教育和培训 在线课程	2019/4/1

续表

序号	标准号	标准名称	实施日期
271	GB/T 36643-2018	信息安全技术 网络安全威胁信息格式规范	2019/5/1
272	GB/T 36644-2018	信息安全技术 数字签名应用安全证明获取方法	2019/4/1
273	GB/T 36645-2018	信息技术 满文名义字符、变形显现字符和控制字符使用规则	2019/4/1
274	GB/T 36646-2018	制备氮化物半导体材料用氢化物气相外延设备	2019/1/1
275	GB/T 36647-2018	普通单体液晶材料规范	2019/4/1
276	GB/T 36648-2018	TFT 单体液晶材料规范	2019/4/1
277	GB/T 36649-2018	信息技术 托忒文名义字符、变形显现字符和控制字符使用规则	2019/4/1
278	GB/T 36650-2018	光纤着色油墨	2019/1/1
279	GB/T 36651-2018	信息安全技术 基于可信环境的生物特征识别身份鉴别协议框架	2019/5/1
280	GB/T 36652-2018	TFT 混合液晶材料规范	2019/4/1
281	GB/T 36653-2018	电子级三甲基铝	2019/1/1
282	GB/T 36655-2018	电子封装用球形二氧化硅微粉中 α 态晶体二氧化硅含量的测试方法 XRD 法	2019/1/1
283	GB/T 36656-2018	电子级三乙基镓	2019/1/1
284	GB/T 36657-2018	可信性管理 应用指南 可信性要求规范指南	2019/4/1
285	GB/T 36705-2018	氮化镓衬底片载流子浓度的测试 拉曼光谱法	2019/6/1
286	GB/T 36706-2018	磷化铟多晶	2019/6/1
287	GB/T 36950-2018	信息安全技术 智能卡安全技术要求（EAL4+）	2019/7/1
288	GB/T 36951-2018	信息安全技术 物联网感知终端应用安全技术要求	2019/7/1
289	GB/T 36952-2018	平板显示器（FPD）偏光膜表面耐划伤性的测试方法	2018/12/28
290	GB/T 36957-2018	信息安全技术 灾难恢复服务要求	2019/7/1
291	GB/T 36958-2018	信息安全技术 网络安全等级保护安全管理中心技术要求	2019/7/1
292	GB/T 36959-2018	信息安全技术 网络安全等级保护测评机构能力要求和评估规范	2019/7/1
293	GB/T 36960-2018	信息安全技术 鉴别与授权 访问控制中间件框架与接口	2019/7/1
294	GB/T 36964-2018	软件工程 软件开发成本度量规范	2019/7/1
295	GB/T 36965-2018	光伏组件用乙烯—醋酸乙烯共聚物交联度测试方法 差示扫描量热法	2019/4/1
296	GB/T 36968-2018	信息安全技术 IPSec VPN 技术规范	2019/7/1
297	GB/T 37002-2018	信息安全技术 电子邮件系统安全技术要求	2019/7/1
298	GB/T 37007-2018	电子级三甲基镓	2019/4/1
299	GB/T 37020-2018	信息技术 系统间远程通信和信息交换 局域网和城域网 特定要求 面向视频的无线个域网（VPAN）媒体访问控制和物理层规范	2019/7/1
300	GB/T 37021-2018	信息技术 通用编码字符集（基本多文种平面） 汉字 19×20 点阵字型	2019/7/1

续表

序号	标准号	标准名称	实施日期
301	GB/T 37022-2018	信息技术 通用编码字符集（基本多文种平面）汉字 11×12 点阵字型	2019/7/1
302	GB/T 37023-2018	信息技术 通用编码字符集（基本多文种平面）汉字 13×14 点阵字型	2019/7/1
303	GB/T 37024-2018	信息安全技术 物联网感知层网关安全技术要求	2019/7/1
304	GB/T 37025-2018	信息安全技术 物联网数据传输安全技术要求	2019/7/1
305	GB/T 37027-2018	信息安全技术 网络攻击定义及描述规范	2019/7/1
306	GB/T 37030-2018	电子级三甲基铟	2019/4/1
307	GB/T 37031-2018	半导体照明术语	2018/12/28
308	GB/T 37033.1-2018	信息安全技术 射频识别系统密码应用技术要求 第 1 部分：密码安全保护框架及安全级别	2019/7/1
309	GB/T 37033.2-2018	信息安全技术 射频识别系统密码应用技术要求 第 2 部分：电子标签与读写器及其通信密码应用技术要求	2019/7/1
310	GB/T 37033.3-2018	信息安全技术 射频识别系统密码应用技术要求 第 3 部分：密钥管理技术要求	2019/7/1
311	GB/T 37035-2018	可穿戴产品分类与标识	2019/7/1
312	GB/T 37036.1-2018	信息技术 移动设备生物特征识别 第 1 部分：通用要求	2019/7/1
313	GB/T 37037-2018	可穿戴产品数据规范	2019/7/1
314	GB/T 37043-2018	智慧城市 术语	2018/12/28
315	GB/T 37044-2018	信息安全技术 物联网安全参考模型及通用要求	2019/7/1
316	GB/T 37045-2018	信息技术 生物特征识别 指纹处理芯片技术要求	2019/4/1
317	GB/T 37046-2018	信息安全技术 灾难恢复服务能力评估准则	2019/7/1
318	GB/T 37049-2018	电子级多晶硅中基体金属杂质含量的测定 电感耦合等离子体质谱法	2019/4/1
319	GB/T 37051-2018	太阳能级多晶硅锭、硅片晶体缺陷密度测定方法	2019/4/1
320	GB/T 37052-2018	光伏建筑一体化（BIPV）组件电池额定工作温度测试方法	2019/3/1
321	GB/T 37053-2018	氮化镓外延片及衬底片通用规范	2019/7/1
322	GB/T 37076-2018	信息安全技术 指纹识别系统技术要求	2019/7/1
323	GB/T 37079-2018	设备可靠性 可靠性评估方法	2018/12/28
324	GB/T 37080-2018	可信性分析技术 事件树分析（ETA）	2018/12/28
325	GB/T 37082-2018	普通混合液晶材料规范	2019/7/1
326	GB/T 37084-2018	光电检测仪器可靠性通用要求	2018/12/28
327	GB/T 37090-2018	信息安全技术 病毒防治产品安全技术要求和测试评价方法	2019/7/1
328	GB/T 37091-2018	信息安全技术 安全办公 U 盘安全技术要求	2019/7/1
329	GB/T 37092-2018	信息安全技术 密码模块安全要求	2019/7/1
330	GB/T 37093-2018	信息安全技术 物联网感知层接入通信网的安全要求	2019/7/1

续表

序号	标准号	标准名称	实施日期
331	GB/T 37094-2018	信息安全技术 办公信息系统安全管理要求	2019/7/1
332	GB/T 37095-2018	信息安全技术 办公信息系统安全基本技术要求	2019/7/1
333	GB/T 37096-2018	信息安全技术 办公信息系统安全测试规范	2019/7/1
334	GB/T 37213-2018	硅晶锭尺寸的测定 激光法	2019/11/1
335	GB/T 37275-2018	掺钕钇铝石榴石激光棒激光阈值及斜率效率测量方法	2019/7/1
336	GB/T 3785.3-2018	电声学 声级计 第 3 部分：周期试验	2019/1/1
337	GB/T 4059-2018	硅多晶气氛区熔基磷检验方法	2019/11/1
338	GB/T 4060-2018	硅多晶真空区熔基硼检验方法	2019/6/1
339	GB/T 4377-2018	半导体集成电路 电压调整器测试方法	2018/8/1
340	GB/T 4937.11-2018	半导体器件 机械和气候试验方法 第 11 部分：快速温度变化 双液槽法	2019/1/1
341	GB/T 4937.12-2018	半导体器件 机械和气候试验方法 第 12 部分：扫频振动	2019/1/1
342	GB/T 4937.13-2018	半导体器件 机械和气候试验方法 第 13 部分：盐雾	2019/1/1
343	GB/T 4937.14-2018	半导体器件 机械和气候试验方法 第 14 部分：引出端强度（引线牢固性）	2019/1/1
344	GB/T 4937.15-2018	半导体器件 机械和气候试验方法 第 15 部分：通孔安装器件的耐焊接热	2019/1/1
345	GB/T 4937.17-2018	半导体器件 机械和气候试验方法 第 17 部分：中子辐照	2019/1/1
346	GB/T 4937.18-2018	半导体器件 机械和气候试验方法 第 18 部分：电离辐照（总剂量）	2019/1/1
347	GB/T 4937.19-2018	半导体器件 机械和气候试验方法 第 19 部分：芯片剪切强度	2019/1/1
348	GB/T 4937.20-2018	半导体器件 机械和气候试验方法 第 20 部分：塑封表面安装器件耐潮湿和焊接热综合影响	2019/1/1
349	GB/T 4937.201-2018	半导体器件 机械和气候试验方法 第 20-1 部分：对潮湿和焊接热综合影响敏感的表面安装器件的操作、包装、标志和运输	2019/1/1
350	GB/T 4937.21-2018	半导体器件 机械和气候试验方法 第 21 部分：可焊性	2019/1/1
351	GB/T 4937.22-2018	半导体器件 机械和气候试验方法 第 22 部分：键合强度	2019/1/1
352	GB/T 4937.30-2018	半导体器件 机械和气候试验方法 第 30 部分：非密封表面安装器件在可靠性试验前的预处理	2019/1/1
353	GB/T 5489-2018	印制板制图	2019/4/1
354	GB/T 6346.25-2018	电子设备用固定电容器 第 25 部分：分规范 表面安装导电高分子固体电解质铝固定电容器	2018/7/1
355	GB/T 6346.2501-2018	电子设备用固定电容器 第 25-1 部分：空白详细规范 表面安装导电高分子固体电解质铝固定电容器 评定水平 EZ	2018/7/1
356	GB/T 6346.26-2018	电子设备用固定电容器 第 26 部分：分规范 导电高分子固体电解质铝固定电容器	2019/1/1
357	GB/T 6346.2601-2018	电子设备用固定电容器 第 26-1 部分：空白详细规范 导电高分子固体电解质铝固定电容器 评定水平 EZ	2019/1/1
358	GB/T 7341.5-2018	电声学 测听设备 第 5 部分：耳声阻抗 / 导纳的测量仪器	2019/1/1
359	GB/T 9414.5-2018	维修性 第 5 部分：测试性和诊断测试	2019/1/1
360	GB/T 9634.8-2018	铁氧体磁心 表面缺陷极限导则 第 8 部分：PQ 型磁心	2018/10/1

续表

序号	标准号	标准名称	实施日期
361	GB/Z 24294.1-2018	信息安全技术 基于互联网电子政务信息安全实施指南 第 1 部分：总则	2018/10/1
362	GB/Z 36442.1-2018	信息技术 用于物品管理的射频识别 实现指南 第 1 部分：无源超高频 RFID 标签	2019/1/1
363	GB/Z 36442.3-2018	信息技术 用于物品管理的射频识别 实现指南 第 3 部分：超高频 RFID 读写器系统在物流应用中的实现和操作	2019/1/1
364	GB/Z 36471-2018	信息技术 包括老年人和残疾人的所有用户可访问的图标和符号设计指南	2019/1/1

[供稿：中国电子技术标准化研究院]

国内授权专利情况

【概况】 2018 年，中国国家知识产权局授权的中国申请人所持有的电子信息技术类发明专利 162 011 件，比上年增加 28.2%。

2018 年授权的电子信息技术类发明专利中，测量测试类专利 27 737 件，基本电气元件类专利 25 603 件，计算机软硬件类专利 39 956 件，电通信类专利 33 639 件，其他类发明专利 35 076 件。各专业获得授权的发明专利数量比上年均有明显增长。电通信类和计算机软硬件类授权发明专利增幅最大，年增长率分别为 40.8% 和 34.2%，测量测试类、基本电气元件类、其他类授权发明专利年增长率分别为 19.6%、17.5%、26.5%。

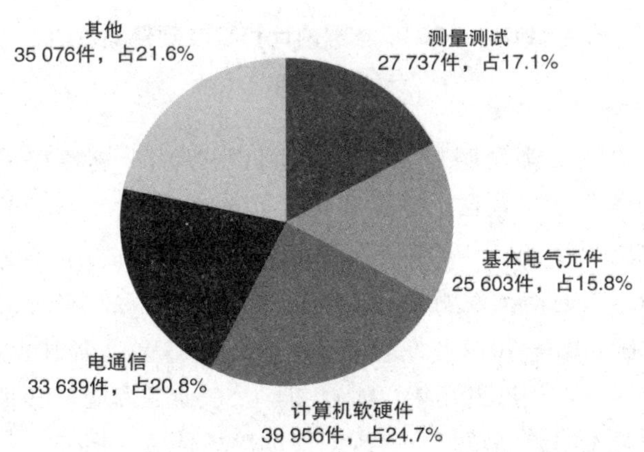

图 1　2018 年国内授权的电子信息技术类发明专利专业分布情况

2018 年授权的电子信息技术类发明专利专业分布相对于 2017 年变化不大。计算机软硬件类发明专利授权量在各专业占比保持排名第一，占 24.7%，比上年上升 1.1 个百分点；其他类发明专利占比排名第二，占 21.6%，比上年下降 0.3 个百分点；电通信类占比名列第三，占 20.8%，比上年提高 1.9 个百分点；测量测试类发明专利占比排名第四，占 17.1%，比上年降低 1.2 个百分点；基本电气元件类发明专利占 15.8%，比上年下降 1.4 个百分点，排名持续最后。计算机软硬件类和电通信类占比保持增长，其他 3 个专业占比都略有下降，但上升和下降最多不超过 2%。

2018 年，电子信息技术类发明专利增长率 28.2%，较上年降低 1.8 个百分点。中国电子信息领域专利事业正处于从数量取胜向质量提升迈进的重要阶段，随着专利申请补贴政策的调整以及测量测试、基本电气元件技术更新换代放缓，中国电子信息技术领域专利申请增长速度放缓。在 5 个专业中，2014—2018 年期间计算机软硬件类发明专利授权量年均增长率最高，为 55.0%；电通信类年均增长率最低，为 22.7%；测量测试类、基本电气元件类、其他类发明专利授权量年均增长率分别为 25.7%、31.8%、36.4%，发展相对平稳。电子信息技术领域专利申请将保持快速增长趋势，人工智能、工业互联网、5G 技术、大数据等领域将成为电子信息行业发展重点。

【测量测试类发明专利】 测量测试类发明专利授权量2018年比上年增加4 551件，增长19.6%，增速较为平稳，年增长率在各专业位列第四。2014—2018年期间，测量测试类发明专利授权量年均增长率25.7%，在各专业中同样名列第四，相比于2013—2017年期间的年均增长率20.0%，提高5.7个百分点。测量测试行业伴随中国经济发展进入“新常态”发展模式，即从原来的高速增长进入一个相对中速增长的阶段，在新的阶段更加注重产业调整升级和驱动创新，这也是一个由量到质、由弱变强的过程。

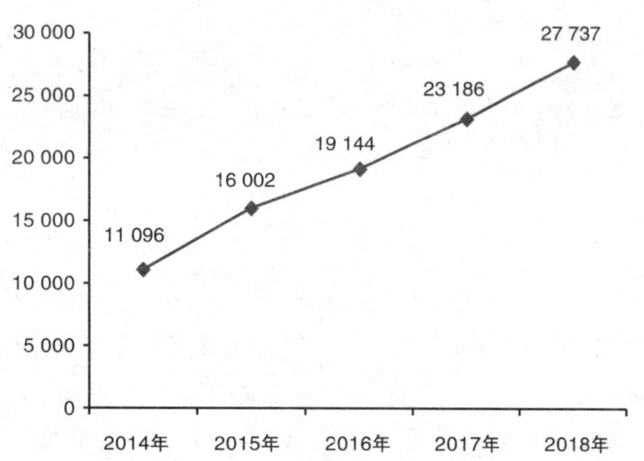

图2 2014—2018年国内测量测试类发明专利授权情况

【基本电气元件类发明专利】 基本电气元件类发明专利授权量在2014年以后进入较为平稳的快速发展期，2018年增长17.5%，在各专业中排名最后。2014—2018年期间，基本电气元件类发明专利授权量年均增长率31.8%，在各专业中位列第三，相比于2013—2017年间的年均增长率24.9%，提升6.9个百分点。从历年增幅看，2018年基本电气元件类发明专利授权量增速有所放缓，中国基本电气元件类产品发展势头进入瓶颈状态，取得重大突破性发展还具有一定挑战性，但未来随着制造工艺的不断改进，自给率逐步提高，国内厂家开始大力向海外输送产能，市场发展前景可观。

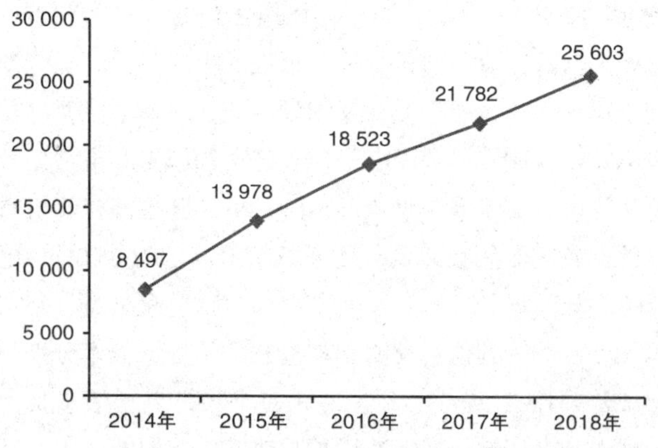

图3 2014—2018年国内基本电气元件类发明专利授权情况

【计算机软硬件类发明专利】 计算机软硬件类发明专利授权量2018年依然保持较高增长，年增长幅度34.2%，在各专业中排名第二，较2017年排名下调一位。2014—2018年期间，计算机软硬件类发明专利授权量年均增长率55.0%，在各专业中位列第一，相比于2013—2017年期间的年均增长率41.7%，上升13.3个百分点，是增长幅度最大的领域。这充分说明中国对计算机软硬件类技术发展高度重视，投入人力、物力、政策等多方面支持，全面推进中国软硬件产业进程良性发展。

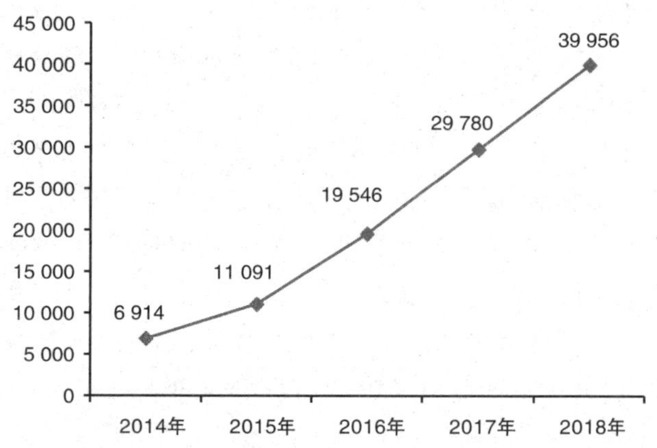

图4 2014—2018年国内计算机软硬件类发明专利授权情况

【电通信类发明专利】 电通信类发明专利授权量2018年增速较快，授权量增长40.8%，年增长率跃至首位，较2017年的第三名提前两位。2014—2018年期间，电通信类发明专利授权量年均增长率22.7%，相比于2013—2017年期间的年均增长率13.9%，提升8.8个百分点。过去几年，随着4G 、5G通信发展，电通信类发明专利授权量呈现明显的阶段性波动提升。未来随着5G技术的融合发展，授权发明专利将会持续大幅提升。

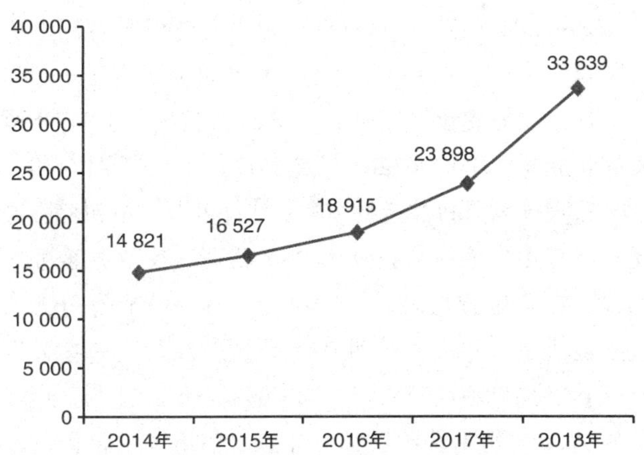

图 5　2014—2018 年国内电通信类发明专利授权情况

【其他类发明专利】　其他类发明专利授权量 2018 年增速较为平稳，年增长率 26.5%，在各专业中排名第三位，较 2017 年下降一个名次。2014—2018 年期间，其他类发明专利授权量年均增长率 36.4%，相比于 2013—2017 年期间的年均增长率 30.4%，上升 6.0 个百分点。其他类发明专利授权表现出与电子信息技术总体较强的一致性，保持较为稳定的增长。

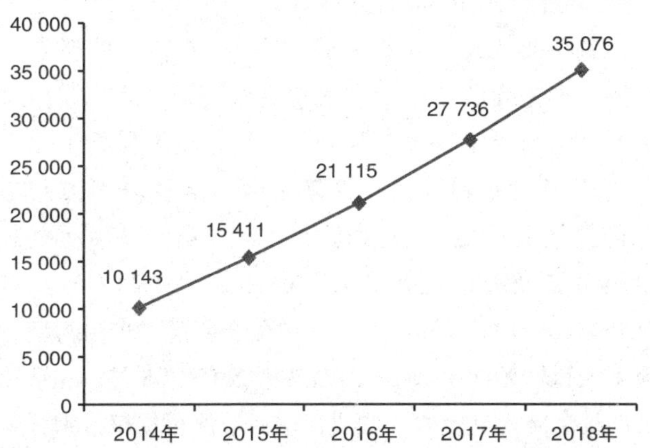

图 6　2014—2018 年国内其他类发明专利授权情况

【2018 年电子信息产业知识产权诉讼案例】

华为诉三星等专利侵权纠纷案　2018 年 1 月，广东省深圳市中级人民法院（简称深圳中院）针对华为技术有限公司（简称华为公司）起诉三星（中国）投资有限公司（简称三星公司）等五被告专利侵权纠纷案作出一审判决，判决三星公司停止侵犯华为公司两件涉案 4G 标准必要专利权，这意味着三星公司 4G 手机在中国面临禁售风险。2016 年 5 月 25 日，华为公司在中国和美国同时针对三星公司提起专利诉讼，称三星公司侵犯其专利权，且与三星公司谈判代表人即其控股公司韩国三星电子株式会社进行标准必要专利交叉许可谈判时，三星公司未遵循 FRAND（公平、合理、无歧视）原则，具有明显过错，请求法院判令三星公司立即停止侵权行为。三星公司辩称，其没有侵犯华为公司专利权，华为公司在标准必要专利许可谈判中没有尽到FRAND 义务，请求法院驳回华为公司诉讼请求。深圳中院审理后，判决三星公司停止侵犯华为公司两件涉案 4G 标准必要专利权，判决生效后，双方仍可以实施专利交叉许可谈判，如果双方达成协议，或华为公司同意不执行停止侵权的判项，法院予以允许。针对深圳中院一审判决，三星公司提起上诉，该案在进一步审理中。

Veeco、AMEC 和 SGL 间专利诉讼达成和解　2018 年 2 月，美国维易科精密仪器有限公司（简称 Veeco）、中微半导体设备（上海）有限公司（简称 AMEC）和西格里碳素集团（简称 SGL）共同宣布，同意就三方之间未决诉讼达成和解，并友好解决所有未决纷争，包括 AMEC 在福建高院针对 Veeco 的诉讼和 Veeco 在美国纽约东区地方法院针对 SGL 的诉讼。作为和解内容的一部分，Veeco、AMEC 和 SGL 及其附属公司之间在全球范围内所有的法律行动（在法院的、在专利局的及其他）将会被撤诉或以其他方式撤回。因此，包括销售、服务和进口的所有业务流程都将继续进行。

2017 年 4 月，Veeco 在美国纽约东区地方法院对 SGL 展开专利侵权诉讼。同年 11 月，该法院同意 Veeco 针对 SGL 的一项初步禁令请求，禁止 SGL 出售采用 Veeco 专利技术的供无基座金属有机化学气相沉积系统（MOCVD）使用的晶圆承载器，包括专为 AMEC MOCVD 系统设计的晶圆承载器。Veeco 在美国发起针对 SGL 的诉讼后，2017 年 7 月，AMEC 向福建高院正式起诉 Veeco 上海，指控其 TurboDisk EPIK700 型号 MOCVD 设备侵犯 AMEC 晶圆承载器同步锁定中国专利，要求其停止侵权并主张上亿元侵权损害赔偿。2017 年 12 月初，福建高院同意 AMEC 针对 Veeco 上海的禁令申请，禁止 Veeco 上海进口、制造、向任何第三方销售或许诺销售侵犯 AMEC 专利的石墨盘产品。AMEC 提起诉讼后，Veeco 上海向国家知识产权局专利复审委员会（简称专利复审委）提交专利无效宣告请求，主张 AMEC 专利无效，但于 2017 年 11 月 24 日被驳回无效宣告请求，确认 AMEC 专利有效。2018 年 1 月 12 日，中国海关基于 AMEC 第 CN 202492576 号专利采取知识产权保护措施，暂时扣押 Veeco Asia 公司进口至中国的两台涉嫌侵犯 AMEC 专利的 EPIK700 型号 MOCVD 设备。2018 年 1 月 23 日，专利复审委作出审查决定，认定 Veeco “通过化学汽相沉积在晶片上生长外延层的无基座式反应器”（美国第 ZL 01822507.1 号）发明专利无效。该专利就是 Veeco 美国起诉 SGL 专利侵权的涉案美国专利的中国同族专利。

汇顶科技与上海思立指纹芯片专利大战　深圳市汇顶科技股份有限公司（简称汇顶科技）以上海思立微电子科技有限公司（简称上海思立）侵犯其发明专利权、实用新型专利权为由向广东省深圳市中级人民法院提起诉讼，向上海思立索赔人民币 2.1 亿元，以及汇顶科技为制止侵权行为而花费的合理费用 150 万元。涉案专利分别是“基于指纹识别的终端及其待机状态下的登录方法、系统”发明专利（专利号 ZL201410204545.4），“电容指纹感应电路和感应器”发明专利（专利号 ZL201410105847.6），“硅通孔芯片的二次封装体”实用新型专利（专利号 ZL201720925097.6）。从诉讼总金额、涉案专利情况以及涉诉公司简介看，本案是芯片行业一件重大的专利诉讼案件。

首例集成电路布图设计撤销行政纠纷案　2018 年 8 月，北京知识产权法院公开审理深圳市芯茂微电子有限公司（简称芯茂公司）诉国家知识产权局专利复审委员会（简称专利复审委）、上海飞克浦电子科技有限公司（简称飞克浦公司）集成电路布图设计撤销行政纠纷一案。该案是北京知识产权法院自建院以来，首例集成电路布图设计撤销行政案件。本案中的集成电路布图设计（简称本布图设计）由飞克浦公司于 2014 年 3 月向国家知识产权局申请登记，经审查其提交的申请文件符合形式审查，国家知识产权局于 2014 年 5 月进行专有权登记公告，登记名称 BCT001，登记号 BS14500182.2。2015 年 9 月，芯茂公司针对本布图设计向专利复审委提交撤销申请。2017 年 12 月，专利复审委审理后作出决定，认定本布图设计具有独创性，维持其专有权。芯茂公司不服该决定，向北京知识产权法院提起行政诉讼，认为本布图设计不符合《集成电路布图设计条例》第四条规定。该案在进一步审理中。

朗科状告 PNY 侵权胜诉　2006 年 2 月，深圳市朗科科技股份有限公司（简称朗科科技）以侵犯其第 US6829672B1 号美国发明专利“快闪电子式外存储方法及装置”专利权为由对美国 PNY 公司提起诉讼。2008 年 2 月，双方签署和解协议，朗科科技授权 PNY 公司实施包括第 US6829672B1 号专利在内的一系列专利，PNY 公司向朗科科技缴纳专利实施许可费。在和解协议履行过程中，朗科科技认为 PNY 公司违反双方签署的协议，在美国提起仲裁。2018 年 7 月，PNY 公司收到最终裁决书，裁决书载明 PNY 公司应在裁决书签署后 21 天内，向朗科科技支付 7 714 998 美元。创建于 1985 年的 PNY 公司是美国计算机存储零售市场主要企业之一，在与朗科科技发生冲突的闪存盘领域，该公司在美国市场排第二。

来电科技胜诉友电科技等公司的共享充电宝专利案　2018 年 1 月，广州知识产权法院一审判决：广州市友电科技有限公司（简称友电科技）侵犯深圳来电科技有限公司（简称来电科技）三个专利的案件事实成立，自判决发生法律效力之日起，友电科技立即停止制造、销售、许诺销售、使用侵犯来电科技的侵权产品行为，销毁在用的侵权产品，并依法赔偿来电科技经济损失及合理维权费用合计人民币 40 万元整。

2017 年 5 月，北京知识产权法院依法受理来电科技诉湖南海翼电子商务股份有限公司（简称湖南海翼）、深圳街电科技有限公司（简称街电科技）侵害其实用新型专利权纠纷两案，两个案件分别涉及来电科技拥有的处于有效法律状态专利：“移动电源租用设备及充电夹紧装置”实用新型专利（专利号 ZL201520847953.1）、“吸纳式充电装置”实用新型专利（专利号 ZL201520103318.2）。2018 年 5 月，北京知识产权法院当庭宣判，判决街电科技停止侵权行为，并赔偿来电科技经济损失共计 200 万元，湖南海翼未被判决承担责任。随后，街电科技提起上诉。2018 年 11 月，北京市高级人民法院二审判决驳回街电科技上诉请求、维持原判，这场持续时间超过一年半的共享充电宝领域专利诉讼案件最终以来电科技二审胜诉落下帷幕。

大自达公司诉方邦公司的电磁屏蔽膜行业专利大战　大自达电线股份有限公司（简称大自达公司）和广州方邦电子股份有限公司（简称方邦公司）均是电磁屏蔽膜行业全球市场规模排名前三的企业。2017 年 1 月，因认为方邦公司生产销售的 8 款屏蔽膜产品侵犯其“印刷布线板用屏蔽膜以及印刷布线板”（专利号

200880101719.7）发明专利，大自达公司在广州知识产权法院起诉方邦公司，请求判令方邦公司停止侵权、赔偿经济损失 9 200 万元、合理维权支出 72 万元。广州知识产权法院经审理后于 2017 年 7 月作出一审判决，认定被诉侵权产品未落入涉案专利的权利要求保护范围，方邦公司不构成侵权，驳回大自达公司全部诉讼请求。大自达公司不服，向广东省高级人民法院提起上诉。2018 年 3 月，广东高院就该案作出二审判决，驳回大自达公司上诉，维持一审原判。

格力电器诉奥克斯专利侵权一审胜诉　2018 年 4 月，珠海格力电器股份有限公司（简称格力电器）诉奥克斯集团有限公司（简称奥克斯）三件专利侵权案在广州知识产权法院公开宣判。广州知识产权法院经过审理，判决奥克斯赔偿格力电器 4 600 万元经济损失，刷新家电行业专利侵权赔偿额新记录。

佳能诉慕名公司侵害发明专利权纠纷案　佳能株式会社（简称佳能）系“电子照相成像设备、显影装置及耦联构件”的发明专利权人。佳能认为上海慕名电子科技有限公司（简称慕名公司）制造、销售、许诺销售的硒鼓，侵犯其专利权，请求法院判令慕名公司停止侵权行为，并赔偿经济损失及合理开支共计 120 万元。在审理过程中，慕名公司称涉案产品系其委托他人生产，其只有销售行为。上海知识产权法院经审理认为，经比对，被控侵权产品落入涉案专利权保护范围；在涉案产品委托加工中，相关产品型号由慕名公司确定，产品外包装由慕名公司提供，且外包装标注慕名公司为生产商，表明慕名公司向购买者明确提示其为产品生产者，故慕名公司认为其仅为销售者而非生产者的抗辩意见不能成立。2018 年 8 月，法院认定慕名公司未经许可制造、销售、许诺销售被控侵权产品的行为侵犯佳能专利权，判令慕名公司停止侵权，赔偿经济损失及合理开支共计 59 余万元。双方当事人均未上诉。

Trimble 公司与绿筑上海分公司计算机软件诉前证据保全案　美国 Trimble（天宝）公司（简称 Trimble 公司）系 Tekla Structures 系列计算机软件的著作权人，其发现浙江绿筑集成科技有限公司上海分公司（简称绿筑上海分公司）在网站上招聘工程师，要求应聘的工程师需具备使用 Tekla Structures 软件的能力。Trimble 公司经核查，绿筑上海分公司并未向其或者其授权经销商购买过 Tekla Structures 软件。鉴于安装有涉案软件的计算机均在绿筑上海分公司经营场所内，客观上无法获得相关证据，且由于涉案证据均为计算机软件以及相关数据，具有无形性，极易藏匿或者毁灭，一旦证据被转移、隐匿或者灭失，将难以取得，从而对相关事实认定造成困难，故 Trimble 公司请求法院进行诉前证据保全。2018 年 8 月，上海知识产权法院经审查认为，Trimble 公司申请保全的证据属于法律规定的可能灭失或者以后难以取得的情形，且亦因客观原因不能自行收集，故 Trimble 公司的申请可予准许。在保全过程中，法院组建由法官、执行人员、技术专家组成的专业保全团队，及时、有效完成对绿筑上海分公司经营场所内百余台计算机及相关设备的证据保全。

百度与搜狗“百度手机输入法”发明专利侵权纠纷　北京搜狗科技发展有限公司（简称搜狗科技公司）、北京搜狗信息服务有限公司（简称搜狗信息公司）共同起诉，请求判令北京百度网讯科技有限公司（简称百度网讯公司）立即停止发行或通过任何方式向第三方提供侵害搜狗科技公司享有发明专利权的“百度手机输入法”（专利号 200810116190.8）产品；判令百度网讯公司立即停止使用侵犯此发明专利权的删除信息的方法；判令百度网讯公司赔偿搜狗科技公司、搜狗信息公司经济损失 990 万元以及为制止侵权行为所支付的合理开支 10 万元。一审法院经审理，认可搜狗信息公司原告主体资格，百度手机输入法落入涉案专利权利要求的保护范围，同时亦不属于现有技术，判决百度公司败诉。百度公司不服一审判决提起上诉，2018 年 11 月，经北京市高级人民法院二审判决维持原判。

“金山毒霸”不正当竞争纠纷案　上海二三四五网络科技有限公司（简称二三四五公司）2345 网址导航在中国网址导航市场排名前列。北京猎豹网络科技有限公司、北京猎豹移动科技有限公司、北京金山安全软件有限公司（以下简称三公司）共同经营金山毒霸软件，并通过金山毒霸将终端用户设定的 2345 网址导航主页变更为由北京猎豹移动科技有限公司主办的毒霸网址大全。二三四五公司以三公司篡改主页、劫持流量等构成不正当竞争行为为由，提起诉讼。上海市浦东新区人民法院一审认为，三公司在发挥安全软件正常功能时未采取必要且合理的方式，超出合理限度实施干预其他软件运行的行为，不仅违反诚实信用原则和公认的商业道德，还违反平等竞争原则，判决三被告停止侵权行为并赔偿二三四五公司经济损失。三公司不服，提起上诉。2018年7月，上海知识产权法院二审判决驳回三公司上诉、维持原判。

抖音诉百度短视频侵权案　2018年12月，抖音公司即北京微播视界科技有限公司（简称微播视界公司）与百度在线网络技术（北京）有限公司（简称百度在线公司）、北京百度网讯科技有限公司（简称百度网讯公司）著作权权属、侵权纠纷案一审宣判。北京互联网法院一审认定微播视界公司主张权利的“5.12,我想对你说”短视频构成类电作品；百度在线公司、百度网讯公司作为提供信息存储空间的网络服务提供者，对于拥有并运营的伙拍小视频手机软件用户的侵权行为，不具有主观过错，在履行“通知—删除”义务后，不构成侵权行为，不应承担相关责任；驳回微播视界公司全部诉讼请求。本案中，百度公司虽然不承担侵权责任，但微播视界公司可以向视频上传者主张权利。宣判结束后，双方当事人均表示服从判决。

小i与Siri专利大战　小i与Siri专利大战由来已久，牵涉苹果电脑贸易（上海）有限公司（简称苹果公司）iPod、iPhone以及iPad搭载的Siri智能语音助手是否侵犯上海智臻智能网络科技股份有限公司（简称智臻公司）小i专利权。小i专利涉及提供人工智能对话系统，智臻公司2004年向国家知识产权局申请，2009年获得授权专利。2011年，苹果公司宣布iPhone 4s等手机引入语音系统Siri，一年后，智臻公司起诉苹果公司侵犯其知识产权，苹果公司于是向国家知识产权局申请宣告小i专利无效；2013年9月，专利复审委维持小i专利有效裁决，苹果公司不服，将专利复审委诉至北京市第一中级人民法院，智臻公司作为第三人参与诉讼。北京一中院最终判决维持专利复审委作出的决定，宣判后，苹果公司当庭表示将提起上诉。2014年，北京市高级人民法院逆转支持苹果公司行政上诉，认为小i注册专利未有完整说明整套技术实施方法，判苹果公司胜诉；2016年，智臻公司向最高人民法院申请再审，2018年11月，最高人民法院公开审理，本案未当庭宣判。

LED行业专利诉讼案　日亚化学工业株式会社（简称日亚化学）与亿光电子工业股份有限公司（简称亿光电子）间的两件YAG专利侵权诉讼分别获德国杜赛道夫上诉法院、德国地方法院判决胜诉，亿光电子不得上诉。亿光电子及其德国子公司Everlight Electronics Europe GmbH白光LED产品，侵害日亚化学两件YAG专利，包括专利EP 936 682（德国专利号DE 697 02 929）和EP 2 276 080（德国专利号DE 697 40 795）。

首尔半导体株式会社（简称首尔半导体）与亿光电子在德国、英国进行的专利诉讼获胜。亿光电子从美国一家企业购买一件与LED封装散热结构有关的专利，并于此后在德国曼海姆法院对首尔半导体提起专利诉讼，德国曼海姆法院2018年12月判定首尔半导体胜诉。2018年2月首尔半导体在英国对亿光电子提起专利诉讼，英国法院对该项专利作出无效判决，并判决亿光电子向首尔半导体支付约100万美元的诉讼费用。此外，首尔半导体还针对销售亿光电子Mid Power LED、High Power LED产品的流通企业，在德国、意大利、日本分别提起专利侵权诉讼，案件在等待判决。

台湾晶元光电股份有限公司（简称晶元光电）2017年4月控告Lowe's Home Centers（简称Lowe's）所销售的LED灯丝灯侵犯晶元光电5件专利，Lowe's与中国福建三安集团（简称三安）因而向美国专利局就该5件专利提出无效请求。美国专利局作出裁定，针对该5件专利无效请求全数拒绝立案。该5件专利之专利范围完全不受影响。根据相关法律，Lowe's与三安就此裁定无法提出上诉。

晶元光电2018年7月27日发布公告，公司和波士顿大学基金会（简称波士顿大学）专利侵权诉讼案经美国联邦巡回上诉法院二审，判定波士顿大学专利权无效，晶元光电胜诉。2012年10月，波士顿大学在美国麻州地方法院向晶元光电及客户提出诉讼，要求赔偿568万余美元，涉案专利有关具有非单结晶系氮化镓缓冲层的蓝光LED晶片。2015年11月，由非专业人士组成的陪审团裁定晶元光电侵权并需赔款930万美元。晶元光电不服，向美国联邦巡回上诉法院提起上诉。

广东德豪润达电气股份有限公司2018年11月27日公告，因发明专利权被侵害，公司与其全资子公司大连德豪光电科技有限公司作为共同原告将LUMILEDS LLC（简称Lumileds）、亮锐（上海）管理有限公司、亮锐（上海）科技有限公司、珠海市今一通信设备有限公司南屏分公司、珠海市今一通信设备有限公司以及苹果电脑贸易（上海）有限公司等6家公司告上法庭，索赔5亿元，请求判令上述六公司立即停止侵犯“一种LED倒装芯片及其制造方法”（专利号201310115299.0）专利权的行为。

2018年3月，美国Ultravision Technologies公司依据《美国1930年关税法》第337节规定向美国际贸易委员会提出申请，指控对美出口、在美进口或在美销售的LED显示屏侵犯其专利权，请求美国际贸易委员会发布普遍排除令和禁止令。深圳市艾比森光电股份有限公司、深圳市奥拓电子股份有限公司等11家中国企业被诉。

【统计数据】

表1　2014—2018年国内授权的电子信息技术类发明专利总体分布情况

产品分类	2014年	2015年	2016年	2017年	2018年	合计
测量测试	11 096	16 002	19 144	23 186	27 737	97 165
基本电气元件	8 497	13 978	18 523	21 782	25 603	88 383
计算机软硬件	6 914	11 091	19 546	29 780	39 956	107 287
电通信	14 821	16 527	18 915	23 898	33 639	107 800
其他	10 143	15 411	21 115	27 736	35 076	109 481
合计	51 471	73 009	97 243	126 382	162 011	510 116

注：表中的合计数据均采用各专业技术领域简单累加的数据，未去重。

［撰稿：于金平　王玉璇　审稿：李慧颖］

国际合作

亚洲和非洲

【第三次中韩产业合作部级对话】 2018年5月24日，工业和信息化部部长苗圩与韩国产业通商资源部部长白云揆共同出席并主持第三次中韩产业合作部级对话。双方就机器人、汽车、工业绿色发展、电子信息产业等议题进行广泛交流和互动。苗圩指出，中韩两国都面临如何通过结构性改革和产业转型实现经济可持续发展的重要任务，双方应加强发展战略对接，深化各领域合作，扩大互利共赢。希望双方在中韩产业合作部级对话机制下，增进两国主管部门交流，促进两国企业合作，推动两国产业合作迈向更新、更高的发展阶段。在两部部长见证下，工业和信息化部国际经济技术合作中心与韩国产业技术振兴院、韩国国家清洁生产中心分别签署合作谅解备忘录。会后，苗圩部长和白云揆部长共同签署会议纪要。对话前，苗圩会见白云揆，就智能网联汽车、绿色生态产业开发等领域合作交换意见。

【第六次中日韩信息通信部长会议】 2018年5月28日，第六次中日韩信息通信部长会议在日本东京举行，工业和信息化部部长苗圩、日本总务大臣野田圣子、韩国科学技术和信息通信部部长俞英民分别率团出席会议。

苗圩部长在主旨发言中表示，当前全球信息通信技术进入不断融合和创新发展的新阶段。以移动互联网、物联网、云计算、大数据、人工智能为代表的新一代信息通信技术创新步伐不断加快，催生新产业、新业态，对于促进各国经济社会实现可持续发展发挥日益重要的作用。中国重视并积极参与中日韩合作，中国信息通信业的发展离不开同包括日、韩在内的世界各国的务实合作。苗圩对未来中日韩信息通信领域合作提出三点倡议：一是加强政策对接，三方应围绕5G、人工智能、大数据、物联网、国际漫游等议题开展交流合作，探索新领域的合作机制，推动三国信息通信业共同发展；二是夯实交流平台，充分发挥研究机构、行业协会作用，建立人员互访、信息互通、学术研讨等交流机制，促进在互联互通、技术标准等方面的合作交流；三是推动务实合作，充分发挥企业的市场主体作用，在基础设施互联互通、信息技术推广应用、新兴产业培养等领域开展合作，加强前沿技术创新合作，推动国际行业标准联合研发，营造三国间产业合作的良好氛围，共同拓展国际市场。

三国部长就共同应对新工业革命、老龄化社会等挑战，加强5G、人工智能、大数据等新技术合作、开展人员培训、创客对接等达成共识。在日期间，苗圩部长出席中日韩信息通信企业论坛并致辞，分别会见俞英民、野田圣子、日本经济产业大臣世耕弘成，就加强智能制造、自动驾驶、电子废弃物管理、超高清视频等共同关注的领域合作达成共识。

【“一带一路”新一代信息技术产业国际合作论坛】 2018年6月30日，“一带一路”新一代信息技术产业国际合作论坛在北京展览馆举行。会议由工业和信息化部主办，邀请“一带一路”12个沿线国家政府部门代表出席会议。其中，立陶宛经济部副部长、越南信息邮电部、泰国数字经济和社会部等相关代表就各自国家新一代信息技术产业发展、政策环境与合作机遇进行交流。工业和信息化部国际合作司、信息化和软件服务业司和中国企业联合会等单位负责人员到会致辞。会上，国家工业信息安全发展研究中心“一带一路+”服务平台正式发布，平台致力于为“一带一路”沿线国家和企业提供数据库支持、培训教育、企业评估、风险实况等相关服务。

工业和信息化部国际合作司相关负责人表示，“一带一路”建设已经成为推动构建人类命运共同体的重要实践平台。以信息技术为核心的新一轮科技革命和产业变革孕育兴起，共建信息丝绸之路、促进沿线国家在新一代信息技术领域深度合作成为“一带一路”建设重点。中方坚持遵循共商共建共享原则，与沿线国家建立合作机制，推动行业标准体系互认，开展跨境电子商务合作，提高通关、物流等数字便利化水平，发掘合作潜力，加强沿线经贸往来。工业和信息化部将进一步加强政策交流、强化信息服务、深化产业合作、促进协同创新，推进“一带一路”沿线国家工信领域国际发展合作。

【工业和信息化部与日本经济界访华团交流活动】 2018年9月12日，工业和信息化部总经济师王新哲出席工业和信息化部与日本经济界访华团交流活动。王新哲在致辞中介绍中国工业、通信业发展情况，表示中国的产业政策坚持开放、公平、竞争的原则，对外资企业一视同仁。王新哲表示，此次是工业和信息化部与日中经济协会会长宗冈正二先生率领的日本经济界访华团第九次举行交流活动，恰逢《中日和平友好条约》缔结40周年，双方经济和产业界人士应加强产业发展信心，积极作为，创新合作举措，夯实合作基础，走好合作共赢之路。

在交流活动中，双方就数字经济展望、智能制造的推进、未来汽车发展趋势、中日节能环保领域合作、中小企业和“双创”发展情况及相关政策等议题进行积极交流。

【第二次中日工业副部级磋商】 2018年10月11日，第二次中日工业副部级磋商在日本东京举行，工业和信息化部副部长罗文与日本经济产业省经济产业审议官寺泽达也共同主持会议。双方就两国工业领域，特别是汽车、工业绿色发展、超高清视频、智能制造等领域的发展情况及政策等深入交换意见，并达成多项合作共识。会后，罗文与寺泽达也共同签署会议纪要。罗文表示，中日两国共同面对新工业革命及贸易保护主义带来的挑战，中方愿与日方加大创新合作力度，在更多领域和更高层次开展对接，实现两国产业合作提质升级。希望双方不断深化合作，推动中日产业界共同进步。在日期间，罗文与日本总务省总务审议官渡边克也就加强中日超高清视频产业合作进行交流，出席中日智能网联汽车官民论坛，调研松下、夏普、东芝、索尼、富士胶片等企业。

【第四轮中日企业家和前高官对话】 2018年10月11日，工业和信息化部部长苗圩在北京出席第四轮中日企业家和前高官对话并以“加强中日数字经济合作，实现互利共赢共同进步”为主题发表致辞。苗圩指出，发展数字经济已成为全球共识，主要国家都在加紧数字经济领域的布局，纷纷出台促进数字经济发展的相关政策，以提升国家竞争力、促进经济增长和社会发展。

苗圩表示，中国政府高度重视数字经济发展，先后出台一系列政策举措，推动信息基础设施、传统数字化转型、新技术新业态、信息服务等方面良好发展。中国将夯实数字经济发展基础，推动工业融合应用创新发展，推动包容性发展，增强安全保障能力，完善数字经济治理体系，进一步释放数字经济发展红利。苗圩强调，中日数字经济合作基础深厚，互补性强，前景广阔，两国应加强交流，取长补短，共同进步。希望中日产业界共同努力，加强数字经济政策对接，拓展数字经济合作领域，深化数字创新合作，推动中日数字经济合作实现新跨越，为促进两国关系长期稳定健康发展作出积极贡献。

【中国—日本签署关于设立中日产业部长对话的备忘录】 2018 年 10 月 26 日，在李克强总理和安倍晋三首相见证下，工业和信息化部部长苗圩与日本经产大臣世耕宏成在人民大会堂签署《中华人民共和国工业和信息化部与日本经济产业省关于设立中日产业部长对话的备忘录》。

【中国—菲律宾签署信息通信领域合作备忘录】 2018 年 11 月 20 日，在国家主席习近平和菲律宾总统杜特尔特共同见证下，工业和信息化部与菲律宾信息通信技术部在马尼拉共同签署两部间合作谅解备忘录。根据该备忘录，双方将在信息通信基础设施、通信监管政策、频谱管理、新技术新业务和能力建设等领域开展合作。

【第十三次中国—东盟电信部长会议】 2018 年 12 月 6 日，工业和信息化部副部长陈肇雄在印度尼西亚巴厘岛与印度尼西亚通信和信息技术部部长、东盟电信部长会议主席鲁迪安达拉共同主持第十三次中国—东盟电信部长会议。会议审议通过 2019 年中国—东盟信息通信合作计划、第十四次中国—东盟电信高官会报告和中国—东盟信息通信合作联合声明，续签《中国—东盟信息通信技术合作谅解备忘录》。

陈肇雄在致辞中表示，中国国家主席习近平指出，中国坚持亲诚惠容理念，坚定发展同东盟的友好合作。2003 年，中国与东盟在巴厘岛签署《中国—东盟信息通信技术合作谅解备忘录》；2007 年和 2013 年，双方两次续签备忘录。15 年来，中国—东盟信息通信合作不断走向深入。中国正在深入实施创新驱动发展战略，东盟也将“数字创新”作为优先战略领域之一，为双方进一步合作带来难得的机遇。中国愿与东盟各国加强信息通信领域经验分享和政策对接，共同为信息通信行业发展营造更好的政策和市场环境。希望双方通过此次会议，进一步加强沟通，增进了解，扩大共识，深化合作。

陈肇雄表示，根据双方商定的合作协议，下一步双方将重点围绕信息通信发展与监管政策、灾害应急通信技术与应用、网络安全产业发展、网络安全应急响应能力建设、信息通信新技术新应用等方面开展广泛交流与合作，共同实现中国—东盟信息通信业更大规模、更高质量、更高水平的发展。

会议期间，陈肇雄分别与泰国数字经济部部长披切、印度尼西亚通信和信息技术部部长鲁迪安达拉、菲律宾通信部副国务秘书丹尼斯、日本总务省总务审议官渡边克也、缅甸交通与通讯部副部长吴达乌进行双边会谈，就进一步加强双方信息通信领域合作交换意见。

【第四次中韩信息通信合作部级战略对话】 2018 年 12 月 10 日，由中国工业和信息化部与韩国科学技术信息通信部共同举办的第四次中韩信息通信合作部级战略对话在韩国首尔召开，工业和信息化部副部长陈肇雄与韩国科学技术信息通信部副部长闵元基共同出席会议并致辞。中韩双方就 5G、大数据、人工智能、车联网、网络安全、工业互联网等议题进行交流研讨，达成广泛共识，确定下一步合作重点。陈肇雄和闵元基代表双方签署会议纪要。

陈肇雄在致辞中表示，中国国家主席习近平指出，要不断深化中韩战略合作伙伴关系，共同为促进地区持久和平和繁荣作出积极贡献。这为促进和扩大中韩互利合作创造了环境，奠定了基础，指明了方向。2017 年 12 月，中国国务院总理李克强与韩国总统文在寅达成拓展两国在新兴领域的合作共识，确定信息通信领域具体合作内容。陈肇雄指出，信息通信业是发展最快、最具活力的行业之一，中国工业和信息化部和韩国科学技术信息通信部作为行业主管部门，在推动 5G、大数据、人工智能、车联网、网络安全、工业互联网等方面肩负重要职责。希望双方充分利用战略对话机制，推动两国企业加强沟通协调，抢抓发展机遇，开展务实合作，实现互利共赢。

闵元基在致辞中表示，信息通信技术，特别是 5G、大数据、人工智能技术等已成为推动两国经济创新增长的重要驱动力。希望双方通过战略对话，加深相互理解与支持，探讨共同面临的挑战课题，共同寻找解决方案，并分享成功经验，推动开展更多的务实合作，共迎美好未来。会后，陈肇雄一行访问三星公司和 SK 集团总部。

【“落实中非合作论坛北京峰会成果，加强中非信息通信合作”研讨会】 2018 年 12 月 12 日，“落实中非合作论坛北京峰会成果，加强中非信息通信合作”研讨会在京召开。工业和信息化部副部长陈肇雄、国际电信联盟（简称国际电联）秘书长赵厚麟出席会议并致辞。陈肇雄指出，加强中非信息通信领域合作，是落实中非合作论坛北京峰会成果的重要举措。希望与会各方加强沟通协调，形成工作合力，推进落实论坛峰会成果，全面提升中非信息通信合作水平。一是对接非洲需求，积极拓展信息通信合作领域，支持企业以投建营一体化模式参与非洲基础设施建设，在移动互联网、数字经济、智慧城市、电子商务等领域开拓新的合作空间；二是强化产业联合，不断开创企业合作共赢新局面，鼓励支持网络建设、设备制造、业务运营、互联网应用、金融服务等产业链上下游企业协同发展、抱团出海；三是发挥平台作用，全方位推进三方合作交流，利用好中非政府间信息通信双边、多边合作机制，发挥好国际电联多边平台作用，加强与非洲国家的政策沟通、设施联通、贸易畅通。国际电联秘书长赵厚麟在致辞中表示，中非合作论坛北京峰会明确提出加强中非信息通信领域合作和发挥国际电联作用，各方对中国、国际电联、非洲国家三方合作抱有很高期待，希望通过本次会议动员各单位力量，研提合作项目建议，推动中非信息通信合作取得实效。

欧　洲

【陈肇雄副部长会见奥地利数字化和经济区位部部长施拉姆伯克】 2018年4月10日，工业和信息化部副部长陈肇雄在京会见奥地利数字化和经济区位部部长施拉姆伯克，双方就信息通信领域合作交换意见。

【中法合作机制联委会第六次会议】 2018年4月13日，工业和信息化部总经济师王新哲在巴黎与法国经济和财政部企业总署署长巴福尔共同主持召开中法合作机制联委会第六次会议。双方各自介绍本国工业发展最新情况和“法国未来工业计划”等政策实施进展，回顾和评议绿色制造、汽车两个工作组的工作进展，就深化扩大两国人工智能等领域工业合作广泛深入交换意见。双方主席共同见证中国汽车技术研究中心与法国汽车标准化局签署相关合作协议。

联委会会议后，王新哲与法国经济和财政部企业总署副署长梅兰共同出席由工业和信息化部国际经济技术合作中心和法国未来工业联盟联合举办的“中法产业合作圆桌会”，见证上述两个执行平台关于建立“中法现代产业合作伙伴”协议签署。访法期间，代表团一行与中国航空技术国际控股有限公司、华为、中兴等部分中资企业在法代表座谈；调研法国施耐德电气集团。

【陈肇雄副部长会见德国高级别经济代表团】 2018年5月24日，工业和信息化部副部长陈肇雄会见随德国总理默克尔来访的经济和能源部国务秘书努斯鲍姆及其率领的德国高级别经济代表团。双方就数字经济、工业互联网、知识产权保护及网络安全等议题进行交流。

【张峰总工程师会见吉尔吉斯斯坦国家信息技术和通信委员会副主席阿马托夫·埃什马贝特】 2018年5月30日，工业和信息化部党组成员、总工程师张峰会见吉尔吉斯斯坦国家信息技术和通信委员会副主席阿马托夫·埃什马贝特，双方就促进中吉信息通信领域合作交换意见。

【苗圩部长会见保加利亚经济部部长埃米尔·卡拉尼科洛夫】 2018年6月5日，工业和信息化部部长苗圩会见保加利亚经济部部长埃米尔·卡拉尼科洛夫，双方就加强中保工业和高新技术发展领域合作等内容交换意见。苗圩表示，中保在工业和高新技术发展领域有很多利益契合点，中方重视保方加强对华合作的强烈愿望，将进一步鼓励和支持双方工业企业、科研机构加强沟通交流，在数字经济、工业园区等领域开展合作，取得更多务实合作成果。

【苗圩部长会见德国西门子公司总裁兼首席执行官凯飒】 2018年6月7日，工业和信息化部部长苗圩会见德国西门子公司总裁兼首席执行官凯飒，双方就工业互联网、数字经济及西门子公司在华合作等议题进行交流。

【王新哲总经济师会见法国必维集团首席执行官丹尼尔】 2018年6月8日，工业和信息化部总经济师王新哲会见法国必维集团首席执行官丹尼尔，双方就加强绿色制造、物联网、工业互联网、人工智能等领域标准、检验检测及认证合作交换意见。

【中国电子信息产业发展研究院与保加利亚经济部国家产业园区有限公司签署《关于加强数字经济产业领域合作谅解备忘录》】 2018 年 7 月 6 日，在李克强总理和保加利亚共和国总理博伊科·鲍里索夫共同见证下，工业和信息化部中国电子信息产业发展研究院与保加利亚经济部国家产业园区有限公司签署《关于加强数字经济产业领域合作谅解备忘录》，该合作谅解备忘录被写入《中华人民共和国政府和保加利亚共和国政府联合公报》。

【苗圩部长与德国经济和能源部部长皮特·阿尔特迈尔会谈】 2018 年 7 月 9 日，工业和信息化部部长苗圩与德国经济和能源部部长皮特·阿尔特迈尔在柏林举行会谈，就加强中德智能制造、自动驾驶等领域合作广泛交换意见，一致同意年内举行部门间对话，共同推动标准制定、技术研发及产业合作。在德期间，苗圩作为代表团成员出席国务院总理李克强与德国总理默克尔共同主持的第五轮中德政府磋商，并在两国总理见证下，与皮特·阿尔特迈尔、交通和数字基础设施部部长安德里亚斯·朔伊尔共同签署《关于自动网联驾驶领域合作的联合意向声明》；陪同李克强总理参加中德自动驾驶汽车展示活动。

【陈肇雄副部长会见德国联邦议院经济与能源委员会主席 Klaus · Ernst】 2018 年 9 月 3 日，工业和信息化部副部长陈肇雄会见德国联邦议院经济与能源委员会主席 Klaus · Ernst 一行，双方就中德数字化产业、人工智能、自动驾驶、网络安全等领域发展与合作进行坦诚友好的交流。

【苗圩部长会见欧盟委员会内部市场、工业、创新和中小企业委员别恩科夫斯卡】 2018 年 9 月 21 日，工业和信息化部部长苗圩在京会见欧盟委员会内部市场、工业、创新和中小企业委员别恩科夫斯卡，就继续开展中欧工业对话、加强双方在工业标准化和数字经济领域合作、支持中小企业发展、共同应对全球钢铁产能过剩等议题交换意见。苗圩积极评价双方在工业领域开展的合作，表示中方愿与欧方加强产业政策交流，支持双方产学研各界在工业标准化、数字化转型等领域开展互利合作，实现共赢发展。双方一致表示，在当前国际形势下加强中欧对话合作意义重大，强调要坚持全球经济一体化和积极推动贸易自由化。

【中俄工业合作分委会第三次会议】 2018 年 9 月 21 日，中俄总理定期会晤委员会工业合作分委会第三次会议在中国昆明举行。分委会中方主席、工业和信息化部部长苗圩与分委会俄方主席、俄罗斯工贸部部长曼图罗夫共同主持会议，工业和信息化部副部长王江平参加会议，云南省省长阮成发致欢迎辞。会议就中俄民用航空、原材料、装备、无线电电子等领域交流合作进行深入友好协商，达成诸多合作共识，并对下一步工作进行部署。会后，苗圩与曼图罗夫共同签署分委会会议纪要，见签民用航空、原材料、装备三个工作组会议纪要、相关企业项目合作协议，并为第一届中俄（工业）创新大赛获奖者颁奖。会后，两国部长共同出席记者见面会。

工业合作是中俄全面战略协作伙伴关系的重要内容。在两国领导人的关心和支持下，在中俄总理定期会晤委员会工业合作分委会机制下，中俄双方共同努力，在民用航空、原材料、装备和电子信息等领域合作不断深化。

【第九次中欧信息技术、电信和信息化对话会议】 2018 年 9 月 26 日，工业和信息化部副部长陈肇雄在北京与欧盟委员会通信网络、内容和技术总司副司长鲁哈纳共同主持召开第九次中欧信息技术、电信和信息化对话会议。双方回顾了第八次对话会议以来中欧在信息通信领域合作进展，重点围绕 ICT 政策和数字经济、ICT 监管、5G 研发、工业数字化等议题进行深入交流，达成共识，增进了解。双方表示，中欧在信息通信领域拥有广泛的共同利益和巨大的合作潜力，应认真落实第二十次中国—欧盟领导人会晤联合声明，充分利用中欧信息技术、电信和信息化对话机制，进一步加强政策沟通和相互了解，促进增信释疑，积极拓展 5G、工业互联网、人工智能等领域合作。

【中俄通信与信息技术分委会第十七次会议】 2018 年 9 月 29 日，中俄总理定期会晤委员会通信与信息技术分委会第十七次会议在海南博鳌举行。分委会中方主席、工业和信息化部副部长陈肇雄与分委会俄方主席、俄罗斯联邦数字发展、通信与大众传媒部副部长伊万诺夫共同主持会议。双方就深化信息通信领域合作进行友好协商，就通信网络和通信服务、数字经济、信息技术、网络安全、无线电频率协调、邮政合作等议题达成广泛共识，明确分委会下一步工作重点和方向。陈肇雄与伊万诺夫共同签署分委会会议纪要，见签电信、信息技术与网络安全、无线电频率协调、邮政四个工作组会议纪要，以及中国国家工业信息安全发展研究中心与俄罗斯卡巴斯基实验室战略合作协议的签署。会议期间，陈肇雄与海南省省长沈晓明、副省长彭金辉就工业和信息化发展问题进行交流，并考察调研海南生态软件园和生态智慧新城建设发展情况。

【王江平副部长访问奥地利】 2018年10月22—24日，工业和信息化部党组成员、副部长王江平率团访问奥地利，期间与联合国工业发展组织、奥地利联邦数字化和经济区位部、奥中友协负责人进行会谈，就加强与联合国工业发展组织合作，深化中奥两国工业和信息通信务实合作，以及促进中小企业国际交流等议题交换意见。

在与联合国工业发展组织总干事李勇会谈时，王江平肯定联合国工业发展组织对推动发展中国家工业转型和支持中国中小企业国际化发展起到的作用，愿意进一步加强合作，在搭建国际交流平台、共同支持中小企业海外园区建设等方面开展务实合作。王江平在与奥数字化与经济区位部秘书长埃斯特尔和奥中友协主席菲舍尔会谈时表示，中奥两国经济互补性强，特别是在环保技术、材料研发、中小企业合作方面合作潜力大，企业积极性高。工业和信息化部愿与奥方开展务实合作，推动两国企业、研究机构开展各层次交流，充分利用中国国际中小企业博览会、创客中国大赛等平台，助力工业和信息通信业深化国际合作，支持中小企业开拓国际市场。访问期间，王江平参访李斯特发动机集团、安德里茨集团、长城汽车奥地利研发中心，详细了解企业技术发展、国际合作、人才培养等情况，鼓励企业加强优势互补，开展深入交流与合作，实现合作共赢。

【中欧工业对话磋商机制第八次全体会议】 2018年11月16日，工业和信息化部总经济师王新哲在北京与欧盟委员会内部市场、工业、创新和中小企业总司总司长楼芮·埃文斯共同主持召开中欧工业对话磋商机制第八次全体会议。中方介绍中国工业经济运行、推动制造业高质量发展和扩大开放有关情况，欧方介绍欧盟经济和工业政策最新情况，双方共同回顾第七次对话会议以来中欧在中小企业、原材料、汽车、工业能效和造船等领域合作进展，并就下一步合作方向和重点进行深入交流探讨，达成诸多共识。王新哲表示，中国和欧盟均为世界主要经济体，共同利益远大于分歧，在工业领域拥有很多相同和相近的看法，这为双方深化务实合作奠定了良好的基础。王新哲指出，双方应认真落实第二十次中国—欧盟领导人会晤联合声明，共同坚持经济全球化的大方向，继续发挥中欧工业对话磋商机制的平台作用，进一步增进相互了解和战略互信，积极推动产业战略合作对接，坚持以竞选企业为合作主体，鼓励双方行业协会、企业间创新合作模式，拓宽合作领域，为中欧双方深化务实合作创造良好营商环境，将中欧工业合作推向更高水平。对话期间，王新哲和埃文斯共同见证中国智能网联汽车产业创新联盟和欧洲汽车与电信联盟、中国汽车技术研究中心有限公司和欧洲汽车工业协会签署合作文件。

【第二次中德智能制造及生产过程网络化合作副部长级会议】 2018年11月19日，工业和信息化部副部长陈肇雄出席并主持第二次中德智能制造及生产过程网络化合作副部长级会议。中国科技部副部长张建国、德国经济和能源部议会国务秘书奥利弗·维特克、教育和研究部议会国务秘书迈克尔·梅斯特共同出席活动。陈肇雄指出，实体经济是经济发展的根基，制造业是实体经济的主战场。新工业革命和数字经济交织并进，信息技术与制造业加速融合，制造业从数字化向网络化、智能化加快转型，不断形成新的生产方式、产业形态和经济增长点，为经济高质量发展提供新动能、开辟新空间。陈肇雄表示，推动中德两国战略对接是两国领导人达成的重要共识。中德作为制造业大国，产业互补性强，合作潜力大。近年来，双方围绕智能制造试点示范打造、技术标准制定、产业园区建设等开展务实合作，取得积极成效。希望双方进一步增强战略互信，改善营商环境；深挖合作潜力，开拓第三方市场；寻找利益契合点，培育创新合作增长点，共同推动中德智能制造及生产过程网络化合作向更广领域、更深层次、更高水平发展。会上，双方高度评价近年来中德两国在智能制造及生产过程网络化领域的合作进展，围绕进一步深化务实合作、推动工业经济数字化转型、扩大相互开放等议题坦诚交流并达成诸多共识。双方一致同意，将继续深化政策沟通和战略互信，持续完善合作环境和框架条件，鼓励两国企业、科研机构、行业组织按照市场化运作和互利共赢原则，深入开展项目对接、标准研制、共性和关键技术研发，推动两国智能制造及生产过程网络化合作取得更大进展。双方举行中德智能制造及生产过程网络化合作论坛，来自中德两国政府部门、企业、高校、科研机构、行业协会代表共 300 余人参加论坛。

美洲和大洋洲

【刘利华副部长会见美国通用电气公司高级副总裁亚历克斯·迪米特里夫】 2018 年 1 月 24 日，工业和信息化部副部长刘利华会见美国通用电气公司（简称 GE）高级副总裁亚历克斯·迪米特里夫，就 GE 在华合作、工业互联网发展等相关议题交换意见。

【苗圩部长会见乌拉圭工业、能源和矿业部部长卡罗丽娜·高斯】 2018 年 2 月 5 日，工业和信息化部部长苗圩会见乌拉圭工业、能源和矿业部部长卡罗丽娜·高斯一行，双方就中乌工业、信息通信领域合作广泛交换意见。苗圩表示，中乌两国互为战略伙伴，双方产业合作基础良好。中方愿与乌方以两国建交 30 周年为契机，加强产业发展政策交流，支持双方企业在能源装备、新能源汽车、纺织加工、工业园区建设、人工智能等工业和信息通信领域进一步开展互利合作，欢迎乌方积极参与中拉“一带一路”建设合作。

【苗圩部长会见美国科恩集团等企业负责人】 2018 年 3 月 26 日，工业和信息化部部长苗圩在出席中国发展高层论坛 2018 年年会期间，会见美国前国防部长、科恩集团董事长兼首席执行官科恩及戴姆勒、西门子、高通、福特、辉瑞等企业主要负责人，就智能制造、新能源与智能网联汽车、5G、集成电路及生物制药领域发展与合作等议题交换意见。苗圩表示，中国经济已由高速增长阶段转向高质量发展阶段，中国政府将坚持把发展经济着力点放在实体经济上，加快制造强国建设；坚定不移实施对外开放，进一步放宽市场准入，营造公平竞争环境。欢迎外资企业与中国产业界开展互利合作，实现共赢发展。

【罗文副部长会见博通公司总裁兼首席执行官陈福阳】 2018 年 4 月 8 日，工业和信息化部副部长罗文在深圳会见博通公司总裁兼首席执行官陈福阳，双方就集成电路产业发展及博通公司在华合作等议题交换意见。

【罗文副部长会见美国 AMD 公司总裁兼首席执行官苏姿丰】 2018 年 4 月 11 日，工业和信息化部副部长罗文会见美国 AMD 公司总裁兼首席执行官苏姿丰，双方就集成电路产业发展、AMD 公司在华合作等议题交换意见。

【中美产业合作芝加哥峰会】 2018 年 4 月 18 日，工业和信息化部总经济师王新哲在芝加哥出席由中国投资有限责任公司和美国高盛集团举行的中美产业合作峰会并致辞。王新哲表示，中美制造业互补性强、合作空间大。多年来，美国企业在中国市场开展广泛合作，获得实实在在的利益；与此同时，越来越多的中国制造企业赴美投资合作，拉动当地经济和就业增长。中美产业间增进互信、深挖潜力、扩大合作符合双方共同利益。中国工业和信息化部始终平等对待内外资企业，相关政策措施适用于所有中国境内企业。今后，中方将进一步扩大制造业对外开放，欢迎美国企业深度参与其中。会议由中投公司副董事长兼总经理屠光绍、高盛集团总裁兼首席运营官大卫·所罗门主持，中美政府和产业界 300 余人参会。中国驻美大使崔天凯、中国国际贸易促进会会长姜增伟、北京市副市长殷勇出席会议并致辞，美商务部部长罗斯、前商务部部长普里兹克、前财长保尔森等出席相关活动。在美期间，王新哲访问福特、通用汽车公司，现场调研万向集团底特律电池工厂、中车集团芝加哥地铁工厂等中美合作项目。

【陈肇雄副部长会见美国思科公司首席战略官兼全球执行副总裁罗思基】 2018年5月17日，工业和信息化部副部长陈肇雄会见美国思科公司首席战略官兼全球执行副总裁罗思基，双方就思科公司在华合作等议题交换意见。

【陈肇雄副部长会见美国高通公司总裁克里斯蒂安诺·阿蒙】 2018年5月24日，工业和信息化部副部长陈肇雄会见美国高通公司总裁克里斯蒂安诺·阿蒙，双方就5G发展及高通公司在华合作等议题交换意见。

【陈肇雄副部长会见美国DXC公司全球高级副总裁迈克·克劳斯】 2018年6月4日，工业和信息化部副部长陈肇雄在京会见美国DXC公司全球高级副总裁迈克·克劳斯，双方就智慧城市、数字化转型等议题交换意见。

【罗文副部长会见ASC公司首席执行官伊萨克·班秋亚】 2018年6月7日，工业和信息化部副部长罗文会见美国ASC公司首席执行官伊萨克·班秋亚，双方就集成电路产业发展及ASC对华合作等议题交换意见。

【中国—巴西签署信息通信领域合作谅解备忘录】 2018年8月27—28日，工业和信息化部部长苗圩在巴西首都巴西利亚分别与巴工业、外贸和服务部代部长雅娜·阿尔维斯，通信科技创新部部长吉尔贝托·卡萨布举行工作会谈，就加强两国工业和通信业合作广泛交换意见，并与卡萨布和巴国家电信管理局局长夸德罗斯共同签署《中华人民共和国工业和信息化部与巴西联邦共和国通信科技创新部、电信管理局关于信息通信领域合作的谅解备忘录》，加强双方在4G、5G、信息通信基础设施及云计算、大数据等新一代信息技术领域合作。

【罗文副部长会见萨尔瓦多总统府副国务秘书阿尔韦托·恩里克斯】 2018年9月18日，工业和信息化部副部长罗文会见萨尔瓦多总统府副国务秘书阿尔韦托·恩里克斯一行，双方就推动中萨工业及信息通信领域交流合作交换意见。

【苗圩部长会见新西兰驻华大使傅恩莱】 2018年10月24日，工业和信息化部部长苗圩会见新西兰驻华大使傅恩莱，双方就加强中新工业、信息通信领域合作交换意见。苗圩表示，近年来中新两国全面战略伙伴关系保持良好发展势头，为中新工业、信息通信领域合作创造了良好机遇。中国工业和信息化部愿与新方在新能源汽车、中小企业、乳制品加工、网络安全等领域加强政策及技术交流，开展互利合作，实现共赢发展。

【王江平副部长会见加拿大创新科学和经济发展部副部长大卫·麦戈文】 2018年10月31日，工业和信息化部副部长王江平会见加拿大创新科学和经济发展部副部长大卫·麦戈文，就加强中加数字经济等领域合作交换意见。

【苗圩部长会见美国前国务卿奥尔布赖特及阿斯迈公司代表】 2018年11月12日，工业和信息化部部长苗圩会见美国前国务卿奥尔布赖特及阿斯迈公司代表一行，双方就中美、中欧关系及阿斯迈公司在华发展等议题交换意见。苗圩表示，经济全球化是世界发展趋势，中国将继续扩大对外开放，切实保护知识产权，欢迎阿斯迈等外资企业积极参与中国的产业发展，实现互利共赢。

国际组织

【国际电信联盟2018年理事会】 2018年4月17—18日，工业和信息化部总工程师陈因在瑞士日内瓦出席国际电信联盟（简称国际电联）2018年理事会。

陈因在会间举行的中国代表团招待会上致辞，表示中国重视国际电联工作，将一如既往地支持国际电联在推动全球信息通信发展方面发挥积极作用，希望各国继续对中国竞选理事国、赵厚麟竞选连任国际电联秘书长给予支持。中国常驻联合国日内瓦办事处和瑞士其他国际组织代表俞建华大使、国际电联赵厚麟秘书长出席招待会并致辞。国际电联选任官员、各国出席理事会官员等400余名代表参加招待会。会议期间，陈因分别会见国际电联秘书长赵厚麟、副秘书长琼森、电信发展局主任萨努、无线电局主任朗西、标准化局主任李在摄，就国际电联竞选、中国与国际电联在信息通信发展、无线电通信、电信标准化以及人力资源等领域合作广泛交换意见。陈因还分别出席并见证工业和信息化部与国际电联开展人力资源有关合作，以及科大讯飞与国际电联开展人工智能领域合作相关协议的签约仪式。

【2018年大数据技术发展与融合应用研讨会】 2018年6月26日，工业和信息化部与国际电信联盟共同在广西南宁召开大数据技术发展与融合应用研讨会。工业和信息化部党组成员、副部长罗文出席会议并讲话。国际电信联盟秘书长赵厚麟，广西壮族自治区党委常委、统战部部长徐绍川出席会议。

罗文指出，世界各国都把推进经济数字化作为实现创新发展的重要动能，在前沿技术研发、数据开放共享、隐私安全保护、人才培养等方面进行前瞻性布局。中国正处在产业数字化、数字产业化快速发展的历史进程，大数据是经济数字化发展的新阶段。工业和信息化部将秉持创新、协调、绿色、开放、共享的发展理念，以大数据和实体经济深度融合为重点，加快完善数字基础设施，推进数据资源整合和开放共享，提升数据安全水平。新形势下要从五个方面推动大数据发展并做好监管工作，一是夯实基础设施；二是强化技术能力；三是力促推广应用；四是完善发展环境；五是加强国际合作。

来自美国、加拿大、法国、韩国、印度、国际电信联盟和中国工业和信息化领域的专家学者共同就大数据发展趋势、战略与管理、与传统产业融合应用等方面进行研讨。工业和信息化部信息和软件服务业司、广西壮族自治区通信管理局、贵州大数据局做了交流发言。

【2018年世界移动大会（上海）】 2018年6月27日，工业和信息化部副部长陈肇雄出席2018年世界移动大会（上海）。

陈肇雄在大会开幕式致辞中指出，5G时代即将来临，将给移动通信产业带来巨大发展机遇、开辟广阔发展空间，对经济社会数字化、网络化、智能化转型产生积极的促进作用。工业和信息化部将坚持共建、共商、共享原则，与各方互惠合作，协同推进下一代移动通信技术突破、融合创新和应用推广，构建开放合作共赢产业生态，促进全球移动通信产业发展迈上新台阶。

陈肇雄出席大会期间举行的TD-LTE全球倡议（GTI）国际产业峰会开幕式。陈肇雄表示，GTI作为全球移动通信产业合作平台，为成功推动TDD在全球的广泛商用、加速全球信息化发展作出积极贡献。希望GTI在5G创新发展中发挥更大作用，凝聚全球产业共识，深化多方合作，打造5G完整产业链，加快推动5G产业全面成熟商用。

期间，陈肇雄与国际电联秘书长赵厚麟进行交流，参观企业展台，并赴上汽大通汽车有限公司调研，了解5G技术研发、融合应用等情况。

【第三届金砖国家工业部长会议】 2018年7月4日，工业和信息化部副部长辛国斌出席在南非马格里斯堡举行的第三届金砖国家工业部长会议。

辛国斌在开幕式致辞中指出，以数字化、网络化、智能化为特征的新工业革命方兴未艾，新技术、新产业、新模式蓬勃发展，生产方式和商业模式深刻调整。中国积极实施以互联网促进工业发展的政策，推动工业转型升级不断深入，建立起门类齐全、结构完整和日益开放的工业体系，为中国与包括金砖国家在内的世界各国开展务实合作、共同提升工业发展水平提供条件和机遇。辛国斌强调，新工业革命带来的机遇与挑战并存，需要金砖各国加强合作，共同面对。

辛国斌在出席部长闭门会议发言中指出，当今世界正处于大调整大变革快速变化的历史进程中，全球制造业正在发生更深层次的变革，给金砖国家制造业发展环境及应对策略带来深刻影响。他表示，面对全球制造业的深刻变化，中国政府顺应全球化深入发展需求，进一步扩大开放，采取一系列政策和举措，积极推进供给侧结构性改革，推动构建现代化经济体系，促进制造业高质量发展。

会议就新工业革命带来的机遇和挑战、加强金砖国家工业领域合作等议题进行深入讨论，审议通过《第三届金砖国家工业部长会议宣言》。会议决定建立“金砖国家新工业革命伙伴关系”，深化金砖国家在工业化、创新、包容、投资四大领域合作。

【二十国集团数字经济部长会议】 2018年8月24日，工业和信息化部部长苗圩出席在阿根廷萨尔塔举行的二十国集团（G20）数字经济部长会议。苗圩在会上做主旨发言，指出新一轮科技革命和产业变革正在蓄势兴起，数字经济成为带动新兴产业发展、推动传统产业转型、实现包容性增长和可持续发展的重要驱动力。苗圩强调，本次会议关注数字经济推动可持续发展问题，探讨各方合作，对把握数字化转型发展、共享数字化转型机遇具有重要意义。苗圩对G20推动数字经济发展提出四点倡议：一是营造良好环境，推进数字基础设施建设，促进互联互通；二是加强合作交流，推动制造业数字化转型，大力发展智能制造，加快制造业数字化、网络化、智能化发展；三是坚持包容发展，普惠各国人民，缩小性别数字鸿沟，提升全民数字技能；四是提倡共治共享，促进互利共赢，共建和平、安全、开放、合作、有序的网络空间。

会议通过《G20数字经济部长宣言》《G20数字政府原则》《弥合性别数字鸿沟》《衡量数字经济》《加快部署数字基础设施以促进发展》等附件。与会期间，苗圩分别与阿根廷、新加坡、印度尼西亚、土耳其、沙特阿拉伯、欧盟、国际电信联盟等国家和国际组织代表团团长进行会晤，就双方共同关心的问题和开展数字经济领域合作交换意见。

【2018年世界电信展】 2018年9月10日，2018年世界电信展在南非德班举办，工业和信息化部副部长陈肇雄带队出席开幕式及相关活动。陈肇雄在中国展馆接待前来参观的南非总统拉马福萨，出席国际电联举办的频谱技术研讨会和中国移动南非公司揭牌仪式。

陈肇雄指出，一周前，习近平主席和南非总统拉马福萨共同主持中非合作论坛北京峰会。习近平主席提出的“八大行动”倡议，峰会通过的《关于构建更加紧密的中非命运共同体的北京宣言》，得到与会各方的一致认同，进一步明确新时代中非全面合作的重点领域和具体内容，为扩大中非各领域合作创造难得的机遇、开辟新的广阔空间。陈肇雄强调，5G作为新一代信息通信技术的主要发展方向，将为万物互联构筑新的网络基础。中国高度重视5G发展，支持企业、产业组织深入开展国际交流合作，积极参与全球5G标准制定，协同开展研发试验，研究制定频谱规划，深化5G融合应用，取得重要进展。全球5G发展进入商用部署的关键时期，迫切需要全球业界携手合作，共同推进5G频谱资源高效利用、产业协同发展、技术普及应用，让广大用户早日分享5G发展成果。

陈肇雄表示，南非是中国重要合作伙伴之一，近年来，两国务实合作不断取得新的进展，在信息通信领域，双方合作范围不断拓展、合作层次不断提升、合作规模不断扩大，为进一步合作打下良好基础。工业和信息化部将进一步加强与南非通信主管部门的合作，共同推动中南两国信息通信领域合作不断迈上新台阶。

【第四届金砖国家通信部长会议】 2018年9月14—15日，第四届金砖国家通信部长会议在南非德班举行，工业和信息化部副部长陈肇雄率团出席。陈肇雄在会议讨论中表示，信息通信技术正在引领新一轮科技革命和产业变革，互联网日益成为创新驱动发展的先导力量，提升数字经济发展水平成为各国关注重点，为加快金砖国家数字化转型发展创造难得机遇。中国工业和信息化部高度重视数字化转型发展工作，认真落实习近平主席关于网络安全和信息化发展的重要论述，出台一系列政策措施，促进信息通信和工业经济高质量融合发展，取得明显成效。

陈肇雄指出，开创金砖国家第二个“金色十年”，对金砖国家信息通信领域合作提出新的更高要求。中国工业和信息化部愿与金砖各国信息通信主管部门一道，全面落实金砖国家领导人会晤成果，推进信息通信创新发展，深化新工业革命伙伴关系，共谋包容性增长、促进共同繁荣、实现美好愿景。陈肇雄就落实金砖国家领导人会晤成果，深化信息通信务实合作提出四点建议：一是加快信息通信基础设施建设，深化基础设施互联互通合作，加强战略规划、发展政策、标准体系、监管方式等对接，发挥信息通信企业的主体作用，加快推动跨境、跨区域信息通信基础设施建设；二是加快工业经济数字化转型，推进工业互联网创新发展，促进5G、云计算、大数据、人工智能等新技术与工业经济深度融合，支撑服务工业经济全要素、全产业链、全价值链联接，打造现代化工业经济体系；三是加快数字化工业化包容性增长，优化电信普遍服务接入，降低网络使用成本，消除城乡之间、区域之间数字鸿沟，提升民众、中小微企业信息通信技术应用水平，共同实现包容性增长；四是加快推进数据治理体系建设，共同探讨建立金砖国家数据跨境流动机制，推进国际数据治理体系建设，努力做到既实现数据合理高效流动，又确保数据安全，维护广大用户合法权益和各国安全利益。

会议围绕推动落实金砖国家新工业革命伙伴关系、组建金砖国家未来网络研究院、建立金砖国家监管机构论坛、加强数字经济合作等进行深入讨论，通过第四届金砖国家通信部长会议宣言。

会议期间，陈肇雄分别与南非、巴西、俄罗斯、印度、国际电信联盟等国家和组织的代表团团长进行双边交流，就双方感兴趣的话题交换意见并明确推进机制。会议前，陈肇雄访问赞比亚，分别与赞比亚交通和通信部部长、中国驻赞比亚大使等进行交流，走访部分中资信息通信企业，围绕信息通信领域如何落实习近平主席在中非合作论坛北京峰会上提出的“八大行动”开展调研交流，推动落实。

【国际电信联盟2018年全权代表大会】 2018年10月29日，国际电信联盟2018年全权代表大会在阿拉伯联合酋长国迪拜拉开帷幕。工业和信息化部副部长陈肇雄率团出席大会，并在10月30日高级别会议上作政策性发言。陈肇雄在发言中指出，新一轮科技革命和产业变革形成历史性交汇，新一代信息通信技术创新发展，催生大量新模式、新业态、新产业，在促进各国经济社会发展中发挥着日益重要的作用。同时，发展不平衡、不充分问题仍是各国面临的共同挑战。在此背景下，国际电信联盟召开全权代表大会，共商全球信息通信发展大计，具有重要意义。

陈肇雄强调，中国将继续大力支持国际电信联盟工作，充分发挥国际电信联盟在促进技术创新应用、助力包容性增长、支持数字经济发展等方面的作用。一是发挥在标准化、频率和卫星轨道资源管理方面的引导作用，推动5G、物联网、大数据、云计算、人工智能等新兴技术的创新发展和应用推广；二是通过能力建设、项目合作，集聚各方力量，积极帮助发展中国家改善通信基础设施，提高信息化水平；三是发挥多边协调作用，推动各方开展公共政策磋商和交流，加强经验分享，共同营造包容创新的数字经济发展环境。陈肇雄主持中国代表团招待会，介绍中国竞选连任国际电信联盟理事国、中国政府推荐赵厚麟竞选连任国际电信联盟秘书长等情况。国际电信联盟秘书长赵厚麟出席招待会并致辞，中国驻迪拜总领事李凌冰、国际电信联盟选任官员、各国出席大会的部级官员及代表参加招待会。

会议期间，陈肇雄与出席大会的瓦努阿图总理和阿联酋等多个国家代表团团长以及国际电信联盟秘书长赵厚麟、互联网域名地址分配机构（ICANN）总裁马跃然等进行会谈，与南非、塞内加尔、卢旺达等国部长就通过国际电信联盟平台加强中非信息通信合作进行交流。

国际电信联盟是联合国框架下负责信息通信事务的专门机构。全权代表大会是国际电信联盟的最高权力和决策机构，每四年召开一次，主要任务是确立国际电信联盟总体政策，审议通过国际电信联盟战略规划和财务规划，并选举国际电信联盟新一届领导班子、理事国和无线电规则委员会委员等。来自国际电信联盟各成员国、相关国际组织以及全球知名企业的约2 500名代表参加本次大会。出席大会的中国代表团由工业和信息化部相关司局、中国信息通信研究院、国家无线电监测中心、国家计算机网络应急技术处理协调中心、中国通信标准化协会、中国电信、中国移动、中国联通、中国通服、烽火科技、华为、中兴、北京航空航天大学、南京邮电大学以及香港特别行政区、澳门特别行政区电信主管部门等单位组成。在本次大会上，中国成功竞选连任国际电信联盟理事国，中国推荐的现任国际电信联盟秘书长赵厚麟以176票高票连任下一届秘书长。

［供稿：工业和信息化部国际合作司］

进出口贸易

综　述

【概况】　2018年，随着中国经济稳步发展以及外需逐步恢复，电子信息产业整体呈现稳中向好态势，进出口均实现较快增长。全年电子信息产品进出口总额14 235.3亿美元，占全国外贸进出口总额30.8%。其中，电子信息产品出口总额8 015.3亿美元，同比增长10.2%，占全国外贸出口额32.2%；进口总额6 220.0亿美元，同比增长14.7%，占全国外贸进口额29.1%；贸易顺差1 795.3亿美元，贡献中国一大半贸易顺差。

2018年，大部分电子信息产品进出口均实现不同程度增长；出口市场集中在中国香港特别行政区、美国、日本、韩国等国家或地区，对印度、越南、马来西亚和俄罗斯等新兴经济体出口增长较快；进口主要来自中国台湾地区、韩国和日本，从越南、爱尔兰和荷兰的进口增长较快；出口贸易方式结构继续优化，一般贸易比重进一步提高，加工贸易占比持续下降，但仍是主要出口贸易方式；外资企业是电子信息产品进出口主力军，私营企业进出口增长较快；电子信息产品进出口集中在广东省、江苏省和上海市三个省市，重庆市、四川省、陕西省等部分中西部省市进出口增长较快。

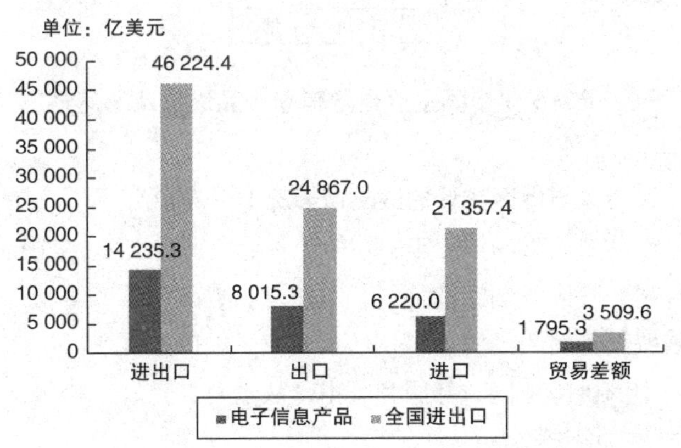

图1　2018年中国电子信息产品与全国进出口情况对比

尽管2018年电子信息产业发展整体态势较好，但产业面临的外部环境正在发生变化：一是中美经贸摩擦持续发酵，双方博弈的领域逐渐从贸易延伸至技术、金融等方面，对产业链较长、高度依赖国际市场的电子信息产业带来不容忽视的影响，应未雨绸缪；二是主要发达国家均在大力发展人工智能、机器人、虚拟现实等新兴技术，围绕新一代信息技术的竞争尤为激烈，中国电子信息产业面临的机遇和挑战并存，应加快转型升级步伐，抢抓战略机遇，力争实现新兴领域弯道超车。

进出口结构与特点

【按主要产品统计的进出口情况】 2018 年，除广播电视设备类产品外，大部分电子信息产品进出口均实现不同程度增长，其中计算机类产品、电子元器件类产品进出口增长较快。

出口方面，通信设备类产品和计算机类产品占据中国电子信息产品出口半壁江山。从具体类别看，通信设备类产品出口额 2 349.7 亿美元，同比增长 8.5%；计算机类产品出口额 2 240.8 亿美元，同比增长 13.0%；广播电视设备类产品出口额 157.0 亿美元，同比下降 1.1%；家用视听设备类产品出口额 358.8 亿美元，同比增长 4.2%；智能消费设备类产品出口额 70.2 亿美元，同比增长 2.8%；电子器件类产品出口额 1 518.4 亿美元，同比增长 13.0%；电子元件类产品出口额 962.3 亿美元，同比增长 11.3%；电子仪器设备类产品出口额 274.7 亿美元，同比增长 6.5%；电子专用材料类产品出口额 67.5 亿美元，同比下降 4.3%；其他电子设备类产品出口额 15.8 亿美元，同比增长 8.1%。

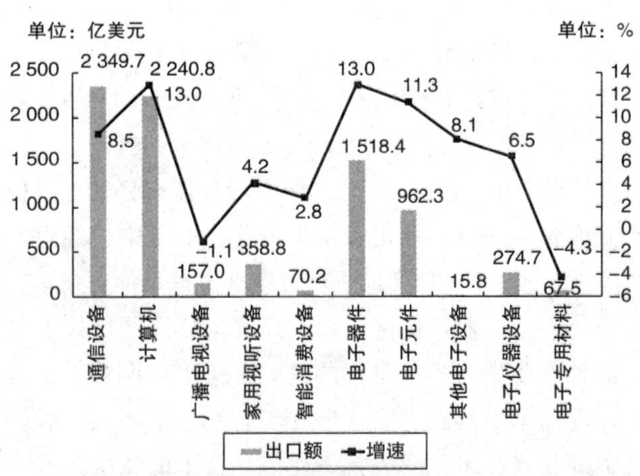

图 2 2018 年中国主要电子信息产品出口及增速情况

进口方面，电子元器件类产品是第一大类进口产品，占电子信息产品进口总额 68.4%。从具体类别看，通信设备类产品进口额 493.5 亿美元，同比增长 2.1%；计算机类产品进口额 549.1 亿美元，同比增长 20.9%；广播电视设备类产品进口额 118.7 亿美元，同比下降 3.0%；家用视听设备类产品进口额 66.8 亿美元，同比增长 2.2%；智能消费设备类产品进口额 48.1 亿美元，同比增长 10.4%；电子器件类产品进口额 3 688.8 亿美元，同比增长 15.0 %；电子元件类产品进口额 563.2 亿美元，同比增长 12.9%；电子仪器设备类产品进口额 294.4 亿美元，同比增长 16.1%；电子专用材料类产品进口额 103.3 亿美元，同比增长 4.5%；其他电子设备类产品进口额 294.3 亿美元，同比增长 51.3%。

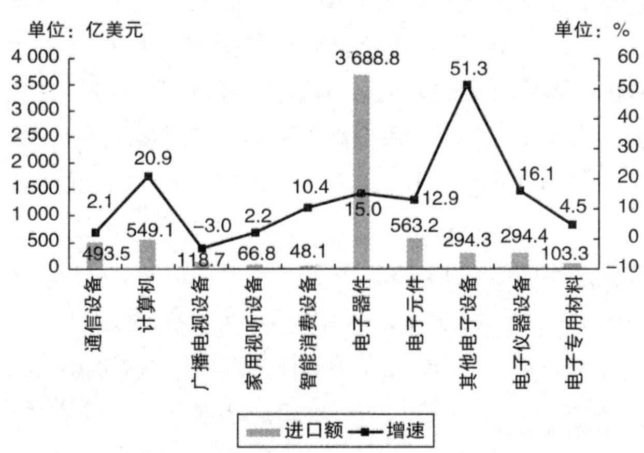

图 3 2018 年中国主要电子信息产品进口及增速情况

【按国家与地区统计的进出口情况】 2018 年，电子信息产品出口市场依然集中在中国香港特别行政区、美国、日本、韩国等国家或地区，对印度、越南、马来西亚和俄罗斯等新兴经济体出口增长较快。进口主要来自亚洲的中国台湾地区、韩国和日本，从越南、爱尔兰和荷兰的进口增长较快。

从主要出口目的地看，中国香港特别行政区排在第一位，出口额 1 962.0 亿美元，同比增长 10.7%；美国居第二位，出口额 1 596.5 亿美元，同比增长 10.6%；韩国居第三位，出口额 429.6 亿美元，同比增长 5.2%；日本居第四位，出口额 393.4 亿美元，同比增长 3.4%；荷兰位居第五位，出口额 368.1 亿美元，同比增长 8.1%。其后依次是印度、越南、中国台湾地区、德国、新加坡。出口额排在前十位的国家和地区出口总额 5 873.1 亿美元，占电子信息产品出口总额 73.3%。

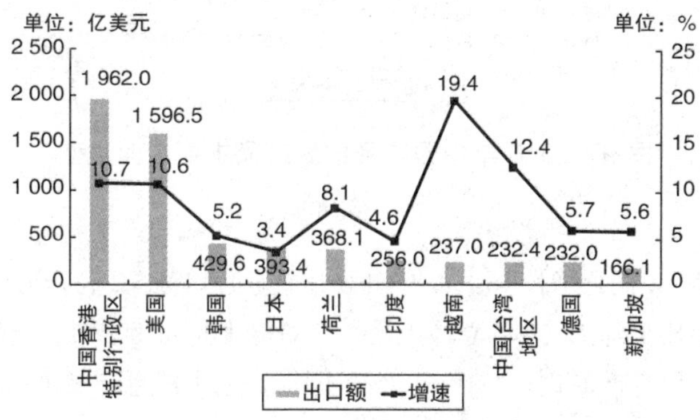

图 4　2018 年中国电子信息产品出口前十名国家和地区

从主要进口来源地看，中国台湾地区居第一位，进口额 1 328.9 亿美元，同比增长 15.9%；韩国居第二位，进口额 1 214.4 亿美元，同比增长 15.2%；国货复进口降至第三位，进口额 1 189.6 亿美元，同比增长 12.6%；日本居第四位，进口额 586.4 亿美元，同比增长 8.3%；马来西亚居第五位，进口额 362.6 亿美元，同比增长 9.4%。进口额排在第六位到第十位的国家和地区分别是越南、美国、泰国、菲律宾和德国。进口额排在前十位的国家和地区进口总额 5 736.6 亿美元，占电子信息产品进口总额 92.2%。

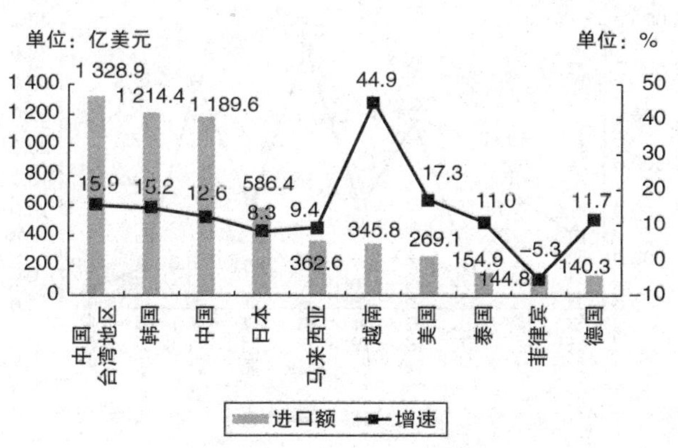

图 5　2018 年中国电子信息产品进口前十名国家和地区

【按贸易方式统计的进出口情况】　中国电子信息产品出口贸易方式结构继续优化，一般贸易比重进一步提高，加工贸易占比持续下降，但仍是主要出口贸易方式。

出口方面，一般贸易出口额 2 222.2 亿美元，同比增长 12.4%，占电子信息产品出口总额 27.7%；进料加工贸易出口额 4 241.3 亿美元，同比增长 4.0%；来料加工装配贸易出口额 461.5 亿美元，同比增长 51.0%。进料加工贸易、来料加工装配贸易占电子信息产品出口总额 58.6%，加工贸易仍是电子信息产品出口的主要贸易方式。其他主要贸易方式中，海关特殊监管区域物流货物出口额 923.5 亿美元，同比增长 27.8%；保税监管场所进出境货物出口额 82.2 亿美元，同比下降 6.6%。

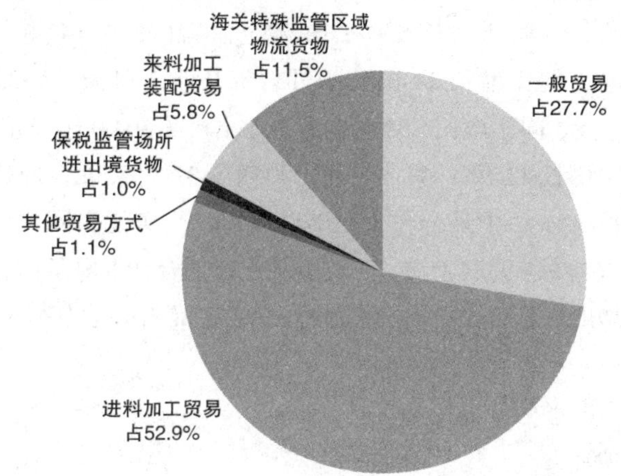

图 6　2018 年中国电子信息产品出口主要贸易方式占比情况

进口方面，一般贸易进口额 1 956.5 亿美元，同比增长 17.4%，占电子信息产品进口总额 31.5%；进料加

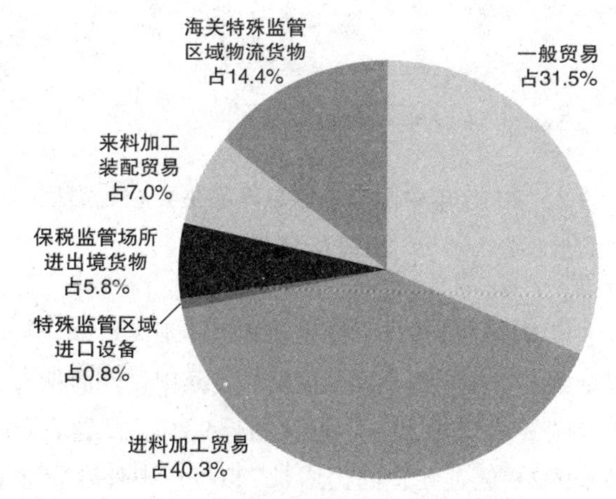

图 7　2018 年中国电子信息产品进口主要贸易方式占比情况

工贸易进口额 2 503.8 亿美元，同比增长 10.6%；来料加工装配贸易进口额 434.9 亿美元，同比增长 21.5%。进料加工贸易、来料加工装配贸易占电子信息产品进口总额 47.2%，加工贸易在中国电子信息产品进口仍占据重要位置。其他主要贸易方式中，海关特殊监管区域物流货物进口额 894.9 亿美元，同比增长 18.9%；保税监管场所进出境货物进口额 360.7 亿美元，同比增长 13.0%。

【按企业性质统计的进出口情况】 外资企业仍是电子信息产品进出口主力军，私营企业进出口增长较快。

出口方面，除个体工商户外，其他类型企业出口均实现不同程度增长。其中，外商独资企业出口额 4 047.6 亿美元，同比增长 5.3%；私营企业出口额 2 142.6 亿美元，同比增长 24.4%；中外合资企业出口额 1 150.7 亿美元，同比增长 5.3%；国有企业出口额 504.0 亿美元，同比增长 11.1%；集体企业出口额 143.6 亿美元，同比增长 3.4%；中外合作企业出口额 25.7 亿美元，同比增长 36. 8%。总体上看，三资企业出口额合计占电子信息产品出口总额 65.2%，仍是电子信息产品出口主力军。

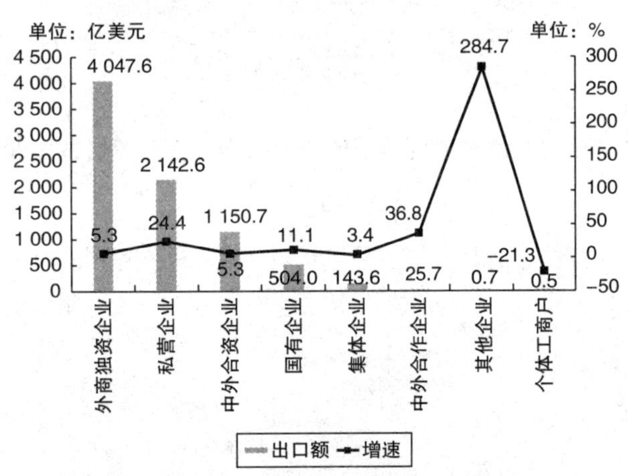

图 8 2018 年中国电子信息产品主要企业类型出口及增速

进口方面，除中外合作企业和个体工商户外，其他类型企业进口均呈现不同程度增长。其中，外商独资企业进口额 2 983.0 亿美元，同比增长 9.2%；私营企业进口额 1 992.8 亿美元，同比增长 31.0%；中外合资企业进口额 848.0 亿美元，同比增长 3.3%；国有企业进口额 309.3 亿美元，同比增长 7.7%；集体企业进口额 77.7 亿

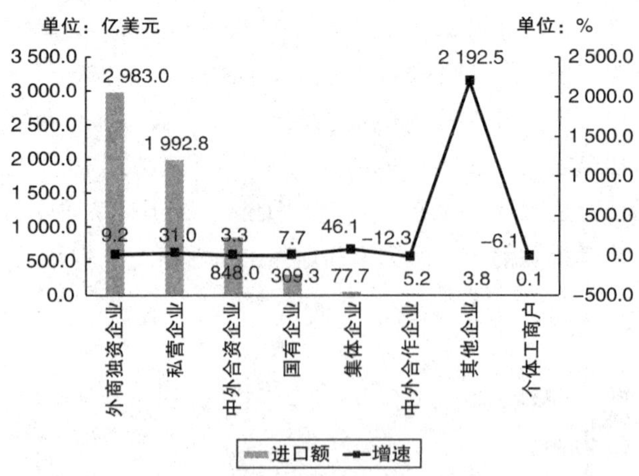

图 9 2018 年中国电子信息产品主要企业类型进口及增速

美元，同比增长 46.1%；中外合作企业进口额 5.2 亿美元，同比下降 12.3%。总体上看，三资企业进口额合计占电子信息产品进口总额 61.7%，同样是电子信息产品进口主力军。

【按省市统计的进出口情况】 电子信息产品出口集中在广东省、江苏省和上海市三个省市，重庆市、四川省、陕西省等部分中西部省市进出口增长较快。

出口方面，电子信息产品出口额前五位的省市分别为：广东省出口额 2 849.8 亿美元，同比增长 6.4%；江苏省出口额 1 590.2 亿美元，同比增长 11.8%；上海市出口额 851.1 亿美元，同比增长 1.4%；重庆市出口额 347.4 亿美元，同比增长 24.2%；河南省出口额 337.9 亿美元，同比增长 10.9%。上述 5 个省市出口额占全国电子信息产品出口总额 74.5%。整体上看，除天津市、湖

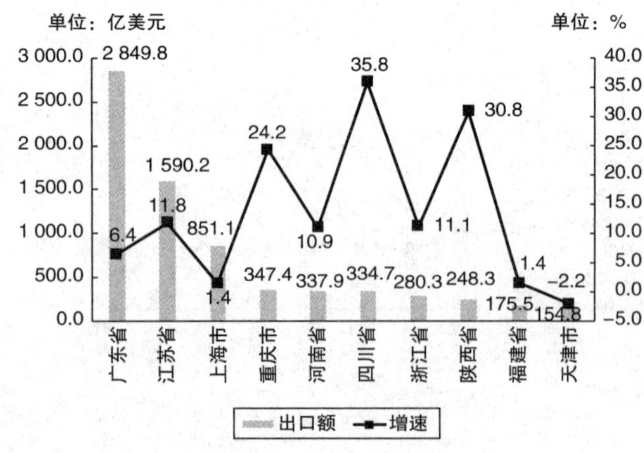

图 10 2018 年中国电子信息产品出口前十名省市

南省、贵州省、吉林省外，其他省市出口均实现不同程度增长。

进口方面，电子信息产品进口额前五位的省市分别为：广东省进口额 2 486.8 亿美元，同比增长 18.4%；江苏省进口额 1 108.1 亿美元，同比增长 16.2%；上海市进口额 757.3 亿美元，同比增长 4.2%；四川省进口额 301.8 亿美元，同比增长 30.3%；河南省进口额 178.3 亿美元，同比下降 14.3%。上述 5 个省市进口额占全国电子信息产品进口总额 77.7%。除山东省、福建省、天津市等省市外，大部分东部省市电子信息产品进口呈现不同程度增长态势。

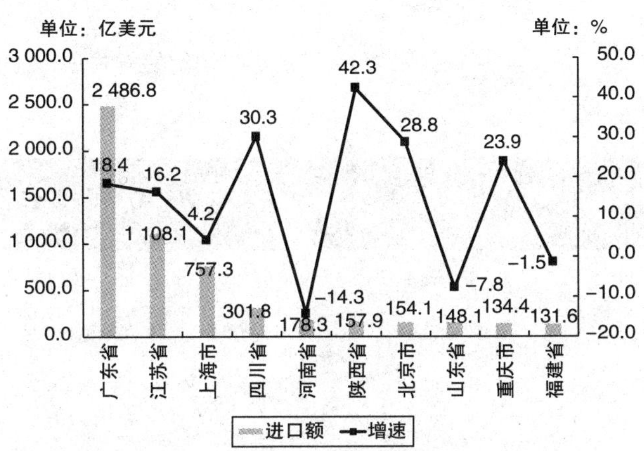

图 11　2018 年中国电子信息产品进口前十名省市

【存在问题】　从全年进出口数据看，中国电子信息产业进出口稳中向好，但也面临中美经贸摩擦持续发酵所带来的一系列问题，需要积极应对。

全球经济下行压力加大，产业持续发展面临较大挑战。2018 年中国 GDP 增速 6.6%，实现预期发展目标，但四季度 GDP 增速创近十年新低，仅为 6.4%，经济开始出现下行压力。此外，中美经贸摩擦从 2018 年 4 月开始持续，为全球经济发展带来较大不确定性。美国对中国加征关税产品中，电子产品占据较大部分，这给对外依赖度较高的电子信息产业带来较大挑战。

产业创新能力较弱，部分关键核心产品“短板”问题不容忽视。中国电子信息产业一般贸易占比逐年提升，但加工贸易依然占据出口近一半份额，产业创新能力不足，产品附加值和技术含量偏低，关键材料、核心元器件和高端电子设备高度依赖进口，这使得电子信息产业极易受外部冲击影响。在中美经贸摩擦中，美国对中国部分产品实施出口限制，可能导致中国电子信息产业面临“断供”风险，“卡脖子”问题日益凸显。

部分产业可能将加速向外转移，全球产业链将面临重构。电子信息产品尤其是中低端产品，具有典型的“候鸟型”特征。部分新兴经济体利用成本优势，加快出台优惠政策吸引外资，承接新一轮产业转移。加之中美经贸摩擦的持续影响，发达国家可能不得不考虑减少对中国市场的依赖，调整全球产业链布局，这会导致部分产业加速向外转移，部分省市将面临产业“空心化”问题。

【统计数据】

表 1　2018 年中国电子

项目名称	全行业总计	通信设备	计算机	广播电视设备	家用视听设备
进口合计（万美元）	62 199 771.8	4 934 948.9	5 490 685.8	1 186 552.4	668 136.4
进口增速（%）	14.7	2.1	20.9	–3.0	2.2
出口合计（万美元）	80 153 441.8	23 497 335.2	22 407 747.8	1 569 848.4	3 588 128.6
出口增速（%）	10.2	8.5	13.0	–1.1	4.2

表 2　2018 年按贸易方式划分的

贸易方式	全行业总计	通信设备	计算机	广播电视设备	家用视听设备
进料加工贸易	25 037 997.0	2 880 344.5	1 517 262.3	984 785.8	256 386.4
一般贸易	19 565 120.3	1 086 584.4	1 793 460.8	136 584.6	318 810.7
海关特殊监管区域物流货物	8 949 517.8	604 735.9	1 776 727.2	24 869.6	52 099.5
来料加工装配贸易	4 349 111.5	70 990.0	167 301.1	34 277.8	15 208.3
保税监管场所进出境货物	3 607 455.8	285 438.9	207 302.7	4 600.7	13 601.1
特殊监管区域进口设备	481 714.4	2 153.8	15 382.6	471.9	10 799.2
其他贸易	94 959.9	4 542.3	12 523.4	942.6	1 094.5
外商投资企业作为投资进口的设备、物品	74 117.5	23.8	644.0	15.6	100.8
加工贸易进口设备	27 291.3	77.0	36.0	0.4	1.6
出料加工贸易	10 895.0				
租赁贸易	1 131.0	56.8	43.4	2.8	9.4
免税品	262.5	0.5	2.2		
国家间、国际组织无偿援助和赠送的物资	118.1				24.9
其他捐赠物资	68.0			0.6	
边境小额贸易	5.9	0.9			
免税外汇商品	5.7				

信息产品进出口总体情况

智能消费设备	电子器件	电子元件	其他电子设备	电子仪器设备	电子专用材料
480 811.5	36 887 789.4	5 631 803.9	2 942 779.1	2 943 625.0	1 032 639.3
10.4	15.0	12.9	51.3	16.1	4.5
702 256.4	15 184 298.3	9 623 373.6	158 103.8	2 746 978.6	675 371.2
2.8	13.0	11.3	8.1	6.5	–4.3

中国电子信息产品进口情况

单位：万美元

智能消费设备	电子器件	电子元件	其他电子设备	电子仪器设备	电子专用材料
39 663.7	15 992 287.6	2 649 304.5	5 739.2	346 548.3	365 674.7
379 507.6	9 426 804.7	1 758 371.6	2 313 253.7	1 944 831.9	406 910.2
31 098.8	4 954 922.2	754 378.8	202 061.1	360 694.5	187 930.3
928.6	3 761 941.6	235 520.2	1 262.9	27 521.8	34 159.3
22 710.0	2 715 760.8	220 850.3	43 679.9	59 416.7	34 094.8
2 716.9	1 999.2	7 554.8	308 613.8	131 517.1	505.4
2 267.2	25 059.0	5 641.2	13 822.5	27 533.1	1 534.2
1 234.2	41.6	36.5	45 982.8	26 037.4	0.8
30.2	2.3	3.8	8 106.2	19 033.7	
	8 969.7	26.4	69.8	2.9	1 826.1
470.6	0.7	37.3	154.4	355.6	
178.2		76.7		4.9	
		0.5		92.7	
			33.1	34.4	
		1.4		0.1	3.5
5.7					

表 3　2016 年按贸易方式划分的

贸易方式	全行业总计	通信设备	计算机	广播电视设备	家用视听设备
进料加工贸易	42 413 265.5	15 242 935.2	13 858 467.4	707 271.4	2 287 277.7
一般贸易	22 222 903.8	7 404 414.3	1 988 302.2	725 719.5	1 015 475.1
海关特殊监管区域物流货物	9 234 509.4	498 139.8	4 866 470.4	48 067.8	92 198.8
来料加工装配贸易	4 615 405.2	139 291.9	1 495 381.6	22 042.9	80 885.6
保税监管场所进出境货物	822 071.1	81 469.5	133 556.0	33 608.1	43 607.0
其他贸易	452 042.9	48 752.9	33 252.7	18 417.7	52 880.2
边境小额贸易	209 401.7	66 521.2	8 133.2	10 778.6	11 487.4
对外承包工程出口货物	163 206.2	14 311.1	18 282.8	2 754.2	3 469.4
国家间、国际组织无偿援助和赠送的物资	13 031.2	1 466.4	5 850.1	1 188.2	835.1
出料加工贸易	7 050.9	6.0	23.0		
租赁贸易	475.8	0.1	5.5		0.1
其他捐赠物资	77.8	26.7	22.8		12.3
易货贸易	0.2				

表 4　2018 年按企业不同经济类型划分的

经济类型	全行业总计	通信设备	计算机	广播电视设备	家用视听设备
外商独资经济	29 829 978.2	1 659 183.6	2 959 079.9	602 860.8	319 278.6
私营经济	19 928 245.6	2 319 031.2	1 684 375.3	71 586.2	159 103.7
中外合资经济	8 480 459.8	777 319.2	320 434.1	478 908.5	90 531.4
国有经济	3 093 087.3	123 066.8	358 219.6	32 363.0	85 302.6
集体经济	777 245.2	54 827.2	163 965.9	648.5	12 656.1
中外合作经济	51 926.6	1 129.5	3 374.5	97.8	450.7
其他经济	38 101.5	378.0	1 067.1	87.7	813.3
个体工商户	727.6	13.5	169.4		

中国电子信息产品出口情况

单位：万美元

智能消费设备	电子器件	电子元件	其他电子设备	电子仪器设备	电子专用材料
218 356.3	5 227 208.0	3 686 002.0	82 064.9	998 290.7	105 391.9
293 174.6	3 992 553.7	4 879 091.1	64 494.7	1 323 845.3	535 833.2
51 006.3	3 069 129.6	439 371.4	9 240.4	145 556.6	15 328.2
82 641.6	2 520 311.1	160 387.9	32.6	104 958.7	9 471.3
20 663.8	235 760.9	179 593.2	1 505.4	89 800.2	2 507.0
27 280.2	65 023.7	160 194.7	458.7	44 858.7	923.3
5 314.0	30 152.4	61 840.3	142.4	15 004.4	27.7
3 719.5	42 992.8	54 342.1	81.6	23 233.6	18.9
10.7	158.4	2 532.0	43.0	946.0	1.3
86.5	1 007.4	15.1	40.0	4.8	5 868.2
	0.1	3.2		467.0	
2.8	0.2	0.3		12.6	
		0.2			

中国电子信息产品进口情况

单位：万美元

智能消费设备	电子器件	电子元件	其他电子设备	电子仪器设备	电子专用材料
184 930.0	18 459 015.7	3 269 232.9	582 355.8	1 195 919.2	598 121.7
57 872.5	11 879 320.2	1 451 685.6	1 062 552.8	964 138.5	278 579.8
179 890.0	5 013 214.0	762 253.5	472 141.0	315 228.7	70 539.4
54 357.2	1 042 460.5	112 507.8	791 711.9	427 707.0	65 390.9
657.4	478 218.1	25 017.2	3 694.5	33 237.0	4 323.2
1 709.8	15 398.1	8 615.0	1 737.3	3 842.5	15 571.4
1 382.9	153.8	2 264.0	28 585.9	3 339.0	29.8
11.7	9.0	228.0		213.1	83.0

表 5　2018 年按企业不同经济类型划分的

经济类型	全行业总计	通信设备	计算机	广播电视设备	家用视听设备
外商独资经济	40 475 854.0	9 296 835.8	15 174 717.6	604 919.1	1 121 008.4
私营经济	21 426 133.2	6 644 477.9	4 105 985.5	750 203.5	1 395 669.5
中外合资经济	11 507 413.9	6 093 534.6	1 062 692.8	134 215.4	695 964.0
国有经济	5 039 707.1	650 776.3	1 610 050.1	72 167.3	355 412.2
集体经济	1 435 719.1	801 268.1	290 882.0	6 751.7	14 494.3
中外合作经济	257 241.6	8 714.4	160 980.2	1 507.6	4 503.9
其他经济	6 658.9	1 587.1	2 432.6	50.7	53.7
个体工商户	4 714.0	140.9	7.0	33.2	1 022.7

表 6　2018 年各省、自治区、直辖市

省市	进口总计	通信设备	计算机	广播电视设备	家用视听设备
广东省	24 867 807.3	3 112 743.7	2 214 493.7	320 604.0	220 497.3
江苏省	11 080 879.1	359 095.1	758 639.7	180 524.7	132 937.0
上海市	7 572 501.7	223 797.1	941 095.8	139 706.6	114 033.5
四川省	3 017 723.8	72 100.3	167 024.1	25 664.1	11 245.7
河南省	1 782 790.8	246 834.5	1 650.2	288 175.8	1 897.5
陕西省	1 578 834.5	3 032.0	15 166.2	415.2	10 174.2
北京市	1 540 887.3	137 012.3	139 157.7	33 630.3	76 584.1
山东省	1 480 893.3	123 240.3	158 085.9	26 355.3	15 389.6
重庆市	1 343 825.2	41 037.3	341 312.1	9 264.8	2 041.0
福建省	1 315 588.5	69 629.7	205 300.9	12 037.2	11 445.6
天津市	1 192 640.6	204 884.7	127 718.9	16 857.7	15 492.7
浙江省	1 007 808.7	11 657.7	111 063.1	15 835.9	7 422.3
安徽省	728 928.9	5 447.7	96 891.9	503.5	2 845.8
湖北省	672 269.3	27 143.9	26 196.9	957.9	11 417.5
辽宁省	598 705.4	20 643.4	31 406.7	8 216.3	20 792.7
广西壮族自治区	497 455.0	23 932.6	111 512.4	2 281.8	1 021.8

中国电子信息产品出口情况

单位：万美元

智能消费设备	电子器件	电子元件	其他电子设备	电子仪器设备	电子专用材料
372 311.3	8 090 654.5	4 163 550.0	90 308.8	1 367 139.7	194 409.0
233 147.2	3 355 770.2	3 593 609.1	46 851.5	974 784.3	325 634.4
53 157.1	2 088 511.4	1 101 935.0	9 812.1	189 329.1	78 262.4
36 199.0	1 548 880.5	530 016.6	6 786.5	161 160.1	68 258.4
2 205.2	73 805.5	189 783.0	141.0	47 948.0	8 440.4
4 319.1	24 712.0	42 062.1	4 159.4	5 960.0	322.9
747.3	418.3	972.8	37.2	356.7	2.5
170.2	1 545.9	1 444.9	7.3	300.8	41.2

电子信息产品进口情况

单位：万美元

智能消费设备	电子器件	电子元件	其他电子设备	电子仪器设备	电子专用材料
42 728.7	15 175 926.9	2510 242.9	441 373.4	654 847.9	174 348.8
64 513.8	7 398 179.2	1096 369.3	371 771.9	420 975.6	297 872.9
106 365.8	4 044 874.8	769 111.6	320 175.4	692 923.8	220 417.4
7 900.4	2 082 935.7	102 846.8	426 213.5	110 962.5	10 830.8
2 386.7	1 061 024.1	136 590.9	11 046.3	30 548.8	2 636.0
4 217.7	1 322 334.4	35 480.3	124 948.4	42 253.6	20 812.3
66 635.8	587 114.8	104 115.9	61 162.2	298 660.5	36 813.7
22 240.2	857 589.6	157 019.9	20 768.9	81 162.6	19 041.0
5 130.2	808 749.9	66 616.7	40 481.5	27 016.3	2 175.4
9 359.9	712 795.9	73 348.1	144 721.7	61 832.8	15 116.5
32 381.3	496 965.4	160 679.9	26 528.9	61 177.9	49 953.4
12 422.7	598 935.1	77 601.7	50 520.6	82 292.4	40 057.1
3 893.1	277 759.0	24 261.4	248 495.7	53 064.6	15 766.1
11 596.8	259 652.6	34 363.5	217 744.3	66 568.6	16 627.3
16 135.6	113 316.3	67 222.6	229 816.7	71 548.8	19 606.5
446.8	259 357.7	75 156.9	1 422.7	21 104.4	1 217.8

续表

省市	进口总计	通信设备	计算机	广播电视设备	家用视听设备
山西省	416 537.0	84 896.8	1 847.6	62 980.7	164.6
江西省	396 186.7	12 004.8	7 981.5	9 660.0	447.3
湖南省	235 673.0	21 192.8	12 070.9	602.1	1 790.2
吉林省	230 098.3	45 588.5	3 784.3	7 499.9	5 219.0
河北省	214 582.2	2 119.1	3 498.5	17 001.7	1 421.6
贵州省	147 024.9	23 512.6	1 057.1	5 906.4	894.8
云南省	98 897.4	59 159.5	7 012.9	1 670.2	499.9
内蒙古自治区	69 741.4	74.1	235.7	3.8	44.2
甘肃省	35 647.6	18.7	2 744.7	36.0	402.4
宁夏回族自治区	28 985.9	85.3	1 687.7	1.9	73.6
黑龙江省	20 260.1	3 579.4	366.9	121.6	1 696.5
新疆维吾尔自治区	16 570.7	408.1	918.5	7.6	193.5
海南省	8 527.0	71.6	719.9	15.2	45.5
青海省	1 312.4	5.1	33.8	14.2	5.1
西藏自治区	187.5	0.2	9.6		

表 7　2018 年各省、自治区、直辖市

省市	出口总计	通信设备	计算机	广播电视设备	家用视听设备
广东省	28 497 990.5	10 348 328.6	5 092 878.8	803 310.2	2 227 119.0
江苏省	15 901 967.9	3 176 063.3	5 701 069.8	227 620.8	302 422.3
上海市	8 510 725.0	2 119 382.7	3 128 813.2	51 470.8	138 486.5
重庆市	3 473 534.6	330 088.7	2 788 630.3	9 081.1	1 283.8
河南省	3 378 967.4	3 262 187.4	8 747.4	6 028.1	3 872.7
四川省	3 347 298.1	229 248.3	1 978 986.6	7 930.6	27 234.4
浙江省	2 803 216.4	164 692.7	211 851.1	239 960.9	248 559.7
陕西省	2 482 789.8	50 337.5	1 155 674.8	839.6	10 185.5
福建省	1 754 502.2	227 356.9	581 475.0	28 297.0	136 359.3
天津市	1 547 984.5	491 825.4	345 958.2	63 433.9	31 247.3
山东省	1 261 221.0	465 584.0	103 209.7	38 871.6	200 413.0
湖北省	1 101 694.2	457 702.1	261 956.4	11 838.8	33 400.1

智能消费设备	电子器件	电子元件	其他电子设备	电子仪器设备	电子专用材料
408.7	222 769.1	21 681.2	11 003.2	10 616.2	168.8
5 886.2	296 617.6	11 079.3	18 593.1	23 986.0	9 931.0
9 016.2	90 760.7	29 106.9	12 471.6	57 009.4	1 652.2
49 622.2	53 803.6	43 649.8	1 320.0	17 825.4	1 785.8
2 659.7	21 746.4	13 613.5	124 778.6	24 325.4	3 417.8
137.3	93 028.0	10 809.4	1 841.5	4 540.8	5 296.9
491.8	9 615.6	4 777.0	1 859.0	7 546.3	6 265.2
368.7	17 393.2	562.8	24 924.9	3 815.3	22 318.8
9.2	22 797.5	99.3	6 132.2	3 172.0	235.6
1 969.7	16.9	1 518.3	775.1	923.4	21 934.0
1 384.4	1 457.5	3 337.6	1 320.4	6 824.2	171.5
226.2	79.9	172.2	19.1	3 433.0	11 112.7
256.8	189.4	360.6	486.3	1 325.9	5 056.0
15.7	2.4	4.5	62.1	1 169.6	
3.3		3.3		171.0	

电子信息产品出口情况

单位：万美元

智能消费设备	电子器件	电子元件	其他电子设备	电子仪器设备	电子专用材料
271 281.3	3 441 663.2	4 698 448.4	62 231.3	1 495 463.1	57 266.7
90 209.5	4 020 095.8	1 669 415.0	34 630.0	472 729.6	207 711.8
110 591.3	2 194 733.6	481 577.5	27 123.6	222 639.5	35 906.3
1 637.3	240 714.4	83 506.8	378.2	9 334.6	8 879.6
1 550.4	34 438.6	38 796.6	173.1	9 626.8	13 546.3
1 078.0	1 021 852.4	45 275.5	2 776.2	24 889.8	8 026.4
98 291.6	711 916.0	945 391.8	5 737.5	153 046.2	23 768.8
1 208.1	1 164 768.0	75 946.8	824.0	4 909.0	18 096.5
10 990.1	456 963.2	210 657.8	316.0	81 647.8	20 439.1
33 064.6	345 045.7	188 370.4	1 293.8	20 153.4	27 591.8
10 858.1	117 578.1	241 644.1	4 381.8	56 890.1	21 790.4
1 489.5	161 467.6	152 461.1	1 939.2	13 376.6	6 062.7

续表

省市	出口总计	通信设备	计算机	广播电视设备	家用视听设备
北京市	1 067 213.1	519 362.6	77 847.1	11 167.3	30 757.1
安徽省	950 975.5	23 007.4	548 757.0	532.6	63 505.6
山西省	762 591.0	716 018.9	88.6	2 409.3	39.5
辽宁省	691 840.8	11 649.5	16 149.7	7 591.0	93 913.5
广西壮族自治区	681 224.7	231 400.3	282 901.5	21 849.3	6 435.7
江西省	623 172.8	128 026.9	47 968.3	8 024.2	6 663.8
湖南省	428 819.3	154 501.7	40 586.7	9 291.1	1 644.5
贵州省	258 325.4	207 947.3	5 398.1	1 201.6	3 833.9
河北省	196 762.7	39 140.3	4 568.5	16 346.4	10 326.0
云南省	155 633.0	88 960.4	14 651.0	77.0	2 788.3
新疆维吾尔自治区	80 673.8	13 889.1	6 204.8	2 344.9	4 592.6
内蒙古自治区	69 662.1	36 726.7	157.8	83.9	54.9
甘肃省	44 034.8	78.7	2 069.3	9.5	42.7
吉林省	26 823.1	1 569.3	226.1	34.4	2 334.1
黑龙江省	25 878.5	289.5	767.1	181.1	407.8
宁夏回族自治区	16 921.3	52.5	14.8		125.6
海南省	7 833.6	1 873.9	3.7	1.3	1.4
青海省	2 268.8	1.0	46.5		
西藏自治区	895.7	41.4	90.0	20.1	78.1

表 8　2018 年按国家或地区统计的

国别 / 地区	进口总计	通信设备	计算机	广播电视设备	家用视听设备
中国台湾地区	13 289 382.3	233 364.7	667 698.4	13 039.8	72 969.7
韩国	12 143 522.1	420 780.0	677 058.1	253 613.7	25 149.1
中国	11 895 548.3	1 757 610.2	2 027 847.0	216 265.9	152 818.8
日本	5 864 111.0	239 781.1	242 096.2	79 675.2	56 106.9
马来西亚	3 625 809.0	52 165.7	281 930.4	6 036.6	10 667.5
越南	3 457 761.6	1 689 929.6	17 971.1	477 906.2	8 582.6
美国	2 690 920.3	92 504.5	110 361.2	13 682.8	74 270.5
泰国	1 549 451.0	116 779.1	701 781.5	19 154.8	12 544.7

智能消费设备	电子器件	电子元件	其他电子设备	电子仪器设备	电子专用材料
7 976.6	263 622.4	86 777.8	5 722.6	51 451.8	12 527.8
824.0	203 475.1	83 790.8	475.4	23 609.2	2 998.5
18.3	20 716.9	5 848.2	142.1	1 757.2	15 552.0
41 703.9	373 301.6	111 703.9	5 164.4	21 585.6	9 077.8
575.2	37 718.6	78 152.3	343.9	7 870.5	13 977.3
3 348.3	208 251.9	152 638.7	1 081.0	29 048.7	38 121.1
3 286.8	27 313.1	154 553.9	618.9	19 808.3	17 214.3
53.6	23 766.7	11 023.4	16.6	4 297.4	786.8
1 232.2	56 403.7	42 300.9	1 621.0	10 534.6	14 289.2
77.3	2 748.2	8 568.6		544.6	37 217.7
4 317.4	9 311.1	21 587.5	7.6	5 813.2	12 605.5
52.5	524.3	5 728.9	74.8	193.7	26 064.7
1 137.4	39 299.7	720.2		300.2	377.1
4 783.2	4 684.6	3 385.3	9.7	2 251.7	7 544.6
514.7	908.0	19 708.8	0.7	2 814.2	286.7
8.9	94.8	628.5	1 020.4	224.1	14 751.7
96.2	758.4	4 413.8		2.5	682.5
	1.3	9.8		0.8	2 209.4
0.2	161.3	340.5	0.5	163.7	

电子信息产品进口情况

单位：万美元

智能消费设备	电子器件	电子元件	其他电子设备	电子仪器设备	电子专用材料
7 470.4	11 159 650.6	588 352.5	224 954.5	144 672.6	177 209.3
28 405.5	9 228 076.6	472 632.7	590 934.8	187 746.9	259 124.7
8 886.4	5 561 095.8	1 697 056.7	39 550.3	392 966.2	41 450.9
128 018.1	2 237 613.3	1 048 631.3	1 084 670.0	425 602.0	321 916.8
2 754.6	2 891 634.6	221 090.9	26 711.9	115 145.4	17 671.5
810.0	874 582.2	364 218.0	7 164.6	16 532.3	65.0
53 747.2	1 295 699.5	154 669.4	331 888.9	483 115.8	80 980.4
9 838.7	511 675.7	138 233.6	2 063.4	37 043.5	336.1

续表

国别 / 地区	进口总计	通信设备	计算机	广播电视设备	家用视听设备
菲律宾	1 447 787.3	10 966.8	345 320.4	36 185.7	7 739.4
德国	1 403 241.6	45 797.1	95 462.7	21 957.9	40 989.8
新加坡	1 387 581.2	34 522.0	132 715.3	5 332.9	66 192.5
爱尔兰	537 922.6	1 688.0	21 692.7	5 075.2	43 112.1
墨西哥	462 596.4	39 741.6	25 776.8	2 129.2	7 783.5
荷兰	294 477.9	1 137.1	6 679.3	375.6	11 287.5
以色列	235 261.5	7 823.5	6 297.9	375.3	3 970.2
法国	180 124.9	9 742.6	12 310.8	1 022.4	9 769.2
奥地利	159 459.4	9 276.1	8 379.8	152.2	819.8
英国	144 170.3	6 038.0	7 192.8	1 796.9	7 511.4
印度尼西亚	138 442.5	3 319.0	9 413.4	958.7	7 959.4
匈牙利	117 645.2	4 346.6	17 342.8	3 364.5	4 003.7
捷克	117 457.8	6 338.6	8 786.5	3 231.3	4 736.4
瑞士	113 781.7	5 163.9	3 079.4	310.7	9 811.1
意大利	102 565.5	4 727.5	9 736.1	431.0	2 569.7
加拿大	85 709.3	7 400.5	8 519.4	2 932.5	5 421.9
中国香港特别行政区	85 044.7	23 747.8	3 777.9	15 746.7	4 969.6
葡萄牙	63 802.5	2 778.8	11 897.9	435.1	630.4
比利时	57 896.1	39 174.3	2 220.0	305.9	1 688.7
印度	52 248.0	6 163.3	1 224.0	56.9	551.6
瑞典	51 555.4	3 592.5	6 312.3	499.2	2 273.7
波兰	46 452.0	8 249.3	1 743.4	1 195.9	414.0
罗马尼亚	40 595.3	2 993.5	989.9	1 169.7	412.7
芬兰	37 021.9	11 163.2	2 986.8	65.2	1 508.0
西班牙	34 387.4	1 229.0	1 450.5	47.1	861.7
丹麦	33 373.5	3 387.8	3 317.7	392.8	748.6
澳大利亚	31 999.1	13 533.2	3 417.4	365.7	3 177.1
马耳他	27 951.2	220.4	93.9	44.8	41.9
斯洛伐克	26 045.2	290.1	1 145.7	101.8	393.7
哥斯达黎加	24 169.7	203.1	50.3	249.5	0.8

智能消费设备	电子器件	电子元件	其他电子设备	电子仪器设备	电子专用材料
4 516.8	831 043.0	179 705.5	572.2	31 067.5	670.0
100 191.4	272 857.5	186 532.9	101 841.9	448 103.9	89 506.4
2 658.2	720 884.8	93 920.4	207 430.0	115 607.2	8 318.0
179.3	449 896.2	1 391.2	11.1	14 870.4	6.4
10 115.3	293 529.0	57 266.9	34.3	26 187.0	32.6
3 565.9	10 780.7	4 816.0	243 403.5	12 113.9	318.3
3 286.0	135 689.8	12 721.6	855.7	59 091.0	5 150.5
9 928.6	64 036.9	26 438.3	4 108.6	40 382.2	2 385.4
1 899.6	43 096.7	32 598.1	26 096.4	33 698.9	3 441.8
7 228.2	18 579.9	16 405.9	16 093.6	61 700.8	1 622.7
1 947.5	21 947.8	84 490.1	1.4	7 638.1	767.1
16 256.9	10 360.8	16 235.2	169.6	45 562.3	3.0
9 574.9	39 138.1	39 726.2	25.1	5 825.2	75.4
3 422.1	14 725.1	26 421.8	7 381.7	43 105.0	361.0
5 621.4	25 511.4	18 476.4	6 656.7	26 440.7	2 394.6
2 191.5	28 657.8	6 082.9	336.5	23 902.1	264.2
879.2	17 025.6	8 678.2	3 507.1	6 391.5	321.0
14 810.4	24 738.9	7 542.3	44.9	923.6	0.1
907.5	5 407.3	1 280.1	145.6	5 171.0	1 595.7
2 197.9	8 466.8	9 988.8	59.1	22 417.6	1 122.0
1 608.1	1 626.7	3 793.3	12 353.9	18 195.6	1 300.1
6 101.3	4 616.2	13 284.5	1.8	10 726.0	119.6
14 735.0	1 797.2	9 589.4	0.1	8 777.5	130.2
2 024.0	2 786.7	3 762.0	1 052.3	10 451.1	1 222.6
4 516.5	13 887.1	6 355.8	1 752.7	4 246.0	40.9
4 341.4	791.4	7 297.6	30.6	12 576.1	489.6
239.2	3 408.7	1 169.0	0.6	6 273.2	415.0
23.2	22 529.5	4 158.3	6.8	832.5	
334.0	8 414.7	6 250.7	22.9	9 091.7	
84.6	898.8	21 754.5		924.3	3.8

续表

国别 / 地区	进口总计	通信设备	计算机	广播电视设备	家用视听设备
摩洛哥	21 975.7	169.3	2.0	0.1	79.6
挪威	20 438.3	3 581.8	962.9	615.5	567.5

表 9　2018 年按国家或地区统计的

国别 / 地区	出口总计	通信设备	计算机	广播电视设备	家用视听设备
中国香港特别行政区	19 620 164.0	5 783 214.9	4 456 928.8	323 260.5	454 512.5
美国	15 964 556.1	5 061 499.6	6 696 571.7	274 592.5	912 482.4
韩国	4 296 320.8	1 259 805.8	713 773.5	68 884.1	55 787.3
日本	3 934 414.8	1 174 466.8	1 071 663.8	81 524.9	238 953.1
荷兰	3 681 073.1	1 209 158.5	1 873 097.5	41 887.2	52 030.9
印度	2 560 217.0	880 007.9	455 245.3	119 512.9	133 904.0
越南	2 370 372.2	822 227.3	117 475.6	77 469.9	46 354.4
中国台湾地区	2 323 933.1	192 125.7	409 938.2	15 695.5	33 206.6
德国	2 319 548.7	387 736.5	984 977.2	24 941.1	70 538.1
新加坡	1 660 663.7	243 411.4	552 669.9	10 597.1	22 138.5
墨西哥	1 635 537.7	376 289.4	410 772.4	19 836.1	141 321.1
马来西亚	1 450 619.9	181 363.8	217 219.1	8 825.8	34 992.7
英国	1 443 172.6	499 977.8	517 575.4	49 016.1	60 107.4
俄罗斯联邦	1 037 771.6	393 949.0	283 267.9	27 106.1	62 323.6
澳大利亚	1 037 042.7	233 993.5	409 483.2	21 865.8	53 883.1
泰国	1 033 409.8	323 082.7	194 557.1	27 731.5	93 580.6
阿联酋	905 924.0	462 465.5	240 058.4	14 046.9	33 088.8
捷克	850 952.2	319 472.0	381 662.0	13 581.5	29 897.9
印度尼西亚	821 133.8	327 763.7	147 001.0	23 737.6	50 225.8
巴西	802 686.3	163 954.0	82 365.8	30 493.9	74 715.8
意大利	696 987.0	288 335.6	187 085.3	12 243.4	19 327.9
加拿大	667 125.2	267 353.7	194 868.2	11 383.1	51 993.0
波兰	648 064.9	88 261.0	177 605.4	19 894.9	75 362.5
法国	620 736.3	179 303.1	173 217.2	20 521.5	24 031.8

智能消费设备	电子器件	电子元件	其他电子设备	电子仪器设备	电子专用材料
397.5	19 981.2	1 290.5		55.6	
1 317.9	1 908.1	336.7	3.8	8 368.5	2 775.7

电子信息产品出口情况

单位：万美元

智能消费设备	电子器件	电子元件	其他电子设备	电子仪器设备	电子专用材料
61 350.6	5 283 452.5	2 592 792.2	38 470.0	572 379.9	53 802.1
185 423.8	701 681.8	1 515 087.0	17 783.6	562 693.5	36 740.2
34 031.8	1 555 197.6	419 554.2	10 816.3	74 973.7	103 496.6
81 314.1	567 562.9	443 323.2	7 400.0	189 322.5	78 883.5
28 376.5	111 456.4	272 031.9	643.7	80 766.1	11 624.4
12 928.3	530 817.2	322 659.3	4 681.6	72 553.9	27 906.6
4 373.2	807 269.3	379 472.0	10 261.9	49 968.8	55 499.7
11 616.0	1 218 352.6	265 757.0	17 065.6	68 578.0	91 597.8
44 738.2	276 033.9	388 012.6	2 087.1	122 558.9	17 925.0
12 039.8	590 035.2	143 995.8	27 376.6	54 521.1	3 878.3
7 712.5	467 901.7	158 623.1	481.8	46 573.6	6 026.1
6 546.3	697 050.8	176 198.3	8 249.1	52 905.1	67 269.0
27 893.1	48 169.8	171 087.4	413.3	60 997.9	7 934.4
12 594.8	112 019.3	98 006.0	1 175.1	41 730.3	5 599.6
22 904.4	147 702.3	125 153.9	99.7	21 385.5	571.3
18 295.0	122 746.0	166 568.4	3 575.1	37 142.4	46 131.1
2 378.7	56 565.6	71 460.2	124.5	13 909.6	11 825.7
1 516.9	28 630.8	56 568.4	207.3	19 193.3	222.2
4 474.9	111 973.3	117 125.4	245.4	33 523.6	5 063.1
9 653.6	270 805.9	131 475.3	491.6	38 078.6	651.9
5 030.4	34 990.0	114 141.5	544.8	32 627.3	2 661.0
8 013.9	29 211.9	74 701.4	283.8	27 647.4	1 668.8
5 685.5	178 187.6	68 405.5	194.2	32 661.4	1 807.0
10 594.8	92 636.9	86 025.1	332.2	32 158.8	1 915.0

续表

国别 / 地区	出口总计	通信设备	计算机	广播电视设备	家用视听设备
菲律宾	603 446.6	144 047.2	93 390.0	15 803.6	53 243.5
土耳其	380 951.8	134 857.5	71 703.5	9 597.9	14 848.0
西班牙	355 884.2	127 048.3	62 035.3	8 112.5	18 226.6
匈牙利	347 532.0	132 608.4	81 551.7	4 347.9	12 002.2
南非	309 908.3	116 686.9	72 333.0	9 153.1	40 605.1
沙特阿拉伯	261 990.9	144 972.2	24 423.6	4 786.6	34 217.7
智利	225 218.0	87 266.1	41 446.8	6 255.9	33 586.4
埃及	216 986.9	61 035.4	11 884.6	4 265.6	17 766.1
巴基斯坦	204 181.6	61 230.0	18 511.9	4 928.8	19 902.9
阿根廷	193 130.2	55 425.5	27 671.4	8 971.9	33 939.6
哥伦比亚	192 613.4	76 374.4	45 611.4	7 172.9	16 384.0
伊朗	161 764.1	41 698.6	22 613.9	5 560.8	13 313.8
乌克兰	155 226.4	40 777.5	20 433.4	4 318.2	11 794.9
秘鲁	150 797.2	59 846.1	32 809.5	5 810.2	20 963.2
瑞典	150 663.2	48 828.9	38 768.8	1 910.1	7 702.1
缅甸	148 016.5	104 746.9	5 389.6	2 614.0	9 218.2

智能消费设备	电子器件	电子元件	其他电子设备	电子仪器设备	电子专用材料
2 509.9	154 468.9	112 593.9	937.7	20 307.8	6 144.1
5 667.6	61 328.9	60 545.9	760.9	17 073.3	4 568.2
9 050.9	48 139.0	64 724.5	184.5	16 669.9	1 692.8
500.8	57 478.7	41 197.2	139.6	17 411.3	294.1
1 771.6	25 366.0	32 446.7	184.2	11 228.3	133.2
2 796.2	14 068.2	27 517.0	37.3	8 801.3	370.8
3 913.9	26 683.4	20 689.8	15.0	5 341.5	19.0
846.3	83 112.9	26 153.7	128.2	11 296.0	498.2
2 911.3	46 065.8	35 876.4	178.2	14 423.9	152.6
1 153.4	36 972.2	20 773.0	19.8	7 764.5	438.8
969.7	16 671.7	23 096.1	17.0	6 236.7	79.4
3 417.6	36 100.1	25 940.0	125.5	12 162.6	831.1
1 596.9	56 937.8	14 072.1	14.1	4 955.5	326.0
2 463.4	6 535.2	17 152.5	13.0	5 191.2	13.1
1 693.6	15 703.7	28 448.9	32.6	7 442.8	131.7
139.6	3 507.6	18 423.8	29.4	3 702.3	245.2

注：表 1 ～ 9 数据均根据海关总署有关数据整理。表 8 ～ 9 仅取排前 40 名的国家或地区。

[撰稿：关兵　审稿：何年初]

地区概况

北　京　市

【概况】 2018年，北京市电子信息产业的产业结构和产业发展环境持续优化，高质量发展取得新成效，创新领域成效明显。根据北京市统计局数据，全年规模以上电子信息制造业工业增加值按可比价格计算增长15.2%，高于全市工业增加值10.6个百分点；软件和信息技术服务业全行业增加值同比增长19.0%，增速居各行业之首，占全市GDP比重12.7%，创历史新高，增速高于全市第三产业平均增速11.7个百分点；信息基础设施建设稳步发展，打造高端产业集群，构筑人工智能产业创新高地；两化融合水平实现5.3%的增长。

【电子信息制造业】 2018年，北京市电子信息制造业推动企业技术创新，协调保证重大项目建设，对全市工业增长起重要支撑作用。截至2018年年底，工业和信息化部监测的北京市电子信息制造业规模以上企业集团105家，分布在全市多个园区，多种体制、多种所有制并存。主要产品包括移动通信手持机、台式电脑、笔记本电脑、平板电脑、显示器、电子元件、半导体分立器件、集成电路、单晶硅、液晶显示面板、半导体发光二级管、电视机、路由器等。

全年全行业实现主营业务收入3 477亿元，同比增长17.6%；利润总额151.4亿元，同比下降32.4%；工业总产值2 217.8亿元，同比增长17.0%；出口交货值727.2亿元，同比增长36.7%；从业人员年末人数83 054人，同比下降3.5%。

【软件和信息技术服务业】 2018年，北京市软件和信息技术服务业全行业实现营业收入10 913.3亿元，同比增长16%，规模首次突破万亿元。全年软件著作权登记量16.3万件，约占全国数量的15%。有效发明专利数逐年增加，平均每家企业拥有10.8件，万人有效专利数517.9件。平均每天诞生9.2家软件企业。创新投入和产出快速增长，大中型企业内部研发经费250.32亿元，同比增长16.0%；每亿元研发费用产出有效发明专利132.5件，同比增加69.8件。经认可的14家软件产品检测机构全年共检测软件产品18 952个，同比增长13.5%。

全市在营软件企业超过2.7万家，规模以上企业3 000多家，1 148家企业营业收入亿元以上，占全市软件业务收入比重94.3%；百度公司等14家企业营业收入超百亿元。34家企业入选2018年中国软件业务收入前百家，32家企业入选2018年中国互联网企业百强，42家企业入选2018年中国软件和信息技术服务综合竞争力百强，22家企业成为中国50家最具创新力企业，9家企业获得2018年度信息系统集成及服务行业大型骨干企业称号，11 家企业上榜德勤高科技高成长中国 50 强榜单。新兴领域企业潜力不断释放，在全球独角兽榜单、全球“AI 100”榜单、中国大数据企业 50 强、福布斯中国上市 / 非上市潜力企业榜等高成长榜单中表现亮眼，产业活力凸显。

【科技创新】 2018 年，小米集团利用互联网开发模式、极客精神研发产品，利用“硬件 + 新零售 + 互联网”铁人三项的创新优势，迅速崛起成为中国“互联网 +”创新型企业代表，激发实体经济新动能。在专利方面，小米集团在中国大陆注册 4 222 项专利（另有 1.09 万余项在申请中），在海外注册 4 600 余项专利（另有 4 400 余项在申请中）。

京东方科技集团股份有限公司新增专利申请量 9 585 件，其中，发明专利超 90%，累计可使用专利超 7 万件，覆盖美国、欧洲、日本、韩国等国家和地区。在产品创新方面，京东方 4K、8K、10K 超高清及柔性 AMOLED 等各类高端显示新品全球领先，并推出 BOE 画屏、移动健康管理平台等诸多物联网创新应用及解决方案。

联想集团将知识产权保护作为竞争力，拥有全球专利 2.7 万项，每年新增专利 2 000 余项，在 5G 领域有 540 余项关键专利。联想研究院主要致力于人工智能、设备创新、云计算、5G、智能生活方式创新与孵化及区块链等领域技术产品研发，取得丰硕阶段成果；备件预测融入先进的机器学习算法，已应用于联想供应链，预测准确率已经超过人类。

紫光集团定位于世界级“从芯到云”的高科技产业集团，旗下以紫光展锐、长江存储、紫光国微为代表的芯片产业集群和以新华三集团、紫光云、紫光股份为代表的云网产业集群，通过创新与合作的方式，推动技术与产品进步。紫光集团在全球拥有 89 家分支机构、186 个运营支持中心、48 个研发中心、1.5 万余名研发人员，在芯片与云网领域推动创新与研发。截至 2018 年年底，紫光集团旗下科技产业集群拥有技术专利 2 万余项，其中，90% 以上为发明专利，发明专利授权总量居科技产业第 3 位；紫光集团科研成果多次获得国家级奖项，拥有 1 项国家科技进步特等奖、3 项国家科技进步一等奖、1 项国家技术发明二等奖和 3 项国家科技进步二等奖。

北大方正集团有限公司是中国最早从事中文字库开发的专业厂商，也是全球最大的中文字库产品供应商，字库产品进一步创新。基于云管端一体化的智慧家庭服务平台主要解决智慧家庭对家庭网络、云服务平台包括云存储、云安全等技术提出的挑战问题；多模态互联网内容智能分析关键技术及应用针对互联网内容语义抽象、复杂多变、多源异构、海量动态等难点，提出注意力驱动的概念识别和层次化的增量学习方法，在国际权威评测 TRECVID 语义概念识别比赛中获第一；任意层互连电路板主要应用于高端智能手机及高端手持性消费品；研发城市轨道交通智能收费系统。

【信息基础设施】 2018 年，北京市构筑人工智能产业创新高地，设立北京人工智能基础研究创新中心、北京智慧社会创新中心、北京人工智能专利创新中心 3 个产业创新中心。

根据市政府批复的《北京市公共场所免费无线上网服务工作方案（2018—2020 年）》，确定新一轮免费无线上网管理信息系统和带宽服务单位，新系统于 2018 年 4 月正式上线提供服务。服务标识为“MyBeijing”的公共场所免费无线上网工作继续推进，分 6 批验收并陆续开通服务场所 64 个，对 73 个场所进行补点覆盖；推动有条件的区充分利用市级网管系统，其中，东城区新增 24 个场所，西城区新增 8 个场所。截至 2018 年年底，累计注册人数超 120 万人，累计上网人次超 2.5 亿人次，累计上网时长约 4 895 万小时，取得较好社会效益。

截至 2018 年年底，固定宽带家庭用户累计约 904.19 万户。其中，20Mbps 及以上宽带用户占比 95.1%，50Mbps 及以上宽带用户占比 83%，100Mbps 及以上宽带用户占比 65.3%。4G 基站累计 9.53 万个，基本实现城乡覆盖，移动宽带用户 3 548.1 万户，其中，4G 用户 3 164.5 万户，占移动宽带用户的 89.2%。

【信息安全】 2018 年，北京市加强测评业务指导，拓展商用密码应用安全性评估业务；进一步规范业务秩序开展工控安全监测探索，完成调研立项；推动网络安全产业高端发展，推进国家网络安全产业园区进入建设阶段。全年参与打击“黑广播”行动 45 起，查获非法设备 64 套，出具“伪基站”认定书 155 份，认定设备 158 套次。

【电子政务】 2018年，北京市按照“一网四库一平台”的总体框架，建设完成全市统一的公共信用信息服务平台和“信用北京”网站。截至2018年年底，平台共归集280个目录、4亿多条数据，包括2 100万个自然人和490万家企业、社会组织、事业单位、个体工商户法人。平台完成对接单位97家，开通632个注册用户，与全市11个信用信息系统进行嵌入式对接，累计提供信用数据1.05亿条。向“信用中国”网站及时报送196万条“双公示”信息，并全部完成190余万个市场主体统一社会信用代码的转换工作。信用联合奖惩机制基本建立。在国家发展和改革委员会举办的全国公共信用信息共享平台和网站建设观摩评比中，北京市获得一等奖。

完成13个区、73个市级政务部门的3 515个信息系统自查，并制定相应的整合清理实施方案；结合项目评审、系统入云等相关工作，汇总形成一套包括98家市级单位、13个区的信息系统。累计完成1.6亿条个人公共信用信息的归集和更新工作，包括1 300万户籍人口、700万流动人口，共涵盖公安、民政、交通、税务、高法等32个部门172项。累计完成全市190余万法人主体的1亿余条信用信息归集和更新工作，共涵盖全市60余个部门100余条数据；归集“双公示”信息480余万条，新增280余万条。

市法人服务库通过在线查询、数据交换和接口调用等方式为全市共53家委办局、区提供共享服务，其中，新增4家法人库使用申请；以接口方式为27家委办局提供数据共享共计1.1亿余次，以交换方式为13家委办局、区提供法人数据支撑4 453万余条次。市共享交换平台新增4个前置交换节点，现有交换节点共137个；新增711类资源交换，现有交换资源共2 693类；新增交换流程1 100个，现有交换流程共4 549个；累计开展120亿条数据的共享交换工作。

北京市政务数据资源网有56家单位、近1 100类数据集、7 653万余条数据记录进行开放。其中，无条件开放1 031类数据集、182万余条数据记录，数据来自54家单位；定向开放64类数据集、7 471万余条数据记录，数据来自9家单位。

完善网上政务服务大厅功能，集中发布办事指南28万余项、指南要素52个，推出个人服务48项、企业服务52项。建成全市统一身份认证体系，完成25个部门72个互联网系统与市网上政务服务大厅的单点登录对接。建设全市政务服务资源共享平台和电子证照库，实现电子证照存储管理、授权查询、共享应用等功能。规范政务服务大厅建设管理，变“集中审批”为“集成服务”。

北京市政务服务中心建设综合窗口，全面实施“前台综合受理、后台分类审批、窗口统一出件”的“一窗”受理；印发事项进驻清单，进驻北京市政务服务中心事项比例90%，集中进驻区级实体大厅事项比例70%。为企业、群众提供集中服务，自来水、排水等6家市政公用企业14个报装事项实现“一门办理”。优化审批办事服务，市级审批服务事项由2 298项减少至1 121项；清理规范29项行政审批中介服务事项，取消第三批53项涉及企业、群众办事创业的证明。

截至2018年年底，全市累计签发法人一证通证书127.5万张，其中，新办证书19.8万张，更新证书107.7万张。年度活跃证书140.8万张（含往年发放证书），法人使用证书进行业务系统登录认证6 400万次，进行电子签名操作2.4亿次。

【两化融合】 2018年，北京市国家工业互联网创新发展工程入选项目数量占全国数量的47%，数量居全国第一。工业互联网标识解析国家顶级节点率先在北京市启动建设和运营，两化融合和工业互联网发展再上新台阶。

全市累计推动两化融合管理体系贯标试点企业390家，84家贯标试点通过两化融合管理体系评定，获得两化融合管理体系证书。组织开展2018年制造业与互联网融合发展试点示范征集，20家企业的24个项目被评为年度制造业“双创”平台试点示范。

【产业环境】 2018年，北京市围绕人才发展、平台建设、推进政务服务等重点工作，出台一系列政策和规范性文件，并组织落实。

联合印发《关于深化中关村人才管理改革构建具有国际竞争力的引才用才机制的若干措施》，提出包括便利国际人才出入境、开放国际人才引进使用、支持国际人才兴业发展等5个方面20条政策。

印发《中关村国家自主创新示范区关于支持颠覆性技术创新的指导意见》，这是国内首个公开发布的鼓励颠覆性技术创新的专项政策文件，提出建立广泛的项目征集渠道、探索非共识性项目评审方式等4个创新点；印发《北京工业互联网发展行动计划（2018—2020年）》，旨在加快推动从“在北京制造”向“由北京创造”的转变。出台《关于推进全市政务服务“一张网”建设（2018—2020 年）的意见》《北京市推进政务服务“一网通办”工作实施方案》。

中国信息通信研究院和工业互联网产业联盟发布《工业互联网平台建设及推广指南》《工业互联网平台评价方法》。

北京市企业技术中心创新服务联盟举办揭牌仪式，并发布北京市企业技术中心服务平台和《北京市企业技术中心建设评价规范》。

【统计数据】

表 1　2018 年北京市电子信息制造业人员构成情况

企业类别	企业数（家）	从业人员年末人数（人）	其中：研发人员（人）
国有企业	14	5 862	1 610
有限责任公司	39	27 227	6 934
股份有限公司	19	16 655	5 841
私营企业	2	393	116
港、澳、台商投资企业	11	17 834	2 573
三资企业	18	15 083	842

表 2　2016—2018 年北京市电子信息制造业基本情况

项目名称	单位	2016 年	2017 年	2018 年
工业总产值（现行价）	万元	17 601 565	18 954 229	22 177 797
工业销售产值	万元	17 264 981	18 015 324	20 528 340
出口交货值	万元	5 087 689	5 320 511	7 271 991
流动资产平均余额	万元	25 597 232	21 994 498	33 913 815
固定资产净值平均余额	万元	4 550 858	4 812 261	8 214 877
资产总计	万元	49 735 154	55 761 722	64 019 775
负债合计	万元	26 949 892	30 505 957	36 824 971
主营业务收入	万元	28 276 354	29 579 787	34 769 598
税金总额	万元	223 493	532 434	671 739
利润总额	万元	1 246 192	2 239 758	1 513 907
应交所得税	万元	212 651	232 020	152 305
从业人员年末人数	人	105 910	86 053	83 054
从业人员工资总额	万元	1 544 970	1 763 367	2 222 499

表 3　2016—2018 年北京市电子信息制造业三资企业基本情况

项目名称	单位	2016 年	2017 年	2018 年
工业总产值（现行价）	万元	11 024 624	13 411 948	16 140 581
工业销售产值	万元	10 937 398	12 772 995	14 367 637
出口交货值	万元	3 698 124	3 773 842	4 997 765
流动资产平均余额	万元	10 540 356	13 008 087	18 721 080
固定资产净值平均余额	万元	1 575 569	2 292 984	3 800 364
资产总计	万元	13 501 077	17 587 743	23 274 765
负债合计	万元	10 164 441	11 427 063	16 048 670
主营业务收入	万元	16 883 034	18 567 192	21 434 354
税金总额	万元	107 423	176 521	138 103
利润总额	万元	655 629	1 161 214	474 145
应交所得税	万元	54 573	101 292	65 149
从业人员年末人数	人	35 349	36 043	32 917
从业人员工资总额	万元	575 104	654 419	753 464

表 4　2016—2018 年北京市电子信息制造业主要经济效益指标完成情况

项目名称	单位	2016 年	2017 年	2018 年
全员劳动生产率	元 / 人	323 765	595 161	541 457
流动资产周转率	次	1.10	1.09	1.03
产品销售率	%	98.1	95.1	92.6
总资产贡献率	%	3.4	4.8	3.3
资产保值增值率	%	121.7	144.2	110.4
资产负债率	%	54.2	54.7	57.5

表 5　2016—2018 年北京市电子信息制造业三资企业主要经济效益指标完成情况

项目名称	单位	2016 年	2017 年	2018 年
全员劳动生产率	元 / 人	410 731	617 308	514 598
流动资产周转率	次	1.6	1.4	1.1
产品销售率	%	99.2	95.2	89.0
总资产贡献率	%	5.7	6.9	2.7
资产保值增值率	%	112.9	176.5	118.8
资产负债率	%	75.3	65.0	69.0

表 6　2016—2018 年北京市主要电子信息产品产销量情况

产品名称	单位	产量			销量		
		2016 年	2017 年	2018 年	2016 年	2017 年	2018 年
移动手持机	万部	6 907.8	7 494.4	8 444.2	7 336.8	7 256.4	8 122.9
微型计算机	万台	634.7	820.6	653.3	655.0	788.4	626.3

表 7　2016—2018 年北京市三资企业主要电子信息产品产销量情况

产品名称	单位	产量			销量		
		2016 年	2017 年	2018 年	2016 年	2017 年	2018 年
移动手持机	万部	5 439.0	7 275.7	8 339.1	5 891.4	7 037.8	8 006.0
微型计算机	万台	498.4	689.6	550.1	500.3	691.0	551.9

表 8　2018 年北京市软件和信息技术服务业人员构成情况

企业类别	企业数（家）	从业人员年末人数（人）	人员构成			
			管理人员（人）	在总人数中所占比例（%）	软件开发研究人员（人）	在总人数中所占比例（%）
内资企业	2 884	612 890	334 547	54.6	278 343	45.4
国有企业	10	1 592	605	38.0	987	62.0
集体企业	1	29	5	17.2	24	82.8
股份合作企业	4	191	94	49.2	97	50.8
有限责任公司	1 242	315 483	170 707	54.1	144 776	45.9
股份有限公司	382	124 706	70 343	56.4	54 363	43.6
私营企业	1 245	170 889	92 793	54.3	78 096	45.7
港、澳、台商投资企业	220	133 435	75 303	56.4	58 132	43.6
三资企业	500	243 025	137 683	56.7	105 342	43.3

表 9　2016—2018 年北京市软件和信息技术服务业基本情况

项目名称	单位	2016 年	2017 年	2018 年
软件业务收入	万元	64 160 228	78 366 516	97 289 178
软件业务出口收入	万美元	256 703	249 843	381 890
流动资产平均余额	万元	74 890 823	91 011 106	125 869 619
固定资产投资额	万元	1 682 703	1 771 215	2 681 594
资产合计	万元	132 297 864	161 439 056	204 029 285
负债合计	万元	62 471 997	8 233 468	106 236 823

续表

项目名称	单位	2016 年	2017 年	2018 年
利润总额	万元	7 180 064	9 686 849	10 732 651
应交所得税	万元	1 103 743	1 447 273	1 595 104
从业人员年末人数	人	704 488	739 216	855 915
从业人员工资总额	万元	15 216 851	17 653 228	22 322 273

表 10 2016—2018 年北京市软件和信息技术服务业三资企业基本情况

项目名称	单位	2016 年	2017 年	2018 年
软件业务收入	万元	20 878 438	24 949 760	28 736 431
软件业务出口收入	万美元	176 326	169 265	251 574
流动资产平均余额	万元	25 974 861	31 613 361	38 513 916
固定资产投资额	万元	505 898	585 364	1 151 810
资产合计	万元	36 629 156	45 221 402	53 943 676
负债合计	万元	16 571 974	22 424 443	24 319 115
利润总额	万元	2 445 230	4 717 111	4 232 998
应交所得税	万元	481 758	696 295	827 807
从业人员年末人数	人	218 413	210 133	243 025
从业人员工资总额	万元	6 558 473	7 027 070	8 698 684

表 11 2016—2018 年北京市软件和信息技术服务业主要经济效益指标完成情况

项目名称	单位	2016 年	2017 年	2018 年
资产保值增值率	%	119.7	111.2	115.4
资产负债率	%	47.2	51.0	52.1

表 12 2016—2018 年北京市软件和信息技术服务业三资企业主要经济效益指标完成情况

项目名称	单位	2016 年	2017 年	2018 年
资产保值增值率	%	115.3	112.7	124.0
资产负债率	%	45.2	49.6	45.1

注：表 1 ~表 12 数据来源于北京市经济和信息化局。表 3、表 5 ~表 7 均包括港、澳、台商投资企业。

[供稿：北京市经济和信息化局]

天 津 市

【概况】 2018年，天津市推动数字产业化和产业数字化，进一步拓展数字经济、智能经济新空间，为产业升级塑造智能动力。根据《数字中国建设发展报告（2018年）》，2018年，天津市信息化发展水平居全国第7位。

【电子信息制造业】 2018年，天津市电子信息制造业规模以上企业238家，其中，100亿元以上企业4家，10亿元以上企业23家，1亿元以上企业96家。产值同比下降2.9%，占全市工业比重10.3%，与往年相比，占比略有下降。

全市集成电路企业109家，其中，设计企业90家，芯片制造企业3家，封装测试企业9家，材料和装备等企业7家，基本形成涵盖设计、芯片制造、封装测试、装备和材料等较为完整的产业链。

在智能硬件方面，基本形成涵盖智能手机、智能电视机、智能车载、智能传感器、智能医疗机器人、无人机系统开发、水下机器人探测等多元化产业发展局面。在计算机及通信设备方面，全市从事高性能服务器行业企业超10家，集聚飞腾信息技术有限公司、麒麟软件有限公司、南大通用数据技术股份有限公司等多家自主可控高性能服务器行业领军企业，基本形成涵盖芯片设计、操作系统开发、数据库应用开发、存储设备开发、整机适配、高性能应用开发等较为完整的产业链。在核心基础器件方面，重点是新型显示器件行业，集聚三星视界移动有限公司、三星电机有限公司、三星高新电机有限公司等一批专业分工明确的支柱企业。其中，三星视界移动有限公司占全球OLED面板市场总产量的40%；三星电机有限公司是多层陶瓷贴片电容器全球主要生产基地之一，产量占全球市场的20%。2018年，为加速生产双目摄像头，三星高新电机有限公司新增10条全自动贴片生产线，三星电机有限公司片式陶瓷电容产量居世界第2位。

【软件和信息技术服务业】 2018年，天津市软件和信息技术服务业实现收入1 633亿元，同比增长20.7%。其中，滨海新区作为软件和信息技术服务业发展的主要载体，继续保持平稳增长，实现收入1 300亿元，占全市总量的79.6%。

全市软件和信息技术服务业规模以上企业超700家，从业人员超10万人，业务收入超10亿元企业20家、超1亿元企业103家。

组建天津市软件和信息技术服务业发展领导小组，制定和发布《天津市软件和信息技术服务业三年行动方案（2018—2020）》，推动工业APP、大数据、互联网等新兴领域发展，举办全国首届工业APP创新应用大赛，挖掘海尔云中控平台、沃德智能云应用、超算资产云应用等一批优秀工业APP产品。全市7家企业获批工业和信息化部工业互联网APP优秀解决方案，居全国第2位。在大数据领域，58同城、腾讯数码、今日头条等一批大数据龙头企业在天津市发展壮大，曙光信息产业股份有限公司、国家超级计算天津中心、南大通用数据技术股份有限公司3家企业获批2018年国家大数据产业发展试点示范项目。

【科技进步与应用】 2018年，天津市工业技术创新体系进一步健全。新增中国铁路设计集团有限公司、天津汽车模具股份有限公司等5家国家企业技术中心，累计59家；新增市级企业技术中心60家，一批新兴产业领域企业通过认定，累计609家；中国汽车技术研究中心有限公司获评国家技术创新示范企业，全市累计17家。制造业创新中心加快建设，新批复筹建生物基材料创新中心，全市累计3家。工业企业自主创新稳步推进，全年工业企业申请专利量7.73万件，同比增长10.8%；工业企业专利授权量4.58万件，同比增长34.7%。

一批产业先进工艺和关键核心技术开发成功，“天河三号”百亿亿次超级计算机制作出原型机，12英寸半导体硅单晶制备、己二腈产业化等技术取得重大突破，光伏电池光电转化效率、水下滑翔机下潜深度等刷新世界纪录，全国首台超大型双作用式全液压海上打桩锤、国产 64 核高端芯片等填补国内空白。

人工智能、物联网、大数据等技术加快在制造业领域应用，重型锻造装备远程诊断与预测性维护标准研究与试验验证等 3 个项目获得工业和信息化部 2018 年智能制造综合标准化与新模式应用立项，基于人工智能计算机视觉的大功率激光熔覆智能装备产业化等 2 个项目入选工业和信息化部人工智能与实体经济深度融合项目。

【信息基础设施】 截至 2018 年年底，天津市通信基站 6.34 万个，比上年年末净增 7 561 个，其中，4G 基站净增 2 586 个，总数 3.48 万个；光纤接入用户 363 万户，新增 42.7 万户，占宽带用户总数的 82.8%。固定互联网宽带接入端口 909 万个，比上年年末净增 114 万个；100Mbps 及以上接入速率的宽带用户 377 万户，新增 176 万户，占宽带用户总数的 86.1%。移动互联网用户 1 422 万户，同比增长 8.6%；手机上网用户 1 350 万户，同比增长 8.7%；4G 上网用户 1 230 万户，同比增长 12%。

【云计算与大数据】 2018 年，天津滨海工业云平台面向企业提供四大核心服务：一是基于国家超级计算天津中心的核心资源优势，通过 HPC 云、公有云、工业大数据、人工智能一体化平台等多个平台，面向工业企业提供安全、易用、高效的多样性融合信息化服务；二是开发集成仿真云、焊接云、建筑云、渲染云等 9 个行业云平台，部署各行业领域应用软件 20 余个，提供涵盖前端设计、中间计算、后端处理的一体化产品研发和软件工具服务；三是通过供需对接、企业展示等多个模块，面向工业企业提供产品和服务能力展示、供需撮合等服务；四是建立模型库、标准库、专利库、文献库、专家库等信息数据库，收录 3 300 万条模型数据、1 700 万条相关标准，面向工业企业提供最新的标准、前沿技术、资讯动态等服务。截至 2018 年年底，注册用户超 15 万户，为天津市数百家企业提供服务，重点企业用户平均信息化投入成本降低 70% 以上，实现间接经济效益超 1 亿元。

2018 年，天津市国产数据库软件发展继续保持国内市场领先地位，以南大通用、神舟通用等国产数据库为代表，市场份额稳步上升，实现数据库软件业务收入 3.4 亿元；在大数据、数据分析、通用事务等领域，可以对标甚至超过国外技术水平。

【人工智能】 2018 年，天津市培育一批智能科技产业集群，形成大数据和云计算、智能网联车、智能终端、先进通信、机器人、智能安防、智能制造、智能医疗等优势领域。智能网联汽车形成“定位导航、环境感知、车载芯片、决策算法、安全辅助驾驶、无人驾驶、整车应用、智能车载平台与云控平台、人机交互、车载终端”全产业链，开放 29.85 千米测试道路。机器人产业形成上游零部件加工、下游产业应用，面向机器人视觉感知和智能交互等新一代技术全覆盖。

出台一批扶持政策。成立智能科技产业专家咨询委员会和 10 个分领域专家组，构建“1+10”专家决策支撑体系。印发 110 余项支持措施，形成“顶层设计引领、行动计划深化、实施细则支撑”的政策体系，设立 100 亿元智能制造财政专项资金和千亿级新一代人工智能科技产业基金，出台“智造十条”实施细则，支持企业智能化改造项目 183 个，奖补资金 6.2 亿元，拉动投资 60 亿元。国家超级计算天津中心、曙光信息产业股份有限公司、南大通用数据技术股份有限公司成为工业和信息化部大数据产业试点示范，天津联通华苑国际数据港等 4 个数据中心入选首批国家绿色数据中心。

【工业互联网】 2018 年，天津市发布《天津市工业互联网发展行动计划（2018—2020 年）》《天津市人民政府关于深化“互联网 + 先进制造业”发展工业互联网的实施意见》；出台《天津市加快工业互联网创新应用、推动工业企业“上云上平台”行动计划（2018—2020 年）》《天津市工业企业“上云上平台”财政补贴实施细则》，建立“平台降一点、政府补一点、企业出一点”联合激励机制，搭建电子化“云惠券”申领系统。

加强与阿里巴巴集团、华为技术有限公司等国内知名平台服务商合作，围绕合作内容推动云服务落地和平台资源本地化延伸。引入海尔工业互联网服务资源，在天津市建设本地化平台。推进超算中心、海尔集团等开展资源汇聚与合作，加快培育建设跨行业跨领域综合性工业互联网平台。推动供给资源池建设，组织开展首批咨询服务商、系统解决方案商、平台商遴选推荐工作，促进供给侧和需求侧精准对接。

海尔 COSMOPlat 天津平台、沃德工业设备大数据预测性维护平台等示范项目全面推广。新兴燃气天然气分布式能源工业互联网新模式应用项目获得工业和信息化部工业转型升级资金支持，天津菲利科跨行业设备全生命周期柔性物联网云平台、中环计算机自动化装备互联互通的电子制造系统 2 个项目入选 2018 年工业和信息化部工业互联网试点示范项目。

与工业和信息化部共同举办 2018 中国（天津）工业 APP 创新应用大赛，全国 20 多个地区的 8 000 多支团队参赛，相关行业受众超 20 万人，来自天津市的 7 支团队获奖，工业技术软件化进程进一步加快。成立天津市工业互联网产业联盟，召开天津市企业上云暨天津工业互联网产业联盟成立大会，初步构建政府、企业双向沟通平台和产业合作对接平台，工业互联网发展良性生态体系加速形成。

【信息产业基地和园区】 天津滨海信息安全产业园是滨海新区高端信息技术产业集聚区。园区建设采用“政府搭建平台、专家团队指导、企业管理运营”的三方协同创新运作模式。塘沽海洋高新技术开发总公司全资子公司天津海明置业有限公司作为项目建设方，采用“量版定做”方式，统一进行项目规划建设和功能配套，统筹完善金融、商务、生活等服务设施。天津海信意成科技发展有限公司作为运营主体，负责整个园区的运营、管理与招商引资。截至 2018 年年底，园区引入 130 多家科技类型企业，入驻企业人员 1 000 余人，其中，中青年群体占比近 70%，本科及以上学历人群占比 70%。飞腾 CPU、麒麟操作系统、物联网、紫光云、清华启迪等项目先后在园区落地发展。

【两化融合】 2018 年，天津市着力提升两化融合发展水平，重点企业数字化研发设计工具普及率 78%，关键工序数控化率 49.4%，数字化设备联网率 44.4%。

推进两化融合管理体系建设。全年 15 家企业入选国家级两化融合管理体系贯标试点企业，遴选 19 家市级贯标试点企业，累计试点企业 103 家，33 家企业通过两化融合管理体系贯标评定，航天精工有限公司两化融合贯标示范入选 2018 年工业和信息化部制造业与互联网融合试点示范项目。

加大创新驱动和资源汇集力度。打造互联网制造新模式，“互联网 +”力量充分释放，重点企业实现网络化协同企业比例 34.7%，开展服务型制造企业比例 27.4%，开展个性化定制企业比例 9.7%。

提升制造业“双创”平台和工业电子商务建设水平。智能网联汽车“双创”服务平台等 3 个项目进入工业和信息化部 2018 年制造业“双创”平台试点示范项目，通过试点示范支持大型制造业企业基于互联网的创业孵化、协同创新、网络众包等创新创业平台建设，以及基于云计算面向中小微企业的创新创业服务平台建设。融通物贸电商平台、51 有色、百利 MRO 工业品电商等一批工业电商平台相继建成，天物大宗电子商务平台借助天津物产集团优势资源，业务覆盖钢铁、矿石、煤炭等 6 个行业，累计注册会员超 2 万家。

【工业机器人】 截至 2018 年年底，天津市机器人产业依托汽车制造、电子信息等行业的兴盛，以及天津市老工业基地转型的背景，拥有机器人本体及集成企业超 300 家，产业规模超百亿元。在汽车及零部件行业、医药电子行业中，90% 的企业应用工业机器人。

全市形成位于武清区的天津机器人产业园、位于开发区的泰达无人装备产业园，以及天津滨海中关村科技园等产业集群。吸引及培养大批机器人方向重点企业，包括天津智通机器人有限公司，从事汽车白车身焊接生产线设计、制造、安装、集成的天津福臻工业装备有限公司，世界第一大平衡车研发生产企业纳恩博（天津）科技有限公司，掌握飞行控制核心技术的飞智控（天津）有限公司等，并持续受到资本市场关注，部分企业完成多轮融资。

拥有天津大学、南开大学、河北工业大学等高校做技术支持，6 项机器人项目获得天津市科学技术奖，微创手术机器人系统关键技术与应用获得天津市技术发明特等奖。围绕机器人产业涌现出一批高层次科研院所，东丽区分别与中国科学院自动化所、清华大学合作建立天津中科智能技术研究院、清华大学天津高端装备研究院，高新区与浙江大学合作成立浙江大学滨海产业技术研究院，多数项目完成产业化。

发布《天津市加快推进智能科技产业发展的若干政

策》，设立百亿资金、千亿基金支持传统产业智能化改造升级。其中，32 家企业“机器换人”项目获得 4 192 万元补助。引进国内领军机器人企业成立天津新松机器人自动化有限公司，成为全市首家布局机器人全产业价值链的高科技企业。

【重点信息化项目】 2018 年，天津麒麟信息技术有限公司发布银河麒麟 Kydroid 1.0，为“飞腾 + 麒麟”平台增添海量安卓程序软件，填补国际空缺；发布和批量应用银河麒麟自助机专用操作系统 V2.0，进一步提升金融领域自助设备的安全可控、精准升级、实时监控等优势；基于银河麒麟自助操作系统的监狱回归指导中心项目通过广东省监狱管理局验收，在政法系统领域应用取得进展；与 360 公司等企业完成多款产品的互认证，在网络安全、数据备份、安全防护等领域更加完善。

2018 年，天津天地伟业数码科技有限公司为提升海量数据资源的综合利用价值，提升管理部门多维数据分析挖掘效能，发布视频监网大数据 AR 指挥云平台，实现数据处理分析挖掘后的实景可视化。平台的成功开发得到广大用户的一致认可，并引领行业发展新方向。公司的视频结构化描述关键技术研究与应用技术获得公安部科学技术一等奖。

【产业热点】 2018 年，天津市举办第二届世界智能大会，以“智能时代：新进展、新趋势、新举措”为主题，举办“一会一展四赛”等一系列活动，突出智能体验特色，形成“会展赛 + 智能体验”四位一体平台。参会嘉宾超 5 000 人，超出首届大会人数近 50%。

大会举办 3 场主论坛，分别以“远见：智能经济与可持续发展”“前沿：智能科技与产业创新”“方略：智能社会与美好生活”为主题，举行 20 余场专题论坛、闭门交流会、培训讲座；世界智能科技展以“开启智能新时代、创造美好新生活”为主题，展览面积 3.5 万平方米，约是首届大会展览面积的 6 倍，规模跻身国内同类展会水平；赛事有特色，世界智能驾驶挑战赛是目前最综合全面的智能驾驶国际赛事，2018 中国（天津）工业 APP 创新应用大赛引领工业 APP 发展风向标，中国华录杯 · 开放数据创新应用大赛有 21 家企业在启动仪式上签约；智能体验有品质，设置未来城市和生活 2 个智能体验区，阿里城市大脑平台、百度自动驾驶平台、科大讯飞智能语音平台等新技术、新产品集中展现最前沿的人工智能技术和应用方案。

［撰稿：甄帅　审稿：张恒毅］

河　北　省

【概况】 2018 年，河北省电子信息产业保持平稳增长，以新型显示、大数据、云计算等为重点的新一代信息技术产业加快发展，全行业入统企业 584 家，从业人员 16.5 万人，累计完成主营业务收入 1 628 亿元，同比增长 4.9%；实现利税 192.5 亿元；完成出口创汇 26.8 亿美元，同比增长 5.1%；生产晶硅太阳能电池组件 6 681.3 兆瓦，铅酸蓄电池 2 079.6 万 kVh。

【电子信息制造业】 2018 年，河北省电子信息制造业形成以太阳能光伏、通信及导航设备、半导体照明、新型显示、行业电子等为主导的产业格局。全年电子信息制造业入统企业 286 家，从业人员 12.9 万人；完成主营业务收入 1 241.3 亿元，同比增长 2.5%；累计实现利税 76.7 亿元，其中，利润总额 43.9 亿元。东旭集团有限公司、晶龙实业集团有限公司、风帆有限责任公司、中国乐凯集团有限公司 4 家企业入围第 33 届中国电子信息百强企业。

【软件和信息技术服务业】 2018 年，河北省软件和信息技术服务业入统企业 298 家，从业人员 3.6 万人；完成主营业务收入 386.9 亿元，同比增长 13.5%；完成软件产品销售收入 40.0 亿元，同比增长 6.1%；累计实现利税 42.0 亿元，其中，利润总额 29.9 亿元。华为技术服务有限公司实现主营业务收入超百亿元，中移全通系统集成有限公司入围第四届中国软件和信息技术服务综合竞争力百强企业。

【电子产品进出口贸易】 根据石家庄海关统计数据，2018 年，河北省机电产品进口 289.2 亿元，增长 45.4%。其中，机械设备进口 170.4 亿元，增长 93.8%；电器及电子产品进口 59.8 亿元，增长 4.5%。高新技术产品（与机电产品有交叉）进口 163.1 亿元，增长 1.4 倍，其中，计算机集成制造技术产品进口 109.5 亿元，增长 2.5 倍。机电产品出口 756.5 亿元，增长 16.7%；高新技术产品（与机电产品有交叉）出口 189.4 亿元，增长 28.3%，其中，电子技术产品出口 45.6 亿元，下降 8%。

晶龙集团作为全球规模较大、产业链较完整的光伏产品制造商和光伏系统解决方案提供商之一，在全球 55 个国家和地区设立研发中心和分支机构，产品覆盖全球 100 多个国家和地区，在 43 个“一带一路”沿线国家和地区出货量达 3.9 吉瓦。

【科技进步与应用】 2018 年，经初步统计，河北省电子信息行业共建有 360 余个省级以上企业技术中心、工程（技术）研究中心、工程实验室等研发机构，涉及 225 家企业。其中，国家级研发机构 37 家，涉及新型显示、太阳能光伏、现代通信、半导体材料等多个领域，研发人员占从业人数的 13.8%。全年入统企业获得专利授权 3 083 项，其中，发明专利 979 项；获授软件著作权 3 909 项。

【信息基础设施】 2018 年，河北省电话用户 8 865.6 万户，固定互联网宽带接入用户 2 159.8 万户，全行业累计完成固定资产投资 122.4 亿元，IPTV 用户 1 113.5 万户，物联网终端用户 2 066.4 万户，光缆线路总长 213.2 万千米；移动电话基站 29.2 万个，互联网宽带接入端口 4 242.4 万个，省级出口带宽 29 000 Gbps。

【云计算与大数据】 2018 年，京津冀国家大数据综合试验区建设顺利推进。张承廊大数据产业基地建设步伐加快，100 万台服务器投入运营，京津冀大数据应用感知体验中心投入使用。承德大数据产业基地、张北云计算产业基地入选国家第八批新型工业化产业示范基地，康泰医学系统（秦皇岛）股份有限公司等 2 家企业入选国家大数据产业发展试点示范。印发执行《张家口市参与四方协作机制高新技术企业和电能替代用户准入与退出管理规定（试行）》，将数据中心用电纳入可再生能源电力交易系统。承德市智慧旅游大数据平台完成六大功能板块共 239 个应用模块的部署，正式上线运营，实时提供 12 个 A 级旅游景区视频监控。秦皇岛市北戴河生命健康产业创新示范区签约生命健康产业项目 33 个，在全省率先实现社保卡、健康卡二合一，可统一就医、支付、报销；采集 10 亿多条医疗数据，发卡 115 万张，建立居民健康档案 65 万份。石家庄市数据共享交换平台接入 39 个市直部门数据，完成 856 类数据采集，汇集各类数据近 10 亿条，为多个部门共享数据 4 亿多条。

【信息产业基地和园区】 2018 年，石家庄市、保定市、廊坊市、邢台市、秦皇岛市主营业务收入占全行业主营业务收入的 80% 左右，产业集聚效应明显。

石家庄市依托中国电子科技集团公司第 13 研究所、中国电子科技集团公司第 54 研究所、东旭集团等骨干企业，发展半导体照明、通信导航、平板显示、半导体材料及器件等，产业集聚明显。保定市是国家新能源与能源装备产业基地、国家可再生能源产业化基地，主导产业为太阳能光伏、电力电子、汽车电子等，代表企业有英利集团、荣毅通信有限公司、风帆有限责任公司等。廊坊市依托国家新型工业化产业示范基地（电子信息），重点发展新型显示、大数据产业，代表企业有京东方（河北）移动显示技术有限公司、华为技术服务有限公司等，随着第六代 AMOLED 面板及模组项目建成投产，对产业带动作用进一步显现。邢台市是国家新型工业化（光伏）产业示范基地、国家光伏高新技术产业化基地，主要产业领域为太阳能光伏、应用电子、锂离子电池等，代表企业有晶龙集团等。秦皇岛市以软件开发、大数据、行业电子为主导，产品涉及智能安防、智慧医疗、智慧旅游等领域，打造秦皇岛国家级软件服务外包产业基地和京津冀软件产业协同发展合作示范区，推动软件产业集聚发展。

【电子政务】 2018 年，河北省政务信息资源交换共享平台功能进一步完善，66 家省直单位、13 个地市及金融机构、“互联网 +”政务服务等接入平台，15 个省直部门 73 类共享信息发布，供各市、各部门使用。部分省直部门和地市通过调用共享国家部委数据服务，应用于政务、民生、综合治理、智慧城市建设等多个领域。50 多家单位开展企业法人、社会团体和机关事业组织等法人信息的交换共享，多个省直部门开展点对点、一点对多点的数据共享，为协同监管、联合惩戒、“多证合一”业务办理提供支撑。

基本完成全省一体化在线政务服务平台向乡镇（街道）延伸，实现省市县乡四级全覆盖。完成省级垂直系统与省级一体化平台无缝对接，实现 15 个省建垂直系统业务融合、一网接入。证照电子化步伐加快，365 个省级证照实现电子化。一体化平台汇聚省级各类法人基础信息 900 万条，省内信用、投资等各类重点平台数据 42 万条，13 个行业、14 类专题数据 3 800 万条，政务服务办件信息 3 623 万条，电子证照数据 10 万条；713 个省级、5 824 个市级、5.5 万个县级事项实现网上办理，办件量 350 万件。省政府办公厅、省委组织部、省司法厅等 57 个部门实现政务云上迁移，部署 310 个应用系统，累计使用云主机 2 139 台。

【两化融合】 2018 年，河北省印发《河北省互联网与先进制造业融合发展导向目录（2018 年）》，新培育省级融合发展重点项目 200 个，组织完成 10 个工业互联网平台和 30 个“互联网 + 先进制造业”模式应用试点项目建设，新兴铸管股份有限公司、唐山冀东水泥股份有限公司、中钢集团邢台机械轧辊有限公司 3 家企业的项目被工业和信息化部列为国家 2018 年工业互联网试点示范项目。

出台《河北省企业上云三年行动计划（2018—2020 年）》，截至 2018 年年底，上云企业数量超过 3 000 家。新增 46 家国家贯标试点，国家贯标试点企业累计 155 家，中钢集团邢台机械轧辊有限公司、冀凯河北机电科技有限公司获 2018 国家两化融合贯标示范企业称号。新参评企业数量超 3 000 家，累计为 7 290 家规模以上企业提供评估报告和发展方向服务。新认定 2018 年河北省数字化车间 87 个、智能制造标杆企业 6 家和智能制造示范（园）区 6 个，数字化车间总数 251 个。中车唐山机车车辆有限公司等 5 家企业获批 2018 年国家智能制造试点示范，长城汽车股份有限公司等 3 家企业获批 2018 年国家智能制造标准与应用新模式项目。

【重点信息化项目】 2018 年，河北省环境保护厅京津冀及周边地区环境污染防治信息共享平台实现京津冀及周边地区空气质量数据、污染源自动监控数据和水环境数据共享与发布；省交通运输厅推动省交通应急指挥中心与省部级平台的数据交换和资源共享，实现与交通运输部路网中心、省政府应急管理办公室、省综合治理办公室的路况数据共享；省卫生健康委员会省级双活数据中心建成并投入使用，有效支撑全民健康信息平台和相关信息系统稳定运行，全省 467 家二级以上医院通过前置交换系统与区域信息平台实现网络互联，超 93% 的二级以上医院电子病历首页、诊疗和收费等数据实现数据上传。基层医疗卫生机构管理信息系统在省级云平台完成部署，90% 以上的乡镇卫生院、社区卫生机构上线运行。

【信息消费】 2018 年，河北省出台《河北省关于进一步扩大和升级信息消费持续释放内需潜力的实施方案》，在全省组织开展信息消费体验周活动，宣传贯彻新型信息消费，面向公众提供更多的信息消费知识，评选“雄安达实智慧城市展厅”“盛世博业虚拟现实体验中心”等 10 个省级信息消费体验中心，展示最新信息消费产品，拉近优秀信息消费产品与广大消费者之间的距离，促进消费升级，推动产业转型。

【产业环境】 2018 年，河北省围绕信息消费、新型显示、大数据、集成电路等产业发展，先后出台《关于进一步扩大和升级信息消费持续释放内需潜力的实施方案》《关于推进互联网与制造业深度融合加快发展工业互联网的实施意见》《关于加快推进网络强省建设的实施意见》《大数据创新发展三年行动计划》《新型显示创新发展三年行动计划》《加快发展 IPv6 网络设备研制和应用的实施方案》《河北省企业上云三年行动计划》《河北省加快推进智能制造发展的实施意见》《人工智能与智能装备产业发展专项实施方案》等系列政策文件，产业发展政策体系日趋完善。

【主要问题】 河北省电子信息行业入统企业仅占全省规模以上工业企业的 4% 左右，主营业务收入占全国比重低，产业规模小；行业整体技术与资本沉淀不足，前沿显示技术领域研发布局相对滞后，研发投入占主营业务收入比重不高，与全国电子百强企业平均研发投入强度6%存在较大差距；缺乏一大批高端、复合型产业急需人才，特别是通信与导航、集成电路领域；区域、部门间数据开放共享程度和数据有效应用率较低，基于政府数据资源的大数据应用有待进一步深化；各类信息化服务机构和公共服务平台支撑能力不足，两化融合效能没有得到充分发挥。

【统计数据】

表1　2018年河北省电子信息制造业人员构成情况

企业类别	企业数（家）	从业人员年末人数（人）	其中：研发人员（人）
内资企业	256	100 395	12 377
国有企业	9	7 172	1 738
集体企业	1	113	
股份合作企业	2	67	8
国有独资公司	4	10 659	1 047
其他有限责任公司	106	59 000	6 642
股份有限公司	29	10 018	1 239
私营独资企业	13	1 067	184
私营合伙企业	1	33	12
私营有限责任公司	77	7 225	779
私营股份有限公司	11	3 762	703
其他内资企业	3	1 279	25
港、澳、台商投资企业	5	1 042	340
三资企业	25	28 001	968

表2　2016—2018年河北省电子信息制造业基本情况

项目名称	单位	2016年	2017年	2018年
工业总产值（现行价）	万元	11 165 847	11 722 433	12 077 132
工业销售产值	万元	10 109 233	11 707 317	10 501 332
出口交货值	万元	1 628 705	1 626 619	1 692 373
资产总计	万元	16 985 207	19 217 194	29 587 593
负债合计	万元	6 898 068	8 246 526	18 463 598
主营业务收入	万元	10 208 053	12 107 093	12 413 144

续表

项目名称	单位	2016 年	2017 年	2018 年
税金总额	万元	435 199	364 013	327 482
利润总额	万元	748 668	828 316	439 209
应交所得税	万元	78 402	123 761	109 353
从业人员年末人数	人	145 702	160 803	129 438
从业人员工资总额	万元	1 100 370	860 844	207 496

表 3　2016—2018 年河北省电子信息制造业三资企业基本情况

项目名称	单位	2016 年	2017 年	2018 年
工业总产值（现行价）	万元	1 898 813	1 857 726	1 491 789
工业销售产值	万元	1 879 474	1 953 890	1 234 405
出口交货值	万元	633 120	518 156	404 561
资产总计	万元	4 067 638	3 466 200	3 136 827
负债合计	万元	2 375 197	2 179 061	2 176 572
主营业务收入	万元	2 165 766	2 150 038	1 352 759
税金总额	万元	94 774	79 109	62 834
利润总额	万元	115 024	7	-56 877
应交所得税	万元	19 959	10 475	14 449
从业人员年末人数	人	47 033	54 528	28 001
从业人员工资总额	万元	277 329	307 777	309 166

表 4　2016—2018 年河北省电子信息制造业主要经济效益指标完成情况

项目名称	单位	2016 年	2017 年	2018 年
产品销售率	%	90.5	99.9	87.0
资产保值增值率	%	79.2	123.6	89.4
资产负债率	%	40.6	42.9	62.4

表 5　2016—2018 年河北省电子信息制造业三资企业主要经济效益指标完成情况

项目名称	单位	2016 年	2017 年	2018 年
产品销售率	%	98.9	105.2	82.7
资产保值增值率	%	98.5	98.1	77.4
资产负债率	%	57.7	62.9	69.4

表 6　2016—2018 年河北省主要电子信息产品产销量情况

产品名称	单位	产量			销量		
		2016 年	2017 年	2018 年	2016 年	2017 年	2018 年
晶硅太阳能组件	兆瓦	2 977.6	4 901.2	6 681.3	3 427.5	6 082.0	5 102.6
铅酸蓄电池	万 kVh	1 607.3	2 044.9	2 079.6	1 544.0	2 012.4	2 158.9

表 7　2018 年河北省软件和信息技术服务业人员构成情况

企业类别	企业数（家）	从业人员年末人数（人）	人员构成	
			软件开发研究人员（人）	在总人数中所占比例（%）
内资企业	296	32 751	9 042	27.6
国有企业	5	1 425	421	29.5
集体企业	1	489	403	82.4
股份合作企业	1	106	42	39.6
国有联营	1	129	27	20.9
国有独资公司	4	1 436	386	26.9
其他有限责任公司	116	14 484	2 866	19.8
股份有限公司	40	5 912	2172	36.7
私营独资企业	9	438	180	41.1
私营合伙企业	3	73	8	11.0
私营有限责任公司	104	6 592	2 119	32.1
私营股份有限公司	8	1 445	399	27.6
其他内资企业	4	222	19	8.6
港、澳、台商投资企业	1	202	29	14.4
三资企业	1	2 851	136	4.8

表 8　2016—2018 年河北省软件和信息技术服务业基本情况

项目名称	单位	2016 年	2017 年	2018 年
软件业务收入	万元	2 119 711	2 391 272	2 656 891
软件业务出口收入	万美元	3 833	1 110	3 821
软件产品销售收入	万元	374 909	376 689	399 753
固定资产投资额	万元	326 664	192 603	202 091
资产合计	万元	3 182 603	4 117 302	4 664 267
负债合计	万元	1 889 234	2 443 531	3 009 683
税金总额	万元	125 734	138 928	120 381

续表

项目名称	单位	2016 年	2017 年	2018 年
利润总额	万元	364 570	414 487	299 220
应交所得税	万元	43 205	60 974	37 609
从业人员年末人数	人	37 465	40 670	35 804
从业人员工资总额	万元	709 098	807 324	653 141

表 9　2016—2018 年河北省软件和信息技术服务业三资企业基本情况

项目名称	单位	2016 年	2017 年	2018 年
软件业务收入	万元	86 140	90 834	87 667
软件产品销售收入	万元	72 125	72 634	73 350
固定资产投资额	万元	1 741	2 368	999
资产合计	万元	445 069	435 839	306 138
负债合计	万元	124 358	95 628	74 617
税金总额	万元	22 252	24 521	5 005
利润总额	万元	85 875	87 343	60 247
应交所得税	万元	22 054	23 516	26 960
从业人员年末人数	人	3 340	3 139	2 851
从业人员工资总额	万元	25 323	26 652	8 250

表 10　2016—2018 年河北省软件和信息技术服务业主要经济效益指标完成情况

项目名称	单位	2016 年	2017 年	2018 年
资产保值增值率	%	122.4	119.3	117.7
资产负债率	%	59.4	59.4	64.5

表 11　2016—2018 年河北省软件和信息技术服务业三资企业主要经济效益指标完成情况

项目名称	单位	2016 年	2017 年	2018 年
资产保值增值率	%	109.9	105.7	116.8
资产负债率	%	34.3	21.9	24.4

注：表 1 ~表 11 数据来源于河北省工业和信息化厅。

[供稿：河北省工业和信息化厅]

山 西 省

【电子信息制造业】 2018年，山西省电子信息制造业呈现持续活跃态势，实现主营业务收入1 049.8亿元，同比增长7.1%。全省电子信息制造企业150余家，主要集中在光伏、半导体、LED、光机电、锂离子电池、信息安全、通信设备等领域，其中，规模以上企业62家。产业增长结构趋于优化，呈现大项目支撑、关联产业链配套、商业模式创新、功能链紧密合作态势，产业规模较大的地区有太原市、山西转型综改示范区、晋城市、长治市和吕梁市。

晋能清洁能源科技有限公司、山西潞安太阳能科技有限责任公司等光伏龙头企业加强技术创新、协同发展，持续降低成本、拓展海外市场；LED、半导体产业优化商业模式，并购引进配套企业和重大项目；信息安全、人工智能、传感器及智能化仪器仪表、锂离子电池、基础电子等行业先进技术、领先产品不断推出，产业集中度不断提升，新要素集约水平进一步提高，平均增长15%以上。随着忻州市二代半导体、晋城市光机电等重大项目建设投产，全省电子信息制造业保持快速增长。

产业结构进一步优化完善。半导体产业形成衬底材料－芯片－封装－应用产业链条，其中，碳化硅三代半导体材料、砷化镓二代半导体材料、蓝宝石材料、LED封装、LED显示屏模组、深紫外LED等产品处于国内先进水平。光电产业依托晋城富泰华精密电子有限公司打造“世界光谷”，形成以光学镜头、相机模组、光通信连接器、精密刀具和机器人为优势产品的产业集群。光伏单晶PERC、异质结HJT电池组件产品达到行业先进水平，产品大量出口。新兴智能产业发展势头良好，擦窗机器人销量居国内第一，虹膜识别、指静脉识别、高精度传感器等领域达到国内先进水平。

典型企业　山西嘉世达机器人技术有限公司是一家基于人工智能领域以家用机器人的研发、设计、生产为主营的高新技术企业。公司自2012年成立以来，累计投入研发超2 000万元，先后申请PTC国际专利4项、发明专利10项、实用新型专利24项。研发出智慧擦窗机器人、智能扫地机器人、智能亚洲蹲机器人等相关产品，产品在国内同行业市场占有率60%以上，国际市场占有率40%以上，远销德国、泰国等14个国家。

【软件和信息技术服务业】 2018年，山西省实现软件业务收入28.7亿元，同比下降4.0%。其中，软件产品收入14.1亿元，同比增长13.3%；信息技术服务收入12.1亿元，同比下降19.5%；嵌入式软件收入2.3亿元，同比下降5.7%。全省规模以上软件和信息技术服务企业99家，全年营业收入排名前5位的企业分别是太原罗克佳华工业有限公司（3.4亿元）、精英数智科技股份有限公司（2.1亿元）、山西四和交通工程有限责任公司（2亿元）、中绿环保科技股份有限公司（1.9亿元）、中电科风华信息装备股份有限公司（1.6亿元）。企业主要集聚于山西转型综改示范区，服务于全省各领域信息化建设。

【电子产品进出口贸易】 2018年，山西省进口机电产品314.3亿元，同比增长11.2%；出口机电产品584.8亿元，同比增长24.8%。

【科技进步与应用】 2018年，山西省推进政务上云，印发《山西省级政务云平台建设推进实施方案》，通过建设省级政务云平台，推进省直部门信息系统统筹集约建设，打破各部门信息“孤岛”，加快政务大数据示范应用。山西省大数据发展领导小组办公室在太原市组织召开山西省政务上云启动大会，省级政务云平台正式启动运行，包括“一中心、一张网、四平台”，41个部门170余个信息系统迁入平台，政务信息化实现重大变革。

2018年，山西省公安厅与腾讯计算机系统有限公司共同研发的山西公安审批服务“一网通一次办”平台正式上线，涵盖公安治安、交管、出入境等9个警种254

项审批服务事项。截至 2018 年年底，平台用户 1 000 万人，实名注册用户 913 万人，应用点击量 1.16 亿人次，办理各类业务 918 万件，提供查询服务 2 232 万次，受理咨询建议 2 万余条，实现 95.5% 的业务量最多跑一次，85% 以上办理量做到“一网通”，53.2% 的业务量不见面办理。

【信息基础设施】 截至 2018 年年底，山西省电话用户 4 226.8 万户，比上年年末增加 276.6 万户。固定电话用户 265.3 万户，比上年年末减少 37.1 万户，占电话用户总数的 6.3%；移动电话用户 3 961.5 万户，比上年年末增加 313.6 万户，占电话用户总数的 93.7%。其中，4G 电话用户 2 947.2 万户，比上年年末增加 363.9 万户，占移动电话用户总数的 74.4%。移动宽带用户 3 289.3 万户，占移动电话用户总数的 83%，移动宽带用户普及率 89.3%。

全省（固定）互联网宽带接入用户 991 万户，比上年年末增加 118.2 万户。光纤宽带建设进度加快，FTTH/O（光纤接入）用户 955.2 万户，比上年年末净增 143.7 万户，占互联网宽带接入用户总数的 96.4%，高于全国平均水平。宽带提速效果显著，全省 50Mbps 以上宽带用户 916.7 万户，占互联网宽带接入用户总数的 92.5%；100Mbps 以上宽带用户 746.1 万户，占互联网宽带接入用户总数的 75.3%。家庭宽带用户 909.4 万户，固定宽带家庭普及率 79.9%，比上年年末提升 9.7 个百分点。移动互联网用户 3 190.8 万户，比上年年末增加 234.6 万户。其中，手机上网用户 3 085.2 万户，比上年年末增加 206.1 万户；4G 上网用户 2 684 万户。

全省互联网宽带接入端口 2 025 万个，新增 185 万个，其中，FTTH/O 端口 1 861 万个，新增 245 万个，FTTH/O 端口占互联网宽带接入端口总数的 91.9%。全省光缆总长度 120 万千米，移动通信基站 18.4 万个，新增移动通信 4G 基站 1.5 万个。互联网省际出口带宽 16 895Gbps，WLAN 公共运营接入点（AP）28.7 万个。

全省广播电视台 117 座，电视台 2 座，中短波转播发射台 15 座，调频转播发射台 200 座，100 瓦以上电视转播发射台 174 座。广播人口覆盖率 98.8%，电视人口覆盖率 99.6%，有线电视用户 465.6 万户。

【大数据】 2018 年，山西省印发《山西省促进大数据发展应用专项资金申报指南》，支持全省数字经济发展顶层设计和政企人员大数据应用能力提升、省直部门信息化建设项目、数据中心电价补贴 3 个方向 58 个项目，资金总额 4 亿元。

山西中科曙光云计算科技有限公司的曙光太原工业云平台、山西和信基业科技股份有限公司的路网安全智能服务平台、山西清众科技股份有限公司的山西“农谷”智慧农业综合服务平台等项目入选工业和信息化部 2018 年大数据产业发展试点示范项目。

举办第二届“数谷吕梁·智赢未来”大数据产业发展推介会、首届山西（大同）数字经济发展促进大会；浪潮集团有限公司与吕梁市人民政府签订《发展大数据产业战略合作框架协议》；腾讯计算机系统有限公司与山西省人民政府签署战略合作框架协议，双方在数字政府、智慧公安、智慧农业等 15 个领域开展合作，共同建设“数字山西”。

推进数据中心建设，国科晋云先进计算中心正式投入运营，华为山西（吕梁）大数据中心正式揭牌，大同云中 e 谷等数据中心建设稳步推进。

【工业互联网】 2018 年，山西省印发《山西省关于深化“互联网 + 先进制造业”发展工业互联网的实施意见》（晋政发〔2018〕34 号）。山西焦煤集团有限责任公司与精英数智科技股份有限公司围绕煤炭行业建设中国煤炭云工业互联网平台，山西中科曙光云计算科技有限公司围绕园区服务建设产业园区综合工业互联网平台，山西中鼎集团有限公司建设中鼎物流云平台。

加快推动实施企业上云。山西省政府办公厅印发《山西省“企业上云”行动计划（2018—2020 年）》（晋政办发〔2018〕63 号）。山西省工业和信息化厅会同山西省财政厅印发《山西省“企业上云”行动计划实施细则（试行）》（晋工信办字〔2018〕4 号），明确企业上云云服务券奖励实施流程。全年培育确定 24 家企业上云行动计划云服务商（第一批）。

【物联网】 2018 年，山西省推动成立山西省物联网产业技术联盟装备物联网专委会和山西省物联网产业技术联盟 NB-IoT、智慧停车专委会。阳泉市云谷科技创新园项目举行奠基仪式，旨在打造以大数据、互联网、物联网技术为核心的产业基地。阳泉市人民政府与中国信息通信研究院签订《合作成立中国信息通信研究院智能物联网（阳泉）研究中心战略合作协议》，阳泉市在全力打造智能物联网应用示范基地的进程中又迈出关键一步。山西省物联网和人工智能标准化技术委员会成立，进一步提升全省物联网和人工智能标准化技术水平。编制完成《阳泉新型智慧城市及智能物联网应用基地建设规划（2019—2023年）》，为阳泉市发展新型智慧城市、打造智能物联网应用基地提供发展蓝图和推进方向。

【信息安全】 2018年，山西省举办网络信息安全高峰论坛暨工控安全高峰论坛，组织开展2018年度山西省工控安全检查，承办工业和信息化部《工业控制系统信息安全行动计划（2018—2020年）》宣贯暨工业信息安全培训班（西北地区），举办山西省工业信息安全高级研修班，全面覆盖煤炭、电力、冶金、焦化、装备制造等行业重点企业；启动山西省信息安全产业发展规划编制工作，同中国网络安全审查技术与认证中心签署战略合作协议，推动信息安全服务体系建设和人才培养工作。

【信息产业基地和园区】 中国电科（山西）电子信息科技创新产业园总投资50亿元，建设碳化硅材料产业基地、电子装备智能制造基地、三代半导体技术创新中心、光伏新能源产业基地等项目。园区依托中国电子科技集团公司第2研究所、山西烁科晶体有限公司等重点企业，建设三代半导体技术创新中心，吸引上下游企业，共同打造国内领先的碳化硅三代半导体产业链条、电子专用装备产业基地。项目按照“装备+工艺+产品+产业”相结合的发展思路，以科技创新、体制机制创新、产业模式创新的“三位一体”创新战略推动创新中心建设。

忻州半导体及新材料产业园总投资约123.04亿元（产业总投资90亿元左右），主要建设蓝宝石晶体及晶片、砷化镓晶体及晶片、PSS外延片、钽/铌酸锂晶圆、微波功率芯片、微波滤波芯片、集成电路封装等产业区，辅以学研中心、总部基地、孵化基地、会展商务及人才公寓、高标准学校等配套设施。

【两化融合】 2018年，山西省开展省级两化融合管理体系贯标试点申报，认定大同市中科唯实矿山科技有限公司等25家企业为2018年省级两化融合管理体系贯标试点企业。申报国家级两化融合管理体系贯标试点，富晋精密工业（晋城）有限公司等15家企业被评为2018年国家级两化融合管理体系贯标试点企业。2018年全省两化融合发展水平指数47.8，较上年增长5.7%。

【重点信息化项目】 2018年，山西省省级技术改造资金共支持两化融合及信息化专项项目31个，包括15个两化融合贯标试点示范类项目、16个企业信息化项目；下达奖励资金5 784万元，其中，两化融合贯标试点示范类项目下达1 300万元，企业信息化项目下达4 484万元。

【信息消费】 2018年，山西省印发《山西省进一步扩大和升级信息消费实施方案》（晋政发〔2018〕23号）、《扩大和升级信息消费三年行动方案（2018—2020年）》（晋工信办字〔2018〕6号）。全省第三批电信普遍服务试点3 284个行政村全部通宽带，全省行政村宽带覆盖率98%。

【主要问题】 山西省电子信息产业基础薄弱，规模以上企业数量少，尤其缺乏带动力强的大型龙头企业，尚未出现入围全国百强的电子信息企业；人才供求矛盾突出，一些地市政府人才招引政策尚不完善、针对性的配套体系不健全；技术创新活力不足，尤其是针对前沿技术的研发较少，核心关键技术及装备、零部件相对缺失，产学研结合不紧密；产业链不健全，集聚度不高，生产配套难度大；融资难、融资贵问题对中小企业、民营企业尤为突出；公共服务体系不健全，信息服务、研发设计、检测检验、科技金融服务、商务服务等生产性服务业不健全，行业协会、联盟作用发挥有限。

【统计数据】

表 1 2018 年山西省电子信息制造业人员构成情况

企业类别	企业数（家）	从业人员年末人数（人）	人员构成					
			工程技术人员（人）	在总人数中所占比例（%）	管理人员（人）	在总人数中所占比例（%）	研发人员（人）	技术工人（人）
有限责任公司	62	98 614	7 012	7.1	4 230	4.3	6 040	81 332

表 2 2016—2018 年山西省电子信息制造业基本情况

项目名称	单位	2016 年	2017 年	2018 年
工业销售产值	万元	8 892 131	9 367 240	9 980 000
出口交货值	万元	6 049 138	6 118 809	7 306 888
主营业务收入	万元	8 366 510	9 778 000	10 498 000
税金总额	万元	149 158	150 125	144 000
利润总额	万元	324 775	333 000	299 000
应交所得税	万元	60 460	36 609	44 164
从业人员年末人数	人	118 747	131 000	98 614
从业人员工资总额	万元	480 268	599 030	653 729

表 3 2016—2018 年山西省主要电子信息产品产销量情况

产品名称	单位	产量			销量		
		2016 年	2017 年	2018 年	2016 年	2017 年	2018 年
智能手机	万部	2 693	1 979	2 000	2 789	2 008	1 997

表 4 2018 年山西省软件和信息技术服务业人员构成情况

企业类别	企业数（家）	从业人员年末人数（人）	人员构成			
			管理人员（人）	在总人数中所占比例（%）	软件开发研究人员（人）	在总人数中所占比例（%）
国有企业	1	448	380	84.8	68	15.2
私营企业	98	8 579	5 085	59.3	3 494	40.7

表 5　2016—2018 年山西省软件和信息技术服务业基本情况

项目名称	单位	2016 年	2017 年	2018 年
软件业务收入	万元	239 172	298 862	286 992
软件产品销售收入	万元	104 621	124 380	140 868
固定资产投资额	万元	17 930		17 656
资产合计	万元	775 594		879 384
负债合计	万元	321 125		390 343
利润总额	万元	29 973	50 524	55 289
应交所得税	万元	5 925	5 671	6 516
从业人员年末人数	人	7 961	8 475	9 027
从业人员工资总额	万元	66 004	51 779	68 429

注：表 1 ～表 5 数据来源于山西省工业和信息化厅。

［供稿：山西省工业和信息化厅］

内蒙古自治区

【电子信息制造业】 2018 年，内蒙古自治区（以下简称内蒙古）电子信息制造业实现主营业务收入 79.01 亿元，同比增长 24.9%。主要产品多晶硅产量 3.07 万吨，同比增长 47.6%；单晶硅产量 6.82 万吨，同比增长 121.4%。

【软件和信息技术服务业】 2018 年，内蒙古实现软件业务收入 11.86 亿元，同比下降 24.6%；信息技术服务收入 7.05 亿元，同比下降 22.7%；软件外包服务收入 0.61 亿元，同比增长 339.5%。

【科技进步与应用】 内蒙古中环领先半导体材料有限公司主要从事半导体单晶硅棒的制造、生产加工、销售和技术研发，拥有完善的生产线及配套设施设备，2018 年产能 597.78 吨，产品包括二极管、三极管、IC 等各种用途的单晶硅棒。自主研发生产的集成电路用 8 ～ 12 英寸硅单晶氧含量均匀性、电阻率均匀性较国内同类型产品更加稳定；单晶 COP 缺陷改善水平趋近于无缺陷完美硅单晶，可降低集成电路单个器件芯片成本，提高产品良率，用于制作 90 纳米及以下尺寸芯片；12 英寸 IC 级产品是国内厂家少有的可批量供应的产品；IC 级单晶硅棒在国内市场占有率超 40%。

内蒙古瑞特优化科技股份有限公司利用云计算、大数据、物联网等新一代信息技术，加快在建筑智能与节能优化、电厂锅炉机组全面性能优化节能、数字化电厂节能优化、工厂作业智能安全管控、智慧旅游等领域的应用。其中，内蒙古维图全景智慧旅游服务平台项目实现虚拟现实（VR）、增强现实（AR）、大数据、云计算等先进技术同“互联网＋旅游”相结合，研发出面向游客、面向景区、面向商家、面向政府管理部门的 4 种平台功能模块，实现 VR 关键技术、AR 关键技术的应用。2018 年，项目进行初期应用，效果良好。

赤峰埃晶电子科技有限公司是国内率先突破全面屏异形 CNC 技术的企业之一，通过开发全贴合超薄液晶显示模组技术和新型激光液晶倒角技术项目，公司年生产液晶显示模组 2 400 万片，80% 的产品供应给一线品牌大型企业，主要应用于一线品牌高端主流手机屏幕。

内蒙古欧晶科技股份有限公司是国内首家开发生产 26 英寸、28 英寸石英坩埚的厂家，是目前国内 26 英寸、28 英寸石英坩埚生产量最大的厂家，也是 32 英寸石英坩埚国内唯一一家具备生产能力的厂家，实现 32 英寸石英坩埚的自主生产。

【信息基础设施】 截至 2018 年年底，内蒙古固定宽带用户总数 628.8 万户，覆盖全区所有城市、乡镇及 98% 以上的行政村。其中，光纤到户接入用户 578.56 万户，占比 92.0%；接入速率在 20Mbps 及以上的宽带用户占比 95.9%。城镇地区普遍具备 100Mbps 以上宽带接入能力，部分地区具备开通 1 000Mbps 高速宽带业务能力，光纤化进程基本完成。

4G 网络覆盖质量全面提升。截至 2018 年年底，全区累计建设 4G 基站 7.12 万个，实现乡镇以上行政区域 4G 网络连续覆盖、50 户以上自然村及 200 户以上行政村有效覆盖。

【大数据】 2018 年，内蒙古加快数据中心建设。推动华为二期、阿里巴巴、亚信数据港等数据中心建设，苹果中国北方数据中心、同舟汇通数据中心和国家电子政务云数据中心北方节点在内蒙古落地。全区大型数据中心服务器装机能力达 112 万台，综合装机量超 40 万台。

推进重点领域大数据应用。全区宏观经济、农牧业、工业、能源、卫生健康、教育等多种大数据应用建设不断加快。生态环境大数据管理平台获得首届数字中国年度最佳实践成果奖。纪检监察、党建、人社、气象、司法、林业等大数据应用稳步推进。呼和浩特市、乌海市等信息惠民国家试点城市，呼和浩特市、包头市、呼伦贝尔市、鄂尔多斯市、乌海市等国家智慧城市试点建设扎实推进。

推动技术产业创新。设立全国首个网络与知识安全院士工作站、首个官方授权数据资产评估中心、国家级软件评测中心、国家互联网医疗工程实验室内蒙古分中心、草原畜牧业溯源内蒙古大数据工程实验室、国家语言资源蒙古文大数据研究基地、分布式数据处理系统研究中心、链谷区块链产业研究中心、大数据分析技术内蒙古工程实验室等，在基础理论、数字技术、产业应用等方面开展创新研发。

实施大数据及相关产业培育工程。培育数据采集、存储、加工、分析等大数据核心产业。呼和浩特市大数据产业生态体系初步形成，乌兰察布市培育发展大数据产业获得国务院第五次督查通报表扬。实施大数据与产业深度融合工程，制订出台《大数据与产业深度融合行动计划（2018—2020 年）》，搭建大数据与产业深度融合服务平台，组建大数据与产业深度融合专家服务队，召开企业数字化智能化改造推介大会，开展系列大数据与产业深度融合行动宣讲活动并组织试点示范。呼和浩特市获批国家跨境电子商务综合试验区。

加大招商引资和宣传推介力度。把大数据发展与自治区全方位对内、对外开放战略有机结合，推动苹果公司、阿里巴巴集团等一批知名企业和重点项目先后在内蒙古落地；落实与中国－东盟（上海合作组织）环境保护合作中心签署的《中蒙俄生态环保大数据服务平台战略合作协议》，积极参与“一带一路”建设；建立全区大数据重点招商项目库，储备入库项目 152 个，计划投资额 1 052 亿元；在北京市、深圳市、杭州市分别举办面向京津冀、珠三角、长三角地区的大数据招商推介会，共签订合作协议 67 个，协议投资额 199.5 亿元。

【工业互联网】 2018 年，内蒙古打造协同制造平台。包头市网络协同制造平台全年发布协同订单 3 172 笔，承载实际业务 3.2 亿元，在上年基础上翻一番，并入围工业和信息化部 2018 年制造业双创平台试点示范项目、入选 2018 年工业互联网 APP 优秀解决方案名单。

建成乌兰察布市能源管控云平台一期，接入企业 94 家，数据采集点 7 235 个，有效数据 37 亿条，日数据产生量 720 万条。利用已产生的平台数据，进行大数据分析和挖掘，建立数字模型，在产品降耗和提升质量上为企业提供数据服务。

开展万户企业登云三年行动，成立协同推进小组，组建创新联盟，开展宣讲系列活动。截至 2018 年年底，全区登云企业 7 735 家，其中，规模以上登云企业 944 家，累计为登云企业节省信息化资金投入 7 900 万元。

【物联网】 2018 年，内蒙古窄带物联网（NB-IoT）

基本实现城镇地区网络覆盖，物联网规模应用条件正在形成，公共事业、工业物联网、车联网、智能家居、环境监测等行业成为物联网典型应用场景。截至2018年年底，中国联通内蒙古分公司建成NB-IoT基站3 360个，实现市区及旗县城区NB-IoT网络连续覆盖；中国移动内蒙古分公司建成NB-IoT基站3 740个，实现乡镇以上区域NB-IoT网络连续覆盖，后续将根据业务发展需要在农牧区按需增建NB-IoT网络点状覆盖；中国电信内蒙古分公司建设NB-IoT基站7 662个，已开通7 356个，开通率96.0%。

【电子政务】 2018年，内蒙古全力推进“互联网+政务服务”。由内蒙古政府办公厅牵头建设全区统一的“互联网+政务服务”平台、自治区政府系统办公业务平台、国家电子政务内网自治区政府管理区域工作平台。自治区“互联网+政务服务”平台已上线测试运行，自治区政府系统办公业务平台正在逐步与自治区、盟市、旗县对接，覆盖三级的政府系统办公业务“工作网”基本形成，国家电子政务内网自治区政府管理区域工作平台也基本建成。

政府网上政务服务能力不断提升。截至2018年年底，内蒙古政府网站建设数量共计635个。自治区网上政务服务中心共接入单位35个，可办理事项385项。政府信息公开上网度达10%，基本公共服务事项网上办理率达73.4%。全年全区政务微博认证账号3 804个，政务微博竞争力指数从2015年全国31个省份排名的第28名跃升为2018年的第10名。

政务信息资源体系建设不断完善。建立由内蒙古发展和改革委员会牵头抓总、相关部门分工配合的协同联动机制。《政务信息资源目录（第二期）》共编制59家单位、2 632个信息资源、38 328个信息项，已全部上报国家平台。

信息资源共享与开放取得阶段性成果。搭建内蒙古政务信息资源共享平台，按时完成与国家平台的第一阶段、第二阶段交换级联、共享目录、组织机构、全流程等各项对接等测试工作，接入国家共享交换平台，实现国家要求的三级共享交换平台“网络通”“数据通”“应用通”的要求。全年通过政务信息资源共享平台共享政务信息资源数量3 958条。全区电子政务外网网络实现四级纵横贯通，14个盟市（含2个计划单列市）、107个旗县（市、区、自治区级工业园区）、约70%的乡镇（街道、苏木）和8 841个政务部门接入电子政务外网。

【两化融合】 2018年，内蒙古依托自治区两化融合服务联盟、自治区首席信息官（CIO）联盟开展区域两化融合发展水平评估工作，探索精准贯标，深入企业进行贯标方向诊断，提供个性化指导和服务。截至2018年年底，全区两化融合贯标企业累计2 847家，其中，规模以上企业1 967家，占全区规模以上企业的70.3%。全区对标企业两化融合发展指数48.0。

开展智能制造示范试点。支持智能企业、智能工厂、智能车间示范项目建设，推动中蒙药、农畜产品加工、煤化工、电解铝、铁合金等优势特色产业转型升级。2018年，中煤蒙大新能源化工有限公司入选国家智能制造示范试点，金宇生物技术股份有限公司和中煤蒙大新能源化工有限公司的2个项目获得国家智能制造专项资金支持。遴选出一批区内示范带动作用强的智能制造企业给予资金支持。争取国家资金1 500万元，自治区本级安排资金2 170万元。

【产业环境】 2018年，内蒙古出台《自治区新兴产业高质量发展实施方案（2018—2020年）》（内政发〔2018〕42号），制定印发《自治区关于深化“互联网+先进制造业”发展工业互联网的实施意见》（内经信发〔2018〕151号）、《自治区关于进一步扩大和升级信息消费持续释放内需潜力的实施方案》（内经信发〔2018〕161号）等政策文件，各盟市也相继出台配套政策措施，全区政策体系日益完善，进一步营造良好政策氛围。

【统计数据】

表 1　2018 年内蒙古自治区电子信息制造业人员构成情况

企业类别	企业数（家）	从业人员年末人数（人）	其中：研发人员（人）
内资企业	25	6 166	485
国有企业	3	488	40
集体企业	2	437	33
股份合作企业	3	631	50
私营企业	12	3 676	292
其他内资企业	5	934	70

表 2　2016—2018 年内蒙古自治区电子信息制造业基本情况

项目名称	单位	2016 年	2017 年	2018 年
工业总产值（现行价）	万元	548 891	630 798	714 582
工业销售产值	万元	496 448	627 609	641 171
出口交货值	万元	14 978	21 099	26 653
流动资产合计	万元			1 311 317
固定资产合计	万元			206 787
资产总计	万元	1 057 839	1 630 394	1 858 946
负债合计	万元	653 975	1 340 085	1 584 384
主营业务收入	万元	498 986	632 476	790 107
税金总额	万元	5 789	7 345	6 453
利润总额	万元	9 200	−12 859	−57 790
应交所得税	万元	3 644	1 169	2 684
从业人员年末人数	人	4 001	4 282	6 166
从业人员工资总额	万元	24 735	25 470	38 629

表 3　2016—2018 年内蒙古自治区电子信息制造业主要经济效益指标完成情况

项目名称	单位	2016 年	2017 年	2018 年
流动资产周转率	次	1.1	0.7	0.6
产品销售率	%	4.0	99.0	89.7
总资产贡献率	%	4.0		−1.9

续表

项目名称	单位	2016 年	2017 年	2018 年
资产保值增值率	%	112.0	75.0	54.6
资产负债率	%	67.0	82.0	85.2

表 4　2016—2018 年内蒙古自治区主要电子信息产品产销量情况

产品名称	单位	产量			销量		
		2016 年	2017 年	2018 年	2016 年	2017 年	2018 年
智能电视	万台	109.3	137.4	155.9	108.5	138.2	156.0
太阳能电池组件	兆瓦	228.2	220.0	128.7	221.4	323.8	85.1
钕铁硼磁材	万千克	764.9	428.4	316.1	707.1	365.8	310.5

表 5　2018 年内蒙古自治区软件和信息技术服务业人员构成情况

企业类别	企业数（家）	从业人员年末人数（人）	人员构成	
			软件开发研究人员（人）	在总人数中所占比例（%）
内资企业	55	3 067	1 219	39.7
国有企业	2	201	67	33.3
有限责任公司	45	2 329	990	42.5
股份有限公司	7	480	146	30.4
私营企业	1	57	16	28.1

表 6　2016—2018 年内蒙古自治区软件和信息技术服务业基本情况

项目名称	单位	2016 年	2017 年	2018 年
软件业务收入	万元	281 517	157 280	118 568
软件产品销售收入	万元	163 718	50 385	37 413
流动资产平均余额	万元	130 442	69 089	136 841
固定资产投资额	万元	10 701	3 288	1 538
资产合计	万元	304 198	317 891	254 395
负债合计	万元	127 968	139 197	112 151
税金总额	万元	12 308	9 504	6 960
利润总额	万元	23 687	18 927	14 981

续表

项目名称	单位	2016 年	2017 年	2018 年
应交所得税	万元	2 196	4 014	2 203
从业人员年末人数	人	4 594	4 631	3 067
从业人员工资总额	万元	27 583	27 698	25 254

表 7　2016—2018 年内蒙古自治区软件和信息技术服务业主要经济效益指标完成情况

项目名称	单位	2016 年	2017 年	2018 年
流动资产周转率	次	2.2	1.1	0.9
产品销售率	%	100	100	100
总资产贡献率	%	12	9	9
资产保值增值率	%	140	80	98
资产负债率	%	37	43	44

注：表 1 ~表 7 数据来源于内蒙古自治区工业和信息化厅。

[撰稿：闫勇勇　审稿：彭武华]

辽　宁　省

【概况】　2018 年，辽宁省电子信息产业总体延续上年的回升态势，全年产值增速略有波动，较上年同期稍有下降。按可比口径计算，全省电子信息产业实现产值 2 252.1 亿元，同比增长 6.5%，增速较上年下降 1.9 个百分点。

全年生产手机 2 455 万部，同比下降 8.4%；打印机 25.8 万台，同比增长 2.8%；液晶电视机 145 万台，同比下降 0.6%；汽车音响 1 166.5 万部，同比增长 25.9%；激光视盘机 180 万部，同比下降 2.2%。

【电子信息制造业】　截至 2018 年年底，辽宁省电子信息制造业纳入国家统计范畴的企业 269 家，从业人员 16.8 万人。按可比口径计算，全省电子信息制造业实现产值 776.1 亿元，同比增长 13.5%；出口交货值 422.98 亿元，同比增长 23.5%。

全省电子信息制造业主要集聚在沈阳市、大连市，两市电子信息制造业主营业务收入占全省比重约 80%。通过推动产业集群发展，促进产业集聚，全省电子信息制造业重点产业集群——沈阳集成电路装备产业基地、大连电子信息产业集群均实现平稳发展。

【软件和信息技术服务业】　2018 年，辽宁省软件和信息技术服务业保持稳步增长，实现主营业务收入 1 476 亿元。全省软件产品收入占软件业务收入比重逐年提高，2018 年达 45% 以上。软件企业平均研发经费支出占主营业务收入比重达 8% 以上，东软集团股份有限公司等龙头企业及各领域骨干企业达 10% 以上，软件著作权登记 1 万余件。

全省软件和信息技术服务业主要集聚在沈阳市、大连市，两市软件和信息技术服务业主营业务收入占全省比重超 98%。通过推动软件产业集群发展，促进产业集聚，全省软件和信息技术服务业重点产业集群——沈阳浑南软件和电子信息产业集群、大连软件和信息技术服务产业集群均实现平稳发展。

【科技进步与应用】 2018 年，辽宁省推动重点项目建设。沈阳拓荆半导体薄膜设备产业化基地建设项目一期建成投产，具备年产 100 台（套）PECVD 设备生产能力；二期半导体薄膜设备生产洁净系统环境已建设完成，颗粒度测试仪、全自动膜厚仪等主要研发测试设备已完成安装调试。沈阳富创 IC 装备零部件柔性数字化车间建设项目自动化焊接工段部分设备已完成安装，数控卧式加工中心 A81 柔性生产线已完成，机加柔性生产线设备完成调试。罕王微电子年产 3 亿只 MEMS 高端传感器芯片项目设备全部运抵车间，已对设备进行安装调试。新一代集成电路核心零部件共性技术创新中心完成建议方案编制，前期投入 4 000 万元，购置精密机械加工、特种焊接、特种表面处理设备。

加大新技术研发。沈阳拓荆科技有限公司的 1X nm 3D NAND PECVD 设备及其关键技术研发取得突破，并向国家上报项目进展中期报告，已有 2 台设备送武汉汉芯产线试验验证；大连鼎创科技开发有限公司的智能家居人工智能控制系统及终端设备开发不断提升家庭智能中控终端、智能环境控制终端规模；沈阳硅基科技有限公司研制 12 英寸 SOI 硅片产品，提升企业综合竞争力；畅芯科技（大连）有限公司进行 NB-IoT 物联网芯片研发项目建设，提升特色工艺芯片制造能力；中国科学院沈阳科学仪器股份有限公司完成新一代高效节能真空干泵原理机寿命测试。

推动企业市场扩展。组织沈阳芯源微电子设备股份有限公司等 9 家企业以沈阳 IC 装备产业集群的整体形象参加国际（上海）半导体装备博览会，集中展示集群内 IC 装备产业取得的突出成果，宣传沈阳集成电路装备品牌，开拓产品应用市场。沈阳富创精密设备有限公司成功交付首批次美国应用材料公司关键零件 300 毫米内衬订单，成为中国大陆此产品的唯一供应商；中国科学院沈阳科学仪器股份有限公司开发制造的真空干泵产品成功中标长江存储科技有限责任公司，首批采购 176 台干泵产品，打破国外对同类产品的长期垄断；沈阳芯源微电子设备股份有限公司新签合同 30 台套，在 LED 领域和高端封装领域全面开花，江西兆驰光电有限公司一次性采购 14 台高端封装用去胶设备。

推进产学研合作。推动丹东市仪器仪表企业与东北大学共建实训基地，联合辽宁省电子信息产业联盟与东北大学信息学院共赴丹东市调研仪器仪表行业发展，并组织相关企业与东北大学进行座谈。

【信息基础设施】 2018 年，辽宁省沈阳市成为国家 5G 试验网组网建设及应用示范工程城市，中国移动大连分公司获批建设 5G 联创开放实验室。5G 应用示范进展顺利，华晨宝马汽车有限公司、沈阳新松机器人自动化股份有限公司等企业正在开展车联网、智能工厂等 5G 场景应用试点，沈阳市青年大街、二经街、北三经街环线建成 5G 体验线路。推进网络基础设施建设，制定《辽宁省政府办公厅关于支持 5G 移动通信网络基础设施建设的通知》（辽政办〔2018〕15 号），中国铁塔辽宁分公司与全省 14 个市签署 5G 战略合作协议，累计获得各类杆塔资源超 60 万个。组织企业参加“绽放杯”5G 应用大赛，中国科学院沈阳计算技术研究所联合中国移动辽宁分公司、中兴通讯股份有限公司参赛的基于 5G 智能化生产线示范应用 - 远程控制及健康管理项目获得大赛二等奖、最佳人气奖 2 项大奖。

【大数据】 2018 年，辽宁省在数据处理、分析等领域拥有一些技术储备及核心产品。开展数据处理的企业近百家，自主研发的与数据采集、处理、分析相关的工具软件有近百个，个别产品具有先进性，但各企业间技术水平差距明显。有实力的企业已着手开展技术、产品及解决方案的研究，尝试开展大数据应用项目建设，培养相关技术人才。截至 2018 年年底，全省有 7 个数据中心建成使用。

【人工智能】 2018 年，辽宁省从事人工智能相关业务的企业近百家，人工智能产品在工业、教育、医疗、交通、智慧家庭、公安刑侦等领域得到广泛应用。在工业领域有刺绣机器人、智能视觉机器人、轻量型仿人机器人灵巧手、智能工业机器人等产品，其中，大连四达高技术发展有限公司自主研发的虚拟五轴智能爬行机器人制孔系统达到国际先进水平，填补国内空白；在航空领域有旋翼无人机、固定翼无人机、无人机飞行控制系统等产品；在交通领域有无人艇、无人驾驶车辆控制系统、交通事件检测系统、车辆特征识别系统等产品；在医疗领域有放射性粒籽智能植入肿瘤精确治疗系统、X 光机智能审像等产品；在教育领域有纸笔测试的手写体数字识别、试题和同类题推送的智能化识别产品等；在智慧家庭领域有家庭人工智能场景应用、智能家居控制系统等产品；在视觉识别领域有智能视觉及语音系统、高速智能视觉识别芯片及系统、智能高清视频综合信息采集系统等产品。

【工业互联网】 2018 年，辽宁省发展工业软件产品及智能制造整体解决方案，推动工业设计软件应用，开展制造企业与软件企业间的合作对接，支持鼓励省内 IT 企业与传统制造企业联合研发新产品。沈阳鸿宇科技有限公司、沈阳机床股份有限公司、大连久鹏电子系统工程有限公司、英特工程仿真（大连）有限公司等企业获评 2018 年工业互联网 APP 优秀解决方案。

2018 年，全省数字化研发工具普及率 58.5%，关键工序数控化率 45.7%，比上年分别提高 6.7 个百分点、10.9 个百分点，新一代信息技术在制造业重点领域应用取得显著进展。

政策体系不断完善。制定《辽宁省人民政府关于深化“互联网＋先进制造业”发展工业互联网的实施方案》（辽政发〔2018〕13 号）；制订《推进网信产业发展三年行动计划》，将工业互联网纳入五大重点发展方向之一；沈阳市、大连市等地制定配套政策措施，全省逐步形成较为完善的工业互联网政策体系。

试点示范取得新突破。沈阳东软医疗系统有限公司面向高端医学影像设备的协同研发能力开放平台等 3 个项目入选制造业“双创”平台试点示范；华晨宝马汽车有限公司智能化工厂等 3 个项目入选制造业与互联网融合发展试点示范；沈阳机床股份有限公司产品全生命周期管理智能工业 APP 等 5 个 APP 解决方案入选工业互联网 APP 优秀解决方案；东软集团基于工业互联网智能化远程运维服务平台等 3 个项目入选工业互联网试点示范。

工业互联网创新发展项目取得显著进展。中国科学院沈阳自动化研究所的工业互联网边缘计算测试床、工业软件定义网络基础标准与试验验证 2 个项目获得国家专项资金支持，项目已按计划实施，进展顺利。

组织实施企业上云工程。制定《辽宁省“企业上云”实施方案》（辽工信两化〔2018〕129 号），筛选确定三大运营商、华为技术有限公司等37家企业上云服务商，沈阳市、大连市两地出台支持企业上云资金政策，全省上云企业超 1 万家。

【两化融合】 2018 年，辽宁省开展两化融合贯标试点，遴选确定 33 家省级两化融合管理体系贯标试点企业，新增国家两化融合管理体系贯标试点企业 11 家。组织开展区域两化融合水平评估，全年组织 400 余家企业进行两化融合水平自评估，帮助企业了解两化融合水平现状和发展定位。开展信息消费试点示范，沈阳东软熙康云医院、沈阳新松家庭智能服务机器人等 7 个项目入选新型信息消费示范项目，认定辽宁禾丰牧业股份有限公司等 14 家省级工业电子商务试点企业。组织开展工业控制系统信息安全检查工作，推动企业提升工控系统安全保障能力。

【产业环境】 2018 年，辽宁省编制完成《辽宁省推动集成电路产业发展三年行动计划（2018—2020）》《辽宁省推动智能产品发展三年行动计划（2018—2020）》，参与完成《辽宁省工业和信息化委员会促进网信产业发展实施方案（2018—2020 年）》的编制。

推进设立总规模 100 亿元的“辽宁省集成电路和智慧产业投资基金”，首期 20 亿元已到位。向工业和信息化部正式推荐智慧健康养老相关 10 家企业的 31 个产品及服务，9 个产品和服务被列入国家推广目录。向工业和信息化部申报全省第二批智慧健康养老应用试点，组织中国华录集团有限公司等 4 家企业参加三部委联合召开的第三届新兴技术与健康养老融合发展高峰论坛，并在智慧健康养老最新科技成果展上集中展示最新成果。推进中国电科成果转化（辽宁）中心挂牌运行，促进科技成果在辽宁省落地，近 20 项成果与省内企业达成合作意向。

编制《辽宁省推动软件和信息技术服务业发展三年行动计划》，明确发展方向和发展路径。落实《辽宁省电子信息产业发展政策》《辽宁省信息产业发展实施方案》等政策文件，帮助企业拓宽融资渠道，引导骨干龙头企业实施海外并购和兼并重组，引进海外先进技术，推动核心技术应用推广。

电子信息、软件和信息技术服务两个标准化技术委员会围绕智慧城市、信息保护等领域制定地方标准，支撑产业发展。《企业质量信用信息数据规范》等10项行业标准已公布实施。

［供稿：辽宁省工业和信息化厅］

吉 林 省

【电子信息制造业】 2018年，吉林省电子信息制造业初步形成以国家智能网联汽车应用示范为先导，以光电子、汽车电子、新型元器件等产品领域为特色，以集成电路等新一代信息技术为引领的产业格局。

企业产品涵盖面广，地域分布相对集中。全省纳入统计口径的电子信息制造业规模以上企业205家，主要分布在长春市、吉林市，集聚现象明显，产品涵盖光电子、汽车电子、新型元器件等多个领域。

经济指标整体收缩。全年累计完成产值同比下降3.3%，工业增加值同比下降2.5%，主营业务收入同比下降6.7%，利润总额同比下降3.8%。

谋划转型升级有效途径。以《吉林省电子信息产业转型升级实施方案》为纲领，研究编制《电子信息制造业转型升级鼓励发展指导目录》，绘制《吉林省电子信息制造业产业链对接地图》，进一步把脉产业发展方向，明确产业发展路径。配合中国电子信息产业发展研究院编写《吉林省光电显示产业发展规划》，统筹谋划全省光电显示产业补链、强链、扩链、建链的有效途径，并按规定和程序组织专家论证结题。

光电显示产业创新链集聚突破。长春希达高密度LED显示屏项目如期建成，进一步提升LED显示屏生产能力。大瓦数高功率密度LED照明产品达到国际先进水平，在北京市等地应用示范；LED精准杀虫灯、植物补光灯填补国内空白；高密度LED集成三合一显示产品具有自主知识产权，实现批量生产。奥来德光电材料股份有限公司建成技术国际领先、规模国内前列的OLED新型显示材料生产基地。璀璨产业园明晰产业定位和运营模式，成立由首钢基金创业公社、长春新区、中国科学院长春光学精密机械与物理研究所共同出资的运营公司，并筛选13个项目首批入园。

智能网联汽车应用示范取得进展。国家智能网联汽车应用（北方）示范区正式投入运营，具有6类99个测试场景，实现高精地图和5G信号全覆盖，具备行人识别、连续弯路、APP叫车、自动泊车、编队行驶和观光巴士巡游等智能网联汽车示范功能。长春市工业和信息化局、公安局、交通局联合印发《长春市智能网联汽车道路测试管理办法（试行）》，对测试主体、驾驶人、车辆等方面作出明确要求，为应用示范开展提供法律支撑。长春市规划8千米的开放道路，作为智能网联汽车测试道路，为应用示范顺利实施奠定基础。

电子信息领域强基工程取得成效。长光圆辰微电子技术有限公司建成国内首条独立背照式CMOS图像传感器生产线，并生产出订单样片，进一步提升产品附加价值，推动核心元器件国产化。功率半导体分立器件产品更新换代提速，中高端产品MOS类晶体管、IGBT芯片产销同比增长较快。电子元件产品快速增长，固态电容等产品市场前景良好。

典型企业　吉林华微电子股份有限公司是国内功率半导体器件领域首家上市公司，以主营产品半导体二极管、半导体三极管被工业和信息化部评为第一批制造业单项冠军培育企业，并经科学技术部、中国科学院等国家机构认证，被列为国家博士后科研工作站、国家创新型企业。2018年，公司应对多变市场环境，加快产品、技术结构调整，推进技术营销，提升公司在新兴领域的拓展速度，由单一双极型产品供应商成长为以功率智能模块、IGBT和MOSFET等新型电子器件为核心的多产品、多方向的电子信息制造企业。

【软件和信息技术服务业】 2018年，吉林省软件和信息技术服务业面临良好发展机遇，产品结构不断完善，种类不断丰富，软件产业自身发展模式实现由单一向多元化转变，为持续快速健康发展奠定良好基础。

全年实现软件业务收入667亿元，同比增长14.2%。其中，软件产品收入202.3亿元，占软件业务收入的30.3%；信息技术服务收入341.1亿元，占软件业务收入的51.1%；信息安全收入12.9亿元，占软件业务收入的1.9%；嵌入式系统软件收入110.7亿元，占软件业务收入的16.6%。实现利润71.1亿元，同比增长38%，从业人员年末人数58 953人。

全省符合统计范围的软件和信息技术服务企业941家，其中，通过软件企业认定564家，登记软件产品2 367个，系统集成资质企业154家，信息系统工程监理资质企业4家。软件和信息技术服务企业主营业务收入超亿元企业19家，超5 000万元企业33家；国家规划布局内重点软件企业1家，上市公司19家，认定软件企业技术中心25家。

软件和信息技术服务业产业规模逐步扩大，产业结构服务化趋势突出，数据处理和运营服务收入增速加快，技术整合更加明显，软件渗透生产生活各领域，推动传统产业发展。一批具有自主知识产权的软件产品遍布全国，在汽车、石化、指纹识别、教育、网络安全等领域都有非常活跃的市场，部分软件企业处于全国行业领先地位。

在以电信网、广电网为主的基础网络体系和以光纤通信为骨干，卫星通信、数字微波为辅的通信网络体系良性运行下，信息技术服务业网络化建设取得显著进展。在电子商务方面，小商品在线支付网络、防伪信息网络、网上银行、企业电子商务采购平台等全年运行平稳，省密钥管理中心和数字认证中心的综合服务能力进一步提高，尤其是电子商务短信业务实现较快增长。

信息服务平台涉猎领域不断拓宽，建设完善力度不断加强。软件和信息服务公共服务平台、数字电视服务平台、农业综合信息服务平台、制造业信息化服务平台、企业基础信息交换平台、信息技术综合服务平台等平台建设日趋完善、健全，信息资源共享和开发应用能力不断提高。在就业、社会保障、安全生产、公共卫生等领域，信息服务平台的作用也日益突出。

【工业互联网】 2018年，吉林省统筹并谋划布局智能网联汽车、能源清洁化利用、溯源食品领域3个工业互联网平台建设。

一汽集团启明公司率先启动汽车行业工业互联网平台建设，为汽车行业提供数据采集、云基础设施服务、通用平台、数据和云应用5个方面的服务。“启明星云”汽车工业互联网平台在2018年工业互联网峰会上正式发布，推荐该平台试验测试项目纳入工业和信息化部工业互联网创新发展工程试点，并获得国家资金支持。

组织召开能源清洁利用工业互联网平台建设推进会议，邀请省能源局、省环境保护厅、有关电煤企业等协同推进平台建设，推动省电力科学研究院有限公司完成平台建设项目建议书。

推进溯源食品工业互联网平台建设，组织省通信管理局、省农业委员会、相关企业等协调平台建设事宜，并分别与中新（中国－新加坡）吉林食品区、香港食品安全协会座谈，研究溯源食品相关标准，组织对省农业投资公司下属农创集团信息系统平台进行调研，协调农创集团对上海中信信息发展股份有限公司进行调研，研究溯源食品平台承接条件。

【信息安全】 2018年，吉林省完成行业网络安全自查、排查，分地区开展网络安全专业知识培训，扩容网站在线监测平台提升态势感知能力，构建初级信息共享和应急联络机制等重点工作。

加强网络安全保障，开展工控系统网络安全检查工作。组织专业技术队伍抽查工业企业6家，涉及工业控制系统11套（台）；组织企业网络安全自查及信息系统普查，累计普查企业81家，补充完善各类工业控制系统基本信息655套（台）。依托省信息安全测评中心，累计完成信息技术软件产品安全稳定性测试501批次；对网站在线监测平台进行升级改造，具备兼顾100～200个中小企业网站的在线监测能力；申报工业互联网安全测评机构和工控系统安全监测地方支持机构资质，处于待审批阶段。

加强信息汇总，做好工业行业网络与信息安全状况分析。通过企业自查、主管部门抽查，进一步摸清全省重点企业工控安全底数，补充完善工控系统基础数据库。通过排查，各企业单位普遍在安全软件选择与管理、配置和补丁管理、身份认证、数据安全、物理环境安全、落实管理责任、供应链管理等方面管理措施落实较好，在技术防护方面还存在一定差距。

开展网络安全教育培训。一是利用竞赛活动提升专业人才水平，扩大工控安全知识普及率。组织省信息安全测评中心、长春理工大学等单位组队参加2018年工业信息安全技能大赛和首届工业互联网安全大赛，其中，两支参赛队伍均顺利晋级2018年工业信息安全技能大赛复赛。二是依托安全生产培训提高工控安全管理水平。在举办全省工业领域安全生产培训期间，将《网络安全法》知识、工控安全防护常识等内容编入课程，进一步增强责任意识，提升工控安全防护水平。三是分片区开展网络安全培训。邀请国家工业信息安全发展研究中心等单位资深讲师深入全省9个市（州）开展工业行业信息安全培训，200余家工业企业派人员参训，累计培训管理人员和技术人员450余人。

【两化融合】 2018年，吉林省不断健全完善两化融合政策体系和工作机制。出台《吉林省人民政府关于深化工业互联网发展的实施意见》（吉政发〔2018〕9号）、《吉林省人民政府办公厅关于进一步扩大和升级信息消费的实施意见》（吉政办发〔2018〕13号）等政策性文件，为深入推动两化融合发展提供政策支撑。成立两化融合项目谋划推进组，建立两化深度融合项目库，包括工业大数据、工业云、工业电子商务、信息系统集成应用等行业和领域200余个项目。

组织开展两化融合试点示范。成来电气科技有限公司等15家企业入选国家两化融合管理体系贯标试点企业，中车长客高端轨道车辆运维保障能力、亚泰集团招标采购集约化管理能力2个项目被工业和信息化部评为制造业与互联网融合发展试点示范项目，吉林大学农业遥感大数据在农业种植结构和农业保险中的试点与示范应用等3个项目入选工业和信息化部大数据产业发展试点示范项目，吉林省装库创意科技股份有限公司选配式家装智慧设计平台等3个项目入选工业和信息化部新型信息消费试点示范项目。

普及推广两化融合管理体系标准。组织推荐国家两化融合管理体系贯标试点企业，并推动企业自行开展贯标，22家企业启动两化融合管理体系贯标工作，14家企业启动两化融合管理体系评定工作，12家企业获得两化融合管理体系评定证书。组织评选省级贯标试点企业，累计76家。

组织两化融合评估诊断和对标引导。依托中国两化融合评估服务系统，形成部、省、市、县（区）四级协同推进工作模式，联合在汽车、石化、医药、食品、建材等行业累计组织1 600余家企业开展自评估、自诊断、自对标工作，提升企业两化融合发展意识，强化数据在两化融合工作中的指导作用。

加快推动智能制造发展。中国第一汽车集团有限公司等4家企业的项目获得国家智能制造专项支持，吉林大学第一医院牵头创建的骨科机器人应用中心获得国家批准。加大省级支持力度，组织百家重点企业智能制造示范工程，推动构建智能制造工业体系。利用省重点产业发展专项资金支持大华机械制造有限公司等7家企业的智能制造示范项目。加快培育一汽富晟集团有限公司、合心机械制造有限公司等系统解决方案供应商。

推动与国内知名信息技术企业合作。先后与华为技术有限公司、神州数码集团股份有限公司等国内知名信息技术企业进行对接洽谈，与华为技术有限公司签订战略合作框架协议。落实与浪潮集团有限公司的战略合作协议，推动浪潮长春中小企业云服务平台、一点通公众服务平台、浪潮松原大数据平台上线运行。组织召开国际二维码产业发展峰会，推动落实中国电子商会与长春莲花山生态旅游度假区管理委员会、东北易华录信息技术有限公司的战略合作协议。

【统计数据】

表 1 2018 年吉林省软件和信息技术服务业人员构成情况

企业类别	企业数（家）	从业人员年末人数（人）	人员构成	
			软件开发研究人员（人）	在总人数中所占比例（%）
内资企业	913	51 092	24 872	48.7
国有企业	15	2 819	1 049	37.2
股份合作企业	1	35	11	31.4
有限责任公司	601	29 021	13 953	48.1
股份有限公司	66	7 215	3 138	43.5
私营企业	226	11 624	6 591	56.7
其他内资企业	4	378	130	34.4
港、澳、台商投资企业	3	189	58	30.7
三资企业	25	7 672	3 124	40.7

表 2 2016—2018 年吉林省软件和信息技术服务业基本情况

项目名称	单位	2016 年	2017 年	2018 年
软件业务收入	万元	5 110 168	5 837 083	6 671 132
软件业务出口收入	万美元	8 261	9 421	4 609
软件产品销售收入	万元	1 668 621	1 961 373	2 022 633
流动资产平均余额	万元	773 722	1 140 292	1 606 289
固定资产投资额	万元	72 450	81 134	95 225
资产合计	万元	1 505 907	2 131 394	3 579 268
负债合计	万元	572 420	783 997	1 366 296
税金总额	万元	139 953	164 445	165 670
利润总额	万元	454 197	513 992	711 445
应交所得税	万元	22 366	46 008	30 316
从业人员年末人数	人	42 204	47 066	58 953
从业人员工资总额	万元	245 223	285 004	351 895

表 3　2016—2018 年吉林省软件和信息技术服务业三资企业基本情况

项目名称	单位	2016 年	2017 年	2018 年
软件业务收入	万元	639 094	697 699	887 829
软件业务出口收入	万美元	1 186	1 535	568
软件产品销售收入	万元	456 907	49 855	47 659
流动资产平均余额	万元	27 914	23 841	43 568
固定资产投资额	万元	3 714	3 323	4 650
资产合计	万元	33 968	23 523	992 842
负债合计	万元	15 146	10 451	475 574
税金总额	万元	55 133	607 402	27 578
利润总额	万元	38 856	51 963	180 346
应交所得税	万元	3 492	22 456	4 230
从业人员年末人数	人	2 889	2 851	7 672
从业人员工资总额	万元	12 662	16 420	31 553

注：表 1 ～表 3 数据来源于吉林省工业和信息化厅。

［供稿：吉林省工业和信息化厅］

黑龙江省

【概况】　2018 年，黑龙江省推进电子信息制造业、软件和信息技术服务业发展，不断拓展“大智移云”新一代信息技术应用范围和深度广度，加快培育基于新一代信息技术的新技术、新模式、新业态，着力打造电子信息产业发展新优势。

【电子信息制造业】　2018 年，黑龙江省规模以上电子信息制造企业完成工业总产值 94.9 亿元，同比下降 21.5%。全省电子信息制造业主要在动力电池、光电半导体材料及器件、汽车电子和铁路电子等方面具有一定基础，发展势头良好。

大力发展电子材料产业。电子材料产业属高载能产业，物流成本占比小，对产业配套要求不高。发展电子材料产业，既能规避物流成本高的短板，又能发挥电力资源富足和气候优势。目前，蓝宝石和砷化镓晶体等产业的发展表明黑龙江省适合发展电子材料及电子元器件产业。

发挥现有产业优势和技术平台作用，进一步扩展应用领域，拉动产业发展。一是支持省内优势产业进一步做大做强，巩固提高行业地位。二是依托技术平台开发新产品，拓展应用市场领域，重点支持动力电池、电子材料、光电子、专用通信、轨道交通信号等产业发展。三是支持和鼓励企业依托优势向上下游外延发展，支持大庆佳昌晶能产品由电子材料向下游集成电路产业的外延发展，支持哈尔滨瑞兴科技轨道电路产品由国铁市场向地铁市场的外延发展等。

重点产业　黑龙江省在动力电池产业方面有较好基础，哈尔滨光宇集团是全国电子百强企业，2018 年在中国电子信息百强企业排名中居第 85 位。集团主要产品分四大类：一是铅酸蓄电池；二是锂离子自行车电池、手机电池芯等；三是网络游戏，包括软件开发、网络运营；四是汽车锂离子电池制造。公司的主导产品锂离子电池已成功配套各种车型，包括纯电动客车、混合动力客车、纯电动轿车、混合动力轿车等物流、环保、特种车型。

在光电半导体材料及器件产业领域，哈尔滨奥瑞德光电技术有限公司的蓝宝石晶体材料产能继续保持全球首位。2018 年，公司第九代大尺寸 3D 玻璃热弯机研制成功，成为国内 3D 玻璃热弯机行业的引领者。大庆佳昌晶能信息材料有限公司是国家级高新技术企业，主要产品砷化镓抛光片是微电子和光电子工业最重要的支撑材料之一，涉及国民经济和国防建设诸多领域，居国内市场份额第一，覆盖美国、日本、韩国等国市场，成功开发出可应用于 5G 高频器件的高阻砷化镓衬底材料。

在汽车电子领域，全省共有汽车电子企业 5 家，其中，上市企业 2 家。2018 年，累计实现总产值 15.23 亿元。哈尔滨固泰电子有限责任公司、哈尔滨万宇科技股份有限公司主要生产汽车喇叭，哈尔滨威帝电子股份有限公司、航天科技控股集团股份有限公司、黑龙江天有为电子有限责任公司主要生产汽车仪表产品，为国内 30 余家整车厂提供配套，占据国产车 25% 以上的市场份额。哈尔滨固泰电子有限责任公司研发的随频喇叭成为德系车在中国认可的第一个电子产品，并为国内外 30 多家汽车厂商供货，在同类产品中市场占有率达 80% 以上。哈尔滨万宇科技股份有限公司是美国通用汽车公司的配套商，年产值 1.66 亿元。哈尔滨威帝电子股份有限公司主要面向国产的大中型客车，自主开发的客车用中央处理器在国内率先实现客车电器智能化控制。航天科技控股集团股份有限公司凭借科技引领、产品结构调整，在国产商用车、轿车、客车中市场占有率达 10%。黑龙江天有为电子有限责任公司在哈尔滨市设立研究院，全年实现产值 4.9 亿元。

重点项目　黑龙江省光宇动力电池项目在原有厂房和设备基础上进行技术改造，项目投产后可新增产能 4 吉瓦时，计划在 2020 年完工。国信通集团动力电池、智能手机、负极材料项目总投资 60 亿元，分三期建设，一期总投资 20 亿元，可形成年产锂电子及新能源电池 1.35 亿个、年产手机约 750 万部的生产能力，实现新增销售收入 55.5 亿元，利税 7.87 亿元；16 条手机组装生产线已安装完毕，其中 4 条生产线已进行试生产，4 栋电池生产厂房已进行内部恒温、恒湿、无尘装修。

【软件和信息技术服务业】　2018 年，黑龙江省云计算、大数据等软件和信息技术服务业总体规模 165 亿元。支持产业发展的政策进一步完善，《关于“数字龙江”建设的指导意见》《黑龙江省进一步扩大和升级信息消费持续释放内需潜力实施方案》等相继出台。

企业研发创新和应用服务能力大幅增强，一批特色鲜明、创新能力强、品牌形象优的企业加快成长壮大，成为产业发展的核心力量。产业合作层次和水平不断提升，黑龙江省人民政府分别与华为技术有限公司、浪潮集团有限公司等行业龙头企业签署战略合作协议。

云计算、大数据等新一代信息技术在重点行业领域的应用推广持续深入，新技术、新模式、新业态加速涌现，哈尔滨安天科技股份有限公司的网络安全态势感知与监控预警平台、中国船舶重工集团公司第 703 研究所的基于大数据技术的燃气轮机机群健康管理系统及应用、哈尔滨航天恒星数据系统科技有限公司的基于卫星应用的农机大数据融合分析应用、哈尔滨工业大学软件工程股份有限公司的哈尔滨市人口法人信息共享应用平台等被工业和信息化部评为 2018 年大数据产业发展试点示范项目，哈尔滨工业大学科软股份有限公司的黑龙江省两化融合电子商务综合服务平台被工业和信息化部评为 2018 年制造业与互联网融合发展试点示范项目。

成立黑龙江省信息产业协会，会员单位包括哈尔滨凯纳科技股份有限公司、哈尔滨工业大学科软股份有限公司等一批骨干企业，组织开展行业研究、技术交流等活动，在服务行业管理、促进产业创新发展等方面作用逐步显现。

【信息安全】　2018 年，黑龙江省围绕新时期工业和信息化发展需求，以工业控制系统信息安全为重点，坚持管理与技术并重、线上与线下结合，加快推进工业信息安全保障能力建设。

全省工业信息安全宣贯培训持续开展，在普及相关政策法规、强化企业安全意识、提升从业人员能力等方面发挥重要作用，全年累计培训 500 余人次。

全省工业控制系统安全态势感知平台已经建成并投入使用，具备主动监测预警、威胁情报获取等方面的能力，能够对全省重要工业控制系统的运行状态进行实时感知、精准研判和风险预警。

工业信息安全人才队伍不断发展壮大，黑龙江省电子技术研究所组建成立全省工控安全专家库，吸纳工业信息领域的专家学者、科研人员、技术人员等 150 余人，有力促进"产学研用"深度融合和协同创新，为全省工业信息安全工作提供人才支撑。2018 年，工业信息安全技能大赛东北赛区初赛成功举办，来自黑龙江省、吉林省、辽宁省的 23 支队伍参加比赛，黑龙江省共有 8 支队伍胜出并代表东北地区参加全国复赛和决赛，为工业信息安全人才的选拔和培育营造良好环境氛围。

【两化融合】 2018 年，黑龙江省两化融合继续保持良好发展势头，两化融合发展水平 44.8，同比增长 8 %以上，增速位居全国前列。两化融合政策举措不断丰富创新，出台《黑龙江省推动企业上云实施方案》等相关文件，从不同层面、不同角度推动两化融合发展。

装备、食品、石化、医药等重点行业两化融合扎实推进，"大智移云"新一代信息技术在企业研发、生产、经营、管理等环节得到较好应用，企业数字化发展水平不断提升，数字化研发设计工具普及率 38.9%，关键工序数控化率 31.6%。

两化融合管理体系贯标深入实施，在引领企业组织方式变革、加快转型发展等方面发挥积极作用，全省 1 000 余家企业完成两化融合评估诊断和对标引导，35 家企业成为国家两化融合管理体系贯标试点企业。

制造业与互联网深度融合发展，制造业"双创"、工业电子商务等新业态加快发展，网络协同制造、服务型制造等新模式不断涌现，全省制造业重点行业骨干企业"双创"平台普及率 55.9%，工业电子商务普及率 38.5%，实现网络化协同的企业比例 21.2%，开展服务型制造的企业比例 28.6%。

企业资源计划管理、产品全生命周期管理、制造执行系统等工业软件得到较好的应用推广，有效提高制造企业精益管理、风险管控、供应链协同、市场快速响应等方面的能力和水平，全省主要工业软件普及率在全国位居前列，其中，ERP（企业资源计划管理）普及率 64.6%，PLM（产品全生命周期管理）普及率 33.3%，MES（制造执行系统）普及率 31.3%。

【信息消费】 2018 年，黑龙江省以信息产品消费、信息内容消费、信息服务消费等领域为重点，拓展信息消费新产品、新业态、新模式，扩大信息消费覆盖面，加强和改进监管，完善网络安全保障体系，打造信息消费升级版，不断满足人民日益增长的消费需求。

出台《黑龙江省进一步扩大和升级信息消费持续释放内需潜力实施方案》，将提高信息消费供给水平、扩大信息消费覆盖面、优化信息消费发展环境作为主要任务，重点在信息产品、信息内容和信息服务等方面推进信息消费发展。

信息通信基础设施支撑能力稳步增强，互联网宽带接入用户 810.7 万户，100Mbps 和 50Mbps 以上用户占比均高于全国平均水平，4G 网络覆盖率和行政村覆盖率均突破 95%。

现代化治理水平逐步提高，黑龙江省公安警务云初步建成，数据警务工程建设成效显著，与交通、民政 16 个部门实现数据联网共享。"互联网 + 政务服务"深入推进，公开"最多跑一次""网上办"事项，全面推进"多证合一""证照分离"。

电子商务加快发展，电子商务交易额、网络零售额同比分别增长 23.6%、45.8%，均高于全国增速。信息消费新产品、新业态、新模式加速涌现，"多拉拉"智慧物流运输全程管理服务系统、俄速通对俄现代物流体系、销售宝生态服务体系等入选工业和信息化部 2018 年新型信息消费示范项目。

【统计数据】

表 1　2016—2018 年黑龙江省电子信息制造业基本情况

项目名称	单位	2016 年	2017 年	2018 年
工业总产值（现行价）	万元	1 580 575	1 210 652	949 297
工业销售产值	万元	1 522 862	1 160 056	839 954
出口交货值	万元	134 755	174 686	86 328
流动资产平均余额	万元	1 472 655	1 537 413	1 724 161
固定资产净值平均余额	万元	245 854	288 517	299 320
资产总计	万元	3 086 024	2 627 805	2 837 766
负债合计	万元	1 378 279	1 353 020	1 482 944
主营业务收入	万元	1 525 948	1 157 501	903 900
税金总额	万元	15 032	10 767	20 261
利润总额	万元	162 740	85 793	31 012
应交所得税	万元	18 472	9 965	8 784
从业人员年末人数	人	21 609	18 134	15 826
从业人员工资总额	万元	83 830	30 863	69 723

表 2　2016—2018 年黑龙江省软件和信息技术服务业基本情况

项目名称	单位	2016 年	2017 年	2018 年
软件业务收入	万元	1 679 761	1 895 825	482 541
软件业务出口收入	万美元	4 200	5 165	70
软件产品销售收入	万元	608 601	677 191	190 838
固定资产投资额	万元	70 117	179 882	57 495
资产合计	万元	1 045 107	2 391 018	1 950 566
负债合计	万元	91 374	299 418	1 121 688
税金总额	万元	80 795	99 725	5 836
利润总额	万元	246 045	265 390	–6 244
应交所得税	万元	18 906	19 425	8 097
从业人员年末人数	人	28 531	30 139	20 959
从业人员工资总额	万元	207 903	227 317	194 448

注：表 1 ~ 表 2 数据来源于黑龙江省工业和信息化厅。

[供稿：黑龙江省工业和信息化厅]

上 海 市

【概况】 2018年，上海市依托自贸试验区改革开放优势及科创中心建设引领驱动，统筹推进全市互联网数据中心建设。加强工业控制安全保障，发布三年行动计划，启动“千百十”企业防护能力提升工程，举办国内首次工业互联网安全防护示范演练。

【电子信息制造业】 2018年，上海市电子信息制造业继续呈现加速发展态势，新旧动能转换顺利，传统产业不断升级、新兴产业加速成长。电子信息制造业深化供给侧结构性改革，全年完成工业总产值6 450亿元，同比增长1.9%。新一代信息技术体系不断完善，产业向中高端迈进，结构调整成效显著。核心环节形成突破，促进产业链整体提升。推进产业基金和重点项目，规模100亿元的上海集成电路装备材料基金完成设立进入运作阶段，设计业基金二期完成募资，总规模500亿元的集成电路产业基金正式启动。聚焦科创中心建设，提升产业创新影响力，国家集成电路创新中心和国家智能传感器创新中心成立并投入运行。以园区为载体推动产业集聚，上海集成电路设计产业园成立，在张江科学城核心区域规划3平方千米，集聚和培育国内外一流设计企业，形成国际集成电路设计产业高地。

推动产业共性平台建设。国家集成电路创新中心和国家智能传感器创新中心的目标是解决技术方向选择和技术来源问题，集聚全国研发资源，形成技术联合攻关机制，开展前期基础研究，创造前瞻工艺研发环境。完善新型显示公共服务平台，指导筹建激光制造业创新中心，组织筹建上海新型显示研发和转化功能性平台，成立上海光电工业技术研究院，推动政产学研用形成合力。

新兴产业 推进物联网领域及智能硬件应用。为国家四大人工智能平台等提供智能硬件，产品覆盖智慧城市、智能家居、新零售、无人驾驶、机器人等。研制完成天通一号卫星终端并实现批量出货。培育消费、汽车、工业等领域销售收入上亿元的潜力企业，布局机器视觉、激光雷达、高分辨率红外感知等领域创新企业。NB-IoT网络基本覆盖全市，NB-IoT模组规模化生产，出货量居国内领先。

汽车电子构建ADAS上下游产业链。芯片行业打破国际垄断。77GHz CMOS毫米波雷达自主芯片实现量产，激光芯片、图像处理芯片、车载通信芯片与国际研发同步，终端开发缩小差距，基于自主车载智能操作系统的数字座舱为7个车型量产配套，加快智能化系统开发，车载域控制系统、自动驾驶系统试点应用。

医疗电子实现产业化突破。自主研发的全球首款氧化物平板探测器填补国际空白；上海微创电生理医疗科技股份有限公司作为国内唯一提供三维心脏电生理标测系统手术解决方案的企业，产品出口多个国家；上海市29个项目入选国家智慧健康与养老试点示范、产品及服务推广目录征选。

新型显示项目加快建设。上海和辉光电二期完成厂房土建，启动工艺设备搬入和调试，加快新产品新技术研发，完成二期产线首款柔性显示产品。上海天马有机发光显示技术有限公司专业显示实现突破，在高端医疗领域市场占有率居全球首位，在车载仪表领域居全球第2位，在航空航海领域居全球第2位。

虚拟现实产业加速发展。支持全市行业组织和企业参与全国信息技术标准化技术委员会关于虚拟现实领域显示、通信等技术标准的制定。推动全市虚拟现实龙头企业发展，上海曼恒数字技术有限公司获批立项组建全市唯一认定的虚拟现实领域工程技术中心，大朋VR成为全球首部虚拟现实长片电影唯一指定设备，叠境数字科技（上海）有限公司完成亿元级融资。

【软件和信息技术服务业】 2018年，上海市规模以上软件和信息技术服务企业5 000家，其中，年收入超亿元企业727家；完成营业收入8 690.5亿元，同比增长11.2%；实现增加值同比增长18.5%，占全市GDP比重 7.3%；从业人员 75.1 万人；8 家企业入围中国软件业务收入前百家企业，21 家企业入围中国互联网百强企业。

推进工业技术软件化。组织参加国家工业互联网 APP 优秀解决方案遴选，3 个方案入选。组织评审发布上海工业 APP 项目和应用示范企业，171 个项目和 10 家企业入选。编制《工业软件政策汇编》，面向工业软件企业开展政策宣讲。聚焦工业行业网络安全保障，印发《上海市工业控制系统信息安全行动计划（2018—2020 年）》。推动上海工业自动化仪表研究院有限公司获批国家工业控制系统安全质量监督检验中心，组织 8 家专业机构申报国家工业互联网安全评估评测机构遴选。企业集中化安全监测平台等 4 个安全项目获得国家工业互联网安全创新发展专项支持。组织实施年度工业控制系统安全检查，纳入 8 300 余家规模以上企业和重点运行单位，汇总 1 334 家企业、2 291 套工业控制系统及企业上云情况。

推动区块链技术应用落地。成立上海区块链技术研究中心、上海区块链技术测评服务中心，推动上海区块链技术测试公共服务平台建设。建设大宗商品区块链供应链金融应用示范等试点项目，指导举办上海区块链应用创新大赛和区块链技术及应用研讨会，指导发布《区块链隐私保护规范》团体标准。促进虚拟现实产业对接交流，指导举办全球虚拟现实大会、XR · Cloud 虚拟现实商业化之路高峰论坛，启动长三角虚拟现实内容产业大赛。聚焦网络安全产业创新发展，编制《上海市网络安全产业创新工程实施方案》，开展新型城域物联专网安全防护试点，推进大数据应用安全专项。举办人工智能安全高端对话，发布《人工智能安全发展上海倡议》，指导举办网络安全产业创新（上海）论坛、信息安全助力企业上云等活动。完成中国国际进口博览会安全保障，举办国内首次工业互联网安全防护演练。开展工业信息安全专家库及咨询组遴选，调研形成《工业大数据安全专题报告》。落实“云海计划 3.0”，发布《上海市推进企业上云行动计划》，评选 2018 年上海云计算示范项目，10 个应用示范项目和 10 个应用培育项目入选。

促进信息消费升级。承办全国信息消费工作交流会，组织申报国家新型信息消费示范项目，2 家企业入选。启动全国新型信息消费大赛，参与综合型国家信息消费示范城市前期试点验证。推动上海金融信息服务促进平台建设，指导编制《2018 上海金融信息服务行业发展白皮书》。优化数字内容行业环境，建立网络视听企业数据库和政策数据库。

【信息基础设施】 2018 年，上海市加快网络优化升级，持续提升信息基础设施服务能级。打造“双千兆宽带城市”，加快部署千兆宽带网络，累计完成千兆覆盖 900 万户，全市家庭宽带用户平均接入带宽 140Mbps，固定宽带用户感知速率 31.86Mbps，移动通信用户感知速率 25.63Mbps。组织企业参加国家 5G 创新中心，作为 IMT-2020 5G 工作组成员参与标准制定。完成建设 5G 百站规模试验网，覆盖虹桥商务区、虹口北外滩、徐汇滨江、中山公园商圈等区域。持续开展 4G 网络弱覆盖区域优化建设，累计完成 629 处。优化“i-Shanghai”公益无线网络，全市覆盖 2 600 处。完成编制全市信息基础设施建设导则草案。

推进长三角一体化协同发展，5G 布局先试先用。长三角三省一市与运营商集团公司签署《5G 先试先用推动长三角数字经济率先发展战略合作框架协议》。举办长三角数字经济协同发展高峰论坛，组建长三角 5G 创新发展联盟，发布《长三角 5G 协同发展白皮书》及行动倡议。IPv6 规模化部署，开展基础网络 IPv6 改造，构建自主技术体系和产业生态。

创建深度感知的智慧城市，部署新型城域物联专网。发布《新型城域物联专网建设导则（2018 版）》，上海市浦东新区等 9 个区加快以导则引领部署神经元，神经元感知节点数量超 35 万个；“3+6”市场主体基本形成竞合局面，创新服务应用类别超 50 种；推进神经元感知综合服务平台建设。组建上海感知专业委员会。完成上海市与中国电子科技集团有限公司战略合作签约，推动嘉定区基于物联的未来城市项目。

发展新一代信息基础设施，推进数据中心布局。发布《关于加强本市互联网数据中心统筹建设的指导意见》，完成编制《上海市互联网数据中心建设导则》（草案），探索新建数据中心项目全过程管理模式，启动多委办和委内各处室的会商机制。

拓展网络感知度评估体系。发布基于个人用户感知的固定宽带及公用移动通信感知度测评报告，促进区域和行业管理部门提升网络服务质量的主观能动性。探索建立面向商务楼宇的宽带接入市场评估评价体系。

【人工智能】 2018年，上海市发展人工智能企业集群，全市人工智能企业数量居全国第2位，核心企业1 000余家，泛人工智能企业3 000余家。全市泛人工智能行业融资额超600亿元，创历史新高。微软公司等领军企业布局上海市，并签署合作项目；商汤科技开发有限公司等国内独角兽企业落地发展；依图网络科技有限公司等本土人工智能企业、极链网络科技有限公司等初创企业快速成长。初步形成“东西集聚、多点联动”格局，西带以徐汇西岸为核心，以智慧医疗、智能金融、智能识别、智慧教育、智慧零售为主，东带以浦东张江为核心，主要发展智能芯片、智能制造、智慧医疗等产业。同时，推进洞泾镇、马桥镇等人工智能小镇建设。

加快技术创新布局。启动基础研发平台建设，成立微软－仪电人工智能创新平台、交通大学上海人工智能研究院、上海脑科学与类脑研究中心、复旦类脑智能创新平台、同济自主智能无人系统科学中心。落实行业创新中心发展，亚马逊、阿里、百度、科大讯飞等人工智能创新中心落户上海市，腾讯公司、上汽集团、宝武集团等人工智能实验室成立并投入运行，国家集成电路和智能传感器创新中心揭牌成立。上海寒武纪信息科技有限公司全国首发云端和终端人工智能芯片，商汤科技开发有限公司建设人工智能算力基础设施，推进软硬件开源开放平台、开放测试平台等研究。

推进智慧应用。推进人工智能在医疗、教育、政务等领域应用。发布全国首个人工智能应用场景建设实施计划。10个应用场景、19个具体点位需求、60个人工智能创新产品集中首发。促进供需对接，示范应用成效显现。人脸识别、语音转录翻译、人工智能辅助诊断等应用于安防、会务、医疗等领域。推进智慧城市建设，智慧政务“一网通办”“市民云”和智慧治理“城市网格化综合管理平台”“智慧辅助办案系统”功能升级。

完善创新生态。健全人工智能产业发展机制，集中调研人工智能企业，加快关键核心技术、应用场景开发、培育产业集群、集聚全球创新要素等突破。出台推进人工智能高质量发展22条实施办法、智能网联汽车路测等政策及公共数据和“一网通办”管理办法。两批共83个上海市人工智能项目获得支持，8个项目入选工业和信息化部人工智能与实体经济深度融合创新项目名单，一批战略性新兴产业重大项目启动。完成上海人工智能产业投资基金（首期100亿元）初步方案，设立G60科创走廊人工智能产业基金、杨浦人工智能创业投资母基金等，初步形成基金群。

搭建高端交流平台。2018世界人工智能大会取得创新成果，发布全球人工智能产业地图、2018年Gartner新兴技术成熟度曲线等12项研究报告及成果，出台加快人工智能高质量发展实施办法。设立上海人工智能战略专家咨询委员会、全球高校人工智能学术联盟、青年人工智能科学家联盟，发布《人工智能安全发展上海倡议》《人工智能与法治构建倡议》等“上海方案”。

【信息化应用】 2018年，上海市制定上海公共数据和“一网通办”管理办法；推进“互联网＋政务服务”，发布电子政务云平台基础设施层应用和数据迁移（部署）指南，形成政务云服务管理办法，完成全市50%以上市级政务信息系统上云迁移；规划“数字智慧”长三角，布局世界级智慧城市群。

推广信息化应用。完成智能辅助办案系统一期建设，上海旅游信息管理与发布平台、综合为老服务平台（二期）、医联工程分级诊疗平台等惠民项目投入运行；举办智慧城市体验周，启动人工智能首批十大应用场景建设，“一网通办”移动端载体“市民云”提供206项公共服务。

落实大数据战略。完成国家公共信息资源开放试点任务，浦东新区、静安区、徐汇区3个试点实现开放数据互联对接。成立大数据应用创新中心，认定能源、交通、旅游等领域7家大数据联合创新实验室。上海市静安区成为全国首批新型工业化（大数据）产业示范基地，开展大数据精细化治理创新工程试点。

［供稿：上海市经济和信息化委员会］

江　苏　省

【电子信息制造业】 2018年，江苏省电子信息制造业实现主营业务收入28 256.5亿元，同比增长6.2%，增速比上年下降6.3个百分点。重点监测的主要产品中，4种产品产量出现增长：彩色电视机1 668.0万台，同比增长11.9%；显示器5 386.9万台，同比增长11.5%；集成电路564.2亿块，同比增长11.5%；半导体分立器件2 125.5亿只，同比增长2.1%。4种产品产量出现下降：手机4 924.6万台，同比下降23.8%；数码相机551万台，同比下降21.2%；光缆8 913.9万芯千米，同比下降3.5%；微型计算机设备（含笔记本电脑）6 215.0万台，同比下降0.5%。

在2018年中国电子信息百强企业中，江苏省有中天科技集团有限公司、通鼎集团有限公司、南瑞集团有限公司、江苏新潮科技集团有限公司等9家企业上榜，其中，南京市有2家，苏州市有3家，无锡市有1家，南通市有2家，徐州市有1家。

苏南地区占比提升。全年苏南地区实现主营业务收入22 192.4亿元，同比增长5.6%，占全省产业比重78.5%；苏中地区实现主营业务收入4 526.4亿元，同比增长12.6%，占全省产业比重16.0%；苏北地区实现主营业务收入1 537.6亿元，同比下降2.7%，占全省产业比重5.4%。

内资企业增速快于三资企业。全年全行业内资企业实现主营业务收入11 074亿元，同比增长9.2%，占全省产业比重39.2%；三资企业实现主营业务收入17 182亿元，同比增长4.3%，占全省产业比重60.8%。

【软件和信息技术服务业】 2018年，江苏省有8家企业入围中国软件业务收入百强，分别是南京南瑞集团公司（第7位）、熊猫电子集团有限公司（第20位）、江苏省通信服务有限公司（第30位）、国电南京自动化股份有限公司（第37位）、中兴软创科技股份有限公司（第50位）、江苏金智集团有限公司（第62位）、江苏润和科技投资集团有限公司（第70位）、南京联创科技集团股份有限公司（第85位）。

2018年，江苏省有7家企业入围中国互联网企业百强，分别是苏宁控股集团有限公司（第19位）、同程旅游集团（第43位）、苏州蜗牛数字科技股份有限公司（第68位）、无锡艾德无线广告有限公司（第73位）、无锡华云数据技术服务有限公司（第75位）、南京途牛科技有限公司（第78位）、无锡市不锈钢电子交易中心有限公司（第94位）。

2018年，江苏省有18家主板上市软件公司。

【电子产品进出口贸易】 2018年，江苏省出口交货值保持回升，全行业实现出口交货值13 281亿元，同比增长9.1%。

【科技进步与应用】 2018年，江苏省在集成电路、新能源汽车、新型电力装备等重点培育的产业集群领域中，一批制约产业发展的重点产品实现量产，相关产业链得以补齐、强化、延伸，推动集群发展水平的提升。相关龙头骨干企业实施的光刻机械设备、海洋工程电缆等项目顺利竣工，企业自主创新能力、品牌知名度、资源整合能力不断提高；相关企业围绕配套支撑环节实施重点项目，高密度混合集成电路封装测试、高频片式压控晶体振荡器、大型环锻件、锂电池电芯用高性能封装材料等产品实现产业化，提升产业上下游协作配套能力。

在智能化装备研制和应用等领域，加快实施重点项目，推动新一代信息技术与制造业深度融合，企业智能制造水平不断提高。六轴联运机器人三维激光切割机、高端智能纺纱成套装备等智能化装备研制项目相继竣工，提升先进智能装备研制能力；应用高性能数控机床、工业机器人等智能装备建设的压力传感器生产线、柴油机生产线、电子助力转向系统生产线等陆续投产，提高相关企业关键环节、关键工序的智能化水平；围绕装备智能化、装备互联互通、产品信息追溯等方面实施车间智能化改造，建成变压器铁芯智能化生产、大直径光纤预制棒制造等智能车间。

【信息基础设施】 2018年，江苏省完成骨干网扩容、光网城市、城乡4G网络、农村地区光纤网络、广电网络数字化双向化改造等工程建设任务。截至2018年年底，江苏省光网城市全面建成，4G网络和窄带物联网城乡基本实现全覆盖，其中，农村地区光纤宽带到户率和4G网络覆盖率均超95%。全省固定宽带用户突破3 450万户，固定宽带家庭普及率112%，平均接入速率84Mbps；4G用户超7 600万户，IPv6用户超3 000万户，高清互动电视用户超695万户。

加快推进重点工程。一是5G试点工程。制订5G试点年度计划和实施方案，在南京市、苏州市、无锡市开展5G试验网建设及指标性能测试，成立江苏5G产业联盟；开展5G试点应用，国内首个5G-V2X国家级车联网城市级试点在无锡市启动建设，中国联通集团5G应用创新中心落户南京市；联合上海市、浙江省、安徽省共同拟制和签署《5G先试先用推动长三角数字经济率先发展战略合作框架协议》，合作完成长三角5G发展白皮书编写发布工作。二是工业互联网“企企通”工程。在江苏省开发区、高新技术产业园区加快部署“低时延、高可靠、广覆盖”的工业互联网网络基础设施；全年累计投入约50亿元，省级以上产业园区光纤宽带接入能力普遍达20Gbps，工业集中区达10Gbps；开展工业互联网“企企通”应用推广活动64场，新增互联网高带宽专线服务企业数量超5 500家，累计数量超1.55万家。三是三网融合普及推广工程。召开省级IPTV集成播控平台整合建设座谈会，协调推进省级IPTV集成播控平台建设及用户迁移、县（市）电视频道在IPTV中规范传输等工作，全年IPTV用户超1 000万户。

【大数据】 2018年，江苏省制订并发布《江苏省强化大数据引领推动融合发展专项行动计划》（“数动未来”专项行动），在壮大数字经济的同时促进数字经济与实体经济深度融合。

中国电子科技集团公司第28研究所的空中交通大数据综合应用示范平台、诚迈科技（南京）股份有限公司的面向精准医疗的大数据随诊平台研发及应用等11个项目入选工业和信息化部2018年大数据产业发展试点示范项目。南京擎天科技有限公司的擎天绿色低碳工业互联网平台入选江苏省2018年度互联网十大创新力产品。全省评选出“腾云驾数”优秀软件企业100家，优秀融合案例50个，优秀软件产品、平台、服务、解决方案125项。

开展共建江苏省互联网产业园与众创园工作，评选出17家互联网产业园和28家互联网众创园，以推动互联网融合创新，促进互联网企业进一步集聚发展。开展大数据产业园认定工作，中国（南京）软件谷、南通经济技术开发区、江苏无锡经济开发区（太湖新城）、江苏昆山花桥经济开发区4家获评省级大数据产业园，加上盐城大数据产业园，全省共有5家省级大数据产业园。组织举办第四届“i创杯”互联网创新创业大赛，参赛项目近1 200个，覆盖28个省、市、自治区，影响力持续扩大。

【人工智能】 2018年，江苏省220家重点跟踪的人工智能企业人工智能相关业务收入约467亿元。自2018年5月发布《江苏省新一代人工智能产业发展实施意见》以来，江苏省陆续出台促进机器人、无人机、智能网联汽车、智能制造等产业发展政策，南京市、苏州工业园区、常州科教城等地相继出台专门支持人工智能产业发展的政策措施。全省50余所高校、科研院所涉足人工智能研究，拥有多位在国内外有着重要学术影响的专家学者，在机器学习、模式识别、数据挖掘等前沿理论研究领域达到国际先进水平。南京大学、东南大学等6所高校先后成立人工智能学院。

全省人工智能领域企业主要分布在苏南地区。南京市在智能软件、图像识别、智能机器人、智能传感与芯片等领域逐步形成产业集聚；苏州市在智能制造、语音识别、智慧医疗等领域优势明显；无锡市在智能传感、高性能计算等领域优势显著；常州市在工业机器人、无人机等领域形成自身优势。中国（南京）智谷、中国（南京）软件谷、苏州工业园区人工智能产业园、常州科教城等一批人工智能产业集聚区初具规模。全省初步形成涵盖人工智能基础层、技术层、应用层等较为完整的产业链，在智能基础软硬件、智能传感器与芯片、智能软件、计算机视觉、智能语音、智能服务机器人、工业机器人、无人机、智能网联汽车等优势领域，涌现出一批本土优秀人工智能企业。

【工业互联网】 2018 年，江苏省出台《深化“互联网 + 先进制造业”发展工业互联网的实施意见》，部署推进 7 项主要任务和重点工程；制订实施企业上云三年行动计划（2018—2020），组织“工业互联网 - 企业上云”环江苏行宣贯活动近 20 场，认定首批 25 家五星级、62 家四星级、187 家三星级上云企业。

2018 年，徐工信息 Xrea 工业互联网平台作为全国首批 8 个双跨平台之一、苏州紫光云引擎工业互联网平台作为全国首批 4 个区域平台之一，分别获得工业和信息化部 2018 年度工业互联网创新发展工程专项支持。制订实施“一市一重点平台、一行业一重点平台”培育计划，制定发布省级重点平台建设标准，安排专项资金重点支持 21 个跨行业跨领域、行业级、企业级工业互联网平台建设。6 家企业被认定为工业和信息化部制造业“双创”平台，13 个项目被认定为工业和信息化部制造业与互联网融合发展试点示范项目。组织遴选 42 个江苏省重点工业互联网平台、34 个江苏省工业互联网标杆工厂和 11 个江苏省“互联网 + 先进制造业”产业特色基地。

建立江苏省工业互联网服务资源池，首批入池单位包括工业互联网网络服务商、数据采集服务商、平台服务商等 6 类共 212 家单位。组建江苏省工业互联网发展联盟，并推动有条件设区市成立分联盟。组织江苏省重点平台企业参加 2018 中国工业互联网峰会和长三角工业互联网峰会，联合相关单位举办江苏省工业互联网峰会、江苏省工业互联网平台创新与实践高峰论坛、工业互联网主题展览，以及以工业互联网为主题的第三届“江苏智造”大赛。制订 2018—2020 年工业互联网“311”培训计划，联合江苏省委组织部举办一期工业互联网市县长培训班；采取专家授课和实地考察相结合方式，在南京市等地共组织 6 期培训班，500 多名企业家参训。

【物联网】 2018 年，江苏省物联网产业集群实现业务收入 6 100 亿元，形成以无锡市为核心、苏州市和南京市为支撑，一体两翼、多元发展、辐射江苏省的产业格局。无锡示范区产业链条逐步完善，产业规模连续多年保持高速增长，物联网企业 2 000 余家，从业人员突破 20 万人，在全球 60 多个国家承建物联网应用项目，参与一大批行业标准的制定，行业影响力不断提升。

全省拥有物联网及相关领域国家级研发机构 30 多家，在核心芯片、通信协议、协同处理、智能控制等领域突破一大批关键技术并实现产业化。传感器网络接口、传感器网络与通信网融合、物联网体系架构等方面技术标准研究取得重大进展，由江苏省相关单位主导或参与起草制定的物联网国际标准、国家标准和行业标准共 80 余项。

中电海康“慧海湾”、阿里巴巴“雪浪小镇”、华为“鸿山物联网小镇使能中心”、无锡智能交通综合测试基地等一批重大项目加快推进。世界物联网博览会连续举办 3 届，集聚信息、人才、技术、资本、项目的“强磁场”效应逐步显现。

常州高新区、昆山周庄、苏州工业园区等重点传感器产业集聚区进一步完善产业配套能力，加大对骨干龙头企业的引进和培育力度。南京市推动运营商聚焦产业链优质资源，以行业应用和公众应用为重点，建设物联网产业园区，吸引物联网创新型企业和人才团队。扬州市加快推进 MEMS 产业园和智能微系统产业技术研究院建设。

无锡物联网综合应用示范、汽车电子标识、智慧医疗、粮食物联网、农资物联网等一批国家级重点应用示范项目取得成果。城市智能交通、车辆行踪监控、农业物联网等 20 多个项目得到国家部委的大力推广，智能工业、视频监控、重要设施健康监测、路网监测、精准农业、产品质量追溯、健康监护等领域应用日趋成熟，市场化运行机制加快形成。

【信息安全】 2018 年，江苏省贯彻落实工业和信息化部《工业控制系统信息安全行动计划（2018—2020 年）》，制订并印发《江苏省工业控制系统信息安全三年行动计划》（苏经信指推〔2018〕252 号）。组织江苏省企业、科研院所、行业组织等参与地方、行业、国家工控安全标准编制和应用推广工作，先后发布实施《江苏省网络信息安全应急预案》、《重点领域工业控制系统信息安全保护基本要求》（DB32/T 2289-2013）、《工业控制系统信息安全管理监督检查工作规范》（DB32/T 2765-2015）等一批制度和标准规范，宣贯工业和信息化部《工业控制系统信息安全防护指南》。启动江苏省工业信息安全领域“一网三平台”建设，支持南京中电熊猫信息产业集团有限公司等企业开展工控安全、行业级工业互联网安全感知和仿真平台关键技术攻关，加快研发安全可靠的工业互联网设备与系统，全面提升工业企业风险隐患排查、突发事件应急处置、技术服务及产业支撑能力。

对江苏省921家工控系统应用基础较好的工业企业共7 313套重要工业控制系统进行信息安全检查，形成2018年工控系统信息安全检查报告。建立工控系统应用重点企业库，入库企业包括江苏省13个产业集群298家龙头骨干企业、700家信息化基础较好的中小企业和120家自主可控重点领域重点企业，组织江苏省内外重点工业领域信息安全服务机构加强对接，开展合作。探索两化融合信息安全管理机制，针对重点行业龙头企业遴选徐工集团工程机械有限公司等65家企业为江苏省两化融合网络信息安全试点企业、南京钢铁股份有限公司等10家企业为江苏省两化融合网络信息安全示范企业。

开展工业信息安全培训。联合国家工业信息安全发展研究中心，分别在南京市和无锡市开展两场工控安全三年行动计划宣贯暨工业信息安全专题培训活动。在南京市组织开展以工业信息安全为主题的英才名匠系列培训。开展工业企业信息安全技能竞赛，竞赛中专设工业企业组，并在比赛过程中组织相关企业到现场观摩。组织参加全国工业信息安全技能大赛，江苏省共有7支队伍参加，其中5支队伍从初赛胜出进入复赛（华东赛区共10支队伍），南瑞代表队和江苏省信息安全测评中心代表队获得三等奖。

【信息产业基地和园区】 截至2018年年底，江苏省建有省级新型工业化产业示范基地61家，国家级23家。全年23家国家级示范基地累计入驻企业19.8万家，其中，规模以上工业企业7 475家；实现销售收入4.3万亿元，占全省规模以上工业比重超30%；年末从业人员425.1万人，同比增长3.9%，其中，研发人员50.4万人，同比增长5.5%。规模超千亿元基地14个，其中，江苏昆山经济技术开发区电子信息（光电显示）基地超5 000亿元，江苏无锡高新技术产业开发区电子信息（传感网）基地超4 000亿元。

2018年，江苏省有7个国家级软件园和25个省级软件园，形成良好的软件产业空间布局。确定的11个优先发展特色产业方向的园区集中在大数据、云计算、电子商务、北斗信息服务、智能电网、医药信息服务和矿山信息服务等领域，确定的7个培育发展的园区特色产业方向主要涉及嵌入式软件、物联网技术研发应用及平台服务等领域。

【电子政务】 2018年，江苏政务服务网PC和移动旗舰店增加100个，总计达185个；移动端进驻热门应用1 055个，新增738个。网站累计访问量5.99亿次，其中，2018年3.34亿次，较上年增长26%；APP累计下载量2 657万次，较上年增加895万次；用户注册量654万人，实名认证量476万人，分别较上年增加195万人和178万人。上线支付宝和微信小程序，将江苏政务服务网移动服务渠道从单端拓展到四端。支持国家政务服务平台建设，国务院常务会议确定江苏省作为与国家政务服务平台对接的首批试点省份，江苏省按序时进度完成政务服务事项管理库对接等阶段性试点任务。在国家政务服务平台示范开设江苏政务服务旗舰店，对接改造46个高频热门应用进驻旗舰店。

印发《关于建立完善基层“互联网＋政务服务”体系的指导意见》（苏政办发〔2018〕37号），推进江苏政务服务网向乡镇（街道）和村（社区）全面延伸。江苏省级部门和设区市共同梳理五级政务服务事项目录清单，加强对市县基层政务服务工作的业务指导和督促检查，完善网上政务服务事项和办事指南要素完整度和准确度。江苏省13个设区市1 343个镇级站点、21 129个村站点全覆盖，覆盖率分别为100%和99.9%，初步建成五级政务服务体系。

【两化融合】 2018年，江苏省制定《江苏省两化融合管理体系贯标管理细则》《两化融合贯标项目跟踪表》，加强对贯标工作的全流程管理和关键环节监督，规范咨询服务的市场秩序。将全过程跟踪管理与专项资金项目申报相结合，引导咨询机构和贯标企业坚持本质贯标。认定江苏省省级贯标试点企业381家，推荐获批70家国家级贯标试点企业，8家国家级贯标示范企业。全年新增贯标通过企业443家，超额完成年初预定目标任务。

组织企业填报国家两化融合评估系统，引导企业自觉开展全面自评估自诊断。制定两化融合数据定期通报制度，为全省各地推进两化深度融合提供参考。编制江苏两化融合发展数据地图，为政府和企业提供相关方面的发展建议。

【重点信息化项目】 2018 年，江苏省印发《智慧江苏建设三年行动计划（2018—2020 年）》（苏政办发〔2018〕70 号），明确提出高水平建设智慧江苏的“12345”行动思路和重点突破的 38 项重大工程及 66 个具体项目。在政务服务、民生服务、企业服务、智慧城市等重点领域组织实施 30 项智慧江苏重点工程，有效解决“出行难”“看病难”“择校难”等相关行业面临的热点、痛点、难点问题。评选 40 个智慧江苏行业示范工程，创建一批标杆示范，引导行业信息化健康有序发展。

【信息消费】 2018 年，江苏省发布《关于进一步扩大和升级信息消费持续释放内需潜力的实施意见》（苏政发〔2018〕58 号），提出江苏省扩大升级信息消费的目标任务和重点工程。向工业和信息化部推荐申报国家新型信息消费示范项目，共推荐 16 个项目，其中，江苏猎宝网络科技有限公司等 3 家企业的信息消费项目入选。向工业和信息化部推荐申报第二批国家智慧健康养老试点示范，共推荐 7 个项目，其中，江苏盖睿健康科技有限公司等 3 家企业、扬州市广陵区东关街道等 2 个街道入选。在智慧健康医疗、智慧养老、智慧交通和智能家居 4 个领域开展信息消费重点企业和优秀产品及应用服务遴选工作，初步评选出智慧健康医疗、智慧养老 20 家重点企业和 40 个优秀产品。

印发《江苏省工业电子商务发展三年行动计划》，推动实施规模以上企业电商拓市、重点行业电商平台培育、中小企业电商平台推广、区域工业电商培育、支持服务体系建设五大行动。在宿迁市、徐州市、淮安市、镇江市开展重点电商平台和重点工业企业电商应用对接，数百家工业企业参加集中培训、专家沙龙、现场考察交流等活动。在电力、医药、纺织、物流、原材料等领域，重点支持 11 个行业电商平台和大宗商品电子交易平台建设。针对徐州市睢宁县、宿迁市宿城区两地子母床电商产业存在的问题，推动成立家具电商产业联盟。2018 年，江苏省工业电商平台交易规模达 10 440 亿元。

【主要问题】 江苏省电子信息产业外向型程度较高，受中美贸易摩擦影响较大；受国家政策拉动，企业订单虽有转暖迹象，但由于原材料价格、用工成本、物流成本、资金成本等影响，企业经营压力较大；跨国公司加快对东南亚地区产业布局，加大对越南、印度、菲律宾和泰国等地区的项目投入和产能转移，外向型企业发展面临较大挑战。

【统计数据】

表 1 2018 年江苏省电子信息制造业企业数量情况

企业类别	企业数（家）	企业类别	企业数（家）
国有企业	3	股份制企业	3 209
集体企业	15	外商和港、澳、台商投资企业	1 784
股份合作企业	5	其他企业	81

表 2 2018 年江苏省电子信息制造业基本情况

项目名称	单位	2018 年	项目名称	单位	2018 年
资产总计	万元	260 704 600	主营业务收入	万元	282 564 500
负债合计	万元	137 333 500	利润总额	万元	13 840 300

表 3　2018 年江苏省主要电子信息产品产量情况

产品名称	单位	2018 年	产品名称	单位	2018 年
电力电缆	千米	7 751 271	彩色电视机	台	16 679 565
液晶（LCD）电视机	台	16 546 495	照相机（含数码照相机）	台	11 171 569
手机	台	49 245 997	光缆	芯千米	89 138 772
微型计算机设备（含笔记本电脑）	台	62 150 288	电子元件	万只	151 824 268
笔记本电脑	台	40 469 053	光电子器件	万只	55 223 171
显示器	台	53 868 887	液晶显示屏	万片	21 696
半导体分立器件	万只	21 255 137	太阳能电池	千瓦	36 058 972
集成电路	万块	5 642 237			

注：表 1 ~表 3 数据来源于江苏省统计局。

表 4　2018 年江苏省软件和信息技术服务业人员构成情况

企业类别	企业数（家）	从业人员年末人数（人）	人员构成	
			软件开发研究人员（人）	在总人数中所占比例（%）
内资企业	5 440	872 745	260 073	29.8
国有企业	89	74 145	14 846	20.0
集体企业	3	188	40	21.3
股份合作企业	36	11 483	2 081	18.1
联营企业	7	497	202	40.6
有限责任公司	1 486	249 615	91 415	36.6
股份有限公司	416	189 061	50 042	26.5
私营企业	3 369	342 771	99 879	29.1
其他内资企业	34	4 985	1 568	31.5
港、澳、台商投资企业	170	107 562	21 756	20.2
三资企业	333	308 449	63 801	20.7

表 5　2018 年江苏省软件和信息技术服务业基本情况

项目名称	单位	2018 年	项目名称	单位	2018 年
软件业务收入	万元	88 338 434	负债合计	万元	75 560 521
软件业务出口收入	万美元	583 171	税金总额	万元	5 283 742
软件产品销售收入	万元	21 738 883	利润总额	万元	15 673 715
固定资产投资额	万元	10 140 318	从业人员年末人数	人	1 301 935
资产合计	万元	198 087 788			

表6　2018年江苏省软件和信息技术服务业三资企业基本情况

项目名称	单位	2018年	项目名称	单位	2018年
软件业务收入	万元	16 836 146	负债合计	万元	11 768 013
软件业务出口收入	万美元	338 638	税金总额	万元	565 916
软件产品销售收入	万元	1 134 739	利润总额	万元	2 893 619
固定资产投资额	万元	3 589 925	从业人员年末人数	人	308 449
资产合计	万元	64 904 619			

表7　2018年江苏省软件和信息技术服务业主要经济效益指标完成情况

项目名称	单位	2018年	项目名称	单位	2018年
总资产贡献率	%	10	资产负债率	%	38
资产保值增值率	%	197			

表8　2018年江苏省软件和信息技术服务业三资企业主要经济效益指标完成情况

项目名称	单位	2018年	项目名称	单位	2018年
总资产贡献率	%	7	资产负债率	%	18
资产保值增值率	%	429			

注：表4～表8数据来源于工业和信息化部。

［供稿：江苏省工业和信息化厅］

浙　江　省

【概况】　2018年，浙江省电子信息产业运行总体呈现稳中有进、创新活力增强、新动能培育加快的良好态势，成为引领全省经济高质量发展的新动能。全省电子信息产业拥有规模以上企业4 839家，从业人员114.6万人。全社会电子信息产业完成增加值同比增长13.1%，占全省GDP比重9.9%，较上年提升0.5个百分点，成为全省的先导产业、基础产业和支柱产业。全省电子信息产业实现主营业务收入21 505.3亿元，同比增长14%；实现利税总额2 453.4亿元、利润总额2 047.1亿元，同比分别增长3.3%、3.6%；完成出口交货值2 631.5亿元，同比增长4.4%；全省电子信息制造业、软件和信息技术服务业综合发展指数分别达73.34、74.47。

加快推进制造业与互联网融合创新发展，推进互联网、大数据、人工智能和实体经济的深度融合，助力实体经济转型升级和传统产业改造提升，全省信息化水平得到全面提升。根据全省数字经济发展综合评价报告，

2018年，全省数字经济发展指数115%，其中，基础设施、数字产业化、产业数字化、新业态新模式及政府与社会数字化发展指数分别为120.9%、105.4%、102.4%、128.2%和130.2%，均呈现良好发展势头。

【电子信息制造业】 2018年，浙江省规模以上电子信息制造业增加值同比增长11.8%，高出全省规模以上工业4.5个百分点，占全省规模以上工业增加值比重11.6%，对规模以上工业增长贡献率达17.9%。电子信息制造业继续引领新兴产业增长，增速分别比8个万亿级产业中的高端装备、时尚、节能环保、健康和文化制造业高2.6个百分点、2.1个百分点、4.6个百分点、3.8个百分点和7.4个百分点。全省规模以上电子信息制造业完成工业总产值7 979.2亿元、工业销售产值7 796.8亿元，同比分别增长10.1%、9.4%。智能化数字产品生产加快。全年生产智能手机4 955.9万部，同比增长21.3%；高端路由器660.7万台，同比增长41.2%；智能电视583万台，同比增长17.2%；移动通信基站、光电子器件、太阳能电池、射频元器件和光纤产量分别同比增长272.6% 、24.6%、42.4%、66.4%和115.6%。

2018年，全省规模以上电子信息制造业实现利税总额753.5亿元、利润总额534.3亿元，同比分别下降2.1%、2.4%。行业盈利能力持续改善，全省电子信息制造业主营业务收入利润率6.75%，高出规模以上工业0.27个百分点；每百元主营业务收入中成本82.4元，比全省规模以上工业低1.4元；企业亏损面18.6%。规模以上电子信息制造业劳动生产率22万元/人，同比增长11.7%，增速比规模以上工业高3.4个百分点。

全省聚焦集成电路、云计算、大数据、物联网、人工智能等领域，强化产业基金引导，多措并举推进一批重大项目落地建设，推进中芯国际（宁波）、中芯国际（绍兴）、海宁泛半导体产业园、华澜微电子、嘉楠耘智、高端存储、5G技术及应用等项目进展。支持相关企业申报各类国家专项资金，组织开展2018年国家重大专项地方配套工作，下达2018年9个核高基专项地方配套资金12 233万元。组织实施数字产业化提升行动财政激励项目，在集成电路、人工智能、物联网及未来产业等领域安排32个项目，计划安排省财政专项资助资金5亿元。多个集成电路产业重大项目顺利实施，带动整个产业快速增长，全年集成电路制造业总产值、营业收入、新产品产值和技术开发费分别同比增长14.8%、13.4%、18.7%和48.6%，集成电路产业呈现加速发展态势。

2018年，全省电子信息制造业30强企业实现主营业务收入合计2 720.1亿元、利润总额合计254.7亿元，分别占全省规模以上电子信息制造业的34.3%、47.7%。全年数字经济业务收入超千亿元企业1家，超百亿元企业20家（比上年新增2家），入选2018年中国电子信息百强、软件业务收入百强、电子元件百强和互联网百强分别达14家、10家、20家和6家，上榜企业数量居全国前列；全省拥有电子信息行业相关领域上市企业67家，独角兽企业23家。

【软件和信息技术服务业】 2018年，浙江省软件和信息技术服务业保持快速发展态势，盈利水平不断提升，创新能力不断突破，新业务、新业态不断涌现，支撑应用能力显著增强。全年实现软件业务收入5 200.6亿元，同比增长19.8%；实现利税1 723.8亿元，利润1 496.8亿元，利润总额比重14.9%，软件收入利润率28.8%。

加快培育发展软件和信息技术服务新业务、新业态，激发电子商务、智慧物流、智慧健康、数字内容等新业态、新模式蓬勃发展，信息服务和应用创新活跃，推进杭州国际级软件名城和宁波特色软件名城建设。产业集聚明显，杭州市、宁波市、金华市等地引领全行业增长。全年杭州市实现软件业务收入4 295.2亿元，同比增长18.7%，占全省比重82.6%；宁波市实现软件业务收入673.2亿元，同比增长24.5%；金华市实现软件业务收入74.3亿元，同比增长23.2%；嘉兴市实现软件业务收入58.8亿元，同比增长28.1%；温州市实现软件业务收入34.8亿元，同比增长19.2%。

天猫、淘宝、阿里云计算有限公司等一批行业龙头企业带动性突出，综合实力明显提升。软件20强企业实现软件业务收入2 961.7亿元，同比增长27.5%，占全省软件和信息技术服务业的56.9%；实现利润总额1 251.6亿元，占全省软件和信息技术服务业的83.6%。贯彻落实软件产业税收优惠政策，46家企业通过国家规划布局内重点软件企业和集成电路设计企业所得税优惠核查，比上年新增7家，新登记软件著作权6万件。

【电子产品进出口贸易】 2018年，浙江省电子信息产业主动应对外部宏观环境变化，实施“走出去”战略，鼓励支持企业多方开拓新兴市场，出口持续稳步增长。全省规模以上电子信息制造业完成出口交货值 1 903.5 亿元，同比增长 8.4%，占规模以上工业出口比重 16.3%，对全省出口增长贡献率 15.9%。新一代信息技术产业成为高新技术产品出口增长的新亮点，全年高新技术产品出口 1 408 亿元，同比增长 11.5%。主要产品出口加快，全年智能电视、太阳能电池、通信系统设备分别出口 61.6 亿元、186.6 亿元、248.8 亿元，同比分别增长 39.2%、21%、17.8%。重点出口企业带动贡献突出，富通集团有限公司、海康科技有限公司等 5 家企业出口增长较快，增速均在两位数以上。

推动开放合作发展。制订实施《浙江省工业和信息化全球精准合作三年行动计划（2018—2020 年）》，谋划并推进一批重大工程建设。推进“一带一路”、长三角一体化战略合作，签署并实施《5G 先试先用推动长三角数字经济率先发展战略合作框架协议》。推进与阿里巴巴集团、新华三集团、华为技术有限公司等企业的合作交流与产业对接，北京大学信息技术高等研究院、清华大学柔性电子研究院等高端科研机构先后落户浙江省。举办第五届世界互联网大会、首届联合国世界地理信息大会、未来技术与颠覆性创新国际大会等高端会议与交流活动，拓展海内外引智渠道，吸引国内外知名企业和优秀人才来浙江省进行项目合作和投资发展。

【科技进步与应用】 2018 年，浙江省聚力创新驱动，创新活力不断增强。推进之江实验室、阿里达摩院等一批创新大平台建设，加快推进智慧视频安防、柔性电子省级制造业创新中心等创新载体建设，推进集成电路、云计算、大数据、智能网联汽车、人工智能、智能硬件等领域科技创新与融合应用，全省电子信息产业创新发展势头良好，新品开发、研发投入等指标高于规模以上工业。全省规模以上电子信息制造业完成新产品产值 4 920.8 亿元，新产品产值率连续 39 个月超 50%，达 61.7%，高出规模以上工业 25.4 个百分点，创近年来最高水平。全省列入国家“三新”统计的 11 种新产品中，5 种新产品涉及电子信息产业。

研发投入持续增强，全年累计完成技术研究开发费 333.9 亿元，同比增长 27.5%，约占全省规模以上工业技术研究开发费的 1/4。以企业为主体的创新体系加快建设，一批创新能力强的高新技术企业快速发展，推动产业向高端化发展，大华技术股份有限公司、舜宇车载光学技术有限公司两家企业被认定为全国单项冠军示范企业，天通控股股份有限公司、东方电缆股份有限公司被认定为国家技术创新示范企业，网易（杭州）网络有限公司、海兴电力科技股份有限公司等 5 家企业入选全省创新型领军企业。

加强电子信息行业领域标准制（修）订工作，推动之江实验室、浙江大学等成为国家人工智能标准化总体组成员，争取国际电子商务交易保障标准化技术委员会秘书处落户杭州市，全年新制定数字经济领域“浙江制造”标准 80 项，参与制（修）订数字经济领域国际标准、国家标准和行业标准 50 项。截至 2018 年年底，全省电子信息产业高新技术企业累计 3 940 家，新认定省级科技型中小企业 10 539 家。

【新兴产业】 2018 年，浙江省加快实施云计算、大数据、物联网、人工智能、区块链、虚拟现实和智能硬件等新兴产业培育行动。全年新一代信息技术产业实现增加值 840.1 亿元，同比增长 19.9%，高出全省战略性新兴产业 8.4 个百分点，对全省战略性新兴产业贡献率 31.3%。

推进云计算及大数据发展，编制发布《浙江省大数据产业地图（2.0 版）》，组织开展国家大数据产业发展试点示范，17 个项目入选国家大数据产业发展试点示范，认定 75 家大数据应用示范企业，实现云计算及大数据主营业务收入同比增长 19.4%，大数据产业发展综合水平居全国第一梯队。形成以 30 多家云平台服务商为主导、200 多家云应用服务商和产业链合作伙伴共同参与的良好产业生态。物联网产业快速发展，数字安防成为全国安防产业集群之首，物联网产业主营业务收入同比增长 22.5%。推进人工智能在智慧交通、智慧医疗、工业控制、智能网联车等领域的场景应用，阿里巴巴城市大脑平台入选国家人工智能创新平台。杭州区块链领域拥有全球专利 116 项，推动智能网联汽车、智慧健康养老等融合型新产品开发应用，一批新技术、新产品加速研发和产业化。

【信息基础设施】 2018 年，浙江省制定出台《关于推进 5G 网络规模试验和应用示范的指导意见》，调整设立省宽带普及提速工程及 5G 规模化试验推进工作小组，组建5G产业联盟，全年开通500余个5G试验基站。制订出台《浙江省推进互联网协议第六版（IPv6）规模部署和应用的实施计划》，推进基础网络运营企业及大型互联网企业开展IPv6改造工作。

推进宽带网络优化升级，获批建设桐乡国际互联网数据专用通道，全省主要城区具备千兆接入能力，固定宽带家庭用户平均接入速率超80Mbps，新增4G基站2.2万个，4G网络覆盖广度和深度进一步提升，4G移动电话用户比率78.2%。累计建成“i-zhejiang”WiFi热点20 968个，实现主要公共场所广泛覆盖和便捷使用；建成窄带物联网（NB-IoT）基站4万余个，实现全省11个设区市全覆盖，发展物联网用户8 141万户，在智慧路灯、智慧停车、智慧医疗、智能抄表等领域广泛应用。优化布局大型数据中心建设，推进阿里巴巴等大型云数据中心建设。全省移动电话用户8 309万户，固定互联网宽带接入用户2 648万户。

加强网络安全保障。制定实施《浙江省党委（党组）网络安全工作责任制实施细则》《浙江省网络安全事件应急处置指南》，建成省网络安全协调指挥平台一期项目，实现对全省185家单位424个关键信息基础设施全天候监测预警和重大事件联动处置；搭建省工业控制系统在线监测预警平台，不断加强工控信息安全保障能力。

【工业互联网】 2018年，浙江省制定出台《关于加快发展工业互联网促进制造业高质量发展的实施意见》《浙江省“1+N”工业互联网平台体系建设方案（2018—2020年）》，supET平台入选国家工业互联网创新发展工程和工业互联网试点示范项目，遴选培育省级行业级、区域级和企业级工业互联网平台47家。

加快推进工业互联网赋能制造业实体经济转型升级，制造业数字化转型步伐不断加快，质量效益明显改善，全年10个重点传统制造业规模以上工业总产值、新产品产值分别增长12.6%、20%，分别高于全省规模以上工业1.6个百分点、2.7个百分点，规模以上工业全员劳动生产率同比提高8.3%。

推进信息化和工业化深度融合，推进115家省级制造业与互联网融合发展试点示范企业和38家制造业“双创”平台试点示范企业建设，新建两化融合管理体系贯标试点企业68家，累计232家；推进企业上云和深度用云，全年新增上云企业10万余家，累计28万余家，企业上云保持良好势头。

【信息产业基地】 2018年，浙江省以环杭州湾和高新区、科技城等为依托，加快集聚高端要素，推进一批产业平台载体建设。推进杭州市、宁波市、温州市国家自主创新示范区，以及杭州城西科创大走廊、宁波甬江科创大走廊、沪嘉杭G60科创大走廊等建设，打造一批支撑电子信息产业发展创新平台。聚力集成电路产业实施强芯行动，推进6个省级集成电路产业基地建设，推动杭州镓谷、芯火创新平台、智能硬件及虚拟现实产业联盟等一批公共服务平台建设，继续推进22个省级信息经济示范区、27个数字经济类特色小镇建设，形成通信和计算机网络、软件和信息服务、通信电缆及光缆、电子信息机电和新型电子元器件及材料5个超千亿元产业集群，2018年，分别完成营业收入2 163.9亿元、5 148.4亿元、12 376.1亿元、1 789.2亿元、1 558.5亿元，同比分别增长16.6%、21.1%、12.8%、2.4%、8.4%。

【智慧城市】 2018年，浙江省各行各业融合应用不断深化拓展。“互联网＋政务服务”取得新突破，把“打破信息孤岛、实现数据共享”作为迭代推动政府治理数字化转型的重大举措，“最多跑一次”改革成为全面深化改革的金字招牌。全省20个智慧城市示范试点项目全部建成并投入应用。

推进数字政府建设，推进国家电子政务综合试点和公共信息资源开放试点。加快推进“掌上浙江”建设，80%以上民生事项和企业事项开通网上办理，50%以上民生事项实现“一证通办”；“浙里办”APP全新迭代上线，整合各地各部门移动端便民应用285个，推出掌上可办省级事项168项。

推进“城市大脑”建设，组织起草《浙江省“城市大脑”建设行动方案》，深化杭州市“城市大脑”建设和应用，并拓展在湖州市、衢州市、德清县启动“城市大脑”建设工作。

推动民生领域数据赋能，深化医疗卫生服务领域“最多跑一次”改革，省市级医院高峰排队平均时间从8分钟缩短到4分钟，门诊和病区智慧结算率分别达79.85%、72.71%。共享优质资源，提升服务效率，全省县域检验、影像、心电、病理共享的比例分别达97.14%、100%、100%、98.55%。发展线上服务，探索智能应用，全省各级各类医疗机构共开展远程影像129.92 万例，远程病理诊断 25 801 例，远程心电诊断30.69 万例。

【产业环境】 2018 年，浙江省加强规划引导与政策扶持。制订出台浙江省国家数字经济示范省建设方案和数字经济五年倍增计划，全面谋划推进数字经济发展的总体思路、主要任务和工作举措。出台《浙江省人民政府办公厅关于进一步加快集成电路产业发展的实施意见》，加大集成电路产业发展支持。研究制定《关于加快数字经济发展的若干政策措施》，组织开展《浙江省数字经济促进条例》的地方立法前期调研工作。落实电子信息行业发展各项政策措施，组织开展软件及集成电路设计企业所得税退税核查工作。统筹工业和信息化专项资金，加大对电子信息产业、软件和信息技术服务业、工业互联网发展的支持力度。组织申报国家智慧健康养老应用试点示范项目，入选国家智慧健康养老试点示范 26 个、产品及服务 12 项。

加强行业指导服务。做好国家电子信息行业规范公告审核上报工作，推荐上报工业和信息化部浙江省传感器型谱名单（4 家企业 26 个产品）。加强自主品牌、质量和标准化工作。定期发布产业动态运行分析报告，完善产业预测预警机制。组织开展全省 11 个设区市及 90 个县（市、区）的数字经济综合评价和分类排序，发布《2018 年数字经济发展综合评价报告》《2018 年度全省电子信息产业发展报告》等多个报告。

【主要问题】 浙江省电子信息产业效益增长缓慢。受光伏行业疲软、龙头企业增长趋缓等因素影响，电子信息产业增速仍低于全省规模以上工业，同时，区域发展不充分问题较为突出。

新兴产业有待加快，产业链体系不完善。新一代通信网络、物联网、云计算与大数据、软件和信息技术服务、集成电路等新一代信息技术产业总量规模仍然偏小，对全行业增长的带动作用还不够。集成电路、高端软件、人工智能等新兴产业完整产业链体系尚待加快培育，关键核心技术的攻关和研发还有待突破，行业整体竞争力有待进一步提升。

【统计数据】

表 1 2018 年浙江省电子信息制造业规模以上企业人员构成情况

企业类别	企业数（家）	从业人员年末人数（人）	企业类别	企业数（家）	从业人员年末人数（人）
内资企业	2 748	550 017	有限责任公司	533	136 941
国有企业	2	674	股份有限公司	166	94 029
集体企业	2	361	私营企业	2 023	315 903
股份合作企业	20	2 085	港、澳、台商投资企业	244	91 280
联营企业	2	24	外商投资企业	247	133 165

表 2 2016—2018 年浙江省电子信息制造业规模以上企业基本情况

项目名称	单位	2016 年	2017 年	2018 年
工业总产值（现行价）	万元	74 757 595	83 156 640	79 791 520
工业销售产值	万元	71 972 636	80 412 026	77 967 973
其中：出口交货值	万元	18 120 050	19 809 587	19 034 788
流动资产平均余额	万元	50 042 117	57 906 115	59 879 215

续表

项目名称	单位	2016 年	2017 年	2018 年
资产总计	万元	80 125 925	92 802 835	98 728 622
负债合计	万元	40 967 736	47 444 404	50 791 100
主营业务收入	万元	70 608 817	79 053 391	79 194 559
税金总额	万元	2 062 965	2 369 710	2 191 676
利润总额	万元	5 340 939	5 663 923	5 343 171
从业人员年末人数	人	812 891	850 617	774 462
从业人员工资总额	万元	5 572 704	6 427 850	6 924 332

表 3　2016—2018 年浙江省电子信息制造业规模以上三资企业基本情况

项目名称	单位	2016 年	2017 年	2018 年
工业总产值（现行价）	万元	23 991 385	26 532 615	23 832 759
工业销售产值	万元	22 983 686	25 603 906	23 277 856
其中：出口交货值	万元	8 727 900	8 871 203	8 120 649
流动资产平均余额	万元	15 902 516	17 494 356	18 090 461
资产总计	万元	24 365 170	26 410 481	28 096 882
负债合计	万元	11 704 101	12 588 173	13 476 134
主营业务收入	万元	22 474 834	24 684 584	23 644 061
税金总额	万元	686 400	754 346	697 673
利润总额	万元	2 364 355	2 304 439	2 173 937
从业人员年末人数	人	248 360	246 515	224 353
从业人员工资总额	万元	1 929 402	2 252 962	2 426 978

表 4　2016—2018 年浙江省电子信息制造业规模以上企业主要经济效益指标完成情况

项目名称	单位	2016 年	2017 年	2018 年
全员劳动生产率	元 / 人	196 818	204 738	219 522
流动资产周转率	%	141.1	136.5	132.2
产品销售率	%	96.3	96.7	97.7
总资产贡献率	%	10.7	10.1	9.1
资产保值增值率	%	117.5	115.2	113.1
资产负债率	%	51.1	51.1	51.4

表 5　2016—2018 年浙江省电子信息制造业规模以上三资企业主要经济效益指标完成情况

项目名称	单位	2016 年	2017 年	2018 年
全员劳动生产率	元 / 人	206 735	225 409	226 341
流动资产周转率	%	141.3	141.1	130.7
产品销售率	%	95.8	96.5	97.6
总资产贡献率	%	14.1	12.9	11.6
资产保值增值率	%	102.1	114.6	114.9
资产负债率	%	48.1	47.7	47.9

注：表 1 ~表 5 数据来源于浙江省统计局。

表 6　2016—2018 年浙江省主要电子信息产品产销量情况

产品名称	单位	产量			销量		
		2016 年	2017 年	2018 年	2016 年	2017 年	2018 年
移动通信手机	万部	5 485.9	5 495.7	5 313.6	5 465.9	5 358.3	5 184.6
程控交换机	万线	163.4	353.5	72.3	161.9	346.4	70.9
彩色电视机	万台	528.9	609.6	722.2	527.2	597.4	707.7
其中：液晶电视机	万台	528.9	609.6	721.7	527.2	597.4	707.3
液晶显示模组	万套	2 781	8 483	8 442.2	2 685	8 058.8	8 020.1
集成电路	亿块	40.9	79.9	65.4	41.1	78.3	64.1
半导体分立器件	亿只	718.7	741.9	731.4	824.2	719.6	704.0
电子元件类	亿只	785.6	1 044.7	952.6	750.3	1 023.8	933.6
笔记本电脑	万台	178.9	188.6	204.1	177.7	184.8	199.9

表 7　2018 年浙江省软件和信息技术服务业人员构成情况

企业类别	企业数（家）	从业人员年末人数（人）	人员构成			
			软件研发人员（人）	在总人数中所占比例（%）	其他软件技术人员（人）	在总人数中所占比例（%）
内资企业	1 492	276 036	99 727	36.1	40 546	14.7
国有企业	17	10 321	2 892	28.0	554	5.4
集体企业	1	140			70	50.0
股份合作企业	3	701	203	29.0	348	49.6
联营企业	1	24			8	33.3
有限责任公司	430	83 987	31 447	37.4	10 247	12.2

续表

企业类别	企业数（家）	从业人员年末人数（人）	人员构成			
			软件研发人员（人）	在总人数中所占比例（%）	其他软件技术人员（人）	在总人数中所占比例（%）
股份有限公司	222	96 723	38 845	40.2	11 901	12.3
私营企业	808	83 502	26 019	31.2	17 381	20.8
其他内资企业	10	638	321	50.3	37	5.8
港、澳、台商投资企业	63	78 046	31 270	40.1	8 451	10.8
外商投资企业	45	17 174	5 748	33.5	3 098	18.0

表 8　2016—2018 年浙江省软件和信息技术服务业基本情况

项目名称	单位	2016 年	2017 年	2018 年
软件业务收入	万元	36 000 230	43 404 221	52 006 148
软件业务出口	万美元	351 179	344 547	314 115
流动资产平均余额	万元	37 843 615	47 223 463	54 481 697
固定资产投资额	万元	937 002	2 214 468	2 420 614
资产总计	万元	57 783 941	73 875 579	88 689 983
负债合计	万元	22 086 357	28 984 066	39 049 949
税金总额	万元	2 345 939	2 013 131	2 270 515
利润总额	万元	11 639 661	16 654 679	14 967 801
应交所得税	万元	1 203 486	1 475 536	1 514 942
从业人员年末人数	人	288 872	377 325	371 256
从业人员工资总额	万元	4 849 475	5 425 226	8 810 089

表 9　2016—2018 年浙江省软件和信息技术服务业主要经济效益指标完成情况

项目名称	单位	2016 年	2017 年	2018 年
流动资产周转率	%	95.1	91.9	95.4
销售利润率	%	32.3	38.4	28.8
总资产贡献率	%	25.4	28.1	21.1
资产保值增值率	%	124.7	122.6	114.7
资产负债率	%	38.2	39.2	44.1

注：表 6～表 9 数据来源于浙江省经济和信息化厅。

［撰稿：郑闽红　审稿：魏振华］

安　徽　省

【电子信息制造业】　2018年，安徽省电子信息制造业通过实施“建芯固屏强终端”行动，聚焦“关键布局、重大项目、核心攻坚、企业发展、产品创新、产业集聚”六大着力点，在国内外宏观环境复杂多变的形势下，克服诸多不利因素影响，按照高质量发展要求，全年规模以上工业增加值同比实现22.2%的高速增长，高于全省工业12.9个百分点，对全省工业增长贡献继续保持各行业前列；主营业务收入同比增长12.6%，高于全省工业3个百分点；实现利润总额171.2亿元。

全年生产彩色电视机2 289.2万台，同比增长63.6%；微型计算机2 022.3万台，同比增长7.8%；液晶显示屏4.1亿片，同比增长3.3%；手机、集成电路产量分别同比增长15.3%、17%；安徽华米信息科技有限公司在全球智能可穿戴设备市场的占有率持续增长，并发布全球可穿戴领域第一颗人工智能芯片“黄山1号”。

出台集成电路产业发展专项政策，在电子信息高端领域谋求新突破。会同国家02重大专项办、集成电路产业技术创新战略联盟和合肥市成功举办国家集成电路重大专项走进安徽活动，成为推动安徽省集成电路产业发展一次标志性行动，吸引一批优质项目落地；会同省台湾事务办公室、合肥市承办第15届海峡两岸信息产业和技术标准论坛，700多位海峡两岸信息产业专家学者、企业代表参会；国务院台湾事务办公室、工业和信息化部批准合肥市建设海峡两岸集成电路产业合作试验区；工业和信息化部批复合肥市创建集成电路“芯火”双创基地（平台）。

全省电子信息制造业营业收入超百亿元企业有5家，分别是联宝（合肥）电子科技有限公司、合肥京东方光电科技有限公司、安徽康佳电子有限公司、合肥鑫晟光电科技有限公司、合肥晶澳太阳能科技有限公司，其中，联宝（合肥）电子科技有限公司通过智能化升级，提升高端机生产比重和订单量，成为安徽省首家营业收入突破600亿元的电子信息制造企业。安徽天康（集团）股份有限公司、铜陵精达铜材（集团）有限责任公司、芜湖长信科技股份有限公司、阳光电源股份有限公司4家企业入选全国电子信息百强榜单。安徽晶奇网络科技股份有限公司、安徽华米信息科技有限公司两家企业3项产品入选国家智慧健康养老产品及服务推广目录，安徽八千里科技发展有限公司等6家单位入选国家智慧健康养老应用试点示范。合肥晶澳太阳能科技有限公司等8家企业入选国家光伏制造和锂离子电池行业规范公告名单。

合肥市电子信息制造业产业规模占全省比重58.8%，增加值同比增长27.6%，产值同比增长16.7%。芜湖市、滁州市、蚌埠市等地在新型显示、集成电路等战略性新兴产业领域持续突破，发展实力和后劲不断增强，占全省电子信息制造业比重分别达12%、8.5%和3.6%。池州市、马鞍山市、六安市等地推进电子信息首位产业发展成效突出，分别实现工业增加值同比增长30.5%、15.5%和15.3%。

全省电子信息制造业紧密围绕制造强省建设，在产业规模、产品竞争力、发展环境、集聚效益、研发创新等方面均实现良好突破。根据工业和信息化部发布的2018年电子信息制造业综合发展指数，安徽省达68.77。

【软件和信息技术服务业】　2018年，安徽省软件和信息技术服务业实现营业收入802.9亿元，同比增长28.8%。完成软件业务收入456.1亿元，同比增长33.7%。其中，软件产品收入192.5亿元，同比增长48.7%；信息技术服务收入181.6亿元，同比增长8%；嵌入式系统软件收入67.2亿元，同比增长54.8%；信息安全收入14.8亿元。软件外包服务收入5.3亿元，同比增长18.2%。软件业务出口8 442万美元，同比增长3%。年营业收入超500万元企业336家，比上年新增67家。

全省软件企业营业收入超亿元以上企业突破100家。其中，软件业务收入超亿元以上企业84家，比上年新增23家；超5亿元以上企业21家，超10亿元以上企业5家。科大讯飞股份有限公司实现营业收入79.2亿元，同比增长45%，并入选2018年中国软件业务收入前百家企业，居第32位，比上年提升18位。全省上市软件企业8家，安徽华米信息科技有限公司在美国纽约证券交易所上市，成为中国首家在美上市的智能可穿戴设备公司，全年实现收入36亿元，同比增长76.2%。

2018年，科大讯飞股份有限公司获得语音合成、语音识别、阅读理解、机器翻译等12项世界高水平大赛冠军，在人工智能特别是智能语音领域继续在业界保持领先，占据全球中文智能语音应用市场80%份额，语音识别准确率超95%。华米科技智能手环出货量达2 750万台，同比增长51.9%，出货量居全球第一，发射第一颗智能穿戴无线搜救卫星“华米星”。美亚光电色选机成为行业标杆，产品远销近100个国家和地区。安徽继远软件有限公司、安徽南瑞继远电网技术有限公司等企业在电力自动化、配电网自动化等领域国内领先，是国家智能电网建设重要力量。

全省软件企业实现利润总额91.6亿元，同比增长36.4%；税金总额23.3亿元，同比增长36.2%。销售利润率11.5%，软件业务利润率20.1%，税金贡献率4.1%。行业资产负债率48.7%，比上年提升1.2个百分点。人工成本不断上升，年人均报酬12万元，比上年提升1万元。研发投入增长较快，企业创新活力持续增强，全年全行业研发投入比达8.3%，比上年提升1.3个百分点。

合肥市打造智能语音和人工智能产业集群，全年实现软件产业收入656.8亿元，同比增长37.7%，占全省产业规模的81.8%。芜湖市动漫游戏、文化创意、现代物流产业集中区，马鞍山市电子商务、软件服务外包产业集中区，安庆市筑梦新区产业园及铜陵市智能交通应用软件集中区各具特色，构成沿江软件产业城市集聚带。全年芜湖市实现软件产业收入67.3亿元，马鞍山市实现软件产业收入26.7亿元，合肥市、芜湖市、马鞍山市三地软件产业规模占全省总量的93.5%。

【科技进步与应用】 2018年，安徽省电子信息工业投资、技改投资分别同比增长23.3%、20.5%。合肥京东方显示技术有限公司全球首条10.5代液晶面板产线产能和良率爬坡顺利，配套项目晶合12英寸驱动集成电路月产能达1万片、康宁10.5代玻璃基板产线贯通；总投资440亿元的维信诺6代AMOLED项目开工建设；总投资240亿元的滁州惠科8.6代液晶显示面板项目主体结构封顶；总投资50亿元的凯盛电子信息产业园项目结构封顶，启动设备招标；总投资24亿元的视涯硅基OLED微显示器项目一期设备搬入；蚌埠玻璃工业设计研究院国内首条自主研发8.5代显示玻璃基板线联合车间封顶；通威年产2.3吉瓦高效晶硅电池、晶澳1.5吉瓦光伏组件扩产、欣奕华智能装备和材料等重点项目稳步实施。

全年中国声谷实现产值650亿元，入园企业430家，征集中国声谷投资项目637项，总投资139.5亿元，下达6.7亿元专项资金，支持350个技术创新及产业项目建设；翻译机、会议速记本、智能鼠标、智能机器人、翻译手机等一批软硬一体化智能终端产品相继生产上市；一批龙头企业实现入驻，跟进在谈项目超过200个；应用产品总数超51万个，平台生态孵化团队数超3 800家。

【信息基础设施】 2018年，安徽省贯彻落实《安徽省信息网络基础设施发展专项规划（2017—2021年）》，推进光纤网络和移动宽带网络建设、“宽带安徽”建设与应用重点项目建设，全年省内三大通信运营商和铁塔公司共完成重点项目投资90亿元。

按照长三角更高质量一体化发展战略要求，推进长三角5G为代表的新一代信息技术先试先用，促进数字经济发展。与三省一市政府和四家通信运营商共同签署《5G先试先用推动长三角数字经济率先发展战略合作框架协议》。筹建安徽省5G产业联盟，参与长三角5G创新联盟各项工作。举办长三角数字经济协同发展高峰论坛暨长三角5G创新发展联盟成立大会，发布《长三角5G协同发展的白皮书》，实现长三角地区跨省5G视频首次四方连线。推进长三角量子保密通信城市干线网建设，研究确定工作方案，组织编制《长三角地区量子保密通信骨干网络建设导则（讨论稿）》。

2018年12月，中央电视台IPTV总平台爱上电视传媒公司、安徽广播电视台和安徽电信公司三方在合肥市正式签署IPTV合作协议，在IPTV业务领域进行全方位深度合作，标志着安徽省三网融合工作取得重大进展，安徽 IPTV 电信业务进入合作运营的新阶段。

【云计算与大数据】 2018 年，安徽省推进三省一市大数据产业联盟共同发布《长三角区域大数据发展报告（2018）》。安徽省大数据产业形成以合肥市为龙头，以淮南市、宿州市云基地为两翼的发展格局。安徽华米信息科技有限公司等 7 家企业获得国家大数据产业发展试点示范项目。

出台《皖企登云行动计划（2018—2020 年）》，促进云计算等新一代信息技术在企业的广泛应用。汇集省内外优秀云资源，为"皖企登云"保驾护航。公布"皖企登云"第一批推荐云平台目录，确定阿里云计算平台等 17 个综合类云平台、安徽合力工业车辆行业工业互联网平台等 15 个专业类平台为安徽省首批推荐服务平台。指导全省各地开展"皖企登云"行动计划宣贯活动。通过召开启动会、培训会，以及在世界制造业大会会展设立两化融合专区等方式全面宣贯"皖企登云"计划。

【工业互联网】 2018 年 4 月，安徽省出台《深化"互联网 + 先进制造业"发展工业互联网的实施意见》，从基础网络、平台和安全等方面提出建设目标和任务；10 月，印发《支持数字经济发展若干政策》，提出支持建设工业互联网创新中心、培育"互联网 + 制造"示范、优选工业互联网企业级平台和公共平台、工业互联网优秀解决方案、评选"网效之星"等支持政策。一批试点示范为安徽省工业互联网发展树立标杆，安徽全柴动力股份有限公司等 10 家企业的项目被列为 2018 年国家级制造业与互联网融合试点示范。安徽江淮汽车集团股份有限公司等 4 家企业的项目被列为 2018 年国家级工业互联网试点示范项目。安徽美芝制冷设备有限公司等 100 家企业成为第二批（2018 年度）省级制造业与互联网融合发展试点企业。

2018 年，奇瑞汽车股份有限公司入围工业互联网创新发展工程项目，获得工业和信息化部 4 000 万元资金补助；9 个项目获得国家级制造业"双创"平台试点示范，10 个项目入围国家级制造业与互联网融合试点示范，4 家企业入围国家级工业互联网试点示范。安徽合力股份有限公司与中国信息通信研究院等长三角首批 5 家工业互联网平台公司签署《长三角地区推进工业互联网平台集群联动战略合作框架协议》，共同打造区域性工业互联网平台集群。推动成立安徽工业互联网产业联盟、联通 5G 工业互联网联盟在安徽省落户，进一步汇聚社会资源，形成推动安徽省工业互联网建设合力。

【两化融合】 2018 年，安徽省推动出台《安徽省人民政府关于印发支持数字经济发展若干政策的通知》（皖政〔2018〕95 号）、《关于深化"互联网 + 先进制造业"发展工业互联网的实施意见》（皖政〔2018〕32 号），为促进信息化发展营造良好政策环境。

加快推进两化融合管理体系在企业的普及和推广，构建开放式、扁平化、平台化的中小企业组织管理新模式，提升企业核心竞争力。2018 年，全省 316 家企业通过国家两化融合管理体系认定。在全省工业企业广泛开展两化融合对标引导工作，累计近 4 000 家工业企业开展两化融合自评估、自诊断、自对标，为制造强省建设考核评价提供强有力支撑。

举办安徽省大数据助推智能制造产业发展高级研修班。大数据产业联盟、信息化协会、云计算促进会、首席信息官协会等行业社会组织蓬勃发展，通过举办互联网大会、大数据"蜀峰论坛"等活动汇聚社会各界资源，推动安徽省信息化发展。

【信息消费】 2018 年，安徽省出台《安徽省人民政府关于进一步扩大和升级信息消费持续释放内需潜力的意见》（皖政〔2018〕20 号），引导合肥市、芜湖市、淮北市、池州市、黄山市等地出台奖补措施。评选第六批信息消费创新产品 120 件，累计 436 件，以加强供给引领产业升级。

开展信息消费城市行活动，评选第四批信息消费体验中心，累计认定信息消费体验中心 186 家，涉及智能硬件、智能制造、服务平台、文化创意、创客空间，形成良好信息消费氛围，5 个项目入选全国 100 个信息消费示范项目。

【统计数据】

表 1　2016—2018 年安徽省电子信息制造业基本情况

项目名称	单位	2016 年	2017 年	2018 年
主营业务收入	万元	30 282 000	35 405 674	33 847 000
利润总额	万元	1 759 000	2 132 492	1 712 000

表 2　2016—2018 年安徽省主要电子信息产品产量情况

产品名称	单位	2016 年	2017 年	2018 年
彩色电视机	万台	1 277.1	1 399.6	2 289.2
微型计算机	万台	1 659.8	1 876.8	2 022.3

注：表 1 ~ 表 2 数据来源于国家统计局。

表 3　2016—2018 年安徽省软件和信息技术服务业基本情况

项目名称	单位	2016 年	2017 年	2018 年
软件业务收入	万元	2 600 306	3 411 238	4 560 507
软件业务出口收入	万美元	15 314	8 198	8 442
软件产品销售收入	万元	909 752	1 294 735	1 925 038
固定资产投资额	万元	104 503	147 374	566 131
资产合计	万元	6 541 004	7 592 849	11 082 188
负债合计	万元	2 690 577	3 608 156	5 399 865
税金总额	万元	123 745	171 329	233 380
利润总额	万元	481 567	671 503	916 010
应交所得税	万元	49 724	84 272	92 134
从业人员年末人数	人	50 789	54 443	78 108
从业人员工资总额	万元	433 364	553 513	901 056

表 4　2016—2018 年安徽省软件和信息技术服务业主要经济效益指标完成情况

项目名称	单位	2016 年	2017 年	2018 年
资产负债率	%	41.1	47.5	48.7

注：表 3 ~ 表 4 数据来源于安徽省经济和信息化厅。

[供稿：安徽省经济和信息化厅]

福 建 省

【电子信息制造业】 2018 年，福建省规模以上电子信息制造业保持平稳较快增长，增加值累计可比增长12.1%，销售产值累计增长 14.2%，实现主营业务收入同比增长 18.5%。

戴尔（中国）有限公司、宸鸿科技（厦门）有限公司、友达光电（厦门）有限公司、福建省电子信息（集团）有限责任公司等 13 家电子信息制造企业销售收入超百亿元。福建省电子信息（集团）有限责任公司、万利达集团有限公司、福州福大自动化科技有限公司、新大陆科技集团有限公司、厦门宏发电声股份有限公司 5 家企业入围 2018 年中国电子信息百强。厦门宏发电声股份有限公司、厦门法拉电子股份有限公司、福建火炬电子科技股份有限公司 3 家企业入围 2018 年中国电子元件百强。触控模组、显示器、智能网络交换机、二维码支付、LED 芯片、聚合物锂电池、动力锂电池、金融 POS 机等产品市场占有率继续位居全国前列。

细分领域　福建省新型显示产业主要在模组生产和终端产品应用方面具有较强竞争力。宸鸿科技（厦门）有限公司保持全球触控组件龙头地位，冠捷电子（福建）有限公司、福建捷联电子有限公司等企业是全球重要的显示器和液晶电视制造商。随着厦门天马微电子有限公司、福州京东方光电科技有限公司和福建华佳彩有限公司等重点项目陆续投产，福建省在面板环节逐步由“填屏”布局阶段转入“强屏”攻坚阶段。其中，厦门天马微电子有限公司收入增长 30% 以上；福州京东方光电科技有限公司实现满产，具备业界 8.5 代线最薄基板直投能力，玻璃基板利用率超过 95%，2018 年产值超百亿元；福建华佳彩有限公司高新技术面板项目产能仍在持续爬坡中。

出台《福建集成电路产业发展行动计划》，加快建立全省“一带双核多园”的集成电路产业格局，打造具有两岸合作特色的集成电路产业集聚区。全省集成电路设计企业 100 多家，投产或在建 4 英寸至 12 英寸多种规格的晶圆生产线 11 条，不同层次的封装测试厂 7 家，产品覆盖移动智能终端、光通信、射频模拟等领域芯片和器件，同时也在加紧推进化合物半导体芯片、存储器芯片的产业化。联芯集成电路制造（厦门）有限公司是中国大陆 28 纳米产品良率最高的 12 英寸晶圆厂之一；通富微先进封测项目、芯舟科技高端封装载板项目、金柏科技超精密柔性载板及模组封装项目等相继落地，初步构建先进封装技术研发和产业化基地；士兰微厦门项目等一批项目在加快建设中。

全年计算机整机制造和通信终端设备制造累计销售产值分别同比增长 16.1% 和 38.2%，戴尔（中国）有限公司、福建星网锐捷通讯股份有限公司等龙头企业稳中有升，戴尔（中国）有限公司继续保持全省电子信息制造业产值第一，戴尔（厦门）有限公司营业收入首次突破百亿元。福建升腾资讯有限公司的瘦客户机产量居亚太第一，新大陆科技集团有限公司的 POS 机出货量居全球前三，联迪商用设备有限公司的电子支付 POS 机和新大陆科技集团有限公司的二维码识读设备均多年居国内市场前列。受联想手机业务开始由福建省外基地转回厦门市影响，全年全省手机产量增速超 100%。

三安光电股份有限公司持续在 LED 上游外延片、芯片领域加大研发投入，市场占有率居全球第一，mini LED 销量持续增长，并发力射频滤波器、光通信和电力电子；开发晶照明（厦门）有限公司和厦门华联电子有限公司是全国领先的 LED 封装企业；厦门强力巨彩光电科技有限公司领跑全国室内全彩和室外全彩行业，现已将触角伸向海外；厦门立达信绿色照明集团有限公司、厦门海莱照明有限公司、厦门通士达有限公司等企业的产品出口居全国前列，其中，厦门立达信绿色照明集团有限公司、厦门通士达有限公司入选中国照明电器行业十强企业；福建晶安光电有限公司、福建兆元光电有限公司二期等项目在加快推进中。

宁德市成为全球最大的聚合物锂离子电池生产基

地，以宁德市为主要基地的锂电千亿产业集群雏形初现。宁德新能源科技有限公司和宁德时代新能源科技股份有限公司继续保持消费类聚合物锂电池、动力电池产量全球第一位置。两家龙头企业产品供不应求，产能仍在高速扩张中。宁德新能源科技有限公司将产品拓展到无人机、电动车等领域，产能也在不断增加；宁德时代新能源科技股份有限公司开始布局储能和正极材料领域。在配套产业链方面，宁德厦钨新能源材料有限公司一期正极材料项目即将投产，宁德卓高新材料科技有限公司隔膜项目已经满产，福建杉杉科技有限公司负极材料项目产能持续爬坡中，福安青美能源材料有限公司正极材料项目等在加快推进中。此外，福建巨电新能源股份有限公司实现单体大容量固态聚合物动力锂离子电池的国内外首创。

【软件和信息技术服务业】 2018 年，福建省软件和信息技术服务业产业规模着力优化存量、挖掘增量，在扶持重点企业的同时不断培育新动能，龙头骨干企业持续壮大。全省软件和信息技术服务业实现平稳较快增长，1—12 月全省软件产业业务收入 2 890 亿元，同比增长 15.8%，呈现量质齐增、创新活跃、潜力强劲的发展特点。

福州市、厦门市持续较快增长，东部沿海地区软件园区集聚效应明显。1—12 月福州市实现软件业务收入 1 301 亿元，同比增长 16.1%；厦门市实现软件业务收入 1 493 亿元，同比增长 15.5%。两市合计占全省软件业务总收入的 96.7%。历经几年创建，福州市于 2018 年 4 月获得工业和信息化部授予的全国首个“中国软件特色名城”称号；厦门市于 2018 年 8 月通过专家评估，依托自身资源优势，按照“中国软件名城”创建工作总体部署，不断推动软件和信息技术服务业快速发展。

骨干企业创新能力进一步提高，企业竞争力进一步增强。福建星网锐捷通讯股份有限公司、福州福大自动化科技有限公司、新大陆科技集团有限公司 3 家企业入选 2018 年（第 17 届）中国软件业务收入前百家企业；福建星网锐捷通讯股份有限公司、新大陆科技集团有限公司、福州福大自动化科技有限公司、福建网龙计算机网络信息技术有限公司 4 家企业入选 2018 中国软件和信息技术服务综合竞争力百强；四三九九网络股份有限公司等 6 家企业入选 2018 年中国互联网企业百强；瑞芯微电子股份有限公司等 7 家企业入选中国企业创新能力 1 000 强；顶点软件股份有限公司入围上市公司无形资产百强；瑞芯微电子股份有限公司和厦门雷迅科微电子股份有限公司获评“中国芯”。软件企业研发投入比重不断提高，研发经费投入占业务收入的 11% 以上，瑞芯微电子股份有限公司等企业的研发投入高达 20% 左右。全省通过信息系统集成一级认证企业 11 家、二级认证企业 32 家，通过国家信息技术服务标准（ITSS）认证企业 21 家；近 40 家企业产品或技术在应用软件、移动互联网等细分领域处于国内外领先地位；上市软件企业累计 162 家（含新三板）。

【数字经济】 2018 年，福建省在全国率先研究起草并由福建省政府办公厅印发《关于加快全省工业数字经济创新发展的意见》，着力推进数字产业化和产业数字化双轮驱动。

牵头起草并推进落实省政府与工业和信息化部签署的《共同推进数字经济发展战略合作协议》，全省数字经济发展获得工业和信息化部大力支持，建成福州国家级互联网骨干直联点，启动国家 5G 网络试点相关工作。参与举办首届数字中国建设峰会，协助工业和信息化部承办智慧社会、大数据、物联网 3 个分论坛，组织全省数字经济招商对接活动，成功对接 400 个高质量项目，总投资 3 000 多亿元，华为技术有限公司、英国 ARM 公司等一批国内外领先的知名企业项目落地福建省。

【工业互联网】 2018 年，福建省起草并印发《关于深化“互联网 + 先进制造业”发展工业互联网的实施意见》，提出实施“十百千万”工业互联网工程，培育形成不少于 10 个工业互联网行业示范平台和 100 家以上应用标杆企业，建设不少于 1 000 个“互联网 + 先进制造业”重点项目，推动上万家中小企业业务系统向云端迁移。

建立工作推进机制，由省工业和信息化厅牵头成立省工业互联网专项工作组，制订专项工作组 2018 年工作计划，推动成立福建省工业互联网产业研究院和产业联盟。

推动企业上云，制订企业“上云上平台”行动计划和实施方案（2018—2020），建成“福企云”平台，汇聚优秀云服务商 50 多家，发布近 300 款云产品，从省级软件产业专项资金中切块安排 2 310 万元对工业企业上云进行补助，全省 2 000 余家工业企业实现上云，有力推动企业提质、降本、增效。

培育形成一批工业互联网平台，包括福大自动化公司自动化云平台、厦门邑通公司一站式公共服务平台、一品嘉公司鞋服行业供应链管理云平台等。

加大项目建设力度，建立全省工业互联网资源库，推动华为技术有限公司、航天云网科技发展有限责任公司等国内知名企业在福建省建设工业互联网平台或云创新中心。福建百宏聚纤科技实业有限公司等 4 家企业入选 2018 年全国制造业与互联网融合发展试点示范，厦门云知芯智能科技有限公司等 4 家企业的项目获评工业和信息化部 2018 年人工智能与实体经济深度融合创新项目。

加强专业人才培养，举办首届福建省工业控制系统信息安全攻防大赛和安全技术论坛，举办首届工业控制系统信息安全人才培训班，参训学员 300 余人。

【物联网】 2018 年，福建省作为全国五个国家级物联网产业基地之一，相关企业 500 余家。

福州市、厦门市两大物联网产业高地加速发展，马尾区获批国家新型工业化产业示范基地（物联网）。感知、传输、处理、应用等产业链集聚效应明显。福建上润精密仪器有限公司、新大陆科技集团有限公司等企业引领形成福建省传感技术在全国的优势地位；厦门雅迅网络股份有限公司、福建星海通信科技有限公司等企业发展形成福建物联网数据采集传输产业优势；美亚柏科股份有限公司、星云大数据应用服务有限公司等企业发展形成福建物联网数据处理产业优势；国脉集团有限公司、冠林科技有限公司等企业发展形成福建物联网行业应用竞争优势。

举办首届两岸物联网创新创业大赛，采取“大赛 + 招商”模式，推动省内物联网产业基地、园区、企业与国内技术领先企业合作。福州市在全国率先开展 NB-IoT 规模商用，建成城市管网水漏损大数据治理平台，30 万台 NB-IoT 水务应用样板工程顺利推进。

【两化融合】 2018 年，福建省贯彻《国务院关于深化制造业与互联网深度融合发展的指导意见》《福建省人民政府办公厅关于印发新一轮促进工业和信息化龙头企业改造升级行动计划（2018—2020 年）的通知》等文件精神，在全省深入推进两化融合工作。

加速推进贯标评定。以各类宣贯活动为抓手，在全省推进两化融合宣贯工作，全年共开展宣贯活动 3 场次。截至 2018 年 12 月 31 日，启动贯标企业 2 437 家，其中，通过评定企业 1 061 家，占全国通过贯标评定企业数量的 26.3%，居第一位。

推动企业开展贯标试点。全年 16 家企业被列为国家级两化融合管理体系贯标试点企业。累计 112 家企业列为国家级贯标试点企业。

抓重点项目建设。全年跟踪入库省级两化融合重点项目 728 项，总投资额 1 516 亿元。

开展区域两化融合发展水平评估。配合工业和信息化部组织全省企业参加两化融合发展水平测评。

[供稿：福建省工业和信息化厅]

江 西 省

【概况】 2018 年，江西省电子信息产业继续保持平稳较快发展态势。全年电子信息产业实现主营业务收入 3 697.7 亿元，同比增长 20.7%；实现利润总额 205.7 亿元，同比增长 49.4%；重点地区和主导产业运行情况良好，龙头企业实力不断提升。

【电子信息制造业】 2018 年，江西省电子信息制造业实现主营业务收入 2 844.2 亿元，同比增长 23.9%；实现利润总额 166 亿元，同比增长 26.0%。全省 11 个设区市电子信息工业总产值基本实现同比增长，其中，南昌市和吉安市电子信息制造业规模均达到千亿级，分别同比增长 31.1% 和 23.6%，其他设区市也实现 10% 以上的增长速度。

半导体照明、移动智能终端、数字视听三大主导产业持续加速发展，全年完成主营业务收入 1 744 亿元，同比增长 30.6%。其中，半导体照明产业规模快速壮大，完成主营业务收入 416 亿元，同比增长 54.7%；移动智能终端产业完成主营业务收入 876.1 亿元，同比增长 28.7%；数字视听产业完成主营业务收入 451.9 亿元，同比增长 17.2%。

全行业培育壮大一批龙头骨干企业，南昌欧菲生物识别技术有限公司、南昌欧菲光电技术有限公司、智慧海派科技有限公司、江西合力泰科技有限公司 4 家企业主营业务收入超百亿元。截至 2018 年年底，全行业规模以上企业 865 家。智慧海派科技有限公司、江西合力泰科技有限公司入围 2018 年中国电子信息百强企业，分别居第 64 位、第 79 位。

全省初步形成南昌高新区光电及通信产业集群、南昌经开区光电产业集群、井冈山经开区通信终端设备产业集群、吉安县数字视听产业集群、泰和县液晶电子产业集群等 13 个特色产业集群。2018 年，13 个特色产业集群累计完成主营业务收入 2 466.2 亿元，占全省产业规模比重 86.7%。南昌高新区是首批国家半导体照明产业化基地之一，围绕硅衬底 LED 原创技术，形成从材料、芯片、封装、应用到高端装备和配套关联产业完备产业链。全省移动智能终端产业涵盖整机研发设计、生产、配件制造和软件等，相关配套企业 100 余家，实现 90% 以上手机零部件本地区配套。

具有完全自主知识产权的南昌大学硅衬底 LED 原创技术拥有发明专利 130 多项，并获得国家技术发明一等奖；南昌欧菲光显示技术有限公司图形化的柔性透明导电膜及其制法获得第十六届中国专利金奖；江西特康科技有限公司的血细胞分析仪和血细胞分析仪用试剂是国内唯一具有自主知识产权的产品；睿宁高新技术材料（赣州）有限公司利用赣州稀土、钨制造的半导体芯片电子材料，拥有 12 项技术发明专利；研创光电科技（赣州）有限公司的 LED 陶瓷共烧基板填补国内空白。

【软件和信息技术服务业】 2018 年，江西省软件和信息技术服务业实现营业收入 225.3 亿元，同比增长 24.9%；软件业务收入 150.8 亿元，同比增长 40.4%。其中，软件产品收入 80.6 亿元，同比增长 117.8%；信息技术服务收入 66.3 亿元，同比下降 3.9%；嵌入式系统软件收入 1.4 亿元，同比增长 3.9%；软件业务出口 0.7 亿美元，同比下降 23.9%。软件产业实现利润 19.76 亿元，从业人员 2.8 万人。全省软件产业 35 家企业实现主营业务收入超亿元，比上年增加 8 家，合计占全省软件产业主营业务收入的 79.6%；4 家企业主营业务收入超 10 亿元，1 家企业主营业务收入超 30 亿元；拥有国家规划布局内重点企业 4 家、中国软件和信息技术服务综合竞争力百强企业 1 家。

【虚拟现实（VR）产业】 2018 年，江西省与工业和信息化部共同举办世界 VR 产业大会，全球 VR 领域专家、企业、高校、研究机构和行业协会共 5 000 多人齐聚南昌市。工业和信息化部与江西省人民政府签署《关于共同推进南昌虚拟现实产业发展战略合作协议》，重点在引领技术创新、培育产业基地、加强示范应用、搭建服务平台等方面给予江西省支持。大会期间，157 个 VR 产业项目和协议达成合作意向，总投资 631.5 亿元。江西省抢抓新一轮科技革命和产业变革的历史机遇，加快构建产业有规模、创新有能力、产品有特色、行业有地位的 VR 产业格局，打造 VR 产业“江西高地”。

【信息基础设施】 2018 年，江西省印发《江西省信息通信基础设施建设三年攻坚行动计划（2018—2020）》，提出打造高水平全光网、布局新一代移动通信网络和加快数据中心建设三大目标任务。

全省电话用户 4 509.6 万户，其中，移动电话用户 4 043.5 万户，固定电话用户 466.1 万户。固定互联网宽带接入用户 1 323.4 万户，其中，光纤到户用户 1 010.9 万户，占固定互联网宽带接入用户数的 76.4%。广播综合人口覆盖率 98.5%，电视综合人口覆盖率 99.1%。

【产业布局】 2018 年，江西省围绕印制电路板、半导体照明、新型光电显示、新型电子材料、智能传感器、集成电路设计和封测、虚拟现实、移动智能终端、智能家居、汽车电子、物联网解决方案、云计算服务解决方案等重点发展方向，京九沿线各市、县（区）和产业园选准发展重点，形成差异化、互补联动的产业格局。

南昌市以打造南昌光谷及虚拟现实产业基地和创新

中心为突破口，着力发展光电显示、移动智能终端和虚拟现实产业，推动虚拟现实显示器件和头显整机制造、内容生产、应用开发等新业态发展。发挥人才和创新资源高地优势，发展行业类应用解决方案，在民生、政务、行业等多个领域形成一批信息服务应用示范。

吉安市立足打造先进制造产业基地，重点发展半导体照明、触控显示、移动智能终端、印制电路板、数字视听、新型电子材料及元器件、智能穿戴等细分领域的电子信息制造业。

九江市重点发展印制电路板、新型光电显示、智能传感器、新型电子材料、半导体照明、集成电路设计与封测等，为南昌市及京九沿线下游地区提供配套。同时，作为京九高铁入境全省的门户，充分发挥区位优势，对接光电显示、集成电路等行业领域的项目转移。

赣州市发挥珠三角产业转移承接桥头堡作用，重点发展移动智能终端、新型光电显示、新型电子材料及元器件、集成电路设计和封测、汽车电子、半导体照明、智能穿戴设备、智能家居等领域，重点引进元器件和零组件生产企业，推进智能安防、智能交通等物联网应用解决方案发展。

【物联网】 2018 年，江西省编制《江西省移动物联网产业发展报告》，提出产业发展重点和方向，编制物联网产业链图、技术路线图、应用领域图、区域分布图，以指导物联网产业发展和精准招商。全省物联网企业增至 320 余家，产业突破 500 亿元；物联网在产业及智慧城市建设中的应用逐步普及，其中，在工业企业中的应用示范企业超 100 家；三川智慧科技股份有限公司的 NB-IoT 智能水表应用样板工程成为国内首个城市级智能抄表应用工程。

【云服务】 2018 年，江西省出台《江西省企业上云行动计划（2018—2020 年）》，在全省 11 个设区市开展企业上云启动活动，对企业上云政策进行解读和宣贯。遴选并公布全省首批云服务商目录，组织 6 家云服务商与企业现场推介和对接，支持云服务商通过发放上云券、创新券等方式推动企业上云，推动工业企业将信息基础设施、工业设备、应用系统等向云平台迁移，支持小微企业和创业企业使用云服务产品。截至 2018 年年底，全省使用云服务企业 7 000 余家。

【大数据】 2018 年，江西省推进一批大数据重要平台和重大项目。上饶市加快省级大数据产业基地建设，与阿里巴巴集团等企业签约 10 个大数据重大项目，首个省级大数据学院——江西省阿里云大数据学院、首个省级大数据交易中心——江西省大数据交易中心在省级上饶大数据产业基地签约落地。抚州市以云计算数据中心等项目为核心，创建省级数字经济产业基地，省重点推进项目抚州云计算数据中心一期工程投入使用。宜春市上线运营全省第一个工业综合信息和工业大数据平台——宜春智慧工业平台。鹰潭市依托泰尔物联网研究中心启动江西省铜产业大数据中心建设。赣州市上线运营中国稀金谷特色产业大数据中心平台。

组织申报工业和信息化部大数据发展试点示范项目和优秀案例，均实现零突破。其中，上饶市普适科技有限公司的江西省高考选志愿平台入选 2018 年大数据产业发展试点示范项目中大数据分析挖掘方向项目，江西电信信息产业有限公司的基于全民健康信息平台大数据的精准医疗 AI 服务整体解决方案入选全国百家大数据优秀案例。在中国信息协会举办的 2018 中国政府信息化大会上，抚州市建设的智慧城市门户“我的抚州”APP 产品获得案例创新奖。

【工业互联网】 2018 年，江西省出台《关于深化“互联网 + 先进制造业”发展工业互联网实施意见》。成立江西省工业互联网发展研究院，提升技术支撑和咨询服务能力。利用省级工业转型专项资金，加大对工业互联网平台和企业上云、企业内外网改造升级的支持，引进用友精智工业互联网平台等跨行业跨领域平台，遴选培育 6 家工业云平台，指导云服务商丰富平台资源和功能，强化供给服务能力。举办全省工业互联网发展论坛，探讨全省工业互联网发展路径和重点。与阿里巴巴集团联合开展工业互联网“1+30+N”行动，开展工业互联网应用试点示范。

【信息安全】 2018 年，江西省围绕提升全省工业信息安全态势感知水平、促进工业信息安全发展两个工作主线，建立江西省网络信息安全讲师团工作机制，开展各设区市网络信息安全巡讲和专题培训；提升全省工业信息安全应急处置、检测评估和安全防护能力，培育的两家省内技术服务机构均被授予国家工业信息安全应急服务单位资质、获得国家首批工业信息安全测试评估机构能力认证；推动网络安全学科建设和人才培养，组织参与多场网络安全赛事，开展全省工业控制系统信息安全调研、重点网站安全监测预警工作，推动多项工业信息安全领域创新平台、省级工业互联网安全态势感知平台建设。

【两化融合】 2018 年，江西省推动信息技术在经济和社会领域的推广应用，注重发挥电子信息技术改造和提升传统工业的作用，鼓励和支持电子信息技术企业与传统工业企业开展多层次合作，组织开展信息技术应用试点，加强汽车电子、电力电子、医疗电子、金融电子等应用电子产品开发和产业化，促进信息化与工业化深度融合，紧跟物联网、云计算等新领域、新技术、新业态的发展，不断进行产品和商业模式创新，培育新的增长点。

全省两化融合深度和广度迈上新台阶。据国家两化融合服务联盟统计，2018 年，全省规模以上企业制造业“双创”平台普及率 78.8%，工业电子商务普及率 49.8%，生产设备数字化率 37.6%，企业生产执行系统普及率 45.4%，供应链管理普及率 86.5%，数字化研发设计工具普及率 52.3%。通过国家两化融合管理体系评定企业 39 家，新增 26 家，14 家企业被列入国家两化融合管理体系贯标试点。培育和打造 3 个省级两化融合园区和 51 个示范企业，扶持 16 个两化深度融合示范项目。

【重点信息化项目】 2018 年，江西省通过引进和培育相结合、典型示范引导等方式抓产业、建平台、促应用，全面推动“新一代宽带无线移动通信网”国家科技重大专项建设，加快成果转移转化，移动物联网网络、平台、应用、产业继续领跑全国，移动物联网成为江西省发展的新名片和新高地。举办专项重大成果转移转化对接会，推进专项成果转移转化，促成一批重大成果对接；召开全省专项试点示范工作推进会，促成一批重大项目签约及专项工作的推进。

【信息消费】 2018 年，江西省出台《进一步扩大和升级信息消费持续释放内需潜力的实施方案》，推动全省信息消费快速健康增长，充分释放内需潜力，加快信息基础设施改造提速升级，提高信息产品供给水平，提升信息消费服务能力，优化信息消费环境，推动互联网、大数据、人工智能和实体经济深度融合，培育信息消费新产品、新业态、新模式，扩大信息消费覆盖面。

【产业环境】 2018 年，江西省在编制《京九（江西）电子信息产业带发展研究》的基础上，起草《京九（江西）电子信息产业带发展规划》，最终形成上报稿。培育产业集群，对有发展前景的电子信息重点地区加大培育力度，同意批复南昌高新区电子信息产业和高安市光电产业新型工业化产业基地。编制“战略性新兴产业四图作业”，完成江西省电子信息产业发展研究报告，配套编制产业技术路线图、产业链图、应用领域图、区域分布图。

助力企业解决实际问题，及时落实江西联创电子有限公司上市奖励资金，解决合力泰科技股份有限公司控股权出让问题，推动落实益丰态面板项目资金，帮助有关企业开拓市场，提升省内企业配套能力。

组织申报 2018 年新一代信息技术产业项目和中小企业信息化能力提升项目，开展电子信息与新型光电的审核和遴选工作，8 个电子信息项目获得 450 万元扶持资金。组织实施 2018 年产业关键共性技术攻关项目，确定江西联创电子有限公司承担 3D 智能高清摄像头模组关键共性技术攻关项目。组织电子企业申报工业和信息化部绿色制造工程项目，红板（江西）有限公司和江西兴泰科技有限公司获得 2018 年工业和信息化部绿色制造工程项目 1 200 万元支持。

【主要问题】 江西省电子信息产业外部需求疲软带来产业发展障碍。电子信息产业成为全球竞争的新焦点，“高端回流”与“中低端分流”现象并存，江西省电子信息产业外向型程度较高，影响较大，贸易壁垒使国产手机海外市场被大幅压缩。

内需市场乏力引起电子产品内销困难。受国家政策拉动，企业订单虽有转暖迹象，但由于原材料价格、用工成本、物流成本、资金成本等影响，企业经营压力较大；智能可穿戴设备、虚拟现实、超高清视频等新兴领域持续涌现，但产业初期规模小、成长缓慢，还无法及时填补传统产业衰退留出的产业空间。

产业协同能力不足导致区域发展合力难。全省 11 个设区市大多各自为战、雷同性较高，同一园区内企业相似度高而专业化水平低，集群之间、企业之间竞争有余而合作不足；产业上中下游有机联系不强，尚未建立起良好的配套关系；物流配套仍不完善，出口运输方式受限，没有专门的航空物流班机，物流企业专业化程度不高，没有建立一条龙服务体系，物流效率低、成本较高。

【统计数据】

表 1　2018 年江西省电子信息制造业人员构成情况

企业类别	企业数（家）	从业人员年末人数（人）	人员构成			
			研发人员（人）	在总人数中所占比例（%）	硕士及以上人员（人）	在总人数中所占比例（%）
内资企业	475	206 837	18 680	9.0	3 304	1.6
股份合作企业	8	2 774	30	1.1	5	0.2
联营企业	1	185	37	20.0		
有限责任公司	207	85 686	8 536	10.0	2 472	2.9
股份有限公司	26	18 059	2 225	12.3	142	0.8
私营企业	227	92 199	7 194	7.8	668	0.7
其他内资企业	6	7 934	658	8.3	17	0.2
港、澳、台商投资企业	43	22 994	844	3.7	42	0.2
三资企业	34	21 615	1 597	7.4	239	1.1

表 2　2016—2018 年江西省电子信息制造业基本情况

项目名称	单位	2016 年	2017 年	2018 年
工业总产值（现行价）	万元	11 964 253	15 785 818	21 509 551
工业销售产值	万元	11 787 190	15 503 077	20 379 693
出口交货值	万元	2 056 488	3 423 103	3 168 687
资产总计	万元	8 487 822	16 715 023	22 948 501
负债总计	万元	4 086 496	10 170 811	13 757 402
税金总额	万元	262 615	137 068	292 886
利息支出	万元	21 178	90 093	160 485
应交所得税	万元	49 147	107 738	113 606
从业人员年末人数	人	138 850	201 638	251 446
从业人员工资总额	万元	555 533	332 161	1 316 752

表 3　2016—2018 年江西省电子信息制造业三资企业基本情况

项目名称	单位	2016 年	2017 年	2018 年
工业总产值（现行价）	万元	546 488	1 715 643	1 233 885
工业销售产值	万元	545 040	1 672 273	1 201 202
出口交货值	万元	261 841	770 664	551 737
资产总计	万元	294 779	4 506 244	1 248 046
负债总计	万元	114 244	3 153 275	924 883
主营业务收入	万元	546 193	1 690 230	1 051 096
税金总额	万元	12 964	6 145	17 654
利润总额	万元	37 099	88 643	49 367
利息支出	万元	85	38 023	11 655
应交所得税	万元	3 144	4 105	1 532
从业人员年末人数	人	4 837	27 122	21 615
从业人员工资总额	万元	28 111	24 017	180 843

表 4　2016—2018 年江西省电子信息产品产销量情况

产品名称	单位	产量			销量		
		2016 年	2017 年	2018 年	2016 年	2017 年	2018 年
手机	万部	4 620	4 770	16 458	4 620	4 972	12 767
笔记本电脑	台		6 206	17 151		6 183	15 604
电视机	台	200 500	300 000	218 149	200 500	300 000	218 149
其中：彩色电视机	台	200 500	300 000	218 149	200 500	300 000	218 149
高清摄像头模组	万只	10 690	20 804	4 530	10 690	20 778	4 498
电容器	万只	50 000	22 697	41 527	49 000	19 640	38 638
印制电路板	平方米	44 584 192	152 863 025	105 620 161	44 584 192	147 957 165	104 247 700
电声器件	万只	35 316	89 637	242 388	34 794	48 557	233 583
光电器件	万只	2 627 323	7 446 527	95 530 099	2 627 500	7 260 719	62 778 046
电线电缆	千米	177 975	18 000 000	793 961	176 055	18 000 000	799 996
光缆	皮长千米	1 650 388	1 241 817	837 719	1 589 888	1 175 711	868 772
LED 芯片	亿粒	174	344	1 399	168	332	1 489

表 5　2018 年江西省软件和信息技术服务业人员构成情况

企业类别	企业数（家）	从业人员年末人数（人）	人员构成			
			管理人员（人）	在总人数中所占比例（%）	软件开发研究人员（人）	在总人数中所占比例（%）
内资企业	192	26 565	19 906	74.9	6 659	25.1
国有企业	11	1 831	1 370	74.8	461	25.2
有限责任公司	90	15 347	12 309	80.2	3 038	19.8
股份有限公司	23	5 930	3 985	67.2	1 945	32.8
私营企业	66	3 353	2 216	66.1	1 137	33.9
其他内资企业	2	104	26	25.0	78	75.0
港、澳、台商投资企业	3	288	213	74.0	75	26.0
三资企业	2	1 558	1 406	90.2	152	9.8

表 6　2016—2018 年江西省软件和信息技术服务业基本情况

项目名称	单位	2016 年	2017 年	2018 年
软件业务出口收入	万美元	9 625	9 234	7 396
固定资产投资额	万元	10 210	16 393	52 817
资产总计	万元	1 858 484	2 226 313	2 706 174
负债总计	万元	927 031	1 090 954	1 433 849
税金总额	万元			17 448
应交所得税	万元	13 249	13 641	15 720
从业人员年末人数	人	25 615	29 256	28 411
从业人员工资总额	万元	174 802	214 482	212 398

表 7　2016—2018 年江西省软件和信息技术服务业三资企业基本情况

项目名称	单位	2016 年	2017 年	2018 年
软件业务收入	万元	82 714	79 689	94 669
软件业务出口收入	万美元	9 600	9 156	7 376
软件产品销售收入	万元	80 049	76 330	91 245
固定资产投资额	万元		4 058	2 333
资产总计	万元	145 207	140 761	147 731
负债总计	万元	89 576	102 546	107 315

续表

项目名称	单位	2016 年	2017 年	2018 年
税金总额	万元	1 870	1 085	1 237
利润总额	万元	12 203	10 190	12 460
应交所得税	万元	16	1 381	1 656
从业人员年末人数	人	1 557	1 614	1 558
从业人员工资总额	万元	19 001	19 883	18 609

注：表 1~表 7 数据来源于江西省工业和信息化厅。

[供稿：江西省工业和信息化厅]

山 东 省

【概况】 2018 年，山东省信息技术产业实现主营业务收入 8 982.8 亿元，同比增长 9%。产业结构变化较为明显，制造业因统计体系调整，整体规模有所减小；软件业务收入继续保持两位数增速，产业规模占信息技术产业比重提高到 55%。

强化协同推进，组建新一代信息技术产业专班，遴选建立 19 名专家组成的产业智库和 6 个细分领域产业委员会组成的产业联盟。强化资本扶持，首期筹资 50 亿元的浪潮云海大数据基金完成基金设立，首期筹资 50 亿元的京东云计算产业基金完成基金方案尽职调查。产业融合发展进一步加速，济南市、济宁市等地逐步向信息技术软硬件融合发展业态转变，主营业务收入均同比增长 10% 以上；启动“现代优势产业集群 + 人工智能”试点示范企业及项目遴选，确定第一批 150 个试点示范企业和项目，总投资 276 亿元。

重大项目建设协同推进。在新一代信息技术产业相对薄弱的半导体产业领域实现多个项目突破，儒商大会签约项目成功落地，一批信息技术高质量发展项目进展顺利。省、市专班共同筛选信息技术领域重点项目 115 个，总投资超千亿元，纳入新一代信息技术产业母基金项目库并实时动态调整。强化省信息技术产业新旧动能转换基金对接支撑，为重点项目提供服务。

【信息技术制造业】 2018 年，山东省信息技术制造业增速放缓。全市信息技术制造业列统企业 1 161 家，实现主营业务收入 4 033.5 亿元，同比增长 0.7%；实现利润总额 191.9 亿元，同比下降 10.8%。全省信息技术制造业统计体系不断调整，规模以上企业数、主营业务收入等指标变化较大，分别较上年下降 6%、42%，信息技术制造业主营业务收入占全省工业比重 3.7%。

重点产品产量分化明显。集成电路、服务器、计算机产量分别同比增长 147.2%、75%、27.8%；电视机、手机等传统消费电子产品因市场饱和、代工回流等因素影响出现下滑，盈利能力继续降低。全年生产液晶电视 1 695.2 万台，同比下降 0.5%；手机 3 254.1 万部，同比下降 35.5%；打印机 340.3 万部，同比下降 5.7%。

骨干企业发展良好。全省信息技术制造业规模以上企业 1 161 家，主营业务收入超 500 亿元企业 3 家，超百亿元企业（含超 500 亿元企业）6 家。全年主营业务收入排名前 3 位企业分别是海尔集团（主营业务收入 2 661 亿元、利润 200.1 亿元）、海信集团（主营业务收入 1 183.5 亿元、利润 68.9 亿元）、浪潮集团（主营业务收入 1 016 亿元、利润 37.6 亿元）。

【软件和信息技术服务业】 2018 年，山东省软件和信息技术服务业总体运行持续向好，主要指标较快增长。全省软件和信息技术服务业列统企业 4 124 家，同比增长 10.2%；实现软件业务收入 4 949.3 亿元，同比增长 16.9%；软件业实现出口 7.1 亿美元，其中，外包服务出口 2.5 亿美元，嵌入式系统软件出口 3.4 亿美元；软件业从业人员年末人数 71.6 万人，同比增长 7.2%；从业人员年平均数 91 万人，同比增长 27.4%。

产业结构不断优化，新兴领域特色突出。全年软件产品实现收入 1 689.7 亿元，同比增长 5.6%。其中，基础软件收入 436.6 亿元，工业软件收入 194.5 亿元，移动应用软件（APP）收入 44.5 亿元。信息技术服务实现收入 2 115.3 亿元，同比增长 12.3%。其中，云服务收入 268 亿元，数据服务收入 180.2 亿元，电子商务平台收入 214.9 亿元，集成电路设计收入 54.9 亿元。信息安全实现收入 148.5 亿元，其中，工控安全产品收入 12.6 亿元。嵌入式系统软件实现收入 995.9 亿元，同比增长 33%，其中，智能车载设备收入 11.9 亿元，服务消费机器人制造收入 15.8 亿元。

产业集聚效应凸显，企业实力不断提升。全年济南市、青岛市共完成软件业务收入 4 644.2 亿元，占全省总规模的 93.8%，比上年提高 4.1 个百分点。海尔集团公司、浪潮集团有限公司、海信集团有限公司、东方电子集团有限公司、山东中创软件工程股份有限公司入选 2018 年中国软件业务收入前百家企业。

创新财政政策扶持，推动惠企政策落地。组织编制《山东省首版次高端软件保险服务手册》，全省 19 家企业 34 个产品投保“软件首版次质量安全责任保险”“云计算服务责任保险”，合同保费 1 952 万元，财政预算补助资金 1 558 万元。组织企业增值税、所得税优惠政策申报业务专题培训，组织开展软件企业享受所得税优惠政策核查工作，切实保障政策落地、企业获政策红利。全省软件企业共享受税收优惠 26.16 亿元，其中，934 家企业累计即征即退软件产品增值税额 21.06 亿元；软件企业享受所得税“两免三减半”、国家规划布局内重点软件企业减按 10% 征收所得税，政策惠及全省 159 家软件企业，共享受所得税减免 5.1 亿元。

【大数据】 2018 年，山东省不断提升大数据产业与实体经济融合创新能力，推进产业集聚式发展。全年新培育省级大数据产业集聚区 4 个、省级大数据重点骨干企业 20 个、省级优秀大数据产品和解决方案 40 个。9 个项目入围工业和信息化部 2018 年大数据产业发展试点示范项目，浪潮云服务、山大地纬社保大数据、众阳软件健康医疗大数据等一批具有较强市场竞争力的大数据产品和服务向社会推广。

【工业互联网】 2018 年，山东省开展工业互联网系统学习培训。邀请专家重点围绕工业互联网的内涵、发展形势及实施路径等方面对全省经信系统人员进行系统培训，并召开主题为“工业互联、制造山东”的全省工业互联网大会。

联合中国信息通信研究院、省工业互联网联盟等单位在全省范围内开展工业互联网产业发展调研活动。挖掘全省在推动“互联网 + 先进制造业”发展工业互联网方面的经验做法、优秀案例，剖析存在的问题，提出下一步发展建议，并形成《山东省工业互联网发展调研报告》。

研究制定加快山东省工业互联网发展实施方案，明确“个十百工业互联网平台培育”等重点工程，强化网络、平台和安全三大产业发展，营造良好的工业互联网产业和应用环境。

争取国家支持，推荐浪潮集团、海尔集团等 5 个项目入围国家工业互联网创新工程，海尔 COSMOPlat、浪潮云工业互联网平台在国家重点支持的 8 个工业互联网平台中占据两席，入围项目数居全国前列。

【软件园区】 2018 年，山东省强化示范带动，推进软件产业载体建设。全年新培育省级软件产业园区 3 个，并对 2015 年之前认定的省级软件园区进行考核。考核完毕后，全省共有省级以上软件产业园区 21 个，其中，国家级软件园区 2 个，省级软件园区 19 个。

【两化融合】 2018 年，山东省加快两化融合管理体系国家贯标试点进程。全省培育两化融合管理体系贯标咨询服务机构 11 家，前五批共争取 262 家企业入选国家试点。同时，引导 334 家省级试点企业开展两化融合自评估、自诊断、自对标，形成以管理标准促创新、促转型、促发展的新格局。

推进制造业与互联网融合发展。组织编制《2018年度两化融合导向计划》，遴选200个技术水平先进、影响力较大的重点项目，形成全省2018年度两化融合政策支持备选项目库。推荐山东景芝酒业基于互联网的营销管控能力等6个项目入围工业和信息化部2018年制造业与互联网融合发展试点示范项目，推荐山东路德新材料股份有限公司、青岛三迪时空增材制造有限公司等10个项目入选工业和信息化部2018年制造业“双创”平台试点示范项目名单。

开展两化融合深度行系列活动。在省内外组织8场深度行专题活动，为2 000余家企业提供两化融合政策、知识等专题培训服务，为企业开展两化融合搭建学习交流、互通有无的平台。

编制完成《山东省两化融合发展数据地图（2017年）》。自2014年开始两化融合评估以来，全省累计参评企业2.2万家次。基于这些数据，组织省两化融合评测中心从整体层面及企业规模、企业性质、企业生产类型、主要经济带等维度，分析全省两化融合发展水平及过程，探索两化融合绩效产出发展规律，全面描绘山东省两化融合发展现状全景图，助推企业转型升级和新型能力培育。

联合多方力量壮大两化融合支撑。落实通信企业与省人民政府的战略合作协议，通信企业在山东省的信息化建设投入完成230亿元以上；推动省人民政府与华为技术有限公司签署战略合作协议，华为云计算数据中心、华为（山东）软件开发云平台、华为（潍坊）物联网创新中心、华为智慧化工园区等一批项目相继落户山东省。

【企业上云】 2018年，山东省在全国首创云服务券补贴制度，全年省级财政列支5 000万元、市级财政列支2亿元推动企业上云发展；开展第二批云服务商的遴选认定工作，重庆猪八戒网络有限公司、北京东方国信科技股份有限公司、用友网络科技股份有限公司等国内知名云平台公司在山东省注册落地，并入围山东省第二批行业云平台，进一步丰富企业上云资源池，全省云服务商达200余家。同时，启动上云标杆企业、优秀体验中心和行业云平台的遴选和奖励活动，分年度在企业上云、行业上云、区域上云、传统行业转型升级等方面，培育并推介一批典型应用案例。

全省企业上云技术支撑和服务保障体系进一步完善。完善市场推广体系，累计举办“云行齐鲁”走进华为、COSMOPlat专场等50多场大型宣贯活动和近百场专题对接活动，培训和对接企业超2万家。截至2018年年底，新增上云企业超7万家，其中，2 763家企业在省企业上云公共服务平台上领取云服务券，金额合计4 829万元，累计节省信息化投入超10亿元。

【信息化建设扶贫】 2018年，山东省制定信息化建设扶贫三年（2018—2020年）行动实施方案，从目标任务、主要措施和组织保障3个方面对未来三年信息化建设扶贫工作提出明确要求，部署具体工作，明确保障机制。

加快推进信息化扶贫示范镇建设。利用信息化手段服务农村扶贫开发工作，连续两年开展信息化扶贫示范镇创建工作，共批复示范镇65个。为进一步发挥效益和示范带动作用，重点调度督促各市加快推进项目实施和验收工作，同时与财政部门开展示范镇绩效考核工作，为后续工作开展积累经验。

举办“好品山东”产业扶贫乡村振兴行动。活动现场发布全省10个帮包村产业项目需求和12家企业扶贫计划，以及新疆维吾尔自治区疏勒县等山东省援疆4个县产业合作项目需求；6家企业和帮包村签约产业扶贫合作项目，形成结对帮扶；山东乡村广播、部分行业协会和企业自发组建“好品山东”扶贫帮帮团，以组团方式开展省内扶贫和东西部对口支援扶贫协作。

【产业环境】 2018年，山东省印发《山东省新一代信息技术产业专项规划（2018—2022年）》（鲁政字〔2018〕247号），提出立足“三核一廊两翼”发展布局，按照“优势领域争一流、核心领域补短板、前沿领域抢布局”的思路，发展三大领域的12个重点产业（属于优势领域的大数据、云计算、工业互联网、高端软件、智能家居，属于核心领域的集成电路、新型显示、新一代信息通信，属于前沿领域的人工智能、量子科技和北斗卫星导航、虚拟现实、区块链），进一步明确提出各产业的发展思路、技术创新着力点、产业化导向、重点项目和重大工程等。

联合出台《关于支持首版次高端软件加快推进软件产业创新发展的指导意见》（鲁经信软〔2018〕2号），明确通过支持首版次高端软件、探索风险补偿等机制，鼓励和引导企事业单位开展高端软件研发与示范应用，并就创新开展软件保险试点作出具体部署，包括明确保险险种及保障范围、健全试点工作保障机制、做好组织协调和解读宣传、加强产品推介和政策衔接。

编制完成《山东省深化“互联网 + 先进制造业”发展工业互联网的实施方案》《关于大力推进“现代优势产业集群 + 人工智能”融合发展的指导意见》等系列配套意见。

【主要问题】 山东省信息产业地位不突出、关键领域有缺失、开放水平有差距、发展环境有欠缺。缺少集成电路、新型显示等大型制造项目落地；随着消费类电子产品在珠三角、长三角等地区加速集聚，山东省此类项目新增产能较小；胶东半岛电子信息制造集聚区随着日本、韩国电子信息产业的萎缩，产量和产值存在下滑和分流，未来增长潜力不足。

软件产业与先进省市相比还有较大差距。规模总量差距较大，软件业务收入还不足 5 000 亿元；产业结构仍需优化，信息技术服务收入占软件业务收入比重仅为 46.3%；产业质量有待提高，全省软件产业利润率还低于全国平均水平；龙头企业数量较少，缺乏顶尖的互联网企业，人才、资本等资源“外溢”不足，难以孵化出更多优秀的本土企业。

［供稿：山东省工业和信息化厅］

河　南　省

【概况】 2018 年，河南省电子信息产业规模继续扩大，层次不断提升，结构持续优化。全年电子信息制造业增加值增长 14.4%，高于全省工业增加值增速 7.2 个百分点；主营业务收入同比增长 5.9%。软件产业纳入统计口径企业 281 家，实现软件业务收入 336 亿元，同比增长 9.8%。两化融合发展水平指数 51.2，较上年提高 4.3。

【电子信息制造业】 2018 年，河南省电子信息制造业围绕构建“1+4+N”产业格局（建设世界级智能终端产业集群，培育智能传感器、信息安全、新型显示、电子材料 4 个千亿级产业，打造若干个百亿级电子信息产业特色园区），聚焦重大项目，促进产业集聚，加快关键技术研发，扩大智能产品有效供给，推动电子信息产业转型升级。

创新能力不断增强。重点产业链上下游协同创新能力明显提升。郑州大学、河南工业大学、中国电子科技集团公司第 27 研究所、汉威科技集团股份有限公司、河南仕佳光子科技股份有限公司等单位联合发起成立河南省智能传感器创新联盟。河南省智能传感器创新中心被认定为省级制造业创新中心培育单位，河南省工业新型成像技术创新中心被认定为省级制造业创新中心。

集聚效应逐步显现，一批特色园区成长迅速。郑州市加快建设千亿级信息安全产业示范基地，集聚效应凸显；林州市电子材料产业园采取以商招商模式，呈现“超细电子纱 – 超薄电子布 – 薄型覆铜板 – 线路板”链式发展态势；商丘市加快建设为承接电子信息产业转移量身定做的专业园区；许昌市襄城县加快建设硅材料产业园，被认定为省级高新技术特色产业基地。

智能终端产业配套能力增强。显示面板、大尺寸硅片、摄像模组等关键核心领域取得突破性进展。合晶硅材料衬底硅片、华锐光电 5 代薄膜晶体管液晶显示器件、联创电子显示模组和影像模组生产等重点项目入驻郑州航空港经济综合实验区，智能终端产业配套能力不断增强。

重点细分行业发展较快。在光电行业，中航光电 56Gbps 高速光电连接器占全国市场份额 75%；仕佳光子科技股份有限公司与中国科学院合作，PLC（平面光波导）分路器芯片占全球市场份额 60%。在传感器行业，汉威科技集团股份有限公司是国内最大的气体传感器及检测仪表制造商；森霸传感科技股份有限公司是中国电子元件百强企业，生产的热释电红外传感器在全国市场占有率排名第一。在汽车电子行业，天海集团成为全国最大的汽车电子连接器科研生产基地。在电子材料行业，洛阳单晶硅集团有限责任公司 8 英寸硅抛光片项目试生产成功，为下一步规模化生产奠定基础。

【软件和信息技术服务业】 2018 年，河南省纳入统计口径的软件企业中，软件业务收入超 5 亿元企业 4 家，超亿元企业 30 家；上市企业 49 家，其中，A 股上市企业 7 家；新三板上市企业 42 家。已授权的软件著作权数量 6 248 件。通过信息技术服务（ITSS）运维能力成熟度标准评估企业 46 家，获得高新技术认定企业 127 家。

在信息安全领域，信大捷安信息技术股份有限公司在国内移动信息安全领域处于领先地位，形成“安全芯片 + 安全终端 + 安全平台 + 安全服务”的全产业链条；山谷网安科技股份有限公司在网站安全监测和服务领域处于领先地位，为电子商务和物联网企业提供网络安全一体化全程服务。在图像识别领域，金惠计算机系统工程有限公司专注图像智能识别技术，构建人工智能、大数据分析和行业解决方案，打造国内一流的以图像识别技术为核心的人工智能公司。在应用软件领域，威科姆科技股份有限公司开发的中小学教育信息化平台、北斗授时系列产品全国市场占有率较高；新天科技股份有限公司成为中国智慧能源、智能仪表及系统行业的龙头企业；思维自动化设备股份有限公司是国内领先的轨道交通安全控制与信息化系统提供商；腾龙信息工程有限公司等企业在电力行业、捷安高科股份有限公司等企业在轨道交通领域、神阳科技有限公司等企业在地理信息系统领域都具有较强竞争优势。

全省软件企业主要集中在郑州市，以园区为载体，分布在高新区、金水区、郑东新区、经济技术开发区。高新区有 IT 产业园、国家 863 中部软件园、河南省大学科技园等园区，形成以软件开发、服务外包、动漫游戏等为重点的产业基地；金水区有河南科技园区、金水科教园区、创意产业园等园区，形成以软件开发、系统集成、信息安全、工业设计软件等为重点的产业基地；郑东新区有龙子湖大数据产业园，经济技术开发区有中兴产业园等园区，形成以大数据、云计算等为重点的软件开发集聚区。

【信息基础设施】 2018 年，河南省所有 20 户以上自然村通 4G 和贫困自然村通光纤，全面完成 LTE 网络、固定网络、应用基础设施等 IPv6 改造，优化 NB-IoT 网络覆盖，推进郑州市 5G 试点。全省 4G 基站、互联网省际出口带宽、互联网宽带接入端口、光缆线路长度分别较上年增长 12.7%、10.3%、8.4%、2%。

全年电话用户新增 932.5 万户，总数 10 636.5 万户。其中，移动电话用户新增 978 万户，总数 9 947 万户；固定电话用户减少 45.5 万户，总数 689.5 万户。移动宽带用户（即 3G 和 4G 移动电话用户）新增 1 038.9 万户，总数 7 871.7 万户，渗透率 84.2%。其中，4G 移动电话用户新增 1 186.5 万户，总数 7 232.2 万户，渗透率 77.3%。

全年互联网用户新增 1 528.8 万户，总数 11 199.6 万户。其中，互联网宽带接入用户新增 375.5 万户，总数 2 503.9 万户，固定宽带家庭普及率 82.8 部 / 百户；移动互联网用户新增 1 153.3 万户，总数 8 695.7 万户，移动宽带用户普及率 82.3 部 / 百人。

全年物联网用户新增 2 627.5 万户，总数 3 778.5 万户，较上年增长 228.3%。IPTV 用户新增 328.5 万户，总数 857.9 万户，较上年增长 62%。

【网络和信息安全】 2018 年，河南省组织开展工业控制系统年度信息安全检查工作，共收集全省 421 家单位的 4 261 套重要工业控制系统的自查表。从自查情况看，企业普遍存在重建设轻管理、重应用轻防范的问题，重要工业控制系统硬件设备国产化率偏低，工业网络安全设备配置率较低，部分重要工业控制系统直接与互联网连接，存在一定风险隐患。结合自查情况，对部分省辖市工业控制系统信息安全情况进行抽查，完成 12 个省辖市共 22 家企业工业控制系统的现场检查。

加强全省工业控制系统信息安全管理，提升工业控制系统信息安全防护能力，依据“谁主管谁负责、谁运营谁负责、谁使用谁负责”的原则，研究制定《河南省工业控制系统信息安全管理工作指南》，进一步压实工业企业工业控制安全主体责任，督促省辖市工信部门切实履行工业控制安全监管职责，为工业控制系统运营单位进一步做好信息安全管理工作提供指导和参考。

加快推进工业控制系统安全监测手段建设，指导和支持河南省电子信息产品质量监督检验院作为技术支撑机构，加快与国家相关部门对接，建设国家信息安全态势感知平台省级节点，依托相关技术机构对国家通报、企业上报、第三方提供的工控安全预警信息进行分析研判，提高网络安全事件的快速反应和应急处置能力。

加强网络安全监测预警和通报，通过河南省网络与信息安全综合管控平台持续为省直有关部门，各省辖市、省直管县（市）政府门户网站提供信息安全远程在线监测服务，保障全省政府网站安全持续稳定运行，全省网络安全态势感知和保障能力不断提升。

与国家工业信息安全发展研究中心联合主办 2018 年工业信息安全技能大赛（华中赛区）初赛，通过组织相关工控安全企业和高校报名参赛、联系确定比赛设备等方式，为参赛队伍提供良好工控软硬件环境。10 支队伍代表华中赛区参加复赛，代表河南省参赛的郑州大学-河南赛克、信息工程大学两支队伍分别在决赛中获得全国第 7 名、第 9 名。

组织开展 2018 年全省网络安全宣传周活动，期间，组织省内外知名网络安全企业举办河南省网络安全展览会，分批组织网络安全相关人员、高校学生及社会群众进行参观。通过宣贯活动，有效提升全社会网络安全意识和安全防护技能，提高全省各级各部门依法管网治网的能力。

【两化融合】 2018 年，河南省两化融合发展水平指数 51.2，较上年提高 4.3，规模以上工业企业数字化研发设计工具普及率、关键工序数控化率、数控设备联网率分别达 71.1%、45.6%、35.7%，分别较上年提高 6.1 个百分点、1.4 个百分点、2.2 个百分点。

加强顶层设计。出台《河南省智能制造和工业互联网发展三年行动计划（2018—2020 年）》，提出到 2020 年，两化融合发展水平进入全国第一方阵，智能转型走在全国前列，制造业重点领域基本实现数字化，努力建设全国智能制造先行区，推进制造业高质量发展。出台《河南省支持智能制造和工业互联网发展若干政策》，提出 6 个方面 18 条针对性强、含金量高的政策措施。

突出示范引领。一是争取国家试点示范。累计争取制造业与互联网融合发展试点示范项目 7 个、制造业“双创”平台试点示范项目 13 个、智能制造试点示范项目 9 个、智能制造综合标准化与新模式应用项目 29 个、服务型制造示范企业（项目、平台）10 个，涌现出一批具有行业领先水平的优势企业。二是建立省市两级示范体系。由地市结合本地产业发展基础遴选确定市级示范名单，符合条件的纳入省级示范，国家级示范原则上从省级示范中推荐；遴选确定市级智能制造示范企业 415 家、省级智能车间（智能工厂）273 个，在离散型智能制造、流程型智能制造、网络协同制造等新模式方面形成一批较为成熟的解决方案，为制造企业转型升级提供学习样板。

推进项目建设。一是加快智能化改造项目建设。围绕关键岗位、生产线、车间、工厂等不同层面，指导各地对在建项目进行梳理，建立项目库；发挥省企业服务办公室的统筹协调作用，加强项目动态监测和跟踪服务，及时协调解决项目建设中的重大问题，推动项目尽快建成、投产达效；全省投资 3 000 万元以上重点项目 613 个、总投资 1 733 亿元，已完成投资 524 亿元。二是培育工业互联网平台。制定印发《河南省工业互联网平台培育工作方案》，建设跨行业、跨领域的综合性工业互联网平台，以及特定行业工业互联网平台，打造以平台为核心的生态圈；中信重工矿山装备、卫华起重机、一拖智能农机 3 个工业互联网平台入选国家工业互联网平台集成创新应用试点示范，河南省工业互联网安全监测与态势感知管理平台获得国家转型升级专项资金支持，遴选认定 4 个省级工业互联网平台培育对象。

强化基础支撑。一是加强两化融合管理体系建设。引导企业以贯标评定、对标诊断为抓手，建立、实施、保持和改进两化融合管理体系，累计争取国家两化融合管理体系贯标试点企业 99 家，全省贯标企业 642 家、对标企业 5 982 家，104 家企业获得贯标评定证书。二是开展企业智能化改造诊断服务。遴选培育 20 家智能制造解决方案提供商，组建企业智能化改造诊断服务专家库，研究制定企业智能化改造诊断指标体系，组织 6 个专家组深入 18 个省辖市、10 个省直管县（市），为 562 家企业提供诊断服务、98 家企业出具诊断报告。三是实施企业上云行动。遴选公布 8 家第一批企业上云服务商，开发建设企业上云公共服务平台，提供信息发布、订购服务、统计分析、监督管理等在线功能，鼓励各地通过财税支持、政府购买服务等方式引导企业将基础设施、业务系统、设备产品向云端迁移，全省新增上云企业 1.2 万家。

营造发展环境。建立部门协同推进机制，成立智能制造和工业互联网专项工作组，设立专家咨询委员会，聘请国内38名知名专家、学者为全省智能制造和工业互联网发展的重大问题决策、重要规划制定提供咨询服务。组织开展全省智能制造观摩点评活动，通过经验交流、示范带动，统一思想、提振信心，营造浓厚发展氛围。强化交流合作，组织河南省智能制造和工业互联网对接大会、中德智能制造合作论坛等活动，推动国内外智能制造系统解决方案供应商、工业互联网平台服务商与省内企业签订合作协议10项，总金额1.88亿元，达成合作意向206项。

【主要问题】 河南省电子信息制造业发展不确定性增加，由于进驻的富士康苹果手机项目品牌手机销量不如预期、企业自身发展战略调整等因素，2018年，全省手机产量2.06亿部，同比下降30.6%（其中，智能手机产量1.09亿部，同比下降25.9%），对配套企业也带来较大影响；高端产业增长乏力，产业结构仍处于产业链和价值链的中低端，低附加值产品较多，拥有核心技术的创新型企业屈指可数，带动作用较强的集成电路、新型显示等核心元器件产业几乎空白；产业发展环境有待优化，没有具体支持政策，也缺乏良好的营商环境，形成不了成本“洼地”，难以引进重大项目、先进技术和优秀人才。

软件和信息技术服务业缺少龙头企业，尤其缺乏量大面广、能充分带动产业链发展的航母型企业，也没有入围全国百强软件企业和国家规划布局内重点软件企业的企业；政策扶持力度弱，没有设立软件产业发展专项资金，对产业的服务管理职能弱化，对软件企业关注度不高，政策指导不清晰；人才吸引力较低，对软件人才发展环境优化不足，没有制定针对软件人才培育、引进的专项政策，高端人才引不进，本地人才留不住；管理机构不健全，各地市工信部门大多未设立专门的机构负责软件产业的服务和管理。

[撰稿：李洋　李菲　王天烨　李湛杰　张攀科　审稿：卢钦华　耿萌]

湖　北　省

【概况】 2018年，湖北省电子信息产业实现主营业务收入5 917亿元，同比增长11.2%，比全省规模以上工业增幅高3.0个百分点。全年主营业务收入超亿元企业658家，比上年增加135家；三资企业128家，比上年增加23家，共实现产值717.8亿元，同比增长64.2%；从业人员年末人数68.8万人，同比增长6.2%。电子信息制造业主要产品产销量快速增长，其中，锂离子电池、单晶硅电池组件、彩色电视机、电子元件产量分别增长276.2%、87.4%、40.4%、33.1%，销量分别增长570.6%、87.3%、77.1%、18.2%。

【电子信息制造业】 2018年，湖北省1 016家规模以上电子信息制造业企业实现主营业务收入4 125.5亿元，同比增长6.8%，占全省规模以上工业主营业务收入的9.7%，比上年提升2.5个百分点；利润总额271.8亿元，同比增长15.0%；税金总额218.8亿元，同比增长90.3%。全行业工业总产值超100亿元企业7家，比上年增加1家；超50亿元企业15家，比上年增加5家；超10亿元企业67家，比上年增加10家；超1亿元企业400家，比上年增加8家。全行业从业人员年末人数32.7万人。

武汉邮电科学研究院有限公司、湖北凯乐科技股份有限公司、骆驼集团股份有限公司被评为2018年中国电子信息百强企业，排名分别居第18位、第57位、第80位。

全省电子信息制造业上市（含挂牌）公司52家，比上年增加4家，实现主营业务收入1 348亿元，占全行业主营业务收入的32.7%，比上年提升12.8个百分点。全省20家电子信息制造业规模以上企业被列入重点监测对象，实现主营业务收入共1 963亿元，占全行业主营业务收入的 47.6%，比上年提升 4.1 个百分点。

【软件和信息技术服务业】 2018 年，湖北省纳入统计的软件和信息技术服务企业 2 447 家，实现软件业务收入 1 791.5 亿元，同比增长 17.0%。其中，武汉市实现软件业务收入 1 775 亿元，同比增长 16.5%。全省软件业务出口收入 2.5 亿美元，同比增长 11%；软件产业从业人员年末人数 36.1 万人。截至 2018 年年底，全省累计通过 ITSS（信息技术服务标准）符合性评估企业 111 家，武汉市、襄阳市、宜昌市入选中国数字经济百强城市。

全省软件业务收入超 50 亿元企业 3 家；超 1 亿元企业 258 家，比上年增加 31 家。武汉邮电科学研究院被评为 2018 年中国软件业务收入前百家企业，排名居第 15 位。武汉邮电科学研究院、武汉天喻信息产业股份有限公司、领航动力信息系统有限公司、武汉佰钧成技术有限责任公司 4 家企业入围 2018 中国软件和信息技术服务综合竞争力百强企业，排名分别居第 22 位、第 94 位、第 95 位、第 98 位。

全省“互联网 +”领域形成鲜明特色。继上年小米科技（武汉）有限公司等 24 家互联网企业相继在光谷设立第二总部或研发中心布局重大产业项目后，2018 年，北京旷视科技有限公司、中国信息通信科技集团有限公司等互联网企业也纷纷入驻光谷，以光谷为总部或第二总部的知名互联网企业达 60 余家。

【电子产品进出口贸易】 2018 年，湖北省电子信息制造业进出口贸易在全省各行业中继续保持领先地位，进口增速大幅增长。截至 2018 年年底，11 家电子信息制造企业进入全省进口前 20 名（其中，7 家企业进入前 10 名），累计进口 69.85 亿美元，同比增长 31.6%，占全省外贸进口总额的 37.3%，比上年提升 7.1 个百分点，其中，长江存储科技有限责任公司、荆门市格林美新材料有限公司、武汉新芯集成电路制造有限公司、鸿富锦精密工业（武汉）有限公司累计进口分别同比增长 1 021.8%、83%、44.2%、43.4%；10 家电子信息制造企业进入全省出口前 20 名（其中，7 家企业进入前 10 名），累计出口 92.73 亿美元，占全省外贸出口总额的 27.2%，比上年略有增长，其中，武汉华星光电技术有限公司、荆门市格林美新材料有限公司、长飞光纤光缆股份有限公司、武汉新芯集成电路制造有限公司累计出口分别同比增长 924.6%、121.6%、75.3%、34.4%。全省出口电子产品主要有台式及平板微型计算机、智能手机、集成电路、液晶显示器等。

【科技进步与应用】 2018 年，湖北省电子信息产业科研创新成果丰硕，产业竞争能力进一步提升。武汉光迅科技股份有限责任公司获国家技术发明二等奖；武汉大学、武汉理工大学的 2 个电子信息项目获国家科技进步一等奖；武汉大学、武大吉奥信息技术有限公司、长飞光纤光缆股份有限公司的 3 个电子信息项目获国家科技进步二等奖。

全省首个国家级制造业创新中心——国家信息光电子创新中心以关键技术研究、光电芯片基础理论研究、芯片系统性能评估、光器件新应用拓展、知识产权布局等工作为重点，全年申请国内发明专利 18 件，参与起草国内电子行业标准 3 项，发表学术论文 16 篇（SCI 检索 9 篇，EI 检索 7 篇），并在硅光芯片、III–V 族光电芯片、量子芯片和芯片系统应用等方面取得一系列突破性进展。其中，由创新中心联合其他单位研制成功的 100G 硅基相干光收发芯片正式投产使用，性能指标达国际先进水平，填补国内商用硅光芯片和相干光收发器产品空白，累计申报硅光芯片相关专利 50 余项，具备自主知识产权。

【信息基础设施】 2018 年，湖北省 5G 试验网完成组网。首个 5G 试验基站于 2018 年 2 月正式开通，同时提供车联网、智慧物流、智慧巡检、远程教育等 5G 业务应用演示，截至 2018 年年底，完成 20 余个站点配套改造和站点建设。解决疑难站址问题，梳理出全省存在 723 个建设疑难站址和 389 个维护疑难站址，进行逐站处理。

全省网络支撑能力大幅提升。国家级互联网骨干直联点互联带宽 320Gbps，骨干网省际出口带宽 16 000Gbps；全省互联网端口数 2 605.5 万个，光纤到户端口占比 82%，全面实现光网城市，武汉市、襄阳市、宜昌市等 6 个地市率先成为光纤网络全覆盖的“宽带中国”示范城市，全省光纤网络行政村覆盖率 100%；4G 基站 11.4 万个，4G 信号实现对 100% 的行政村、高速公路、高铁和旅游景点的全面覆盖。

农村宽带网络建设发展助力精准扶贫。推动信息服务均等化，实施宽带网络贫困村“村村通”、贫困户

"户户通"工程，将农村宽带网络建设与精准扶贫结合起来，用信息服务帮助老百姓脱贫致富。仅湖北省广播电视信息网络股份有限公司全年在农村宽带网络建设方面累计投资就达 12.27 亿元，光纤覆盖 3 241 个贫困村，为 17.26 万户贫困家庭安装有线电视和广电宽带网络。

【大数据】 截至 2018 年年底，湖北省武汉市认定大数据企业 190 家，其中，149 家企业纳入软件和信息技术服务业行业统计，全年实现软件业务收入 202.6 亿元，产业规模占全省软件业务收入的 11.3%。数据中心建设快速发展，全省在用数据中心 60 余个，机架服务器 5 万余架，供给余量较大。武大吉奥信息技术有限公司等 8 家企业的大数据项目入选工业和信息化部 2018 年大数据产业发展试点示范项目。据赛迪智库《中国大数据发展指数报告（2018 年）》数据，湖北省大数据发展指数 42.1，位居中部第一。

全省在大数据产业链基础设施层、数据管理层和数据应用层集聚一批创新能力较强的企业。烽火科技集团有限公司在大数据光存储系统领域有一定基础和实力，武汉佰钧成技术有限责任公司在线提供数据中心基础设施服务，武汉达梦数据库有限公司是自主创新能力较强的数据库企业，领航动力信息系统有限公司在云外包集成、云平台开发、云解决方案等方面能力突出，武大吉奥信息技术有限公司利用地球空间信息数据提供导航、交通、智慧城市方面的服务，武汉天喻信息产业股份有限公司在数据安全、移动支付服务、无线城市、教育云等领域拥有领先优势，数据交易企业有武汉长江大数据交易有限公司等 3 家企业。

以光谷云村、左岭大数据产业基地、武汉临空港大数据产业园、襄阳云谷等为代表的产业载体成为全省大数据产业的核心力量。光谷云村创新"基地 + 基金"发展模式，吸引长江大数据交易中心等多家云计算大数据企业集聚。襄阳市、宜昌市在现有云计算设施基础上，发展高性能计算、海量数据存储。华为、中移动、锦云中国等大型数据中心项目落户襄阳市。依托三峡云计算中心，宜昌市在全国率先实现城市级云计算，为市、县、乡、村提供应用支持。

依托楚天云数据交换枢纽平台，以公共服务和社会管理为主，推动数据跨区域、跨行业流通，经济效益和社会效益初步显现。一是信息资源编目全国领先。湖北省政务信息共享平台整理发布省直部门政务资源目录 1 865 项，15 个市州通过平台发布政务服务资源目录 17 231 项。二是数据交换进入实质阶段。楚天云完成 75 个省直部门近 700 个应用系统的上云工作，政务信息资源目录中可共享目录约占 93.5%、可开放目录约占 5.6%，数据交换总量接近 1PB，覆盖公安、经信、编办、教育、水利、卫计等多部门、多行业领域。

【人工智能】 2018 年，湖北省武汉市人工智能企业 40 余家，企业研发人员 3 000 余人，近三年研发投入超 4 亿元，全年总产值近 20 亿元，年均复合增长率达 98% 以上，武汉市成为全省人工智能产业发展的龙头先锋。

引进小米科技有限责任公司等一批一流企业，武汉极目智能技术有限公司等一批本土企业快速成长，初步形成以工业机器人为引领的人工智能产业集群，并加快发力机器视觉、自然语言理解与交流、认知与推理等应用领域，初步构建从基础设施、技术、产品到应用的人工智能产业生态圈。

人工智能为全省经济社会发展注入新活力，带来新的重要经济增长点。全自动采样无人船、电力机器人等人工智能设备在长江大保护十大标志性战役、世界军人运动会场馆等场合推广使用，武汉市三大火车站进入"刷脸"时代。

【工业互联网】 2018 年，湖北省提出由 1 个云服务总线（万能插座）、10 个左右示范云平台（专用插座）和 100 个制造业"双创"平台组成湖北工业云（工业互联网）平台"1+10+100"总体架构和建设构想，逐步建立省工业经济大数据监测和分析平台，为工业经济发展提供辅助决策支持，并与省级政务云平台实现数据对接和资源共享，打造湖北工业云应用生态。

与软通智慧科技有限公司、湖北电信实业有限责任公司等大型工业互联网平台企业签订战略合作协议，共同建设湖北工业云示范平台，用友、软通等示范云平台先后建成并投入使用，全面服务于全省工业企业发展。

遴选 23 个湖北制造业"双创"平台项目，平台总数 44 家，国家级制造业"双创"平台试点示范项目 8 个；支持烽火通信科技股份有限公司的 FitOS 云平台、武汉兴和云网科技股份有限公司的云图智造、中浩紫云科技股份有限公司的紫云网等省内工业互联网平台服务企业拓市场、强实力。构建涵盖 4 个领域（平台服务商、解决方案服务商、安全服务商、配套服务商）17 个方向的湖北工业互联网服务资源池，94 家单位（申报主体）入围首批湖北省工业互联网服务资源池，其中本土企业超 90%，为全省"万企上云"工程和制造业数字化、网络化、智能化转型升级提供丰富的硬件、软件和集成等服务资源。

【信息安全】 2018 年，湖北省开展工控安全自查的企业从 69 家增加到 154 家，检查的工控系统总数从 669 套增加到 1 968 套，企业参与度明显提高，自查范围不断扩大。工业和信息化部对湖北省进行技术抽查，确定湖北三宁化工股份有限公司、湖北新冶钢有限公司为工业和信息化部抽查对象，这两家企业于 2018 年 8 月完成工业和信息化部技术队伍驻厂检查工作。

建立全省工控安全检查常态化机制。下发通知明确用 3 ~ 5 年时间对全省大型工业企业工控安全检查实现全覆盖，并确定 2018 年受检的 30 家企业名单，涉及轻工医药、化工冶金、装备制造等行业。通过开展检查，企业工控安全意识和防护水平得到明显提升。

【信息产业基地和园区】 2018 年，国家存储器基地项目顺利推进。一号生产厂房及配套建筑建成投入使用，启动 32 层三维闪存试生产，国家存储器基地项目从建设阶段进入试产运营与产能逐步扩张阶段。自主创新取得重要突破，自主研发的 Xtacking 技术在全球闪存峰会上获得最具创新初创闪存企业奖。产业生态营造初见成效，长江存储科技有限责任公司作为牵头单位先后成立湖北省半导体行业协会、中国存储器产业联盟等。

工业和信息化部对武汉中国软件名城创建工作进行考察评估，武汉市以总得分 107.4 的高分通过评估验收。通过部、省、市联合创建武汉中国软件名城，软件产业载体环境不断优化升级，软件园区建设提速，为软件企业集聚和整体产业发展创造良好环境。武汉软件新城、光谷软件园、金融港加快发展；光谷生物城、未来科技城、东湖保税区等地软件园区初具规模；宜昌市、襄阳市、十堰市等地特色软件产业园竞相发展。全省软件产业以园区为载体，以武汉市为中心，加速形成产业集聚发展良好态势。

【两化融合】 2018 年，湖北省持续开展两化融合评估对标诊断，借助"万企上云"工程培训平台，宣传推广自评估和自诊断，取得良好效果，全省参加对标诊断企业 2 135 家，比上年同期增加近千家。

继续开展省级两化融合试点示范企业评选，新增 199 家企业入选，全省累计 1 000 家。宜昌市、荆门市、仙桃市等地纷纷出台政策对两化融合给予专项扶持，工作效果倍显。

新增国家两化融合管理体系贯标试点企业 38 家，累计 145 家；通过贯标企业数量 70 家，比上年新增 40 家；国家级两化融合管理体系贯标示范企业 3 家，比上年新增 2 家。

分行业、分领域向全省征集智慧城市、企业上云、两化融合等典型案例，向工业和信息化部推荐优秀上云案例、企业及项目，争取国家试点。获批 2018 年制造业与互联网融合发展试点示范项目 9 个，7 家企业上云优秀案例被推荐至工业和信息化部，13 家企业上云典型案例被收录至国家两化融合典型案例汇编。

研究制定《湖北省"万企上云"工程三年（2018—2020 年）行动方案》。全年组织"万企上云"工程培训 12 场，累计培训超 2 500 人次。研究发布《湖北省企业上云调研报告》。截至 2018 年 11 月，全省新增上云工业企业突破 1 万家，为企业节约 IT 成本超 50%，提前完成全年任务。

【信息消费】 2018 年，湖北省推动信息消费有序健康发展，成效显著。武汉奇米网络科技有限公司、威睿科技（武汉）有限责任公司 2 家软件企业入选工业和信息化部 2018 年新型信息消费示范项目名单。

不断拓展信息消费领域。一是推动信息惠民。支持楚天云、长江云、教育云、医疗云、工业云等建设，全面推广三网融合，支持电信及广电创新有线宽带上网业务，在交通、水电、商贸等民生领域推广无现金支付服务。二是提升智慧城市建设水平。开展国家智慧城市试点示范建设，支持公用设备设施智能化改造升级，加快实施数字化城管、智能电网、智能交通、智能水务、智慧国土等工程，全面提升城市建设和管理信息化水平。三是拓展新兴信息服务业态。引入国内一流互联网服务孵化平台，共建专门的移动互联网孵化器，深耕大数据、云计算等新兴产业领域，培育孵化新兴信息服务企业。

【产业环境】 2018年，湖北省先后出台《省人民政府关于进一步加快服务业发展的若干意见》（鄂政发〔2018〕10号）、《省人民政府关于加快新旧动能转换的若干意见》（鄂政发〔2018〕15号）、《湖北省“互联网+”现代农业实施方案》（鄂农函〔2018〕142号）、《省人民政府办公厅关于印发湖北省工业互联网发展工作计划（2018—2020年）的通知》（鄂政办发〔2018〕34号）、《湖北省“万企上云”工程工作方案（2018—2020年）》（鄂经信信息化〔2018〕160号）、《湖北省进一步扩大和升级信息消费持续释放内需潜力实施方案》（鄂政办发〔2018〕85号）。

【统计数据】

表1 2018年湖北省电子信息制造业人员构成情况

企业类别	企业数（家）	从业人员年末人数（人）	其中：研发人员（人）
内资企业	925	274 516	47 656
国有企业	46	26 622	4 469
集体企业	4	214	18
股份合作企业	6	2 562	414
联营企业	4	346	27
有限责任公司	485	130 715	18 691
股份有限公司	148	38 860	8 006
私营企业	167	30 711	3 665
其他内资企业	65	44 486	12 366
港、澳、台商投资企业	20	22 691	861
三资企业	71	29 806	3 424

表2 2016—2018年湖北省电子信息制造业基本情况

项目名称	单位	2016年	2017年	2018年
工业总产值（现行价）	万元	39 067 682	39 100 614	41 762 614
工业销售产值	万元	38 352 059	38 330 996	40 748 565
出口交货值	万元	6 017 912	7 082 801	6 754 580
流动资产平均余额	万元	40 121 417	30 782 452	35 382 763
固定资产净值平均余额	万元	7 427 624	6 940 851	9 927 007
资产总计	万元	56 295 526	47 610 832	55 386 977
负债合计	万元	28 205 267	24 961 886	32 992 526
主营业务收入	万元	34 034 925	38 620 336	41 255 107

续表

项目名称	单位	2016 年	2017 年	2018 年
税金总额	万元	1 305 636	1 150 204	2 188 240
利润总额	万元	1 741 185	2 364 091	2 718 349
应交所得税	万元	409 774	344 055	555 617
从业人员年末人数	人	395 224	349 301	327 013
从业人员工资总额	万元	2 758 573	2 818 600	2 381 996

表 3　2016—2018 年湖北省电子信息制造业三资企业基本情况

项目名称	单位	2016 年	2017 年	2018 年
工业总产值（现行价）	万元	4 032 124	2 041 322	2 842 371
工业销售产值	万元	3 900 715	2 017 143	2 830 558
出口交货值	万元	265 021	277 491	525 146
流动资产平均余额	万元	2 065 544	1 589 419	2 182 470
固定资产净值平均余额	万元	573 834	529 877	947 279
资产总计	万元	3 486 473	2 581 753	3 752 649
负债合计	万元	1 371 820	1 133 524	2 120 185
主营业务收入	万元	3 964 462	2 045 782	3 277 356
税金总额	万元	129 801	45 097	172 867
利润总额	万元	217 511	106 442	410 532
应交所得税	万元	88 420	19 814	26 243
从业人员年末人数	人	43 565	19 378	29 806
从业人员工资总额	万元	366 491	152 341	185 751

表 4　2016—2018 年湖北省主要电子信息产品产销量情况

产品名称	单位	产量			销量		
		2016 年	2017 年	2018 年	2016 年	2017 年	2018 年
手机	部	63 107 857	42 791 493	44 584 462	63 106 532	43 034 236	43 841 890
台式微型计算机	台	2 068 634	1 247 724	3 660 486	2 068 634	1 247 811	3 671 365
显示器	台	13 481 886	8 149 396	12 039 433	13 295 815	8 193 192	12 334 978
平板显示器	台	13 175 235	8 334 609	8 838 052	13 019 945	7 678 185	9 125 502
集成电路	万片	1 327	1 265	102 525	1 307	1 231	105 471
光纤	千米	82 340 900	93 782 205	119 538 166	82 893 604	93 777 411	99 927 458
光缆	芯千米	71 106 246	106 215 292	94 971 715	74 184 587	109 869 589	102 182 747

表 5　2018 年湖北省软件和信息技术服务业人员构成情况

企业类别	企业数（家）	从业人员年末人数（人）	人员构成	
			软件开发研究人员（人）	在总人数中所占比例（%）
内资企业	2 368	447 837	194 727	43.5
国有企业	46	36 892	14 144	38.3
集体企业	4	1 959	786	40.1
股份合作企业	1	141	56	39.7
联营企业	3	4 348	1 737	39.9
有限责任公司	1 415	306 110	129 993	42.5
股份有限公司	124	30 772	13 439	43.7
私营企业	751	64 899	33 438	51.5
其他内资企业	24	2 716	1 134	41.8
港、澳、台商投资企业	22	6 060	2 825	46.6
三资企业	57	17 313	7 422	42.9

表 6　2016—2018 年湖北省软件和信息技术服务业基本情况

项目名称	单位	2016 年	2017 年	2018 年
软件业务收入	万元	13 305 111	15 315 250	17 914 892
软件业务出口收入	万美元	19 555	22 592	25 115
软件产品销售收入	万元	6 937 091	7 488 995	8 005 682
流动资产平均余额	万元	23 088 278	23 493 097	22 078 048
固定资产投资额	万元	1 441 329	1 396 311	2 024 739
资产合计	万元	38 607 765	40 251 112	35 608 217
负债合计	万元	19 991 661	20 773 887	18 600 856
税金总额	万元	717 000	787 439	735 041
利润总额	万元	1 648 998	2 074 303	2 136 433
应交所得税	万元	236 541	285 433	247 720
从业人员年末人数	人	369 044	382 658	471 210
从业人员工资总额	万元	3 596 485	3 852 985	4 085 194

表 7 2016—2018 年湖北省软件和信息技术服务业三资企业基本情况

项目名称	单位	2016 年	2017 年	2018 年
软件业务收入	万元	423 624	435 798	513 188
软件业务出口收入	万美元	2 274	1 909	2 901
软件产品销售收入	万元	298 819	268 597	286 118
流动资产平均余额	万元	782 132	894 097	576 616
固定资产投资额	万元	97 064	50 680	31 152
资产合计	万元	1 262 209	1 390 518	886 448
负债合计	万元	520 134	655 868	437 032
税金总额	万元	23 000	24 384	17 922
利润总额	万元	139 466	75 649	63 138
应交所得税	万元	19 916	13 148	7 131
从业人员年末人数	人	8 492	12 123	17 313
从业人员工资总额	万元	81 553	116 442	118 779

注：表 1 ~表 7 数据来源于湖北省经济和信息化厅。

［供稿：湖北省经济和信息化厅］

湖 南 省

【概况】 2018 年，湖南省进一步抢抓电子信息产业加速转移的重大机遇，加强自主创新，推进结构调整，优化产业布局，保持产业稳定快速增长。全年实现主营业务收入 2 769.8 亿元，其中，电子信息制造业实现主营业务收入 2 018.6 亿元，软件和信息技术服务业实现营业收入 751.2 亿元，同比分别增长 11.2%、18.5%。

【电子信息制造业】 2018 年，湖南省电子信息制造业保持快速增长。全省电子信息制造业累计完成增加值同比增长 21.6%，拉动全省规模工业增加值 1.5 个百分点；增速较全省规模工业平均增速高 14.2 个百分点，较上年提升 5.7 个百分点。全行业实现主营业务收入 2 018.6 亿元，同比增长 11.2%，行业整体呈现稳中有升态势。

项目建设扎实推进。总投资 180 亿元的新金宝喷墨打印机项目落地，实现全省消费类电子整机重大突破。华为技术有限公司、腾讯计算机系统有限公司等知名企业多个项目落地湖南省。中国电子信息产业集团有限公司在湖南省的布局持续拓展，中电工业互联网平台、中电自主可控及信息安全产业基地、中国长城海洋信息安全装备等项目相继落地，中电彩虹（邵阳）特种玻璃项目成功点火。

产业平台加快建设。国家网络安全产业园区（长沙）创建申报工作取得进展。自主可控适配中心获批并授牌。IGBT 二期项目启动，湖南国芯半导体科技有限公司省级制造业创新中心（集成电路特色工艺及封装测试·功率半导体）获批挂牌，启动国家级制造业创新中心创建工作，功率半导体布局初步形成。中国电子科技集团公司第48研究所集成电路成套装备国产化集成及验证平台项目开工建设。

产业服务不断加强。组织IGBT产业对接会、网络安全主题峰会和网络安全·湖湘力量展、人工智能发展论坛等活动，提升湖南省相关产业影响力。争取工业和信息化部在国家级网络安全产业园区、智能汽车与智慧交通应用等工作的支持。2家企业/街道（乡镇）进入智慧健康养老试点示范，2家企业入围中国电子信息百强企业，12位企业家被评为电子信息行业优秀企业家。

【软件和信息技术服务业】 2018年，湖南省软件和信息技术服务业规模稳步增长。全年软件和信息技术服务业完成营业收入751.2亿元，同比增长18.5%；软件和信息技术服务业发展指数67.09，在中部省份排名第二，产业规模保持稳步增长。

产业结构继续优化。信息技术服务业规模超过软件产品成为产业重点，产业向网络化、服务化迅速转变。全年完成软件业务收入507.2亿元。其中，软件产品收入222.1亿元，占比43.8%，同比增长17.5%；信息技术服务收入239.8亿元，占比47.3%，同比增长5.5%，其中，运营相关服务（包括在线软件运营服务、平台运营服务、基础设施运营服务等在内的信息技术服务）收入增长12.9%；嵌入式系统软件收入45.3亿元，占比8.9%，同比增长17.3%。

人才队伍不断扩大。人才是软件和信息技术服务业发展的关键因素。行业的融合化发展和服务化趋势吸引各领域各层次的人才跨界加入，人才队伍不断扩大。全省软件和信息技术服务业从业人员7.2万人，较上年同期增长2%。

产城融合发展迅速。全年累计认定省级软件和信息技术服务产业重点园区10家，项目用地1.02万亩，总投资金额722亿元，软件和信息技术服务业营业收入合计533.6亿元，较上年增长22%，占全省软件和信息技术服务业营业收入的71%；软件和信息技术服务企业6 622家，较上年增长13%。

骨干企业实力增强。全年软件和信息技术服务业营业收入超亿元企业87家，占全省软件和信息技术服务业营业收入的87%，是2015年的2倍。其中，100亿元企业1家，10亿元～100亿元企业14家，5亿元～10亿元企业6家，1亿元～5亿元企业66家。全省通过软件企业评估的企业320家，同比增长50%。通过CMMI企业101家，同比增长12%。其中，CMMI5企业13家，CMMI3企业88家。

【科技进步与应用】 在电子信息制造业领域，中国长城科技集团自主可控计算机及信息安全产品研发顺利，产品线不断丰富；株洲中车时代电气股份有限公司在IGBT领域实现从“跟跑”到与国际巨头“并跑”的重大跨越；湖南国科微电子股份有限公司携手嘉合劲威集团推出的光威“弈”系列SSD固态硬盘性能达到国际先进水平，推出新一代智能监控GK720x系列芯片及解决方案，获得十大闪存控制器企业、2018年度闪存控制器金奖称号；长沙景嘉微电子有限公司拥有完全自主知识产权的图形处理芯片JM7200获得重大突破，完成流片、封装阶段工作。

在软件和信息技术服务业领域，全省软件和信息技术服务业各类工程（技术）中心、重点实验室等科研创新机构比2015年数量翻一倍。其中，湖南大学信息科学与工程学院“大数据研究与应用”湖南省重点实验室研究取得重要进展，多篇论文被国际顶级期刊录用。2018年，全省计算机软件著作权申报数量约2万件，授权专利4 266件，拥有著作权和专利数量50件以上的企业70余家；软件产品评估345件，第三方检测软件产品897件。其中，计算机软件产品663件，信息系统软件132件，嵌入式软件102件。受“互联网+”等利好影响，数量增长较多的类型有行业管理软件341件、信息管理软件132件、控制软件115件、嵌入式软件102件，同比分别增长41%、34%、18%、21%。

【信息基础设施】 2018年，湖南省信息基础设施建设继续推进，投资收入比超24%。4G网络建设投资38.8亿元，湘西土家族苗族自治州、怀化市、邵阳市、张家界市、娄底市等12个市（州）纳入国家2018年电信普遍服务试点，支持建设4G基站1 584个，覆盖行政村1 581个，共获得中央财政补助资金31 840万元。

【信息产业基地和园区】 浏阳经济技术开发区是湖南

省唯一的电子信息类国家新型工业化产业示范基地。2018 年，园区实现电子信息产业产值 517 亿元，同比增长 30%；完成财政收入 40.1 亿元，同比增长 12.5%；高新技术产值占比 94.7%；在全国 219 个国家级经济技术开发区中排名第 68 位，较上年前进 20 名，并蝉联湖南省产业园区综合评价第一名。浏阳经济技术开发区电子信息产业主要发展方向为消费类电子，注重两大主打产业的深度融合，挖掘两大主导产业的发展潜力，重点发展智能终端产品及与生物医药融合的电子产品，逐步形成以蓝思科技股份有限公司、蓝思智能机器人（长沙）有限公司、利尔电子材料有限公司等企业为代表，以触控玻璃面板制造为核心，触控传感器、WiFi 模组、显示屏制造及贴合加工等为矩阵的显示功能器件产业集群。

【两化融合】 2018 年，湖南省数字经济加快发展，为推进企业贯标提供动力。移动互联网产业五年迈上千亿元台阶，2018 年，完成营业收入 1 060 亿元；营业收入超亿元企业 87 家，累计营业收入占总营业收入的 87%。全省形成一批为广大中小企业提供物流信息、法律咨询、移动支付等信息化公共服务平台，一批工业制造企业应用互联网推进产业组织、商业模式、供应链、物流链创新。

中小企业上云上平台积极性高，为推进企业贯标奠定良好基础。组织开展中小企业上云行动，上云知识得到大范围普及，中小企业上云意识明显提高，上云比例和应用深度大幅度提升，初步建立多层次、系统化的云服务体系，上云生态不断优化，全年上云中小企业 11.2 万家，超额完成 10 万家中小企业上云目标任务，培育上云标杆企业 92 家。

前期基础工作扎实有效，为推进企业贯标提供强大支撑。两化融合管理体系贯标工作不断探索促进企业两化深度融合的新路子。开展企业贯标宣传和培训等工作，发布贯标试点企业和咨询服务机构名单，出台《深化制造业与互联网融合发展的若干政策措施》，下发《关于做好通过国家两化融合管理体系认定企业申报工作的通知》等文件，引导和推动企业信息化建设发展理念从技术导向向管理变革、组织优化、战略管控转变，发展目标从技术应用向能力提升转变，运营模式从传统粗放型模式向以数据驱动为核心的精细化模式转变。全省 82 家企业启动贯标，15 家企业处在评定申请过程中，湖南华菱湘潭钢铁有限公司等 11 家企业通过国家两化融合管理体系评定工作委员会评定并获得评定证书。随着贯标工作的不断深入，一批企业在精益管理、风险管控、供应链协同、市场快速响应等方面的竞争优势初步显现。

【主要问题】 湖南省信息产业跨越发展动能不足，优势行业支撑不够，龙头企业数量偏少，重大项目布局不够，信息化发展不平衡、不充分。

[撰稿：陈龙　审稿：彭涛]

广 东 省

【概况】 2018 年，广东省推动电子信息制造业、软件和信息技术服务业、信息基础设施、工业互联网、大数据、人工智能等产业发展，产业结构不断优化，质量效益平稳提升，产业稳定性、协调性和可持续性明显增强，有力支撑广东省制造强省、数字经济强省建设。

【电子信息制造业】 2018 年，广东省电子信息制造业运行总体平稳，主要经济指标稳中有进、稳中趋缓。全省规模以上电子信息制造业实现销售产值 3.86 万亿元，同比增长 8.8%，占全省规模以上工业企业工业销售产值的 28.7%；工业增加值同比增长 9.4%，占全省规模以上工业增加值比重27.1%；实现出口交货值1.99万亿元，同比增长11.8%，高于全省规模以上工业增速4.0个百分点；实现主营业务收入3.88万亿元，同比增长8.5%，增速比上年下降3.0个百分点；主营业务成本3.27万亿元，同比增长8.5%；实现利润总额1 690.4亿元，同比下降10.7%，增速较上年下降37.7个百分点，占全省规模以上工业利润的20.3%。

在国家统计局重点监测的主要产品产量中，广东省多种主要电子信息产品产量居全国首位。其中，移动通信基站设备42 428.7万信道，程控交换机873.5万线，手机7.89亿部，传真机172.1万台，彩色电视机9 678.1万台，光电子器件7 597.1亿只，锂离子电池56.4亿只。

率先在全国实施新数字家庭行动，推动4K电视网络应用与产业发展。全省四大彩电企业（TCL、创维、康佳、广东长虹）4K电视产量2 195万台，同比增长30.8%；4K机顶盒用户1 499.8万户，占总电视用户的48.9%。举办全国首次高规格的中国超高清视频（4K）产业发展大会，开通全国首个省级4K频道，4K电视产量全国第一，4K芯片出货量全国第一，显示面板产能全国第一，形成4K大品牌、大产业。

珠江东岸电子信息产业带带动作用明显，全年珠江东岸五市电子信息制造业实现工业增加值占全省电子信息制造业工业增加值比重88.3%。其中，深圳市、东莞市、惠州市电子信息制造业发达，拥有华为技术有限公司、中兴通讯股份有限公司等重点龙头企业，在通信设备制造、计算机、彩色电视机、基础元器件等电子信息制造业高端领域和新兴领域开拓创新，不断涌现新亮点，成为广东省电子信息制造业发展中心和行业倍增器。

电子信息制造业重点企业技术创新活跃，尤其是通信设备制造领域，创新成果丰硕。根据国家知识产权局的数据显示，全省5家企业进入2018年中国发明专利授权量排名前10名的企业（不含港澳台）。其中，华为技术有限公司以3 369件居第2位，OPPO移动通信有限公司以2 345件居第3位。23家企业入围2018年中国电子信息百强企业，华为技术有限公司连续多年居中国电子信息百强企业首位，销售收入超6 000亿元，并入围2018《财富》世界500强企业，排名第72位，比上年提升11位。

重大项目带动产业高端化发展。推进新型显示产业发展，加强省市联动，落实重大项目跟踪服务，推进乐金显示8.5代OLED面板、超视堺10.5代TFT-LCD显示器件生产线、华星光电11代线、TCL液晶模组及整机一体化等重大项目建设，吸引200家上下游企业投资落地，形成3个产值超千亿元的产业集群。推动重点企业和项目落地，推进落实广东省政府与中国电子信息产业集团、浪潮集团签署战略合作协议，加大龙头企业在广东省投资力度，部署建设华南总部，加快在人工智能、智慧城市、工业互联网等方面投资合作，共同推动广东省数字经济快速发展。加快集成电路产业发展，推进广州粤芯12英寸线、中芯国际、珠海英诺赛科第三代半导体项目等重大项目落地建设，支持珠海市举办2018年中国集成电路设计年会，推动与有关企业对接，提升全产业链协同发展水平。提升智能终端产业发展水平，完善智能终端产业链，巩固广东手机及配套产业和产品在全国乃至国际市场的地位，举办2018中国手机创新周暨第六届中国手机设计与应用创新大赛，广东省vivo NEX、荣耀10获得2018年度最佳AI手机奖，海思麒麟980处理器获得2018年度最佳终端解决方案奖。

【软件和信息技术服务业】 2018年，广东省软件和信息技术服务业继续向网络化、平台化、服务化、融合化发展，产业规模再创新高，首次突破万亿元大关。全省软件和信息技术服务企业超5 000家，从业人员近100万人，累计实现软件业务收入10 687亿元，同比增长10.4%，产业规模连续4年居全国首位，占全省电子信息产业比重20.2%。实现利润总额1 992亿元，同比增长6.5%。

随着5G、大数据、人工智能、工业互联网等新一代信息技术的发展应用，软件技术加速向各行业各领域渗透，软件服务化趋势不断深入。全年实现信息技术服务收入6 225.6亿元，同比增长26.5%，高出全行业增速16.1个百分点。信息技术服务收入占全行业比重比上年提升7.5个百分点。软件产品收入2 282亿元，同比增长5.6%。因统计口径调整，嵌入式系统软件增速下滑，累计实现收入2 142.3亿元，同比下降17.6%。新增的信息安全产品实现收入37.4亿元。

全年实现软件业务出口267.3亿美元，同比下降3.9%，占全国软件业务出口超一半份额。其中，软件外包服务出口15亿美元，同比增长8.8%；嵌入式系统软件出口140.7亿美元，同比下降14.2%。受华为技术有限公司、中兴通讯股份有限公司两家行业龙头企业影响，全省软件业务出口首次出现下滑。

全年软件业务收入超亿元企业 1 006 家，比上年增加 92 家。全行业在境内外上市企业累计 660 余家。18 家企业入选 2018 年中国软件业务收入前百家企业。华为技术有限公司连续 17 届蝉联中国软件业务收入前百家之冠。腾讯计算机系统有限公司、网易集团等 14 家企业入选 2018 年中国互联网百强企业。

全省形成以广州市、深圳市两个中国软件名城为中心，以珠三角地区为主体，以各地市软件和信息服务业园区为载体，辐射带动全省软件和信息服务业协同发展的格局。两个中国软件名城在信息通信、互联网、金融服务、数字内容创意、工业软件、云计算、大数据、人工智能等新一代信息技术领域开拓创新，成为全省软件产业发展中心，引领全行业增长。全年珠三角地区累计完成软件业务收入 10 654 亿元，占全省软件业务收入的 99.7%。其中，广州市软件业务收入 3 605.3 亿元，深圳市软件业务收入 5 934.7 亿元，合计占全省软件业务收入的 89.3%。

全省软件和信息技术服务企业开展技术创新，研发投入持续增长，研发产出能力进一步增强。全省软件业研发费用合计 1 365.5 亿元，同比增长 3.8%；全行业研发投入比 10.8%，企业软件研发、技术人员占总从业人数的 55.8%。全省软件著作权登记数约 27 万件，同比增长 22.8%，连续 3 年居全国登记量榜首。专利合作协定国际专利申请量 2.56 万件，连续 17 年居全国首位。在信息通信行业中，华为技术有限公司、中兴通讯股份有限公司分别以 5 405 件、2 080 件居首位、第 5 位。

发挥粤港澳合作地缘优势，加快粤港澳大湾区建设，深化粤港澳大湾区在智慧城市、跨境电商、智能通关、信息基础设施和产学研等方面合作交流。通过粤港澳大湾区 ICT 产业联盟，推进实施第七届粤港 ICT 青年创业计划。其中，粤港青年创业计划创意微型基金已连续 7 年举办，共有 30 多所大学的近万名学生参与活动，66 个团队项目获得总金额 660 万港币的资助。

【信息基础设施】 2018 年，广东省印发《广东省信息基础设施建设三年行动计划（2018—2020 年）》，推动新一轮信息基础设施建设，全省光纤用户数、4G 基站数、4G 用户数均居全国首位。

全省新增光纤接入用户 670.5 万户，完成全年计划任务的 200.1%，累计 3 312.7 万户，较上年年末增长 25.4%，光纤入户率从上年年末的 79.9% 提升至 100.2%。新增 100Mbps 以上光纤用户 932.8 万户，完成全年计划的 178.2%，累计 2 554.7 万户，较上年年末增长 57.5%。

全省新增 4G 基站 5.6 万座，完成全年计划的 195.6%，累计 35.4 万座，较上年年末增长 18.8%。4G 用户 13 631.7 万户，较上年年末增长 16.0%。

全省新增 NB-IoT 基站 2.8 万座，累计建成 6.1 万座，较上年年末增长 86.5%。NB-IoT 连接数累计 353 万个，是上年年末的 199 倍。

全省新增农村光纤接入用户 117.7 万户，累计 695.4 万户，较上年年末增长 20.4%，农村光纤入户率 41.5%。光网覆盖 20 家以上自然村累计 12.8 万个，20 家以上自然村通光纤率 90.1%，4G 网络覆盖率 98.5%。

【大数据】 根据初步测算，广东省大数据及相关产业产值从 2016 年约 2 200 亿元增长到 2018 年约 3 345 亿元，复合增长率 23.3%。择优遴选珠海智慧产业园为第三批省级大数据产业园重点培育对象。省级大数据产业园数量增加到 16 个。依托园区积极引进大数据项目，据不完全统计，截至 2018 年年底，累计落户省大数据产业园的大数据相关企业 800 多家，其中，重大项目投资总额超 700 亿元。

推进大数据示范应用。率先发布广东省制造业大数据指数，构建一套全新的制造业发展评价体系，在全国开创产业监测预警新路径，获得工业和信息化部组织评定的工业和信息化优秀研究成果一等奖。自 2014 年起连续 5 年开展大数据应用示范项目建设，在先进制造、医疗健康、教育文化、金融服务等领域共遴选 56 个具有示范引领作用的大数据项目。推荐腾讯慧聚大数据平台、全警通警务大数据便民服务平台等 14 个项目入选工业和信息化部 2018 大数据产业发展试点示范项目。推荐中兴通讯“一站式”企业级大数据平台等 14 个项目编入工业和信息化部大数据优秀产品、服务和应用解决方案案例集。

营造大数据创新创业生态。择优遴选独角兽牧场、天河大数据产业园、东莞市松山湖光大 We 谷产业园等 6 个大数据创业创新孵化园为第二批省大数据创业创新孵化园重点培育对象。截至2018年年底，共建设9个省级大数据创业创新孵化园，在孵企业/项目680多家，其中，63家获VC/PE投资，在孵重点企业/项目的投资总额近9.6亿元。其中，独角兽牧场已入驻近40家优秀大数据企业，园区前10家企业融资额已超16亿元；天河大数据产业园在孵项目36个，两家创业企业估值超10亿元。

完善大数据发展支撑环境。编制发布《广东省大数据标准体系规划与路线图（2018—2020）》；举办2018中国（广东）数字经济融合创新大会，4 000多人次参会，营造数字经济看广东的良好氛围；与阿里巴巴集团联合组织广东省大数据开发者大会暨2018广东云栖大会，吸引集聚大数据企业和人才，同期举办2018广东工业智造大数据创新大赛，聚焦工业大数据智能算法和创新应用，吸引来自13个国家和地区的4 000多名选手、400多家企业参加。

【人工智能】 2018年，广东省出台《广东省新一代人工智能发展规划》，对全省人工智能创新发展进行全局性、前瞻性战略部署；制定印发《广东省加快发展新一代人工智能产业实施方案（2018—2020年）》，推动珠三角地区建设全国重要的人工智能产业集聚区；出台《广东省新一代人工智能创新发展行动计划（2018—2020年）》，聚焦人工智能关键核心技术，提出实施重大科技攻关等5项计划。

推动人工智能产业发展和应用。推动建设广州市南沙区等5个首批省级人工智能产业园区，打造人工智能产业集聚平台和载体。评定15个人工智能与实体经济深度融合创新项目；安排1 400万元支持3个人工智能应用项目，促进人工智能在经济社会各领域普及应用；开展新一代人工智能创新重点任务揭榜工作，遴选并向工业和信息化部推荐一批掌握核心关键技术、具备较强创新能力的创新主体。实施智能制造试点示范，建设10个省智能制造示范基地，培育233个省级智能制造试点示范项目，46个项目入选工业和信息化部试点示范项目；推动机器人产业发展和应用，全年工业机器人产量超3.2万台（套），增长28.3%，新增应用工业机器人2.2万台（套），累计应用10.2万台（套）。

提升人工智能科技创新能力。发布全省首批支持建设腾讯“智慧医疗”等4个新一代人工智能开放创新平台，支持腾讯公司成立人工智能实验室，鼓励云从信息科技有限公司和亚信集团分别设立人工智能视觉图像创新研发中心和广州国际人工智能产业研究院；支持东莞市联合华中科技大学、香港科技大学建设广东省智能机器人研究院和国际机器人研究院，孵化企业超300家。组织实施新一代人工智能重大科技专项，分别设置前沿与关键技术攻关等6个专项予以扶持；启动新一代人工智能创新重点任务揭榜工作，遴选一批掌握核心关键技术、具备较强创新能力的创新主体。

营造人工智能产业发展生态。举办2018中国（广州）新一代人工智能发展战略国际研讨会暨高峰论坛，展现人工智能最新科技前沿及发展动向，推动人工智能技术创新和政产学研交流合作；支持成立广东省人工智能产业联盟、广州人工智能产学研协同创新联盟，共同搭建人工智能产业生态；加强人工智能人才培养，支持广东工业大学、东莞理工学院与香港科技大学共建粤港机器人学院，培育300余名高端智能装备技术人才。

【工业互联网】 2018年，广东省围绕“提升供给侧能力、激发需求侧活力、增强企业家意识”三大核心环节，加快推动工业互联网发展。在全国率先出台《广东省深化“互联网＋先进制造业”发展工业互联网实施方案及配套政策措施》，全面部署推进工业互联网平台建设和创新应用。全国首创发布工业互联网产业生态供给资源池，入池企业累计144家，引进60余家省外优秀工业互联网平台商、服务商落户广东省。聚焦电子信息等重点行业，培育89个工业互联网标杆示范项目。

出台《广东省工业企业上云上平台服务券奖补工作方案（试行）》，在研发管理协同、生产设备状态监控、智能排单调度等11个方向提供380项应用服务，以服务券事后奖补方式推动3 000家工业企业“上云上平台”降本提质增效。“云网降费”行动降低企业上云用云成本30%以上，全省新增公有云企业用户超8万家。

成立广东省工业互联网产业联盟及工业互联网专家委员会。工业互联网标识解析国家顶级节点（广州）开通。加快建设广州市、深圳市、佛山市、东莞市4个工业互联网产业示范基地，以及中山市、湛江市、汕头市、阳江市、揭阳市5个工业互联网试点区。在广州市召开2018中国工业互联网大会，以“互联融合、智造转型”为主题，展示广东省工业互联网创新应用落地最新成果，参会人数 4 000 多人次，工业企业参会人数 1 800 余人。

【两化融合】 2018 年，广东省两化融合继续引领全国，贯标企业 2 556 家，居全国首位。全省新增国家级贯标试点企业 73 家、省级贯标试点企业 781 家，部省级贯标试点企业累计 2 237 家。通过评定的企业数量 650 家。试点企业涵盖全省 21 个地市，覆盖主要支柱行业。在 21 个地市巡回举办两化融合管理体系贯标专题培训班，帮助企业提升两化融合管理体系理论水平，加深企业对两化融合评估关键指标的认识和理解。

【统计数据】

表 1　2016—2018 年广东省电子信息制造业基本情况

项目名称	单位	2016 年	2017 年	2018 年
销售产值	亿元	33 231.5	36 076.9	38 634.6
出口交货值	亿元	16 625.1	17 764.5	19 878.7
主营业务收入	亿元	32 675.1	36 096.0	38 755.6
主营业务成本	亿元	27 727.1	30 557.5	32 739.1
利润总额	亿元	1 513.0	1 904.9	1 690.4

表 2　2016—2018 年广东省主要电子信息产品产量情况

产品名称	单位	2016 年	2017 年	2018 年
程控交换机	万线	1 103.1	843.3	873.5
其中：数字程控交换机	万线	534.3	826.5	844.6
电话单机	万部	9 294.6	6 166.6	5 107.4
传真机	万台	174.6	225.9	172.1
移动通信手持机（手机）	万部	96 752.2	82 750.1	78 920.7
电子计算机整机	万台	4 911.1	5 795.2	5 307.0
微型计算机设备	万台	3 344.9	3 778.9	4 733.8
其中：笔记本电脑	万台	728.3	574.0	426.2
彩色电视机	万台	8 116.9	8 399.8	9 678.1
其中：显像管彩色电视机	万台	55.2	174.8	9.6
液晶电视机	万台	7 620.2	8 118.9	9 492.0
电子元件	万只	16 461.4	19 937.0	24 127.6
光电子器件	万只	55 044 680.5	75 443 702.4	75 971 016.3
其中：发光二极管	万只	50 075 185.4	72 189 615.4	73 488 288.9

续表

产品名称	单位	2016 年	2017 年	2018 年
液晶显示屏	万片	111 066.0	154 734.1	155 710.2
液晶显示模组	万套	59 031.8	80 721.3	148 779.1
集成电路	亿块	219.2	262.9	300.8
数字激光音、视盘机	万台	15 119.5	13 012.4	9 447.1
组合音响	万台	7 860.7	9 643.2	10 431.3
半导体存储器播放器（含 MP3、MP4）	万个	531.9	476.4	419.0
锂离子电池	万只	334 436.3	444 133.8	564 073.9

注：表 1 ~ 表 2 数据来源于广东省统计局。

表 3　2016—2018 年广东省软件和信息技术服务业基本情况

项目名称	单位	2016 年	2017 年	2018 年
软件业务收入	万元	82 233 914	96 812 074	106 873 738
软件业务出口	亿美元	250.7	278.1	267
固定资产投资额	万元	1 457 415	2 254 201	2 808 442
资产合计	万元	158 607 108	145 783 292	242 439 284
负债合计	万元	88 911 008	73 919 987	163 616 698
税金总额	万元	1 110 462	1 283 218	4 773 104
利润总额	万元	15 180 753	18 710 355	19 923 020
从业人员年末人数	人	917 564	999 463	987 456
从业人员工资总额	万元	12 044 416	14 391 148	16 084 326

注：数据来源于广东省工业和信息化厅。

[供稿：广东省工业和信息化厅]

广西壮族自治区

【概况】 2018 年，广西壮族自治区（以下简称广西）电子信息产业保持平稳增长态势，经济运行良好。电子信息制造业完成工业总产值 1 339.8 亿元，软件和信息技术服务业完成主营业务收入 183 亿元。电子信息制造业主要集中在北海市、南宁市、桂林市，软件和信息技术服务业主要集中在南宁市、桂林市、北海市、柳州市，此外，梧州市、玉林市、贵港市、钦州市、贺州市等地电子信息产业也在发展壮大。

【电子信息制造业】 2018 年，广西电子信息制造业规模以上企业 197 家。全年电子信息制造业完成工业总产值 1 339.8 亿元，同比增长 18.4%；工业销售产值 1 322.2 亿元，同比增长 18%；出口交货值 647.7 亿元，同比增长 24.9%；产品产销率 98.7%。以北海市、南宁市、桂林市为区域中心的电子信息制造业集聚区进一步提升，梧州市、玉林市、贵港市、钦州市等地电子信息制造业发展也取得新进展。

广西电子信息制造业重点企业主要有南宁富桂精密工业有限公司、广西佳微科技股份有限公司、广西三创科技有限公司、广西惠科科技有限公司、建兴光电科技（北海）有限公司、冠捷显示科技（北海）有限公司、广西新未来信息产业股份有限公司、桂林光隆光电科技股份有限公司、桂林优利特医疗电子有限公司、桂林智神信息技术有限公司、桂林海威科技股份有限公司、桂林市思奇通信设备有限公司、赛尔康（贵港）有限公司、贵港市嘉龙海杰电子科技有限公司、钦州富仕通科技有限公司、广西卓能新能源科技有限公司等。

广西电子信息制造业产品门类包括计算机、网络通信设备、手机、智能音箱、医疗等应用电子、彩色电视机、显示器、电子元件、锂离子电池、汽车电子等相关产品。产品系列有新扩展，产品研发水平得到较大提升，主要产品生产技术水平达到国内先进水平，部分产品达到国际先进水平，主要产品竞争力明显增强，企业规模进一步扩大，产业结构进一步提升。

【软件和信息技术服务业】 2018 年，广西软件和信息技术服务业保持平稳增长态势，完成主营业务收入 183 亿元。列入统计范围的软件和信息技术服务企业 249 家，其中，国有企业 7 家，有限责任公司 205 家，股份有限公司 23 家，私营企业 9 家，其他企业 5 家。完成主营业务收入 1 000 万元 ~ 5 000 万元企业 74 家，5 000 万元 ~ 1 亿元企业 19 家，1 亿元以上企业 25 家。

广西软件和信息技术服务业重点企业主要有北海石基信息技术有限公司、中国 – 东盟信息港股份有限公司、凡普金科集团有限公司、广西博联信息通信技术有限责任公司、广西航天信息技术有限公司、广西中科曙光云计算有限公司、广西天道信息技术有限公司、广西交通科学研究院、广西巨拓电子科技有限公司、广西苏中达科智能工程有限公司、广西星宇智能电气有限公司、广西天厉信息技术服务有限公司、广西通信规划设计咨询有限公司、广西公众信息产业有限公司、广西通信产业服务有限公司、桂林力港网络科技股份有限公司、桂林信通科技有限公司、桂林智神信息技术有限公司、润建通信股份有限公司、新三科技有限公司、广西普融信息技术服务有限公司、广西君安信息技术有限公司、广西潘多拉信息技术服务有限公司、北海普柏特信息技术有限公司、北海新拓科技有限公司等。

广西软件和信息技术服务业产品主要涉及工业、酒店、电力、动漫游戏、金融、交通、旅游、教育、医疗、北斗、城市综合管理等领域，主要产品有酒店信息管理系统软件、网络游戏软件、项目综合管理系统软件、工业软件、智能交通软件、旅游服务软件和信息化产品、通信应用系统软件开发、电子信息智能化产品研发、互联网金融大数据等。

【电子产品出口贸易】 2018 年，广西电子信息制造业完成出口交货值 647.7 亿元，主要出口产品有通信网络产品、电机产品、液晶显示器、液晶电视、卫星电视接收转发设备、微波通信设备、通信测试分析仪、电子印刷设备、数显量具、电子铝箔等，主要出口企业有南宁富桂精密工业有限公司、建兴光电科技（北海）有限公司、丰达电机（南宁）有限公司、冠捷显示科技（北海）有限公司、桂林思奇通信设备有限公司、广西桂东电子科技有限责任公司等。

【科技进步与应用】 2018 年，广西下达自治区工业和信息化发展专项资金（产品升级与工业强基）项目计划 31 项，总投资 14.5 亿元，其中，电子信息产业项目 1 项，即桂林芯飞光电子科技有限公司的法拉第隔离芯片与光纤适配器一体化产品产业化项目，总投资 2 400 万元，安排补助资金 100 万元。

组织认定企业技术中心，共认定电子信息行业企业技术中心 2 家，分别是南宁市迈越软件有限责任公司技术中心、广西三诺数字科技有限公司技术中心。

组织认定自治区技术创新示范企业，共认定电子信息类技术创新示范企业2家，分别是桂林力港网络科技股份有限公司、广西贺州市桂东电子科技有限责任公司。

组织开展广西优秀新产品奖评选工作，共评选出电子信息类优秀新产品奖3个，分别是桂林飞宇科技股份有限公司的穿戴云台WG，广西交通科技研究院有限公司的基于视觉技术的隧道LED灯亮度自适应控制系统，中国电子科技集团公司第34研究所的航天导航定位激光信息源。

【工业互联网】 2018年，广西加强政策体系建设，推动工业互联网发展。牵头会同自治区发展和改革委员会、财政厅、科技厅等单位拟订并由自治区政府印发《关于印发广西深入推进“互联网+先进制造业”发展工业互联网实施方案的通知》，对广西工业互联网发展进行全局性、系统性规划；自治区政府印发的《广西工业高质量发展决定》《广西工业高质量发展行动计划（2018—2020年）》也对发展工业互联网进行布署；配套制定印发《广西壮族自治区“企业上云”行动实施方案》《广西壮族自治区千家企业两化融合能力提升实施方案》等相关文件。这些政策的出台明确工作目标和工作重点，建立协同工作机制，对促进工业互联网发展起到重要推动作用。牵头制定《广西工业互联网标准》《广西智慧园区信息化标准》2项地方标准，已与广西市场监督管理局协商相关事宜，并组织专家召开标准研讨会。

培育新模式新业态，促进工业互联网建设。组织制定《广西机械工业二次创业实施方案》，着力发展智能装备和智能产品，推进全产业链制造过程智能化，全面提升企业研发、生产、管理和服务的智能化水平，推动广西高端装备制造业智能化升级，重点在南宁市、柳州市、玉林市建设智能制造城。

印发实施《广西壮族自治区人民政府办公厅关于印发广西先进装备制造城（玉林）五年行动计划（2018—2022年）的通知》《广西壮族自治区人民政府办公厅关于印发推进柳州市工业高质量发展建设现代制造城实施方案（2018—2022年）的通知》等文件，依托广西龙头企业推进设备接入和边缘计算、数据融通与应用、数据智能分析的协同发展，打造以云计算为核心的工业互联网平台，推动工厂数字化改造。

【信息安全】 2018年，广西落实工业和信息化部《关于开展2018年工业控制系统信息安全检查工作的通知》（工信厅信软函〔2017〕642号）、《关于切实做好2018年度工业控制系统信息安全检查工作的通知》（工信厅信软函〔2018〕88号），对全区各工业行业当前工业控制系统信息安全进行一次全面调查，此次调查工作以各企业自查为主、广西工业和信息化厅协助为辅的方式进行。检查范围包括工业行业重点企业的制造执行、监视控制与数据采集、分布式控制/过程控制、可编程逻辑控制器、智能电子设备等工业控制系统。全区14个地市共收到168家工业控制系统运营单位上报的自查数据，共上报1 798套工业控制系统，并在全区范围内对工业企业开展工业控制系统信息安全抽查工作。

落实工业和信息化部《关于印发<工业控制系统信息安全行动计划（2018—2020年）>的通知》（工信部信软〔2017〕316号），加快全区工业控制系统信息安全保障体系建设，提升工业企业工业控制系统信息安全防护能力，促进工业信息安全产业发展。开展相关工作，结合具体情况制定行动方案，印发《广西工业控制系统信息安全行动计划（2018—2020年）实施方案的通知》（桂工信信息〔2018〕720号）。

根据国家工业控制系统信息安全共享平台及相关技术机构发布的工业控制系统信息安全漏洞信息及风险提示，经收集整理，编制印发《工业控制系统信息安全漏洞及风险提示》，要求各市及时通报本市重点领域相关企业，确保工业控制系统信息安全。

【两化融合】 2018年，广西持续推进两化融合体系对标贯标工作，企业两化融合水平稳步提高。全年累计参与两化融合评估诊断和对标引导企业1 630家，新增304家；推荐申报国家级两化融合管理体系贯标试点企业21家，最终7家成为国家贯标试点企业；30%以上新增企业处于两化融合较高水平的创新突破阶段和集成提升阶段。

抓好企业上云，推动企业转型升级。搭建以三大电信运营商、阿里巴巴网络技术有限公司、华为技术有限公司、浪潮集团有限公司为主，各行业云服务商为辅的立体化云供给池，全年第一批企业上云资源池共有27家云服务商，开展企业上云供给资源池宣传推广、供需对接和上云标杆培育等工作，利用云服务、云应用降低信息系统构建成本，提高规模以上工业企业上云意识和积极性，推动工业企业生产设备、研发工具、业务系统等云化改造和云端迁移，引导工业企业使用标准云应用产品。各云服务商充分发挥自身优势和特色，结合广西工业行业和企业特点，强化安全保障体系建设，提供多样化、个性化的解决方案和优质高效上云服务，在促进企业降本提质增效和产业集聚发展等方面发挥积极作用。全区工业企业上云意识明显提升，氛围日渐浓厚，上云企业数量和应用深度大幅增加，产生一大批云应用企业，不少企业通过上云用云，实现管理升级和业务优化，取得降低成本、提质增效等成效。

编制智能工厂评价体系，加快建设智能工厂。围绕离散型智能制造、流程型智能制造、网络协同制造、大规模个性化定制、远程运维服务5种智能制造新模式，结合广西智能制造发展实际情况，编制智能工厂评价体系，为开展智能工厂认定工作提供重要依据，鼓励企业加快建设智能工厂，提高MES、ERP、PLM和机器设备网络的互联互通集成能力，形成联网协同、智能管控、大数据服务的制造模式，提升企业的资源配置优化、实时在线优化、生产管理精细化和智能决策科学化水平。组织开展智能工厂认定工作并组织专家进行现场复核审查，共认定首批25家广西智能工厂示范企业。

加强资金引导，推动试点示范。充分利用好工业和信息化发展专项资金，遴选一批两化融合、软件和信息技术服务业项目，以项目带动行业，促进发展。全年共向工业和信息化部推荐企业上云典型案例、工业互联网APP优秀解决方案、工业互联网试点示范项目等13个批次，以及富士康云工业互联网平台、玉柴云平台建设等84个项目。其中，中建泓泰通信工程有限公司的基于云计算和大数据的通信施工行业企业资源规划系统等项目入选大数据产业发展试点示范项目，北海市城市WiFi公共服务系统、桂林智慧政务云数据中心系统解决方案等项目入选智慧城市优秀系统解决方案，桂林出行网－交通、旅游信息综合应用服务平台入选信息消费试点示范项目，柳工智能管家云平台项目入选制造业与互联网融合发展试点示范项目。

【重点信息化项目】 2018年，广西在全区范围内组织企业申报2018年自治区两化融合专项资金项目，安排财政补贴两化融合项目支持项目32个，涵盖大数据、云计算、物联网、工业电商、智能制造等制造业与互联网深度融合项目。

在全区范围内组织软件和信息技术服务企业申报2018年自治区信息服务业发展专项资金项目，安排自治区信息服务业发展专项资金支持项目32个，重点支持云计算、大数据、移动互联网、北斗卫星导航、面向广西重点产业的工业软件、工业互联网、重点行业解决方案、嵌入式软件、基于ICT的信息服务、信息安全、具有广西特色的电子商务服务等，推动广西软件和信息技术服务业发展。

【信息基础设施】 2018年，广西实施“宽带广西”战略，协调推进宽带基础设施建设工作。在全国率先建成县以上城市千兆光纤宽带网络，为广西数字经济发展铺路搭桥。

协调和推动广西全面开展三网融合工作。三网融合用户964万户，提前两年超额高质量完成《广西实施方案》到2020年年底三网融合用户达到600万户（IPTV用户400万户、广电宽带用户200万户）的既定目标。其中，广西IPTV电信用户431万户，标清用户42万户，高清用户364万户，4K用户25万户，覆盖人群超1 200万人；广西移动互联网电视（OTT）广西移动“魔百和”全区用户277万户；广电宽带用户256万户。推动有关广电企业按照国家广电总局提出的下一代广播电视网络（NGB）建设标准，持续对全区网络进行优化改造，加入中国互联网信息中心IP地址分配联盟，与区内基础运营商开展业务合作；推进广西广电网络100GB光传送网建设工程和广西广电网络全业务承载网等一系列重大建设工程；引入阿里巴巴网络技术有限公司、腾讯计算机系统有限公司、爱奇艺科技有限公司等互联网企业，合作建设内容分发网络。

【产业环境】 2018年，广西印发《广西新一代信息技术、通信设备、智能家居、智能终端产业集群及产业链发展方案的通知》（桂工信电软〔2018〕876号），并组织实施；广西工业和信息化委员会与住房城乡建设厅、交通运输厅、农业厅、发展和改革委员会、扶贫开发办公室联合印发《广西智能光伏产业发展实施方案（2018—2020年）》，并组织实施。

【主要问题】 广西电子信息产业规模不够大，龙头企业不多；新增项目和企业较少，产业增长动能不足；高端人才紧缺，引进人才难；企业自主创新能力偏弱，缺乏技术积累；企业融资难度比较大、成本较高；物流成本较高，企业负担重；受中美贸易摩擦影响，部分企业订单下降、经营管理成本增加、进出口受阻，生产和效益有所下降。

［撰稿：罗家泰　审稿：张阳］

海 南 省

【电子信息制造业】 2018 年，海南省电子信息制造业规模以上企业 8 家，实现产值 63.54 亿元，同比增长 11.0%，在信息产业中占比 11%，主要涉及电气设备制造、电线电缆制造、光通信、太阳能电池组件制造等领域。

【软件和信息技术服务业】 2018 年，海南省采取有效措施，不断加大对本土企业的培育力度，涌现一批发展势头强劲的本土企业。全年软件和信息技术服务业实现营业收入 381.54 亿元，同比增长 70.5%。其中，营业收入超 10 亿元企业 6 家，比上年增加 5 家；营业收入 1 亿元 ~ 10 亿元企业 42 家，比上年增加 3 家；营业收入 1 000 万元 ~ 1 亿元企业 137 家，比上年增加 19 家；营业收入 500 万元 ~ 1 000 万元企业 61 家，比上年增加 2 家。

截至 2018 年年底，全省拥有计算机信息系统集成资质企业 262 家，其中，一级 1 家，二级 1 家，三级 31 家，四级 229 家；221 家企业在海口市，19 家企业在三亚市，13 家企业在澄迈县，9 家企业在其他市县；拥有海南省软件企业有效资质企业 54 家，其中，29 家企业在海口市，2 家企业在三亚创意软件园，23 家企业在海南生态软件园；拥有高新技术资质企业 408 家，其中，获得高新技术企业资质的软件和信息技术服务企业 193 家，占全省高新技术企业数的 47.3%，主要集中在海口市、澄迈县和三亚市；拥有信息技术服务标准企业 17 家，其中，14 家企业在海口市，2 家企业在澄迈县，1 家企业在三亚市；拥有信息安全服务资质企业 3 家，集中在海口市。全省技术创新一南一北优势明显。

【信息基础设施】 2018 年，海南省信息基础设施建设计划投资 40 亿元，全年累计完成投资 42.45 亿元，完成全年计划的 106.1%，超额完成投资计划。

城市光网全覆盖，其中，光纤宽带网络覆盖率 99.9%，接入能力 100Mbps 以上，推广千兆小区 75 个。17 663 个自然村光纤宽带网络覆盖率 81.8%，4G 网络覆盖率 98.0%；2 713 个农垦居民小组光纤宽带网络覆盖率 72.0%，4G 网络覆盖率约 92.0%。新增农村光纤宽带网络接入能力基本在 50Mbps 或以上。互联网出省带宽、城域网出口带宽、CDN 扩容、IDC 及云中心、物联网、抗灾能力建设设施的体量不断增大，完成海口—徐闻 12 芯到 72 芯出省海底光缆建设和扩容。

【信息产业园区】 2018 年，海南省互联网产业实现营业收入 602.31 亿元，同比增长 40%。按照全省互联网产业“十三五”发展规划，将海口市、澄迈县、三亚市、陵水黎族自治县作为互联网产业主要集聚区进行打造，形成初步成效。全年互联网产业营业收入排名前 4 名的市县分别是海口市、澄迈县、三亚市、陵水黎族自治县，其中，海口市和澄迈县互联网产业营业收入合计占全省互联网产业营业收入的 81.9%。按照“多规合一”要求和“产城融合”模式，集中打造海南生态软件园、海口复兴城互联网创新创业园、三亚创意产业园、陵水清水湾信息产业园等，成为全省互联网产业发展的重要载体。

海南生态软件园园区一期建成产业空间超 80 万平方米。截至 2018 年年底，海南生态软件园注册企业 3 000 多家，实现营业收入 144 亿元，同比增长 68.3%。园区先后被认定为国家级科技企业孵化器、国家新型工业化产业示范基地、国家中小企业公共服务示范平台、国家小型微型企业创业创新示范基地，成为全省发展信息产业的重要载体和平台。园区二期规划面积 14.5 平方千米，按照“未来城市生活新模式”进行规划建设，为人才实现美好生活向往提供匹配的城市载体。

复兴城互联网创新创业园建筑面积约 8 万平方米，离岸创新创业基地于 2017 年年底挂牌成立，2018 年，离岸创新创业大厦投入运营，引进一批国外创新项目入驻。截至 2018 年年底，园区互联网企业约 300 家，实现营业收入 83 亿元，同比增长 1 089.1%。园区先后获得全国青年创业示范园区、国家小型微型企业创业创新示范基地、中国乡村旅游创客示范基地、海南省重点互联网创新创业基地、海南省科技企业孵化器等称号。

【电子政务】 2018 年，海南省以大数据应用为目标，加快信息化建设和政务数据共享。制定实施公共信息资源管理办法，打通非涉密政务信息系统，开发政务信息资源接口，强力推进政务信息资源共享开放。完善省数据大厅功能，汇聚各类基础数据库和政务部门数据，实现“平时协同、战时指挥、随时展示”。

政务信息共享网站和开放网站上线运行，为开展大数据创新应用提供支撑服务。建设人流、物流、资金流进出岛信息管理系统，通过全面即时采集和共享进出岛的人员、货物、资金等信息，精准识别和管控进出岛的“每一个人、每一件物品、每一分钱”，运用大数据分析感知社会态势，辅助科学决策。加快构建进出岛人流、物流、资金流“三流”电子围栏，初步实现进出岛 100% 人脸识别，正在对接国家和省直部门的物流、资金流数据。建成“互联网 +”防灾减灾、不见面审批、海口市智慧城市联动管理平台、三亚市旅游监管服务平台、智慧交通、医疗健康、精准扶贫大数据平台、椰城市民云等重点应用系统。“多规合一”信息综合管理平台入围“数字中国”峰会优秀案例，精准扶贫大数据管理平台获得 2018 年网络扶贫最佳实践案例，“市民一卡通与智慧城市建设”获得国家级奖励。

［撰稿：张苗苗　审稿：杨健］

重　庆　市

【概况】 2018 年，重庆市电子信息产业继续保持两位数增长，全年实现产值 6 678.5 亿元，同比增长 14%。规模以上电子信息制造业实现工业总产值 5 285 亿元，同比增长 12.5%。其中，手机及配套累计实现产值 945.7 亿元，同比增长 36.1%；计算机及配套累计实现产值 2 632.2 亿元，同比增长 10%。实现软件业务收入 1 393 亿元，同比增长 14.9%。

【电子信息制造业】 2018 年，重庆市电子信息制造业规模以上工业总产值增速高于全市工业增速 9.6 个百分点，占全市工业产值的 26.1%，拉动全市工业增长 3 个百分点，对全市工业增长贡献率 103%。全年累计生产计算机 9 812.6 万台，同比增长 28.4%，其中，笔记本电脑 5 730 万台，同比下降 3.8%；显示器 2 529 万台，同比增长 6.8%；打印机 1 589.5 万台，同比增长 9.6%；手机 1.88 亿部，同比下降 19%；集成电路 5.4 亿块，同比增长 16.7%；集成电路圆片 60 万片，同比增长 11.1%；液晶显示屏 1.4 亿块，同比增长 56.2%；印制电路板 740.4 万平方米，同比增长 19%。

2018 年，在全球笔记本电脑市场萎缩 2.5% 的情况下，重庆市笔记本电脑产量约占全球产量的 35.6%，连续 5 年居全球第一。苹果公司在重庆市布局全球穿戴式设备和平板电脑制造基地，有意将重庆市打造成全球知名的制造中心。

全年集成电路产业实现产值同比增长 22.5%，初步建成“IC 设计 – 晶圆制造 – 封装测试及原材料配套”的全流程体系。在设计业领域，重庆西南集成电路设计有限责任公司等本地企业在射频、驱动、功率等模拟及数模混合IC设计方向具备一定实力，同时引进锐迪科（重庆）微电子科技有限公司等发展通信、数据传输等IC设计业务。在制造业领域，拥有中国电子科技集团有限公司2条6英寸芯片生产线、华润微电子有限公司8英寸功率及模拟芯片生产线，重庆万国半导体科技有限公司建设12寸电源管理芯片生产线及封测线。在封装测试业领域，重庆平伟实业股份有限公司进入集成电路封测领域，SK海力士半导体（重庆）有限公司、嘉凌新科技有限公司建设存储芯片、功率器件封装测试线。在原材料配套领域，重庆超硅半导体有限公司和奥特斯科技（重庆）有限公司分别在大尺寸硅片和封装载板方向名列国内前茅。

全年平板显示产业实现产值同比增长8.8%。重庆京东方光电科技有限公司布局1条8.5代TFT-LCD面板线，月投片量15万片，还在建设一条6代AMOLED面板线，月投片量4.8万片，年产1 000万台电视机/显示器智慧电子生产线已经投产；重庆惠科金渝光电科技有限公司布局1条8.6代TFT-LCD面板线，月投片量8万片，同时还建有年产1 000万台电视机/显示器生产线；重庆莱宝科技有限公司、重庆市中光电显示技术有限公司均建有触摸屏生产线；康宁显示科技（重庆）有限公司建设25万平方米玻璃基板裁剪封装生产线。重庆市基本构建起“光学材料－玻璃基板－液晶面板－显示器件”全产业链条。

制造模式向智能化转变，全年移动智能终端企业共计投入资金约8亿元（包括笔记本电脑约2.6亿元、手机约1.6亿元、配套约3.8亿元）实施产线智能化改造工程，成效明显。降低人力成本约3.4亿元/年；笔记本电脑代工企业全员劳动生产率提升至29.3万元/人，比全市工业行业平均水平（29.1万元/人）高2 000元/人。纬创资通（重庆）有限公司、重庆笨瓜科技有限公司等8家企业获评全市数字化车间或智能工厂。英业达（重庆）有限公司因成功运用人工智能于自动光学检测而入选2018年重庆市人工智能与实体经济深度融合十大成果，重庆盟讯电子科技有限公司的智能工厂项目入选2018年重庆市物联网十大应用案例公示名单。

全年智能终端完成出口2 477.6亿元，同比增长14.7%，占全市出口额的72.2%，拉动全市出口增长10.4个百分点，对全市出口增长贡献率86.8%，成为拉动重庆市出口“第一动力”。同时，智能终端货运量约占中欧班列货运量的40%，占国际航空出项的90%。

【软件和信息技术服务业】 2018年，重庆市软件和信息技术服务业不断加大研发投入、提高创新能力，产业结构持续优化。分行业领域看，基于工业软件、信息安全软件、云计算、大数据、移动互联网等新业态快速发展，软件产品行业和信息技术服务行业在基数较大的情况下仍保持平稳较快增速。全年实现软件业务收入1 393亿元，同比增长14.8%；实现利润116.6亿元，软件利润率8.1%，比上年提升1个百分点，盈利能力逐渐加强；研发投入比11%，比上年提升2.1个百分点；从业人员18.5万人，同比增长2.6%，吸纳就业人数平稳增加。

在全行业软件业务收入中，完成软件产品收入352亿元，同比增长23.1%，高出全行业平均增速8.2个百分点；信息技术服务收入878亿元，同比增长12.2%；嵌入式系统软件收入163亿元，同比增长13.4%。软件产品、信息技术服务、嵌入式系统软件的收入占比分别为25%、63%和12%，与上年相比较，嵌入式系统软件收入占比基本持平，软件产品和信息技术服务收入占比分别提升和下降1.7个百分点，表明重庆市通过产业结构持续优化、加大新产品研发和提高软件产品质量，软件产品领域收益逐步提升。

【电子产品出口贸易】 2018年，重庆市计算机及配套累计出口2 241.4亿元，同比增长10.8%；手机及配套累计出口236.2亿元，同比增长74.3%。全年电子加工贸易完成产值2 237.4亿元，同比增长13.7%，占全市工业产值的11.0%，拉动全市工业产值增长1.4个百分点，对全市工业产值增长贡献率47.2%；出口2 175.0亿元，同比增长16.1%，占全市出口总量的63.4%，拉动全市出口增长9.9个百分点，对全市出口增长贡献率82.2%。

【科技进步与应用】 2018年，重庆市规模以上工业企业研发经费支出突破300亿元，企业研发投入强度达1.4%，继续保持中西部地区前列；新产品产值突破5 500亿元，新产品产值率继续保持在25%左右，继续保持西部首位。

建立研发准备金制度企业1 294家，同比增长63%；实施1 500余项重点产品研发及产业化项目；196

家企业的 356 个产品获评市级重大新产品，同比分别增长 123% 和 112%，累计实现销售收入 859 亿元，同比增长 96%；发挥工业和信息化专项资金的杠杆和引导作用，共支持 119 家企业研发机构建设、研发活动开展、研发成果等技术创新活动后补助项目 137 个，共计资金 6 266 万元。

新认定市级企业技术中心 123 家，建立市级企业技术中心 652 家；重庆水轮机厂有限责任公司、重庆江增船舶重工有限公司获评国家级企业技术中心；新认定智能医疗器械等 16 家市级工业和信息化重点实验室，累计 37 家；新认定宗申创新技术研究院等 19 家独立法人新型企业研发机构，累计 40 家；在集成电路、工业大数据、新材料等领域推进建设一批制造业创新中心；引进龙头企业在重庆市建立高端创新平台。

首次举办创新型企业评选活动，评选 100 家“优秀创新型企业”，为全市企业创新发展树立榜样；新认定重庆市光电显示、物联网等 5 家紧密合作的市级示范产业技术创新联盟和重庆市大数据、智慧交通车联网等 5 家市级试点产业技术创新联盟；推动重庆小康动力有限公司、重庆睿博光电股份有限公司在海外发达地区新建、收购研发机构。

中国汽车工程研究院有限公司、重庆山外山科技有限公司 2 家企业获评国家级技术创新示范企业；重庆中科云从科技有限公司、重庆平伟实业股份有限公司等 41 家企业获评市级技术创新示范企业；耐德能源装备集成有限公司获评全国质量标杆；重庆材料研究院获评国家产业技术基础公共服务平台，此为重庆市企业首次获评。

【信息基础设施】 2018 年，重庆市加速实施高速通信网络建设工程。一是持续推进“光网 · 无线重庆”建设。新建住宅小区光纤到户率 100%；全市光缆线路长度 98.7 万千米，宽带接入端口 2 092.5 万个，同比增长 17.7%；光纤接入 FTTH/O 端口 1 843.1 万个，同比增长 25.6%。二是持续加强国家级互联网骨干直联点建设。骨干直联点出省直联城市达 30 个，开通网内直联带宽 21Tbps、网间互联带宽 280Gbps；同步完成骨干直联点监测系统建设，具备动态、实时数据监测和管理能力。三是加快推动 18 个深度贫困乡镇信息基础设施建设。18 个深度贫困乡镇光纤网络完成投资 0.2 亿元，实现 92 个行政村人口集聚区的自然村光纤覆盖、4G 网络全覆盖。

有序推进免费无线局域网建设。通过公开招投标确定由上海均瑶集团承担项目建设，指导上海均瑶集团完成“重庆市爱重庆无线局域网建设运营有限公司”工商注册和全市公共免费无线局域网统一标识征集与确认工作。组织编制并印发《重庆市公共区域免费无线局域网技术服务标准》《重庆市公共区域免费无线局域网检测规范》，指导主城各区及 8 个 5A 景区区县开展调查摸底，并制定建设实施方案；会同市级相关部门协调解决交通枢纽、旅游景区、医院等重点公共服务场所规划建设中遇到的困难和问题。抓紧推进全市统一认证服务平台（一期）建设和 APP 开发，并通过专家评审。

【云计算】 2018 年，重庆市着力提升云服务能力。每月定期召开重点云计算企业专题协调会，加快推进两江国际云计算园内各数据中心建设进度。其中，中国联通西部数据中心启动二期工程建设；中国移动数据中心新增 7 个模块机房建设，机柜总数量 2 700 个；重庆腾讯云计算数据中心一期项目投入运营，建成机柜数量 2 000 个；腾龙（重庆）云计算数据中心已进行室内施工。全园累计建成机柜 11 570 个，服务器运营支撑能力达 15 万台。

开展智能超算中心论证工作。会同重庆大学、中国信通院西部分院与相关区县（园区）以及华为技术有限公司等国内超算领域龙头企业对接，开展计算能力需求调研和建设、运营模式论证。

【大数据】 2018 年，重庆市推动《重庆市大数据智能化发展应用条例》列入重庆市人大常委会和重庆市人民政府立法计划，并启动立法调研相关工作。推动《重庆市重点大数据智能化产品和服务目录》编制工作，明确大数据智能化重点发展的 12 个产业中各产业的具体范围与产业链构成，针对各个产业链环节，在应用、功能、需求、制造工艺、组成材料等多个领域维度中梳理重点产品和服务。牵头推动签署部市合作协议，双方就合作内容达成共识。

增强产业智力支撑能力。推动阿里巴巴网络技术有限公司与重庆大学、西南大学等 10 余家高校及职校合作，计划 3 年内为重庆市培养 1 万名大数据、电商类人才；推动腾讯计算机系统有限公司与重庆师范大学合作开办大数据专业，计划5年内培养千余名大数据专业人才。探索搭建市级大数据平台。制定市级大数据平台公司组建方案并上报市政府审议，加快构建全市大数据产业链、价值链和生态系统。

加大对行业企业的资金支持力度。组织100余家企业申报2018年第一批重庆市工业和信息化发展专项资金，支持项目41个，补助资金近3 500万元，涉及项目投资约4亿元。联合江北区政府、重庆日报共同主办2018重庆产业互联网高峰会相关系列活动，500多名大数据智能化领域的相关区县、园区、高校、专家、企业家代表就全市智能产业发展献计献策。

【工业互联网】 2018年，重庆市与工业和信息化部签订《关于建设工业互联网标识解析国家顶级节点（重庆）的合作备忘录》，重庆市正式成为五大工业互联网标识解析国家顶级节点建设城市之一。国家顶级节点（重庆）于2018年12月正式签约启动。

狠抓平台建设。与中国航天科工集团有限公司旗下航天云网科技发展有限责任公司合作共建国家级工业大数据制造业创新中心。推进腾讯工业互联网（重庆）智能超算中心、阿里飞象工业互联网平台、宗申忽米网平台、中移物联网OneNET平台、长安汽车全价值链智能化运营云平台等建设；推进用友网络科技股份有限公司、树根互联技术有限公司等平台和云服务商在重庆市布局发展。

开展宣贯活动。以“以大数据智能化为引领的创新驱动发展战略”为主题，推进工业智能化转型发展大计；举办2018智博会人工智能高端论坛和工业互联网高端论坛，先后在两江新区、潼南区、长寿区、万州区等地举办2018工业智能化巡回分享活动，共1 000余家企业参与，引领带动全市工业智能化升级和工业互联网快速发展。

【物联网】 2018年，重庆市南岸国家物联网产业示范基地集聚阿里赛迪、飞象工业物联网项目等20余个大数据智能产业项目；“物联地带·渝”产业园集聚重庆品胜科技有限公司等16家企业；长寿移动物联网应用示范基地落户友为技术有限公司、沛能科技有限公司、中国电信（重庆）物联网开发实验室等20家企业。

合川信息安全产业示范基地落户360网络安全、中兴网信信息安全总部、量子数字集群系统、量子通信数据处理技术产业化等项目，龙头企业重庆恒芯天际科技有限公司实现产值33.8亿元，重庆博琨瀚威科技有限公司实现产值3.5亿元；海康威视重庆基地主体施工基本完工，实现产值17.5亿元；三大运营商在重庆市部署NB-IoT基站2万多个，智慧停车、智慧小区等一批NB-IoT应用项目正在实施。

部市合作“基于宽带移动互联网的智能汽车与智慧交通应用示范”项目二期加快建设，完成礼嘉片区9.6千米开放道路、5个十字路口的LTE-V建设，涵盖20多个应用场景；中移物联网OneNET平台服务企业6 000多家，终端连接量超5 000万台；广睿达城市扬尘污染智能监测与管控一体化平台在重庆市、四川省等地开展规模化应用；中科云丛科技有限公司研发的人脸识别自助通关、大规模动态人群监测、智能图像侦查、重点人群身份识别等系统在国内多家主流机场应用。

【信息产业基地和园区】 2018年，重庆市持续开展中国软件名城创建工作。对全市软件产业发展现状、创建条件等情况进行摸底，全面启动重庆市创建中国软件名城的相关工作并获得工业和信息化部支持。

推进区县差异化发展。完成对重点区县的摸底调查，根据区域资源禀赋、产业基础、发展水平，拟定《关于优化产业布局推动大数据智能化产业差异化发展的指导意见（试行）》，推动产业错位发展、集约发展、集群发展。

开展“互联网+”产业基地创建。以全市“互联网+”产业基地创建工作为抓手，加强全市“4+11+N”产业载体统筹工作，在全市范围内公开遴选互联网产业园等9个具有相应基础和条件的产业基地（园区）开展“互联网+”产业基地创建工作。

加快推进产业园区建设。推动两江数字经济产业园正式开园，重点发展数字基础型、数字应用型、数字服务型的支撑体系。与九龙坡区、江北区联合打造市级特色大数据产业基地，与渝中区共同打造区块链产业基地，促进大数据相关企业加速集聚发展。

【重点信息化项目】 2018年，重庆市推动各行业大数据智能化应用。在农业领域，开展农业物联网示范，完成智能农业生产监测与管理网络一期建设任务，初步实现接入监测与管理网络的农业物联网示范生产经营企业统一管理。在医疗领域，健康医疗大数据中心及基础平台格局初具雏形，完成市、区县两级区域信息平台升级和电子病历、电子健康档案、人口家庭信息数据库“三库融合”应用。在教育领域，建成重庆基础教育资源库，汇聚资源 39 万余条；建成重庆高校在线开放课程平台，全市 18 所高校使用平台提供的校级课程云服务，自主建设在线开放课程 137 门，收录国家级精品课程 460 余门，国家级教育资源 60 余万条，累计访问量突破 2 900 万次。

【信息消费】 2018 年，重庆市出台《重庆市进一步扩大和升级信息消费持续释放内需潜力实施方案》（渝府发〔2018〕16 号），明确到 2020 年的总体目标及重点任务，并依托促进消费工作联系协调机制，适时研究协调有关重大问题。

优化监督管理机制，推进中国（重庆）自由贸易试验区“证照分离”改革试点，简化办事流程，提高服务效率。强化事中事后监管，创新信息消费领域服务和管理方式，建立健全“双随机、一公开”监管机制，提升协同处置能力。深化体制机制改革，鼓励民间资本参与信息通信业投融资。

建设网络可信体系，健全用户身份及网站认证服务等信任机制，加强互联网域名、IP 地址、网站、平台等的真实身份信息注册登记工作，提升网络支付安全水平。完善守信联合激励和失信联合惩戒机制，健全企业“红黑名单”制度，支持第三方机构开展可信网站、可信应用、可信电商的评估和认定，提升公共信用服务水平。规范企业市场行为，支持社会组织加强行业信用体系建设，营造公平诚信的信息消费市场环境。

健全保障体系，落实网络安全等级保护制度，加强移动应用程序和应用商店网络安全管理，推进数字证书认证、等级保护、风险评估、安全测评规范化建设。强化保护措施，严格落实个人信息保护的主体责任，规范个人信息采集、存储、使用等行为，严厉打击窃取、贩卖与违法使用个人信息等行为，加大网络领域知识产权执法力度，强化网络文化知识产权保护。加强权益维护，加大对各类网络病毒、恶意程序、诱骗欺诈等行为打击力度，降低信息消费风险。

【产业环境】 2018 年，重庆市出台《关于鼓励智能终端生产企业进行智能化改造的通知》（渝府办发〔2018〕69 号）等政策，引导推进行业重点企业实施大数据智能化改造，补助企业智能化改造资金 0.4 亿元，撬动企业投入资金约 8 亿元，减少用工 6 426 人，降低人力成本约 3.4 亿元 / 年，产品不良品率平均降低 46.3%，人均产能平均提高 78.2%，成效明显。

出台《重庆市深化“互联网 + 先进制造业”发展工业互联网实施方案》《重庆市推进工业互联网发展若干政策》等政策文件，优化产业发展环境。

【主要问题】 重庆市移动智能终端产业从规模上实现快速增长，但创新能力明显薄弱，行业内研发类企业较少，公共服务平台力量有待加强。

笔记本电脑、手机等为代表的终端产品占电子信息制造业比重 68%，附加值较高的核心零部件和基础部件的本地配套能力不够。笔记本电脑零部件品种本地化率达 95%，但价值量仅为 50%，而且所需传感器均需进口；手机产业高端零部件基本无本地供应，制造成本增高。

企业对工业互联网发展的资金投入缺乏信心；工业互联网平台和云服务的供给能力有待提高，对满足不同行业不同企业的发展需求仍存在一定挑战；工业互联网发展的环境氛围有待改善，政府政策引导、国有企业示范、行业龙头引领、金融领域支撑、行业协会发展等需形成合力。

物联网发展没有统一的技术标准和协调机制，开发成本过高，产业链发展不均衡，缺乏核心技术自主知识产权，政府相关扶持力度有待提高。

人工智能产业尚处于培育期，如何培育、如何招商引资尚无迹可循，发展较为困难。

【统计数据】

表 1　2016—2018 年重庆市软件和信息技术服务业基本情况

项目名称	单位	2016 年	2017 年	2018 年
软件业务收入	万元	10 249 597	12 133 955	13 929 501
软件业务出口收入	万美元	14 709	16 681	15 828
软件产品销售收入	万元	2 386 354	2 860 969	3 222 232
流动资产平均余额	万元	4 519 112	8 447 220	9 198 286
固定资产投资额	万元	197 174	265 000	457 686
资产合计	万元	13 905 010	23 494 563	21 900 681
负债合计	万元	4 905 398	9 967 228	8 449 732
税金总额	万元	176 448	678 027	1 132 040
利润总额	万元	665 218	876 738	1 165 865
应交所得税	万元	110 189	329 461	303 104
从业人员年末人数	人	147 419	180 314	185 027
从业人员工资总额	万元	1 101 303	1 332 774	1 245 158

注：数据来源于重庆市软件行业协会。

[供稿：重庆市经济和信息化委员会]

四　川　省

【概况】　2018 年，四川省电子信息产业完成主营业务收入 9 258 亿元，同比增长 18.9%。其中，电子信息制造业完成主营业务收入 4 955.5 亿元，同比增长 20.6%；软件和信息技术服务业完成营业收入 4 302.5 亿元，同比增长 17%。

【电子信息制造业】　2018 年，四川省规模以上电子信息制造业实现利润总额 170.3 亿元；税金总额 74.7 亿元，同比下降 12%；规模以上工业增加值同比增长 14.4%，比全省规模以上工业增速高 6.1 个百分点。

全省规模以上电子信息制造业三资企业完成工业总产值 2 932.5 亿元，工业销售产值 2 950.9 亿元，主营业务收入 2 431.5 亿元，利润总额 53.4 亿元。

全年生产微型电子计算机 5 903.6 万台，同比增长 13.8%；彩色电视机 1 001.5 万台，同比增长 13.6%；手机 9 437 万部，同比增长 155.2%；集成电路 76.6 亿块，同比增长 65.4%；半导体分立器件 1 389.6 亿只，同比增长 19.6%。

四川长虹电子控股集团有限公司、四川九洲电器集团有限责任公司入围第 32 届中国电子信息百强企业，分别居第 6 位、第 41 位。

【软件和信息技术服务业】　2018 年，四川省实现软件业务收入 3 172.6 亿元，同比增长 14%；利润总额 382.9

亿元。其中，软件产品收入 1 150 亿元，同比增长 9.6%；信息技术服务收入 1 759 亿元，同比增长 5.4%；机械、电器、交通工具等行业智能化产品增多，嵌入式系统软件收入 180 亿元，同比增长 180.9%。

【电子产品进出口贸易】 据四川省商务厅数据，2018 年，四川省电子产品进出口总额 4 048.2 亿元，同比增长 42.6%。其中，进口 1 905.1 亿元，同比增长 51.4%；出口 2 143.1 亿元，同比增长 35.6%。集成电路是四川省进口额最大的单项产品，全年进口集成电路 1 351.3 亿元，同比增长 19.6%，占全省进口总额的 70.9%。自动数据处理设备及其部件出口 1 266.7 亿元，同比增长 37.8%；集成电路及微电子组件出口 621.5 亿元，同比增长 35.8%；手持式无线电话机零件出口 77.5 亿元，同比下降 21.1%。

【科技进步与应用】 2018 年，四川省 4 个电子信息类项目成果获得四川省科学技术进步奖一等奖，分别为电子科技大学牵头的高效率行波管的关键技术及其在北斗和大飞机中的应用项目、全加成铜柱阵列集成电路系统封装基板关键技术及产业化项目，四川大学牵头的基于免疫的网络环境威胁感知与动态风险控制技术及应用项目，中国电子科技网络信息安全有限公司牵头的网络安全深度监测与适时预警关键技术及应用项目。

【信息基础设施】 2018 年，四川省信息网络基础设施持续优化。推进“光网四川”建设，推动城乡光纤网络覆盖和扩容提速。城市地区普遍具备千兆宽带接入能力，光纤宽带用户占比 94%，固定宽带家庭普及率 79%，移动宽带用户普及率 88%，行政村光纤通达率 98.4%。互联网省际出口带宽 23.7Tbps，成都国家级互联网骨干直联点网间主要互联单位带宽 410Gbps。加快建设“无线四川”，实现 4G 城镇地区全覆盖，全省行政村覆盖率 93%，全省 4G 用户近 7 000 万户。推动 5G 技术的研发和布局，三大电信运营商均将成都市纳入首批 5G 试点。NB-IoT 网络建设与优化加快。截至 2018 年年底，全省建设 NB-IoT 基站 5.1 万个，开通约 4.1 万个，基本实现城区和乡镇连续覆盖；光缆线路长度 279 万千米，移动基站 33.6 万个，其中，4G 基站近 20 万个；固定宽带端口 5 545 万个，其中，光纤端口 5 000 万个；IPTV 用户 1 385 万户。

【云计算、大数据、人工智能】 2018 年，四川省出台《省领导联系指导五大支柱产业和数字经济发展工作方案》《四川省促进大数据发展工作方案》《大数据产业培育方案》《促进新一代人工智能产业发展行动方案》等政策性文件。

全省在用和在建数据中心超 100 个，总设计机架数超 20 万个，中国电信集团西部信息中心、中国电信集团西部云计算基地（成都）、中国移动集团成都（西部）云计算中心、中国联通集团天府信息中心等国家级超大型数据中心，以及万国数据成都数据中心等陆续建成投产，机架数超 10 万个的天府信息枢纽项目已开工。中国西部信息中心、成都高新数据中心入围国家首批绿色数据中心名单，成德绵眉泸雅大数据产业集聚区初具规模，眉山华为大数据中心（一期）、泸州大数据产业园、雅安川西大数据产业园等建设进展顺利，崇州市获批国家新型工业化产业示范基地（大数据），长虹大数据产业供应链决策分析平台等 7 个项目获得工业和信息化部 2018 年大数据产业发展试点示范项目。协调推动云制造骨干企业联合成立工业云制造（四川）创新中心，并积极创建国家级制造业创新中心。

在天府新区规划 500 万平方米的智能制造产业园用于建设以机器人为主的智能装备产业研发中心、制造基地、检验检测服务平台等，以成都菁蓉国际广场为主体建设人工智能科创小镇。四川久远银海健康医疗大数据应用创新示范等 3 个项目获批工业和信息化部 2018 年人工智能与实体经济深度融合创新项目，电子科技大学研发的首个人工智能政策引擎上线运行，四川大学无人驾驶公交系统在校区内已开展示范应用。

【工业互联网】 2018 年，四川省研究出台《关于加快构建“5+1”现代产业体系推动工业高质量发展的意见》等系列政策文件，加速构建全省工业互联网政策体系，为企业实施工业互联网提供政策依据和支持。

加速培育工业互联网平台。重点围绕全省“5+1”现代产业体系，引导中国航天科工集团等龙头企业在四川省建设平台；加快打造以四川长虹电器股份有限公司的四川电子信息产业集聚区工业互联网平台、攀钢积微物联集团股份有限公司的西部钢铁钒钛工业互联网平台等为代表的一批工业互联网“四川品牌”，推动全省构建“一干多支、五区协同”区域发展新格局。

不断完善工业互联网发展支撑体系。推进工业大数据、工业云制造、工业信息安全、智能制造等省级制造业创新中心加快发展，广泛服务全省电子信息、钢铁钒钛、能源装备等重点领域，夯实平台支撑能力。布局成都市开展工业互联网标识解析核心节点建设，四川新华西乳业有限公司的液态奶产品标识解析应用项目入围工业和信息化部2018年工业互联网试点示范项目。

【物联网】 2018年，四川省物联网相关产业规模超1 200亿元，集聚企业超1 100家，初步形成物联网全产业链，在车联网、智慧医疗、智慧物流等领域集中度最高，由产业核心区成都市辐射带动绵阳市、乐山市、内江市、遂宁市、宜宾市等地物联网产业发展。四川爱联科技有限公司成为中国大陆最大的物联网模块及物联网传感器应用的研发与智能制造基地，具备各类模组1 200万片/月产能，累计为2亿多件电子产品提供可靠联接服务。

加快NB-IoT网络建设与优化，截至2018年年底，全省开通NB-IoT基站约4.8万个，基本实现城区和乡镇的连续覆盖，网络部署进度位列国内领先水平。物联网平台能力进一步增强，全省物联网设备连接数约3 000万个，其中，NB-IoT终端连接数突破150万个。三大运营商均实现从模组到智能终端、应用的产业链雏形，出现智能水表、智能燃气表、智慧路灯、智能停车、智能烟感、智慧农业等场景。成都千嘉科技有限公司的基于物联网技术智慧燃气大数据平台等4个项目入围工业和信息化部2018年物联网集成创新与融合应用项目。绵阳市布局智慧交通、智能电网、智慧工厂、畜产品溯源、产品防伪等领域，先后实施烟草收购、仓储物流、航材信息化管理等多个物联网示范应用项目。

【信息产业基地和园区】 2018年，四川省园区新经济新业态初现端倪，发挥产业和应用领域优势，加快“数字产业化”和“产业数字化”步伐。

成都电子信息产业功能区（成都高新区）围绕“5+1”现代产业体系重点发展集成电路、新型显示产业，全年123家规模以上电子信息制造企业累计实现产值3 000.5亿元，同比增长20.4%，产值总额占成都高新区工业产值规模的84%；电子信息产业固定资产投资额超225亿元；实现进出口总额3 115亿元，同比增长31%。

成都科学城围绕“5+1”现代产业体系重点发展新一代人工智能为特色的数字经济，规划面积125平方千米，规划布局经济和人工智能产业园、数字经济和5G产业园等。

成都智能应用产业功能区（成都崇州经济开发区）围绕“5+1”现代产业体系重点发展电子信息产业、智能家居产业、大数据和人工智能产业。全年园区规模以上工业实现工业总产值290.2亿元，同比增长19.4%；崇州市获批国家新型工业化产业示范基地（大数据）。

【电子政务】 2018年，四川省政务信息系统整合共享稳步推进，政务信息资源目录体系初步形成，在国家共享交换平台加载的目录数量居全国前列。完成交换平台、共享网站、编目系统等核心内容建设，已部署上线并进入试运行阶段。围绕服务民生和社会治理，多次协商国家部委和省级部门共享数据资源，在涉税、医疗、旅游、扶贫等领域加快推进整合共享应用试点，打造一批可复制、可推广的样板应用。四川省被确定为九个国家政务信息系统整合共享应用试点省之一。

“互联网+”政务服务持续深化。建成省、市、县三级统筹，十类行政权力和公共服务事项全覆盖的一体化政务服务平台和政务服务网，覆盖全省8 500多个行政部门、11万多个行政岗位。坚持“马上办、网上办、就近办、一次办”（“四办”），持续推进审批服务便民化，不断优化营商环境。全省21个市（州）183个县（市、区）“四办”清单已全部对外公布。其中，市、县两级“最多跑一次”事项占比均超85%，“网上办”事项占比达60%以上。

社会治理与民生服务应用水平不断提升。运用互联网、大数据等现代信息技术，推动跨部门、跨区域、跨行业涉及公共服务事项的信息互通共享、校验核对，加快推进社会化应用，提升公共服务整体效能。全省高速公路主干线全部实现移动通信信号覆盖（除部分隧道外）；旅游服务平台和应急救援平台建设成果效力初显；数字教育资源及教育服务平台建设有力推进，98.6%的中职学校、88%的中小学校接入互联网，8 760个边远农村山区“教学点”实现数字教育资源全覆盖；“互联

网 +”医疗规范研究、政策制定和服务试点稳步推进，省级医疗健康平台建设等发展迅速，全国家庭健康服务平台西南中心落户四川省；智慧社区与智慧家庭试点成效明显，3 000 多个小区（楼盘）社区网络完成数字文化视听社区工程的优化升级。

【两化融合】 2018 年，四川省两化融合发展水平首次超过全国平均水平，处于全国第一梯队，发展水平增速 7.3%。智能制造加快推进，数字化研发设计工具普及率 64.9%，关键工序数控化率 46.3%，进入两化融合集成提升与创新突破阶段的企业比例 29.8%。全年新增上云企业 3 000 余家，超额 50% 完成年度目标。

持续推进 260 家企业开展贯标，全年分别新增国家级、省级贯标试点企业 22 家、89 家，累计 34 家企业通过贯标评定，通过数量同比增长 183%；累计组织 3 415 家企业参与两化融合评估诊断和对标引导，参评企业数同比增长 65.1%。

举办 2018 中国信息通信大会、2018 工业互联网高峰论坛（中国・成都）、2018 全国两化融合深度行（四川站）暨首届工业大数据峰会、四川省“两化深度融合、万家企业上云”启动会等系列活动，宣贯数字经济、两化融合、工业互联网等相关政策，明晰行业发展导向，持续扩大全省两化融合影响力。

【信息消费】 2018 年，四川省信息消费规模不断扩大，同比增长约 13.3%；实现电子商务交易额约 3.3 万亿元，同比增长 19.6%。其中，网络零售额实现 4 269.2 亿元，同比增长 28.6%；农村网络零售额实现 926.2 亿元，同比增长 30.5%，有力带动农村信息消费。

信息消费试点示范应用有序开展。绵阳九洲北斗新时空能源有限公司等企业的 5 个项目入围工业和信息化部 2018 年新型信息消费试点示范项目；开展 2018 年三部委智慧健康养老应用试点示范，四川省获批试点示范数量连续两年并列全国第一；宜宾天原集团股份有限公司等企业的 4 个项目获批工业和信息化部 2018 年制造业与互联网融合发展试点示范项目。

信息消费理念加速推广普及。中国信息消费推进联盟首个分联盟——四川省分联盟在成都市成立。联合中国通信学会等单位举办 2018 信息通信大会，构建信息消费宣传舆论高地，营造发展环境。

“双创”新模式助力企业信息消费。不断完善“互联网 + 中小微企业创新创业公共服务平台”，推出益政务、益服务、益应用、益智造、益市场、益资讯 6 个功能子平台；分别培育国家级和省级中小企业公共服务示范平台 26 家、61 家，分别培育国家级和省级小型微型企业创业创新示范基地 13 家、122 家，持续推进中小微企业“双创”需求与优质服务生态资源多维高效对接。

【产业热点】 2018 年，四川省网络安全产业实现产值 440 亿元。聚焦系统产品、安全终端、安全芯片、安全软件及服务四大方向，总投资 130 亿元的中国电科（成都）网络信息安全产业园项目正在加快建设；海康威视成都科技园项目落户成都市天府新区，正在进行场地整理；360 企业安全集团三大战略中心正式启动，正在加快推进。

全省以北斗芯片为核心和支撑，以应用为突破，以终端制造为抓手，通过编制路线图、争取专项支持、推进示范应用工程、建设高精度增强系统、授牌北斗导航服务（数据）中心（平台），北斗产业取得快速发展。拥有振芯科技股份有限公司、九洲电器集团有限责任公司等一批北斗骨干企业，具备“芯片 - 终端 - 系统 - 服务”门类齐全产品，据不完全统计，2018 年，全省北斗及导航产业规模超 100 亿元。

2018 年，全省新型显示产业实现产值 150 亿元。京东方成都 6 代 AMOLED 生产线项目实现量产，并与华为技术有限公司签订供货协议；总投资 465 亿元的京东方绵阳 6 代 AMOLED 生产线项目正在加快建设，预计 2019 年第一季度点亮；总投资 280 亿元的中国电子 8.6 代液晶面板项目进入量产阶段，并与长虹集团等企业签订供货协议；总投资 443 亿元的信利仁寿高端显示项目正在加快建设，其中，模组子项目已投产；总投资 240 亿元的惠科绵阳 8.6 代液晶显示项目正在加快建设。

2018 年，全省集成电路产业实现产值 1 000 亿元。总投资 1 680 亿元的紫光集团成都 IC 国际城项目正在加快建设；首期投资 43 亿元、总规模达 2 000 亿元的中国电子信息产业集团成都芯谷项目已签约项目 36 个，落地 18 个，累计投资 208 亿元；总投资 128 亿元的诺思（绵阳）微系统基地项目已开工建设。

全省智能终端产业重点发展面向下一代移动互联网

和信息消费的智能可穿戴、智慧家庭、智能车载终端、智能手机等产品。广安市、宜宾市、泸州市、自贡市等地新落地智能终端项目近300个，总投资超1 000亿元，预计产值超2 000亿元。其中，智能终端项目投产近50家，预计达产后年总产值超500亿元。

全省12家企业入围2018年中国大数据企业排行榜，在数据集成、分析挖掘、数据安全、电商、物流、金融等方面的技术和应用指标居全国前列。久远银海软件股份有限公司、勤智数码科技股份有限公司等多家企业参与国家标准化管理委员会多项大数据标准制定。

【统计数据】

表1　2018年四川省电子信息制造业人员构成情况

企业类别	企业数（家）	从业人员年末人数（人）	人员构成	
			研发人员（人）	在总人数中所占比例（%）
内资企业	568	221 676	33 786	15.2
国有企业	18	81 504	16 806	20.6
集体企业	1	98	11	11.2
股份合作企业	2	170	20	11.8
国有独资公司	2	61 291	5 981	9.8
有限责任公司	245	12 776	2 464	19.3
股份有限公司	52	22 794	3 768	16.5
私营企业	241	41 523	4 677	11.3
其他内资企业	7	1 520	59	3.9
港、澳、台商投资企业	14	85 485	1 626	1.9
三资企业	36	66 116	1 361	2.1

表2　2016—2018年四川省电子信息制造业基本情况

项目名称	单位	2016年	2017年	2018年
工业总产值（现行价）	万元	43 292 651	49 056 094	52 625 646
工业销售产值	万元	40 175 976	48 428 464	52 292 081
出口交货值	万元	15 978 617	23 311 277	22 554 138
资产总计	万元	29 487 982	40 561 332	47 799 729
负债合计	万元	17 415 905	26 389 645	32 140 470
主营业务收入	万元	36 762 000	42 719 978	49 555 123
税金总额	万元	738 209	848 663	746 923
利润总额	万元	1 255 000	2 020 686	1 668 714

续表

项目名称	单位	2016 年	2017 年	2018 年
应交所得税	万元	180 245	256 498	184 912
从业人员年末人数	人	298 698	368 933	373 277
从业人员工资总额	万元	1 952 989	2 008 286	2 327 822

表 3　2016—2018 年四川省电子信息制造业三资企业基本情况

项目名称	单位	2016 年	2017 年	2018 年
工业总产值（现行价）	万元	23 638 323	26 038 332	29 324 792
工业销售产值	万元	21 338 712	25 825 404	29 509 007
出口交货值	万元	14 621 504	21 882 903	10 237 777
资产总计	万元	10 720 818	15 064 302	18 346 222
负债合计	万元	6 782 426	11 262 876	14 316 725
主营业务收入	万元	21 427 872	19 755 911	24 315 304
税金总额	万元	171 218	34 746	137 338
利润总额	万元	1 081 347	725 203	534 100
应交所得税	万元	62 846	85 334	48 449
从业人员年末人数	人	104 784	146 452	66 116
从业人员工资总额	万元	684 634	648 788	444 895

表 4　2016—2018 年四川省电子信息制造业主要经济效益指标完成情况

项目名称	单位	2016 年	2017 年	2018 年
流动资产周转率	次	2.1	1.5	1.5
产品销售率	%	92.8	98.7	94.2
总资产贡献率	%	9.0	7.1	6.2
资产保值增值率	%	136.3	113.9	142.0
资产负债率	%	59.1	65.1	67.2

表 5　2016—2018 年四川省电子信息制造业三资企业主要经济效益指标完成情况

项目名称	单位	2016 年	2017 年	2018 年
流动资产周转率	次	2.8	1.7	2.4
产品销售率	%	90.2	99.2	61.8

续表

项目名称	单位	2016年	2017年	2018年
总资产贡献率	%	9.5	5.5	5.6
资产保值增值率	%	251.2	118.1	180.0
资产负债率	%	63.3	74.8	78.0

表6　2016—2018年四川省主要电子信息产品产量情况

产品名称	单位	2016年	2017年	2018年
彩色电视机	万台	1 111	1 222.5	1 001.5
笔记本计算机	万台	2 428.5	2 687.5	1 215
平板计算机	万台	4 099.6	2 455.8	2 313.3
手机	万部	4 486.7	2 824.2	9 437
集成电路	万块	332 329	261 363	766 000

表7　2016—2018年四川省三资企业主要电子信息产品产销量情况

产品名称	单位	产量			销量		
		2016年	2017年	2018年	2016年	2017年	2018年
笔记本计算机	万台	2 428.5	2 676.4	1 215	2 428.5	2 667.6	1 202.4
平板计算机	万台	4 099.6	2 356.6	2 313.3	4 099.6	2 278.6	2 335.3
彩色电视机	万台	122.7	189.7	155.4	122.7	171.4	170.6
电子元件	万只	202 587	334 039	297 833	202 587	321 715	294 205
电子器件	万只	4 441 344	6 541 506	8 770 568	4 441 344	6 404 448	8 424 947
集成电路封装测试	万只	35 000		64 759	35 000		65 014

表8　2018年四川省软件和信息技术服务业人员构成情况

企业类别	企业数（家）	从业人员年末人数（人）	人员构成	
			软件开发研究人员（人）	在总人数中所占比例（%）
内资企业	1 721	344 337	70 371	20.4
国有企业	47	79 786	7 504	9.4
集体企业	5	1 226	57	4.6
股份合作企业	6	1 552	553	35.6

续表

企业类别	企业数（家）	从业人员年末人数（人）	人员构成	
			软件开发研究人员（人）	在总人数中所占比例（%）
联营企业	3	450	215	47.8
有限责任公司	754	117 800	28 394	24.1
股份有限公司	181	70 810	17 776	25.1
私营企业	711	71 863	15 622	21.7
其他内资企业	14	850	250	29.4
港、澳、台商投资企业	27	6 102	2 591	42.5
三资企业	70	21 315	7 463	35.0

表 9　2016—2018 年四川省软件和信息技术服务业基本情况

项目名称	单位	2016 年	2017 年	2018 年
软件业务收入	万元	24 230 870	27 822 349	31 726 385
软件业务出口收入	万美元	147 393	147 169	152 418
软件产品销售收入	万元	9 586 500	10 495 827	11 497 813
流动资产平均余额	万元	8 751 771	12 698 534	40 474 608
固定资产投资额	万元	505 497	388 270	975 537
资产合计	万元	15 815 884	101 377 956	44 365 598
负债合计	万元	7 056 853	45 459 183	20 761 539
税金总额	万元	1 080 499	1 595 322	1 058 197
利润总额	万元	2 761 702	3 266 506	3 829 256
应交所得税	万元	302 994	332 034	469 318
从业人员工资总额	万元	3 019 178	3 712 453	4 566 250

表 10　2016—2018 年四川省软件和信息技术服务业三资企业基本情况

项目名称	单位	2016 年	2017 年	2018 年
软件业务收入	万元	1 341 266	928 110	1 605 041
软件业务出口收入	万美元	104 354	41 280	94 269
软件产品销售收入	万元	193 841	191 594	327 976
流动资产平均余额	万元	477 821	301 908	1 198 366

续表

项目名称	单位	2016年	2017年	2018年
固定资产投资额	万元	86 545	13 320	54 775
资产合计	万元	898 341	574 033	2 176 763
负债合计	万元	339 652	362 269	887 985
税金总额	万元	51 470	82 381	44 594
利润总额	万元	315 256	87 311	275 355
应交所得税	万元	16 178	6 438	20 731
从业人员年末人数	人	22 099	17 897	21 315
从业人员工资总额	万元	291 432	285 078	317 378

注：表1～表5、表7～表10数据来源于四川省经济和信息化厅，表6数据来源于四川省统计局。

［供稿：四川省经济和信息化厅］

贵 州 省

【电子信息制造业】 2018年，贵州省电子信息制造业持续快速增长，规模以上电子信息制造企业228家，较上年增加39家；增加值同比增长11.2%，占全省规模以上工业比重2.3%，拉动全省工业增长0.2个百分点，对工业增长贡献率达2.3%，实现利润同比增长3.8%。分行业来看，电子计算机制造快速增长，增加值同比增长48.8%；电子元件制造、电子器件制造均实现平稳增长，同比分别增长11.2%、14.7%；通信设备制造呈现波动，同比下降4.8%。

主要产品供给能力增强，服务器等新产品快速填补省内空白，电子元器件等主要产品加快升级换代。全年生产集成电路3 782.11万块，同比增长1.4%；电子元件30.83亿只，同比增长74.4%；智能电视126.91台，同比增长2.8%；智能手机859万部，同比下降51.8%。

规模以上电子信息制造企业100亿级企业1家，50亿级企业3家，部分重点企业产值实现翻番增长。一批在建项目实现投达产，浪潮英信服务器生产项目一期建成投产，在锂离子电池、智能终端等领域一批重点项目进展顺利。

【软件和信息技术服务业】 2018年，贵州省软件和信息技术服务业推动供给侧结构性改革，加快新旧动能转换，各项工作取得成效。全省规模以上软件和信息技术服务业收入同比增长21.5%，纳入工业和信息化部统计监测的软件和信息技术服务企业241家，完成软件业务收入174.6亿元，同比增长23.4%，其中，软件业务收入超亿元企业14家。

以"寻苗行动"等为抓手，开展大数据产业招商，落地一批软件和信息技术服务业领军企业和龙头项目。截至2018年年底，苹果公司、英特尔公司、微软公司、华为技术有限公司、阿里巴巴集团等国内外知名企业项目落户贵州省。

满帮集团（货车帮）连续两年入选独角兽企业榜单，诚信注册会员车辆450万辆，诚信注册货主会员88万家，每天发布货源信息500万条，日促成交易14万单，日促成运费结算超17亿元，估值超65亿美元，覆盖全国

80% 的货车司机及货主。白山云科技股份有限公司服务近 300 家知名互联网企业和中国 70% 的互联网用户，被高德纳（Gartner）评为“全球级”服务商。朗玛信息技术股份有限公司连续 3 年入选中国互联网企业百强榜单。易鲸捷信息技术有限公司国产自主分布式数据库通过摩根大通多项严格测试，已在其全球大数据平台中全线部署。苹果 iCloud 中国大陆服务交由云上贵州公司运营。华为软件行业公共服务平台华为软件云投入运行，对 208 家企业、5 家高校 750 名学生提供软件开发等“双创”服务。贵阳数博大道、华为全球数据中心、腾讯核心数据中心、中国特色物联网产业（遵义）基地等一批龙头项目持续推进。航天云网基于工业云的企业生产管理大数据应用分析平台等 5 个项目入选 2018 年国家大数据产业发展试点示范项目。西部生态链电子商务有限公司酒类产品新零售智慧模式示范平台等 2 个项目入选国家新型信息消费示范项目。

2018 年，全省软件和信息技术服务业研发投入占比 5.5%，较上年提升 0.6 个百分点。全省获得高新技术企业认定的软件企业 122 家，获得 ISO27001 信息安全认证企业 26 家，软件著作权登记数 6 720 件，科技企业孵化器、国家级众创空间 60 余家，在孵企业 1 456 家。提升政府治理能力大数据应用技术国家工程实验室、大数据协同安全技术国家工程实验室均已揭牌。百度创新中心启动运营，并有 13 家企业入驻。推进与微软公司共建“块数据”实验室，与英特尔公司合作人工智能开放平台、人工智能创新加速器，与加州大学伯克利分校、斯坦福大学合作设立研发机构等。建成贵州省大数据产业发展研究院、贵州大学公共大数据重点实验室、中国科学院软件所贵阳分所、大数据战略重点实验室、戴尔－高新翼云 IT 联合实验室、博科－高新翼云网络交换技术实验室等一批大数据科研平台，成立贵阳大数据创新产业（技术）发展中心、太极 –IBM 贵阳智慧旅游联合创新中心、思爱普贵阳大数据应用创新中心等一批大数据创新平台。

【信息基础设施】 2018 年，贵州省数字基础设施不断完善。实施数字基础设施三年会战，“光网贵州”如期建成，“满格贵州”深度覆盖，全省信息基础设施发展水平从 2015 年全国第 29 位迈到 2018 年第 15 位，进入全国第二方阵。互联网出省带宽从 2010 年 325Gbps 增长到 2018 年 9 130Gbps，8 年间增长 27 倍。建成贵阳・贵安国家级互联网骨干直联点，省内互联时延由原来的 30 余毫秒降至 3 毫秒左右，丢包率接近于零。互联网平均接入速率全国排名第 11 位，全省流量综合资费水平下降 35%。全省行政村 100% 通 4G 网络、98% 通光纤，多彩贵州广电云“户户用”快速推进。

数据中心加速集聚。建设贵州・中国南方数据中心示范基地，全省投运及在建的 1 万台服务器以上数据中心共 20 个，服务器承载能力 52 万台，安装使用服务器 12.4 万台，数据中心 PUE 平均值 1.56，比全国数据中心 PUE 平均值低 4.3%。苹果公司、华为技术有限公司等龙头数据中心加快建设或扩建。

5G 等前沿应用快速落地。三大电信运营商全部完成 LTE 核心网 IPv6 改造，5G 商用基站开通。贵阳市成为国家发展和改革委员会批准的首批 5G 试点城市，其他市（州）同步开通 5G 实验网。

【大数据】 2018 年，贵州省实施万企融合大行动，开展数字经济攻坚战，全面推进大数据和实体经济深度融合。全省建设 102 个标杆项目、1 050 个示范项目，带动融合企业 1 625 家，引导 10 124 家企业上云用云，并在全国率先编制《大数据与实体经济深度融合评估体系》。

大数据与工业融合发展涌现新示范。推动企业关键业务环节大数据应用，33.9% 的工业企业实现大数据与研发、生产、销售、管理等关键业务环节全面融合，成为工业企业开展生产过程优化、产品设计开发、产品质量管理、故障诊断预测的重要支撑。“工业云”成为工业和信息化部认定的 4 个面向特定区域工业互联网平台试点项目之一，被评为工业和信息化部 2018 年工业互联网创新发展工程。工业企业云平台应用比例 38.4%，达到全国中上水平，9 家企业入选国家级智能制造和两化融合试点示范，10 家企业成为国家信息化和工业化融合管理体系贯标试点企业。

大数据与服务业融合发展开创新模式。推广行业大数据平台，18.5% 的服务业企业实现企业间关联信息共享交互，54% 的服务业企业依托数据实现成本、利润分析决策，平台化成为服务业发展重要方向，数据成为企业经营决策重要依据。智慧旅游、智慧交通、智慧金融等新模式、新业态不断涌现，生产性服务业应用大数据、互联网创新服务模式企业比例17.9%，4A级以上景区视频数据全部接入智慧旅游"一站式"服务平台，涌现出黄果树景区等大数据智慧旅游典型应用。

大数据与农业融合发展拓展新空间。发展农业物联网、推动农产品质量追溯体系建设，18.9%的农业企业基于农业物联网实现数据采集，12.2%的农业企业实现农产品种养、初加工、运输、销售全程质量追溯，带动59.9%的农业企业依托数据精准开展产销对接。建立健全农业生产管理、市场销售、监管服务等全链条"大数据+农业"体系，458个农产品纳入追溯系统，10个农业物联网基地建成，70个县入选国家级电子商务进农村示范县，建成37个省级电子商务进农村示范县、60个县级电商运营服务中心、1.02万个村级电商服务站点，快递物流覆盖全省80%的乡镇。

对外开放水平不断提升。连续5年举办贵阳国际大数据产业博览会，升格为国家级平台展会，成为国际大数据领域规格最高、影响力最大、专业性最强、业界精英汇聚最多的盛会之一。

安全保障能力持续增强。成立省大数据安全领导小组，统筹开展大数据安全管理工作；组建省大数据及网络安全专家委员会，建立大数据网络安全专家智库。提出大数据安全保护"1+1+3+N"总体思路和"八大体系"建设架构。推进贵阳国家级大数据安全靶场、大数据及网络安全技术创新中心、应用示范中心和科研培训、技术验证等基地建设。贵阳市获批全国首个大数据安全试点示范城市。

【工业互联网】 2018年，贵州省区域综合性工业互联网平台快速发展，推动贵州"工业云"公共服务平台迭代升级为工业互联网平台，形成云制造、工业品电商、物联网、云资源、增值服务、双创及专区服务7个板块，形成国家软件著作权52项、国家实用新型专利3项，获得工业和信息化部大数据产业发展创新试点示范项目、工业和信息化部制造业"双创"平台试点示范项目、产业互联网TOP100等荣誉，成为全国仅有的四个面向特定区域工业互联网平台试验测试项目之一。

工业互联网三大体系及工业互联网APP应用逐步推进，引导并培育具有行业领先优势和特色鲜明的企业开展工业互联网平台、网络应用、标识解析、网络信息安全及工业互联网APP应用建设工作，开磷集团和振华集团获批工业和信息化部2018年工业互联网试点示范项目。形成部分工业互联网平台应用案例，推动企业在贵州"工业云"公共服务平台的应用，400余家企业深度应用设备上云、业务系统上云服务、大数据分析应用上云。

【两化融合】 2018年，贵州省工业主要产业融合发展形成示范，全年组织推荐并指导报送47个标杆项目、465个示范项目、707个融合企业，贵州芭田生态工程有限公司等4家企业进入工业和信息化部2018年两化融合管理体系贯标试点企业名录。

加强顶层政策设计，配合起草《贵州省实施"万企融合"大行动打好"数字经济"攻坚战实施方案》《贵州省推动大数据与工业深度融合发展工业互联网实施方案》等政策文件，不断提升融合应用的广度、深度、精度。建立培育对象信息库及工作调度机制，通过出台配套落实方案、开展培训与宣讲、专项资金支持、巡查督促等方法深入推进地区融合发展工作。组织企业申报并编撰《贵州省推动大数据与工业深度融合发展工业互联网优秀案例集（2018）》，组织并指导工业企业进行制造业与互联网深度融合、工业和信息化部工业互联网试点示范等项目的申报工作。组织开展业务培训，承办2018年工业和信息化部工业信息安全专题培训（贵州）。引进和培育相关产业，在打造区域级工业互联网平台、制造业创新中心建设、推进工业互联网应用试点示范、促进中小微企业数字化改造和登云用云等方面开展广泛合作。继续开展工业控制系统安全保障工作。

【主要问题】 贵州省软件和信息技术服务业产业规模太小，企业小、散、弱的局面没有得到根本改变，龙头企业、龙头项目仍然缺乏；融合应用水平不高，传统企业自动化和信息化程度较低，软件和信息技术应用仍处于初步阶段，数据驱动作用未能有效发挥；专业人才缺口较大，领军型人才、复合型人才和高技能人才都十分紧缺，与大数据发展的旺盛需求脱节；创新创业环境仍需优化，特别是与沿海发达地区相比，技术创新环境、发展基础环境、配套体制机制等差距都比较明显。

［供稿：贵州省工业和信息化厅　贵州省大数据发展管理局］

云 南 省

【概况】 2018 年，据云南省统计局统计数据，云南省信息产业实现主营业务收入 1 238.16 亿元，同比增长 23.3%。其中，电子信息制造业 333.84 亿元，同比增长 26.6%；信息传输及软件和信息技术服务业 690.88 亿元，同比增长 17.8%。由电子信息制造业、信息传输及软件和信息技术服务业构成的信息产业核心产业实现主营业务收入 1 024.72 亿元，同比增长 20.5%。

根据行业统计，云南省电子信息产业统计内企业 222 家，其中，电子信息制造企业 46 家，软件和信息技术服务企业 176 家。主要电子产品中，彩色电视机产量 54 万台，出口 66 万台；液晶显示屏产量 78 万片，出口 78 万片；平板计算机产量 72 万台，出口 72 万台；光学仪器产量 26 万台，出口 27 万台；手机产量 1 018 万部，北斗全球卫星导航设备产量 13 万部，银行自助服务终端产量 1.15 万部。

【电子信息制造业】 2018 年，云南省电子信息制造业实现工业总产值（现行价）302.95 亿元，出口交货值 83.87 亿元，利润总额 20.31 亿元，从业人员年末人数 29 627 人，从业人员工资总额 26.58 亿元。

【软件和信息技术服务业】 2018 年，云南省软件和信息技术服务业实现软件业务收入 91.11 亿元，软件产品销售收入 21.68 亿元，利润总额 4.85 亿元，从业人员年末人数 19 275 人，从业人员工资总额 17.71 亿元。

【信息基础设施】 2018 年，云南省加强省级电子政务网络线路资源管理。做好省“互联网 + 政务服务”工作基础保障，全年共收到 19 个省级部门的电路调拨申请，为 13 个部门调拨线路，新增、扩容和迁移 65 条线路。

持续协调开展三网融合推进工作。按照国家三网融合协调办公室和省政府要求，继续做好全省三网融合的情况收集、部门间工作联系协调等日常工作，确保三网融合试点工作有序推进。

参与省“互联网 + 政务服务”平台的建设和推广运用及“一部手机办事通”工作。组织协调技术支持部门、硬软件供应和应用系统开发商做好全面技术保障和运维管理，开展业务培训、技术支持，不断完善省投资项目在线监管平台、省行政审批网上服务大厅、投资项目中介超市信息化系统 3 个全省政务服务平台的运维和管理工作。

【工业互联网】 2018 年，云南省推进数字经济与实体经济融合，培育企业发展新动能，加快全省工业经济转型升级步伐，促进经济高质量发展，出台《云南省工业互联网发展三年行动计划（2018—2020 年）》，组织实施以深化互联网与工业经济融合发展为核心的工业互联网发展专项行动。

【信息安全】 2018 年，云南省发布《云南省人民政府关于深化“互联网 + 先进制造业”发展工业互联网的实施意见》。明确到 2020 年年底，初步建立全省工业互联网安全保障体系；到 2025 年，工业互联网安全保障体系完备可靠；到 2035 年，安全保障能力全面提升“三步走”任务目标；提出加强顶层设计完善法规制度建设、提升行业整体安全保障服务能力两项重点任务。

发布《云南省工业互联网发展三年行动计划（2018—2020 年）》（云政发〔2018〕66 号），明确提出到 2020 年，云南省工业互联网“网络、平台、安全”体系基本建立，并进一步强化工业互联网安全保障。一是构建工业互联网安全保障体系，建立和完善工业互联网安全监管制度和规范，坚持安全保障与建设应用“同规划、同建设、同部署”，建设全省工业互联网安全监管、应急处置和风险防范平台，指导工业互联网平台及应用企业间建立安全协同防御能力。二是夯实安全保障基础，实施安全防护能力提升工程，督促重点行业重点企业履行网络安全主体责任，加大工控系统安全保障投入，落实检查评估、监测预警、通报应急等保障制度，加强安全防护和检测处置手段建设，提升安全防护能力。

在重点项目方面，由云南省工业和信息化厅会同云南省财政厅遴选上报的昆钢工业互联网企业级集中化安全监测平台建设项目获得国家2018年工业转型升级资金支持。项目的成功实施，可有效提升钢铁行业工业企业、工控系统的集中安全监测水平，提高工业控制系统的安全、可靠、稳定运行水平，为社会经济安全提供保障，为促进工业企业转型升级提供支撑。

【信息产业基地和园区】 云南省按照“一核、六群、一带”的信息产业布局总要求，打造新一代信息技术产业核心集聚区，依托昆明市人才、技术、资金密集优势，呈贡信息产业园信息通信、云计算、大数据、人工智能、北斗导航、机器人、软件开发等产业培育取得新进展，云上小镇建设成效明显。2018年，云上小镇累计服务企业526家，在孵企业343家。

打造电子信息产业集群，依托滇中地区和六大城市群的产业园区，初步形成以玉溪高新技术产业开发区、红河经济技术开发区、滇中空港经济区、文山州砚山县为代表的电子信息制造集群，以保山市、丽江市、楚雄州为主的硅电子材料及昆明市国家稀贵金属新材料产业集群，以昆明市为主的光电子和软件信息技术服务产业集群。

打造出口加工产业集群，围绕对外开放经济走廊和沿边经济带，红河州、文山州、保山市、德宏州等产业基地和出口加工区建设加速，红河综合保税区、河口加工区建设初见成效。

【信息消费】 2018年，云南省发布《云南省人民政府关于印发云南省进一步扩大和升级信息消费持续释放内需潜力实施方案的通知》（云政办发〔2018〕13号），提出全省扩大和升级信息消费的主要目标、重点任务和保障措施。

夯实通信基础设施。建设和扩容骨干网，扩大固定宽带接入网覆盖范围。在大理试点城市千兆升级，在农村地区开展“百兆乡村”工程建设，加速全省固定宽带接入网络升级；全省FTTH覆盖家庭数累计2 216万户。拓展4G网络，开展“一部手机游云南”4G网络优化提升工作，4G网络覆盖全省所有行政村和75%以上自然村。开展电信普遍服务试点工作，普洱市、临沧市和西双版纳州边境地区电信普遍服务试点申报方案和迪庆州政府报送的行政村4G网络建设试点申报方案已获批复。

【主要问题】 云南省项目实际投资到位率不高。全省104个信息产业重点项目实际累计完成投资256亿元，占计划总投资的15%，当年实际完成投资134亿元（不含通信业及未纳入统计范围的其他项目投资），占全省2018年度投资考核指标（297亿元）的45.1%。从投资看，受经济下行压力、项目保障要素不到位等影响，普遍存在实际投资到位率不高，投资周期拉长，影响项目达产投运效率。

部分项目推进放缓。部分重点项目因企业自身业务布局调整、标准厂房不足、财政补助不到位，以及设备采购、员工流动性大、技能培训周期长、市场变化等综合因素影响，导致项目实际建设进度滞后，未能按原计划实现达产，项目效益难以充分发挥。

项目关键要素保障不到位。一是部分重点园区产业用地储备不足、综合成本高、土地规划有待调整、项目承载能力弱；二是部分项目签约后项目用地无法落实，难以吸引优质企业和项目落地，也制约已签约项目的正常开工。

招商引资难度较大。一是电子信息制造业产业链上下游配套不健全，电子零配件、注塑、包装等较为缺乏或不能满足产业发展需求，配套产品从珠三角或长三角采购，成本增加、效率降低；二是辐射全国的物流中枢尚未形成，电子产品云南制造“两头在外”，物流问题仍是制约企业发展的重要瓶颈，对开拓全国及南亚、东南亚市场不仅优势难以突出，还增加不少中转，为招商引资增加难度。

【统计数据】

表 1　2018 年云南省电子信息制造业人员构成情况

企业类别	企业数（家）	从业人员年末人数（人）	其中：研发人员（人）
内资企业	44	27 240	3 512
国有企业	2	5 368	395
股份合作企业	1	1 760	162
有限责任公司	18	13 789	2 126
股份有限公司	7	3 982	490
私营企业	15	2 333	339
其他内资企业	1	8	
港、澳、台商投资企业	2	2 387	9

表 2　2018 年云南省电子信息制造业基本情况

项目名称	单位	2018 年	项目名称	单位	2018 年
工业总产值（现行价）	万元	3 029 521	主营业务收入	万元	3 137 235
工业销售产值	万元	2 874 658	利润总额	万元	203 134
出口交货值	万元	838 742	应交所得税	万元	53 300
资产总计	万元	3 873 348	从业人员年末人数	人	29 627
负债合计	万元	1 891 131	从业人员工资总额	万元	265 798

表 3　2018 年云南省主要电子信息产品产销量情况

产品名称	单位	产量	销量
太阳能级单晶硅	吨	24 162	19 319
综合电缆	千米	64 876	65 034
天线	万个	9 276	9 403
平板计算机	万台	72	72
LED 半导体照明衬底片（4 寸）	万片	611	617
手机	万部	1 018	1 009
锗材料	吨	52	52
社会公共服务机器人	台	2 770	2 640

续表

产品名称	单位	产量	销量
三元材料	吨	1 626	1 603
钴酸锂	吨	295	304
银行自助服务终端	套	11 530	6 333
存折打印机	万台	6	5
电控柜	门	246	246
自动化物流	万元	5 193	5 193
发光二极管显示器件	万只	85	78
北斗全球卫星导航设备	万部	13	12
电子秤	台	122	122
砷化镓材料	千克	1 170	1 061
锰酸锂	吨	15	12
其他传感器	万只	14	14

表 4　2018 年云南省软件和信息技术服务业人员构成情况

企业类别	企业数（家）	从业人员年末人数（人）	人员构成	
			软件开发研究人员（人）	在总人数中所占比例（%）
内资企业	174	19 170	4 389	22.9
国有企业	12	1 941	661	34.1
股份合作企业	2	235	103	43.8
有限责任公司	45	5 201	1 115	21.4
股份有限公司	11	6 114	758	12.4
私营企业	103	5 651	1 750	31.0
其他内资企业	1	28	2	7.1
港、澳、台商投资企业	1	50	25	50.0
三资企业	1	55	25	45.5

表 5　2018 年云南省软件和信息技术服务业基本情况

项目名称	单位	2018 年	项目名称	单位	2018 年
软件业务收入	万元	911 126	固定资产投资额	万元	41 594
软件产品销售收入	万元	216 782	资产合计	万元	1 310 950

续表

项目名称	单位	2018 年	项目名称	单位	2018 年
负债合计	万元	685 449	应交所得税	万元	11 181
税金总额	万元	34 674	从业人员年末人数	人	19 275
利润总额	万元	48 521	从业人员工资总额	万元	177 100

表 6　2018 年云南省软件和信息技术服务业三资企业基本情况

项目名称	单位	2018 年	项目名称	单位	2018 年
软件业务收入	万元	2 931	税金总额	万元	385
软件产品销售收入	万元	2 391	利润总额	万元	677
固定资产投资额	万元	8	应交所得税	万元	79
资产合计	万元	8 561	从业人员年末人数	人	55
负债合计	万元	3 316	从业人员工资总额	万元	230

注：表 1 ~表 6 数据来源于云南省工业和信息化厅。

[供稿：云南省工业和信息化厅]

西藏自治区

【概况】 2018 年，西藏自治区以“互联网 + 政务服务”作为信息化工作的重心，出台全面推进自治区“互联网 + 政务服务”的一系列政策文件，先后召开 7 次信息产业发展领导小组会议，对“互联网 + 政务服务”工作进行部署安排；出台《关于进一步加强网络安全和信息化工作的实施意见》《贯彻网络强国战略推进信息化行动计划（2018—2020 年）》，对网络安全和信息化工作明确目标任务；信息化统筹力度不断加大，基础供给能力持续提升，各领域信息化建设有效推进，合作开放力度不断加大。

【软件和信息技术服务业】 2018 年，西藏自治区信息产业整体实力不断增强，信息产业规模不断壮大，从事信息产业关联企业 250 多家。其中，专业从事软件开发、系统集成和信息服务，并具有一定规模的企业 54 家；电信运营企业 3 家。全区获得国家计算机信息系统集成三级资质企业 6 家，获得四级资质企业 5 家；获得信息系统工程监理甲级资质企业 1 家。全区规模以上 7 家信息技术企业全年实现销售收入 3 亿多元。

信息化统筹力度不断加大。实行信息化建设“统规、统建、统维”，经信、网信部门联合对 230 个信息化项目开展技术论证和符合性审查，发改、财政部门强化绩效考核，严把项目准入关，做好项目跟踪问效，全年政府投资信息化规模达 64.5 亿元。西藏高驰科技信息产业集团有限责任公司正式运营，实行项目统一代建和运维。教育、交通、医疗卫生、社会保障、精准扶贫、公共安全等领域信息化加快推进。

【信息基础设施】 截至2018年年底，西藏自治区固定资产累计投资超35亿元，互联网宽带接入端口194.3万个，其中FTTH/O端口181.9万个，占互联网宽带接入端口总数的93.6%；固定宽带接入用户78.2万户，FTTH/O用户73.7万户，占固定宽带接入用户总数的94.2%，同比增长33%，较上年年末净增18.3万户。固定宽带接入用户中，20Mbps以上接入速率用户占比96.6%，50Mbps以上接入速率用户占比90.8%，100Mbps以上接入速率用户占比71.9%。

全区建设通信光缆线路总长度19.41万千米，其中，长途光缆线路3.54万千米，本地网中继光缆线路5.95万千米，接入网光缆线路9.92万千米。“宽带西藏”战略深入实施，电信普遍服务试点持续开展。截至2018年年底，全区固定宽带家庭普及率80.9%，移动宽带普及率83.4%，行政村光纤网络覆盖率98%，4G基站1.4万个，互联网省际出口带宽835Gbps，广播、电视综合人口覆盖率分别为97.1%、98.2%。

【电子政务】 2018年，西藏自治区“互联网+政务服务”工作成效明显。完成搭建全区一体化“互联网+政务服务”平台及政务信息数据共享交换平台，西藏政务服务网注册用户4.2万，西藏政务服务手机客户端上线运行，权责清单及网上依申请类行政权力事项有关工作稳步推进，完成“8050”目标任务，截至2018年年底，自治区级依申请类行政权力事项网上可办率98.3%、市县依申请类行政权力事项网上可办率82.9%，全区政务服务“一网通办”工作成效明显。

基础供给能力持续提升。电子政务外网覆盖区、地、县、乡四级完成率99.9%，宽带互联网覆盖99%的行政村，基本完成自治区统一基础云平台、政务大数据中心建设，初步形成“一网一云一中心”信息化布局。网络安全保障不断强化，关键信息基础设施防护能力不断提高，网络意识形态安全不断巩固。

【两化融合】 2018年，西藏自治区两化融合工作不断深入推进。制定《西藏自治区关于深化“互联网+先进制造业”发展工业互联网的实施方案》，明确总体目标、主要行动，推动自治区工业互联网融合发展，新一代信息技术与制造业深度融合；组织各地（市）及区内规模以上工业企业开展2018年两化融合试点申报工作，中国石化销售有限公司西藏石油分公司、西藏华钰矿业股份有限公司山南分公司2家企业被工业和信息化部列为2018年两化融合管理体系贯标试点企业；指导海思科医药集团股份有限公司获得两化融合管理体系评定证书，是自治区第3家获此证书的企业；组织企业在线开展两化融合发展水平评估诊断；组织区直机关、工业企业共80余家召开工业控制系统安全论坛。两化融合指数53.8，信息消费规模达50亿元，数字经济发展势头良好。

【产业环境】 2018年，西藏自治区顶层设计更加完善。研究制定《西藏自治区关于深化“互联网+先进制造业”发展工业互联网的实施方案》，制定印发《西藏自治区关于统筹推进各地政务信息化建设的通知》《西藏自治区电子政务外网建设和网络保通工作实施方案》《西藏自治区政务外网管理暂行办法》，为推进自治区信息化建设、工业互联网、网络安全和信息产业发展提供顶层设计；制定《西藏自治区关于进一步扩大和升级信息消费持续释放内需潜力的实施方案》。

藏文软件研发成功并投入应用。指导支持西藏大学等科研院所研制藏文信息技术标准、进行藏文软件研发与应用推广，为自治区信息化建设提供支撑。为传承优秀藏文书法，丰富计算机使用藏文字体，开发“吞弥恰俊计算机藏文字库”和“吞弥恰俊——柳酋体计算机藏文字库”系列软件；推动“轻松学藏文多媒体软件”的研发，已在微信公众号上试运行。

组建自治区信息化专家咨询委员会。按照自治区信息产业发展领导小组要求，搭建自治区信息化高端咨询平台，科学推进自治区信息化建设和数字经济发展，筹备成立自治区信息化专家咨询委员会，13名国内著名专家担任专家咨询委员会顾问委员，53名专家担任专家咨询委员会专家委员，210名自治区内外专家和信息化技术专业人员担任信息化专家库成员。

推进与国内大型信息化企业合作。为加快自治区信息化及数字西藏建设，推动国内知名信息化企业在自治区落地，更好服务自治区经济社会发展和人民生活改善，与联想（北京）信息技术有限公司、中国平安保险集团、华为技术有限公司等企业签订战略合作协议。依托知名企业人才、管理、技术、资金、平台等优势，充分结合自治区资源优势、文化特点、产业特色和政策优惠，本着“互惠互利、积极合作、共同发展”的原则，提升本地信息技术企业和特色优势产业融合创新能力，增强自治区经济高质量发展内生动力。

［供稿：西藏自治区经济和信息化厅］

陕 西 省

【概况】 2018 年，陕西省电子信息产业以集成电路、光伏制造、智能终端、平板显示为重点，强化重点领域精准招商，推动重点项目落地及建设，促进重大项目扩能达效，培育打造电子信息新的经济增长点，全省电子信息产业发展有波动但总体平稳，实现主营业务收入 3 361.1 亿元。

全年电子信息制造业实现主营业务收入 1 290.1 亿元，同比增长 2.8%。生产集成电路原片 150 万片，同比下降 1.1%；电子元器件 118.8 亿只，同比增长 2.5%。

全年软件和信息技术服务业实现业务收入 2 071 亿元，同比增长 18.1%。其中，软件产品收入 596 亿元，同比增长 18.2%；信息技术服务收入 1 285 亿元，同比增长 18.1%；嵌入式系统软件收入 190 亿元，同比增长 17.4%。实现出口 15.6 亿美元，同比增长 8.1%。

【电子信息制造业】 2018 年，陕西省电子信息制造业形成以西安市、宝鸡市、咸阳市 3 个中心城市为集聚地的电子信息产业带。

集成电路产业　全省集成电路产业有半导体企业、科研院所及相关机构 200 余家，从业人员 5 万人。自 2012 年以来，全省集成电路产业复合增长率超 30%，2018 年实现销售收入 538.9 亿元，同比增长 6.3%。

在集成电路设计领域，全省规模达 77.9 亿元，设计企业 105 家，产品涵盖通信、存储器、物联网、卫星导航、半导体照明、功率器件、消费类电子等众多领域，其中，销售超亿元企业 8 家，超 10 亿元企业 1 家，最高设计水平达 7 纳米，大多数企业集中在 40 纳米到 0.35 微米之间，大多使用模拟、混合和射频工艺。

在晶圆制造领域，全省规模达 283.3 亿元，增长 2.8%，晶圆制造企业 8 家。其中，三星（中国）半导体有限公司 1X 纳米级 3D NAND FLASH 芯片生产基地一期月产 12 英寸晶圆 12 万片，全年实现销售收入 271 亿元（含制造与封装），二期项目于 2018 年 3 月开工建设；西岳电子技术有限公司 6 英寸集成电路生产线月产 1.5 万片 ~ 1.7 万片，具有 BiCMOS、CMOS、SOI、双极等多项工艺；西安卫光科技有限公司线宽为 0.35 微米的 6 英寸芯片生产线月产 1 万片。

在封装测试领域，全省规模达 105.8 亿元，增长 14.8%，封装测试企业 13 家。其中，华天科技（西安）有限公司于 2016 年 3 月建成的国内首条 16 纳米封装线年产能 23 亿块，CP 测试能力 1 万片 / 月；美光半导体（西安）有限责任公司集成电路芯片测试产能每月超 1 亿片、内存模块生产产能每月 400 万块；西安微电子技术研究所集成电路封装厂实现年封装测试能力 10 亿块；主要测试中心包括西安西谷微电子有限责任公司、西安西测电子技术服务有限公司、西安太乙电子有限公司等。

在分立器件领域，全年实现销售收入 55.3 亿元，同比下降 7.1%，主要产品有 6 500V 以上等级的高压 IGBT、全系列大功率场效应管 MOSFET 产品和高压超结场效应管、波长从 635 纳米到 1 550 纳米的激光器及模块和光纤通信芯片、可编程磁传感器和三维磁传感器等。

在设备材料领域，应用材料公司西安全球开发中心主要从事半导体制造设备的开发，为区域客户提供现场支持；西安理工大学的单晶炉、西安华光慧能科技有限公司的 MOCVD 设备等产品得到广泛应用；点石超硬材料发展有限公司研发的金属基金刚石薄型锯刀实现中国在此方面的基础配套与支撑。

光伏制造产业　全省光伏制造产业形成从高纯硅材料、硅棒 / 硅锭、硅片、电池片、组件、光伏辅材、光伏设备到系统集成和应用的完整产业链，在单晶硅片、单晶电池、光伏玻璃、光伏逆变器等领域有较强竞争力，技术在国内乃至国际都处于领先地位。2018 年，全省光伏产业实现产值 474.3 亿元，形成以榆林市、西安市、咸阳市、渭南市、商洛市为主各有侧重的产业集群。

隆基绿能科技股份有限公司是全球最大的单晶硅光伏产品制造企业、国际单晶硅片标准的制定者，单晶电池转换效率居全球第一；特变电工西安电气科技有限公司以技术创新领跑全球电力行业，光伏逆变器出货量排名全国前五，产品应用于各类光伏电站 1 000 多座，全球累计装机容量超 25 吉瓦；彩虹集团光伏玻璃全球领先，规模跃居全球前三，产量排名全国前五；杨凌美畅新材料股份有限公司是全球领先的金刚线制造商，公司微米级金刚线项目被列为国家“十三五”规划纲要陕西省重大工程项目，金刚线出货量居全国第一。

智能终端产业　全省智能终端产业起步较晚，近几年通过引进智能终端重大项目、支持产业链上下游协作配套，省内智能终端产业得到迅速发展，形成一定产业基础和产业集群规模。

在核心芯片研发方面，培育发展一批从事终端芯片设计的企业，产品主要有三星闪存芯片、英特尔基带芯片、高通射频芯片、龙腾手机屏驱动芯片、芯意手机多媒体芯片、华迅微电子 GPS 北斗双模芯片等。

在移动终端设计方面，每年都有数十款智能手机设计定型并投放市场。其中，手机整体方案领先的华勤集团、锐嘉科集团等企业均在西安市设立研发中心；华为技术有限公司与中兴通讯股份有限公司在西安市的研发人员超万人，专注手机研发技术人员数千人，相对应研发机型手机出货量数千万部。

在智能终端制造方面，西安中兴智能终端生产项目因 2018 年 4 月美国商务部对中兴通讯股份有限公司激活拒绝令，导致停产 3 个月，智能终端海外销售渠道受损严重，全年产值产量大幅降低，省内电子信息产业发展增速也因此放缓；比亚迪高端手机金属机壳配套生产项目全年实现产值 30.5 亿元；智能终端相关产品包括 PCBA 设计、SMT 贴片、机壳注塑、基站及手机天线等。

平板显示产业　全省平板显示产业核心项目为总投资 280 亿元的咸阳彩虹光电 8.6 代液晶面板生产线，于 2018 年 12 月达产达效，形成月投片 12 万片的生产能力，带动 TFT-LCD 玻璃基板、液晶材料、液晶监视器和大尺寸液晶电视等产业链配套项目的发展。总投资约 1 亿美元的冠捷科技咸阳厂建成 2 条电视整机生产线、1 条模组生产线，年产能 300 万台，于 2018 年 4 月正式投产，项目采用咸阳 8.6 代液晶面板生产线项目生产的 50 寸以上面板，生产电视整机和显示模组等。

重点企业　陕西电子信息集团有限公司拥有国家级企业技术中心 1 个、国家地方联合工程研究中心 3 个、国家级科技企业孵化器 1 个、院士专家工作站 2 个、博士后科研工作站 5 个、省级技术中心和工程中心 29 个，拥有电磁环境实验室、可靠性摸底实验室、环境实验室、三防实验室、电声实验室等共 52 个。截至 2018 年年底，公司承担国家科技计划项目 201 项，累计获得国家科技进步一等奖 3 项、国家技术发明二等奖 1 项、国家科技进步二等奖 12 项；获得专利 1 425 项，其中，发明专利 242 项；获得中国驰名商标认定 2 件、获得省级著名商标认定 6 件。全年公司实现营业收入 153.3 亿元，资产总额 329 亿元，在 2018 年中国电子信息百强企业中排名第 54 位。

隆基绿能科技股份有限公司是全球领先的单晶光伏产品供应商，从光伏材料、光伏发电设备到太阳能电站系统为光伏发电事业提供全方位服务。从 2016 年起，公司连续 3 年蝉联全球单晶组件出货量第一，2018 年，硅片产能占全球产能的 40%，全球出货量 34.8 亿片，同比增长 59%。截至 2018 年年底，公司单晶硅片年产能 28 吉瓦，单晶组件年产能 8.8 吉瓦。

三星（中国）半导体有限公司主要从事 12 英寸 3D V-NAND 闪存芯片产品生产、研发、销售。一期项目由 12 英寸闪存芯片项目和封装测试项目组成，其中，闪存芯片项目投资 100 亿美元，封装测试项目投资 8.7 亿美元。公司是全球唯一一家集半导体生产和封装测试于一个园区的半导体生产企业，2018 年，实现销售收入 271 亿元。

咸阳彩虹光电科技有限公司是一家从事高世代（TFT-LCD）液晶面板研发、设计及制造的企业，可为客户提供多样化的产品应用与技术服务，并承担 CEC · 咸阳 8.6 代液晶面板项目的建设和运营。CEC · 咸阳 8.6 代液晶面板项目总投资 280 亿元，是一条月投入 G8.6 玻璃基板（2 250mm × 2 610mm）120K 的 TFT-LCD 液晶面板全工序生产线，采用先进的 Cu、COA、BOA、PSVA 等关键新工艺和混切生产线设计，生产的液晶电视面板产品种类涵盖超高分辨率（8K、

4K）、曲面、窄边框（无边框）等，2018年7月一期达产，12月二期达产。

西安中兴通讯终端科技有限公司主营业务为手机终端产品的研发、生产及销售。截至2018年年底，公司累计完成8 100万部整机产出，实现产值586亿元。公司二期项目建设总投资约12亿元，计划于2020年正式投产，项目满产后将形成一个年产量超3 000部、产值约300亿元的西部最大的智能终端生产基地，同时发挥龙头企业作用，起到产业辐射、技术示范作用，带动产业链上下游企业加快布局陕西省，促进产业集群发展。

华天科技（西安）有限公司主要从事高端集成电路封装测试研发、生产及销售业务，年封装测试能力80亿块，封装良率99.9%；是陕西省最大的内资封装测试企业，也是西部最大的高端集成电路封测企业，在智能移动终端领域和基板类先进封装技术、成本、基板类产品上均保持国内领先优势。截至2018年年底，公司拥有员工3 911人，总资产36.92亿元，负债13.45亿元，营业收入26.74亿元，利润1.85亿元；进出口总值27亿元，其中，出口14.9亿元。

【软件和信息技术服务业】 2018年，陕西省软件和信息技术服务业着眼龙头企业招大商，促进产业集聚。紧盯行业龙头企业，特别是世界500强企业和国内软件百强企业，在大项目引进上不断实现新突破。成功引进阿里巴巴集团、大疆创新科技有限公司、科大讯飞股份有限公司等优质项目。截至2018年年底，入园世界500强企业35家、中国软件百强企业40家、火炬计划软件产业基地骨干企业16家，产业集聚效应明显。

软件新城建设提速，增强承载能力。国家数字出版基地、欧森国际、腾飞科汇城、环普产业园二期等项目陆续建成投用，产业承载空间超156万平方米。海康威视、大华、太极、软件大厦等项目正在施工。华为技术有限公司、三星集团等国内外知名企业进驻软件新城，超4万人在软件新城办公。

企业培育出亮点，本土实力显现。西安华为技术有限公司、中软国际科技服务有限公司成为纳税大户；易点天下网络科技股份有限公司成为独角兽企业，实现陕西省、西安市独角兽企业零的突破；西安诺瓦电子科技有限公司、西安博瑞集信电子科技有限公司入选潜在独角兽企业。委托省软件行业协会组织全省优秀软件企业参加第22届中国国际软件博览会，西安葡萄城信息技术有限公司的"活字格"产品获得第22届中国国际软件博览会优秀产品荣誉。西安软件园组织企业参加行业展会，推荐28家企业分别参评中国软件百强企业和国家火炬计划软件产业基地骨干企业，易点天下网络科技股份有限公司入围2018年中国软件和信息技术服务综合竞争力百强企业。

着力打造服务平台，提升服务能力。自建西安软件园移动梦工场、软件新城创智空间孵化器，引进光照孵化器、Plug and Play孵化器、中关村e谷孵化器等5家国内外知名企业孵化器，形成西安软件园战略性新兴产业创新孵化器群，总孵化面积1.26万平方米。华为软件开发云和中软国际云上软件园项目正式落地实施，251家企业使用华为开发云，316家企业使用中软国际云上软件园。大数据创新中心和展厅项目完成设备采购安装。智慧园区一卡通项目投入运营。西安软件园在完成客户联络平台建设基础上，推进统计平台、企业库、项目库建设工作，"四库九平台"公共服务体系日趋完善。

办好程序员节，树立西安软件名片。在西安市举办第二届全球程序员节。海内外的软件行业领袖、世界各地的顶尖程序员，以及相关领域的院士、学者、科学家齐聚西安市；参与活动人数3万人次，线上参与人数300万人；共征集项目74个，投资额812.7亿元，现场签约项目51个。

开展ITSS培训，落实优惠政策。组织召开2018年全省ITSS宣贯会，全省40多家企业通过《运维能力成熟度模型》符合性评估，3家企业通过《咨询设计通用要求》符合性评估，1家企业通过《云计算服务能力》符合性评估。组织对全省申报享受所得税优惠政策的59家软件和集成电路设计企业备案资料进行核查，落实享受免交、减半征收优惠共计10 198万元。

【主要问题】 陕西省电子信息产业总体规模小，产业影响力弱，竞争力不足；产业链主要环节缺少本土领军企业，整体竞争力不强；缺乏规模化的整机产品和终端消费品，龙头企业对产业的拉动作用有待增强；区域内企业相互配套率低，在技术创新、产品生产等方面，横向、纵向合作较少，各自为战，未能形成协同发展的合力。

【统计数据】

表 1　2018 年陕西省电子信息制造业人员构成情况

企业类别	企业数（家）	从业人员年末人数（人）	其中：研发人员（人）
内资企业	226	81 360	10 504
国有企业	48	19 520	3 520
有限责任公司	89	31 150	3 738
股份有限公司	15	4 850	921
私营企业	74	25 840	2 325
港、澳、台商投资企业	12	3 650	730

表 2　2016—2018 年陕西省电子信息制造业基本情况

项目名称	单位	2016 年	2017 年	2018 年
工业总产值（现行价）	万元	11 312 178	13 502 144	13 952 100
工业销售产值	万元	11 135 250	12 365 515	12 865 000
出口交货值	万元	3 489 058	3 896 245	3 956 220
流动资产平均余额	万元	9 594 366	10 651 388	9 825 388
固定资产净值平均余额	万元	4 251 236	5 513 629	4 965 200
资产总计	万元	19 624 533	22 639 256	24 638 559
负债合计	万元	10 585 263	12 223 650	11 205 874
主营业务收入	万元	11 135 202	12 549 055	12 901 300
税金总额	万元	176 272	246 108	251 122
利润总额	万元	1 018 425	1 542 436	1 524 080
应交所得税	万元	75 784	105 808	112 500

表 3　2016—2018 年陕西省主要电子信息产品产销量情况

产品名称	单位	产量			销量		
		2016 年	2017 年	2018 年	2016 年	2017 年	2018 年
电子元件	亿只	80.7	78.5	83.6	85.6	75.2	81.2
半导体电子器件	亿只	36.5	37.4	35.2	33.8	34.7	32.5
集成电路圆片	万片	70.9	151.7	150	65.2	135.6	148.2

表 4　2018 年陕西省软件和信息技术服务业人员构成情况

企业类别	企业数（家）	从业人员年末人数（人）	人员构成	
			软件开发研究人员（人）	在总人数中所占比例（%）
内资企业	591	204 739	120 081	58.7
国有企业	30	36 219	23 096	63.8
股份合作企业	2	31	23	74.2
有限责任公司	358	136 867	79 071	57.8
股份有限公司	53	11 902	7 074	59.4
私营企业	148	19 720	10 817	54.9
港、澳、台商投资企业	12	2 029	1 398	68.9
三资企业	50	16 470	9 459	57.4

表 5　2016—2018 年陕西省软件和信息技术服务业基本情况

项目名称	单位	2016 年	2017 年	2018 年
软件业务收入	万元	13 006 494	17 550 100	19 948 948
软件业务出口收入	万美元	91 054	135 853	120 449
固定资产投资额	万元	531 895	738 781	2 261 893
资产合计	万元	23 844 265	34 707 090	32 512 155
负债合计	万元	12 953 614	17 754 510	15 434 073
利润总额	万元	774 880	1 943 858	2 392 935
从业人员年末人数	人	166 392	201 581	223 238
从业人员工资总额	万元	1 899 017	2 791 711	3 134 516

表 6　2016—2018 年陕西省软件和信息技术服务业三资企业基本情况

项目名称	单位	2016 年	2017 年	2018 年
软件业务收入	万元	2 073 299	3 584 853	2 661 378
软件业务出口收入	万美元	37 847	52 059	39 403
固定资产投资额	万元	115 996	460 198	661 721
资产合计	万元	2 831 718	5 753 933	7 349 850
负债合计	万元	1 418 173	1 251 520	1 707 038
利润总额	万元	169 014	907 556	1 008 208

续表

项目名称	单位	2016 年	2017 年	2018 年
从业人员年末人数	人	32 074	37 150	16 470
从业人员工资总额	万元	260 338	276 508	295 570

注：表 1 ～表 6 数据来源于陕西省工业和信息化厅。

［供稿：陕西省工业和信息化厅］

甘 肃 省

【概况】 2018 年，甘肃省电子信息产业呈现稳中有进、稳中向好的运行态势。全年电子信息产业实现主营业务收入 195.39 亿元，同比增长 5.2%。

【电子信息制造业】 2018 年，甘肃省电子信息制造业实现主营业务收入 113.63 亿元，同比增长 1.4%。集成电路工业总产值从 2013 年的 39.59 亿元增长到 2018 年的 96.68 亿元，增长 144.2%；主营业务收入从 2013 年的 35.96 亿元增长到 2018 年的 87.41 亿元，增长 143.1%；出口交货值从 2013 年的 16.99 亿元增长到 2018 年的 48.26 亿元，增长 184.1%。

发挥省信息产业发展专项导向作用，发展壮大集成电路产业。发挥天水华天电子集团、天水天光半导体有限责任公司、天水华洋电子科技股份有限公司等企业的骨干作用，提升集成电路封装测试能力。持续推进以天水华天电子集团为主体的天水华天电子科技园建设，以微电子产业链核心项目为重点，建设科技创新研发平台和孵化配套设施，形成以集成电路封测、半导体功率器件封测为核心产业，半导体引线框架制造（冲压、蚀刻）、封测设备、模具、备件、专用材料、专业工程安装和物流等为辅的较全面的产业链，成为中国西北最大的集成电路封测基地。

聚焦重点项目，搞好协调服务。重点实施天水华天科技股份有限公司集成电路高密度封装产业升级、物联网变送器研发及产业化项目，天水天光半导体有限责任公司 SiC 肖特基二极管研发及产业化项目、存储器及超大规模集成电路生产能力建设项目，天水华洋电子科技股份有限公司大规模复合成型半导体封装基板技术改造项目、半导体高密度集成电路引线框架全自动先镀后蚀工艺技术改造项目等项目，做大集成电路产业规模。帮助协调三维大数据物联网智能制造产业园、集成电路高密度封装产业项目等重大标志性项目顺利实施。

聚焦重大活动，营造发展氛围。组织省内企业参会参展第六届电子信息博览会，鼓励企业加强对外合作，加快推广应用和产品推介。联合省民政厅、省卫生健康委员会组织开展全省智慧健康养老应用试点示范工作，推动智慧健康养老产业发展，甘肃百合物联科技信息有限公司入围 2018 年智慧健康养老应用试点示范企业，在全国范围内推广推介。

典型企业 天水华天电子集团共有 30 多家控股或全资子公司，参股公司 5 家。集团总资产 180 亿元，员工 1.5 万余人，主导产品有塑封集成电路、半导体功率器件、模拟集成电路、混合集成电路、电源模块、集成压力传感器 / 变送器等十大类 2 000 多个品种，集成电路年封装能力 330 亿块，集成电路年测试能力 100 亿块，半导体封装技术水平处于国内领先、国际先进。2018 年，集团实现销售额 85.52 亿元，同比增长 11.2 %；上缴税金 5.17 亿元，同比增长 31.4%；研发投入 4.31 亿元，近 5 年的研发投入平均达销售收入的 5.6%。截至 2018 年年底，集团拥有注册商标 14 项，计算机软件著作权登记 56 项；有效专利 418 项，其中，发明 143 项（含国外专利 35 项），实用新型 264 项，外观设计 11 项。

天水华洋电子科技股份有限公司主要从事半导体集成电路引线框架研发和生产，是天水华天电子集团在本地产业链延伸配套最为成功的范例之一，拥有国内唯一一条卷对卷光学蚀刻全自动生产线，蚀刻工艺的湿菲林电镀和卷对卷先镀后蚀工艺为国内首创，具备年产集成电路引线框架 175 亿只的能力。公司被认定为省级高新技术企业、省级企业技术中心、甘肃省技术创新示范企业、省级专精特新企业、甘肃省战略新兴产业骨干企业、省级工程研究中心、省级国际科技合作基地、全国半导体材料最佳供应商等。

天水天光半导体有限责任公司主要产品有 54 系列、ECL 系列等数字集成电路，运算放大器、线性稳压器等模拟集成电路，电源管理电路、数字隔离器等数模混合集成电路，存储器系列产品，肖特基二极管、瞬态抑制二极管等系列产品。公司先后获得国家重大科技成果一等奖、国家技术开发优秀成果奖、国家优秀产品奖 4 项、国家银质奖 2 项，部、省级科技成果奖 40 项，省优、部优产品奖 39 项。2018 年，公司完成营业收入 2.35 亿元，同比增长 8.5%；利润总额 860 万元，同比增长 94.1%；上缴税金 1 027 万元，同比增长 40.5%。

【软件和信息技术服务业】 2018 年，甘肃省软件和信息技术服务业实现营业收入 81.76 亿元，同比增长 21.0%；主营业务收入超千万元企业 114 家，其中，超亿元企业 20 家；累计新增 23 家 ITSS（信息技术服务标准）获证企业，其中，ITSS 二级企业 7 家，三级企业 16 家；CMMI（软件能力成熟度集成模型）三级认证企业 5 家，CMMI 四级认证企业 1 家，国家规划布局内重点软件企业 2 家。

典型企业　甘肃万华金慧科技股份有限公司与兰州市公安局交通警察支队达成多项智慧交通产品的研发合作。在国内首创开发出的一种基于 RFID 采集技术配合电子警察的电子通行证管理系统，实现兰州市特殊车辆的精细化、信息化、法制化管理。在国内率先开发智慧停车管理系统，将兰州市所有公共停车场实现系统联网和泊位信息共享，停车场备案手续实行网上审批，对停车进行统一规范管理。开发出“i 出行”APP，并与建设银行甘肃省分行合作推出“i 出行”无感支付停车场，提高停车场通行效率和用户体验度，已在酒泉市、武威市等地推广实施。

甘肃成圆网络工程股份有限公司主要产品在教育、税务、政府部门、公共服务等领域的软件开发及销售、信息系统集成及服务，特别是在教育领域办公自动化管理及阅卷软件的推广取得良好业绩；承担甘肃省科技小巨人企业培育项目“成圆校园自动化办公管理云平台开发与应用”，以及天水市科技支撑计划项目“基于智慧校园的义务教育阶段报名管理平台”。2018 年，公司实现营业收入 3 600 万元，利润 110 万元，税收 76 万元；研发新产品 3 项，研究与开发投入 245 万元，占营业收入总额的 6.8%。2018 年，甘肃万维公司实现经营收入 9 亿元，同比增长 32%，实现利润 3 000 万元，缴纳税金 3 150 万元，年度研发费用 8 500 万元。公司的软件开发、运营业务、技术服务业务、智慧家庭、IDC 业务以及市州分公司业务推进较快，市场重点聚焦政务、医疗、旅游、农业等重点行业平台，省内市场得到持续稳固，在省外相继成立 4 个分公司及办事处，扩充在 5 个地区的研发中心高端技术人才规模。

2018 年，兰州安越网络科技有限公司开发运营的卫健云项目正式上线，并中标兰州市七里河区国家慢病防控示范区项目配套“互联网 +”项目，基于平台构建的“健康七里河”平台入驻 118 家医疗机构、500 多名医生。构建“区域主管单位主导、各医联体协作、居民参与”的医共体机制，通过接入卫健云平台，实现卫生医疗机构轻松上云。

【信息基础设施】 2018 年，甘肃省信息网络设施综合服务能力迈上新台阶。城区基本完成铜退光进改造，行政村通宽带比例 100%，全省宽带平均接入能力达 20Mbps。城市家庭 20Mbps 及以上接入能力达 90%，部分用户达 50Mbps 宽带接入能力；农村宽带接入能力基本达 20Mbps。

公共信息基础设施和功能性服务设施建设全面升级。建成基本覆盖全省主次干道的通信管网，城市管道覆盖率 95% 以上。移动通信系统基站建设总数 3.4

万个，其中，2G 基站 8 196 个，3G 基站 7 824 个，4G 基站 18 029 个。

【大数据】 2018 年，甘肃省依托丝绸之路信息港建设，将兰州新区运营商数据中心、金昌紫金云数据中心、酒泉浪潮云数据中心、庆阳华为云数据中心纳入丝绸之路信息港的基础设施建设中，加快推进，整合省内分散数据中心，提升数据中心互联互通能力，形成云计算数据中心集群。鼓励在大数据基础设施建设中广泛推广可再生能源、废弃设备回收等低碳环保方式，引导大数据基础设施体系向绿色集约、布局合理、规模适度、高速互联方向发展。依托丝绸之路信息港有限公司开展云计算和大数据应用技术研究。依托骨干企业开展大数据在工业、农业、物流行业等垂直领域的应用解决方案研发，打造国家级大数据产业示范基地。

举办第三届敦煌文博会“一带一路”大数据论坛及创新成果展。以弘扬和平合作、开放包容、互学互鉴、互利共赢的丝路精神为主旋律，突出丝绸之路信息港“共建丝路信息港、共享陆海大数据”主题，搭建丝路沿线国家与国内各省（区、市）数字经济交流合作、展览展示平台，主要展示大数据、云计算、互联网、软件和信息技术服务等领域产品、技术应用、优秀解决方案、典型案例等。

【工业互联网】 2018 年，甘肃省出台《甘肃省工业互联网发展行动计划（2018—2020 年）》，明确甘肃省工业互联网建设目标及建设内容。按照工业和信息化部工业互联网试点示范项目的征集要求，分批次开展项目申报工作，“面向油库安全运营的工业互联网态势感知系统”（工业互联网安全集成创新应用试点示范项目）被评为 2018 年工业互联网试点示范项目。

推动工业互联网企业上云。兰州市、白银市两地工业云平台相继运行，注册用户共计 180 余家，为企业提供研发设计、数据管理、协同管理和工程服务等新型集成服务和知识资源共享服务。依托西北中小企业云服务平台，实现软硬件共享、资源共享、产品共享、服务共享。全省 1 300 多家小微企业接入西北中小企业云。

培育工业互联网 APP。组织省内重点行业工业互联网建设情况摸底调研，按照《工业互联网 APP 培育工程实施方案（2018—2020 年）》要求，遴选省内优秀案例上报工业和信息化部。

【信息安全】 2018 年，甘肃省信息安全行业实现主营业务收入 3 082.33 万元。7 家企业取得涉密信息系统集成乙级资质，其中，软件开发企业 1 家，安防监控企业 4 家，运行维护企业 1 家，系统咨询企业 1 家。

印发《工业控制系统信息安全行动计划（2018—2020）》，开展 2018 年工业控制系统信息安全检查工作，对全省 115 家企业进行摸底检查，统计重要工业控制系统总数 418 套。

【信息产业基地和园区】 2018 年，甘肃省兰州软件园实现营业收入 38 亿元，软件收入 29 亿元，其中，软件产品收入 14 亿元。园区建立兰州高新区科技创新信息公共服务平台、中国科协专利信息应用服务平台、兰州高新区院士专家工作服务中心、“海智计划”甘肃基地工作站、天禾生物院士专家工作站、伯骊江 3D 打印院士工作站、睿创波迪院士工作站等人才基地，以及一批国家级、省级重点平台。

【电子政务】 2018 年，甘肃省一体化在线政务服务平台实现与国家共享交换平台的互联互通，归集 10 余类重点领域数据且深度应用于网上政务服务，大幅提升平台便捷度，全年累计受理各类政务服务办件 126 万件，已办结 123 万件，办结率 97.6%。甘肃政务服务网注册用户数 160 万，日均访问量 22 万人次，日均访客量 2.5 万人，注册人数较上年增长 21.4%。对政务服务和政务数据方面进行产品优化，重点优化数据交换平台、资源目录系统、数据共享平台和数据服务聚合平台，并在各地投入应用。推进“政务服务 APP”开发工作，为用户提供政务公开信息、查询办事指南信息、政民互动、办件申报等便民功能；支撑 4 万余次公众咨询和反馈，平台业务在 5 个省 30 多个市县落地。

【两化融合】 2018 年，甘肃省强化软件支撑和定义制造的基础性作用，传统行业开展工业生产设备改造，推进装备智能化、网络化，推动技术突破和价值链升级；促进云计算、大数据技术在研发设计、生产制造、管理决策、销售服务等环节的综合集成应用。一批支撑两化融合公共服务的云计算、大数据平台陆续建成。

组织建立甘肃省两化融合专家库，完善甘肃省两化融合专家咨询工作机制。启动甘肃省制造业与互联网融合发展监测分析平台建设，通过对重点地区、产业、企业和关键指标的全覆盖统计，实现全省制造业与互联网发展水平定量分析。

参加两化融合评估诊断和对标引导工作的企业累计1 144 家，贯标企业数量 65 家。新增 11 家国家级贯标试点企业，累计 52 家。7 家企业通过工业和信息化部两化融合管理体系贯标。甘肃长城电工电气工程研究院有限公司的电工电气协同研发设计双创平台获得全国 2018 年制造业“双创”平台试点示范项目。

【重点信息化项目】 2018 年，天水华天科技股份有限公司集成电路高密度封装产业升级项目总投资4.1亿元。项目解决的关键技术包括大直径晶圆减薄技术、超薄型晶圆片双刀划片技术、多芯片（MCP）封装技术、堆叠（3D）封装技术、超薄型封装（0.50 毫米）低弧度压焊技术、高密度塑料包封技术等。项目引进国际先进的集成电路封装测试设备 328 台（套），购置国内配套设备、检测仪器 639 台（套），为公司年新增 QFP、MCM（MCP）系列集成电路高密度封装测试能力 7 亿只。

中国科学院西北生态环境资源研究院甘肃省生态环境监测和决策支持系统项目在甘肃省开展生态环境资源保护信息化建设。项目采用产学研联动的组织方式，集成国内外资源环境卫星和各种生态环境要素的地面监测数据，构建基本涵盖所有生态要素的分布式生态环境监测“天地一体化”的综合信息监测体系。按照跨区域、跨部门生态环境监测平台建设需求，利用大数据的分布式文件系统，完成甘肃省生态、林业、水利、气象、环保等监测平台数据的整合，构建多部门联动的“互联网+”绿色生态创新模式，实现甘肃省生态环境数据互联互通和开放共享。在生态环境综合监测大数据云平台的基础上，开展生态环境大数据综合应用和集成分析，形成生态环境决策支持系统，为甘肃省生态环境保护科学决策提供有力支撑，全面提升甘肃省生态风险评估与预警能力。

【信息消费】 2018 年，甘肃省推进电商精准扶贫。县乡村三级电商扶贫服务体系建设成效明显，深度贫困县和深度贫困乡实现全覆盖，深度贫困村覆盖率 70.9%；全省快递乡镇覆盖率 87.6%，其中，兰州市、嘉峪关市、金昌市、庆阳市等地乡镇覆盖率稳定在 100%；供销社系统累计建成农村（城市）社区电子商务服务站点5 944 个。全省农村电商发展的基础条件得到较大改善，物流快递覆盖、网货品牌培育和农产品上行有突破性进展。完善精准扶贫大数据管理平台，与城乡居民医保结算和保险公司系统对接，实现基本医保、大病保险、建档立卡贫困户优惠政策“一站式”结报，促进基础教育和公共服务均等化。

【产业环境】 2018 年，甘肃省出台一系列促进信息产业、推进“互联网 +”、加快信息消费等方面的政策性文件，包括《甘肃省关于深化制造业与互联网融合发展的实施意见》《甘肃省扩大和升级信息消费的实施意见》，以及《甘肃省工业互联网发展行动计划》（2018—2020 年）、《甘肃省数据信息产业专项行动计划》（甘政办发〔2018〕88 号）等，制定行动计划推进方案、“一企一策”工作手册、“一户一策”工作手册、重点项目推进任务等，围绕实施丝绸之路信息港建设、大数据、物联网、互联网创新应用、信息产业发展培育五大工程，进一步提升服务水平，落实政策支持，加强人才队伍建设，持续优化产业发展环境。

【主要问题】 甘肃省电子信息产业基础薄弱，劳动力、资金、基础设施和市场条件等综合优势不突出，在东中部产业向西部转移的大趋势下，承接产业转移面临周边省份的激烈竞争，区域竞争压力大，新兴产业规模较小。

核心竞争力较弱，持续创新能力亟待加强，缺乏操作系统、存储设备、核心芯片、传感器等高端信息类产品的研发、设计、加工能力。主导产品多数是配套产品，处于产业链的中低端，附加值偏低，难以取得竞争优势。缺乏对中小企业和地方经济带动作用较大的龙头企业。

行业企业普遍存在融资困难问题，缺乏高端技术管理人才、高学历高素质人才，虽然已采取一些措施，但仍未能从根本上解决高端人才少、骨干留不住的问题。

产业供给结构有待优化，云计算、大数据等新兴产业发展不足，软件服务、嵌入式软件业务比重较低，信息技术服务与工业生产融合度不深。

【统计数据】

表 1 2018 年甘肃省电子信息制造业人员构成情况

企业类别	企业数（家）	从业人员年末人数（人）	其中：研发人员（人）
内资企业	14	14 282	2 910
国有企业	7	3 842	574
有限责任公司	3	624	234
股份有限公司	1	9 451	2 036
私营企业	3	365	66

表 2 2016—2018 年甘肃省电子信息制造业基本情况

项目名称	单位	2016 年	2017 年	2018 年
工业总产值（现行价）	万元	1 288 473	1 226 890	1 229 994
工业销售产值	万元	903 258	1 206 529	1 232 073
出口交货值	万元	354 806	510 241	488 378
流动资产平均余额	万元	694 558	863 029	911 230
固定资产净值平均余额	万元	472 185	622 535	1 220 009
资产总计	万元	1 570 295	2 140 279	2 560 678
负债合计	万元	558 717	711 702	1 077 625
主营业务收入	万元	830 086	1 120 568	1 136 337
税金总额	万元	35 953	45 464	60 715
利润总额	万元	75 373	114 467	78 861
应交所得税	万元	10 539	15 970	9 780
从业人员年末人数	人	12 212	14 897	15 754
从业人员工资总额	万元	52 144	68 861	71 136

表 3 2016—2018 年甘肃省主要电子信息产品产销量情况

产品名称	单位	产量			销量		
		2016 年	2017 年	2018 年	2016 年	2017 年	2018 年
集成电路	万只	2 501 554	2 686 390	3 198 307	2 449 731	2 650 692	3 174 792
综合电缆	千米	10 609	7 404	14 953	10 591	7 551	17 441
电真空器件	万只	0.74	1.5	2.55	0.77	1.9	0.77
集成电路封装测试	万只	1 869 137	2 686 390	3 177 018	1 829 918	2 650 692	3 153 511

表 4　2018 年甘肃省软件和信息技术服务业人员构成情况

企业类别	企业数（家）	从业人员年末人数（人）	人员构成	
			软件开发研究人员（人）	在总人数中所占比例（%）
内资企业	148	12 251	3 693	30.1
国有企业	7	816	270	33.1
股份合作企业	2	45	13	28.9
联营企业	1	5		
有限责任公司	45	4 123	678	16.4
股份有限公司	8	1 812	1 129	62.3
私营企业	83	4 947	1 548	31.3
其他内资企业	2	503	55	10.9
港、澳、台商投资企业	1	22	10	45.5

表 5　2016—2018 年甘肃省软件和信息技术服务业基本情况

项目名称	单位	2016 年	2017 年	2018 年
软件业务收入	万元	416 362	457 531	522 834
软件产品销售收入	万元	107 352	126 134	192 556
流动资产平均余额	万元	390 148	542 863	976 093
固定资产投资额	万元	51 744	27 861	39 347
资产合计	万元	818 928	1 135 594	1 313 233
负债合计	万元	423 219	540 440	707 571
税金总额	万元	25 081	29 175	25 477
利润总额	万元	29 028	43 780	54 602
应交所得税	万元	7 659	8 801	8 820
从业人员年末人数	人	9 809	12 496	12 273
从业人员工资总额	万元	59 822	78 583	74 539

注：表 1 ~表 5 数据来源于甘肃省工业和信息化厅。

［供稿：甘肃省工业和信息化厅］

青 海 省

【电子信息制造业】 2018年，青海省电子信息制造业对入统企业量进行扩充，由13家增加至年底上报数据的33家。全年电子信息制造业整体发展态势保持平稳，企业生产能力保持增长，实现工业总产值119.4亿元，其中，规模以上电子信息制造业企业实现工业总产值115.65亿元。

企业经济效益有所回落，实现主营业务收入114.94亿元，主营业务成本91.65亿元，利润总额7.97亿元，主营业务收入利润率7%。随着国家发展和改革委员会、财政部、国家能源局《关于2018年光伏发电有关事项的通知》在光伏产业的推行，多晶硅及其产品市场需求下降，产品售价下跌严重，加之原材料成本持续上涨、产业结构性调整等因素的叠加影响，电子信息制造企业获利空间大幅缩减。

企业科技研发力度保持稳定，全省33家电子信息制造企业年末从业人员8 515人，其中，研发人员占比12%，较上年下降1个百分点；当年研发资金投入总额4.03亿元，研发费用占主营业务收入的4%，与上年基本持平。为提高企业产品核心竞争力，电子信息制造业对企业研发、科技创新的重视程度不断增强，对企业的持续研发投入保持稳定。

运行质量发展相对平稳，电子信息制造业企业每百元主营业务收入中的成本费用合计79.73元，较上年增长9%；人均实现主营业务收入135万元，同比增加12万元；资产负债率64%，较上年提升3个百分点。

细分领域　2018年，青海省依托锂储量居全国首位的资源优势，构建盐湖提锂、锂电池正负极材料、锂电池用铜铝箔等配套材料、储能及动力电池的锂电全产业链。比亚迪年产10吉瓦时动力锂电池和年产2万吨动力电池材料生产回收项目、华泰汽车集团年产5吉瓦时锂电池及新能源汽车基地建设项目、北捷新材料年产20亿平方米锂电池隔膜项目、青海明阳环保科技基于石膏原料的3D打印项目相继落地实施，填补青海省新能源汽车、电池隔膜、增材制造等诸多电子信息制造领域空白，装备和技术水平在全国处于领先地位。全年锂电产业实现工业总产值46.21亿元，生产锂电池2.42亿瓦时；实现主营业务收入45.75亿元，利润总额5.34亿元。受新能源汽车扶持等利好政策的影响，动力电池锂电产业保持良好发展态势。

晶硅及光电产业实现工业总产值37.50亿元，主营业务收入37.49亿元，利润总额1.43亿元。受产品生产成本费用上涨及光伏新政的影响，晶硅及光电产业发展放缓，企业盈利能力有所下降。

箔材料及其他配套产业实现工业总产值35.69亿元，主营业务收入31.7亿元，利润总额1.2亿元。受市场需求和产品结构性调整影响，箔材料及配套产业处于原材料价格不断增加、产品价格持续走低、市场需求不佳的局面。

【软件和信息技术服务业】 2018年，青海省软件和信息技术服务业重点联系企业48家，全年实现营业收入5.29亿元，受外部市场等因素影响，部分企业订单量出现下滑，年度营业收入总量有所回落；累计完成利润总额906.73万元，企业盈利面54.17%，同比下降1.4个百分点；从业平均人数1 756人，从业人员工资总额1.1亿元，人均工资6.26万元。

全年软件和信息技术服务业重点联系企业累计实现软件业务收入1.79亿元，软件业务收入保持稳定增长。累计完成软件产品收入3 443.05万元，连续3年稳步增长；累计实现信息技术服务收入1.03亿元，其中，电子商务平台服务收入4 016.98万元，增长较快；累计实现嵌入式系统软件收入4 095.3万元。

全省软件和信息技术服务业重点联系企业中，注册地位于西宁市的企业有42家，占比87.5%；位于海东市的企业有6家，占比12.5%。从营业收入来看，西宁市的软件类企业全年实现营业收入5.22亿元，占全省营业收入的 98.7%，优势依然明显。

【科技创新】 2018 年，青海省不断加大投入、整合资源，推动电子信息产业技术创新，取得一定进展。其中，多晶硅生产副产物综合利用、多晶硅提纯、单晶硅拉制、晶硅切片生产、盐湖提锂、锂离子电池材料及光电材料生产等一批支撑循环经济发展的关键技术取得实质突破，形成较强的科技成果转化能力，为加快电子信息制造产业化进程提供有力支撑。

【信息产业园区】 2018 年，青海省西宁经济技术开发区重点发展以硅系、箔系、锂系、线缆、半导体照明为主的电子信息产业，产业规模和集聚效应逐步显现，辐射和带动作用明显增强，园区成为促进产业集聚、培育产业集群、扩大对外开放合作的重要载体。

【重点信息化项目】 2018 年，青海省推进信息化建设，安排、部署信息化和"宽带青海"建设，推进信息消费扩大升级取得新进展。截至 2018 年年底，争取第三批中央财政电信普遍服务试点补助资金 4.16 亿元，支持 7 个市（州）2 525 个行政村的光纤建设，为全省网络脱贫攻坚做出贡献。完成《"十三五"国家信息化规划》《大数据产业发展规划（2016—2020 年）》《信息化与工业化融合发展"十三五"规划》《青海省国民经济和社会发展"十三五"规划纲要》《青海省服务业"十三五"发展规划》的中期自评工作。

开展试点示范，促进两化融合。全省入围工业和信息化部 2018 年信息消费示范项目 2 项、入选工业和信息化部 2018 年制造业与互联网融合发展试点示范项目 1 项、列入工业和信息化部 2018 年人工智能与实体经济融合创新项目 1 项；青海聚能电力有限公司等 8 家企业入选 2018 年国家级两化融合管理体系贯标试点企业，入围企业数量为历年最多；国网青海省电力公司成为青海省首家、西部第 4 家国家级两化融合管理体系贯标示范企业；金诃藏药股份有限公司成为全国藏医药行业首家通过国家级两化融合管理体系贯标认定企业；完成软件企业所得税优惠资料核查工作，共计减免企业所得税 127 万元；制造业与互联网融合优秀企业培育、智能工厂和数字化车间认定、两化融合管理体系贯标试点企业树立、工业大数据项目支持等两化融合以点扩面工作全面推进。

开展数字经济研究，推进统筹协调发展。构建全省数字经济发展体系，高质量拟定编制青海省数字经济发展意见，从摸清家底和积累素材入手，开展调研及编制工作，提出《关于加快发展青海省数字经济的意见（2019—2025 年）》，明确重点内容，确定发展任务，经省数字经济协调推进领导小组第一次会议审定后报省政府。

【产业环境】 2018 年，青海省以推动电子信息制造业发展作为稳增长、调结构、转方式的重要抓手，制定出台《关于进一步鼓励软件产业和集成电路产业发展的若干政策的实施细则》《关于加快推进物联网发展的实施意见》《关于加快发展高技术服务业的指导意见》《青海省新材料产业发展规划》《关于促进新材料产业发展的指导意见》等政策措施。

研究制定《青海省人民政府关于进一步扩大和升级信息消费持续释放内需潜力的实施意见》（青政〔2018〕29 号）、《青海省人民政府关于深化"互联网 + 先进制造业"发展工业互联网的实施意见》（青政〔2018〕41 号）、《青海省智能工厂、数字化车间认定管理办法（试行）》（青经信信〔2018〕5 号）；形成专报《<数字经济发展战略纲要>贯彻落实意见》，从筹建机构、明确责任、意见编制、分步推进等方面，拟定全省统筹推进数字经济发展的时间表、路线图和主要任务；完成并印发《关于青海省信息化与工业化融合发展的调研报告》；研究制定《青海省工业转型升级专项资金管理办法》（青财建字〔2018〕630 号），并组织开展 2018 年信息服务专项申报工作，安排信息服务专项资金 6 000 万元，集中支持 47 项两化融合、大数据应用、电子信息产业重点项目。

【主要问题】 青海省经济基础薄弱，电子信息制造业发展面临资金、技术、人才等多方面的制约；电子信息产品主要集中在硅材料、箔材料和锂离子电池材料等领域，电子元器件、新型显示器件、电子专用设备、集成电路等相对较少，缺乏高附加值产品；电子信息制造企业规模偏小，电子信息材料精深加工等下游配套产业尚未形成，技术研发、装备制造、运营管理、新技术推广应用等对外依存度较高，结构性矛盾突出，产业转型升级任务艰巨；电子信息制造业部分产品产能过剩、出口受阻、内需不足，行业面临危机，企业遭受重创；由于地处内陆，远离市场主体，电子信息产品运输半径大、成本高，导致资源优势转化成本高、市场竞争力弱，难以充分发挥产业优势。

信息化发展底子薄、起步晚，本土信息技术服务企业规模小、数量少、核心竞争力弱，产业链条短、产品附加值低，信息化支撑服务能力与全省经济社会发展水平不相适应；省级财政信息服务专项资金十分有限，致使企业实施信息技术改造的投资动力明显不足；作为资源性省份，加上产业结构偏重等多种因素叠加影响，招商引资企业和项目绝大多数集中在资源依赖型产业，很少涉及信息化领域，与全省日益增长的信息技术服务和信息化建设需求还有差距；网络及信息技术基础研究、产品研发和业务应用等各类人才短缺，难以满足发展需要。

[供稿：青海省工业和信息化厅]

宁夏回族自治区

【概况】 2018 年，宁夏回族自治区（以下简称宁夏）出台支持电子信息产业发展的优惠政策、软件企业可以享受企业所得税全免的优惠政策。围绕重点行业企业需求成立自治区工业互联网联盟和工业互联网专家咨询委员会。宁夏人均电力装机和发电量均居全国第一，是西电东输重要供应点，供电可靠低廉，为全区发展数字经济奠定扎实基础。

【电子信息制造业】 2018 年，宁夏规模以上电子信息制造企业完成工业总产值 130 亿元，近三年平均增速保持 15% 以上。宁夏煤炭、风能、光伏电力资源丰富，长期保持电力成本优势，适宜发展单多晶硅、锂电池及材料、电极箔、工业蓝宝石、电子材料等对电价敏感的产业。宁夏对电子信息制造业实行电力直接交易、差别化电价补贴等优惠政策。银川隆基硅材料有限公司最新生产线采用自主研发的单晶炉，应用国际领先的 RCZ 拉晶技术和单晶炉新型热屏技术，单晶硅棒直径和单炉月产能均为国际领先水平。巨大的单晶硅棒产能优势带动全区光伏制造业上下游加速发展。宁夏是全国首个新能源综合示范区，宁夏协鑫晶体科技有限公司、杉杉能源（宁夏）有限公司、天通银厦新材料有限公司、宁夏海力电子有限公司等行业龙头企业扎根宁夏，有利于吸引同行和上下游企业来宁夏发展，形成比较完整的产业链条，提高行业整体竞争力。

【软件和信息技术服务业】 2018 年，宁夏规模以上软件企业完成软件业务收入 18.5 亿元，同比增长 20.6%。其中，软件产品销售收入 6.3 亿元，同比增长 36.4%；信息技术服务收入 11.9 亿元，同比增长 12.7%。软件和信息技术服务企业 400 多家，其中，规模以上企业 80 家，从业人员 4 856 人，同比下降 6%。

宁夏软件企业集聚效应明显，80% 的软件企业集中在银川 IBI 育成中心、中卫西部云基地、银川中关村创新中心，三大园区软件业务收入占全区的 80% 左右，产业集聚度较高。同时，全区软件企业快速向信息系统集成服务商转变，从单纯软件产品开发服务，向网络、设备、软件整体性集成服务发展，具有信息系统集成及服务资质企业 77 家。随着云平台软件的广泛应用，传统软件产品市场开始萎缩，软件收入受到较大影响。部分软件企业开始积极转型，集成互联网应用、APP 应用，向平台化、云端化发展，服务模式向信息技术服务转变。

【云计算与大数据】 2018 年，宁夏中卫西部云基地在建项目 10 个，亚马逊云计算中卫合作项目、美利云、中国移动、创客超算 4 个数据中心已建成投运；天云网络数据中心一期 1 栋机房已建成；中国联通、炫我科技

2 个数据中心项目正在进行土建工程建设；万达信息、中国电信、人民网 3 个数据中心项目正在项目论证并办理前期手续阶段。奇虎 360 等 140 多家云计算及配套企业落户中卫市。中卫西部云基地举办第一届云天大会，聚焦云计算、大数据、网络安全等前沿技术，发布最新案例和技术成果，共商云计算产业发展大计，形成强大的产业号召力，打造“云天中卫”城市品牌，提升中卫市在全国云计算产业的城市影响力。

宁夏获批成为全国首个“互联网 + 医疗健康”示范省（区）。编制《银川市健康医疗大数据中心及产业园建设方案》，推动宁夏健康医疗大数据中心及产业园试点落户银川市。向丁香园、好大夫、同仁堂等 30 多家互联网医疗企业以备案形式发放《医疗机构执业许可证》，健康医疗大数据中心及产业园的建立将借助大数据优势惠及更多群众。智慧城市银川模式逐步形成，银川市成为 IMF 全球智慧城市举办地；制定《互联网医院管理办法》，吸引好大夫等 30 余家全国知名互联网企业；制定《政务数据资源共享管理办法》，建设全区“一网一库一平台”；实施“互联网 + 工业”方案，建设“互联网 + 医疗”“互联网 + 工业”示范区。

【信息产业基地和园区】 宁夏引进全球最大的云计算企业亚马逊公司，打造全球最先进的数据中心，建成西部云基地，服务器规模 10.3 万台，累计完成固定资产投资 57 亿元，信息传输、计算机服务和软件业增加值增速 45%，云计算产业链带动投资 30 亿元以上，解决就业达 3 000 人。西部云基地将实施创新驱动战略，以云计算盘活大数据，以大数据拉动云计算产业发展需求，争取三年内服务器部署规模达 100 万台，打造成全国云计算产业集聚区。

银川 IBI 育成中心主要承载软件开发、大数据、互联网创新应用服务。集聚全区 75% 的软件企业，一、二、三期共 60 万平方米已全部建成，入驻宁夏希望信息产业股份有限公司、银川方达电子系统工程有限公司等本地软件企业 200 多家，产值占全区软件业务收入的 70% 以上，软件开发人才占全区的 75% 以上，软件产品占全区的 80% 以上，已形成产业集聚效应。

银川滨河智慧产业园主要承载大数据存储、云计算和互联网应用等服务。吸引城市管家、好大夫互联网医院、平安互联网医院等智慧城市建设和“互联网 +”医疗服务企业；智慧银川大数据中心一期 1 栋机房已建成，可承载 1 万台服务器，服务银川市各机关事业单位和银川智慧城市建设，二期 2 栋机房已封顶；智慧产业研发大厦已完工。

银川中关村创新创业科技园主要承载双创、科技咨询、互联网应用、集成电路设计等服务。由“一中心一基地”构成，“一中心”选择靠近市中心 10 万平方米建筑体，已完成装修，入驻宁夏储芯科技有限公司等 50 多家企业；“一基地”选址西夏区同心北街，土地富足，临近大学城，人才充足，已开始进行配套基础设施建设。

【两化融合】 2018 年，宁夏持续开展制造业与互联网融合发展试点示范和“双创”平台试点示范工作，一批项目被列入国家试点示范项目，银川华信智技术有限公司备值工业互联网大数据共享平台、宁夏力成电气集团有限公司配网开关设备制造信息化集成应用 2 个项目入选国家制造业与互联网融合发展试点示范项目，带动激发制造企业的创新活力、发展潜力和转型动力。

推动两化融合贯标和评估工作。建立自治区、市、县、企业贯标工作联络机制，形成上下联动统筹推进的工作体系。申报国家两化融合贯标试点企业，全区 21 家企业被国家确定为 2018 年两化融合贯标试点企业。强化两化融合评估的基础作用，全年组织 500 多家企业开展两化融合整体性评估，引导企业开展两化融合自评估、自诊断、自对标，帮助企业了解和解决自身的薄弱环节，提升两化融合水平。

【产业环境】 2018 年，宁夏坚持把推动产业数字化、网络化、智能化改造作为全区制造业转型升级的主攻方向，陆续制定一系列政策措施。出台《关于加快“互联网 + 先进制造业”发展工业互联网的实施意见》《自治区服务型制造示范（企业、项目、平台）认定管理暂行办法》《自治区智能工厂、绿色工厂和数字化车间认定管理暂行办法》，安排专项资金支持工业互联网平台建设和应用、企业上云以及云计算、大数据产业发展。

通过一揽子推进措施，一批传统企业利用互联网焕发生机和活力，涌现出神华宁煤集团烯烃有限公司等一批试点示范企业和项目。累计培育自治区制造业领先示范企业及产品 30 个、智能工厂 19 家、数字化车间 27 个、企业级工业互联网平台 11 个、“互联网 +”制造业试点示范项目35个、机器人推广应用项目18个，评选10个优秀工业APP，500余家企业实现上云上平台。

围绕企业低时延、高可靠、广覆盖的网络需求，推进企业内外网建设和改造，加快5G技术在工业领域应用，进一步提升网络传输速率、降低网络费用。建设自治区工业互联网标识解析联合实验室、工业互联网安全态势感知平台项目，自治区工业互联网标识解析二级节点启动上线，标识解析企业注册前缀量超100家。

围绕构建工业互联网产业生态，采取“政府＋联盟＋服务商＋企业”模式，促进工业互联网技术创新和成果产业化。组织成立宁夏工业互联网产业联盟、企业首席信息官俱乐部和工业互联网专家咨询委员会，加强工业互联网创新应用的智力支撑和交流合作。与中国工业互联网研究院、中国信息通信研究院、国家工业信息安全发展研究中心建立合作关系，引进树根互联技术有限公司等工业互联网服务商。指导建设工业互联网体验展示中心，为工业企业提供成熟经验和可复制、可推广案例。

【主要问题】 宁夏电子信息制造业总体规模依旧较小，占工业总产值的3%；企业数量有限，规模以上企业仅有95家，企业布局相对分散，电极箔、蓝宝石相关产品虽已达国内龙头企业规模，但上下游产业链短缺，产业关联度不高，产业集群效应还没有形成。

软件和信息技术服务业产业集聚度较高，企业整体数量规模还比较小，产品开发创新能力较弱。云产业基地存在长途传输和网络路由质量不优、网络时延偏大导致用户体验差问题，制约数据中心“热数据”业务拓展；综合成本亟待进一步降低，资费与发达地区相比处于劣势，业务量整体偏小与降本诉求在市场机制框架下短期内难以协调。

[供稿：宁夏回族自治区工业和信息化厅]

新疆维吾尔自治区

【概况】 2018年，新疆维吾尔自治区（以下简称新疆）信息产业实现主营业务收入685亿元，同比增长12%，其中，统计的723家软件服务企业实现主营业务收入162亿元，同比增长14%。全年数字经济规模2 900亿元，同比增长12%，其中，信息消费总量850亿元，同比增长15%左右。

【电子信息制造业】 2018年，新疆电子信息制造业实现主营业务收入279亿元，同比增长11.6%，新增就业超1万人。电子信息制造企业主动适应供给侧结构性改革初见成效，降成本、提效益，持续扩大优势产业规模，适应政策调控和市场变化；硅基新材料市场影响力显著增强，新疆东方希望新能源有限公司15万吨多晶硅二期、新特能源股份有限公司高纯多晶硅产业升级建设、新疆协鑫新能源材料科技有限公司年产6万吨多晶硅等一批重大项目在新疆落地，新疆成为重要的硅基新材料生产基地。

新疆喀什市、和田市、克孜勒苏柯尔克孜自治州等地坚持把电子产品组装业作为发展重点，通过承接中东部产业转移，加大劳动密集型电子产品组装企业落户，推进电子产品组装业集群发展，为新疆脱贫攻坚和维护社会稳定发挥积极作用。截至2018年年底，南疆地区四地州引进包括手机组装、电子元件生产、显示屏、充电器、数据线、LED发光元件等电子产品组装加工企业70家，总投资近30亿元，实现产值近20亿元。

新疆光伏产业保持高速发展，多晶硅产能继续扩大，有效产能9.75万吨。其中，新特能源股份有限公司产能增长0.6万吨，总产能3.6万吨；新疆大全新能源股份有限公司增长1.2万吨，总产能3万吨；东方希望新能源有限公司二期1.5万吨投产，总产能3万吨。截至2018年年底，新增光伏装机450兆瓦，累计装机容量9.92吉瓦，集中式电站规模居全国第一。全年太阳能发电量

116.6 亿千瓦时，同比增长 13.6%，占总发电量的 4.2%。光伏发电设备利用小时数和发电量同比均有所增加，弃光限电情况持续好转，光伏发电运行情况稳中向好。全年弃光电量 21.4 亿千瓦时，同比下降 27.4%；弃光率 16%，同比下降 6%。

【软件和信息技术服务业】 2018 年，新疆软件和信息技术服务业发展形势平稳，130 家规模以上软件和信息技术服务企业实现营业收入 114.1 亿元，同比增长 21.7%；软件业务收入 56.1 亿元，同比增长 1.7%；软件产品收入保持快速增长，实现收入 20.8 亿元，同比增长 46.5%；信息技术服务收入 33.7 亿元；从业人员年末人数 11 484 人，同比增长 24.9%；从业人员工资总额 8.9 亿元，同比增长 14.6%。

软件和信息技术服务业载体建设取得新进展，新疆软件园工商注册企业 270 家，入园企业 147 家，就业人数 6 000 余人，营业收入 17.1 亿元，同比增长 25%，园区集聚软件与信息技术服务产业的载体作用逐步显现。

软件和信息技术服务业发展政策不断完善，贯彻落实《关于印发自治区大力发展软件和信息服务业、促进大数据与云计算应用若干政策的通知》，各、地、州（市）纷纷出台相应实施细则，为自治区软件和信息技术服务业持续、稳定发展提供良好政策环境。

行业领军和专业人才培训成效显著，落实《自治区人才培养天山计划》工作安排，开展软件和信息技术开发领军人才、云计算大数据领军和专业人才年度培训工作，在北京航空航天大学、上海交通大学、自治区计算机培训中心开展多期培训，共培训专业人才 1 300 余人次。

【信息基础设施】 2018 年，新疆实施“宽带新疆”战略，推动光网新疆、4G、NB-IoT 建设和应用，推动 5G 在风城油田的应用场景部署。截至 2018 年年底，新疆城市区域光网覆盖率 97%，乡镇光网覆盖率 85%，行政村光网覆盖率 75%，互联网宽带接入用户 570 万户，移动宽带用户 1 550 万户，建成 4G 基站 7.4 万个；亚欧信息高速公路基础设施建设取得新进展，中巴光缆完成对接测试，累计连通 12 条国际光缆，区内光缆线路总长度超 67.76 万千米；乌鲁木齐区域性国际通信业务出入口局具备疏通中国与中西南亚地区 11 个国家的资质和能力，克拉玛依国际互联网数据专用通道获得工业和信息化部批复。

【云计算与大数据】 2018 年，乌鲁木齐—昌吉、克拉玛依云计算数据中心建设稳步推进，7 个数据中心投运，设计机柜数 3.6 万余个，建成机柜数约 1.3 万个，已投用机柜数约 8 000 个；疆企上云行动计划进展顺利，审定公布第一批 14 家云计算服务企业，累计上云企业 6 000 余家，一批上云优秀案例起到示范作用。红有软件股份有限公司、西北曙光云计算有限责任公司等一批企业投身于云应用的研究开发；征集 6 家企业上云典型案例，组织遴选 14 个大数据产业发展试点示范项目，其中，新疆金农云信息技术开发有限公司、中粮屯河糖业股份有限公司、新疆西北星信息技术有限责任公司、新疆天富能源股份有限公司 4 家企业入选工业和信息化部试点示范项目。华为云等数据中心、自治区公安厅等 10 家厅局以及部分地州云平台汇聚克拉玛依信息产业园区，规模和能力居西北第一、全国前列，基本具备向丝绸之路经济带沿线国家和地区提供云服务的能力。

【工业互联网】 2018 年，新疆推动出台《自治区深化“互联网 + 先进制造业”发展工业互联网的实施方案》，发展工业 APP，推动基于工业大数据的人工智能旋转设备故障预测与健康管理系统、精准曝气系统、基于人工智能的工业现场视觉预警系统，促进工业互联网的发展。其中，新特能源股份有限公司基于工业互联网平台的高纯硅基新材料企业内网改造集成应用入选国家工业互联网创新发展支持项目，成为西部五省两个入选国家项目之一。

【物联网】 2018 年，新疆物联网与多行业、多领域融合发展。面向工业、农业、环保等重点领域，分期分批推进一系列物联网示范应用项目。新疆油田公司在推进数字油田建设中，利用物联网技术开展油井、油管线等数据采集和控制，依托物联网技术打造智慧油田。在智慧农业试点示范项目建设中，推进“遥感”技术在农业领域使用。对大宗农作物小麦、玉米、棉花开展“遥感”技术面积核查，对棉花目标价格改革政策执行情况进行专题调研，为相关工作决策提供技术服务与支持。逐步推广智能化灌溉，据不完全统计，全区智能化灌溉覆盖面积近 10 万亩，其中，昌吉回族自治州 7.7 万亩，克拉玛依市 0.3 万亩，喀什地区 0.2 万亩，经济、社会效益显著。在智慧城市建设中，利用物联网技术建设智慧城市井盖、电表水表气表计量等。

【工业控制系统信息安全】 2018 年，新疆下发《关于开展 2018 年全区工业控制系统信息安全检查工作的通知》，对全区工业信息安全自查、检查工作进行部署和指导，开展全区规模以上工业企业重要工业控制系统和工业云平台的自查和检查工作，通过全区工业控制系统信息安全态势感知平台做好全区联网工控系统日常预警和监测工作。组织举办 2 期信息化和工业控制系统信息安全优秀管理人员培训班，累计培训 138 人次。制定并印发《贯彻落实 < 新疆维吾尔自治区工业控制系统信息安全行动计划（2018—2020 年）> 实施方案》。完成重要信息系统异地灾难备份中心项目建设及验收工作。新疆天山智汇信息科技有限公司的新疆区域工业信息安全智能态势感知及防护平台项目获批工业和信息化部 2018 年人工智能与实体经济深度融合创新项目。

【信息产业基地和园区】 2018 年，新疆信息产业集聚发展取得新进展。克拉玛依云计算产业园区集聚 50 余家业内知名企业。新疆软件园引入 5 家规模以上企业，营业收入超亿元企业 5 家；园区工商注册企业累计 263 家，总产值近 20 亿元，就业人数 4 500 余人。昌吉信息产业园形成三大运营商集聚发展态势。

【电子政务】 2018 年，新疆电子政务互联互通水平不断提高。自治区政府电子政务专网实现自治区各部门的联接和应用，自治区电子政务外网纵向覆盖 14 个地（州、市）、96 个县（市、区），横向接入自治区级厅局 112 家，横向接入地州委办局 1 092 家，接入县市委办局 7 488 家，整体完成“纵向到底、横向到边”的网络架构。“天山政务云”支撑 30 多家政府单位的 40 多项业务稳定运行。加快构建政府网上服务体系，全区县以上各级人民政府及所属部门共建立政府网站 177 家，其中，自治区人民政府门户网站 1 家，自治区人民政府部门及直属机构网站 63 家，各地州（市）级政府、各县市（区）政府网站 113 家。

【两化融合】 2018 年，新疆实施两化融合管理体系贯标推广工作，持续开展两化融合试点示范、区域两化融合发展水平评估工作。组织遴选、推荐特变电工股份有限公司新疆变压器厂等 11 家企业作为两化融合管理体系贯标试点单位上报至工业和信息化部，其中，特变电工股份有限公司新疆变压器厂、新疆感知信息科技有限公司等 5 家企业入围 2018 年国家两化融合管理体系贯标试点企业。

【信息消费】 2018 年，新疆持续推动信息消费项目落地，组织遴选 4 个健康养老示范项目落地，“互联网 + 市民卡”等 10 个信息消费试点示范项目上报工业和信息化部，其中，奎屯瑞豪电子商务产业园、新疆集装箱公铁联运综合信息平台等 4 个项目入选新型信息消费试点示范项目。

【产业环境】 2018 年，新疆信息化和数字经济发展政策环境不断优化，起草并出台进一步扩大和升级信息消费、新疆工业互联网实施方案、疆企上云三年行动计划、数字经济发展等政策性文件。

【主要问题】 新疆信息化资金投入不足，不能很好地引领推动各领域信息化建设；信息产业总体规模较小，优势骨干企业数量少，企业技术水平较低，竞争力较弱，软件和信息技术服务业仍需大力支持；电子信息制造业结构不适应政策变化和市场导向，导致以光伏材料为主的电子信息制造业低速增长、利润下滑；信息孤岛、信息技术人才匮乏情况依然存在，企业上云和发展工业互联网的意识还比较淡漠；低电价支撑电子新材料发展的优势未能充分发挥。

[供稿：新疆维吾尔自治区工业和信息化厅]

大 连 市

【电子信息制造业】 2018 年，大连市 143 家规模以上电子信息制造业企业实现工业总产值 664.3 亿元，同比增长 9.3%；主营业务收入 708.9 亿元，同比增长 5.1%；出口交货值 435.7 亿元，同比增长 21.4%。全年生产 12 英寸集成电路 64.6 万片，同比增长 50.3%；汽车音响 1 166.5 万台，同比增长 25.9%；激光视盘机 180 万台，同比下降 2.2%；打印机 25.8 万台，同比增长 2.8%。

中国华录集团有限公司、大连辽无二电器有限公司 2 家国有及国有控股企业，实现主营业务收入 124.3 亿元，同比下降 12.7%，占全行业的 17.5%，所占比重较上年下降 3.2 个百分点；出口交货值 45.1 亿元，同比下降 4%，占全行业的 10.4%，所占比重较上年下降 1 个百分点。

77 家民营企业实现主营业务收入 57.9 亿元，同比下降 37.7%，占全行业的 8.2%，所占比重较上年下降 5.3 个百分点；出口交货值 13.1 亿元，同比增长 45.6%，占全行业的 3.0%，所占比重较上年提升 0.5 个百分点。全年民营企业平均主营业务收入 0.75 亿元，远远低于全行业平均主营业务收入 4.96 亿元。在新型元器件、印制电路板、柔性线路板、新型显示器件、第三代半导体、智能传感器等领域，一部分民营企业优化产品结构、提高创新能力，产品具有较强竞争能力，成为民营企业发展的中坚力量。大连崇达电路有限公司、大连连城数控机器股份有限公司、大连日佳电子有限公司、大连龙宁科技有限公司、大连达利凯普科技有限公司、大连保税区科利德化工科技开发有限公司、大连华邦化学有限公司、大连亚太电子有限公司、大连宏光锂业股份有限公司等企业主营业务收入增速均在 20% 左右。

64 家外资及港澳台资企业完成主营业务收入 526.7 亿元，同比增长 20.0%，占全行业的 74.3%，所占比重较上年提升 8.2 个百分点；出口交货值 377.5 亿元，同比增长 24.9%，占全行业的 86.6%，所占比重与上年基本持平。在英特尔半导体（大连）有限公司等龙头企业的带领下，外资企业整体发展平稳向好，占全市电子信息制造业收入比重不断攀升。在大连的很多日资企业生产自动化程度高、工艺先进、产品优良率高于其他分公司，日资企业总部对集团生产布局的全球性调整产生的订单转移趋势有所减缓，部分订单重新转回到大连公司，日资企业经营下滑态势有所放缓。

典型企业　2018 年，大连市数字视听行业（含广播电视设备、视听设备、智能硬件设备）有 7 家企业，主要产品有激光投影电视、激光视盘机整机及机芯、蓝光光盘、广播电视设备、汽车音响、智能家居产品、音视频矩阵产品等。全年完成主营业务收入 160.8 亿元，占电子信息制造业总量的 22.7%。代表企业有中国华录集团有限公司、大连辽无二电器有限公司、大连阿尔派电子有限公司、大连科迪视频技术有限公司、大连鼎创科技开发有限公司。

通信网络行业有 5 家企业，主要产品有程控交换机、移动通信基站、对讲机及相关配套产品、船舶引航监控系统等。全年完成主营业务收入 5 亿元，占电子信息制造业总量的 0.7%。代表企业有大连环宇阳光集团、大连通信电缆有限公司、大连贝斯特电子有限公司。

应用电子行业（含电子计算机及外设、电子测量仪器、电子信息机电产品等）有 30 家企业，主要产品有打印机及暗盒、微型马达、医疗电子产品、电子信息机电产品等。全年完成主营业务收入 100.1 亿元，占电子信息制造业总量的 14.1%。代表企业有佳能大连有限公司、大连中盈科技有限公司、东芝大连有限公司、日本电产（大连）有限公司、大连现代高技术集团有限公司。

专用设备及材料行业（包括电子工业专用设备、电子信息产品专用材料）有 51 家企业。主要产品有软焊料装片机、SOP 芯片装片机、大功率 LED 固晶机等集成电路封装设备，光引发剂树脂、高纯电子气体等电子工业专用材料，以及锂离子电池及模组、锂离子电池负极材料、电子模具等。全年完成主营业务收入117.7亿元，占电子信息制造业总量的16.6%。代表企业有大连佳峰电子有限公司、大连连城数控机器股份有限公司、科利德化工科技开发有限公司、大久制作（大连）有限公司、大连中比动力电池有限公司、大连宏光锂业股份有限公司。

电子元器件行业（包括电子元件、电子器件）有50家企业，主要产品有存储器芯片、LED芯片、传感器、电子印刷电路板、LED照明产品、液晶显示器等。全年完成主营业务收入325.1亿元，占电子信息制造业总量的45.9%。代表企业有英特尔半导体（大连）有限公司、大连德豪光电科技有限公司、大连阿尔卑斯电子有限公司、大连崇达电路有限公司、大连吉星电子有限公司、大连日佳电子有限公司、大连艾科科技开发有限公司、大连龙宁科技有限公司、大连科发传感器有限公司、国彪电源集团、大连藏龙光电子科技有限公司、大连芯冠科技有限公司、大连维德集成电路有限公司。

【软件和信息技术服务业】 2018年，大连市软件和信息技术服务业整体运行平稳，特别是云计算、大数据以及工业软件等新一代信息技术重点领域发展态势良好，产业规模不断壮大，继续保持千亿级产业集群规模，软件和信息技术服务企业近2 000家，从业人员近20万人。出台《大连市软件和信息服务业2028行动纲要》《大连市支持软件和信息服务业发展若干政策》，进一步明确产业发展目标、重点方向和主要任务。大连云计算公共服务平台应用持续拓展，为全市200多家企业提供10余项公共服务；华为大连软件开发云进一步升级，应用推广稳步推进，华为技术和经验持续输出，本地应用企业500余家，累计运行项目6 000余个。《关于软件和集成电路产业企业所得税优惠政策有关问题的通知》等政策文件有效落实，全市12家企业申请备案享受优惠政策，获得企业所得税减免额2 002.3万元。

全市19家上市软件和信息技术服务企业主营业务成本占营业收入的78.9%，同比增长18.7%。其中，13家上市企业的主营业务成本占收入的比重增加，其余6家企业占比减少。从企业净利润情况看，大连恒锐科技股份有限公司、华畅科技（大连）股份有限公司、大连伟岸纵横科技股份有限公司等企业的年利润增长较快。与上年相比，19家企业全年营业收入平均增长26.4%，大连陆海科技股份有限公司、大连诚思科技股份有限公司、大连同方软银科技股份有限公司、大连博涛文化科技股份有限公司、大连龙图信息技术股份有限公司、大连华信计算机技术股份有限公司、大连倚天软件股份有限公司、源渤科技发展（大连）股份有限公司、大连量天科技发展股份有限公司等企业盈利能力稳中有升，其中，龙图信息、倚天软件、量天科技经过战略调整增幅明显。部分企业由于主营业务转型、并购等战略影响，企业利润有所下降。

【信息基础设施】 2018年，大连市印发《大连市移动通信基站管理细则》，推进“宽带大连”建设，加快信息通信网络基础设施建设速度，正式启动大连市通信畅通工程，召开大连市通信畅通工程实施动员大会暨市政府与中国铁塔辽宁省分公司签署战略合作协议签约仪式。

【云计算】 2018年，大连市推进大连云计算公共服务平台建设。组织走访相关区市县和街道等单位，开展大连云计算公共服务平台合作对接工作。调研潜在客户企业15家，并组织航天中认软件中心东北分中心合作对接，进一步拓展服务功能。持续推动华为软件开发云扩展升级。加强大连软件开发云应用推广工作，落实华为大连软件开发云优惠补贴政策，输出华为技术和经验，促进本地云服务生态建设。同时，与华为技术有限公司在人工智能、AR/VR产业、人才培养云、智能制造等方面拓展合作内容。大连华信计算机技术股份有限公司、心医国际数字医疗（大连）有限公司等7家企业被评为辽宁省企业上云服务商。

【大数据】 2018年，大连市组织高新区大数据产业协会与上海大数据产业联盟对接开展交流合作；指导支持高新区大数据产业协会成立大连大数据培训中心，举办大数据技术及大数据人才主题论坛。大连现代高技术集团有限公司的面向城市出行服务的交通大数据应用公共服务平台、中国华录集团有限公司的光磁电一体化大数据云存储管理平台被评为工业和信息化部2018年大数据产业发展试点示范项目。

【人工智能】 2018年，大连市推动成立人工智能行业协会，支持举办大数据解决方案创新大赛，联合软件行业协会组织区块链技术高级研修班，组织软件企业云化转型技术论坛和优秀国产工业软件对接会、促进企业交流和供需对接。编制完成《大连市人工智能产业发展报告》。东软集团（大连）有限公司的面向自动驾驶的驾驶环境智能认识技术研发及产业化项目被工业和信息化部列为人工智能与实体经济深度融合创新项目。

【两化融合】 2018年，大连市颁布实施《大连市深化“互联网＋先进制造业”发展工业互联网实施方案》（大政发〔2018〕36号）。大杨集团有限责任公司等16家企业成为辽宁省工业和信息化厅贯标工作试点，大连冰山集团有限公司等7家企业成为工业和信息化部2018年两化融合管理体系贯标试点。东软集团（大连）有限公司的制造企业社交化协作与数字资源汇聚创新云平台、大连中远航运川崎船舶工程有限公司的船舶设计建造“双创”平台列入工业和信息化部2018年制造业“双创”平台试点示范项目；推动大连冰山集团有限公司、大连亚明汽车部件股份有限公司等企业进入中国工业互联网产业联盟；推动大连美罗药业股份有限公司、瓦房店冶金轴承集团有限公司、大连行健数控机械技术有限公司3家企业成为辽宁省工业电子商务试点企业，占试点企业总数的21%。美罗药业交易平台实现线上销售与线下店面、物流配送协调一体的销售体系，实现5 000万元的网络销售目标。行健数控机械云备件资源共享平台在数控机床设备供应链全生命周期管理领域成为国内工业服务型制造领军企业。瓦冶轴B2B电商平台实现年度3 000万元交易额，不断提升市场占有率。

【信息消费】 2018年，大连市信息消费相关产业收入1 878.3亿元。基于“互联网＋”再生资源电子商务平台建设与运营项目等5个项目入选国家2018年新型信息消费示范项目，入选数量在辽宁省内领先，入选率居全国前列。

【统计数据】

表1 2018年大连市电子信息制造业人员构成情况

企业类别	企业数（家）	从业人员年末人数（人）	其中：研发人员（人）
内资企业	90	20 645	1 684
国有企业	2	256	132
集体企业	10	2 569	26
有限责任公司	36	10 705	469
股份有限公司	7	1 803	127
私营企业	34	4 633	930
其他内资企业	1	679	
港、澳、台商投资企业	10	2 281	219
三资企业	43	26 607	674

表2 2016—2018年大连市电子信息制造业基本情况

项目名称	单位	2016年	2017年	2018年
工业总产值（现行价）	万元	5 999 215	6 371 117	6 642 679
工业销售产值	万元	6 049 892	6 344 668	6 586 351

续表

项目名称	单位	2016 年	2017 年	2018 年
出口交货值	万元	2 967 001	3 506 192	4 356 598
流动资产平均余额	万元	5 879 707	4 626 102	2 754 673
固定资产净值平均余额	万元	2 558 225	1 651 464	1 895 282
资产总计	万元	10 327 768	7 848 647	4 654 759
负债合计	万元	5 077 581	3 699 172	2 162 454
主营业务收入	万元	6 798 872	6 921 042	7 089 358
税金总额	万元	105 404	143 322	120 968
利润总额	万元	513 194	382 446	443 096
应交所得税	万元	81 829	52 901	45 047
从业人员年末人数	人	74 056	66 230	49 533
从业人员工资总额	万元	514 148	506 924	459 706

表 3 2016—2018 年大连市电子信息制造业三资企业基本情况

项目名称	单位	2016 年	2017 年	2018 年
工业总产值（现行价）	万元	3 822 659	3 747 082	5 266 865
工业销售产值	万元	3 868 199	3 774 919	5 277 171
出口交货值	万元	2 474 160	2 591 572	3 761 974
流动资产平均余额	万元	1 981 022	1 815 954	1 024 777
固定资产净值平均余额	万元	1 889 718	1 218 580	1 046 991
资产总计	万元	4 405 595	1 984 674	1 489 719
负债合计	万元	1 920 397	900 523	370 157
主营业务收入	万元	3 884 198	3 732 831	2 148 736
税金总额	万元	64 512	67 662	43 395
利润总额	万元	354 767	103 505	259 249
应交所得税	万元	65 228	21 871	20 311
从业人员年末人数	人	48 902	33 334	26 607
从业人员工资总额	万元	364 739	320 355	243 870

表 4　2016—2018 年大连市电子信息制造业主要经济效益指标完成情况

项目名称	单位	2016 年	2017 年	2018 年
流动资产周转率	次	1.2	1.5	2.6
产品销售率	%	100.8	99.6	99.1
总资产贡献率	%		6.1	12.4
资产保值增值率	%	104.6	155.0	104.7
资产负债率	%	49.2	47.1	46.4

表 5　2016—2018 年大连市电子信息制造业三资企业主要经济效益指标完成情况

项目名称	单位	2016 年	2017 年	2018 年
流动资产周转率	次	2.0	2.1	2.1
产品销售率	%	101.2	100.7	100.2
总资产贡献率	%		2.8	19.8
资产保值增值率	%	98.6	108.8	105.5
资产负债率	%	43.6	45.4	24.8

表 6　2016—2018 年大连市主要电子信息产品产销量情况

产品名称	单位	产量			销量		
		2016 年	2017 年	2018 年	2016 年	2017 年	2018 年
移动通信基站	信道	196 470	169 710	2 017	196 470	169 710	2 017
激光视盘机	万台	252	189	180	248	194	179
打印机	万台	50.6	28.9	25.8	54.9	29.2	25
集成电路	万块	15 629	8 815	15 774	16 031	10 047	16 054
汽车音响	万台	1 023	926	1 166.5	1 213	1 082	1 126
雷达	部	3 277	1 156	15 977	3 305	3 305	15 964

表 7　2016—2018 年大连市三资企业主要电子信息产品产销量情况

产品名称	单位	产量			销量		
		2016 年	2017 年	2018 年	2016 年	2017 年	2018 年
集成电路	万块	15 629	8 815	15 774	15 031	10 047	16 054
汽车音响	万块	523	535	747	473	690	709

注：表 1～表 7 数据来源于大连市工业和信息化局。

［供稿：大连市工业和信息化局］

宁 波 市

【电子信息制造业】 2018年，宁波市834家规模以上电子信息制造企业完成工业总产值1 706.1亿元，同比增长5%。全年产销率97.3%，产销持续向好；完成主营业务收入1 675.6亿元，同比增长3.9%；完成销售产值1 660.8亿元，同比增长4.6%；完成出口交货值620.6亿元，同比增长2%。

全市规模以上电子信息制造业实现新产品产值853.8亿元，同比增长4%，新产品产值率突破50%；完成技术研究开发投入50.3亿元，同比增长12.5%，占主营业务收入比重3%。

广播电视行业、电子信息专用材料行业、电子测量仪器行业、电子信息机电行业和电子器件行业增速分别为28.7%、21.6%、19.7%、17%和15.6%，均高出全省规模以上电子信息制造业平均增速。中高端产品优化升级加快，全年累计生产智能手机644万部，同比增长62.6%；多晶硅电池14 579千瓦，同比增长100.8%；多晶硅电池组件352.2万千瓦，同比增长42.2%；半导体分立器件、服务器和半导体发光二极管（LED）同比分别增长35.2%、25%和10.6%。

舜宇集团有限公司、宁波均胜电子股份有限公司、东方日升新能源股份有限公司3家企业被评为2018年中国电子信息百强企业，分列第30位、第39位和第61位，上榜企业排名位次创历史最好水平。舜宇集团有限公司、宁波群志光电有限公司等5家企业被评为2018年（第18届）浙江省电子信息制造业业务收入前30家企业，宁波群志光电有限公司、东方日升新能源股份有限公司和舜宇集团有限公司3家企业被评为2018年（第18届）浙江省电子信息出口10家重点企业，宁波杜亚机电技术有限公司、宁波杉杉新材料科技有限公司、宁波康强科技有限公司等7家企业被评为2018年（第18届）浙江省电子信息50家成长性特色企业。宁波东方电缆股份有限公司入围2018年国家技术创新示范企业，是该批次宁波市唯一一家上榜企业。

【软件和信息技术服务业】 2018年，宁波市软件和信息技术服务业保持较快增长势头，产业规模再上新台阶，实现软件业务收入673.2亿元，同比增长24.5%。其中，鄞州区实现软件业务收入209.96亿元，高新区实现软件业务收入206.77亿元，居全市前两位，两地软件业务收入占全市软件业务收入的61.9%，是全市软件业主要集聚区。

骨干企业发展势头良好，软件产业第一梯队企业实力进一步增强。2018年，全市软件业务收入超亿元企业（不含嵌入式软件企业）24家，比上年增加5家，其中，超10亿元企业1家，5亿元~10亿元企业2家。从地区分布看，高新区软件业务收入超亿元企业8家，居首位；鄞州区软件业务收入超亿元企业6家，居第2位；镇海区、北仑区软件业务收入超亿元企业各3家，保税区软件业务收入超亿元企业2家，慈溪市、象山县软件业务收入超亿元企业各1家。

骨干工业企业纷纷加强工业互联网相关投入，全市集聚一批优秀企业，软件产业特色日益凸显，嵌入式系统软件收入占全行业规模的26.9%。浙江中之杰智能系统有限公司的网络协同制造工业互联网平台测试获得工业和信息化部2018年工业转型升级资金项目立项支持，宁波慈星股份有限公司的针织品智能柔性工业互联网APP应用解决方案入选工业和信息化部工业互联网APP优秀解决方案，宁波水表股份有限公司的智慧水务数据交互平台、浙江清华长三角研究院宁波分院的宁波民生大数据云平台入选工业和信息化部大数据产业发展试点示范项目，宁波江丰生物信息技术有限公司的数字病理信息系统、宁波海上鲜信息技术有限公司的海上鲜“WiFi+APP”2个项目入选工业和信息化部物联网集成创新与融合应用项目。

软件行业经济效益总体良好。全市拥有主板、新三板以及通过并购的上市企业 30 余家，信息系统集成企业 111 家，其中，二级资质 4 家。根据对全市网上直报企业（不含嵌入式软件企业）统计分析，收入超千万元企业 145 家，实现营业收入 119.6 亿元，营业利润 31.4 亿元，应缴所得税 4.2 亿元，平均利润率 26.3%，其中，收入超亿元企业 24 家，实现营业收入 79 亿元，利润总额 28.1 亿元，应缴所得税 3.6 亿元，平均利润率 35.6%。

【电子产品出口贸易】 2018 年，宁波市电子信息产业重点产品中，部分产品出口较为平稳。其中，液晶面板出口 3 219 万片，同比增长 6%；多晶硅电池组件出口 250.6 万千瓦，同比增长 39.1%。部分产品因中美贸易摩擦影响出口略有下滑。其中，手机出口 695 万部，同比下降 24.8%；电子元件出口 32 亿只，同比下降 0.8%；锂离子电池出口 1.16 万千瓦时，同比下降 45%。

【科技进步与应用】 2018 年，中芯宁波 N1 厂 8 英寸、0.18 微米特种工艺生产线于下半年开始试投产。N1 产线是射频及高压模拟器件特色工艺生产线，可以满足快速增长的国内市场需求，打破国外公司技术和产品垄断，射频 SOI 技术达到国际先进水平，射频微系统集成引领业界创新，射频滤波器填补国内空白。

【信息基础设施】 2018 年，宁波市互联网城域出口带宽 7 000Gbps，4G 用户 880 万户。全市持续推进 5G 网络阶段性试验，成立 5G 新技术研究联合实验室，在杭州湾吉利厂区、梅山港区开展 5G 商用试点。加快窄带物联网部署，完成全市区县级以上范围网络覆盖建设。IPv6 网络升级全面启动，推进行业平台和 IPv6 规模部署。

推进“iNingbo”免费 WiFi 建设。制订《宁波市“iNingbo”免费 WiFi 建设三年行动计划》，“iNingbo”无线网络平台覆盖范围进一步扩大，免费 WiFi 服务体验进一步优化，覆盖热点 1 300 多个，AP 数量 1.5 万多个，注册用户 300 万，总访问量超 7 200 万人次。

【云计算与大数据】 2018 年，宁波市新增上云企业 18 183 家，获评浙江省第二批上云标杆企业 26 家，省级上云标杆企业累计 48 家。组织开展企业上云培训宣讲活动 296 场，参与企业 8 772 家，培训企业人员 1.3 万人，有效提升企业对上云工作的认识水平；海曙区、江北区、鄞州区、余姚市、慈溪市等地分别组织上云登高宣讲大会，引导企业深度上云。

【人工智能】 2018 年，宁波市人工智能企业发展提速，涉及领域不断拓展。在自然语言理解领域（语言识别 - 语意理解 - 语音合成），薄言信息科技有限公司开发出能够深度学习、进行人机对话的聊天机器人——薄言豆豆。在计算机视觉领域，海视智能系统有限公司基于人工智能计算机视觉、图像分析技术，提供视频监测与智能健康检测系统解决方案。云太基智能科技有限公司基于视觉识别技术研发出全自动视觉检测仪，广泛用于苹果微型扬声器主供应商的产品检测线上。在生物特征识别领域，阿尔法鹰眼安防科技有限公司基于人体生理振动检测技术和智能视频流分析技术两大核心技术之算法、算力、数据的融合研究和开发应用，产品在机场、海关、车站等领域具有巨大应用空间。

【工业互联网】 2018 年，宁波市重点行业云服务平台发展迅速。生意帮作为定制化生产需求和本地区中小微企业产能对接的云平台和云工厂，拥有合作工厂 1.5 万多家，形成完整的结构件产业链，被国家发展和改革委员会认定为首批制造业共享经济示范单位；宁波物联网家电创新云平台服务 250 余家宁波市家电企业，成为国内知名的第三方物联网家电云服务平台；宁波蓝源资本集团创新“产业链 + 互联网 + 金融资本”新模式，在全国打造多个涵盖不同传统行业的垂直生态系统，众陶联、众美联等平台已成为供给侧改革的典型案例。

工业软件呈现特色发展态势。在汽车、塑机、纺织服装等宁波市制造业重点领域，软件开发势头迅猛，吉利汽车研究院、均胜电子股份有限公司等一批软件企业快速成长。

工业互联网应用场景不断拓展。全市累计上云企业 6 万余家，其中，工业企业占 70% 以上；新增国家级两化融合贯标试点企业 19 家，累计市级以上贯标试点企业 66 家，其中，国家级 48 家；累计完成 1 326 家需求企业智能化诊断，在建“机器换人”技改项目 579 个，累计实施 13 个自动化（智能化）成套装备生产线改造项目，成功研制钣金自动化生产线、汽车功能件自动化生产线等10条（套）自动化（智能化）成套装备生产线，累计组织实施市级数字化车间/智能工厂项目43个，其中，吉利罗佑发动机数字化车间等7个项目列入工业和信息化部智能制造综合标准化和新模式应用专项，万华化学智能工厂等5个项目列入工业和信息化部智能制造试点示范专项。

【信息产业基地和园区】 2018年，宁波软件园构建有利于产业、人才集聚的软件和信息技术服务业"洼地"和更加宜居宜业宜创新的生活环境，建设具有全国影响力的"甬江软件谷、智慧互联湾"。

软件园引进和利时、赛迪研究院等重大项目，落户企业132家，其中，新一代信息技术企业62家，互联网服务企业26家，物联网企业9家，云计算及大数据应用企业7家，系统集成企业6家，智能制造企业5家，优质税源型企业8家；注册资本5 000万元以上企业10家，注册资本亿元以上企业3家，协议引进内资39亿元，实际引资（含认缴注册资本金）13亿元，浙商回归资金1 008万元，市外内资7 969万元。

软件园规模以上企业实现营业收入80亿元，实现税收2亿元（不含房地产企业税收），增长率超20%，新企业实现税收3 600万元，已用空间清退面积6 205平方米，现有空间出租9 817平方米，均超额完成任务指标。

【电子政务】 2018年，宁波市基于浙江省统一的政务服务网站（浙江政务服务网宁波平台）、权力事项库、电子监察系统等网上政务服务平台建设与应用不断加快。统一受理平台架构不断优化，基本完成统一受理平台收费跟踪、带个性化表单APP申报页面、事项材料分类、双向快递等功能开发，完善竣工测验合一、数据共享相关功能，配合各地区APP收件功能接口联调对接。累计收件1 520万余件（含数据回传），基本涵盖全市所有办事服务部门。自2018年4月开始，浙江政务服务网宁波平台累计办事服务办件1 345万余件，行政处罚办件近18万件，公布行政处罚结果累计30万余件。

部门业务系统整合接入持续推进。作为全市办事服务统一收件与反馈的总入口，市统一受理平台完成与市、区县（市）共18个权力运行系统、24家市级部门35个自建系统、24个省级部门64个自建系统的对接；为实现部门自建系统采用"受办分离"模式接入统一受理平台，实现表单连通、业务流通，逐步开展申报表单的电子化工作。全年完成219张电子化表格制作，实现380个事项的电子化填报。

【两化融合】 2018年，宁波市两化融合发展指数92.79。其中，基础环境指数25.09，增长2.13；工业应用指数37.83，增长0.86；应用效益指数29.87，增长2.55。全市10个区县（市）中，除象山县外，其余区县（市）总指数均在80以上，其中，鄞州区、慈溪市、镇海区、余姚市、北仑区总指数均超90，全市两化深度融合水平稳步提升。

电子商务水平快速提升，全市重点工业企业的销售电子商务、采购电子商务普及率分别为54.5%、56%。企业信息化应用不断深入，95%的企业实施企业资源计划系统且应用3个以上模块，普及应用程度进一步加深；得益于近几年大规模个性化定制、网络化协同等新模式应用的逐步深入，86.5%的企业实施供应链管理系统。

【重点信息化项目】 2018年，宁波市实施"互联网+政务服务"助推"最多跑一次"改革，推进政务服务事项网上办理，市级政务服务依申请事项774个，网上申报实现比例100%；建设一体化移动政务服务平台，依托"浙里办"APP开发各类移动端，开通个人用户移动办事服务事项338项；开展"浙里办"可信电子身份认证平台试点项目工作，实现行政服务中心窗口刷脸办事、自助机刷脸办事等业务，已认证2.7万次；宁波城市统一服务APP（宁波市民通）累计接入应用超80项，注册用户32万余人。

公众健康服务平台持续优化，推出区域导诊、当日挂号等服务，全年平台预约挂号量总量超1 435万人次，同比增长48.2%；推广双向转诊、影像共享等平台，优化医疗资源配置，双向转诊平台上线157家医疗机构，云影像平台接入134家；持续提升云医院平台建设，共建成44家远程医疗服务中心，开设273个基层云诊室、32个专病专科云诊室，注册患者将近25万人。

推进智慧教育深化优质教育资源共享，"甬上云校"名师直播课推出100余节课程，收看人数超80万人次。"甬上云淘"累计入驻100多家企业、单位，上线5 000多种应用产品，年度点击量近千万人次。

加快智慧交通构建大交通综合服务监管体系建设，完成交通指挥中心一期项目，实现高速公路、“两客一危”、公交、公共自行车、出租车和轨道等实时监测，地铁开通腾讯乘车码，持续优化“宁波通”20余项综合出行服务，推行公交出行，获得国家公交都市建设示范城市称号。

持续推进乡村旅游和民宿客栈等智慧化平台建设，不断优化城市旅游服务。智慧支付系统推进，银联云闪付实现公交、地铁全覆盖；建成智慧支付菜场43个，累计交易110.8万笔；“无感支付”惠停车应用覆盖103个停车场，服务107.5万次。

信用信息平台持续完善，新增质量管控、批量核查、大数据分析、信用档案管理等功能，推出“信用免押”、“诚信家政”、“信用＋保险”等创新应用。截至2018年年底，平台入库来自47个信息提供部门的信用信息5.6亿条，较年初新增近2.4亿条，提供网站、微信公众号、市民通APP等多渠道信用信息查询服务。

【信息消费】 2018年，宁波市电子商务网络零售额约1 800亿元，同比增长30%左右；跨境电商进出口交易额1 050亿元，同比增长88%，其中，进口额144.5亿元，同比增长91.3%。培育农业生鲜B2B平台海上鲜、美菜网、粮食网等，大宗商品贸易平台慧聪网、网盛、找煤网等，综合贸易服务平台思贝克、中基惠通、世贸通等，航运订舱平台中远无界、物贸汇等一批电商平台，其中，海上鲜平台全年实现交易额70亿元，同比增长400%；建成国家级电子商务示范基地2个、国家级电子商务众创空间4个、省级电子商务示范基地4个、市级电子商务示范园区14个。

【产业环境】 2018年，宁波市推进电子信息产业相关政策文件落实，重点发展以新材料、高端装备和新一代信息技术为代表的三大战略产业，发展壮大光学电子、集成电路、工业物联网等八大细分行业；贯彻落实《加快推进集成电路产业发展的实施意见》，推动宁波市集成电路芯片设计业领先发展、芯片制造业跨越发展、电子材料业特色发展、系统装备与材料工艺配套发展。

启动特色型中国软件名城创建工作，出台《关于创建特色型中国软件名城的实施意见》，每年统筹安排2亿元，用于宁波软件园核心区产业发展扶持，组织编制《宁波软件产业园区发展规划（2018—2030年）》；鄞州区筹建宁波软件园联动区（东外滩软件产业园），打造一批软件产业配套载体；保税区打造百度全国首个大数据产业试点示范基地；江北区的工业物联网产业园被工业和信息化部评为2018年制造业“双创”平台试点示范项目。

【统计数据】

表1　2018年宁波市电子信息制造业人员构成情况

企业类别	企业数（家）	从业人员年末人数（人）	其中：研发人员（人）
内资企业	73	54 562	5 763
国有企业	1	174	26
股份合作企业	2	189	15
有限责任公司	19	11 976	844
股份有限公司	12	17 787	2 111
私营企业	38	24 403	2 742
其他内资企业	1	33	25
港、澳、台商投资企业	22	12 524	1 341
三资企业	19	39 283	5 415

表 2　2016—2018 年宁波市电子信息制造业基本情况

项目名称	单位	2016 年	2017 年	2018 年
工业总产值（现行价）	万元	16 881 261	19 192 019	17 061 450
工业销售产值	万元	15 949 700	18 445 559	16 608 381
出口交货值	万元	6 801 269	7 431 034	6 206 048
流动资产平均余额	万元	11 358 592	12 295 267	11 794 154
固定资产净值平均余额	万元	5 948 412	5 793 655	6 145 374
资产总计	万元	17 307 004	13 099 212	18 542 132
负债合计	万元	9 114 452	10 016 801	9 531 275
主营业务收入	万元	16 004 195	18 560 098	16 756 436
税金总额	万元	330 863	413 295	356 481
利润总额	万元	1 023 130	963 411	2 937 563
应交所得税	万元	265 075	206 578	77 145

表 3　2016—2018 年宁波市电子信息制造业三资企业基本情况

项目名称	单位	2016 年	2017 年	2018 年
工业总产值（现行价）	万元	3 699 389	4 556 320	4 909 920
工业销售产值	万元	3 182 359	4 227 379	4 728 808
出口交货值	万元	1 752 016	2 033 454	2 050 633
流动资产平均余额	万元	1 905 229	2 161 918	5 675 578
固定资产净值平均余额	万元	613 385	589 874	896 224
资产总计	万元	2 869 195	3 339 062	4 613 263
负债合计	万元	1 407 525	1 560 647	2 355 891
主营业务收入	万元	3 116 191	4 135 464	4 753 836
税金总额	万元	44 795	60 919	105 489
利润总额	万元	297 547	415 408	372 228
应交所得税	万元	31 258	45 336	67 575
从业人员年末人数	人	34 454	43 919	39 283
从业人员工资总额	万元	236 781	306 422	316 553

表 4　2016—2018 年宁波市电子信息制造业主要经济效益指标完成情况

项目名称	单位	2016 年	2017 年	2018 年
全员劳动生产率	元 / 人	145 032	153 248	151 294
流动资产周转率	次	1.6	1.5	1.4
产品销售率	%	97.6	96.1	97.3
总资产贡献率	%	9.0	8.3	7.4
资产保值增值率	%	108.9	111.3	107.0
资产负债率	%	52.0	51.5	51.4

表 5　2016—2018 年宁波市电子信息制造业三资企业主要经济效益指标完成情况

项目名称	单位	2016 年	2017 年	2018 年
全员劳动生产率	元 / 人	234 501	186 452	208 038
流动资产周转率	次	1.7	1.9	1.4
产品销售率	%	98.8	92.8	96.3
总资产贡献率	%	9.8	16.0	11.0
资产负债率	%	50.1	46.7	51.1

表 6　2016—2018 年宁波市主要电子信息产品产销量情况

产品名称	单位	产量			销量		
		2016 年	2017 年	2018 年	2016 年	2017 年	2018 年
手机	万部	759	973	1 005	746	972	1 004
电子元件	万只	547 033	668 360	919 564	541 682	654 650	899 581
其中：新型元件	万只	122 435	145 614	146 130	133 249	139 440	138 592
半导体分立器件	万只	7 126 973	9 817 214	13 276 669	7 091 167	10 653 936	11 549 277
太阳能电池	千瓦	1 473 942	2 476 380	3 522 195	1 354 776	2 785 404	3 472 483
液晶显示模组	万片	2 781	3 334	3 390	1 354	3 039	3 334
半导体发光二极管（LED）	万只	112 053	126 541	140 007	93 460	119 510	130 126

表 7　2016—2018 年宁波市三资企业主要电子信息产品产销量情况

产品名称	单位	产量			销量		
		2016 年	2017 年	2018 年	2016 年	2017 年	2018 年
手机模组	万套	33 114	23 855	46 353	25 496	31 580	42 627
触感屏	台	27 621 215	33 020 362	181 446	27 745 260	32 871 341	179 715

续表

产品名称	单位	产量			销量		
		2016 年	2017 年	2018 年	2016 年	2017 年	2018 年
碱性锌锰电池	万只	216 246	267 223	295 139	213 180	258 093	283 115
晶体振荡器	万只	112 182	121 158	120 108	110 747	119 964	117 049
多晶硅电池	兆瓦	28.6	7.3	14.6	31.6	7.3	9.3
单晶硅电池组件	兆瓦	3.5	17.2	2.8	5	17.6	1.7
多晶硅电池组件	兆瓦	108.7	14.4	5.8	59.5	38.4	9.1
微机主机板	块	3 738 452	3 109 753	2 670 721	3 713 323	3 144 693	2 643 077
传感器	万只	3 806	4 230	4 602	3 719	4 020	4 673
液晶显示模组	万套	2 781	3 334	3 390	2 685	3 039	3 219

表 8　2018 年宁波市软件和信息技术服务业人员构成情况

企业类别	企业数（家）	从业人员年末人数（人）	人员构成	
			软件开发研究人员（人）	在总人数中所占比例（%）
内资企业	431	137 429	19 840	14.4
国有企业	6	772	251	32.5
集体企业	1	140		
股份合作企业	1	135	45	33.3
有限责任公司	104	17 260	4 852	28.1
股份有限公司	48	76 115	7 035	9.2
私营企业	269	42 935	7 618	17.7
其他内资企业	2	72	39	54.2
港、澳、台商投资企业	29	12 801	1 930	15.1
三资企业	20	5 536	402	11.4

表 9　2016—2018 年宁波市软件和信息技术服务业基本情况

项目名称	单位	2016 年	2017 年	2018 年
软件业务收入	万元	4 505 103	5 406 094	6 732 050
软件业务出口收入	万美元	90 678	64 882	111 269
软件产品销售收入	万元	1 145 695	1 703 819	3 060 258
固定资产投资额	万元	249 900	494 010	1 178 130

续表

项目名称	单位	2016 年	2017 年	2018 年
资产合计	万元	10 463 897	15 868 715	18 276 333
负债合计	万元	5 859 524	9 158 951	10 849 912
税金总额	万元	231 261	487 904	418 462
利润总额	万元	722 300	1 421 033	1 180 398
应交所得税	万元	87 117	299 442	202 027
从业人员年末人数	人	129 064	150 158	155 766
从业人员工资总额	万元	1 008 973	1 089 059	1 915 362

表 10　2016—2018 年宁波市软件和信息技术服务业三资企业基本情况

项目名称	单位	2016 年	2017 年	2018 年
软件业务收入	万元	687 246	831 567	526 958
软件业务出口收入	万美元	26 733	27 378	21 593
软件产品销售收入	万元	173 916	213 916	512 112
固定资产投资额	万元	95 168	98 023	31 252
资产合计	万元	2 582 898	2 712 042	949 745
负债合计	万元	1 394 039	1 449 800	578 979
税金总额	万元	45 191	46 727	14 655
利润总额	万元	127 550	176 776	68 792
应交所得税	万元	22 772	23 910	15 428
从业人员年末人数	人	26 426	8 378	5 536
从业人员工资总额	万元	182 954	188 442	58 430

表 11　2016—2018 年宁波市软件和信息技术服务业主要经济效益指标完成情况

项目名称	单位	2016 年	2017 年	2018 年
全员劳动生产率	万元 / 人	21.1	15.9	35.2
流动资产周转率	次	3.1	2.0	3.0
产品销售率	%	30.0	31.5	36.0
总资产贡献率	%	19.8	24.0	19.2
资产保值增值率	%	118.0	136.0	116.9
资产负债率	%	56.0	57.7	59.4

表 12　2016—2018 年宁波市软件和信息技术服务业三资企业主要经济效益指标完成情况

项目名称	单位	2016 年	2017 年	2018 年
全员劳动生产率	万元 / 人	22.9	12.2	24.8
流动资产周转率	次	1.9	2.0	2.8
产品销售率	%	24.3	35.5	19.5
总资产贡献率	%	11.4	17.1	19.1
资产保值增值率	%	112.4	90.1	116.2
资产负债率	%	54.0	47.7	61.0

注：表 1、表 3、表 5 ～表 12 数据来源于宁波市经济和信息化局，表 2、表 4 数据来源于浙江省经济和信息化厅。

[供稿：宁波市经济和信息化局]

厦　门　市

【概况】　2018 年，厦门市电子信息制造业继续保持平稳增长态势，实现工业总产值 2 521 亿元，同比增长 11.3%，占全市工业总产值的 39.4%，比上年提升 1.7 个百分点。软件和信息技术服务业稳步发展，全年实现软件业务收入 1 493 亿元，同比增长 16.4%。高新技术产业加速发展，全年实现增加值同比增长 9.3%，占规模以上工业增加值的 67.9%，产业高端化特征明显。全年新增省级以上企业技术中心 14 家、制造业单项冠军 7 家、智能制造试点示范企业 7 家、服务型制造试点示范 4 家、工业设计中心 4 家、人工智能创新示范 3 家、制造业创新中心试点单位 2 家。

【电子信息制造业】　2018 年，厦门市电子信息制造业以平板显示、计算机与通信设备、LED、集成电路等领域为发展重点，加速产业转型升级。

全年平板显示产业链实现产值 1 315 亿元，同比增长 7.9%。在工业和信息化部国家新型工业化试点基地质量评价中，厦门火炬高新区光电显示试点基地在细分行业中排名全国第一；友达光电（厦门）有限公司研发生产的电竞屏市场占有率居全球第一；宸鸿科技新一代手机触控、天马 5.5 代 AMOLED、香港杰峰柔性 ITO 等项目落地建设；新引进乾照半导体 VCSEL、佳世达消费电子等项目，进一步延伸壮大产业链。

全年计算机与通信设备产业链实现产值 1 204 亿元，同比增长 14.5%，首次突破千亿元。戴尔（中国）有限公司加快高端产业市场开拓，产值增长超 20%。雅迅厦门产业园、骐俊物联网、泰伟智科智能移动终端等项目开工建设，新引进亿联网络产业基地、惯航激光陀螺与惯性导航系统等项目，加快向物联网、汽车电子、传感器等新兴领域发展。

全年半导体和集成电路产业链实现产值 417.4 亿元，同比增长 18.1%。“芯火”双创基地得到工业和信息化部批复筹建。联芯集成电路制造（厦门）有限公司成为国内最先进的 28 纳米晶圆专业生产企业之一。新引进厦门星宸科技有限公司、厦门芯达茂微电子有限公司、厦门凌阳华芯科技有限公司、鑫天虹（厦门）科技有限公司等优质项目，以及清华大学厦门半导体工业技术研究院等平台项目。通富微电厦门海沧先进封测、士兰微

12 英寸特色工艺晶圆制造及化合物半导体器件等一批重大项目相继开工建设。

【软件和信息技术服务业】 2018 年，厦门市“中国软件特色名城”创建工作通过工业和信息化部实地评估。2018 年中国互联网企业 100 强发布会在厦门市举办，这是该会议 6 年来首次在首都以外的城市举办，有效增强厦门市政府、企业与互联网 100 强企业的联系和互动，为后续招商工作和项目合作提供便利。美图公司、四三九九网络股份有限公司、厦门吉比特网络技术股份有限公司、厦门美柚信息科技有限公司 4 家企业入选 2018 年中国互联网企业 100 强。厦门市美亚柏科信息股份有限公司获评全国十佳大数据案例，易联众信息技术股份有限公司、厦门市美亚柏科信息股份有限公司、厦门卫星定位应用股份有限公司 3 家企业入选 2018 年全国大数据产业发展试点示范项目，厦门南讯软件科技有限公司入选 2018 年中国大数据企业 50 强，四三九九网络股份有限公司、美图公司、厦门翔通动漫有限公司等 14 家企业入选 2018 年福建省互联网企业 20 强。第 11 届厦门国际动漫节在厦门市举办，现场面积 2 万平方米，人流量达 6 万多人次；54 个国家和地区的 2 662 部作品参赛，包括东盟在内的 16 个国家和地区约 300 家企业 3 000 人次参与 9 场商务活动。

典型企业　厦门亿联网络技术股份有限公司是国际领先的企业通信与协作解决方案提供商，面向全球提供“云 + 端”视频会议服务。主要产品有 SIP 统一通信桌面终端、DECT 统一通信无线终端、VCS 高清视频会议系统。公司产品以出口为主，90% 的产品销往世界各地；在 SIP 话机细分领域，市场占有率居全球第一。公司坚持自主创新，拥有世界领先的云计算、音视频及图像处理等核心技术专利，构筑全场景、云端融合的音视频会议与协作解决方案。2014—2018 年，公司销售收入年复合增长率超 40%，2018 年实现产值 18.15 亿元、利润 9.35 亿元。

厦门瑞为信息技术有限公司是厦门市政府“双百计划”首批重点引进企业，是业界领先的图像智能感知产品与解决方案提供商。2018 年，公司成为国内首家全流程、无纸化的刷脸安检、刷脸登机方案提供商，被中央电视台连续报道，并已覆盖首都国际机场、深圳宝安机场、长沙黄花国际机场等全国 1/3 的机场。公司自主研发的主动安全预警系统基于人脸识别技术，可以从多维度保护司机的安全，包括疲劳监测、不系安全带监测、开车打电话 / 抽烟监测、车道偏移、司机身份识别防止私自代驾行为等，已部署 5 万多套设备，市场占有率居行业前列。

【科技进步与应用】 2018 年，厦门市以创新平台建设为抓手，加速提升企业自主创新能力，促进物联网、大数据、石墨烯、稀土、3D 打印等有基础、有优势、有前景的新产业新业态在细分关键领域取得突破；建立成果转化推进机制，支持企业与高等院校、科研院所开展新产品开发和新技术、新工艺、新材料应用的实质性合作。

支持具有自主知识产权、技术创新能力较强、具有行业带动性的企业申报国家级、省级、市级企业技术中心。厦门市建筑科学研究院集团股份有限公司等 4 家企业被认定为国家级企业技术中心，厦门亿联网络技术股份有限公司等 5 家企业获得福建省工业和信息化厅省级企业技术中心认定，罗普特（厦门）科技集团有限公司等 15 家企业被认定为市级企业技术中心。厦门市国家级、省级和市级企业技术中心累计 163 家，其中，国家级企业技术中心 21 家。厦门大学牵头的福建省智能化无线通信制造业创新中心和厦门钨业股份有限公司牵头的福建省钨深加工产业创新中心被列为福建省第一批制造业创新中心试点建设单位。

鼓励企业技术创新及产学研合作。组织企业参加中国海峡・项目成果交易会，组织企业发布、展示技术需求，充分发挥中国海峡・项目成果交易会、“6・18 虚拟研究院”、行业协会等组织的项目专场对接会的作用，实现企业技术需求与科技成果的有效对接。厦门易功成信息技术有限公司的基于智能工程平台的区块链软件系统开发等 26 个项目列入市产业转型升级专项（产学研合作项目）。厦门天马微电子有限公司、厦门盈趣科技股份有限公司获得工业和信息化部 2018 年国家技术创新示范企业认定。

【云计算】 2018 年，厦门市加快云基础设施建设，为企业上云提供可靠计算、存储及网络服务。

IaaS 层基础保障以厦门海峡通信枢纽数据中心为代表。中心位于厦门市集美区软件园三期附近，是福建省规模最大的 IDC 基地，总面积 54 950 平方米，是等级最高的 Tier 5 数据中心，是厦门市企业上云最强有力的基础层支撑，并为企业提供数据中心整柜托管、企业级服务器租用和高防级服务器租用等服务。此外，厦门市还有政务数据中心、福建移动厦门 IDC 机房、中国联通厦门哈曼尼机房等数据中心。

PaaS 层平台支撑以华为云为代表。在公有云方面，华为云通过自建数据中心，自研定制 x86、存储、网络设备来降低成本，具有鲜明的成本优势；在私有云方面，华为云基于软硬件协同的技术堆栈，为企业提供高性能的云服务，其统一的云管理平台可实现云内统一、云边统一、云间统一，华为私有云还在云平台安全和创新解决方案方面领跑中国市场。

SaaS 应用服务以海丝乐云 SaaS（中智云）为代表。海丝乐云在 2018 第三届福建省两化融合大会暨产业数字化转型峰会上正式发布，以福建省数字福建云计算运营有限公司和振邦科技集团有限公司为核心，携国内知名专家和学术机构共同打造具有福建特色的产业化 SaaS 支撑平台。平台以行业解决方案为导向，为机械装备制造、电子信息、石油化工、食品制造等福建省重点产业提供企业上云全程支持。

【大数据】 2018 年，厦门市大数据产业在金融征信、零售、交通、政务、健康医疗等融合应用领域涌现出一批优秀企业。3 家企业项目入选工业和信息化部大数据产业发展试点示范项目，涉及智慧交通大数据、健康医疗大数据和信息安全大数据。厦门卫星定位应用股份有限公司的城市交通大数据共享服务平台及其跨领域示范应用被评为跨行业大数据融合应用试点示范项目，易联众信息技术股份有限公司的人社大数据平台及劳资纠纷预警系统被评为民生服务大数据应用试点示范项目，厦门市美亚柏科信息股份有限公司的城市公共安全管理平台被评为政务数据共享开放平台试点示范项目 。

加快大数据在旅游、检验检疫、金融风险、食品安全、公共安全以及个人信用领域建立相应信用数据体系，强化信用惠民，提振市民诚信感知，营造良好守信氛围。打造厦门市民健康信息系统平台、厦门教育大数据基础建设工程、人社大数据中心、公共安全管理平台、交通大数据分析平台、社区网格化服务管理平台、政法综治信息平台，推进“单一窗口”建设，提升民生服务保障水平。

【人工智能】 2018 年，厦门市出台《厦门市新一代人工智能产业发展行动计划（2018—2020）》《厦门市关于推动新一代人工智能产业发展的若干措施》，编制《厦门市推动新一代人工智能加快发展的实施意见》。15 个项目入选厦门市人工智能与实体经济深度融合创新项目，其中，云知芯、金龙汽车、矽创微电子 3 个项目入选工业和信息化部人工智能与实体经济深度融合创新项目。与国家新一代人工智能产业技术创新战略联盟签署战略合作协议，围绕专家资源对接、咨询培训服务、研究院所落地、相关人才引进、举办高端博览会、筹建产业基金、应用试点示范 7 个方面服务厦门市人工智能发展。

【工业互联网】 2018 年，厦门市出台《厦门市制造业与互联网融合发展规划（2018—2022）》《厦门市“企业上云”行动计划（2018—2020）》，加快“互联网 + 制造”应用步伐，推动制造业与互联网深度融合。摸底厦门工业云平台建设情况，与华为技术有限公司、中软国际有限公司、SAP 公司对接洽谈落地事宜，研究厦门市工业互联网平台建设方案。金旸（厦门）新材料科技有限公司基于互联网的高分子新材料“双创”平台、厦门盈趣科技股份有限公司基于 UMS 系统的物联网智造“双创”平台入选 2018 年制造业“双创”平台试点示范项目。

【物联网】 2018 年，厦门市出台《厦门市加快推动物联网应用实施方案》，物联网产业实现产值 480 亿元。组织开展物联网集成创新与融合应用项目申报工作，厦门金龙旅行车有限公司的金旅智能网联客车、厦门金龙联合汽车工业有限公司的智能网联无人驾驶纯电动客车入选 2018 物联网集成创新与融合应用项目。厦门市成功举办 2018 第四届中国（国际）物联网博览会。

【信息安全】 2018 年，厦门市做好信息安全调研、信息安全规划建议、信息安全等级保护咨询、网络和信息系统安全加固等电子政务信息安全保障服务工作。全年累计完成全市 270 个政府网站和重要信息系统扫描渗透安全检测工作，发现 60 个系统存在总计 87 个中、高危安全隐患，出具检测报告 60 份。

【信息产业基地和园区】 厦门市形成火炬高新区、海沧集成电路产业园等电子信息产业基地。火炬高新区同翔产业基地重点发展集成电路、平板显示、LED 等产业，2018 年，起步区投资 41 亿元，新增 0.4 平方千米招商用地，落户 24 个产业项目，园区集群效应初步呈现。海沧集成电路产业园依托信息产业园规划 3.22 平方千米集成电路产业核心区，配套建设封装测试公共技术平台，构建先进封测和特色工艺制造基地；建设中沧工业园，配套 1 000 余套职工公寓，为集成电路制造项目、孵化器及服务平台提供场所。

厦门软件园（一、二、三期）作为厦门市软件和信息技术服务业的重要载体，2018 年实现营业收入 1 001.2 亿元，同比增长 19.4%。在国家火炬计划特色产业基地评价中综合排名全国第七，成长性指数蝉联全国排名第一。园区全年新增工商注册企业 945 家，在册企业总数 4 478 家，同比增长 26.7%。其中，营业收入 1 亿元以上企业净增 23 家，5 千万元以上企业净增 46 家，1 千万元以上企业净增 104 家。在各规模层次企业中，营业收入 5 千万元以上企业增长速度最快，达 32.4%。

厦门市新增火炬人工智能产业园和翔安数字经济产业园 2 个园区。火炬人工智能产业园总规划面积约 1 平方千米，重点推进基础算法、专用芯片、语音交互、图像与视频识别等技术发展，布局信息安全、智能安防、财税金融、健康医疗、交通出行、生活服务等应用领域，打造成为人工智能技术发源地、创新型企业集聚地、人工智能科技成果转化引领区。翔安数字经济产业园规划建筑面积约 33.9 万平方米，重点布局人工智能、智能制造、集成电路、软件技术、大数据应用、物联网、云计算、信息安全、虚拟现实、产业生态服务等数字经济产业领域。

【电子政务】 2018 年，厦门市政务信息共享协同平台接入单位 67 家，挂接各类服务资源 994 个，累计服务调用超 3 亿次。建立数据交换通道 73 个，实现交换数据量近 7.4TB，为交通、综合治理、行政审批、公共安全、信用、网格化、“i 厦门”、多规合一、教育积分、居住证网上办理等 38 个业务提供数据支撑。

分两批次组织 53 个部门参与政务信息资源目录编制工作，实际完成编制 7 319 条资源目录，自建系统资源目录编制完成率 100%。

印发《关于进一步提升“i 厦门”平台实施方案》，新版“i 厦门”新增“随手拍”“政企直通车”“权威资讯中心”“即时在线评价”4 项政民政企互动功能，实现公安、交通、医疗等 14 大类 110 项服务“掌上办”。“i 厦门”平台获得第四届中国“互联网 + 政务”优秀实践案例 50 强。

【两化融合】 2018 年，厦门市推动两化融合管理体系贯标，全市 147 家企业通过两化融合管理体系贯标，其中，1 家企业入选工业和信息化部两化融合贯标试点企业。全年给予通过两化融合管理体系贯标的 147 家企业奖励 7 860 万元。实施两化融合重点项目入库管理，新增 35 个省级两化融合重点项目。

【重点信息化项目】 2018 年，厦门市民数据服务股份有限公司正式挂牌成立。市民卡 APP 发布 APP3.3 版，支持全国各类银行接入使用，支持诊疗结算、学校校园健身、信用乘车（公交、地铁、快速公交）、信用就餐、飞鸽传书、学费缴纳等民生高频应用，应用场景不断丰富，已完成对接 15 个部门，实现 25 类事项 50 余种功能上线，启动并完成社保卡、医保卡、图书证、银行卡等 8 种实体卡虚拟化业务，养老卡、出入境一次性赴金证办理及红十字会业务等正在对接中。用户量近 13 万人。

厦门工程建设项目审批信息管理系统建成厦门全市一市六区工程建设项目审批管理“一个平台”，实现统一受理、并联审批、实时流转、跟踪督办、信息共享。除重大复杂工程外，财政投融资房屋建筑类项目及线性工程类项目从申报可研批复阶段到办理产权登记，审批时间控制在 90 个工作日内；一般企业投资项目从取得用地到办理产权登记，审批时间控制在 70 个工作日内；带方案出让用地的企业投资项目从取得用地到办理产权登记，审批时间控制在 50 个工作日内；小型企业投资项目从取得用地到办理产权登记，审批时间控制在 50 个工作日内。

厦门大数据安全开放平台通过“数据安全屋”技术，从网络、数据、业务多层次建立数据安全保障机制，实现数据所有权和使用权分离，做到开放数据“可用不可见”。平台解决政府大数据开放“最后一公里”问题，为厦门市人工智能、物联网等行业发展提供有效数据支撑。平台数据涉及 23 个领域主题、20 个行业分类，涵盖 39 个政府部门，支持各类数据的目录编制、数据汇集、集中发布、便捷检索等功能；开放的政务信息资源有889万条数据记录、793个数据集、370个服务接口，涵盖信用服务、交通运输、市场监管、生态环境等数据内容，与群众生活和企业发展息息相关。

【产业环境】 2018年，厦门市加大集成电路产业政策引导，出台《厦门市加快发展集成电路产业实施细则》（厦府办〔2018〕58号），从投融资、人才引进、科研支持、成长激励等方面加大扶持力度。

出台契合产业发展的软件产业政策，制定出台《厦门市人民政府关于加快推进软件和信息技术服务业发展的意见》（厦府〔2018〕374号），改变此前从所有方面进行“广覆盖”的扶持模式，着重从奖优奖强和补缺补短两方面做好引导和培育，并首次提出奖励和扶持工业软件、游戏出口等方面，体现厦门市软件和信息技术服务业的发展新趋势。

出台切实有效的软件产业人才政策，修订发布《厦门市软件和信息服务业人才计划暂行办法》（厦经信软件〔2018〕33号），为95家企业的727名软件人才办理落户。

持续优化产业结构，开展工业布局规划编制，厦门厦化实业有限公司、厦门二化化工有限公司2家危化品生产企业启动搬迁改造，明达玻璃（厦门）有限公司的平板琉璃指标拟转出，厦门市基本实现无落后产能或过剩产能目标，计算机与通信设备、平板显示、半导体和集成电路等成为重点发展产业。

【主要问题】 厦门市传统电子信息制造业发展趋缓。受竞争压力加大导致产品价格下跌、中美贸易摩擦等因素影响，2018年部分重点电子信息制造企业出现负增长。

创新能力有待增强。与深圳市、杭州市等地相比，厦门市企业创新能力依然比较薄弱，除部分企业具有行业技术领先优势外，大部分企业缺乏关键技术和核心产品。

缺乏高层次人才支撑。厦门大学、华侨大学、集美大学等本地高校的理工科专业整体实力不太突出，人才培养能力有待提升。

缺少具有影响力的品牌企业。本地品牌实力不强，缺少具有影响力的终端企业和品牌。本地供应链没有打通，基板、面板模组、终端制造未形成本地配套。

【统计数据】

表1 2018年厦门市软件和信息技术服务业人员构成情况

企业类别	企业数（家）	从业人员年末人数（人）	人员构成			
			管理人员（人）	在总人数中所占比例（%）	软件开发研究人员（人）	在总人数中所占比例（%）
内资企业	1 349	153 616	9 336	6.1	63 602	41.4
国有企业	25	6 028	634	10.5	2 564	42.5
集体企业	18	1 582	168	10.6	312	19.7
股份合作企业	7	754	16	2.1	189	25.1
联营企业	14	1 668	85	5.1	716	42.9
有限责任公司	653	59 761	3 274	5.5	24 426	40.9
股份有限公司	387	63 560	3 970	4.7	26 286	42.6
私营企业	216	18 328	854	4.7	7 582	41.4
其他内资企业	29	3 847	335	8.7	1 527	39.7
港、澳、台商投资企业	58	7 095	342	4.8	3 175	44.7
三资企业	31	7 037	291	4.1	3 151	44.8

表 2　2016—2018 年厦门市软件和信息技术服务业基本情况

项目名称	单位	2016 年	2017 年	2018 年
软件业务收入	万元	11 028 071	12 829 480	14 930 739
软件业务出口收入	万美元	34 549	39 891	49 306
软件产品销售收入	万元	2 950 396	3 413 738	3 896 830
资产合计	万元	26 264 026	30 662 509	34 509 156
负债合计	万元	20 935 049	23 895 186	27 019 617
税金总额	万元	129 035	137 963	199 359
利润总额	万元	1 721 148	1 915 054	1 734 658
从业人员年末人数	人	152 122	174 629	167 748
从业人员工资总额	万元	1 641 667	1 586 319	2 074 744

注：表 1 ~表 2 数据来源于厦门市经济和信息化局。

[撰稿：章燕宝　审稿：陈振超]

青　岛　市

【概况】　2018 年，青岛市突破发展集成电路产业，全面开展中国软件名城创建试点工作，推动一批重大项目签约落地，全市电子信息产业呈现稳中有进的良好发展态势。

【电子信息制造业】　2018 年，青岛市电子信息制造业主要指标保持平稳增长。1—12 月，全市规模以上电子信息制造企业累计完成工业产值同比增长 5.9%，占全市规模以上工业总产值比重 19.7%，其中，广播电视设备制造产值同比增长 10.1%；完成出口交货值同比增长 1.0%。全市电子信息制造业主要产品中，生产电冰箱 886.6 万台，同比增长 3.3%；电冰柜 471.9 万台，同比下降 7.8%；空调 1 058.1 万台，同比增长 5.3%；洗衣机 601.7 万台，同比下降 0.3%；电视机 1 695.2 万台，同比下降 0.5%；移动电话 2 010.2 万部，同比下降 28.9%；电子元件 30 亿只，同比下降 13%；电力电缆 90 562 千米，同比增长 7%。

骨干企业影响力增强。1—12 月，海尔集团公司、海信集团有限公司、澳柯玛集团、乐金浪潮数字通信有限公司分别完成产值（本地口径）1 032.4 亿元、522.1 亿元、61.1 亿元、51.4 亿元，同比分别增长 11.8%、下降 2%、增长 1.1%、下降 8.4%。在 2018 年中国电子信息百强评选中，海尔集团、海信集团分列第 3 位、第 9 位。海尔集团收购意大利家电企业 Candy，海信集团收购斯洛文尼亚白色家电品牌 Gorenje，加速全球扩张。

创新体系建设深入推进。国际三大标准组织 IEEE/ISO/IEC 批准由海尔集团牵头主导制定大规模定制国际标准，海尔国家家用电器技术标准创新基地（青岛）通过验收，启动建设高端智能家电创新中心，开展对高端智能家电关键共性技术的研究攻关。海信集团整合青岛市、广东省佛山市顺德区两地研发中心，建设白色智能家电研发中心集群。澳柯玛集团智能产业园项目一期封顶，将建设大数据运营中心、智能技术研究中心、仿真设计中心、工业软件研发中心等多个创新平台。

集成电路产业实现突破。引进一批集成电路设计、晶圆制造、第三代半导体材料项目，泰睿思集成电路封测、中科钢研碳化硅材料、聚能晶源氮化镓外延材料等一批产业链重点项目正在建设中。集成电路设计、制造、封装、装备、材料和创新、融资、人才服务的全产业链发展格局初具雏形，集成电路产业链企业超 80 家，设计类企业 50 家。

智能家居生态体系加速推进。海尔集团聚焦智慧家庭战略，制定推出首个以用户为中心、用户可定制的全场景定制化智慧成套方案，累计用户突破 5 000 万户。COSMOPlat 工业互联网平台赋能智慧家庭生态，已建成 11 家全球引领的互联工厂样板，提供大规模定制服务。海信集团在全面实施家电智能化基础上，开发推出智慧家居 Hi-Smart 有线系统，建成聚好联 1.0 智能家居物联网平台，量产智能家居中央控制器“信果”，建成绍兴路 66 号智能家居示范项目。澳柯玛集团推出“互联网 + 全冷链”品牌战略，开发智能家电物联平台、智慧冷链管理系统，AI 智能自助柜已接到订单上万台。

新兴产业发展动能增强。全市初步形成集基础研发、设备制造、产业应用、平台服务于一体的增材制造产业链生态体系，以三迪时空 · 3D 智造云平台为代表的增材制造云服务平台在国内领先。全市物联网相关企业近 300 家，主要以软件和系统集成、硬件产品生产为主，应用领域主要集中在智能家居和工业控制方面，在感知、传输、平台和应用等方面均有较大进展。以崂山区为核心打造全国首个国家级虚拟现实高新技术产业化基地。引进高校和高层次人才团队，成立北航歌尔虚拟现实创新研究院等 11 家虚拟现实高端研发机构，引进集聚虚拟现实企业 80 余家。

【软件和信息技术服务业】 2018 年，青岛市软件和信息技术服务业列统涉软企业 1 722 家，完成软件业务收入 2 156.7 亿元，同比增长 15.1%。海尔集团公司、海信集团有限公司分列 2018 年中国软件业务收入前百家企业第 3 位、第 8 位，并与软控股份有限公司共同入选 2018 年中国软件和信息技术服务综合竞争力百强企业。大快搜索、百洋信息等 7 个软件产品入选山东省首版次高端软件。新入选青岛市优秀软件产品 20 个、省级优秀软件产品 24 个、国家级年度优秀软件产品 31 个。

中国软件名城创建加快推进。以获批中国软件名城创建试点城市为契机，出台《关于加快培育提升“五名”高标准创建中国软件名城的实施意见》（青政字〔2018〕24 号）及责任分解，引领推进中国软件名城创建的行动指南和未来 5 年全市软件和信息服务业高质量发展的行动纲领。编制青岛市创建中国软件名城“五名”汇编手册，深化部、省、市合作创建机制，加速推进试点城市建设。

工业互联网 APP 培育稳步提升。印发《青岛市落实工业互联网 APP 培育工程实施方案（2018—2020 年）行动计划》（青经信发〔2018〕8 号），将工业互联网 APP 列入中国软件名城创建发展重点。加快工业 APP 培育应用，海尔 COSMOPlat 构建交互、研发制造、物流售后全价值链的大规模定制 APP 集群，复制到 12 个行业 3.5 万家企业，被中国软件行业协会评为 2018 优秀工业互联网平台；COSMO-iMES 智慧生产 APP、COSMO-iWMS 智慧仓储 APP 被评为 2018 优秀工业 APP；酷特云蓝签约 20 个行业 70 家企业；容商天下 C2P 工业云 PaaS 平台注册用户超万家，生成分发千余个工业 APP；在华为企业云、中软国际云平台上云的工业软件研发企业达 400 余家。

【科技创新与应用】 2018 年，青岛市做好新旧动能转换、“一业一策”“双百千”工程等各项工作，提升产业自主创新能力。指导海尔集团公司等人工智能骨干企业申报国家新一代人工智能产业创新重点任务揭榜 15 项，包含智能家居产品、医疗影像辅助诊断系统、智能传感器、智能制造关键技术装备、智能网联汽车等多个人工智能产业领域。海尔集团的蓝火苗燃气热水器的燃烧器、一种空调变频压缩机全频域恒力矩控制系统及方法、磁悬浮多机头中央空调负荷分配系统及方法获得第二届山东省专利奖。价值链协同业务科技资源及服务集成技术项目获得国家立项支持。海信集团的全筒自清洁技术在第 15 届中国家用电器创新成果评选中获得年度技术创新成果。食神冰箱再获德国 IF 工业设计大奖。超高清帧率转化及时序控制芯片 HS3710 获得“中国芯”优秀技术创新产品。澳柯玛集团发布国内首款智能无人驾驶电动车。

【信息基础设施】 2018 年，青岛市加快 IPv6、4G、WLAN 部署，支撑宽带提速、光纤到户、无线城市、三网融合等工程，改善基础网络、基础数据中心、基础云平台等基础环境，率先建成全光网城市，获批国家首批三网融合试点城市、“宽带中国”示范城市、国家下一代互联网示范城市，获得“宽带中国”示范城市最佳实践奖等。

基础网络进一步提速。组织和完成 ADSL 和传统 LAN 用户的光纤改造，光纤到户用户超 900 万户，城市家庭光纤接入能力超 200Mbps。建成 2G、3G、4G、WLAN 互为补充的无线网络，移动基站数超 5 万个，其中，3G、4G 基站占比 86%；WLAN 热点 9 000 余个，AP 接入设备 13.5 万个，无线宽带业务在政务、商务、生产、生活等各领域实现深入应用。

加快基础互联网数据中心（IDC）建设。投入使用的 IDC 机柜规模近 2 万个，阿里巴巴集团等知名互联网企业以及国内排名前 20 的网站均已入驻；一批 IDC 项目在建，建成后全市 IDC 机柜规模可达 10 万个。

推进基础云平台。在全国率先建成政务云计算与灾备一体化平台，为市政府部门提供基础设施、平台、应用等共享服务；率先建成市中小企业云服务平台，实现线上公益化与线下市场化，提供政务、融资、认证认可、检验检测等 12 类 450 多项服务。

【大数据与云计算】 2018 年，青岛市西海岸新区成为全省大数据产业集聚区之一，海信网络科技股份有限公司等 5 家企业成为全省大数据重点骨干企业，海尔数字科技有限公司等 6 家企业入选山东省行业云平台服务商，萨纳斯智能科技股份有限公司等 6 家企业入选山东省云应用服务商，特锐德电气股份有限公司等 6 家企业大数据产业项目入榜工业和信息化部 2018 年大数据产业发展试点示范项目，大快搜索计算股份有限公司等 9 家企业的产品或解决方案获得 2018 年山东省优秀大数据产业和应用解决方案。山东易华录集团总部、大唐半导体公司、中国科学院青岛 EDA 中心等大数据相关企业和项目相继落户青岛市，浪潮（青岛）大数据产业园等重点项目正式启动建设，全市大数据产业生态体系逐步建立。

梳理全市已有相关产业政策，形成大数据、云计算服务产业发展 17 条基本政策。市北区、李沧区、西海岸新区、平度市等区（市）相继出台促进大数据发展相关政策措施。推进青岛市政务大数据和云计算中心建设，累计完成 60 多家委办局、近 200 个业务系统、近千台主机上云，上云业务涉及民政、人社、财政、工商、税务、交通、医疗、教育、行政审批、安监等众多政府领域。

【工业互联网】 2018 年，青岛市推进制造业与互联网融合发展。动态调整制造业与互联网融合发展项目库，入库企业 400 余家，引导服务商为重点企业做好个性化服务。开展 2018 年互联网工业“555”项目认定工作，认定 86 个互联网工业“555”项目，其中，智能（互联）工厂 3 个，数字化车间 17 个，自动化生产线 66 条。新增 5 个国家级智能制造试点示范项目，4 家企业入选国家首批人工智能与实体经济深度融合创新项目公示；易邦生物工程有限公司等 4 个企业项目获得国家智能制造综合标准化与新模式应用项目专项资金 2 900 万元；1 家企业获评国家制造业与互联网融合发展试点示范，3 家企业的 5 个项目入围国家制造业“双创”试点示范，5 家企业进入国家级服务型制造示范公示，2 家企业入选山东省智能制造标杆企业。

开展企业两化融合评估和两化融合管理体系贯标。全市参加两化融合评估企业超 800 家，有效问卷 741 家，确保企业两化融合指数在全省的领先地位。17 家企业成为 2018 年国家两化融合管理体系贯标试点企业，14 家企业入围 2018 年省级两化融合管理体系贯标试点示范。

促进工业互联网平台建设。认定海尔 COSMOPlat 等 8 个工业互联网平台，支持平台建设财政补助资金近 2 000 万元。海尔 COSMOPlat 获批首批国家级工业互联网平台并获得工业和信息化部国家工业互联网创新发展工程专项资金支持；海尔工业互联网平台省级制造业创新中心通过验收，积极创建国家级创新中心。引进国内知名工业互联网平台东方国信 Cloudiip 在青岛市落地能源子平台。

搭建对接国家战略的交流合作平台。举办 2018 世界互联网工业大会，聚焦工业互联网网络、平台、安全三大领域，交流推广工业互联新技术和融通共享创新成果。推动成立化工橡胶工业互联网产业联盟，国家工业信息安全发展研究中心青岛研究院落户青岛市高新区。

【物联网】 2018 年，青岛市物联网产业基础不断增强。全市物联网相关企业近 300 家，市物联网协会发展物联网会员单位 120 家，涵盖物联网技术和服务、物联网应用、通信运营和平台商三大类。物联网企业集群拥有海尔集团、海信集团、澳柯玛集团等一批物联网研发和应用领域的骨干单位。建立包括芯片设计制造、电子标签封装、传感器制造、读写设备研发、软件 / 中间件、嵌入式软件与硬件等环节的物联网产业链结构。

物联网应用领域广泛。加大在智能家电、精准农业、无人码头、智能仓储、智慧停车、智慧旅游等诸多领域推广应用。青岛港基于 RFID、传感技术等实现对闸口、车辆、货物、堆场的有效管理；海信网络科技公司作为国内智能交通领域的骨干企业，拥有一批智能交通领域的物联网技术与产品成果；在融合 RFID 和胎压感知等诸多技术手段的数字化轮胎方面，软控股份有限公司在国际上占有领先地位；海尔集团发布首个智慧家庭操作系统 UHomeOS，推动智能家电产业发展；崂山风景区通过应用景区电子商务系统、高清视频监控系统、路灯节能联网控制系统，推动景区智慧旅游发展；海信 NB-IoT 智能停车系统对邻车位干扰、地铁干扰等特殊场景优化算法设计，解决行业普遍存在的检测精度低、建设成本高等问题。

平台运营及发展环境日趋成熟。全市拥有 3 个山东省 RFID 工程技术中心，依托海尔集团设立中国 RFID 产业联盟海尔开放实验室；成立青岛市射频识别（RFID）技术及产业促进会，建成青岛市 RFID 实验室；在物联网家电领域，拥有数字化家电国家重点实验室、数字家庭网络国家工程实验室；在数字化轮胎领域，拥有国家轮胎工艺与控制工程技术研究中心等国家级研发机构。

【智慧城市】 2018 年，青岛市制定智慧城市建设评估标准方案，协调推进总投资 83 亿元的 135 个智慧青岛年度建设项目，已有 32 个项目建成运营。把推进信息通信技术在行业领域的应用作为智慧青岛建设的重点，已经建成的年度计划重点项目中，智慧应用项目占 73% 以上。

加快城市智慧化建设。建成城市道路智能交通系统，可实现重要路口信号自适应、交通出行引导、电子警察、数据分析等 10 个功能，系统上线后市区整体路网平均速度提高约 10%，该项目获得世界智能交通年会最佳应用奖。

推进产业智慧化。率先发展互联网工业，COSMO 等一批开放性的互联网工业平台投入运营，一批智能制造企业形成示范效应，海尔互联工厂、酷特大规模个性定制、特锐德电气由卖产品到卖服务等一批新模式显现。

深化行业管理智慧化。创新打造工商电子营业执照与“e 证通”企业数字证书平台，提供市场主体网络身份识别、签名验证等服务，提升企业服务效率。2018 年，青岛市再次获得中国领军智慧城市、中国信息化十强城市称号，并获得 2018 中国城市治理智慧化综合奖、中国智慧城市建设智慧基础奖。

智慧化民生服务较为突出。建成智慧教育中心平台、教育资源平台、教育管理平台，推进智慧校园建设，1 000 多所学校通过验收。探索翻转课堂，普及电子书包，形成青岛经验，国际教育信息化大会落户青岛市，并连续 3 年在青岛市召开。

【信息产业基地和园区】 2018 年，青岛软件和信息服务、家电及电子信息 2 个国家新型工业化产业示范基地被评为五星级示范基地。全市拥有产值超百亿元的家电及电子信息产业集聚区 4 个，其中，黄岛家电产业集聚区产值超千亿元。市南软件及动漫产业园、青岛国际创新园被认定为山东省省级软件产业园区，软控股份有限公司被认定为山东省软件工程技术中心。协调推进歌尔青岛科技产业园、浪潮青岛大数据产业园、华录山东总部基地等重点项目加快开工建设，“千万平方米”软件产业园区新竣工 51 万平方米，累计竣工 684 万平方米。

【产业环境】 2018 年，青岛市出台《关于实施制造业“五个一批”企业技术创新工程推进新旧动能转换的意见》，提出到 2022 年，全市规模以上工业企业研发经费内部支出占主营业务收入的比重达 2.2% 以上、创建 1 ~ 2 个国家级制造业创新中心和 10 个左右省级制造业创新中心等目标。

出台《关于加快培育提升“五名”高标准创建中国软件名城的实施意见》，提出重点培育软件和信息技术服务业名品、名企、名园、名展、名人，明确发展目标，到 2022 年，产业规模进一步扩大，软件业务收入达 3 500 亿元左右，技术创新体系更加完备，两化融合支撑更加坚实，培育一批有影响力的特色软件产品和龙头企业。

加快云计算技术、产业、应用和服务体系及产业生态构建，印发《青岛市推进“企业上云”工作行动计划》，明确到 2020 年，新增“企业上云”企业达 5 万家以上，形成一批国内一流的云计算领域服务商，全国云计算产业中心建设取得明显进展。

【主要问题】 青岛市智能家电产业配套率低。上游集成电路、显示面板、高端压缩机、高端电机、印制电路板等核心关键产业发展滞后，造成整体配套率低、配套水平低。

软件产业市场需求减弱，竞争压力大。受国内外宏观经济下行影响，工业增速放缓，制造业企业信息化改造需求减弱，市场竞争加剧，软件企业受到较大影响，提供互联网工业解决方案等产品的企业订单减少。

新一代信息技术产业基础相对薄弱。集成电路、基础软件等核心基础产业发展滞后，人工智能、大数据、云计算等新兴产业规模小，缺少具有强大核心竞争力的龙头企业。

【统计数据】

表 1 2018 年青岛市软件和信息技术服务业人员构成情况

企业类别	企业数（家）	从业人员年末人数（人）	人员构成			
			管理人员（人）	在总人数中所占比例（%）	软件开发研究人员（人）	在总人数中所占比例（%）
内资企业	1 679	305 052	15 034	4.9	148 502	48.7
国有企业	12	60 715	2 912	4.8	7 181	11.8
集体企业	3	32 134	3 428	10.7	9 882	30.8
联营企业	1	93	12	12.9	60	64.5
有限责任公司	895	111 623	3 778	3.4	69 892	62.6
股份有限公司	188	26 323	1 760	6.7	15 317	58.2
私营企业	574	73 382	3 054	4.2	45 698	62.3
其他内资企业	6	782	90	11.5	472	60.4
港、澳、台商投资企业	9	1 346	173	12.9	812	60.3
三资企业	34	5 451	922	8.5	3 303	60.6

表 2 2016—2018 年青岛市软件和信息技术服务业基本情况

项目名称	单位	2016 年	2017 年	2018 年
软件业务收入	万元	16 085 362	18 736 154	21 567 065
软件业务出口收入	万美元	133 724	187 682	27 725
软件产品销售收入	万元	5 009 730	5 804 881	4 563 939
流动资产平均余额	万元	11 740 820	18 366 474	19 763 992
固定资产投资额	万元	72 809	111 024	426 663
资产合计	万元	13 282 624	13 796 557	22 142 572

续表

项目名称	单位	2016 年	2017 年	2018 年
负债合计	万元	8 459 365	4 344 556	9 258 387
税金总额	万元	180 668	377 152	458 958
利润总额	万元	1 348 230	1 321 139	1 948 469
应交所得税	万元	156 535	57 963	636 724
从业人员年末人数	人	132 250	166 043	311 849
从业人员工资总额	万元	803 384	1 074 262	1 999 235

表 3　2016—2018 年青岛市软件和信息技术服务业三资企业基本情况

项目名称	单位	2016 年	2017 年	2018 年
软件业务收入	万元	215 848	330 740	421 659
软件业务出口收入	万美元	387	3 008	853
软件产品销售收入	万元	81 536	134 577	100 310
流动资产平均余额	万元	228 454	345 054	521 165
固定资产投资额	万元	1 517	1 833	36 536
资产合计	万元	96 947	143 105	289 562
负债合计	万元	50 178	72 166	126 280
税金总额	万元	6 131	9 124	16 557
利润总额	万元	15 889	23 768	36 872
应交所得税	万元	162	419	9 218
从业人员年末人数	人	2 367	3 873	5 451
从业人员工资总额	万元	14 464	23 945	39 869

表 4　2016—2018 年青岛市软件和信息技术服务业主要经济效益指标完成情况

项目名称	单位	2016 年	2017 年	2018 年
全员劳动生产率	元 / 人	401 324	416 938	354 028
流动资产周转率	次	1.33	1.34	1.73
产品销售率	%	99.2	99.3	93.1
总资产贡献率	%	11.3	11.4	8.8
资产保值增值率	%	107.8	107.8	110.1
资产负债率	%	52.8	52.7	42.7

表 5　2016—2018 年青岛市软件和信息技术服务业三资企业主要经济效益指标完成情况

项目名称	单位	2016 年	2017 年	2018 年
全员劳动生产率	元 / 人	461 200	458 761	461 199
流动资产周转率	次	1.5	1.7	1.8
产品销售率	%	99.2	99.3	87.2
总资产贡献率	%	9.2	9.4	9.6
资产保值增值率	%	108.1	108.1	113.7
资产负债率	%	54.7	54.5	43.6

注：表 1 ~表 5 数据来源于青岛市工业和信息化局。

[供稿：青岛市工业和信息化局]

深　圳　市

【电子信息制造业】　2018 年，深圳市电子信息制造业完成规模以上工业总产值 21 313.3 亿元，同比增长 13.8%；实现规模以上工业增加值同比增长 14%，占全市规模以上工业增加值近六成，支柱产业地位明显。

全市 19 家企业入围 2018 年中国电子信息百强企业。华为技术有限公司连续多年居百强企业首位，比亚迪股份有限公司、中兴通讯股份有限公司分列第 4 位、第 7 位。龙头企业带动作用明显，华为技术有限公司营业收入突破千亿美元，同比增长 19.5%。中小微企业充满活力，企业数量近年来年均增长 20%，优必选科技有限公司、柔宇科技有限公司等企业快速成长为独角兽企业。

2018 年，全市专利申请量 22.86 万件，授权量 14.02 万件，同比分别增长 29.1% 和 48.8%；发明专利申请量 6.99 万件，授权量 2.13 万件，同比分别增长 16.1% 和 12.6%；PCT 国际专利申请量 1.8 万件，连续 15 年居全国大中城市首位。在核心高端芯片方面，紫光同创电子有限公司在四大高端器件（通用处理器、存储器、高速模数 / 数模转换芯片、FPGA）之一的 FPGA 芯片及配套 EDA 工具取得重大进展，紫光同创高端 FPGA 芯片采用 40 纳米工艺，达到 2 000 万门级产品水平，产品在国产 FPGA 特种市场占有率高达 70%，并获得华为技术有限公司等 4 个通信厂商的供应商资格；在基础软件方面，国微技术注资深圳鸿芯微纳技术有限公司，以布局布线工具为核心，重点开发布局布线、时序分析、物理验证和功耗分析等工具，并最终形成数字电路芯片设计全流程 EDA 工具平台，获得国家核高基重大专项立项；在产业通用装备方面，深圳先进微电子科技有限公司是全球最大的半导体集成和封装设备供应商 ASMPT 的重要生产制造和研发基地，主要产品为半导体封装设备，具体包括固晶机、金线焊接机、铝线焊接机等。

企业集成电路设计水平整体提升，设计能力与国际接轨，涌现大批有技术突破、有亮点的高端集成电路产品。在通信行业方面，华为海思麒麟 980 芯片是全球首款基于 7 纳米工艺开发的 SoC 芯片，成为多款热销高端机型的重要芯片支撑；在人工智能方面，云天励飞 DeepEye 1000 成功流片，采用 ASIP 设计思路，基于 22 纳米制造工艺制程，既能提供 ASIC 级别高性能和低功耗，也能提供处理器级别的指令集灵活性，可广泛用于摄像头、机器人、无人机，以及智慧城市、智慧社区、智能制造、新零售等人工智能边缘计算场景；在消费电子方面，汇顶科技股份有限公司研发的屏下光学指纹识别芯片，在解锁速度等各项指标上接近电容指纹芯片指标，在穿透厚度、防水等方面超越电容指纹芯片，申请并获得国内外180多项专利，成为华为P20/P20 Pro系列等高端手机的热销卖点。

紧抓粤港澳大湾区建设机遇，对接香港特别行政区高校的基础研究资源，优化对基础研究的前瞻布局和资源配置，以创新人才培养模式为核心，以产学研合作为关键建设深港微电子学院，持续推进关键核心技术攻关突破。围绕新兴应用领域，面向国家第三代半导体战略需求，建设深圳第三代半导体研究院，围绕产业链构建创新链，建立体制机制创新的开放式、国际化、全链条的第三代半导体协同创新平台，构建产业链协同创新生态体系。依托本地重点通信设备企业和高校，引进国内知名应用、器件和材料企业，共同成立未来通信高端器件制造业创新中心并争取升级为国家级制造业创新中心，以整机企业需求为导向，研发5G中高频器件的材料、制造、封装、应用技术，推动成果产业化，提升通信整机产品的竞争力。

研判国内外产业发展的现状和趋势，分析全市产业发展的现状、优势、机遇和不足，研究发展集成电路的主要任务、重点发展领域、重大发展工程和保障措施，在此基础上编制《深圳市进一步推动集成电路产业发展五年行动计划（2018—2022年）》《关于加快集成电路产业发展的若干措施》。通过制定符合实际的相关行业政策，以应用为牵引进一步巩固集成电路设计业优势、发展集成电路制造业、配套发展设备和材料产业，扬长补短，抢占未来制高点。

【软件和信息技术服务业】 2018年，深圳市软件和信息技术服务业实现软件收入5 934.7亿元，同比增长6.8%，产业规模总体呈现增速放缓的趋势。其中，信息技术服务收入3 622.7亿元，占软件收入比重61%，同比增长29.9%；软件产品收入885.4亿元，同比下降2.6%；嵌入式系统软件收入1 400.4亿元，同比下降26.4%；信息安全产品收入26.1亿元。嵌入式系统软件收入首次出现负增长，一是由于嵌入式系统软件市场受国际贸易环境影响，二是因软件产业统计制度最新嵌入式系统软件收入统计计算办法，嵌入式系统软件收入出现大幅缩水。信息技术服务业收入占比持续增加，反映软件产业由定制化、集成式的软件支撑方式向以云化服务为代表的信息技术服务形式演变，软件技术促进产业融合发展能力和价值日益凸显。

骨干企业群体不断壮大，创新发展能力、资本运作及国际经营能力持续增强。全年软件收入超千亿元企业1家，超百亿元企业5家，超50亿元企业8家，超亿元企业新增18家，累计334家。全年软件著作权登记数142 695件，同比增长超70%。在海内外上市的软件企业约200家，在美国、印度、日本和俄罗斯等国家投资设立分公司、研发中心等。华为技术有限公司设立40多个海外研发中心和联合创新中心；中兴通讯股份有限公司在全球拥有18个研发中心，其中，7个海外研发中心设在美国或欧洲，积极参与国际标准的制定，谋求更多国际话语权。

国际环境影响软件出口，出口收入首次同比下降。全年实现软件出口207.3亿美元，较上年减少30.9亿美元。软件出口的头部企业出口规模均不同程度减少。其中，中兴通讯股份有限公司受禁售令影响，出口业务遭受重创；大族激光科技产业集团股份有限公司的出口贸易一定程度遭受苹果公司产业链不景气影响。

发展特点 企业攻坚克难，优化拓展市场布局。华为技术有限公司凭借强大的技术研发实力、领先的产品服务能力不断拿下国际5G订单；在终端领域收获颇丰，据IDC数据显示，全年华为手机国内出货量继续居国内第一、国际出货量同比大涨33.6%。中兴通讯股份有限公司在多方介入的洽谈协商后，于2018年7月实现禁售令解除，凭借在5G通信的研发投入和积累，接连获得国内三大运营商产品订单，正在快速全面恢复其全球业务。腾讯集团在新一轮组织架构调整中组建六大事业群，以通信与社交、云服务等为基础的平台将数字媒体视为C端业务的新增长点，将广告、支付和云为代表的B端业务调整定位为集团重点战略规划方向。

软件产业细分领域持续取得新突破。金融业技术创新驱动金融科技领域全年保持快速增长，金融垂直领域的大数据、人工智能技术商用规模增长迅速。平安科技（深圳）有限公司的人工智能、区块链、大数据技术在金融业的技术研发及行业应用能力居全国前列，AI客服占比近80%，打造的KYB（中小企业数据贷）在试行期间已为近万家中小企业提供线上化、智能化融资服务；金证科技股份有限公司全面启动Spark、Hadoop、微服务、区块链等先进技术在证券行业应用的预研和论证，为相关先进技术向证券市场转换提供技术基础。工业软件规模保持平稳增长，新兴技术推进工业互联网加速向前发展，工业软件企业不断加强自主研发和产品销售。大族激光科技产业集团股份有限公司加大欧洲研发运营中心、大族智能制造基地等项目投入力度，提高研发创新能力、持续扩大产能，全年保持业务平稳增长；华龙讯达信息技术股份有限公司与腾讯集团合作打造的腾讯木星云工业互联网平台连接管理264类近4万个工业设备，累计工业机理模型88种，开发2 286个工业APP。

基础研发能力迎来重大挑战，支撑型平台技术获机遇。市场竞争加剧倒逼全市软件产业从应用开发向基础核心技术研发转变，提供技术服务、支撑软件模块化功能的支撑型平台在市场上不断涌现。华为云、腾讯云提供硬件支撑能力，向外输出成熟的AI、大数据、区块链、软件开发管理服务，为广大企业产品技术研发提供底层支撑。支撑垂直行业的行业支撑型平台快速发展成熟，安全行业的深信服安全云，工业行业的汇川云、富士康工业互联网，金融财务行业的金蝶云等成为垂直行业快速发展的加速器。

产业发展政策体系逐渐完善。一是出台工业互联网行动计划和若干措施，推进工业互联网网络建设改造与优化，加快培育工业互联网平台，提升产业关键支撑能力和综合集成水平。二是出台促进新一代人工智能产业发展的行动计划和若干措施，发展高端智能产品，夯实核心基础，提升智能制造水平，完善公共支撑体系，促进新一代人工智能产业发展。三是出台促进集成电路产业发展工作方案，提出支持企业关键技术攻关、人才引进、公共服务平台提升、创新载体建设等。四是制定印发《深圳市战略性新兴产业发展“十三五”规划》，提出加快培育壮大信息经济等，持续引领产业高端发展和经济高质量发展。五是出台深圳市战略性新兴产业发展专项资金扶持政策，采用直接资助、股权投资、贷款贴息等多元化扶持手段，支持相关单位组织实施创新能力建设、产业化、应用示范推广等项目。六是制定《关于建立高成长性企业快速支持机制的工作方案（试行）》，提出进一步加大对高成长性企业的支持力度，及时掌握、解决企业发展遇到的问题和困难。

【存在问题】 深圳市电子信息制造业存在问题：

一是发展面临较大压力。发展空间被挤占，工业投资结构不尽合理，工业投资项目存在制造业项目数少和大项目少的问题；综合成本上升对成本敏感型制造企业影响较大，制造业招商引资规模较小，新兴产业发展与高质量发展要求存在不小差距。

二是核心技术瓶颈有待突破。大多数企业技术储备和技术来源不足、核心竞争力不强、关键基础设施中使用的核心技术产品和关键服务还依赖国外，软件、芯片、标准等方面自主研发水平与发达国家相比还存在较大差距。

三是产业新动能尚未形成有效支撑。在人工智能等新兴电子信息产业出台政策措施、引进培育项目等方面尚需加快节奏；除新一代信息技术产业外，其他新兴电子产业尚未形成较大规模产业集群。

四是产业高级人才缺乏。对电子、半导体、集成电路的高技术人才需求最为旺盛，其次为互联网、电子商务以及计算机软件人才。

软件和信息技术服务业存在问题：

一是产业收入结构两级分化现象突出，受国际贸易环境影响巨大。全市软件收入排名前三的企业实现软件收入3 880.2亿元，占全市比重65.4%；全市软件企业2 000多家，龙头企业对整体软件产业发展状况影响较大。受中美贸易摩擦影响，3家龙头骨干企业软件收入不同程度呈现增速下滑甚至负增长情况。

二是企业运营成本较高，产业发展空间受限。深圳市地价、房价不断攀升，企业运营成本上升、人才吸引力下降；二线城市出台更为有利的企业发展和人才引进措施，导致深圳市软件企业和软件人才外流现象频现，软件产业环境吸引力呈下降趋势。

三是产业缺乏核心竞争力，基础、高端软件能力匮乏。迫切需要围绕重点制造领域的关键环节、聚焦“卡脖子”技术和具国际竞争力的关键核心技术、增强关键环节和重点领域的创新能力、发挥软件和信息技术服务应用对创新驱动的引领和支撑作用、提升自主创新能力和制造业核心竞争力。

［供稿：深圳市工业和信息化局］

新疆生产建设兵团

【概况】 2018年，新疆生产建设兵团（以下简称兵团）以不断完善信息基础设施、加快实施两化深度融合、推进信息技术应用、培育发展信息产业为主要着力点，推进各项工作，取得积极成效。据不完全统计，2018年，兵团电子信息制造业实现总产值26亿元，软件和信息技术服务业实现营业收入1.9亿元。

【信息基础设施】 2018年，兵团通过实施电信普遍服务试点和宽带提速工程，加快通信管网、铁塔基站等通信基础设施建设，扩大兵团互联网接入带宽覆盖范围。加快推进电信普遍服务试点连队光纤网络建设步伐，截至2018年年底，完成770个连队通光纤宽带任务，连队光网覆盖率96%。3G网络覆盖100%师市、团场和98%连队，4G网络覆盖100%师市、团场和95%连队。师市、团场中心区域无线覆盖率95%，工业园区光缆通达率95%，连队及周边区域无线覆盖率85%。加快推进移动通信铁塔基站建设，印发《关于加快推进兵团移动通信铁塔建设的通知》，简化申报、审批等流程，为移动通信基础设施建设提供支持。组织实施通信铁塔基站工程建设，加强监督和检查，每月通报实施进度，截至2018年年底，建成通信铁塔基站5 853座。进一步降低上网资费，在南疆贫困连队推进专属销售产品，推动宽带网络应用普及，为职工群众提供低成本的网络服务。

推动兵团与大企业、大集团战略合作。推进兵团与中国航天科技集团公司签署战略合作协议，利用大企业、大集团优势产业资源，推进兵团信息基础设施、智慧城市、信息产业、传统产业转型升级、专业人才培养等领域快速发展。加快推进石河子数据中心建设，为行业管理部门、重点企业等提供公共服务、互联网应用服务、重点行业和大型企业云计算服务。成立新疆丝路云河大数据信息科技有限公司，主要承接贵阳大数据交易所兵团交易分中心运营工作，代表贵阳大数据交易所新疆交易服务中心新疆丝路云河分中心在兵团正式落地，为兵团参与“21世纪数字丝绸之路”建设奠定基础。

【信息技术应用】 2018年，在工业领域，兵团组织企业申报工业和信息化部大数据产业发展试点示范项目、信息消费试点示范项目，第八师天富能源股份有限公司和奎屯瑞豪投资有限公司分别被列入国家试点示范企业。组织企业申报工业和信息化部开展的工业控制系统应用项目库、企业上云典型案例征集，经筛选报送13个工业控制系统应用项目和2个企业上云典型案例。围绕推广两化融合管理体系标准，组织石化、农副产品、纺织等行业200余家企业开展两化融合水平评估工作，帮助企业在精益管理、风险管控、供应链协同、市场快速响应等方面找出差距、提升水平。贯彻落实工业和信息化部《工业控制系统信息安全行动计划（2018—2020年）》，组织开展工控系统安全检查工作。组织开展两化融合专题培训班，培训学员80人。宣贯新的《中小企业促进法》、解读国家出台的有关两化融合、工业互联网平台、企业上云、财税等政策文件，指导企业进一步提升两化融合创新管理的意识和能力。

在服务业领域，兵团制定下发《关于做好电子信息制造业、软件和信息技术服务业2018年定期统计报表报送工作的通知》（兵工信信息〔2018〕69号），对兵团规模以上及重点电子信息类企业进行梳理，指导企业按月上报企业运行情况。组织各师相关部门和企业参加工业和信息化部主办的第六届中国电子信息博览会、中国国际信息通信展览会，开拓企业视野，理顺企业发展方向。加强兵团软件行业协会服务工作，指导兵团软件行业协会与中国软件行业协会、新疆维吾尔自治区软件行业协会进行对接，开展软件产品、软件企业认定等前期准备工作。按照政府主导、政企合作的原则，组建新疆数字兵团信息产业发展有限责任公司，为兵团提供云计算基础服务，打通系统间壁垒，实现数据互联互通。利用各省市援疆的有利时机，引导行业龙头企业落户兵团，带动兵团电子信息制造业、软件和信息技术服务业快速发展。培育本土企业和信息化人才，以发展电子信息产业为引领，在投融资体制、风险投资机制、知识产权保护制度、人才激励和分配制度等方面给予更充分支持，调动信息科技人员和创业者的能动性和创造性，为推进兵团信息化发展提供服务。

【信息化发展环境】 2018 年，兵团推动信息化发展建设，开展招商引资工作。一是推动兵团工业和信息化局与中国航天科工集团有限公司签署战略合作框架协议，双方将在打造工业互联网平台、城镇化基础设施建设、智慧农业等方面深化合作内容。双方共同推进 INDICS 工业互联网平台在兵团的应用，加快推进新一代信息技术与兵团制造业融合发展，为兵团产业转型升级提供技术支撑。二是推进兵团与京东集团签署“互联网 +”战略合作协议，围绕农业产业、信息科技、电商、无界新零售等方面开展深层次合作。三是不断升级改造团场、连队和园区通信基础设施，在摸清兵团通信基础设施建设底数的前提下，加强对边境团场、贫困地区和南疆地区的通信基础设施建设。

【信息化基础工作】 2018 年，兵团印发《关于加快推进兵团移动通信铁塔建设的通知》《兵团信息化发展情况摸底调研方案》，完成《兵团信息化发展情况摸底调研报告》。组织开展“十三五”信息化规划中期评估工作，形成《兵团“十三五”信息化规划中期评估报告》。

引导鼓励工业企业开展大数据建设，新疆天业集团将云计算、大数据项目纳入企业信息化战略，新疆天富集团实施大数据应用与展现平台项目，开展基于电、热、气、水综合能源优化与民生大数据应用研究。与国家工业信息安全发展研究中心开展两化融合评估诊断与对标引导工作合作，引导兵团 380 余家工业企业完成两化融合水平能力在线自评估。推动兵团与烽火科技集团战略合作协议落地实施，打造互联网信息化人才培养实验基地，为兵团信息化产业发展培养实用型、创新型人才。引进内地合作伙伴，孵化本地“双创”企业。

两化融合培训工作逐步深入，举办两化融合培训班，邀请工业和信息化部等两化融合专家与各师工信系统和企业代表就如何实施企业信息化、开展两化融合自评估、推进两化融合管理工作进行探讨。石河子大学、塔里木大学为社会培养一批实用信息技术人才。各类应试教育、职业教育和继续再教育工作深入开展，促进兵团全民信息能力的提升。

【网络与信息安全】 2018 年，兵团对辖区电力、煤炭、钢铁、有色、化工、石油等重点行业开展工业控制系统信息安全检查工作。印发《关于开展 2018 年工业控制系统信息安全检查工作的通知》（兵工信信息〔2018〕2 号），要求各师（市）工业和信息化主管部门和兵团国资公司围绕工控系统的系统架构、安全软件管理、配置和补丁管理、边界安全防护、物理和环境安全防护、身份认证等 12 个方面的建设和管理情况开展自查。参与自查的企业共 83 家，投入运行的工业控制系统 333 套。对检查中发现的主要问题和薄弱环节、面临的安全风险与威胁分析，出具书面检查反馈意见，督促企业整改落实。组织开展《中华人民共和国网络安全法》《工业控制系统信息安全防护指南》《工业控制系统信息行动计划（2018—2020 年）》等国家网络与信息安全政策和标准的宣贯，指导企业建立工控安全责任制，落实网络安全管理制度。

【统计数据】

表 1 2017—2018 年新疆生产建设兵团信息基础设施主要指标情况

项目名称	单位	2017 年	2018 年
城市区域光网覆盖率	%	99.3	100.0
城市家庭光网覆盖率	%	99.4	100.0

续表

项目名称	单位	2017 年	2018 年
团场及连队光网覆盖率	%	98.0	98.3
光纤宽带用户占比	%	95.0	96.0

注：数据来源于新疆生产建设兵团统计局。

[供稿：新疆生产建设兵团工业和信息化局]

附　录①

美国电子产品产值与市场情况

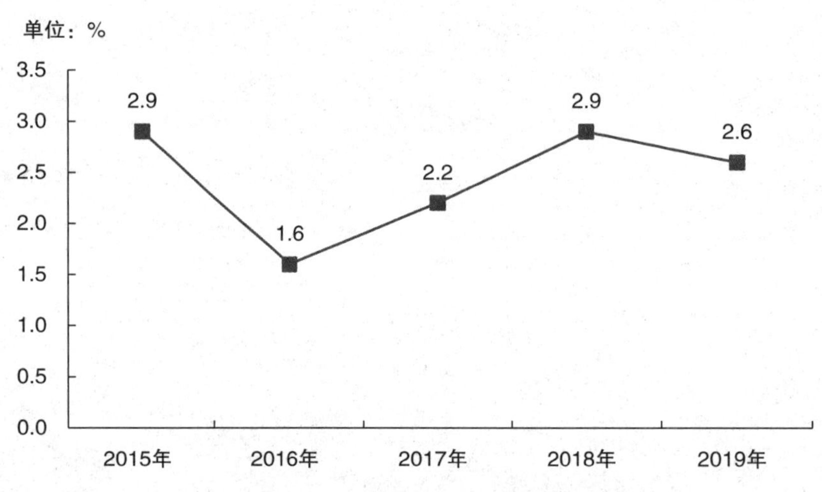

图 1　2015—2019 年美国 GDP 增长情况

数据来源：国际货币基金组织，2019 年 7 月

表 1　2014—2018 年美国电子产品产值情况

单位：百万美元

产品名称	2014 年	2015 年	2016 年	2017 年	2018 年
计算产品	24 904	23 393	22 018	21 577	20 775

注①　本附录根据 *The Yearbook of World Electronics Data 2019* 整理。其中，2019 年、2020 年数据为预测值；计算产品包括办公设备，工业设备包括工控设备、仪器仪表、医疗设备和行业装备，通信设备包括固定通信和无线通信（包括国防）；由于四舍五入计算，合计数据可能会有误差。

续表

产品名称	2014 年	2015 年	2016 年	2017 年	2018 年
工业设备	70 188	70 083	70 410	71 745	74 453
通信设备	79 468	80 165	80 905	83 075	85 673
消费类电子产品	668	677	670	682	698
电子元器件	59 309	56 688	55 536	60 449	63 042
合计	234 537	231 006	229 539	237 528	244 641

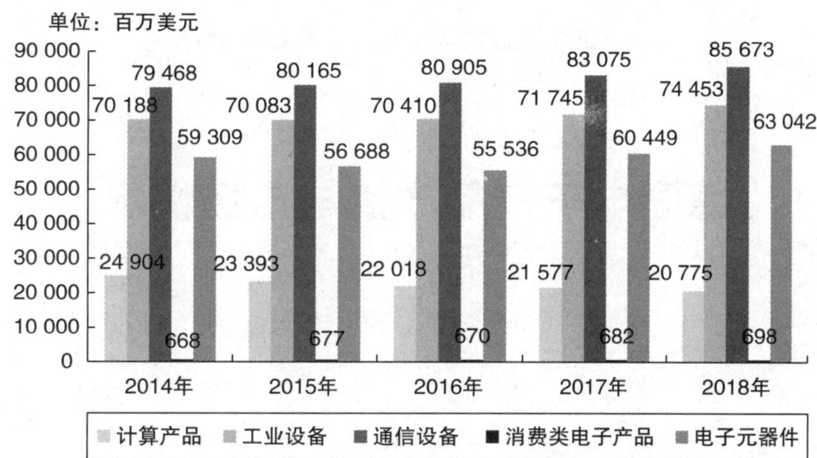

图 2　2014—2018 年美国电子产品产值情况

表 2　2016—2020 年美国电子产品市场情况

单位：百万美元

产品名称	2016 年	2017 年	2018 年	2019 年	2020 年
计算产品	103 489	104 249	105 673	108 196	110 110
工业设备	65 920	68 625	71 123	73 006	74 812
通信设备	142 963	146 976	150 409	153 465	157 123
消费类电子产品	25 585	25 393	25 121	25 106	24 894
电子元器件	80 755	84 491	90 490	85 673	88 028
合计	418 712	429 734	442 816	445 446	454 966

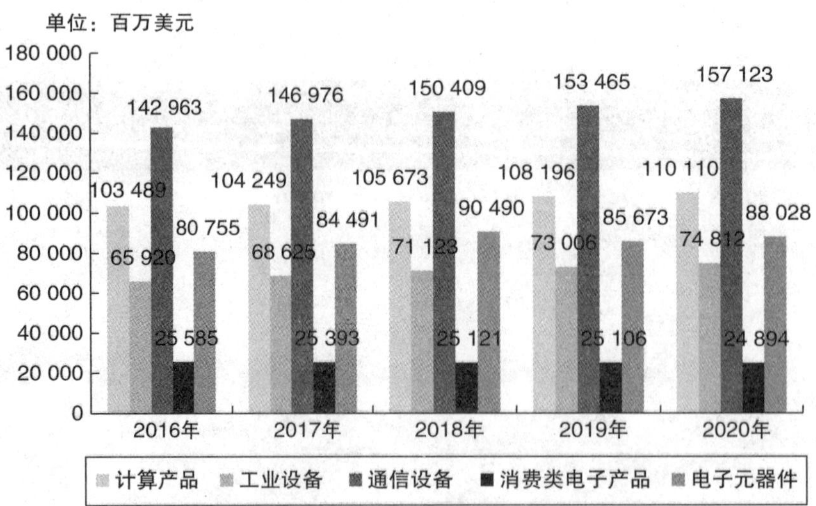

图 3　2016—2020 年美国电子产品市场情况

德国电子产品产值与市场情况

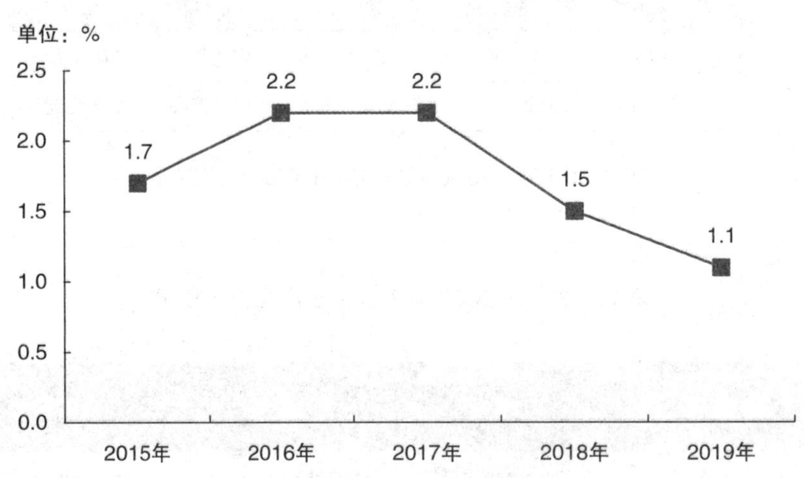

图 1　2015—2019 年德国 GDP 增长情况

数据来源：欧盟，2019 年 2 月

表 1　2014—2018 年德国电子产品产值情况

单位：百万欧元

产品名称	2014 年	2015 年	2016 年	2017 年	2018 年
计算产品	4 150	3 278	3 153	3 266	3 279

续表

产品名称	2014 年	2015 年	2016 年	2017 年	2018 年
工业设备	24 794	27 866	28 264	30 123	30 374
通信设备	4 698	4 548	4 686	4 553	4 545
消费类电子产品	1 177	1 135	1 119	1 066	952
电子元器件	13 291	13 605	13 282	13 899	13 860
合计	48 110	50 432	50 504	52 907	53 010

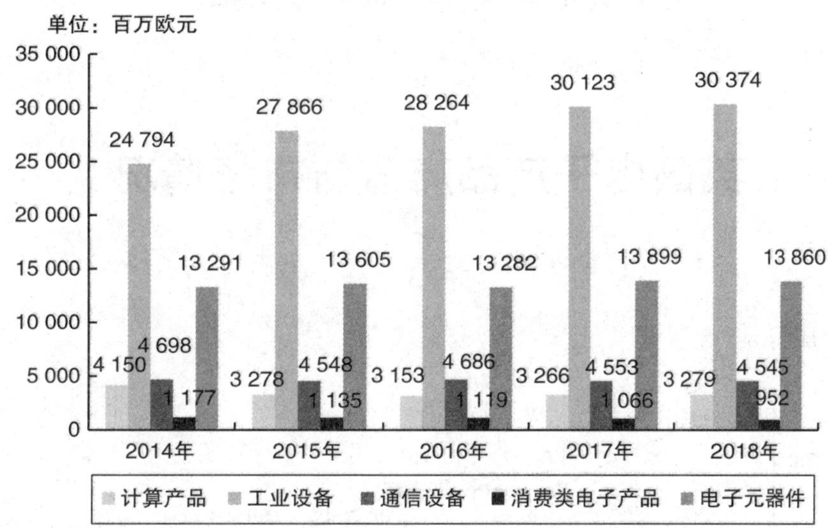

图 2　2014—2018 年德国电子产品产值情况

表 2　2016—2020 年德国电子产品市场情况

单位：百万欧元

产品名称	2016 年	2017 年	2018 年	2019 年	2020 年
计算产品	17 207	17 208	17 452	17 521	17 907
工业设备	13 105	13 582	13 913	14 012	14 405
通信设备	6 806	6 854	6 955	6 958	7 110
消费类电子产品	5 321	5 332	5 193	5 046	4 989
电子元器件	14 756	16 060	16 720	16 825	17 117
合计	57 195	59 036	60 232	60 362	61 528

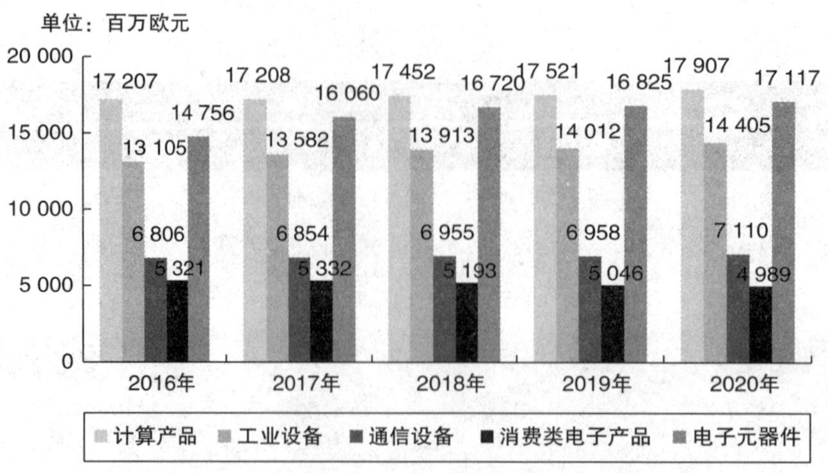

图 3　2016—2020 年德国电子产品市场情况

英国电子产品产值与市场情况

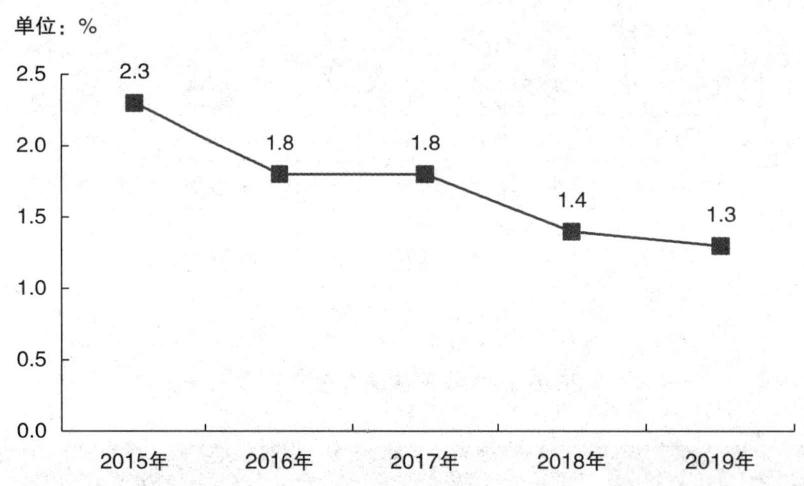

图 1　2015—2019 年英国 GDP 增长情况

数据来源：欧盟，2019 年 2 月

表 1　2014—2018 年英国电子产品产值情况

单位：百万英镑

产品名称	2014 年	2015 年	2016 年	2017 年	2018 年
计算产品	1 010	1 067	863	1 279	1 316

续表

产品名称	2014 年	2015 年	2016 年	2017 年	2018 年
工业设备	5 828	5 908	5 988	6 316	6 381
通信设备	4 814	4 622	4 680	4 648	4 678
消费类电子产品	64	55	62	45	38
电子元器件	2 529	2 480	2 578	2 692	2 799
合计	14 245	14 132	14 171	14 980	15 212

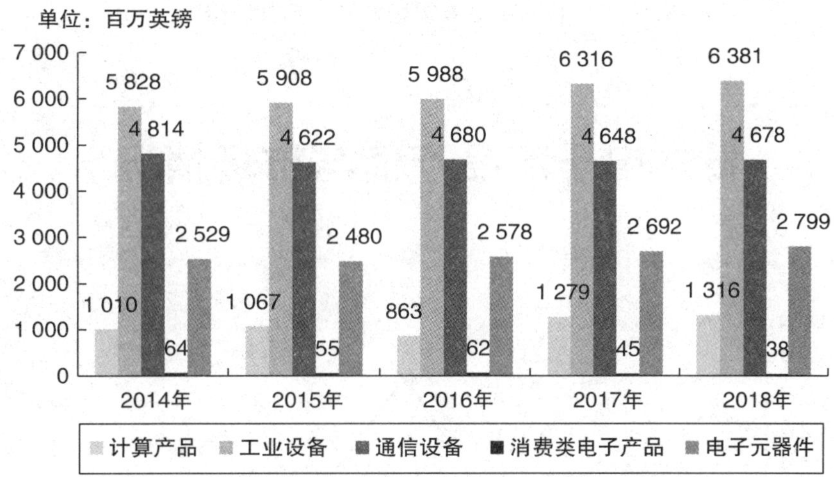

图 2　2014—2018 年英国电子产品产值情况

表 2　2016—2020 年英国电子产品市场情况

单位：百万英镑

产品名称	2016 年	2017 年	2018 年	2019 年	2020 年
计算产品	8 404	8 442	8 534	8 441	8 551
工业设备	3 976	4 104	4 162	4 121	4 168
通信设备	7 657	7 744	7 886	7 832	7 976
消费类电子产品	2 842	2 830	2 825	2 738	2 711
电子元器件	4 124	3 964	3 942	3 891	3 935
合计	27 003	27 084	27 348	27 024	27 340

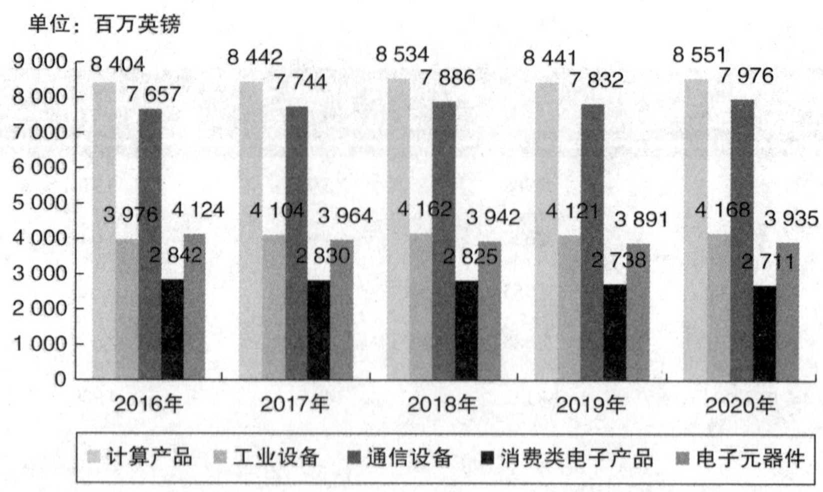

图 3　2016—2020 年英国电子产品市场情况

日本电子产品产值与市场情况

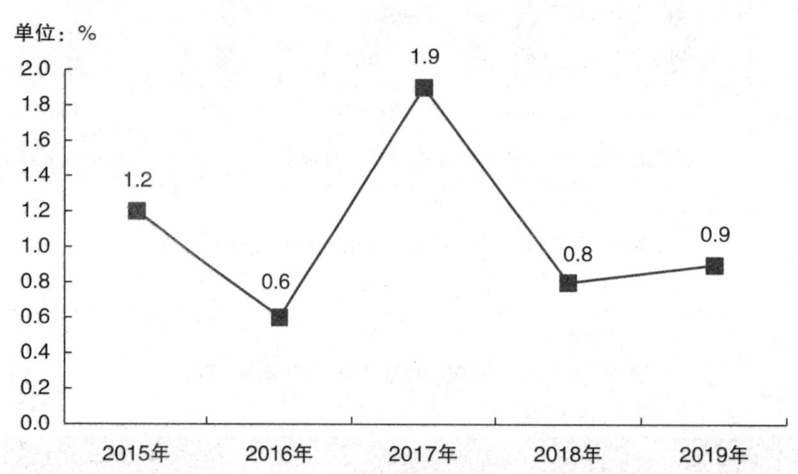

图 1　2015—2019 年日本 GDP 增长情况

数据来源：国际货币基金组织，2019 年 7 月

表 1　2014—2018 年日本电子产品产值情况

单位：十亿日元

产品名称	2014 年	2015 年	2016 年	2017 年	2018 年
计算产品	2 114	1 927	1 858	1 852	1 982

续表

产品名称	2014 年	2015 年	2016 年	2017 年	2018 年
工业设备	1 831	1 927	1 874	1 942	2 074
通信设备	1 810	1 773	1 626	1 574	1 462
消费类电子产品	466	435	405	409	381
电子元器件	7 178	7 881	6 999	7 622	7 434
合计	13 399	13 943	12 762	13 399	13 333

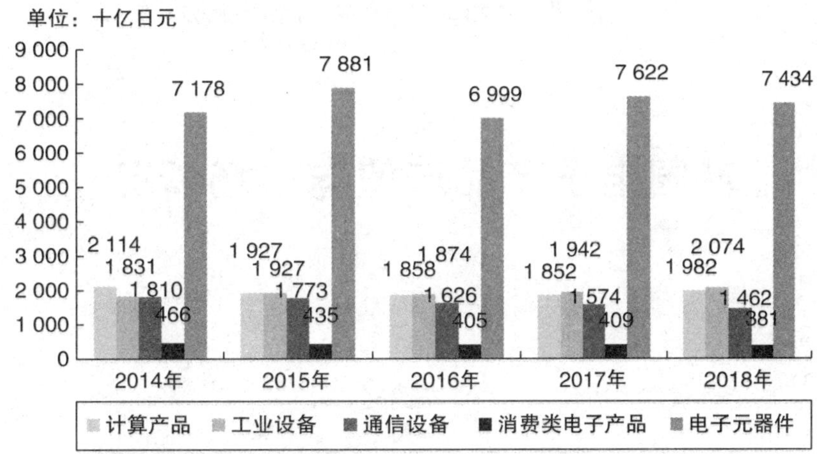

图 2　2014—2018 年日本电子产品产值情况

表 2　2016—2020 年日本电子产品市场情况

单位：十亿日元

产品名称	2016 年	2017 年	2018 年	2019 年	2020 年
计算产品	3 117	3 213	3 329	3 390	3 438
工业设备	974	1 002	1 034	1 062	1 088
通信设备	3 694	3 934	3 963	4 001	4 052
消费类电子产品	859	865	849	822	807
电子元器件	5 247	5 468	5 647	5 375	5 498
合计	13 891	14 482	14 822	14 649	14 884

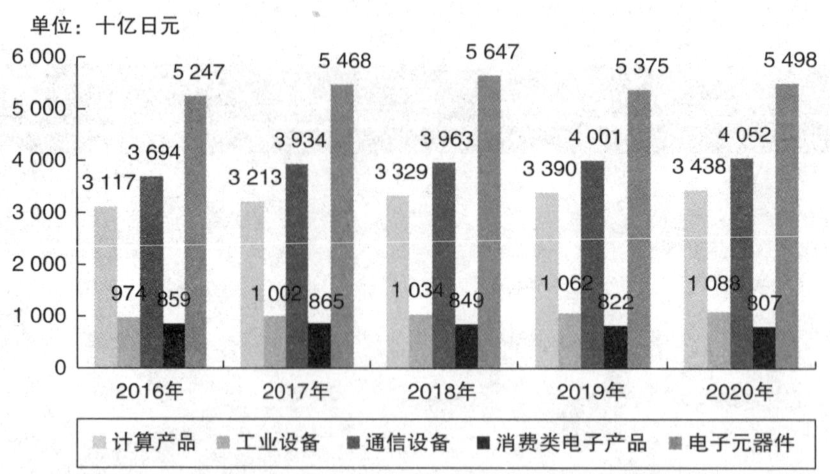

图 3 2016—2020 年日本电子产品市场情况

韩国电子产品产值与市场情况

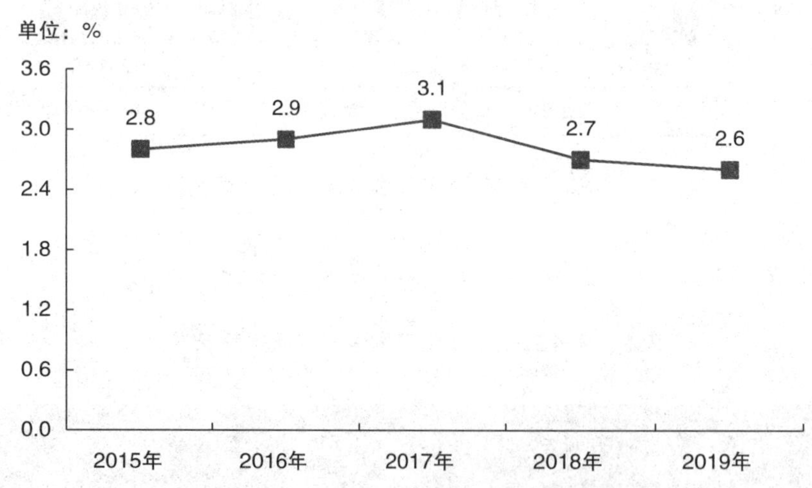

图 1 2015—2019 年韩国 GDP 增长情况

数据来源：国际货币基金组织，2019 年 4 月

表 1 2014—2018 年韩国电子产品产值情况

单位：百万美元

产品名称	2014 年	2015 年	2016 年	2017 年	2018 年
计算产品	14 320	13 510	13 005	13 255	12 680

续表

产品名称	2014 年	2015 年	2016 年	2017 年	2018 年
工业设备	3 270	3 535	4 015	4 205	4 440
通信设备	24 165	21 093	19 852	19 027	16 777
消费类电子产品	3 844	3 294	3 012	2 686	2 368
电子元器件	69 830	66 710	72 161	100 994	123 411
合计	115 429	108 142	112 045	140 167	159 676

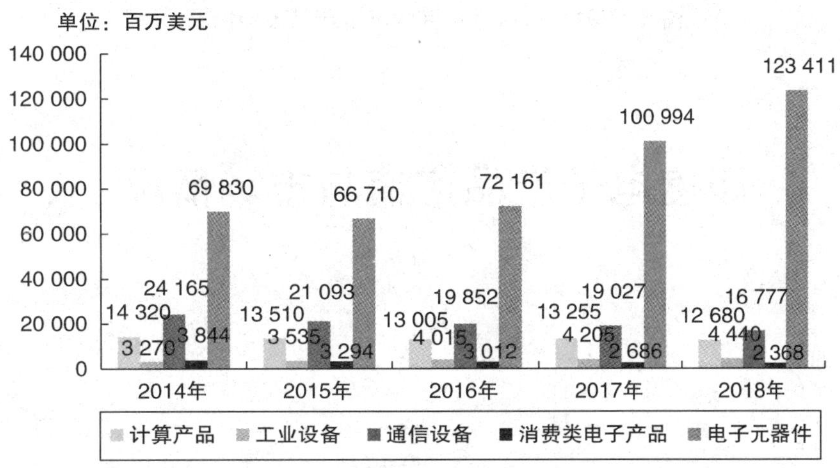

图 2　2014—2018 年韩国电子产品产值情况

表 2　2016—2020 年韩国电子产品市场情况

单位：百万美元

产品名称	2016 年	2017 年	2018 年	2019 年	2020 年
计算产品	6 231	6 354	6 409	6 458	6 550
工业设备	6 746	7 583	7 937	8 121	8 343
通信设备	7 860	7 911	8 063	8 143	8 329
消费类电子产品	2 116	2 073	2 060	2 027	2 009
电子元器件	25 988	28 097	28 923	26 542	27 020
合计	48 941	52 018	53 392	51 292	52 250

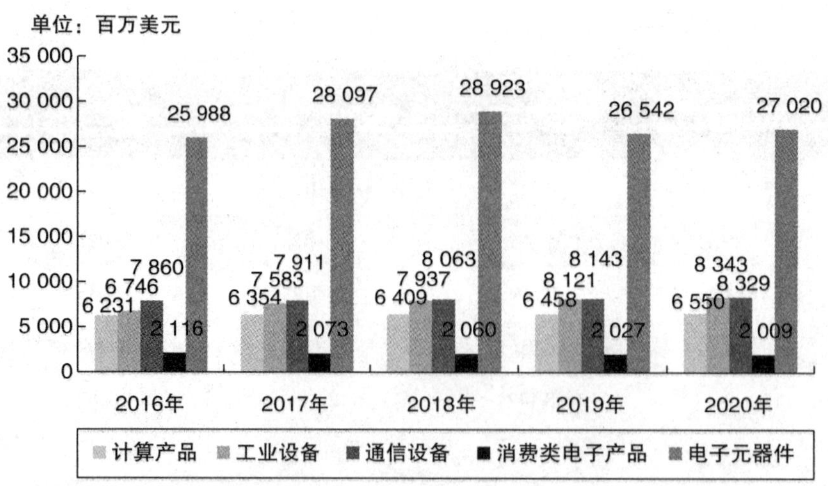

图 3　2016—2020 年韩国电子产品市场情况

印度电子产品产值与市场情况

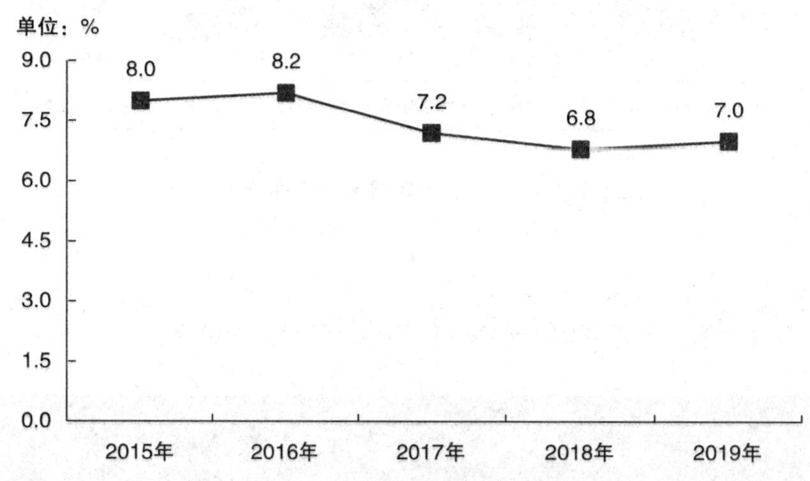

图 1　2015—2019 年印度 GDP 增长情况

数据来源：国际货币基金组织，2019 年 7 月

表 1　2014—2018 年印度电子产品产值情况

单位：百万卢比

产品名称	2014 年	2015 年	2016 年	2017 年	2018 年
计算产品	188 730	203 350	208 170	218 030	228 900

续表

产品名称	2014 年	2015 年	2016 年	2017 年	2018 年
工业设备	168 000	183 500	205 500	210 000	218 500
通信设备	501 000	670 500	833 000	1 020 000	1 235 000
消费类电子产品	161 730	168 420	175 210	184 255	185 728
电子元器件	95 044	99 350	107 325	113 600	125 375
合计	1 114 504	1 325 120	1 529 205	1 745 885	1 993 503

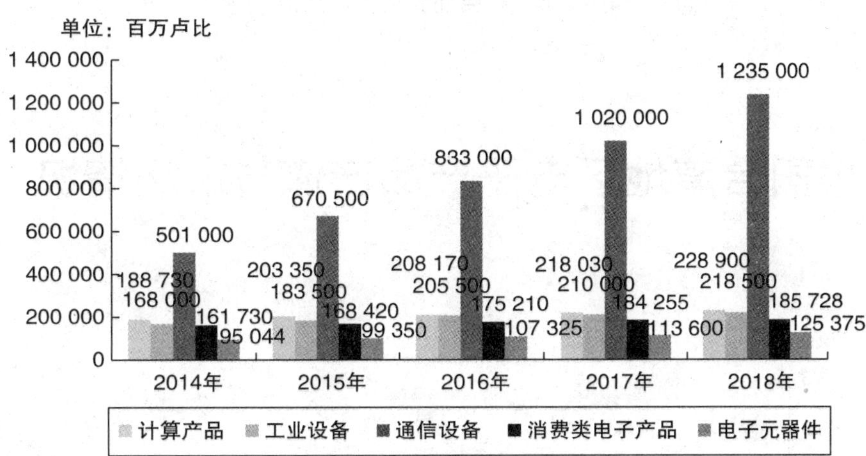

图 2　2014—2018 年印度电子产品产值情况

表 2　2016—2020 年印度电子产品市场情况

单位：百万卢比

产品名称	2016 年	2017 年	2018 年	2019 年	2020 年
计算产品	448 362	475 397	487 587	501 615	523 460
工业设备	410 459	452 396	503 014	543 767	590 468
通信设备	1 023 740	1 153 048	1 304 851	1 453 219	1 553 187
消费类电子产品	299 357	315 536	338 409	358 460	379 418
电子元器件	540 605	558 587	628 913	686 961	755 120
合计	2 722 523	2 954 964	3 262 774	3 544 024	3 801 654

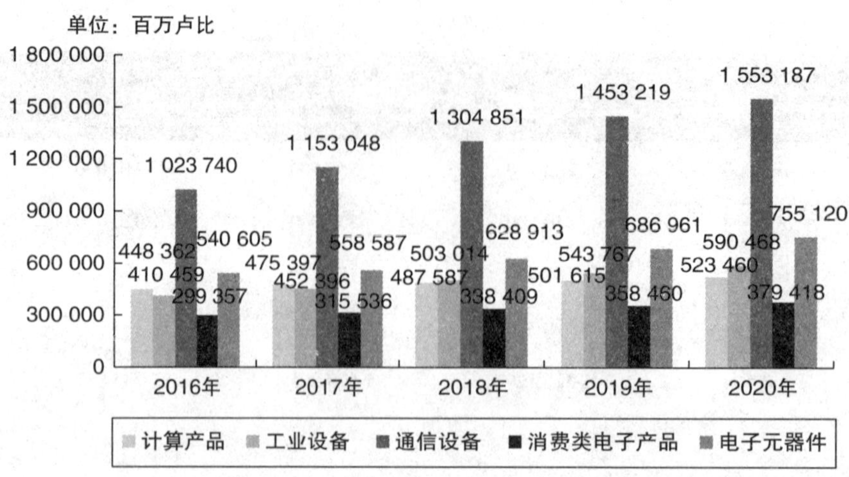

图 3　2016—2020 年印度电子产品市场情况

中国台湾地区电子产品产值与市场情况

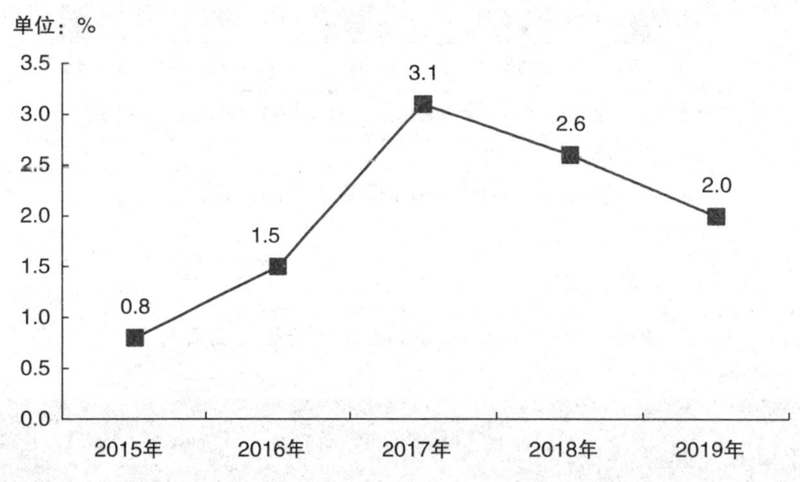

图 1　2015—2019 年中国台湾地区 GDP 增长情况

数据来源：国际货币基金组织，2019 年 4 月

表 1　2014—2018 年中国台湾地区电子产品产值情况

单位：百万新台币

产品名称	2014 年	2015 年	2016 年	2017 年	2018 年
计算产品	108 440	100 838	105 800	106 370	120 330

续表

产品名称	2014 年	2015 年	2016 年	2017 年	2018 年
工业设备	136 250	131 700	128 200	126 400	131 975
通信设备	196 000	181 500	170 800	161 700	148 200
消费类电子产品	39 220	34 507	19 720	17 180	13 735
电子元器件	1 687 485	1 695 195	1 808 000	1 906 965	1 994 590
合计	2 167 395	2 143 740	2 232 520	2 318 615	2 408 830

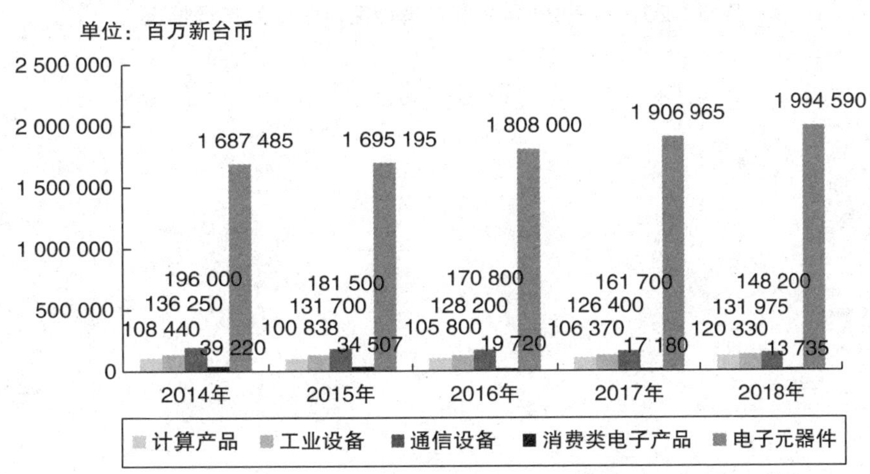

图 2 2014—2018 年中国台湾地区电子产品产值情况

表 2 2016—2020 年中国台湾地区电子产品市场情况

单位：百万新台币

产品名称	2016 年	2017 年	2018 年	2019 年	2020 年
计算产品	134 872	137 010	139 739	141 493	144 110
工业设备	106 445	113 084	118 217	119 716	122 181
通信设备	88 454	90 102	89 148	89 948	92 257
消费类电子产品	19 902	19 517	19 198	18 845	18 700
电子元器件	412 069	419 779	434 480	419 654	427 206
合计	761 742	779 492	800 782	789 655	804 455

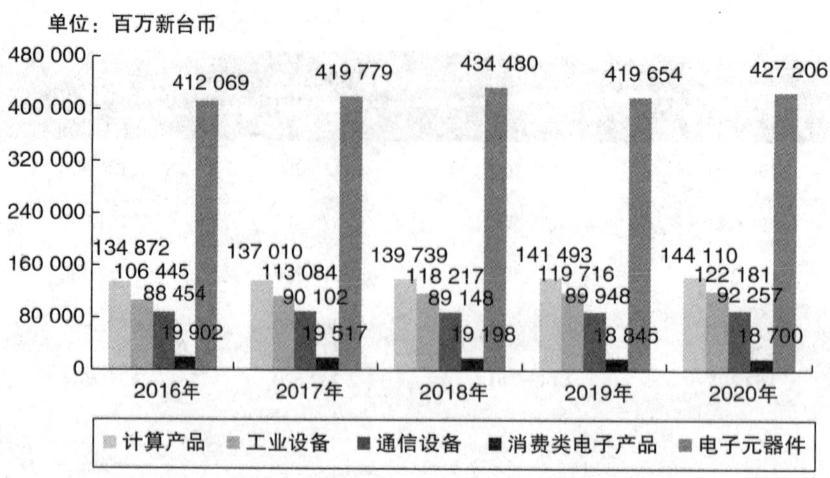

图 3　2016—2020 年中国台湾地区电子产品市场情况

索　　引

使用说明：

1. 本索引采用内容分析索引法编制。除大事记外，年鉴中有实质检索意义的内容均予以标引，以便检索使用。

2. 本索引基本上按汉语拼音音序排列。具体排列方法如下：以数字开头的，排在最前面；汉字标目按首字的音序、音调依次排列，首字相同时，则以第二个字排序，并依此类推。

3. 索引标目后的数字，表示检索内容所在的年鉴正文页码；数字后面的英文字母 a、b，表示年鉴正文中的栏别，组合在一起即指该页码及左、右两个版面区域。年鉴中用表格反映的内容则在索引标目后面用括号注明（表）字以区别于文字标目。

4. 为反映索引款目间的隶属关系，对于二级标目，采用在上一级标目下缩二格的形式编排，之下再按汉语拼音音序、音调排列。

0 ~ 9

A

B

C

D

F

G

H

J

L

M

N

O

Q

R

S

T

X

Y

Z